Windows 11

Vom Einsteiger zum Profi

Inge Baumeister, Anja Schmid

Verlag:
BILDNER Verlag GmbH
Bahnhofstraße 8
94032 Passau

http://www.bildner-verlag.de
info@bildner-verlag.de

ISBN: 978-3-8328-0499-2

Bestellnummer: 100523

Autorinnen: Inge Baumeister, Anja Schmid
Herausgeber: Christian Bildner

Druck: CPI Clausen & Bosse GmbH, Birkstr. 10, 25917 Leck

Bildquellen:
Cover: © weyo - stock.adobe.com
Kapitelbild: © Allusioni - stock.adobe.com
Touchpad: © Patrick Daxenbichler - stock.adobe.com
Fingergesten: © vectortatu - Stock.adobe.com

Willkommen

Sie sind Neuling in Sachen Computer oder haben sich bisher so recht und schlecht mit Windows 11 herumgeschlagen? Dieses Buch will Ihnen den Einstieg so leicht wie möglich machen und bietet Ihnen eine fundierte Einführung mit zahlreichen Bildern und Schritt für Schritt-Anleitungen, die sich auch zum Nachschlagen eignen. Zu diesem Zweck haben wir neben einem umfangreichen Stichwortverzeichnis auch noch ein kleines Glossar und eine Übersicht über die wichtigsten Tastenkombinationen angefügt.

Für alle, die bereits erste Erfahrungen mit der Vorgängerversion Windows 10 gesammelt haben oder einfach nur neugierig sind auf Windows 11, haben wir im ersten Kapitel alle wichtigen Neuerungen in einem kurzen Überblick zusammengefasst. Das nachfolgende Kapitel richtet sich in erster Linie an Anfänger/innen und erläutern neben grundlegenden Eingabe- und Bedienungstechniken die notwendigen Einstellungen beim ersten Start von Windows 11 und wie Sie ein Microsoft-Konto einrichten. Erfahrenere Nutzer können diesen Teil einfach übergehen.

Die übrigen Kapitel bauen aufeinander auf und zeigen Ihnen z. B. wie Sie das Startmenü oder die Taskleiste an Ihre Bedürfnisse anpassen, Ihren individuellen Desktop gestalten oder Ordnung in Ihre Dateien bringen sowie Tipps und Tricks für die tägliche Arbeit. Auch Datenschutz, sicherheitsrelevante Einstellungen und das Thema Barrierefreiheit sind Teil dieses Buches. Weitere Kapitel stellen die App Fotos, den Umgang mit E-Mails und die Chat-Funktion mit Teams (privat) vor und zeigen Ihnen, wie Sie mit den Browser Microsoft Edge im Internet surfen.

In aller Munde ist der Copilot ein KI-gestützter Chatpartner mit dem Sie in schriftlichen Dialog treten können. Anstelle einer Trefferliste, die Sie bei üblichen Suchanfragen erhalten, antwortet der Chatbot in ganzen Sätzen und berücksichtigt alle Informationen, die Sie ihm während des Dialogs gegeben haben. Sie können auf seine Antwort Bezug nehmen und ihn bitten etwas zu ändern oder zu spezifizieren. In der Interaktion mit Copilot sind der Fantasie keine Grenzen gesetzt, Sie können ihn um Rezepte, Trainingsprogramme oder eine Gliederung zu einem bestimmten Thema bitten. Neben der textbasierten Interaktion kann er auch Bilder erstellen.

Updates
Windows 11 und die meisten der beschriebenen Apps werden von Microsoft laufend durch Updates aktualisiert. Dadurch können sich ihr Aussehen im Vergleich zu den Abbildungen im Buch und ihr Funktionsumfang geringfügig ändern, dies gilt auch für den Microsoft Store.

Schreibweise
Befehle, Bezeichnungen von Schaltflächen und Beschriftungen von Dialogfenstern sind zur besseren Unterscheidung farbig und kursiv hervorgehoben, zum Beispiel Symbol *Kopieren* oder *Einstellungen* ▶ *System*.

Viel Spaß und Erfolg mit dem Buch wünschen Ihnen
BILDNER Verlag und das Autorenteam

1 Die wichtigsten Neuerungen auf einen Blick

Der Support für Windows 10 endet lt. Microsoft im Oktober 2025, das bedeutet Windows 10 erhält ab diesem Zeitpunkt keine kostenlosen Updates mehr. Spätestens dann sollten Sie sich also für einen Umstieg auf den Nachfolger Windows 11 entscheiden. Für alle, die bereits erste Erfahrungen mit Windows 10 gesammelt haben, hier ein erster Überblick über die wichtigsten Änderungen.

1.1 Die Systemanforderungen

Windows 11 stellt im Gegensatz zu Windows 10 höhere Anforderungen an die Hardware, insbesondere im Hinblick auf Sicherheit. Bei älteren Geräten ist deshalb ein Upgrade von Windows 10 auf Windows 11 nicht immer möglich. Wenn Sie vorab testen möchten, ob Ihr Computer die erforderlichen Voraussetzungen mitbringt, dann nutzen Sie die Microsoft App für die PC-Integritätsprüfung. Diese steht auf der Webseite von Microsoft kostenlos zum Download zur Verfügung.

Tipp: Nutzer, die bereits Windows 10 installiert haben, sehen in den Einstellungen unter *Update & Sicherheit* und *Windows Update*, ob der PC alle Voraussetzungen für Windows 11 erfüllt. Hier können Sie auch mit Klick auf *PC-Integritätsprüfung abrufen* die App herunterladen, anschließend installieren und die Überprüfung starten.

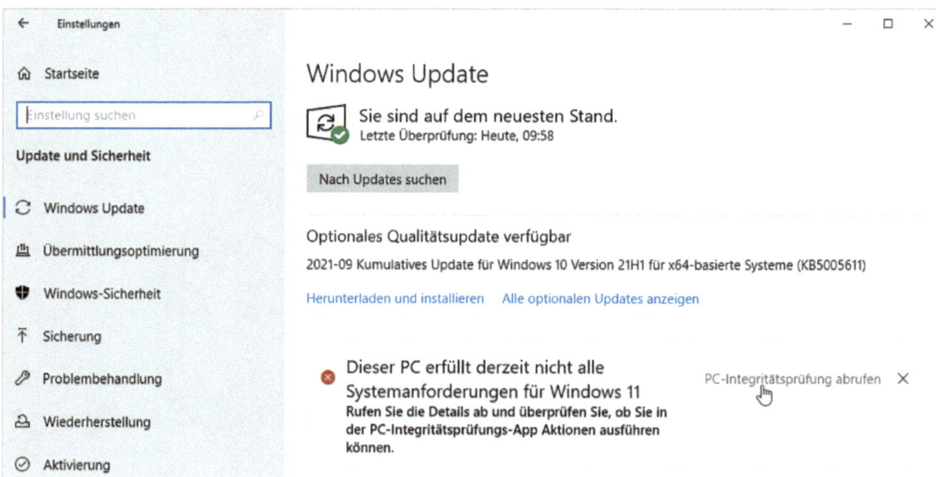

Bild 1.1 PC-Integritätsprüfung herunterladen, installieren und anschließend ausführen

Kurzübersicht Anforderungen

Prozessor	1 Gigahertz (GHz) oder schneller mit 2 oder mehr Kernen auf einem kompatiblen 64-Bit-Prozessor oder SoC (System on a Chip)
RAM	4 Gigabyte (GB)
Speicherplatz	64 GB oder größeres Speichergerät
Systemfirmware	UEFI, aktiviert für sicheren Start

TPM	Trusted Platform Module (TPM) Version 2.0
Grafik	Kompatibel mit DirectX 12 oder höher mit WDDM 2.0 Treiber
Display	Hochauflösendes Display (720p) mit einer Diagonale von mehr als 9 Zoll und 8 Bit pro Farbkanal
Internetverbindung und Microsoft-Konten	Bei der Windows 11 Home Edition ist eine Internetverbindung und ein Microsoft-Konto erforderlich, um die Geräteeinrichtung bei der ersten Verwendung abzuschließen. Alle Windows 11-Editionen benötigen eine Internetverbindung, um Aktualisierungen durchzuführen und einige Funktionen herunterzuladen und zu nutzen. Für einige Funktionen ist ein Microsoft-Konto erforderlich.

1.2 Benutzeroberfläche

Das Windows-Logo zum Öffnen des Startmenüs und somit auch das Startmenü selbst befinden sich bei Windows 11 in der Mitte der Taskleiste, siehe Bild unten, können aber auf Wunsch über die Taskleisteneinstellungen wieder an die gewohnte Position am linken Rand gerückt werden. Die Taskleiste selbst ist fest am unteren Bildschirmrand verankert und kann im Gegensatz zu früheren Versionen nicht mehr an anderer Stelle platziert werden. Weiter fallen auf den ersten Blick die abgerundeten Ecken der Fenster und die geänderte Farbgebung auf.

Bild 1.2 Der Desktop von Windows 11 mit geöffnetem Startmenü

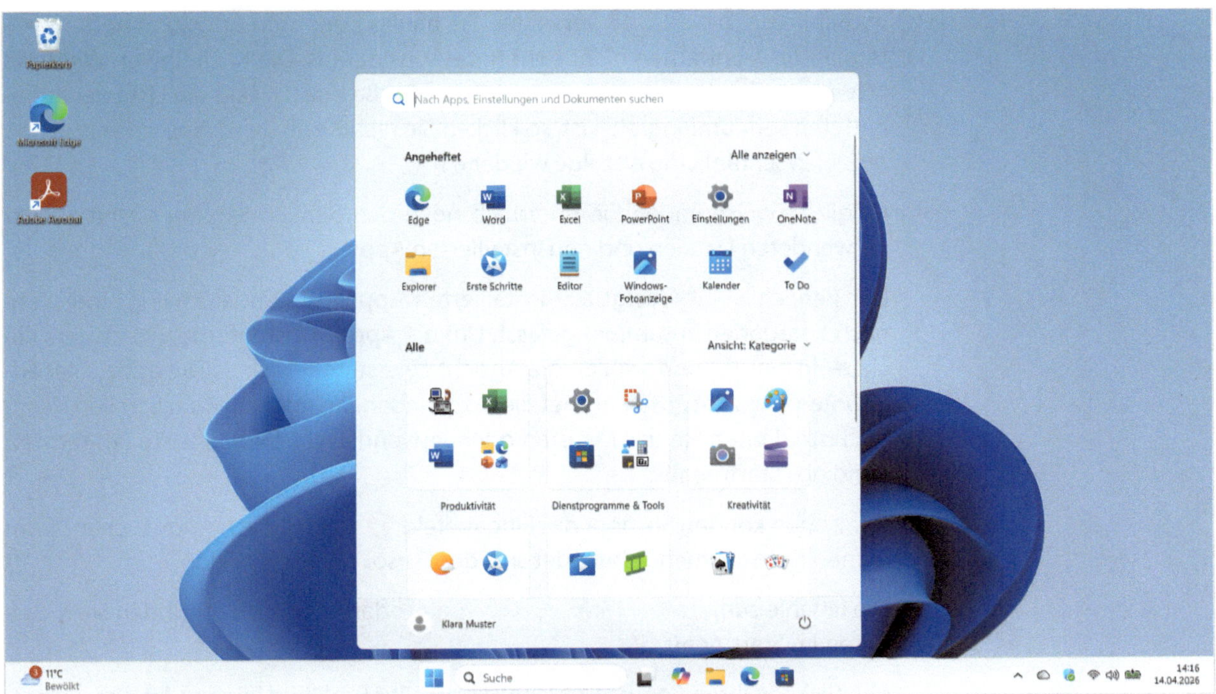

Das neue Startmenü

Das Startmenü von Windows 11 schwebt über der Taskleiste und unterscheidet nicht mehr zwischen Desktop- und Tabletmodus. Es setzt sich aus folgenden Bereichen zusammen:

Bild 1.3 Überblick Startmenü

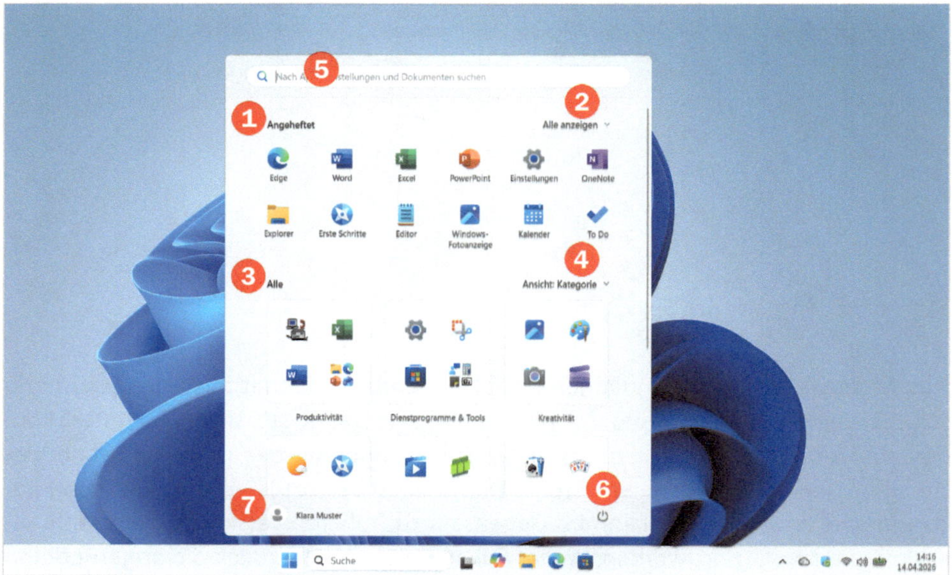

Info: Der Tabletmodus, in den man in Windows 10 noch umschalten konnte, existiert nicht mehr.

- Im Bereich *Angeheftet* ❶ verwalten Sie häufig benötigte Apps und heften weitere an bzw. entfernen nicht benötigte Apps daraus. Die Kacheln von Windows 10 wurden durch Symbole in einheitlicher Größe ersetzt. Falls die Liste der angehefteten sehr umfangreich ist, so klicken Sie rechts auf *Alle anzeigen* ❷, *Weniger anzeigen* schränkt die Anzeige wieder ein.
- Möglicherweise finden Sie unterhalb noch den Bereich *Empfohlen* mit zuletzt verwendeten Dateien und neu installierten Apps.
- Der Bereich *Alle* ❸ zeigt alle installierten Apps an, standardmäßig sind diese nach Kategorien zusammengefasst. Um die Apps in Listenform anzuzeigen, klicken Sie hier ❹ und wählen die Ansicht *Liste* statt *Kategorie*. Die dritte, hier angebotene Ansicht *Raster* ordnet die Apps nebeneinander an. Zum Scrollen durch die Liste drehen Sie das Mausrad oder verwenden die Bildlaufleiste am rechten Rand des Startmenüs.
- Ganz oben können Sie über das Eingabefeld ❺ schnell nach Apps suchen. Beim Öffnen des Startmenüs befindet sich der Cursor bereits im Feld.
- Die Befehle zum *Herunterfahren*, *Neu starten* oder *Energie sparen* finden Sie rechts unten im Startmenü ❻.
- Mit Klick auf Ihren Benutzernamen ❼ bzw. Ihr Profilbild können Sie sich abmelden, den Computer sperren oder Ihre Kontoeinstellungen bearbeiten.

Änderungen in der Taskleiste

Die Taskleiste ist in Windows 11 fest am unteren Bildschirmrand verankert und mit Rechtsklick an eine freie Stelle finden Sie nur noch die Befehle *Task-Manager* und *Taskleisteneinstellungen*. Über diese lässt sich das Windows-Logo und damit das Startmenü auch wieder an den linken Rand rücken.

Bild 1.4 Taskleisteneinstellungen öffnen

Die Suche

Zur Suche nach Apps, Dateien, Ordnern oder im Web klicken Sie in der Taskleiste in das Suchfeld ❶ oder auf das Symbol *Suche* bzw. *Lupe* und tippen anschließend Ihren Suchbegriff ein. **Hinweis**: Das Startmenü weist zwar ebenfalls ein Suchfeld auf, aber dieses befindet sich oben.

Wenn Sie ohne Eingabe eines Suchbegriffs in das Suchfeld klicken, dann erhalten Sie unter *Vorschläge* ❷ einige häufig verwendete Apps und können diese durch Anklicken schnell wieder aufrufen. Im rechten Bereich ❸ unterbreitet Ihnen Windows verschiedene Webseiten und beliebte Suchanfragen. Falls die Websuche in den *Suchoptionen* ▶ *Sucheinstellungen* (Dreipunktmenü ❹) ausgeschaltet ist, finden Sie hier stattdessen Vorschläge zur Schnellsuche und beliebte Apps (Top-Apps).

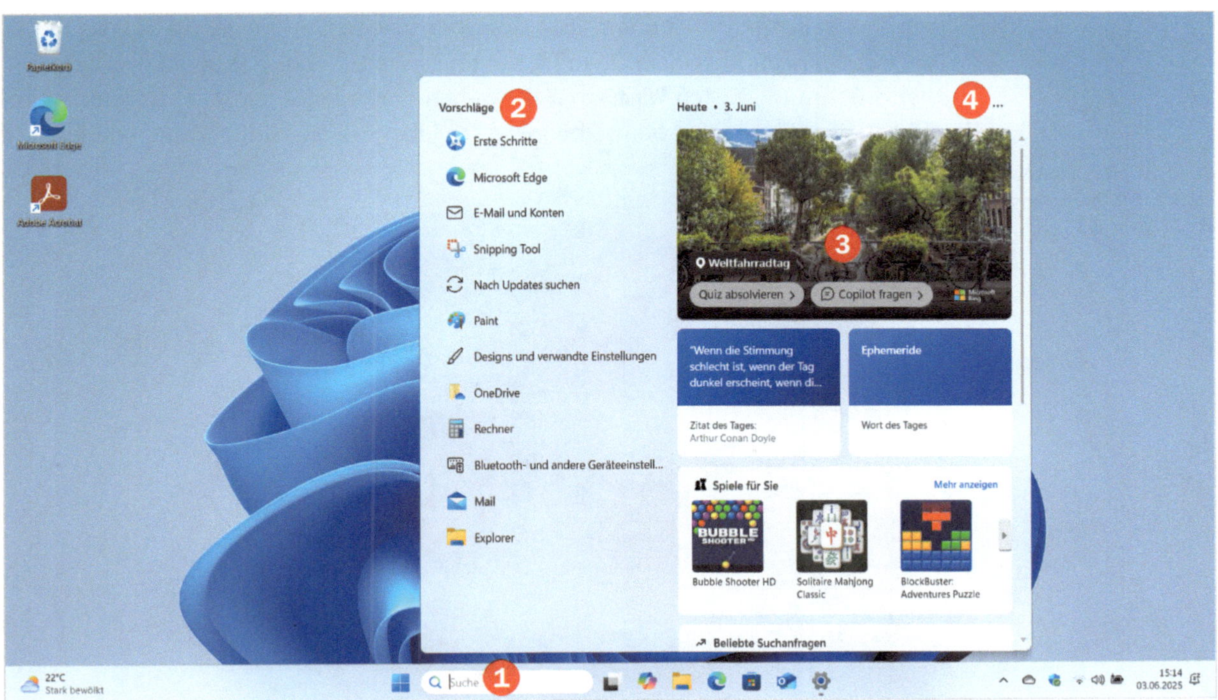

Bild 1.5 Übersicht Suche

Desktops und Taskansicht (Aktive Anwendungen)

Zu den Standardsymbolen der Taskleiste gehört nach wie vor auch die Taskansicht bzw. *Aktive Anwendungen*, allerdings mit einem neuen Symbol . Bereits beim Zeigen auf das Symbol erscheint eine Vorschau auf die aktiven Desktops und durch Anklicken wechseln Sie zu einem anderen Desktop oder fügen einen weiteren hinzu. Zur besseren Unterscheidbarkeit kann außerdem jedem Desktop ein anderes Hintergrundbild zugewiesen werden.

Bild 1.6 Schnell anderen Desktops auswählen oder neuen hinzufügen

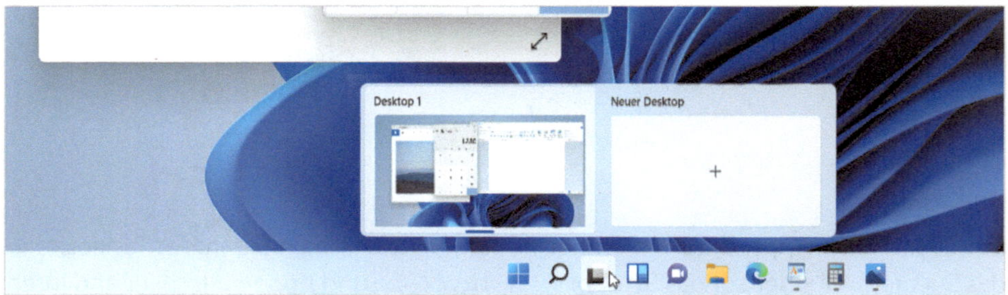

- In der Taskansicht selbst verwalten Sie nur noch geöffnete Fenster und Desktops, die Zeitleiste oder Chronik existiert nicht mehr.
- Bei Verwendung mehrerer Desktops werden diese beim Herunterfahren beibehalten, die geöffneten Fenster allerdings nach wie vor geschlossen.

Schneller Nachrichtenüberblick mit Widgets

Unter der Bezeichnung Widgets versteckt sich in Windows 11 eine Nachrichtenleiste mit aktuellen Informationen. Zum Anzeigen zeigen Sie mit der Maus links in der Taskleiste je nach Anzeige z. B. auf das aktuelle Wetter oder das Symbol *Widgets* oder drücken die Tasten **Windows+W**. Aussehen und Inhalte der Widgets können Sie individuell anpassen. Auf demselben Weg schließen Sie die Widgets auch wieder.

Bild 1.7 Wetter, aktuelle Schlagzeilen und mehr in den Widgets

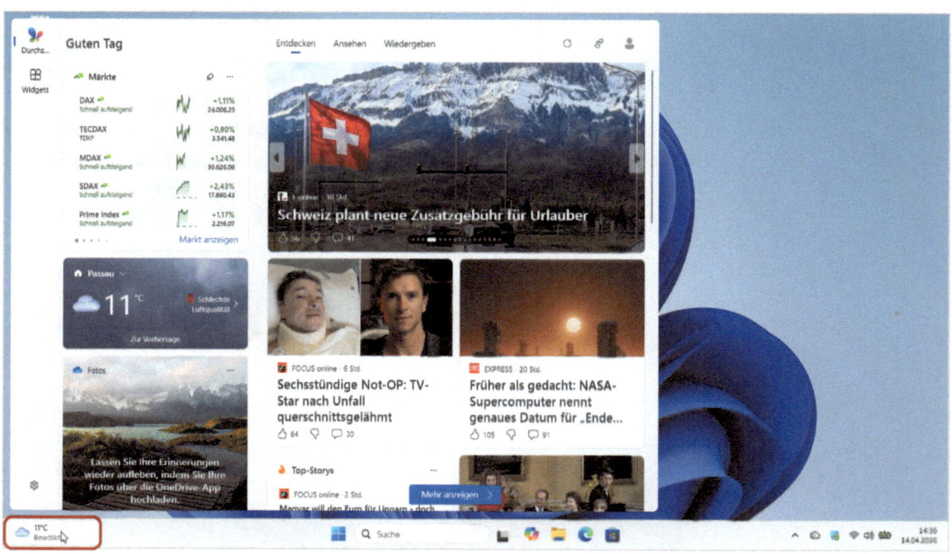

Schnelleinstellungen und Benachrichtigungen

Statt im Info Center von Windows 10, verwaltet Windows 11 Benachrichtigungen und Schnelleinstellungen getrennt.

- Zum Anzeigen der Schnelleinstellungen (Flugzeugmodus, usw.) klicken Sie auf die Symbole *Netzwerk*, *Lautsprecher*, *Akku*. Diese bilden zusammen eine Gruppe. Alternativ öffnen Sie die Schnelleinstellungen mit den Tasten **Windows+A**. Die Schaltflächen können mit der Maus beliebig angeordnet werden und per Rechtsklick kann zu den dazugehörigen Windows-Einstellungen gewechselt werden.
- Das Benachrichtigungscenter erscheint zusammen mit dem Kalender, wenn Sie im rechten Bereich der Taskleiste auf Datum und Uhrzeit klicken oder die Tastenkombination **Windows+N** betätigen.

Bild 1.8 Benachrichtigungscenter

Bild 1.9 Schnelleinstellungen

Weitere Änderungen

- Individuelle Symbolleisten für Ordner in der Taskleiste sind nicht mehr möglich.
- **Task-Manager**
  Der Task-Manager wurde um einige Funktionen erweitert und hat ein etwas anderes Aussehen erhalten.
- **Bildschirmtastatur farbig gestalten**
  Falls Sie auf einem mobilen Gerät zur Tastatureingabe die Bildschirmtastatur nutzen, können Sie dieser über das Symbol *Einstellungen* ⚙ und Auswahl *Design und Größe ändern* ein Design verpassen und mit Farbe versehen.

- **Zwischenablageverlauf**
  Im Gegensatz zur normalen Zwischenablage nimmt der Zwischenablageverlauf nacheinander auch mehrere ausgeschnittene oder kopierte Elemente auf. Dazu öffnen Sie den Zwischenablageverlauf mit den Tasten **Windows+V**. Hier finden Sie auch eine Sammlung von Symbolen, Bildern und Emojis zum Einfügen, siehe Bildschirmtastatur.

Fenster mit Snap Layouts automatisch anordnen

Beim Zeigen auf das mittlere (*Maximieren* bzw. *Verkleinern*) der drei Symbole in der rechten oberen Ecke eines Fensters oder mit den Tasten **Windows+Z** erscheinen verschiedene Layouts zum automatischen Anordnen der geöffneten Fenster, diese werden als Snap Layouts bezeichnet. Alternativ ziehen Sie ein Fenster auf die schmale Leiste am oberen Bildschirmrand.

Bild 1.10 Fenster mit Snap Layouts anordnen

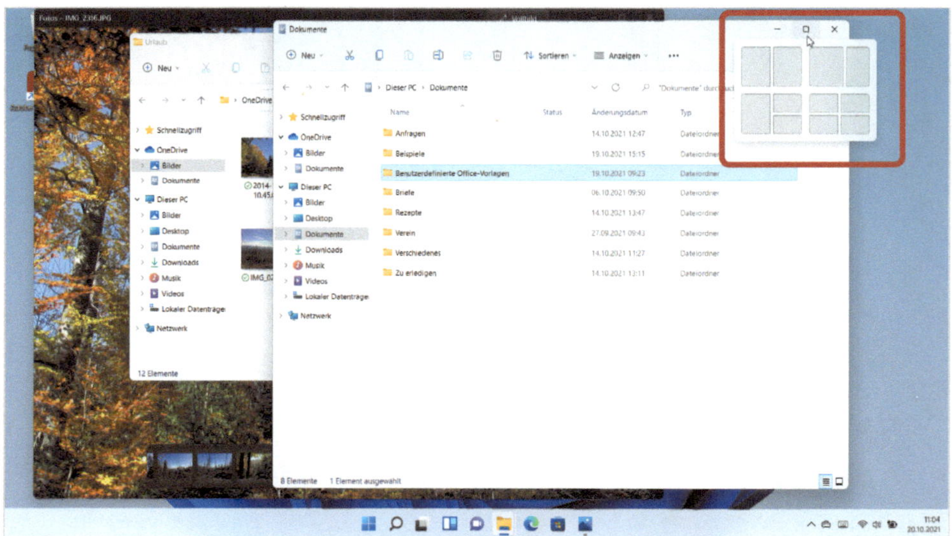

Snap Gruppen

Fenster, die unter Verwendung eines Snap Layouts angeordnet wurden, bilden eine Snap Gruppe. Solche Gruppen lassen sich ähnlich wie mehrere Desktops einsetzen und erscheinen zusätzlich zur Vorschau, wenn Sie in der Taskleiste auf eines der Symbole der Gruppe zeigen.

Bei einer Vielzahl geöffneter Apps können Sie mit Snap Layouts auch mehrere Gruppen von zusammengehörigen Fenstern bilden und schnell über die Taskleiste zwischen den Gruppen wechseln. Genau wie bei Fenstern kann auch eine Gruppe durch Anklicken in den Vordergrund geholt werden und mit Klick auf das Schließen-Symbol der Gruppe werden alle Fenster dieser Gruppe geschlossen.

1.3 Datei-Explorer

Befehlsleiste statt Menüband

Der Datei-Explorer hat in Windows 11 statt des Menübands eine übersichtliche Befehlsleiste ❶ mit größeren Abständen zwischen den Symbolen erhalten. Diese enthält die nur wichtigsten Befehle, nämlich *Ausschneiden*, *Kopieren* und *Einfügen*, sowie *Löschen* und *Umbenennen* als Symbole. Hinzu kommen die Menüs *Sortieren*, *Anzeigen* und *Filter*, weitere Befehle, z. B. *Rückgängig* erscheinen ebenfalls in Form eines Menüs, wenn Sie auf das Symbol mit den drei Punkten ❷ ··· klicken (Dreipunktmenü).

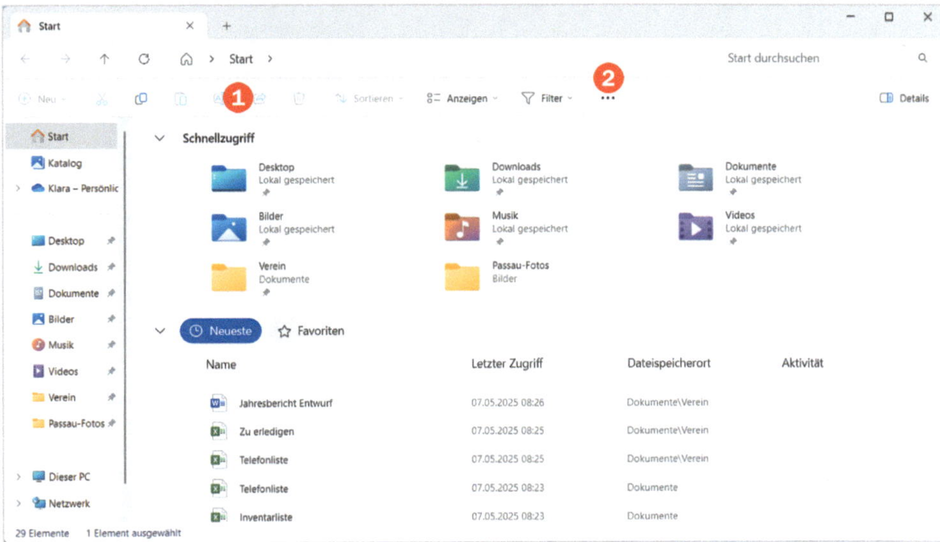

Bild 1.11 Der Datei-Explorer

Tipp: Wenn Ihr Gerät keine Touchbedienung unterstützt und Sie eine Maus benutzen, können Sie mit der Auswahl *Kompakte Ansicht* die vertikalen Abstände in Listenansichten verringern.

- Die Ansichten zur Darstellung der Symbole öffnen sich als Menü mit Klick auf *Anzeigen*. Weitergehende Anzeigeeinstellungen, z. B. Dateinamenerweiterungen oder Navigationsleiste ein- und ausblenden, usw., finden Sie über *Einblenden*.
- Die Sortiermöglichkeiten finden Sie im Menü *Sortieren*.
- Wie im Browser Microsoft Edge können Sie auch im Datei-Explorer geöffnete Ordner in Tabs bzw. Registerkarten ❸ verwalten. Eine neue Registerkarte öffnen Sie mit Klick auf das Symbol + ❹.

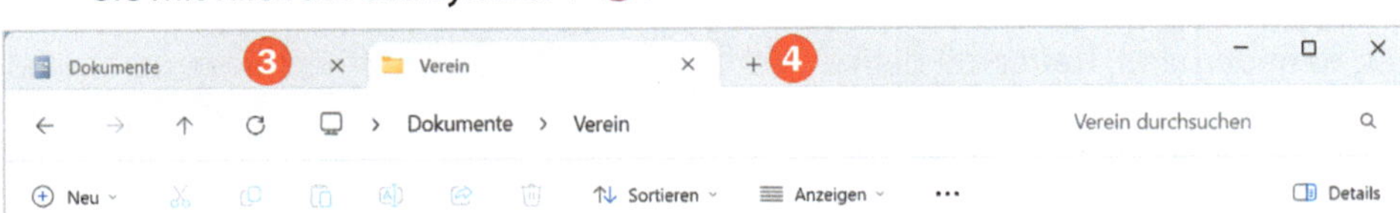

Bild 1.12 Geöffnete Ordner in Tabs verwalten

- Zusätzliche kontextbezogene Symbole und Menüs erscheinen in der Befehlsleiste ausschließlich in Verbindung mit bestimmten Objekten, z. B. mit dem Papierkorb, dem Inhalt eines externen Laufwerks oder der Suche.

Das neue Kontextmenü

Der Datei-Explorer hat auch ein neues Kontextmenü der rechten Maustaste erhalten und zeigt beim Rechtsklick zunächst nur die wichtigsten Befehle an (Bild 1.13). Die wichtigsten davon, nämlich *Ausschneiden*, *Kopieren*, *Einfügen*, *Umbenennen*, *Freigabe* und *Löschen* erscheinen nur als Symbole ❶ in der Leiste oberhalb. Das gewohnte vollständige Kontextmenü ❸ erhalten Sie erst mit der Auswahl *Weitere Optionen anzeigen* ❷.

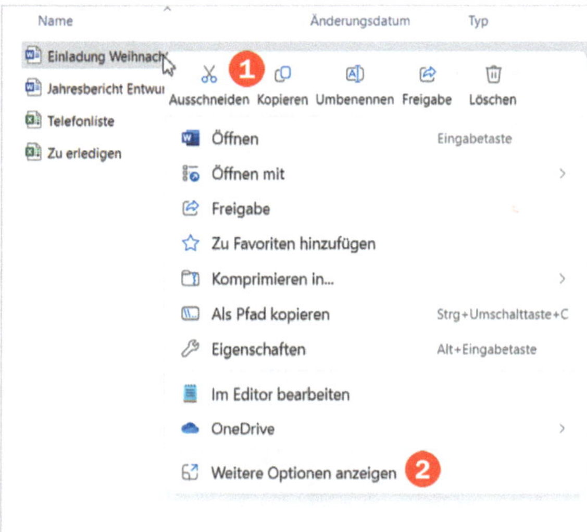

Bild 1.13 Das einfache Kontextmenü

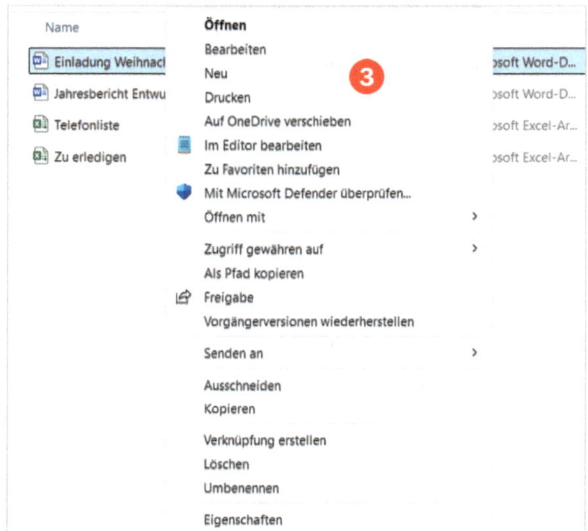

Bild 1.14 Das vollständige Kontextmenü erscheint nach Klick auf Weitere Optionen anzeigen

1.4 Die Systemeinstellungen

Die Einstellungen können über das Startmenü und hier entweder über das angepinnte Symbol oder in der Liste *Alle Apps* geöffnet werden. Noch einfacher ist es, wenn Sie im Suchfeld die gesuchte Einstellung eingeben; beim Klick auf das Ergebnis öffnen sich dann die Einstellungen genau an dieser Stelle.

Achtung bei der Suche: Neben den Einstellungen gibt es auch unter Windows 11 noch die alte Systemsteuerung, auch wenn die fast alle Funktionen nur noch in den Einstellungen zu finden sind. Treffer mit dem Zusatz *Systemeinstellungen* öffnen die neueren und komfortableren Einstellungen, der Hinweis *Systemsteuerung* führt hingegen zur alten Systemsteuerung.

Die Einstellungen wurden völlig neu und übersichtlicher gestaltet. So finden Sie sich zurecht:

- Die *Startseite* ❶ der Einstellungen erlaubt schnellen Zugriff auf häufig und zuletzt verwendete Einstellungen. Allgemeine Informationen zum Gerät sowie zu Netzwerkstatus und Windows Updates finden Sie in der oberen Leiste ❷.

- Die Hauptkategorien sind dauerhaft im linken Bereich ❸ sichtbar, was die Navigation erheblich erleichtert. Der rechte Bereich zeigt die Unterkategorien zur markierten Kategorie an, im Bild unten *System* und ein Klick auf eine Unterkategorie, z. B. *Bildschirm* oder den dazugehörigen Pfeil ❹ öffnet die dazugehörigen Optionen.

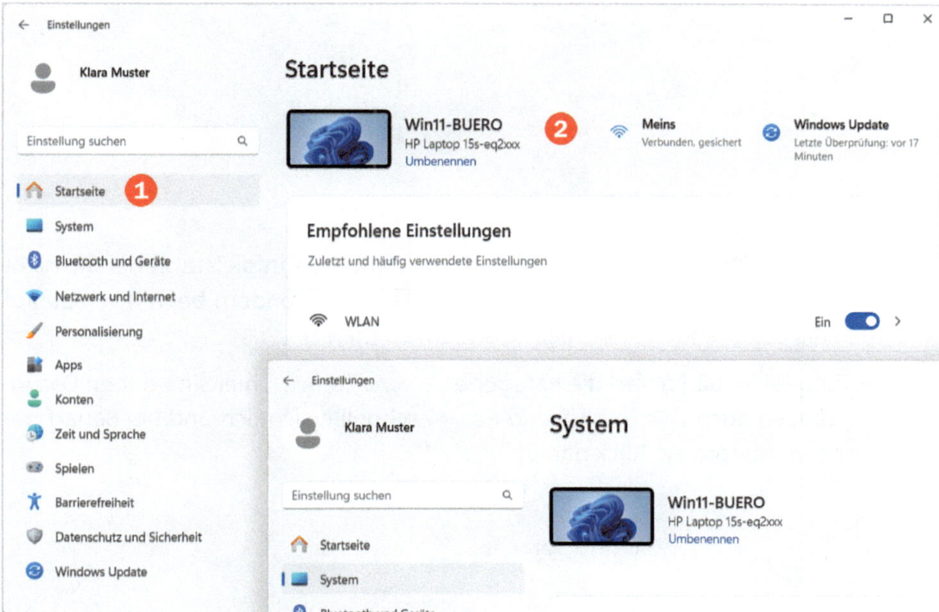

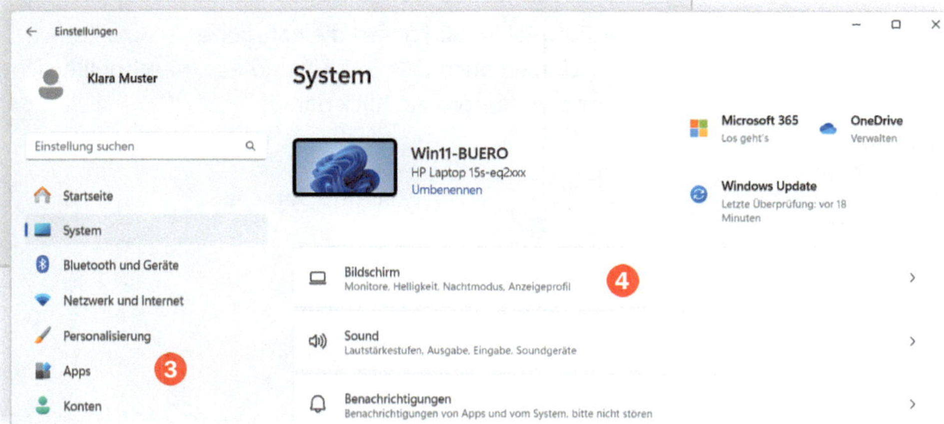

Bild 1.15 Die Startseite

Bild 1.16 Die Kategorie System

- In den Unterkategorien sehen Sie oberhalb den Pfad innerhalb der Hierarchie (im Bild auf der nächsten Seite *System > Bildschirm* ❺) und gelangen mit Klick auf eine übergeordnete Kategorie schnell wieder zurück. Oder wählen Sie einfach links eine andere Kategorie.

  Häufig finden Sie auch noch weitere Unterkategorien vor, zu erkennen am Pfeil ❻, wie im Bild. Dann klappt ein Klick auf die Unterkategorie oder den Pfeil die dazugehörigen Optionen, Schalter usw. ein und wieder aus.

- In der oberen linken Ecke der Einstellungen sehen Sie Ihren Benutzernamen mit der dazugehörigen E-Mail Adresse und ein Klick darauf bringt Sie schnell zur Kategorie *Konten*, wo Sie Ihre Kontoeinstellungen bearbeiten.

- Mit Klick auf den Pfeil ❼ in der linken oberen Ecke gelangen Sie schnell wieder zurück zur letzten Einstellung.

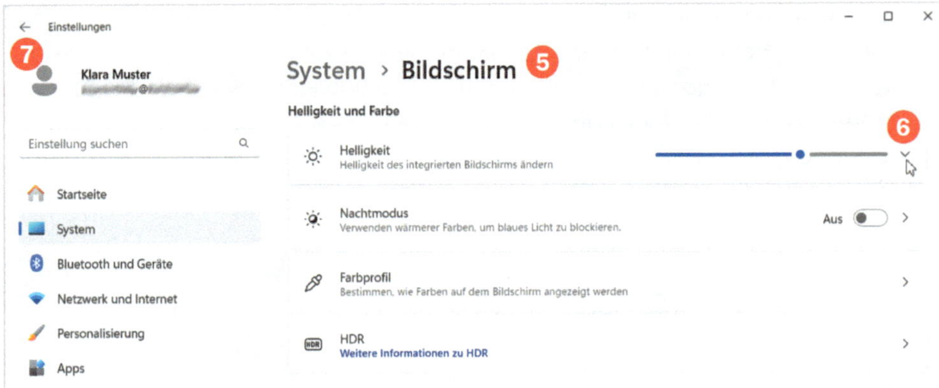

Bild 1.17 Der Pfad zur Unterkategorie erscheint oberhalb

- In manchen Kategorien erscheint auch oberhalb eine Infoleiste, in der Sie nicht nur schnelle Informationen finden, siehe Startseite, sondern beim Klick darauf auch die dazugehörige Einstellung ändern können.

  Als Beispiel im Bild unten die Kategorie *Zeit und Sprache*; hier sind neben Datum und Uhrzeit auch *Zeitzone* ❽ und *Region* schnell ersichtlich und bei Bedarf genügt zum Ändern ein Klick darauf.

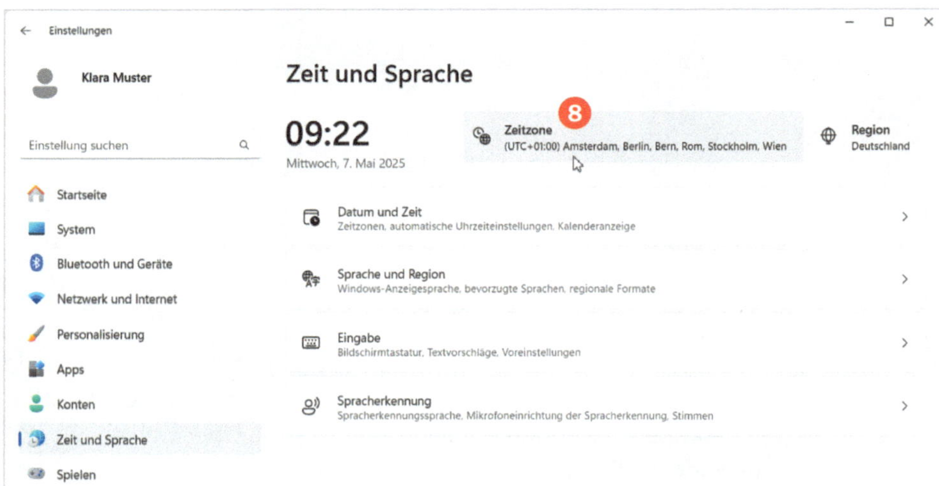

Bild 1.18 Die Infoleiste zeigt wichtige Informationen an und erlaubt schnelles Ändern

Achtung: Die Einordnung mancher Einstellungen ist nicht identisch mit Windows10!
Die Zuordnung von Einstellungen zu einer Kategorie hat sich in manchen Fällen geändert. So finden Sie beispielsweise die *Wiederherstellung* jetzt in der Kategorie *System* statt unter *Windows Update*. Die Sicherheitseinstellungen wurden mit dem Datenschutz in der Kategorie *Datenschutz und Sicherheit* zusammengefasst und *Windows Update* bildet eine eigene Kategorie, um nur einige Beispiele zu nennen.

2 Der erste Start, Microsoft-Konto

2.1 Touchscreen und Bildschirmtastatur

Neben herkömmlichen Desktop-PCs und Laptops sind auch immer mehr Tablets mit Windows 11 im Einsatz. Da Ihnen der grundlegende Umgang mit Maus, Touchpad und Tastatur Ihnen bereits geläufig sein dürfte, wollen wir Ihnen an dieser Stelle kurz die grundlegenden Techniken im Umgang mit Touchscreen vorstellen und Ihnen Tipps zu Verwendung der Windows-Bildschirmtastatur geben. Darüber hinaus unterstützt Windows 11 auch die Stifteingabe und somit handschriftliche Eingaben sowie das Diktieren von Text, sofern dies auch die betreffende App erlaubt.

> **Ein wichtiger Hinweis**
> Fast alle in diesem Buch beschriebenen Vorgehensweisen und Arbeitsschritte beziehen sich auf den Einsatz von Maus bzw. Touchpad und normaler Tastatur. Auf Geräten mit Touchscreen z. B. einem Tablet-PC verwenden Sie stattdessen die entsprechenden Gesten.

Touchscreen

Als Touchscreen bezeichnet man einen berührungsempfindlichen Bildschirm, mit dem Tablets und auch einige Laptops ausgestattet sind. Anstelle von Maus und Tastatur erfolgt dann die Bedienung des Computers durch Antippen und Wischbewegungen mit dem Finger direkt auf den Bildschirm. Die wichtigsten Gesten sind:

- **Antippen**
  Zum Ausführen eines Befehls oder Starten einer App tippen Sie auf dem Bildschirm mit dem Zeigefinger leicht auf diese Stelle. Dies entspricht dem einfachen Klicken mit der linken Maustaste.
- **Rechtsklick**
  Tippen Sie auf das Element und halten Sie den Finger einige Sekunden gedrückt.

- **Blättern oder Scrollen**
  Mit einer Wischbewegung von der Bildschirmmitte nach oben/unten bzw. nach rechts/links verschieben Sie den Bildschirmausschnitt.

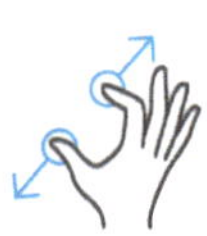

- **Zoom**
  Berühren Sie den Bildschirm mit zwei Fingern und spreizen Sie die Finger zum Vergrößern bzw. führen zum Verkleinern Ihre Finger zusammen.

Bildschirmtastatur verwenden

Zur Texteingabe an einem Tablet-PC verwenden Sie die Bildschirmtastatur. Diese erscheint automatisch, wenn Sie mit dem Finger auf ein Texteingabefeld tippen, beispielsweise zur Eingabe des Kennworts. Zudem finden Sie in der rechten unteren Ecke des Bildschirms, im Infobereich der Taskleiste, ein Tastatursymbol, über welches Sie die Bildschirmtastatur einblenden können.

Bild 2.1 Die Standard Bildschirmtastatur (Default)

Tastatur auswählen

Bei der Bildschirmtastatur haben Sie die Qual der Wahl, da Windows fünf verschiedene Tastaturen in unterschiedlicher Größe zur Auswahl anbietet. Dazu brauchen Sie nur auf das Symbol *Einstellungen* ❶ ⚙ in der linken oberen Ecke der Bildschirmtastatur und danach auf *Tastaturlayout* tippen. Wählen Sie dann zwischen *Default* (Standard), *Klein*, *Geteilt*, *Traditionell* und *Gamepad*.

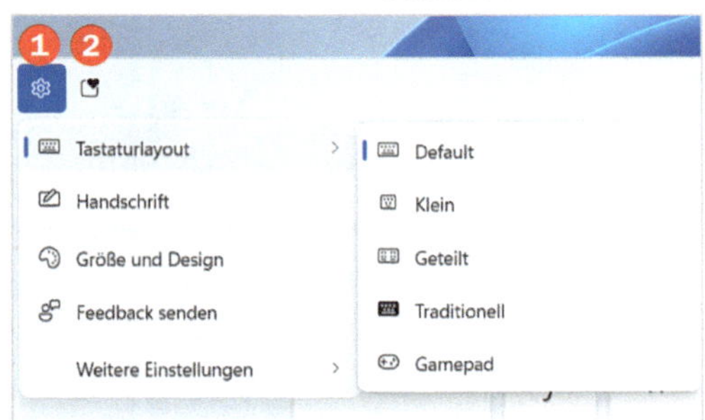

Bild 2.2 Bildschirmtastatur auswählen

Hinter diesem Symbol ❷ daneben verbergen sich kleine Bilder, Emojis und mehr, die Sie ebenfalls in den Text einfügen können. Um danach wieder die normale Tastatur aufzurufen, tippen Sie einfach an eine beliebige Stelle der Tastatur.

Tipps und Hinweise

- Unabhängig vom Tastaturlayout finden Sie in der rechten oberen Ecke die beiden rechts abgebildeten Symbole.
  - Zum Ausblenden bzw. Schließen der Tastatur tippen Sie auf das Symbol x.
  - Mit Ausnahme des Layouts *Klein* wird die Taskleiste am unteren Bildschirmrand durch die Bildschirmtastatur verdeckt. Benötigen Sie schnell die Taskleiste, um z. B. über das Symbol *Start* eine App aufzurufen, so wechseln Sie über das Symbol links daneben zum Tastaturlayout *Klein* und weiteres Antippen dieses Symbols stellt die vorherige Tastatur wieder her.
- Das Tastaturlayout *Traditionell* ist mit Ausnahme eines zusätzlichen Ziffernblocks identisch mit einer physischen Tastatur. Bei den übrigen Tastaturlayouts finden

Sie in der linken unteren Ecke eine Taste ❶, über die Sie zu Zahlen und Sonderzeichen (*&123*), umschalten können. Mit der Taste *abc* ❷ gelangen Sie wieder zurück zur vorherigen Buchstabentastatur.

Bild 2.3 Schreibmaschinentasten und Zahlen und Sonderzeichen

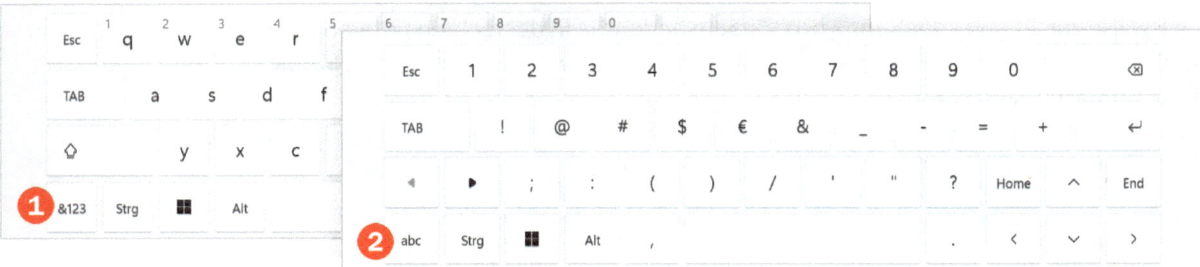

Text diktieren

Falls Sie Text, statt tippen lieber diktieren möchten, dann tippen Sie auf der Bildschirmtastatur auf die Taste mit dem Mikrofonsymbol, diese befindet sich je nach Tastaturlayout rechts oder links von der Leertaste. Sollte die Bildschirmtastatur nicht automatisch erscheinen, dann rufen Sie diese über das Symbol der Taskleiste auf.

- Tippen Sie auf das Mikrofonsymbol ❶ (s. Bild unten), um mit der Spracheingabe zu beginnen und weiteres Antippen des Mikrofons pausiert die Spracheingabe.
- Mit diesem Symbol ❷ beenden Sie die Diktierfunktion und wechseln zurück zur Bildschirmtastatur.

Hinweis: Bei der ersten Aktivierung erscheint eine Meldung, die Sie darauf aufmerksam macht, dass Ihre Eingaben je nach Einstellung auch zur besseren Erkennung an Microsoft gesendet werden können.

Bild 2.4 Diktatfunktion verwenden

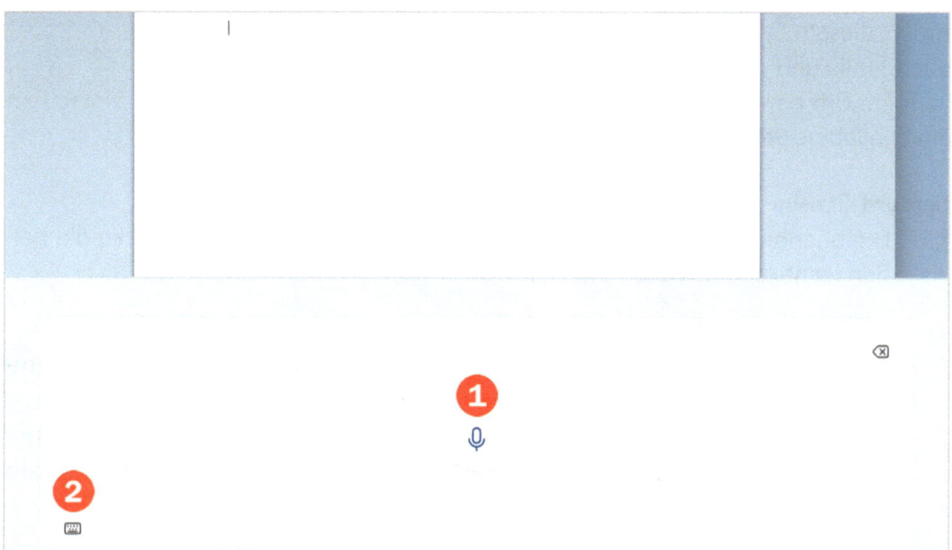

Details zu Einstellungen, Online-Spracherkennung und Datenschutz lesen Sie in Kapitel 6 nach.

Stifteingabe aktivieren

Unterstützt Ihr Gerät die Eingabe per Stift, dann aktivieren Sie diese Eingabemethode ebenfalls über die Bildschirmtastatur: Tippen Sie in der linken oberen Ecke auf das Symbol *Einstellungen* und danach auf *Handschrift* ❶. Falls verfügbar, können Sie auch das Stiftsymbol im rechten Bereich der Taskleiste benutzen. Über das Symbol *Einstellungen* wechseln Sie auch wieder zurück zur Bildschirmtastatur.

Zur handschriftlichen Eingabe erscheint statt der Tastatur ein Eingabefeld ❷ für Ihre Stifteingaben. Unmittelbar nach der Eingabe wird jeder Buchstabe bzw. jedes Wort sofort umgewandelt und mit diesem Symbol ❸ übernehmen Sie es in den Text. Zum Löschen einzelner Zeichen verwenden Sie dieses Symbol ❹, ein falsch erkanntes Wort löschen Sie am schnellsten, indem Sie es einfach mit dem Stift von rechts nach links durchstreichen. Ob das Eingabefeld die gesamte Breite des Bildschirms einnimmt oder auf ein frei bewegliches Fenster verkleinert wird, steuern Sie mit dem Symbol ❺ oben rechts.

Bild 2.5 Stifteingabe über die Bildschirmtastatur aktivieren

Bild 2.6 Das Eingabefeld

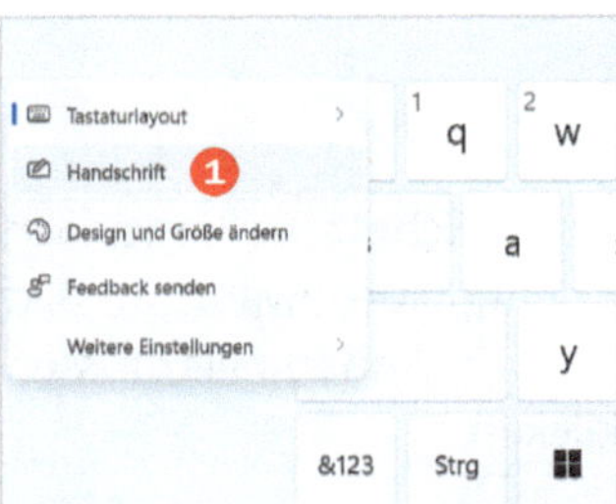

Das Symbol Bildschirmtastatur anzeigen

Auf Geräten mit einem Touchscreen ist das Symbol *Bildschirmtastatur* normalerweise automatisch im rechten Bereich am unteren Bildschirmrand (Infobereich der Taskleiste) sichtbar. Sollte dies nicht der Fall sein oder möchten Sie die Bildschirmtastatur auch ohne Touchscreen ausprobieren, dann klicken Sie mit der rechten Maustaste an eine freie Stelle der Leiste am unteren Bildschirmrand und auf *Taskleisteneinstellungen* ❶. Es öffnen sich die personalisierten Einstellungen zur Taskleiste, tippen oder klicken Sie bei *Bildschirmtastatur* auf die aktuelle Einstellung ❷ und wählen Sie *Immer*.

Näheres zu den persönlichen Einstellungen finden Sie in Kapitel 5.

Bild 2.7 Symbol Bildschirmtastatur in der Taskleiste anzeigen

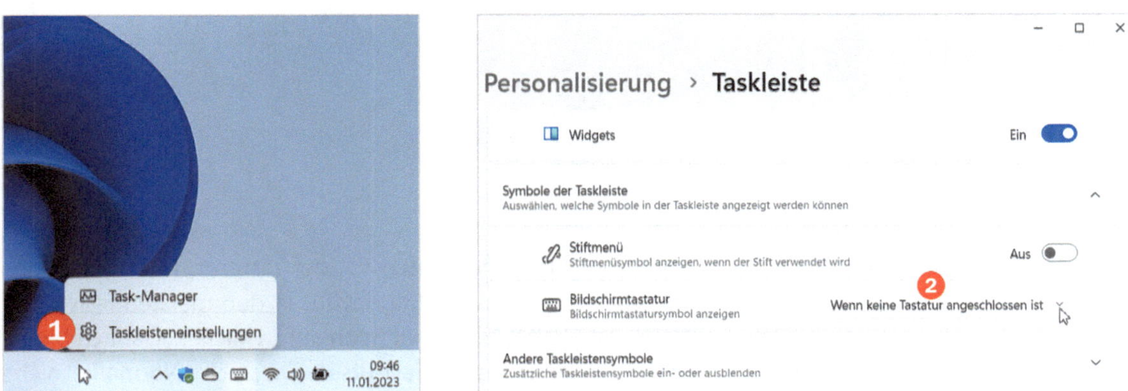

2.2 Der erste Start von Windows 11

Hinweis: Die nachfolgend beschriebenen Schritte gehen davon aus, dass Sie bereits über ein Microsoft-Konto verfügen. Sollte dies nicht der Fall sein, so lesen Sie auf Seite 39 nach, wie Sie ein solches einrichten.

Beim Kauf eines neuen Computers ist Windows 11 in der Regel bereits vorinstalliert. Trotzdem müssen Sie, wie auch nach einem Upgrade von einer früheren Version oder nach einer Neuinstallation, beim ersten Start noch einige persönliche Einstellungen vornehmen.

Was ist ein Microsoft-Konto und wozu wird es benötigt?
Im Verlauf der Ersteinrichtung Ihres PCs werden Sie unter anderem aufgefordert, sich mit einem Microsoft-Konto anzumelden. Ein Microsoft-Konto kann kostenlos bei Microsoft registriert werden und besteht aus einer E-Mail Adresse und dem dazugehörigen Kennwort. Es berechtigt unter anderem zur Nutzung verschiedener Microsoft-Dienste, z. B. eines kostenlosen Speichers in der Cloud oder Beziehen von Apps im Microsoft-Store.

Tipp: Wenn Sie sich die Einstellungen zum Einrichten vorlesen lassen möchten, dann klicken oder tippen Sie dazu rechts unten auf dieses Symbol ❶. Das Symbol rechts daneben regelt die Lautstärke.

Grundlegende Geräteeinstellungen

Land und Tastaturlayout

Wenn noch nichts anderes festgelegt wurde, erscheint im ersten Schritt die Frage nach dem korrekten Land oder der Region. Ist das Land bereits richtig ausgewählt, im Bild unten *Deutschland* ❷, dann klicken Sie zur Bestätigung auf *Ja* ❸. Andernfalls müssen Sie Ihr Land zuerst in der Liste anklicken, bevor Sie auf *Ja* klicken.

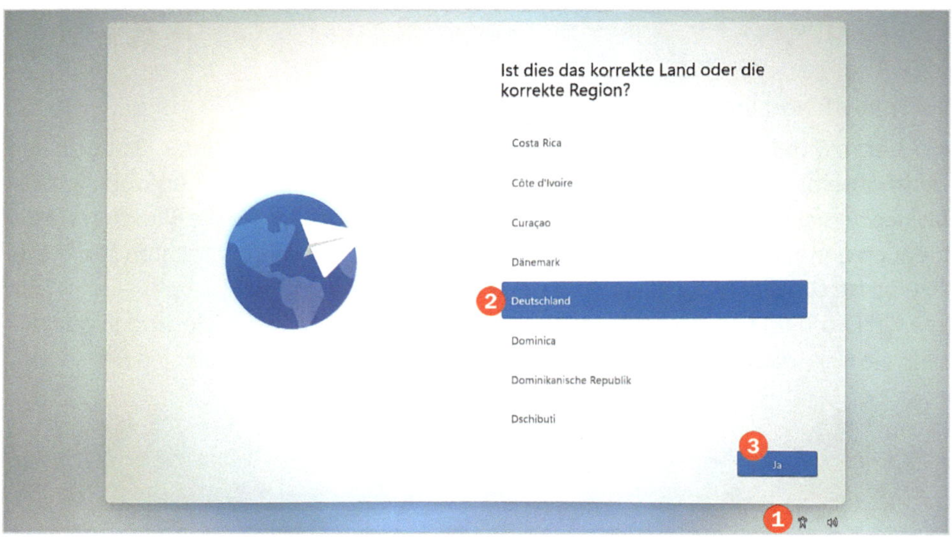

Bild 2.8 Ist das Land korrekt?

Welche Tastatur verwenden Sie?

Das Tastaturlayout bzw. die Anordnung der Tasten auf der Tastatur ist länderabhängig, daher dürfte anschließend *Deutsch* als Tastaturlayout in den meisten Fällen bereits richtig ausgewählt sein und Sie brauchen nur noch auf *Ja* klicken. Danach bietet Windows das Hinzufügen eines zweiten Tastaturlayouts an. Dies ist im Normalfall nicht erforderlich, klicken Sie hier auf *Überspringen*.

Bild 2.9 Tastaturlayout auswählen bzw. bestätigen

Hinweis: Windows 11 pro unterstützt alternativ auch die Möglichkeit, ein Offline-Konto zur Anmeldung einzurichten, das nur lokal gültig ist. Mit Windows 11 Home ist dies leider nicht möglich.

Internetverbindung herstellen

Windows erfordert eine Anmeldung am PC, in der Regel mit einem Microsoft-Konto. Da es sich um ein Online-Konto handelt, ist während ersten Anmeldung eine Internetverbindung erforderlich, diese stellen Sie im nächsten Schritt her.

Klicken Sie in der Liste der verfügbaren Netzwerke auf Ihr WLAN und anschließend auf *Verbinden*. Geben Sie dann den dazugehörigen Netzwerksicherheitsschlüssel bzw. das Kennwort Ihres WLAN ein und klicken Sie auf *Weiter*. Die Verbindung wird geprüft und wenn das Kennwort korrekt war, sind Sie jetzt mit dem WLAN und damit dem Internet verbunden. Klicken Sie auf *Weiter*.

Bild 2.10 Mit einem Netzwerk bzw. den Internet verbinden

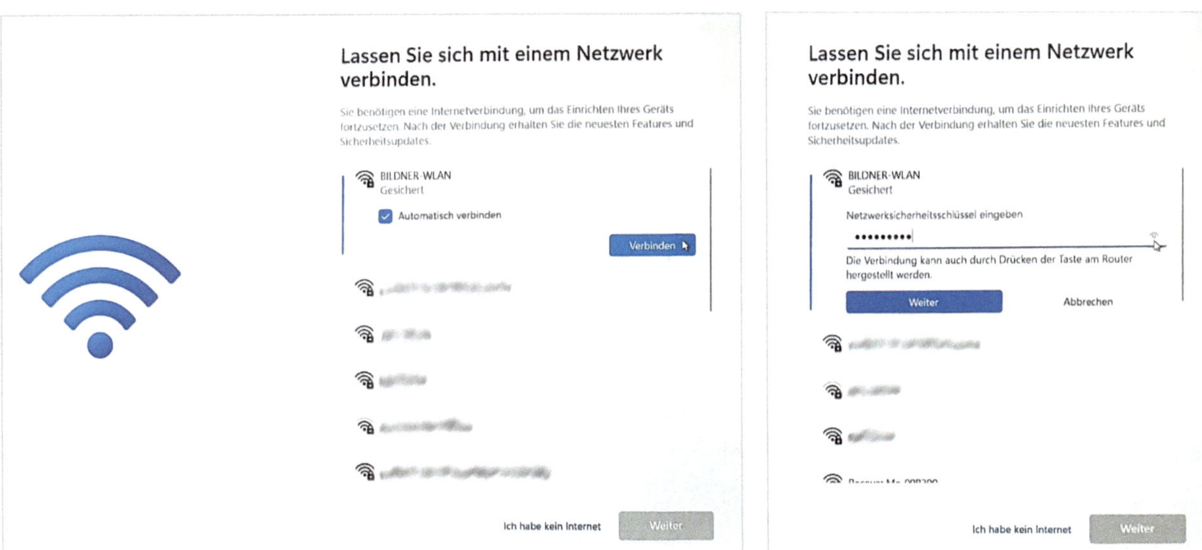

Geben Sie Ihren PC einen Namen

Anschließend haben Sie die Möglichkeit, Ihrem PC einen Namen zu geben (siehe Bild 2.11). Dieser ist nicht zwingend erforderlich, erleichtert aber z. B. das Auffinden in einem Netzwerk. Beachten Sie bei der Wahl des Namens, dass dieser maximal 15 Zeichen lang sein darf und die unterhalb aufgeführten Sonderzeichen, z. B. / und : nicht enthalten darf. Klicken Sie auf *Weiter* oder, falls Sie noch keinen Namen vergeben möchten, auf *Vorerst überspringen*.

Anmeldung einrichten

Wie möchten Sie das Gerät einrichten?

Mit den nächsten Schritten richten Sie die Anmeldung ein. Zunächst geben Sie an, wie Sie das Gerät einrichten möchten. Falls Ihr PC Zugriff auf ein Firmen-, Schul- oder sonstiges Netzwerk erhalten soll und Sie über die dafür notwendige Berechtigung, sprich Zugangsdaten verfügen, wählen Sie *Für Arbeit oder Schule/Uni einrichten*. Für private Nutzung klicken Sie dagegen auf *Für persönliche Verwendung einrichten*, wie im Bild unten, und klicken dann auf *Weiter*.

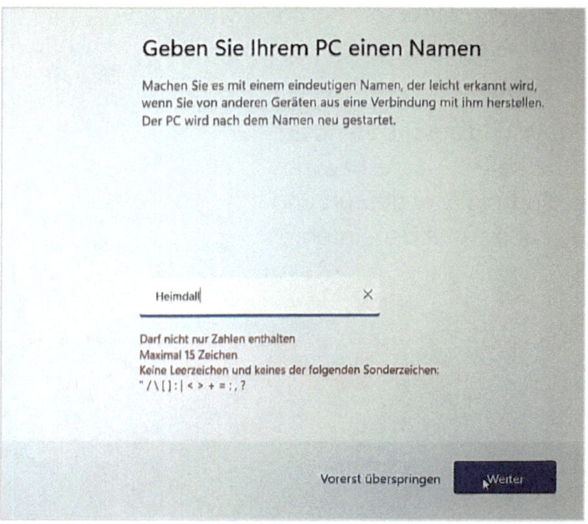

Bild 2.11 Dem PC einen Namen geben

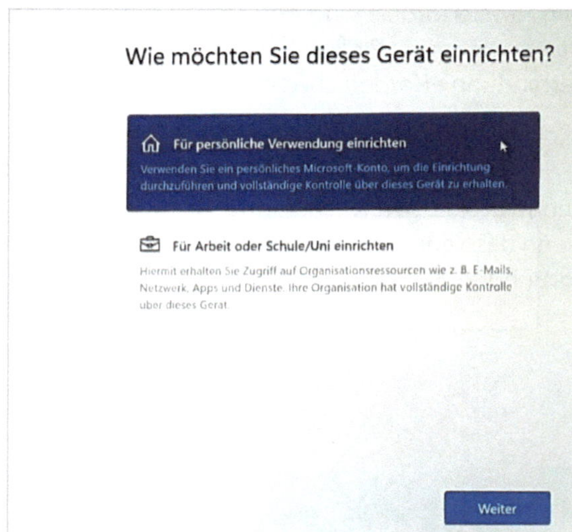

Bild 2.12 Art der Einrichtung

Konto bestätigen:
Wenn Sie sich mit Ihrem Microsoft-Konto auf einem neuen Gerät anmelden, müssen Sie aus Sicherheitsgründen Ihre Identität bestätigen. Geben Sie die, bei Ihrem Konto hinterlegte zweite E-Mail Adresse oder Telefonnummer und anschließend den, auf diesem Weg erhaltenen Code ein.

Mit einem Microsoft-Konto anmelden

Bei der Einrichtung für private Zwecke bzw. persönliche Verwendung (siehe oben) benötigen Sie anschließend ein Microsoft-Konto. Wenn Sie bereits über ein Microsoft-Konto verfügen, also z. B. eine E-Mail-Adresse besitzen, die auf @outlook.de, @ hotmail.com oder @live.de endet, so geben Sie die E-Mail Adresse Ihres Kontos ein ❶ und klicken auf *Weiter*. Geben Sie danach das dazugehörige Kennwort Ihres Kontos ein und klicken Sie auf *Anmelden*.

Besitzen Sie dagegen noch kein Microsoft-Konto, so klicken Sie auf *Dann erstellen Sie jetzt eins* ❷. Die weitere Vorgehensweise lesen Sie auf Seite 39 ff. nach.

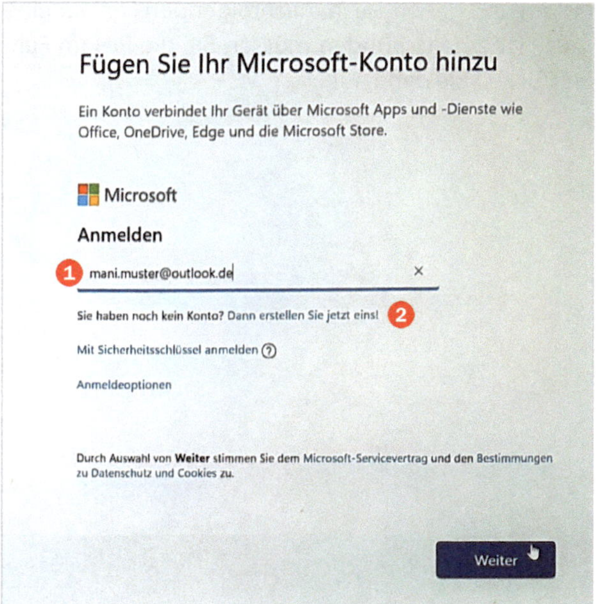

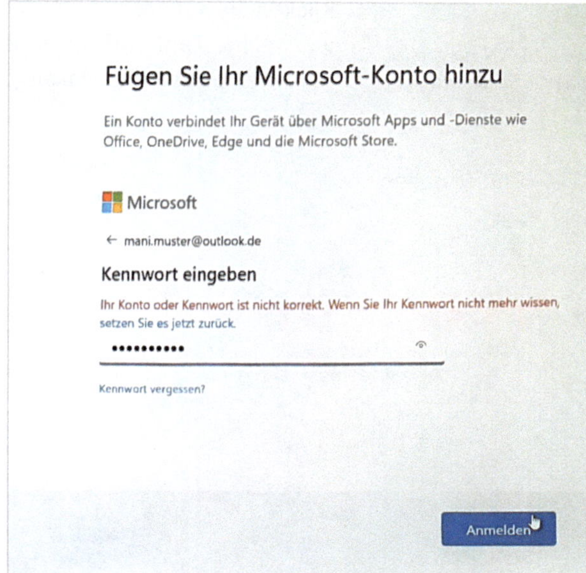

Bild 2.13 Melden Sie sich mit Ihrem Microsoft-Konto an

Bild 2.14 Kennwort eingeben

Kennwort in Klarschrift anzeigen: Mit Klick auf das Auge rechts im Eingabefeld können Sie zur Kontrolle das Kennwort in Klarschrift statt der Punkte anzeigen.

PIN und weitere Anmeldeoptionen einrichten

Da sichere Kennwörter schwer zu merken und umständlich einzugeben sind, bietet Windows je nach Ausstattung des Geräts noch Alternativen zur Kennworteingabe bei der Anmeldung an. Verfügt Ihr PC beispielsweise über einen Fingerabdrucksensor, dann können Sie die Anmeldung per Fingerabdruckerkennung einrichten.

Bild 2.15 Fingerabdruckerkennung einrichten

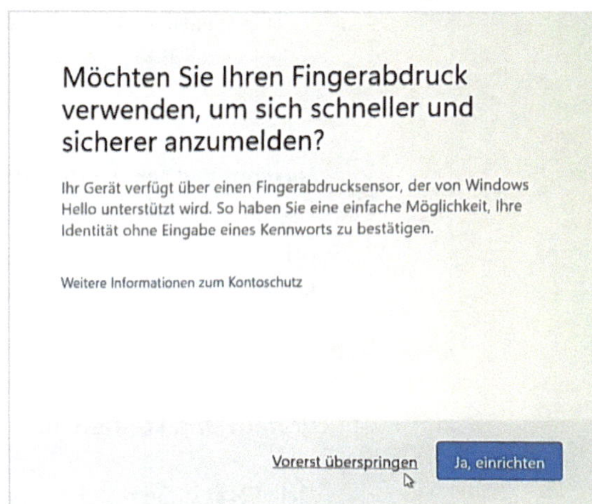

- Klicken Sie dazu auf *Ja, einrichten*, anschließend werden Sie mehrmals aufgefordert, einen Finger auf den Sensor aufzulegen und wieder anzuheben, bis der Fingerabdruck vollständig erkannt ist.
- Wenn Sie die Anmeldung per Fingerabdruck an dieser Stelle nicht einrichten möchten, ist das kein Problem. Dann klicken Sie auf *Vorerst überspringen* und holen die Einrichtung später nach, die Vorgehensweise finden Sie in Kapitel 5.

PIN erstellen

Unabhängig von den übrigen Anmeldeoptionen müssen Sie in jedem Falls eine PIN zur sicheren Anmeldung am Gerät erstellen. Dabei handelt es sich um eine vierstellige, frei wählbare Zahl, die Sie künftig ebenfalls zur Anmeldung verwenden können.

Klicken Sie auf *PIN erstellen* (Bild unten) und geben Sie im nachfolgenden Fenster eine vierstellige Zahl in das Feld ein. Aus Sicherheitsgründen müssen Sie die PIN im Feld darunter ein zweites Mal eingeben. Klicken Sie dann auf *OK*.

Bild 2.16 PIN zur Anmeldung am Gerät erstellen

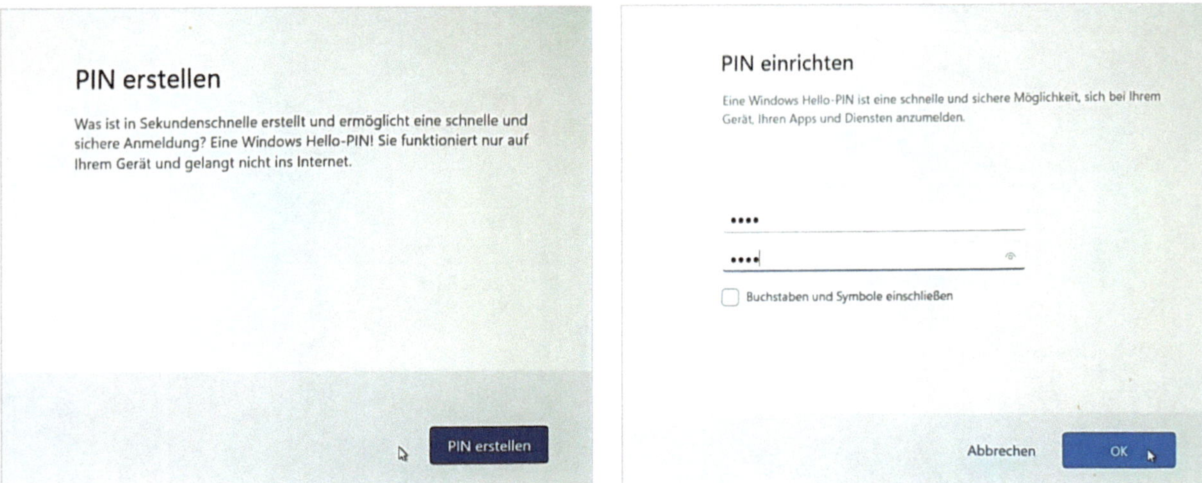

Datenschutzeinstellungen

Nach dem Einrichten des Kontos treffen Sie noch einige Entscheidungen zum Datenschutz. Alle nachfolgend beschriebenen Einstellungen können auch zu einem späteren Zeitpunkt eingesehen und aktiviert oder deaktiviert werden.

Die nachfolgenden Einstellungen zum Datenschutz werden nicht nur bei der Ersteinrichtung, sondern auch bei der ersten Anmeldung als neuer Benutzer und nach größeren Updates von Windows erneut abgefragt. Allerdings können sich Wortlaut und Reihenfolge geringfügig ändern. Details zu den nachfolgenden Einstellungen und wie Sie diese in den Windows-Einstellungen nachträglich ändern, lesen Sie in Kapitel 6 dieses Buches.

Microsoft und Apps den Standort verwenden lassen

Manche Apps können anhand Ihres Standorts Wetterbericht, Wegbeschreibungen oder Empfehlungen für nahe gelegene Restaurants erstellen. Dazu müssen Sie Ihre Erlaubnis erteilen. Klicken Sie auf *Ja* oder *Nein* und dann auf *Annehmen* (Bild 2.17).

Sie können hier aber problemlos auch zunächst *Nein* wählen, denn beim ersten Start einer App, die Ihren Standort benötigt, z. B. Karten oder Wetter, werden Sie erneut gefragt und können auch nachträglich Ihre Erlaubnis erteilen.

Mein Gerät suchen

Als Nächstes bietet Microsoft an, Ihr Gerät anhand der Standortdaten zu orten, falls Sie es einmal verlieren sollten. Wenn Sie ein mobiles Gerät, z. B. Tablet, verwenden und dieses Angebot nutzen möchten, dann klicken Sie auf *Ja*. Andernfalls klicken Sie auf *Nein* und dann auf *Annehmen*.

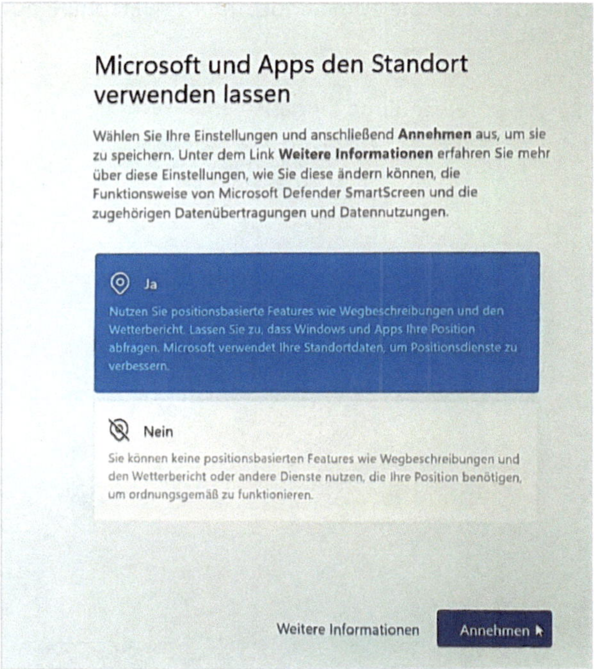

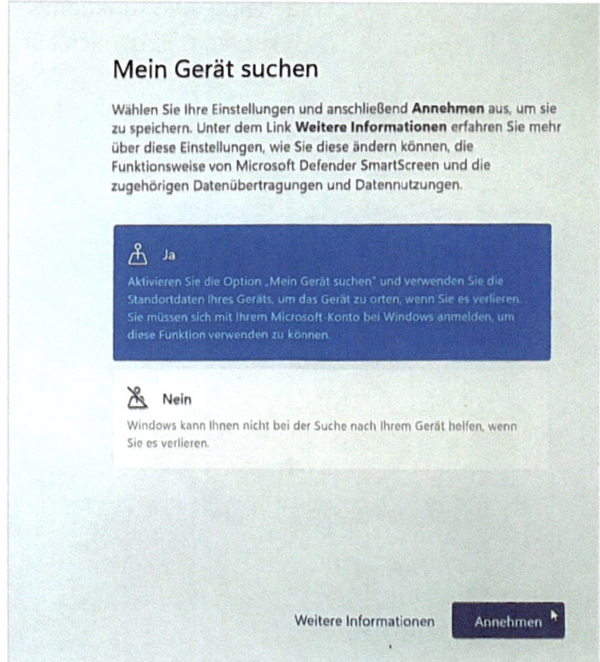

Bild 2.17 Dürfen Apps Ihren Standort verwenden?

Bild 2.18 Mein Gerät suchen

Diagnosedaten an Microsoft senden

Bei auftretenden Fehlern und eventuellen Programmabstürzen sendet Windows automatisch bestimmte Informationen zu Ihrem Gerät, Einstellungen und verwendeten Apps an Microsoft. Diese dienen der Verbesserung von Windows und können helfen, eventuell auftretende Probleme und Fehler zu beheben. In welchem Umfang Diagnosedaten gesendet werden, legen Sie im nächsten Schritt fest (Bild 2.19 auf der nächsten Seite). Klicken Sie auf eine Option und dann auf *Annehmen*.

- Mit der Auswahl *Optional* erhalten Sie bei auftretenden Problemen mit Hard- oder Software Vorschläge zur Behebung, diese Auswahl unterstützt auch die automatische Problembehebung von Windows.
- *Nur erforderlich* beschränkt dagegen das Senden der Diagnosedaten auf das erforderliche Minimum, die Funktionsfähigkeit Ihres PCs wird dadurch nicht beeinträchtigt

Wozu die Diagnosedaten verwendet werden, darüber können Sie sich mit Klick auf *Weitere Informationen* informieren.

Freihand und Eingabe verbessern

Ihre Eingaben per Bildschirmtastatur und/oder Stift (Freihand) werden lokal auf dem PC in einem Benutzerwörterbuch gesammelt und gespeichert und zur Verbesserung der Erkennung bzw. für Vorschläge zum Vervollständigen genutzt. Ob diese Daten einschließlich Spracheingaben im Rahmen der Diagnosedaten zusätzlich an Microsoft gesendet werden dürfen, darüber entscheiden Sie im nächsten Schritt. Da das Senden dieser Informationen jedoch nicht zwingend erforderlich ist, Benutzerwörterbuch und

Spracheingaben funktionieren auch so, sollten Sie zum Schutz Ihrer Privatsphäre auf *Nein* klicken und danach auf *Annehmen.*

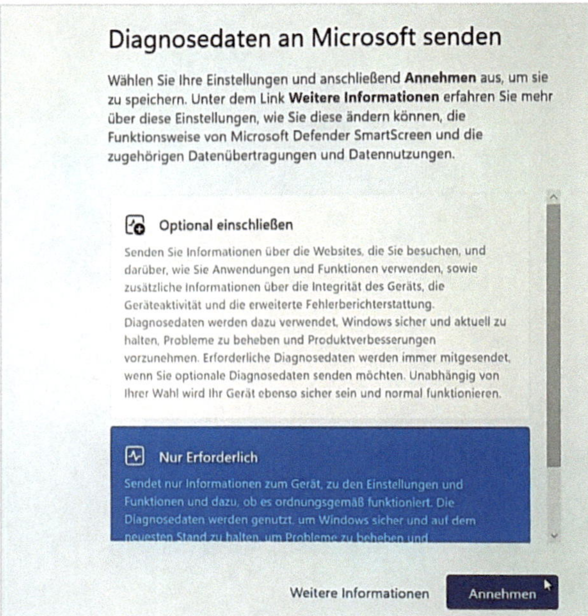

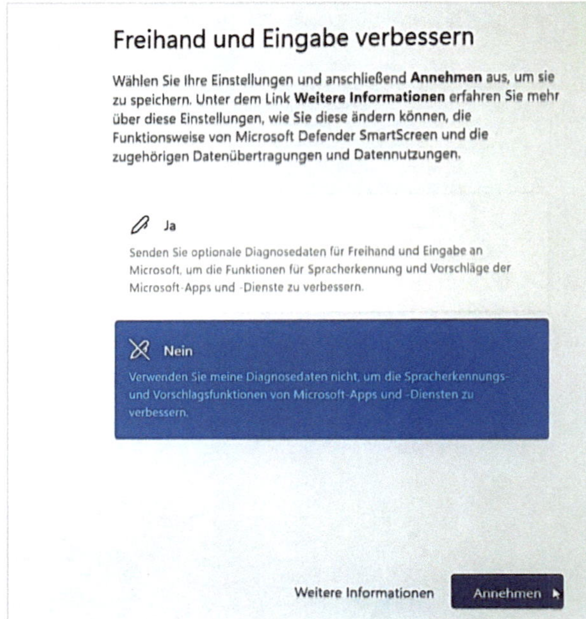

Bild 2.19 Diagnose- und Eingabe- und Freihanddaten senden

Mithilfe von Diagnosedaten angepasste Erfahrungen erhalten

Aufgrund der, an Microsoft gesendeten Diagnosedaten können Sie entsprechend angepasste Empfehlungen und Tipps, also Werbung erhalten. Hier gilt: Klicken Sie im Zweifelsfall auf *Nein* und anschließend auf *Annehmen*.

Bild 2.20 Personalisierte Tipps und Werbung

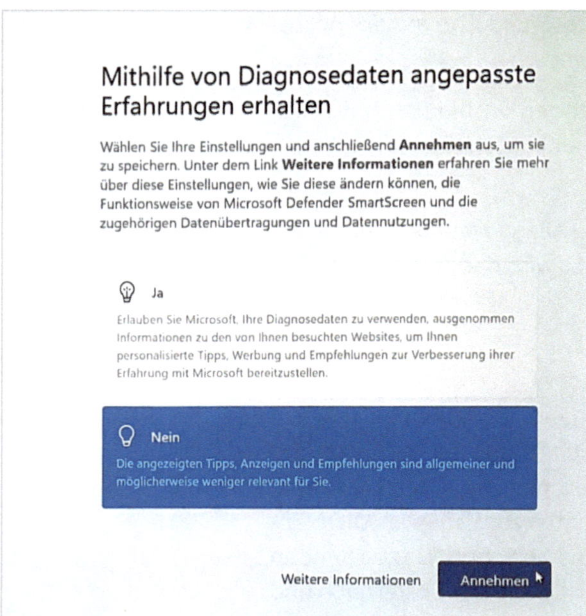

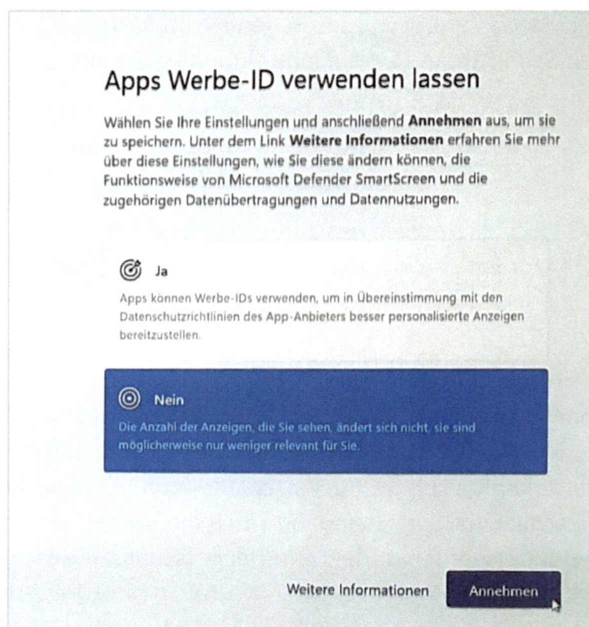

Apps Werbe-ID verwenden lassen

Die nächste Frage lautet, ob Sie einzelnen Apps, gemeint sind Programme mit denen Sie beispielsweise im Internet surfen, erlauben, Werbung anzuzeigen, die auf Sie zugeschnitten ist (Bild auf der vorhergehenden Seite). Wenn Sie sich beispielsweise im Internet über Haushaltsgeräte oder Reisen informieren, dann können auch andere Apps Werbung für Haushaltsgeräte oder Reiseveranstalter anzeigen. Auch hier können Sie problemlos auf *Nein* und anschließend auf *Annehmen* klicken.

Individuelle Benutzererfahrung

Auch die nächste Frage bezieht sich auf personalisierte Tipps und Anzeigen und zu diesem Zweck können Sie die Verwendung Ihres PCs näher definieren. Wenn Sie dies nicht wünschen, dann klicken Sie auf *Überspringen*.

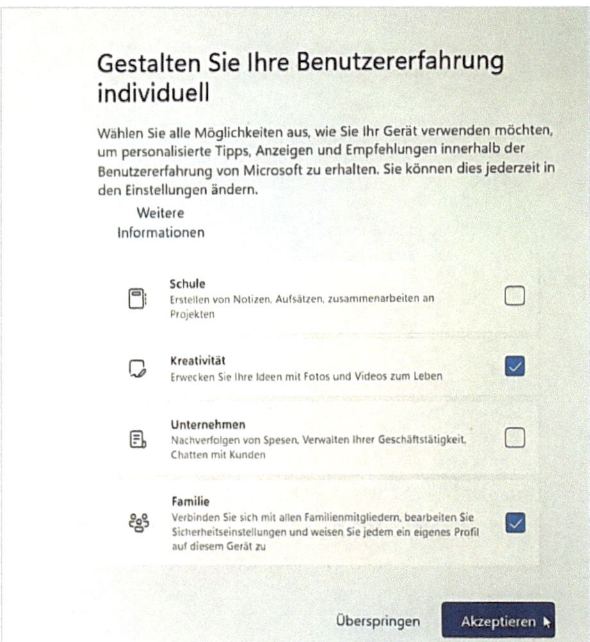

Bild 2.21 Wählen Sie die Verwendung Ihres Geräts oder überspringen Sie diesen Schritt

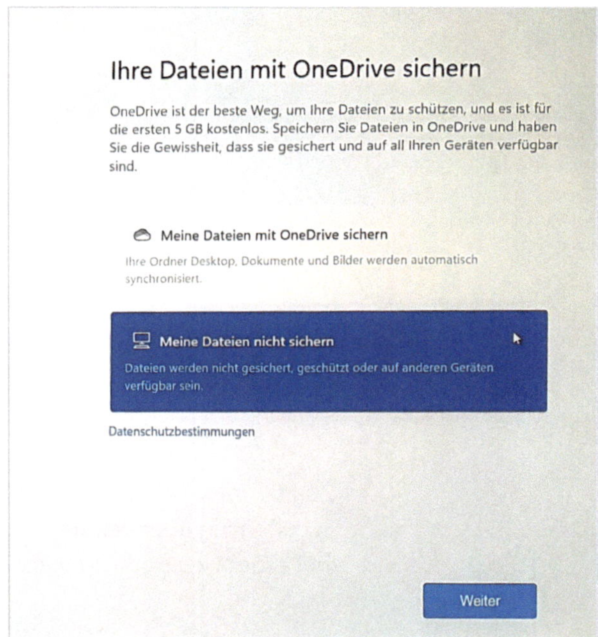

Bild 2.22 Sollen Ihre Dateien automatisch auf OneDrive gesichert werden?

Sichern mit OneDrive

Zusammen mit Ihrem Microsoft-Konto steht Ihnen unter der Bezeichnung OneDrive zusätzlicher Speicherplatz in der Cloud, genauer gesagt auf einem Microsoft-Server zur Verfügung. Microsoft bietet Ihnen im nächsten Schritt an (siehe Bild oben), Ihre Daten, also z. B. alle Textdokumente, Fotos, usw. automatisch auf OneDrive zu sichern. Dies schützt Sie zwar bei einem etwaigen Ausfall Ihres Geräts vor Datenverlust, allerdings reicht in der kostenlosen Version der verfügbare Speicherplatz von 5 GB (Gigabyte) bei weitem nicht aus, um beispielsweise eine umfangreiche Fotosammlung zu speichern. Wenn Sie nicht Microsoft 365 kostenpflichtig abonniert haben, dann klicken Sie auf *Meine Dateien nicht sichern* und danach auf *Weiter*. Wie Sie im Bedarfsfall nachträglich die Datensicherung auf OneDrive einrichten, oder einen anderen Datenträger zur Datensicherung nutzen, lesen Sie in Kapitel 6 dieses Buches.

Hinweis: Wenn Sie dagegen Microsoft 365 kostenpflichtig abonniert haben, verfügen Sie über 1 TB (Terabyte) Speicherplatz. Damit ist die Datensicherung auf OneDrive kein Problem.

Office-Premium-Apps bzw. Microsoft 365 testen

Abschließend bietet Ihnen Microsoft das kostenlose Testen von Office-Apps mit Microsoft 365 an. Gemeint ist damit ein Softwarepaket, das unter anderem das bekannte Schreibprogramm Microsoft Word, die Tabellenkalkulation Microsoft Excel, das Präsentationsprogramm PowerPoint sowie 1 TB Speicherplatz in der Cloud umfasst. Kostenlos ist dabei allerdings nur ein einmonatiger Testzeitraum, anschließend müssen Sie Microsoft 365 kostenpflichtig abonnieren. Klicken Sie also auf *Nein, danke*, wenn Sie Microsoft 365 nicht abonnieren möchten.

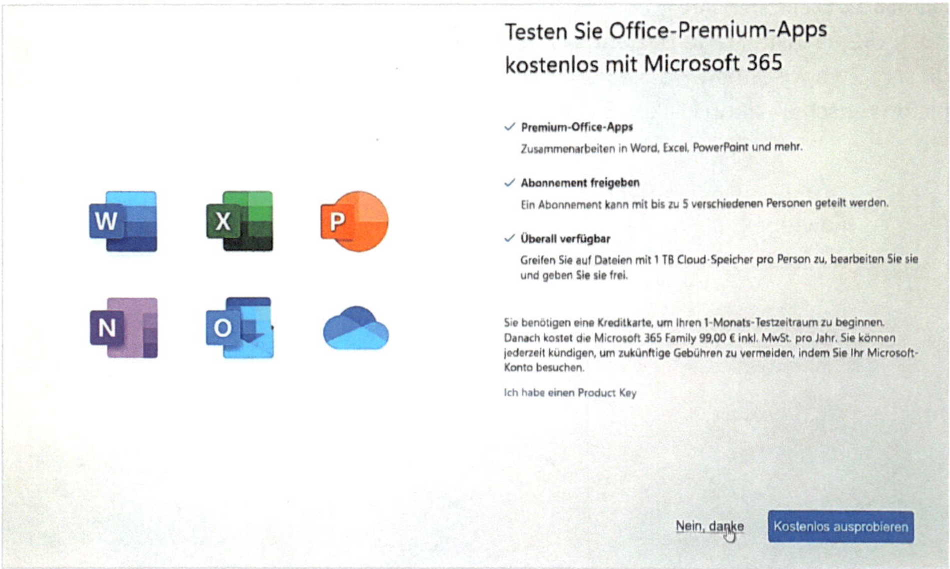

Bild 2.23 Microsoft 365 abonnieren?

Achtung: Microsoft 365 kann zwar für 1 Monat kostenlos genutzt werden. Beachten Sie aber, dass Sie nach Ablauf dieses Zeitraums Ihre, mit den Office-Apps erstellten Dateien nicht mehr öffnen können, wenn Sie Microsoft 365 nicht abonniert haben.

Zuletzt wird Ihr PC entsprechend eingerichtet, dies kann einige Minuten dauern. Schalten Sie aber während dieser Zeit den Computer nicht aus! Wie es anschließend weitergeht, lesen Sie im nächsten Kapitel.

2.3 So erstellen Sie ein Microsoft-Konto

Falls Sie noch kein Microsoft-Konto besitzen, können Sie ein solches Konto während des Einrichtungsvorgangs oder bei der ersten Anmeldung am Gerät erstellen. Dies erfordert nur wenige Angaben und ist schnell erledigt.

1 Dazu klicken Sie bei der Frage nach Ihrem Microsoft-Konto auf *Dann erstellen Sie jetzt eins*, siehe Bild 2.13 auf Seite 33.

2 Im ersten Schritt müssen Sie Ihre E-Mail-Adresse eingeben ❶ (Bild unten), diese kann bei einem beliebigen Anbieter registriert sein.

   Alternativ können Sie mit dem Microsoft-Konto auch eine neue E-Mail-Adresse einrichten. Dann klicken Sie stattdessen auf *Neue E-Mail-Adresse anfordern* ❷. Geben Sie im nachfolgenden Fenster Ihre Wunschadresse ein ❸, als Endung haben Sie die Wahl zwischen @outlook.de, @outook.com und @hotmail.com. Klicken Sie anschließend auf *Weiter*.

3 Danach werden Sie aufgefordert, ein Kennwort für Ihr Konto festzulegen ❹, dieses Kennwort ist für den Zugriff auf Ihr Microsoft-Konto erforderlich.

Bild 2.24 Geben Sie Ihre E-Mail-Adresse ein

Bild 2.25 Oder fordern Sie eine neue E-Mail-Adresse an

Bild 2.26 Kennwort erstellen.

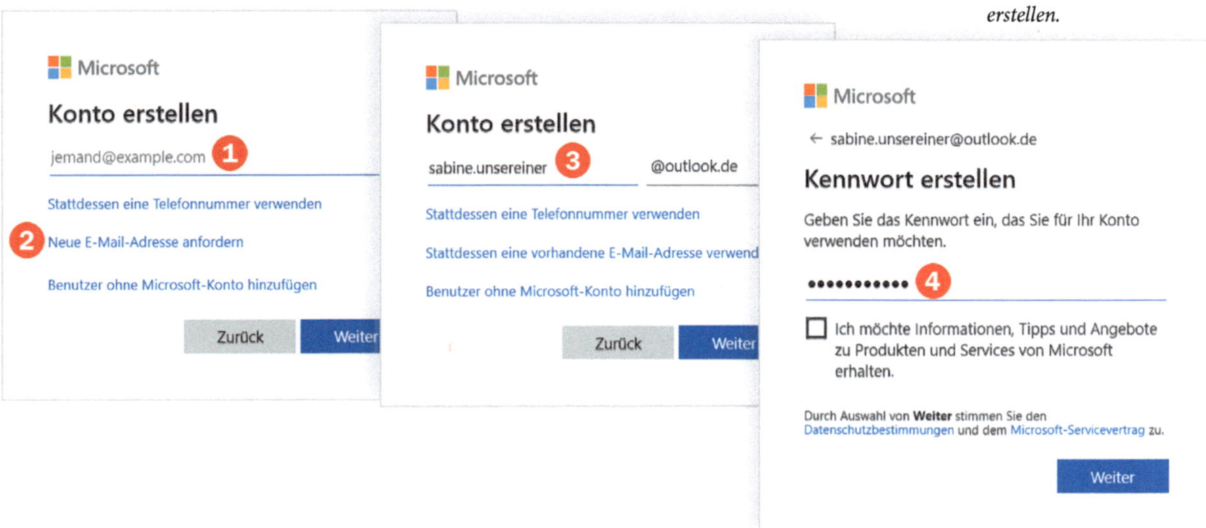

4 Nachdem Sie das gewählte Kennwort eingegeben und auf *Weiter* geklickt haben, müssen Sie noch Ihren Namen und das Land angeben. Danach ist Ihr Microsoft-Konto fertiggestellt und Sie können sich damit anmelden.

Beachten Sie beim Kennwort auch Groß- und Kleinschreibung!

Tipp: Notieren Sie Ihre E-Mail Adresse und das dazugehörige Kennwort genauestens auf einem Blatt Papier und verwahren Sie dieses sorgfältig. Wenn Sie bei der Neueinrichtung Ihres Microsoft-Kontos nicht dazu aufgefordert werden, sollten Sie außerdem unbedingt bei der nächsten Gelegenheit in Ihrem Konto eine zweite E-Mail Adresse oder Ihre Mobilfunknummer hinterlegen. Falls Sie Ihr Kennwort vergessen haben sollten, wird auf Anforderung ein Code an diese E-Mail Adresse oder Ihr Handy gesendet und mit diesem erhalten Sie wieder Zugriff auf Ihr Konto. Die genaue Vorgehensweise lesen Sie in Kapitel 6 nach.

Konto bestätigen

Wenn Sie bei der Erstellung des Microsoft-Kontos eine vorhandene E-Mail-Adresse angegeben haben, so wird anschließend eine Mail an diese Adresse gesendet. Dadurch soll sichergestellt werden, dass es sich tatsächlich um Ihre Adresse handelt. Kontrollieren Sie daher den Posteingang dieses Kontos und klicken Sie in der Mail auf den Link, um die Einrichtung abzuschließen. Gleichzeitig erhalten Sie in der Mail einen Sicherheitscode, den Sie unter Umständen nach der ersten Anmeldung mit diesem Konto eingeben müssen.

3 Die Benutzeroberfläche

3.1 Sperrbildschirm und Anmeldung

Wie Sie das Bild ändern, erfahren Sie in Kapitel 5.4

Nach dem Einschalten des Geräts oder nach einer längeren Pause, bei der keine Eingabe erfolgt ist, erscheint zunächst der Sperrbildschirm. Dieser zeigt neben aktueller Uhrzeit und Datum Informationen zur Internetverbindung und zum Ladezustand des Akkus an. Das Bild des Sperrbildschirms kann individuell gewählt werden und unterscheidet sich daher wahrscheinlich vom hier abgebildeten Sperrbildschirm.

Bevor Sie loslegen können, müssen Sie sich anmelden. Um zur Anmeldung zu gelangen, klicken oder tippen Sie einmal auf eine beliebige Stelle des Bildschirms oder drücken eine beliebige Taste der Tastatur.

Bild 3.1 Der Sperrbildschirm: Klicken oder tippen Sie an eine beliebige Stelle

Bild 3.2 Die Anmeldeseite

Die Anmeldung

Auf der nachfolgenden Anmeldeseite erscheint dann, je nach Gerät und vereinbarter Anmeldung (siehe Kapitel 2) die Aufforderung zur Eingabe Ihrer PIN oder zur Gesichts- oder Fingerabdruckerkennung. Als Beispiel im Bild unten die Anmeldung per Fingerabdruckerkennung.

Falls mehrere Möglichkeiten der Anmeldung eingerichtet wurden und Sie eine andere Option auswählen möchten, dann klicken oder tippen Sie auf *Anmeldeoptionen* und danach auf die gewünschte Anmeldung, z. B. PIN, siehe Bild 3.4.

Bild 3.3 Beispiel: Anmeldung per Fingerabdruck

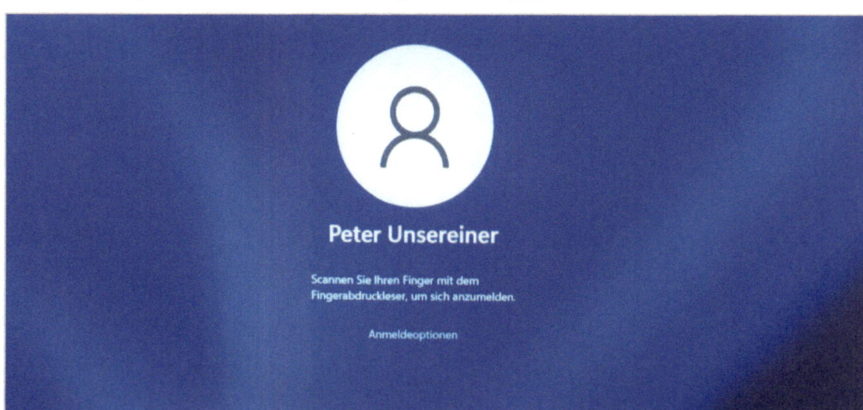

Bild 3.4 Anmeldeoptionen

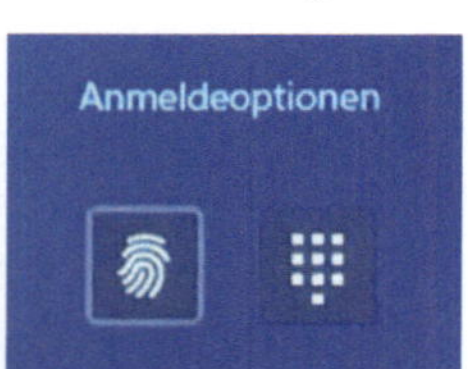

Auf Geräten mit Fingerbedienung erscheint nach der Wahl von PIN- oder Kennworteingabe automatisch die Bildschirmtastatur.

Achtung: Wenn auf Ihrem Gerät mehrere Benutzerkonten existieren, dann finden Sie diese auf der Anmeldeseite links unten und müssen eventuell zunächst Ihr Benutzerkonto durch Anklicken oder Antippen auswählen, siehe Bild 3.2.

Hinweise zur Kennworteingabe

Eine Anmeldung mit Kennwort wird nur für sogenannte Offline- oder Lokale Benutzerkonten angeboten, oder falls die Anmeldung mit Windows Hello ausgeschaltet ist. Wenn Sie in solchen Fällen die Option *Kennwort* gewählt haben, dann beachten Sie die folgenden Punkte bei der Eingabe:

- Kennwörter unterscheiden zwischen Groß- und Kleinbuchstaben, achten Sie daher auf die korrekte Schreibweise und kontrollieren Sie eventuell, ob nicht versehentlich die Feststelltaste (Großschreibung) betätigt wurde. Mit Hilfe des Auges rechts im Eingabefeld blenden Sie statt der Punkte das eingetippte Kennwort kurzzeitig ein: Verweilen Sie mit dem Finger oder mit gedrückter linker Maustaste etwas länger auf dem Symbol.
- Schließen Sie die Kennworteingabe mit der **Eingabetaste** der Tastatur ab oder tippen Sie auf den nach rechts weisenden Pfeil neben dem Eingabefeld.

Weitere Symbole der Anmeldeseite

In der unteren rechten Ecke der Anmeldung finden Sie die folgenden drei Symbole:

- Mit Klick auf das Symbol *Ein/Aus* lässt sich das Gerät auch ohne Anmeldung herunterfahren und anschließend ganz ausschalten oder in den Energiesparmodus versetzen.
- Mit Klick auf das Symbol *Barrierefreiheit* werden verschiedene Eingabehilfen für barrierefreies Arbeiten vorgelesen und mit Betätigen der Leertaste schalten Sie die jeweilige Hilfsfunktion ein.
- Das dritte Symbol zeigt an, ob eine Internetverbindung besteht.

Bild 3.5 Symbole in der rechten unteren Ecke

Nach erfolgreicher Anmeldung erscheint der Desktop, also die eigentliche Benutzeroberfläche von Windows, und Sie können beginnen.

Wurde das Gerät zuvor heruntergefahren bzw. ausgeschaltet, so erscheint zwar unmittelbar nach der Anmeldung ebenfalls der Desktop, aber Windows ist im Hintergrund noch mit dem Laden diverser Einstellungen und Apps beschäftigt. Dies erkennen Sie auch am kleinen Kreis am Mauszeiger und beim Klicken oder Tippen erfolgt keine Reaktion. Erst wenn der Startvorgang abschlossen ist, lassen sich beispielsweise Apps starten, möglicherweise öffnet sich dann auch automatisch das Startmenü.

3.2 Die Elemente des Desktops im Überblick

Desktop, dt. Schreibtischoberfläche

Nach erfolgreicher Anmeldung erscheint auf dem Bildschirm der Desktop, die Bedienoberfläche von Windows. Vor diesem Hintergrund werden Apps und Programme geöffnet und von hier aus verwalten Sie auch Ihre Daten und Einstellungen.

Bild 3.6 Die wichtigsten Elemente des Desktops

Übersicht

- **Desktophintergrund** ❶
  Den größten Teil des Bildschirms nimmt der Desktophintergrund ein. Hintergrundmotiv und Farben sind frei wählbar und unterscheiden sich daher möglicherweise vom Bild oben. Auch die Symbole (hier links oben) vor dem Hintergrundbild weichen auf Ihrem Gerät ziemlich sicher von der Abbildung ab. Sie dienen zum schnelleren Starten von Apps, auf ihre Bedeutung wird in diesem Buch später näher eingegangen. Aussehen, Anzahl und Anordnung der Symbole hängen von den installierten Apps ab, das einzige Symbol, das Sie hier mit Sicherheit vorfinden, ist der *Papierkorb* ❷.
- **Taskleiste** ❸
  Am unteren Rand des Bildschirms befindet sich die Taskleiste. Sie erfüllt gleich mehrere Funktionen, dazu gehören das schnelle Starten ausgewählter Apps, ein Überblick über geöffnete Apps und die Anzeige von Statusinformationen.
- **Startmenü öffnen** ❹
  In der Taskleiste finden Sie links von den übrigen Symbolen auch das Symbol *Start* ⊞, auch als Windows-Symbol bezeichnet. Ein Klick auf dieses Symbol öffnet das Startmenü, über das Sie unter anderem Apps starten, verschiedene Einstellungen ändern oder den PC wieder herunterfahren.

Eine Taste mit diesem Logo befindet sich auch auf der Tastatur. Auch sie öffnet das Startmenü.

Das Startmenü

Das Startmenü ist die wichtigste Anlaufstelle zum Starten von Apps und Anwendungen. Es zeigt alle Apps an, die auf dem betreffenden Gerät installiert sind.

- Zum Öffnen des Startmenüs klicken oder tippen Sie in der Taskleiste auf das Symbol mit dem Windows-Logo ❶ (Bild unten). Alternativ drücken Sie zum Öffnen des Startmenüs auf der Tastatur die Taste mit dem Windows-Logo.

Auf einem Gerät mit Touchbedienung öffnet sich das Startmenü auch, wenn Sie aus der Taskleiste nach oben wischen.

Falls Sie das Startmenü versehentlich geöffnet haben, so klicken oder tippen Sie entweder an eine beliebige Stelle außerhalb des Startmenüs oder klicken bzw. tippen nochmals auf das Windows-Symbol. Auch die Windows-Taste oder die **Esc**-Taste der Tastatur schließen das geöffnete Startmenü wieder.

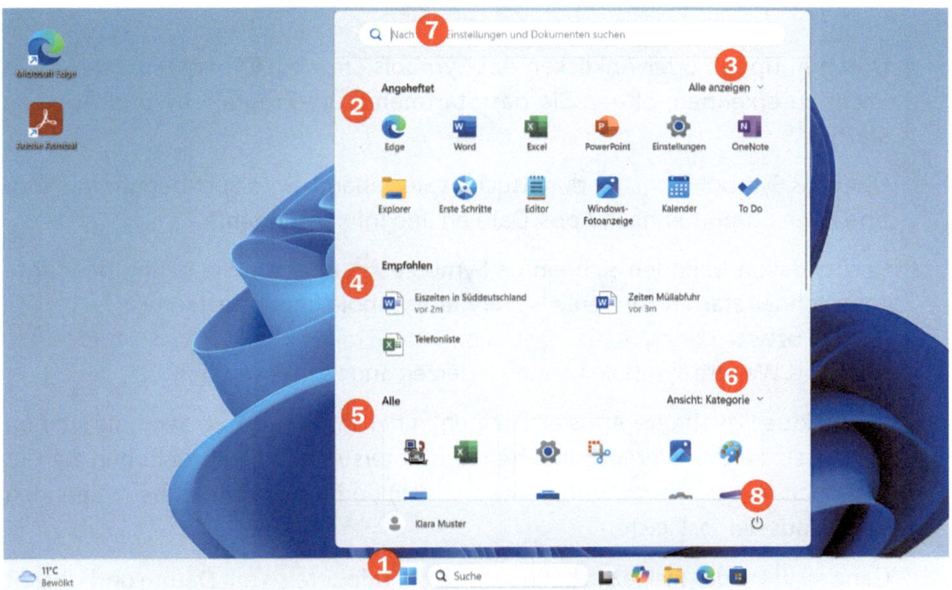

Bild 3.7 Das Startmenü

Die Elemente des Startmenüs

- Den größten Teil des Startmenüs nehmen Symbole ausgewählter Apps ein, die hier angeheftet sind ❷. Diese können Sie mit einem Mausklick bzw. durch Antippen starten. Umfasst die Liste angehefteter Apps noch mehr Elemente, dann klicken Sie auf *Alle anzeigen* ❸. Dem Bereich *Angeheftet* können Sie außerdem nach Belieben weitere Apps hinzufügen und nicht benötigte entfernen. Näheres hierzu lesen Sie in Kapitel 5.2.

Umfasst die Liste Angehefteter Apps noch mehr Elemente, dann klicken Sie auf *Alle anzeigen* ❸. *Weniger anzeigen* schränkt dagegen die Anzeige wieder auf die ersten Apps ein.

- Im Bereich *Empfohlen* ❹ haben Sie schnellen Zugriff auf zuletzt verwendete Dateien und kürzlich installierte Apps.
- Der Bereich *Alle* ❺ enthält alle, auf dem Gerät installierten Apps, in der Standardansicht nach Kategorien zusammengefasst. Um die Apps alphabetisch geordnet aufzulisten, klicken Sie rechts ❻ und wählen die Ansicht *Liste* oder *Raster*. Mit Drehen des Mausrads scrollen Sie durch diesen Bereich.

- Das Suchfeld ❼ dient zur schnellen Suche nach Apps, Einstellungen, Dateien und Ordnern.
- Über das Symbol rechts unten ❽ fahren Sie das Gerät herunter oder versetzen es in den Energiesparmodus.

Task, dt. Anwendung

Die Taskleiste

Am unteren Rand des Bildschirms befindet sich die Taskleiste. Sie erfüllt gleich mehrere wichtige Funktionen:

Bild 3.8 Elemente der Taskleiste

Wenn Sie mit der Maus auf die aktuelle Wetteranzeige ❼ zeigen, dann öffnen sich die sogenannten Widgets mit weiteren aktuellen Informationen. Sie verschwinden wieder, sobald Sie die Maus an anderer Stelle positionieren.

- Durch Antippen oder Anklicken des Symbols *Start* ❶, am Windows-Logo leicht zu erkennen, öffnen Sie das Startmenü, um Programme und Apps zu starten.
- Über das Symbol *Suche* ❷ durchsuchen Sie anhand eines Suchbegriffs das Web und Ihren Computer nach Apps, Dateien und Informationen.
- Rechts davon befinden sich einige Symbole ❸ über die Sie häufig benötigte Apps schnell starten können. Als Standardsymbole finden Sie hier *Aktive Anwendungen* bzw. *Desktops*, *Microsoft Copilot*, *Datei-Explorer*, *Microsoft Edge* und *Microsoft Store*. Weitere Symbole können jederzeit angeheftet werden.
- Auch aktuell geöffnete Apps erscheinen in der Taskleiste; ihre Symbole sind im Gegensatz zu den hier fest angehefteten unterstrichen hervorgehoben ❹ (im Bild oben *Microsoft Word* und *Microsoft Excel*) und verschwinden beim Beenden wieder aus der Taskleiste.
- Ganz rechts in der Taskleiste befindet sich der Infobereich mit Datum und Uhrzeit ❺. Ein Klick auf das Datum öffnet ein Kalenderblatt mit dem aktuellen Monat.

Die Symbole des Infobereichs

Im Infobereich finden Sie neben Datum und Uhrzeit eine Reihe verschiedener Symbole. Diese können, je nach Gerät, recht unterschiedlich sein. Sollten hier nicht alle Symbole Platz finden, so öffnet ein Mausklick auf den kleinen, nach oben weisenden Pfeil ❻ den Überlaufbereich mit den restlichen Symbolen. Die wichtigsten Symbole:

	Über das Symbol Wolke erhalten Sie Zugriff auf Ihren Cloud-Speicher *OneDrive*, sofern Sie mit einem Microsoft-Konto angemeldet sind.
	Dieses Symbol steht für die integrierte Sicherheitssoftware mit dem Namen Windows Defender und das grüne Häkchen signalisiert, dass aktuell keine Sicherheitsprobleme bestehen. Wenn Sie Sicherheitssoftware eines anderen Anbieters nutzen, dann erscheint hier deren Symbol.
	Dieses Symbol zeigt bei mobilen Geräten den Ladezustand des Akkus an.

	Dieses Symbol zeigt an, ob Ihr PC mit einem Netzwerk (im Bild WLAN) und damit dem Internet verbunden ist. Bei einer Internetverbindung per Kabel sehen Sie an dieser Stelle ein anderes Symbol.
	Lautsprecher
	Die Symbole *Lautsprecher*, *Netzwerk* und *Akku* bilden eine Gruppe und beim Anklicken öffnet sich ein Feld, in dem Sie z. B. per Schaltfläche den Flugzeugmodus aktivieren und wieder deaktivieren sowie über Regler Lautstärke und Bildschirmhelligkeit regeln können.
	Das eventuell vorhandene Symbol *Bluetooth* zeigt an, zu welchen externen Geräten eine Funkverbindung besteht, sofern dieser Standard in Ihren PC integriert ist.
	Das Tastatursymbol finden Sie standardmäßig auf Geräten mit Touchbedienung und durch Antippen blenden Sie die Bildschirmtastatur ein.

Auf manchen Geräten kommen eventuell noch weitere Symbole, z. B. Stift als Eingabegerät, Grafik- bzw. Bildschirmanzeige oder diverse Apps hinzu.

3.3 Apps starten und beenden

App, Anwendung oder Programm?

Apps im engeren Sinne sind kleine Programme, die für die Fingersteuerung optimiert sind. Sie sind sehr einfach zu bedienen, da sie nur für bestimmte Aufgaben konzipiert sind und über einen eingeschränkten Befehlsumfang verfügen. Im Gegensatz dazu werden klassische Büroanwendungen, wie etwa Microsoft Word oder Excel, häufig auch als Anwendungen bezeichnet.

Windows verwendet den Begriff App einheitlich für alle Programme, egal ob es sich um typische Apps, wie beispielsweise den Kalender, oder um komplexe Anwendungen handelt. Dieses Buch schließt sich dem an und verwendet, unabhängig von Funktion und Umfang, den Begriff App. Auf Ausnahmen wird gesondert hingewiesen.

App ist eine Abkürzung von Application, dt. Anwendung.

Zum Starten bzw. Öffnen von Apps stehen Ihnen verschiedene Möglichkeiten offen.

Eine App im Startmenü öffnen

Öffnen Sie das Startmenü, entweder mit Klick auf das Symbol *Start* oder mit der **Windows**-Taste der Tastatur.

Angeheftete App

Befindet sich das Symbol der gesuchten App im Bereich *Angeheftet*, dann klicken oder tippen Sie auf das Symbol, z. B. *Microsoft Edge* ❶, s. Bild auf der nächsten Seite. Falls der Bereich *Angeheftet* sehr viele Apps enthält und die App nicht auf Anhieb sichtbar ist, dann klicken Sie auf *Alle anzeigen* ❷.

Alle Apps durchsuchen

Andernfalls finden Sie die gesuchte App im Bereich *Alle* ❸, die genaue Vorgehensweise hängt von der gewählten Ansicht ab:

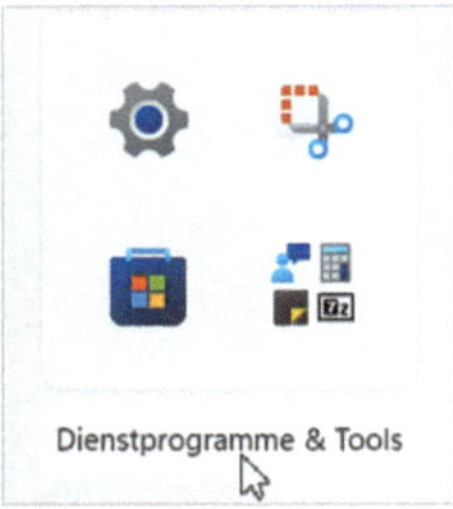

- **Kategorie**: Um alle Apps einer Kategorie anzuzeigen, klicken oder tippen Sie auf deren Bezeichnung, z. B. *Dienstprogramme & Tools* ❹. Die Apps erscheinen in einem gesonderten Feld und können hier ebenfalls durch Anklicken bzw. Antippen gestartet werden. Mit Drücken der **Esc**-Taste schließen Sie dagegen das Feld wieder, ohne eine App zu starten.
- **Alphabetische Liste**: In den Ansichten *Raster* ❺ und *Liste* erscheint statt der Kategorien eine alphabetisch geordnete Liste, durch die Sie mit Drehen des Mausrads oder Wischen zur gesuchten App scrollen. Der Unterschied zwischen den beiden Ansichten: *Raster* ordnet die Apps neben- statt untereinander an, ist also platzsparender.

Bild 3.9 Angeheftete Apps im Startmenü

Bild 3.10 Alle Apps

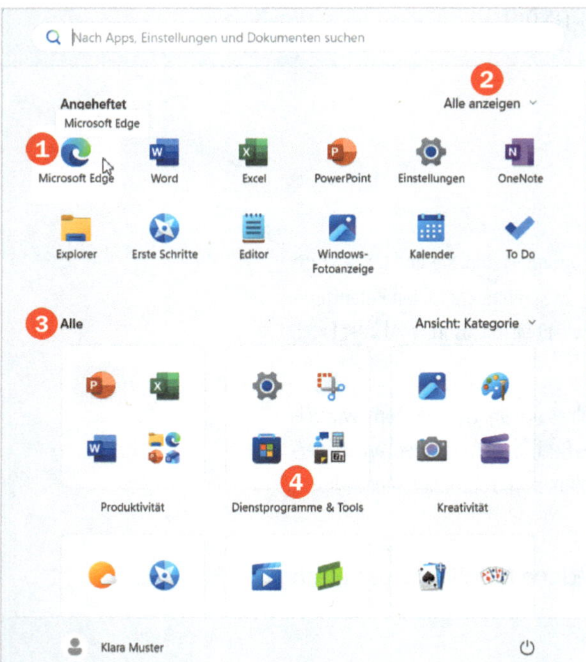

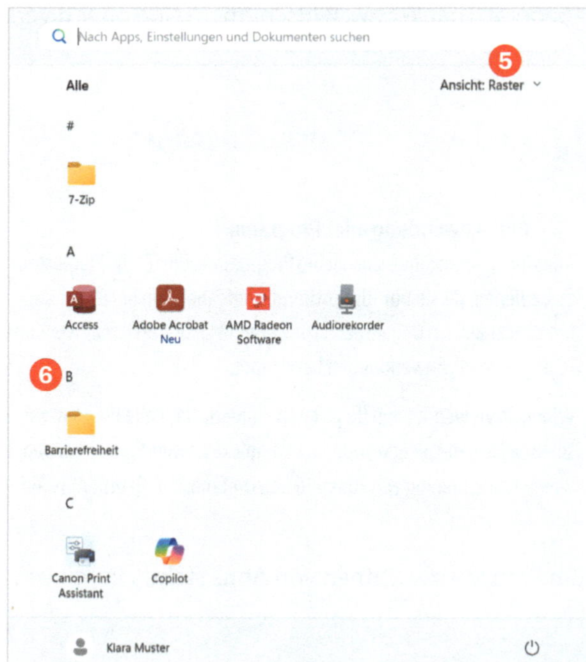

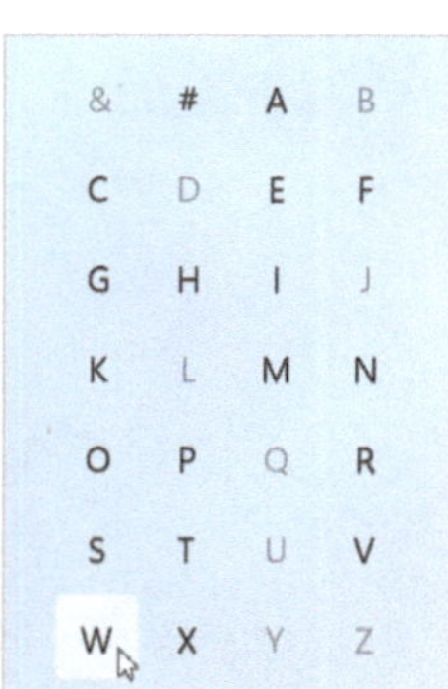

- **Über den Index schnell zu einem bestimmten Buchstaben gelangen**: Um in den Ansichten *Liste* und *Raster* schnell zu einem bestimmten Buchstaben zu gelangen, klicken Sie einfach auf eine beliebige Überschrift bzw. einen Buchstaben, z. B. *B* ❻. Statt der Liste erscheint nun ein alphabetischer Index, siehe Bild links. Klicken Sie hier auf den Anfangsbuchstaben der gesuchten App.

  Hinweis: Diese Methode funktioniert nicht, wenn sich die gesuchte App in einem Ordner befindet, siehe unten. In diesem Fall finden Sie die App am schnellsten über die Suche, wie Sie dabei vorgehen, lesen Sie im nächsten Punkt.

- **Apps in Ordnern**: Manche zusammengehörigen Apps bilden auch in den Ansichten *Raster* und *Liste* eine Gruppe, wie z. B. die Apps der Kategorie *Barrierefreiheit* ❶ (s. Bild rechts), diese werden aber im Gegensatz zur Kategorieansicht durch ein einheitliches gelbes Ordnersymbol dargestellt. Um die enthaltenen Apps anzuzeigen, klicken oder tippen Sie auf den Ordner. Die dazugehörigen Apps erscheinen nun ebenfalls in einem gesonderten Fenster ❷.

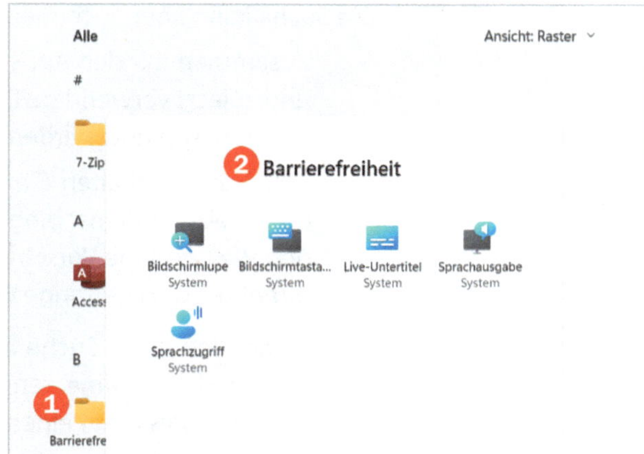

Bild 3.11 Apps in Ordnern anzeigen und starten

App suchen und starten

Am schnellsten und einfachsten starten Sie eine App über die Suche, hier als Beispiel die App *Rechner*:

▶ Klicken bzw. tippen Sie dazu in der Taskleiste am unteren Bildschirmrand auf *Suche* oder drücken Sie die Tastenkombination **Windows+S** und geben Sie die ersten Zeichen der gesuchten App ein ❶.

▶ Oder öffnen Sie das Startmenü ❷ und geben Ihren Suchbegriff im Suchfeld ganz oben ein ❸.

In allen Fällen erscheinen bereits während der Eingabe passende Ergebnisse und Sie brauchen zum Starten nur die gewünschte App ❹ anklicken.

Bild 3.12 Die Startseite der Suche

Bild 3.13 ... mit Suchvorschlägen

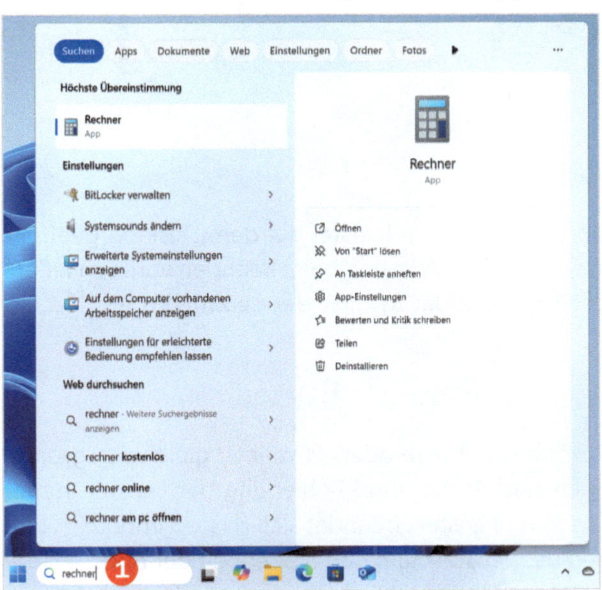

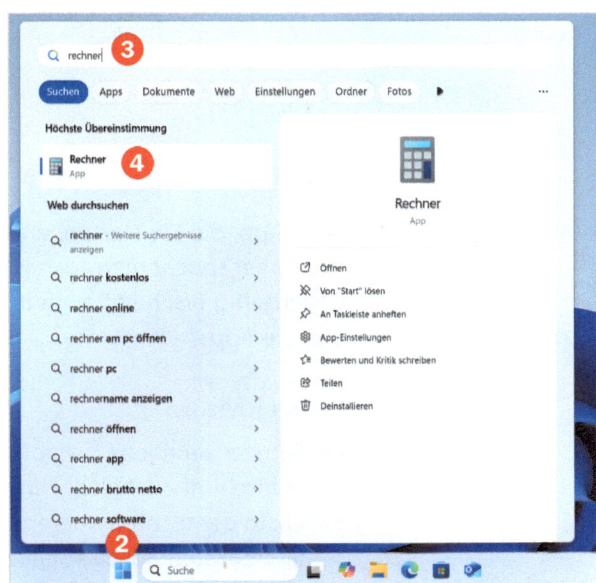

Details zu Dateien und Ordnern lesen Sie in Kapitel 4.

Die Suche kann aber noch mehr:

- Zusammen mit den Apps liefert die Suche, hier nach „Word“ auch dazugehörige und zuletzt verwendete Dokumente ❺. Diese erscheinen unterhalb der ausgewählten App und werden durch Anklicken zusammen mit der App geöffnet.
- Gleichzeitig erhalten Sie unter *Web durchsuchen* ❻ auch Suchvorschläge mit dem Websuchdienst bing. Hier sehen Sie beim Klick auf den nach rechts weisenden Pfeil ❼ eine Vorschau auf die Suchergebnisse und ein Klick auf einen Link öffnet die dazugehörige Webseite im Browser, in der Regel *Microsoft Edge*.
- Ferner liefert die Suche auch Ordner und Dateien (*Dokumente*), sowie Einstellungen, deren Name den Suchbegriff enthält. In der Leiste oben können Sie die Suchergebnisse auf einen Typ eingrenzen, z. B. auf *Apps* oder *Dokumente* ❽.

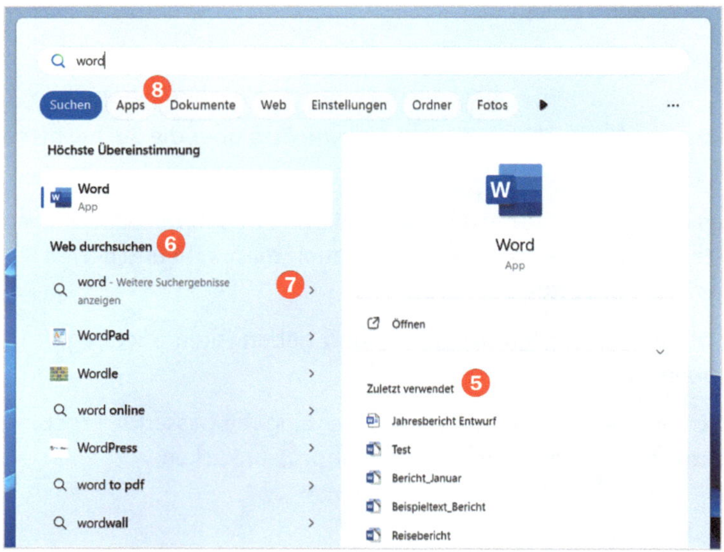

Bild 3.14 Die App Word suchen und starten

App beenden

Windows, dt. Fenster

Jede App, die Sie starten, wird in einem eigenen Fenster auf dem Desktop geöffnet ❶. Daher spricht man auch vom Öffnen einer App und beim Beenden vom Schließen. Gleichzeitig erscheint auch in der Taskleiste das Symbol der geöffneten App ❷, im Bild die App *Rechner*.

Fenster schließen

Ein Fenster kann jede beliebige Größe annehmen oder als Vollbild gleich den gesamten Bildschirm ausfüllen. Hingegen sind Aufbau und Bedienung der Fenster immer gleich. In der rechten oberen Ecke jedes Fensters befindet sich das x-Symbol ❸, dieses Symbol steht für das Schließen des Fensters und damit Beenden der App. Falls Sie eine Maus benutzen, so ändert die dazugehörige Schaltfläche ihre Farbe und wird rot, sobald Sie mit der Maus darauf zeigen.

- Klicken oder tippen Sie zum Beenden der App auf das Symbol ❸. Eventuell erscheint vor dem eigentlichen Beenden noch eine Rückfrage, ob Sie nicht gespeicherte Daten speichern möchten.

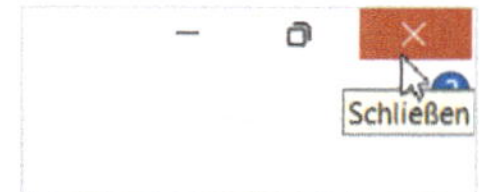

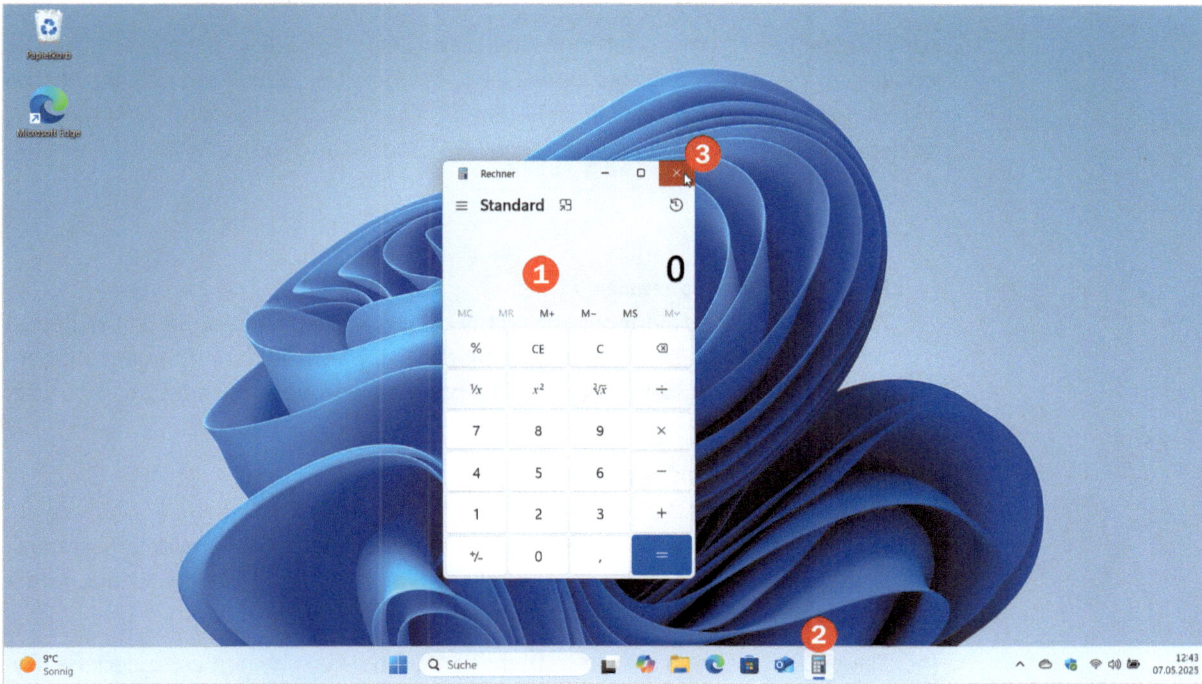

Bild 3.15 Beispiel: Die App Rechner beenden

Weitere Möglichkeiten zum Schließen von Fenstern und Apps

- **Tastenkombination**
  Zum Schließen des aktuellen Fensters können Sie auch die Tastenkombination **Alt+F4** benutzen. Falls mehrere Fenster gleichzeitig auf dem Desktop geöffnet sind, wird damit das Fenster im Vordergrund geschlossen.

- **Rechte Maustaste**
  Geöffnete Apps erscheinen auch in der Taskleiste und zwar im Gegensatz zu den hier fest angehefteten Apps mit einem unterstrichenen Symbol. Zum Beenden klicken Sie mit der rechten Maustaste auf das Symbol und auf *Fenster schließen* (Bild rechts).

  Oder klicken Sie mit der rechten Maustaste auf eine beliebige Stelle im Titelbereich des Fensters und auf *Schließen*.

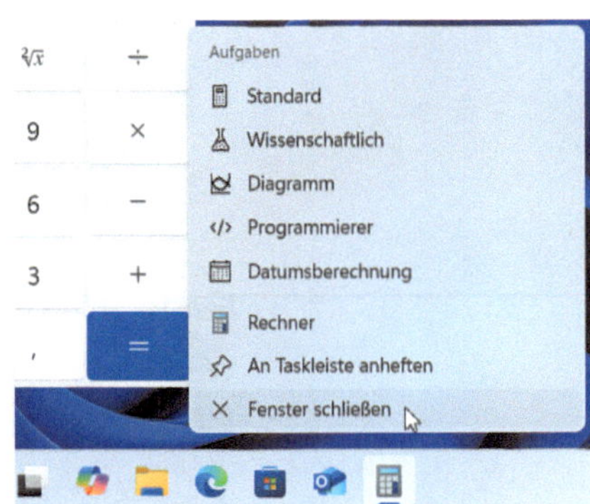

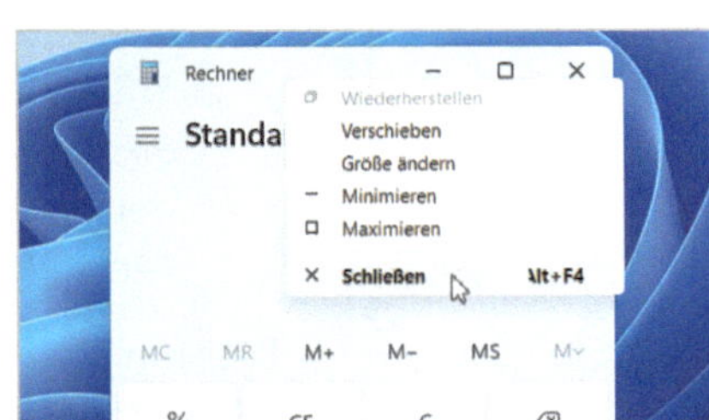

3.4 Allgemeine Fenstertechniken

Fenster vergrößern, verkleinern und verschieben

Jedes Fenster besitzt ganz oben eine Titelleiste. Hier finden Sie Informationen wie z. B. den Namen der App, die angezeigte Webseite oder den aktuellen Speicherort (Datei-Explorer). Unabhängig davon befinden sich ganz rechts stets drei Schaltflächen, mit denen Sie nicht nur das Fenster schließen, sondern auch seine Größe steuern.

Bild 3.16 Die Titelleiste des Microsoft Store

- **Fenster schließen, App beenden**
  Klicken Sie auf das Symbol ganz rechts (*Schließen*, auch erkennbar am x). Benutzen Sie eine Maus, so wird die Schaltfläche rot, wenn Sie darauf zeigen. Mit dem Schließen des Fensters wird die App beendet und verschwindet auch aus der Taskleiste.

- **Fenster verkleinern und vergrößern**
  Wenn das Fenster den gesamten Bildschirm ausfüllen soll, dann klicken Sie auf das mittlere der drei Symbole (*Maximieren*). Ist dagegen das Fenster bereits maximiert, dann sieht das mittlere Symbol etwas anders aus und ein Klick darauf stellt die vorherige Fenstergröße wieder her.

  Hinweis: Beim Zeigen auf das mittlere der Symbole erscheinen verschiedene Layouts zum Anordnen des Fensters, ihre Funktion wird weiter unten genauer beschrieben.

- **Fenster minimieren**
  Mit Klick auf *Minimieren* wird das Fenster nicht geschlossen, sondern verschwindet nur vom Desktop. Da das Symbol der App weiterhin in der Taskleiste verbleibt, brauchen Sie hier nur auf dieses Symbol klicken, um das Fenster in seiner vorherigen Größe wieder auf den Desktop zu holen.

Fenstergröße manuell ändern

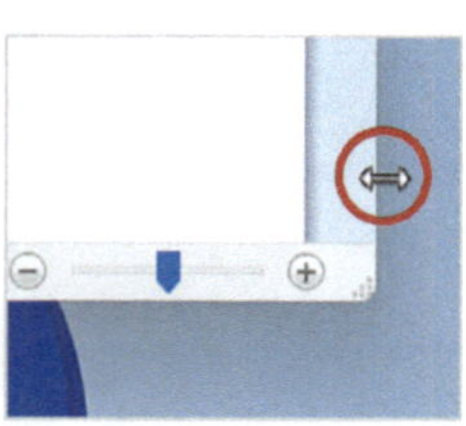

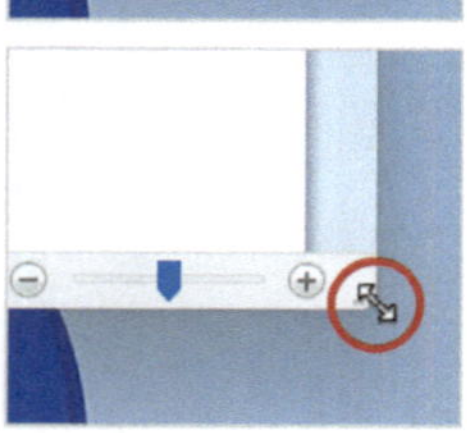

Wenn ein Fenster nicht den gesamten Bildschirm ausfüllt, dann können Sie es mit der Maus auf jede beliebige Größe ziehen.

1. Zeigen Sie mit der Maus an eine beliebige Stelle der Fensterumrandung und beobachten Sie den Mauszeiger.
2. Sobald anstelle des normalen Mauszeigers ein Doppelpfeil erscheint, drücken Sie die linke Maustaste und halten diese gedrückt, während Sie die Maus in eine der beiden Richtungen bewegen. Lassen Sie die Maustaste erst los, wenn das Fenster die gewünschte Größe erreicht hat.

Dies funktioniert an jeder Seite. In den Ecken erhalten Sie als Mauszeiger einen diagonalen Doppelpfeil und verändern Breite und Höhe gleichzeitig.

Fenster verschieben

Zum Verschieben eines Fensters positionieren Sie den Mauszeiger an einer freien Stelle der Titelleiste, drücken die linke Maustaste und halten die Taste gedrückt, während Sie die Maus bewegen und so das Fenster an die gewünschte Stelle ziehen.

Bild 3.17 Verschieben Sie das Fenster anhand der Titelleiste

Den sichtbaren Ausschnitt im Fenster verschieben (scrollen)

Nicht immer reicht die Größe des Bildschirms oder eines Fensters aus, um den Inhalt, beispielsweise Seiten im Internet, vollständig anzuzeigen. In diesem Fall sehen Sie im Fenster nur einen Teil des Inhalts. Gleichzeitig erscheinen automatisch am rechten und/oder unteren Fensterrand vertikale bzw. horizontale Bildlaufleisten, allerdings nur, wenn Bedarf besteht.

- Zum Verschieben des sichtbaren Fensterausschnitts zeigen Sie mit der Maus in das Fenster und drehen das Mausrädchen in die gewünschte Richtung. Auf diese Weise verschieben Sie den Fensterinhalt nach oben oder unten. Dies bezeichnet man auch als Scrollen.
- Alternativ benutzen Sie die Bildlaufleiste: Verschieben Sie mit gedrückter linker Maustaste den Balken der Bildlaufleiste nach oben oder unten bzw. nach links oder rechts. Wenn Sie mit der linken Maustaste auf die Pfeile an den Enden der Bildlaufleiste klicken, dann wird der Fensterinhalt zeilenweise verschoben.

Keine Bildlaufleiste sichtbar? Wenn ein Fenster keine Bildlaufleiste aufweist, dann bedeutet das nur, dass der gesamte Fensterinhalt bereits sichtbar ist.

Alle Fenster minimieren und Desktop anzeigen

Falls mehrere Apps bzw. Fenster gleichzeitig geöffnet sind, können Sie diese mit einem einzigen Mausklick minimieren und den Desktop ohne Fenster anzeigen. Klicken Sie dazu am äußersten rechten Rand der Taskleiste auf *Desktop anzeigen*, s. Bild unten.

Bild 3.18 Alle Fenster minimieren und Desktop anzeigen

Fenster mit Snap Layouts automatisch anordnen

Snap bedeutet auf deutsch einrasten.

Windows 11 verfügt über eine Funktion, die mehrere geöffnete Fenster automatisch auf dem Desktop anordnet, hierzu stehen verschiedene Layouts zur Wahl, auch als Snap Layouts bezeichnet. So geht's:

Die angebotenen Snap Layouts sind abhängig von Monitorgröße und Bildschirmauflösung. Auf Notebooks mit relativ kleinen Displays ist daher möglicherweise nur ein Aufteilen in zwei Bildschirmhälften möglich.

1. Zeigen Sie mit der Maus in der oberen rechten Ecke eines geöffneten Fensters auf das mittlere der drei Symbole ❶ (*Maximieren* bzw. *Verkleinern*). Unabhängig von der Anzahl der geöffneten Fenster erscheinen mehrere verschiedene Möglichkeiten zum Anordnen, klicken Sie im gewünschten Layout auf eine Position, z. B. Links ❷, wie im Bild unten.

   Tastenkombination: Die Snap Layouts für das aktuelle Fenster können auch mit den Tasten **Windows+Z** aufgerufen werden.

2. Das Fenster wird an dieser Stelle angedockt und nimmt nun, je nach Layout die Hälfte ❸ oder ein Viertel des Bildschirms ein. Gleichzeitig erscheinen im nächsten Bereich des Layouts ❹ die übrigen Fenster als Miniaturvorschau. Klicken Sie auf das Fenster, das diesen Bereich ausfüllen soll.

3. Genauso verfahren Sie mit den weiteren Bereichen ❺.

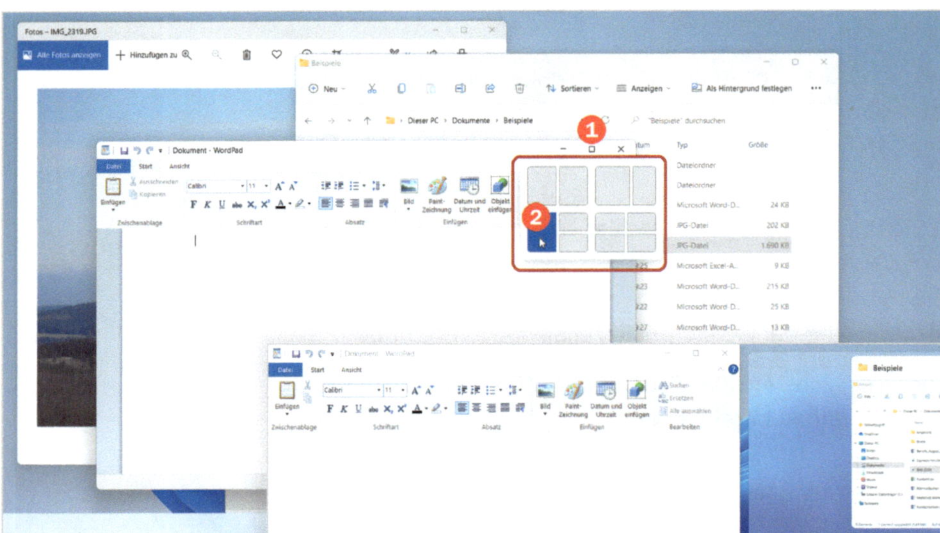

Bild 3.19 Die Snap Layouts erscheinen beim Zeigen auf das mittlere der drei Fenstersymbole

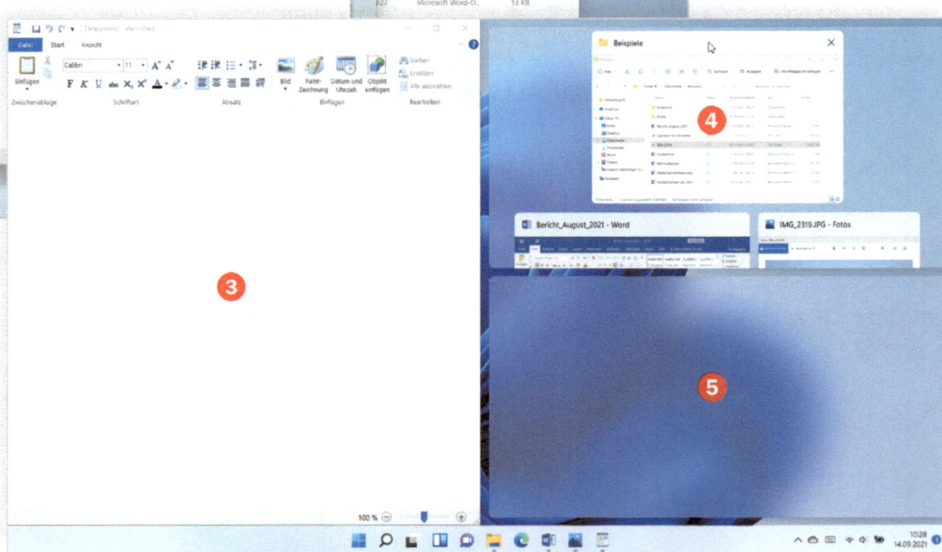

Bild 3.20 Wählen Sie, welches Fenster den nächsten Bereich ausfüllen soll

Auch beim Verschieben eines Fensters können Sie die Snap Layouts nutzen. Ziehen Sie dazu das Fenster auf die schmale Leiste am oberen Bildschirmrand, diese wird sichtbar sobald Sie ein Fenster bewegen.

Bild 3.21 Snap Layouts über die obere Leiste auswählen

Die Leiste erweitert sich und bietet dieselben Snap Layouts an, wie oben beschrieben.

Oder nutzen Sie das automatische Andocken, indem Sie ein Fenster an den linken oder rechten Bildschirmrand oder in eine der Ecken ziehen. Lassen Sie in diesem Fall die Maustaste erst los, wenn hier eine Vorschau auf die Fensterposition erscheint. Das Fenster füllt nun diesen Bereich aus und Sie können an der nächsten Position ein Fenster auswählen.

Tipp: Snap Gruppen

Alle Fenster, die unter Verwendung eines Snap Layouts angeordnet wurden, bilden eine Snap Gruppe. Diese erscheint zusätzlich zur Vorschau ❶, wenn Sie in der Taskleiste mit der Maus auf eine App der Gruppe zeigen ❷, wie im Bild unten und Sie können durch Anklicken auch gleich die gesamte Gruppe in den Vordergrund holen. Ein Klick auf das *Schließen*-Symbol der Gruppe schließt alle Fenster dieser Gruppe.

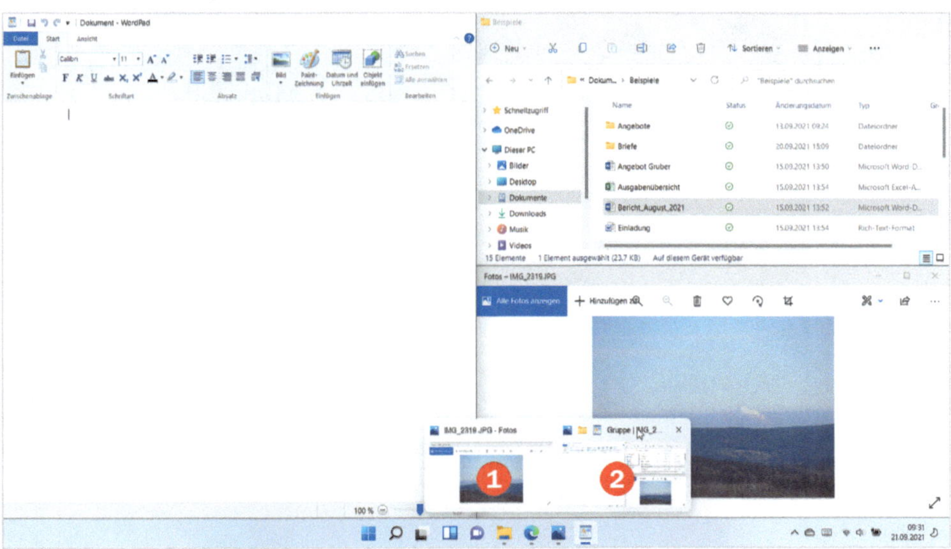

Bild 3.22 Die Snap Gruppe erscheint beim Zeigen auf eine App der Gruppe

Snap Gruppen lassen sich ähnlich wie mehrere Desktops einsetzen (siehe Seite 60). Bei einer Vielzahl geöffneter Apps können Sie mit Snap Layouts mehrere Gruppen von zusammengehörigen Fenstern bilden und schnell über die Taskleiste zwischen diesen wechseln.

Fenstergröße wiederherstellen

Egal mit welcher Methode Sie die Fenster angeordnet haben, diese lassen sich anschließend wieder beliebig vergrößern, verkleinern oder verschieben. Wenn das Fenster seine vorherige Größe und Position zurückerhalten soll, dann brauchen Sie es nur aus seiner Verankerung ziehen. Noch schneller geht's mit Doppelklick in die Titelleiste.

Fenster an Bildschirmhöhe anpassen

Durch Ziehen können Sie auch die Höhe eines nicht maximierten Fensters automatisch an den Bildschirm anpassen. Dazu zeigen Sie mit der Maus auf den oberen oder unteren Rand des Fensters und vergrößern es mit gedrückter linker Maustaste nach oben oder unten, wie im Bild unten. Auch bei dieser Methode erhalten Sie eine Vorschau auf die künftige Fenstergröße.

Bild 3.23 Höhe automatisch an Bildschirm anpassen

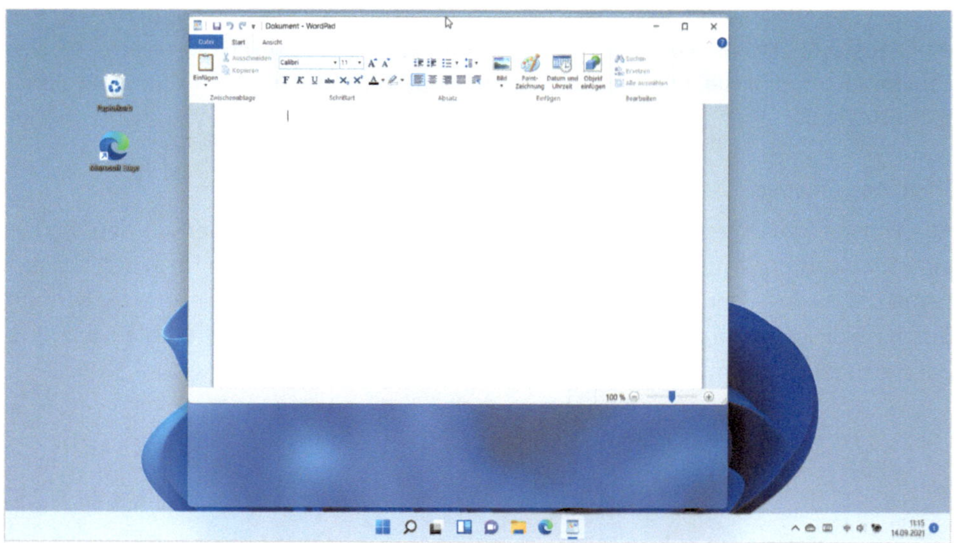

3.5 Geöffnete Fenster und Apps verwalten

Meist sind gleich mehrere Apps bzw. Fenster gleichzeitig geöffnet, um das zeitraubende Beenden und Öffnen von häufig benötigten Apps zu vermeiden. Damit Sie auch bei einer Vielzahl geöffneter Fenster den Überblick behalten und schnell zwischen den Fenstern wechseln können, stehen Ihnen Taskleiste und die Ansicht *Aktive Anwendungen* (Taskansicht) zur Verfügung.

Grundsätzlich gilt für alle geöffneten Fenster bzw. Apps

- Fenster können beliebig neben- oder übereinander angeordnet (siehe Seite 54), sowie auf mehreren Desktops gruppiert werden.
- Auch bei mehreren gleichzeitig geöffneten Apps ist immer nur eine App bzw. ein Fenster aktiv bzw. befindet sich im Vordergrund. Sämtliche Eingaben erfolgen stets im aktiven Fenster.
- Die meisten Apps können auch mehrmals nacheinander geöffnet werden und das bedeutet, dass auch mehrere Fenster derselben App gleichzeitig geöffnet sein können. So kann z. B. Microsoft Word mehrmals mit unterschiedlichen Dokumenten geöffnet sein. Browser dagegen, mit denen Sie im Internet surfen, z. B. *Microsoft Edge* benutzen innerhalb eines Fensters Register, auch als Tabs bezeichnet, um mehrere verschiedene Webseiten gleichzeitig zu öffnen. Auch der Datei-Explorer verfügt über Tabs.

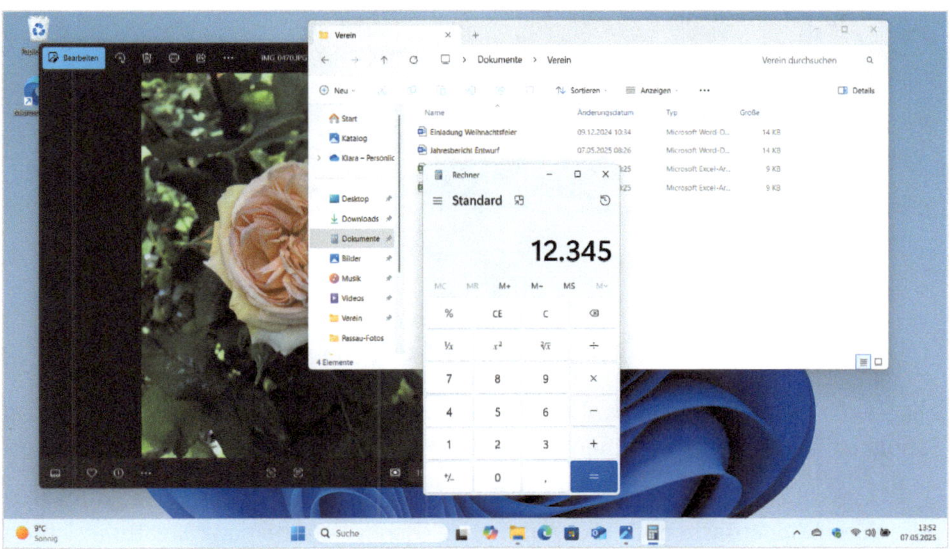

Bild 3.24 Mehrere überlappende Fenster auf dem Desktop

Apps durch Klicken oder Antippen in der Vordergrund holen

Sind die geöffneten Apps, wie im Bild oben, nebeneinander oder überlappend auf dem Desktop angeordnet, genügt einfaches Antippen oder Klicken an eine beliebige Stelle eines Fensters, um dieses zu aktivieren bzw. in den Vordergrund zu holen.

Schneller Überblick in der Taskleiste

Geöffnete Fenster können auch minimiert sein und dadurch nicht auf dem Desktop erscheinen oder vollständig hinter einem anderen oder maximierten Fenster verschwinden. In der Taskleiste finden Sie grundsätzlich für jedes geöffnete Fenster ein Symbol, egal ob minimiert oder nicht. Aus diesem Grund bietet die Taskleiste auch den besseren Überblick über geöffnete Fenster bzw. Apps.

Im Gegensatz zu den fest angehefteten Symbolen sind die Symbole geöffneter Fenster unterstrichen und das der aktiven App im Vordergrund, im Bild links die App *Rechner*, ist heller hervorgehoben.

Falls nicht alle Symbole in der Taskleiste Platz finden sollten, ist zusätzlich ein kleiner Pfeil sichtbar. Klicken Sie darauf, so erscheinen die Symbole der übrigen Apps im sogenannten Überlaufbereich.

Beim Aufrufen von Fenstern über die Taskleiste gilt:

- Beim Zeigen auf das Symbol einer geöffneten App erscheint eine Vorschau.
- Um eine App oder ein Fenster in der Vordergrund zu holen bzw. zu aktivieren, klicken Sie in der Taskleiste auf das betreffende Symbol oder in die Vorschau.
- Sind von einer App mehrere Fenster gleichzeitig geöffnet, dann erhalten Sie beim Klick auf das Symbol zunächst eine Vorschau auf alle Fenster dieser App. Klicken Sie anschließend in das gewünschte Fenster, als Beispiel im Bild unten die App *Fotoanzeige* mit zwei geöffneten Bildern.
- **Tipp Fenster schließen:** Sie können über die Taskleiste auch eine App schließen bzw. beenden, indem Sie auf das Symbol der App zeigen und dann in der Miniaturvorschau auf das Symbol *Schließen* klicken.

Bild 3.25 Klicken Sie auf die Vorschau der gewünschten App

Mit Tastenkombination zwischen Fenstern wechseln

Falls Sie die Tastatur bevorzugen, können Sie auch mit der Tastenkombination **Alt+Tab** (Tabulator-Taste) schnell zwischen geöffneten Fenstern wechseln.

1. Dazu drücken Sie die Tasten **Alt+Tab,** lassen danach die **Tab**-Taste wieder los und halten die **Alt**-Taste gedrückt. Auf dem Bildschirm erscheinen Miniaturansichten aller geöffneten Fenster, das aktuell ausgewählte Fenster erkennen Sie an der Umrandung (s. Bild auf der nächsten Seite).
2. Betätigen Sie bei gedrückter **Alt**-Taste erneut kurz die **Tab**-Taste, um das nächste Fenster hervorzuheben. Auf diese Weise können Sie nacheinander alle Fenster ansteuern; sobald das gewünschte Fenster hervorgehoben ist, lassen Sie beide Tasten los.

Bild 3.26 Steuern Sie in der Miniaturansicht die Fenster nacheinander mit der Tab-Taste an

Fenster in der Ansicht Aktive Anwendungen (Taskansicht) verwalten

Als Alternative zur Taskleiste benutzen Sie die Ansicht *Aktive Anwendungen*, auch als *Taskansicht* bezeichnet. Dazu klicken Sie in der Taskleiste auf das Symbol *Aktive Anwendungen* oder verwenden die Tastenkombination **Windows+Tab**.

Fenster auswählen

In der Ansicht *Aktive Anwendungen* erscheinen vor dem inaktiven Desktophintergrund sämtliche geöffneten Fenster in einer Miniaturvorschau. Durch Antippen oder Anklicken holen Sie das gewünschte Fenster in den Vordergrund und die Ansicht schließt sich automatisch wieder.

Bild 3.27 Geöffnete Apps in der Ansicht Aktive Anwendungen: Klicken Sie auf das gewünschte Fenster

Hinweis: Sollte das Symbol *Aktive Anwendungen* nicht in der Taskleiste enthalten sein, so klicken Sie mit der rechten Maustaste an eine freie Stelle der Taskleiste, danach auf *Tasleisteneinstellungen* und ändern im nachfolgenden Fenster unter *Taskleistenelemente* den Schalter *Aktive Anwendungen* auf *Ein*.

Wurde die Ansicht *Aktive Anwendungen* versehentlich geöffnet, so genügt ein erneuter Klick auf das Symbol oder eine beliebige Stelle des Hintergrunds oder Betätigen der **Esc**-Taste, um wieder zur ursprünglichen Anzeige zurückzukehren.

Mit mehreren Desktops arbeiten

Bei einer Vielzahl geöffneter Fenster kann es auf dem Desktop trotz Taskleiste schnell unübersichtlich werden. Für solche Fälle bietet sich ein zweiter Desktop an und Sie können beispielsweise Apps nach ihrer Funktion, z. B. Büroanwendungen, Kommunikation oder Spiele auf zwei oder mehr Desktops verteilen.

Neuen Desktop hinzufügen

Um einen neuen Desktop hinzuzufügen, klicken Sie auf *Neuer Desktop* ❶. Entweder nach dem Zeigen auf das Symbol *Aktive Anwendungen* (Bild 3.28) oder in der Ansicht *Aktive Anwendungen* wie in Bild 3.29 ❸. Der neue, noch leere Desktop erscheint auf dem Bildschirm und Sie können hier nun, unabhängig vom ersten Desktop ebenfalls Apps öffnen. Das Hintergrundbild ist zunächst identisch mit dem ersten Desktop, kann aber individuell geändert werden.

Bild 3.28 Zeigen Sie auf Aktive Anwendungen und klicken Sie auf Neuer Desktop

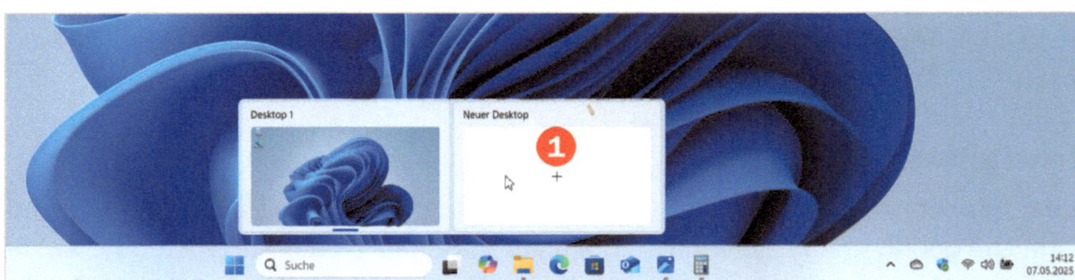

Zwischen den Desktops wechseln

Um zwischen den Desktops zu wechseln, zeigen Sie in der Taskleiste auf *Aktive Anwendungen* und klicken dann auf den gewünschten Desktop. In der Ansicht *Aktive Anwendungen* (Bild unten) wechseln Sie im unteren Bereich ❷ zwischen den Desktops. Im oberen Bereich erhalten Sie beim Zeigen auf einen Desktop eine Vorschau auf die hier geöffneten Apps.

Bild 3.29 Zwischen den Desktops wechseln

> **Wie viele Desktops unterstützt Windows?**
> Falls gewünscht, können Sie noch weitere Desktops erstellen, die Anzahl ist eigentlich nur durch die Bildschirmauflösung begrenzt. In der Praxis dürften maximal zehn Desktops mehr als ausreichend sein.

Desktop umbenennen

In der Standardeinstellung werden neue Desktops einfach fortlaufend nummeriert. Wenn Sie die Desktops zur besseren Unterscheidung mit einem Namen versehen möchten, dann gehen Sie wie folgt vor, es spielt keine Rolle, ob Sie den Desktop beim Zeigen auf das Symbol oder in der Ansicht *Aktive Anwendungen* umbenennen.

Klicken Sie entweder mit der rechten Maustaste auf den betreffenden Desktop und wählen Sie *Umbenennen* ❶ oder klicken Sie direkt auf den Namen dieses Desktops, z. B. *Desktop 2*. In beiden Fällen erscheint anschließend der Name blau hinterlegt in einem Eingabefeld und kann durch Tastatureingabe überschrieben werden ❷. Schließen Sie mit der **Eingabetaste** ab oder klicken Sie auf eine freie Stelle im Hintergrund.

Bild 3.30 Rechtsklick und Befehl Umbenennen

Bild 3.31 Namen überschreiben

Apps zwischen Desktops verschieben

Sie können auf den Desktops nicht nur Apps öffnen, sondern auch bereits geöffnete Apps zwischen den Desktops verschieben:

1. Rufen Sie über das Symbol in der Taskleiste die Ansicht *Aktive Anwendungen* auf und zeigen Sie auf den Desktop mit der zu verschiebenden App.
2. Oberhalb sehen Sie nun Miniaturansicht aller hier geöffneten Apps. Klicken Sie mit der rechten Maustaste auf die App, wählen Sie *Verschieben nach* und klicken auf den gewünschten Desktop oder auf *Neuer Desktop*, falls noch kein passender Desktop existiert.

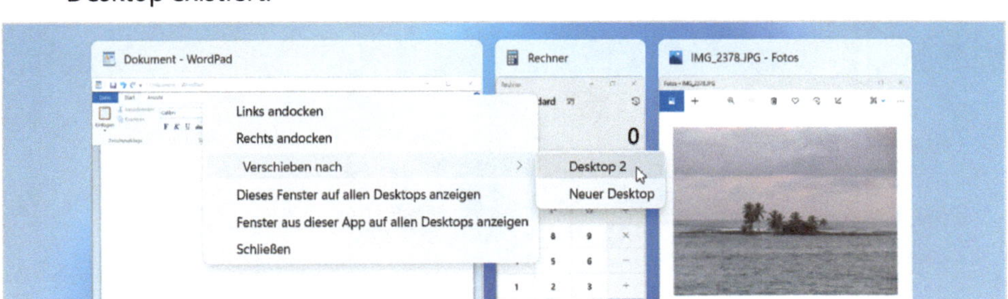

Bild 3.32 Verschieben nach Desktop

Tipp: App auf allen Desktops anzeigen

Wenn Sie mit mehreren Desktops arbeiten und bestimmte Apps, z. B. *Mail* oder *Kalender* dauerhaft im Blick haben bzw. zu diesem Zweck nicht zwischen den Desktops wechseln möchten, dann können Sie diese auf allen Desktops anzeigen lassen.

- Zeigen Sie dazu in der Ansicht *Aktive Anwendungen* auf den Desktop mit der betreffenden App, klicken dann in der Vorschau mit der rechten Maustaste auf die App und auf *Dieses Fenster auf allen Desktops anzeigen* ❶. Die App erscheint nicht nur auf allen vorhandenen, sondern automatisch auch auf nachträglich neu hinzugefügten Desktops.

Um die Anzeige wieder von allen Desktops zu entfernen, klicken Sie in der Ansicht *Aktive Anwendungen* erneut mit der rechten Maustaste auf die betreffende App. Dass diese auf allen Desktops erscheint, erkennen Sie am Häkchen ❷ und eine weiterer Klick darauf deaktiviert die Anzeige wieder.

Bild 3.33 Fenster auf allen Desktops anzeigen

Bild 3.34 Anzeige auf allen Desktops deaktivieren

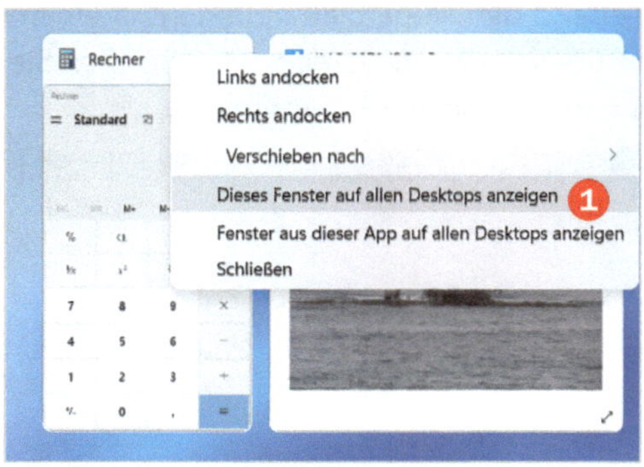

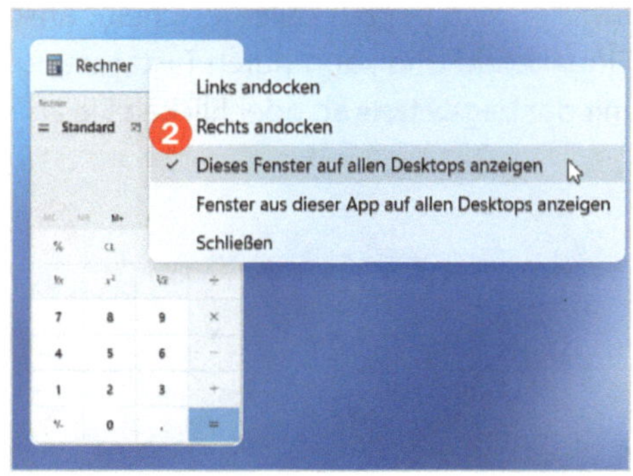

Tipps und Hinweise

- **Reihenfolge der Desktops vertauschen**
  Wenn Sie die Reihenfolge, in der die Desktops in der Vorschau erscheinen, ändern möchten, dann klicken Sie mit der rechten Maustaste auf diesen Desktop und wählen je nach Position den Befehl *Nach links* ❶ bzw. *Nach rechts*.

- **Jedem Desktop seinen eigenen Hintergrund geben**
  Zur besseren optischen Unterscheidung können Sie jedem Desktop sein eigenes Hintergrundbild verpassen. Klicken Sie dazu mit der rechten Maustaste auf den Desktop und wählen Sie *Hintergrund auswählen* ❷.

Details zu individuellen Hintergrundbildern lesen Sie in Kapitel 5 unter „Ihr persönliches Hintergrundbild auf dem Desktop“ auf Seite 168 ff.

Bild 3.35 Reihenfolge und Hintergrund ändern

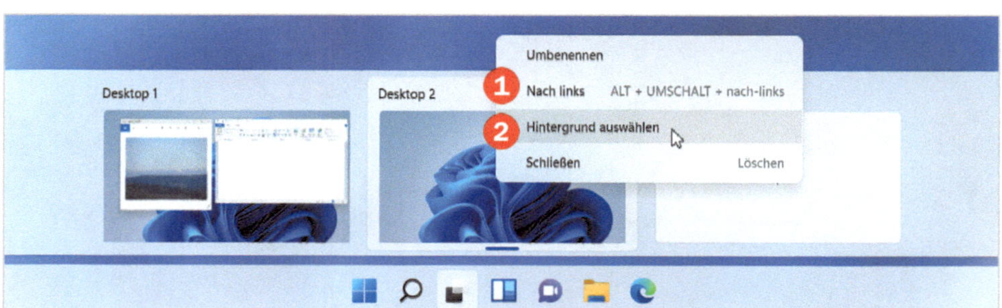

- **Fenster in der Ansicht Aktive Anwendungen links oder rechts andocken**
  Neben Verschieben können Sie Fenster auch aus der Ansicht *Aktive Anwendungen* heraus am linken oder rechten Bildschirmrand andocken und so Snapping nutzen (siehe Seite 54). Klicken Sie dazu mit der rechten Maustaste auf das betreffende Fenster und auf *Links andocken* oder *Rechts andocken*.

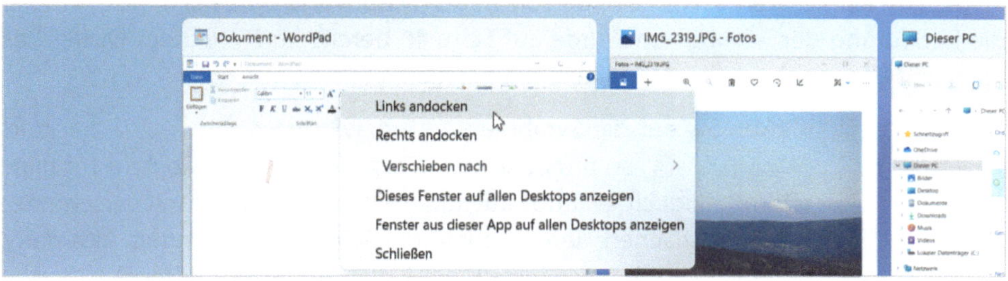

Bild 3.36 Snapping aus der Ansicht Aktive Anwendungen heraus

- **Was passiert beim Herunterfahren mit den Desktops?**
  Beim Herunterfahren des Geräts, siehe Punkt 3.9 auf Seite 71, werden alle Apps bzw. Fenster geschlossen. Die Desktops aber bleiben erhalten und können nach dem nächsten Start wieder genutzt werden.

- **Desktop entfernen**
  Wenn Sie einen nicht mehr benötigten Desktop entfernen möchten, dann zeigen Sie entweder auf diesen Desktop und klicken in dessen rechter oberer Ecke auf das Symbol *Schließen*. Oder Rechtsklick auf den betreffenden Desktop und Befehl *Schließen*. Auf diesem Desktop eventuell noch geöffnete Apps werden nicht geschlossen, sondern auf den nächsten verbleibenden Desktop verschoben.

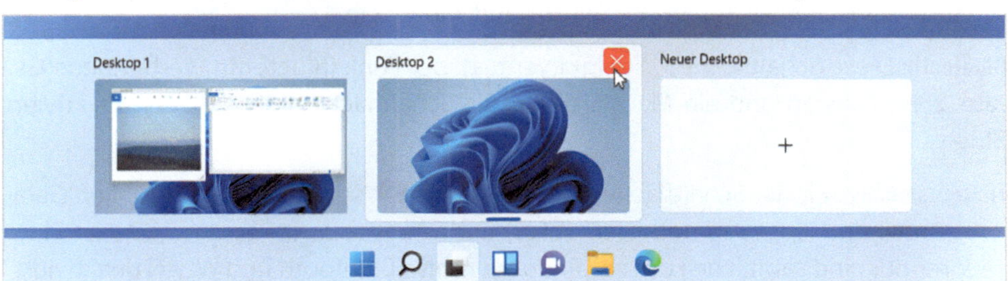

Bild 3.37 Desktop schließen

Desktops mit Tastenkombinationen steuern

Folgende Tastenkombinationen können Sie in Verbindung mit der **Windows**-Taste zur Steuerung von Desktops verwenden:

Tasten	Aktion
Windows + Strg + D	Neuen Desktop erstellen
Windows + Strg + Pfeil nach links/rechts	Zum vorherigen/nächsten Desktop wechseln
Windows + Strg + F4	Aktuellen Desktop schließen
Windows + Tab	Die Ansicht Aktive Anwendungen öffnen

3.6 Schnelleinstellungen und Benachrichtigungen

Flugzeugmodus und weitere schnelle Einstellungen

Im rechten Bereich der Taskleiste finden Sie neben Datum und Uhrzeit einige Symbole, die Bedeutung der wichtigsten wurde auf Seite 46 bereits kurz erläutert. Dieser Bereich hält aber noch weitere Möglichkeiten bereit.

Bild 3.38 Die Schnelleinstellungen öffnen sich mit Klick auf die Symbole Netzwerk oder Lautsprecher

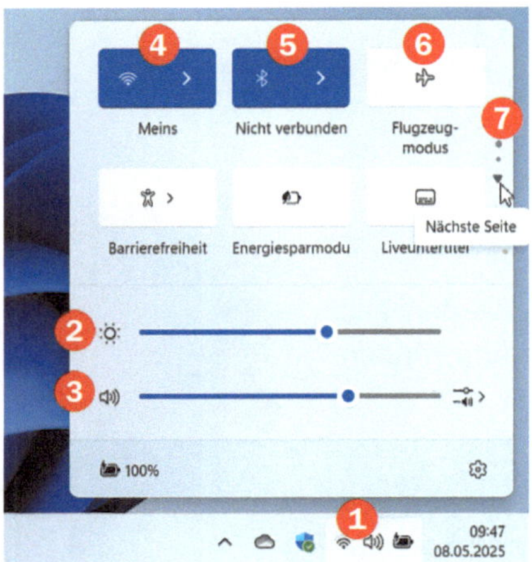

Klicken Sie auf die Symbole *WLAN* bzw. *Netzwerk*, *Lautsprecher* und *Akkustatus* ❶, so öffnet sich ein Feld nicht nur mit Reglern für Bildschirmhelligkeit ❷ und Lautstärke ❸, sondern auch mit verschiedenen Schaltflächen, den sogenannten Schnelleinstellungen. Alternativ öffnen Sie die Schnelleinstellungen mit den Tasten **Windows+A**.

Einige dieser Einstellungen lassen sich durch Anklicken oder Antippen schnell ein- und ausschalten. Eingeschaltete Funktionen erkennen Sie an der blau hinterlegten Schaltfläche.

Netzwerk bzw. WLAN: Diese Schaltfläche ❹ zeigt an, ob und mit welchem Netzwerk Ihr Gerät verbunden ist. Klicken Sie auf den nach rechts weisenden Pfeil, so öffnet sich eine Liste verfügbarer WLAN-Verbindungen (Bild 3.39 unten). Hier haben Sie die Möglichkeit, Ihr Gerät mit einem WLAN zu verbinden oder die bestehende Verbindung zu trennen. Ein Klick auf den Pfeil in der linken oberen Ecke bringt Sie wieder zurück zu den Schnelleinstellungen. Über den Schalter *WLAN* oder mit Klick direkt auf das Symbol schalten Sie WLAN bei Bedarf schnell aus und wieder ein.

Info: Als Bluetooth bezeichnet man einen Standard für Datenübertragung über kurze Entfernungen, der entsprechende Adapter ist in den meisten mobilen Geräten bereits integriert. Angeschlossen werden können z. B. Mobiltelefone oder Kopfhörer.

Bluetooth: Diese Schaltfläche ❺ zeigt eventuell per Funk (Bluetooth) verbundene Geräte, z. B. Maus an und ein Mausklick auf die Schaltfläche aktiviert oder deaktiviert Bluetooth.

Flugzeugmodus: Mit der Schaltfläche *Flugzeugmodus* ❻ schalten Sie bei mobilen Geräten schnell den Flugzeugmodus ein (blau) und wieder aus. Im eingeschalteten Flugzeugmodus sind sämtliche Funkverbindungen, also Bluetooth und WLAN deaktiviert.

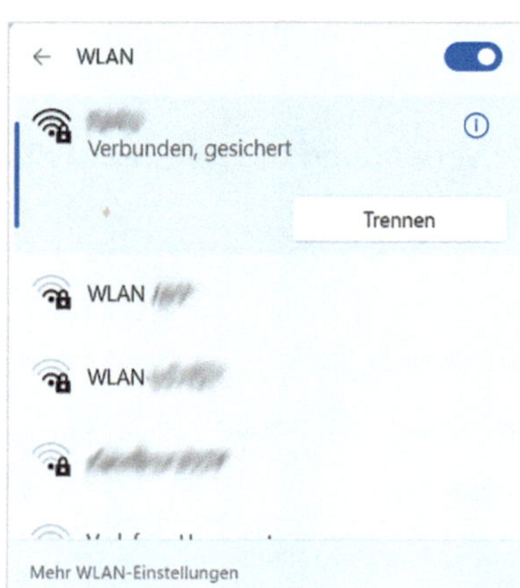

Bild 3.39 Verfügbare WLAN Verbindungen

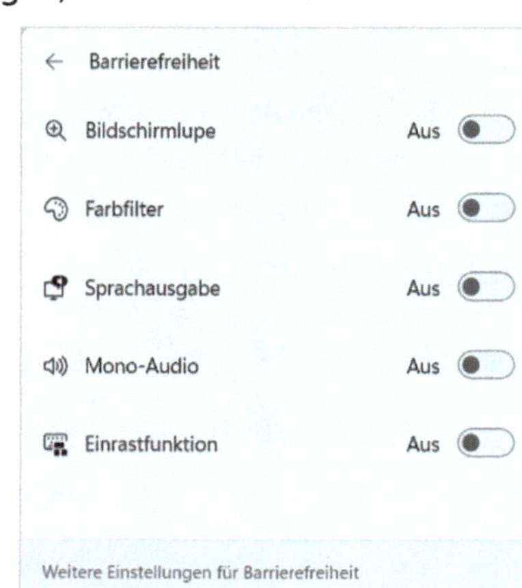

Bild 3.40 Einstellungen für Barrierefreiheit

Barrierefreiheit: Mit Klick auf *Barrierefreiheit* schalten Sie verschiedene Hilfen wie z. B. Bildschirmlupe oder Sprachausgabe für Nutzer mit eingeschränktem Hör- oder Sehvermögen ein und wieder aus, siehe Bild 3.40 auf der vorhergehenden Seite.

Projizieren: Über die Schaltfläche *Projizieren* steuern Sie bei einem zweiten angeschlossenem Bildschirm die Ausgabe.

> **Schaltflächen anordnen, weitere anzeigen**
> Weitere Schaltflächen finden Sie, wenn Sie rechts auf den kleinen Pfeil *Nächste Seite* ❼ klicken. Falls Sie die Schaltflächen anders anordnen und z. B. Ihre bevorzugten Einstellungen an den Anfang stellen möchten, so brauchen Sie diese nur mit gedrückter linker Maustaste an die gewünschte Stelle ziehen.

Benachrichtigungen anzeigen und verwalten

Ja nach Einstellung erscheinen in der rechten unteren Ecke des Bildschirms kleine Benachrichtigungen, die nach kurzer Zeit automatisch wieder verschwinden. Hierbei handelt es sich in der Regel um sicherheitsrelevante Hinweise von Windows und eingegangene und noch nicht gelesene E-Mails.

Um die Benachrichtigungen einzusehen, klicken Sie auf das Datum in der Taskleiste oder drücken die Tasten **Windows+N**. Anschließend öffnen sich die Benachrichtigungen ❶ am rechten Bildschirmrand zusammen mit dem Kalenderblatt ❷. Sind mehrere Benachrichtigungen vorhanden, so benutzen Sie die Bildlaufleiste oder zeigen in das Fenster und scrollen mit Drehen des Mausrädchens durch die Benachrichtigungen.

Benachrichtigungen anzeigen: **Windows+N**

Bild 3.41 Die Benachrichtigungen erscheinen zusammen mit dem Kalenderblatt

- **Weitere Informationen anzeigen**: Ein Klick auf den Pfeil ❶ (Bild 3.42) erweitert bzw. reduziert die Anzeige und zum Öffnen der Meldung oder E-Mail klicken Sie direkt in die Nachricht.

- **Entfernen/Löschen:** Mit Klick auf *Verwerfen* ❷ entfernen Sie die aktuelle Nachricht, die Schaltfläche *Alle löschen* ❸ entfernt dagegen alle Benachrichtigungen.
- **Umfang einschränken:** Wenn Sie den Umfang der Benachrichtigungen einschränken möchten, dann klicken Sie auf *Weniger Benachrichtigungen* ❹. Anschließend können Sie gezielt einzelne Benachrichtigungskategorien aktivieren oder deaktivieren.

Bild 3.42 Benachrichtigungen lesen und verwalten

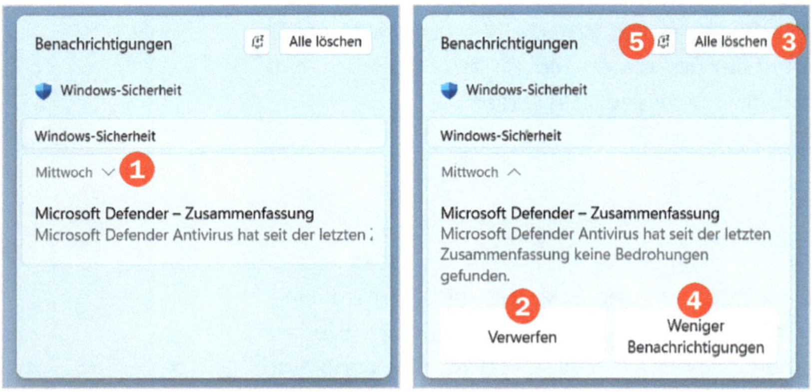

Bild 3.43 Bitte nicht stören - Modus

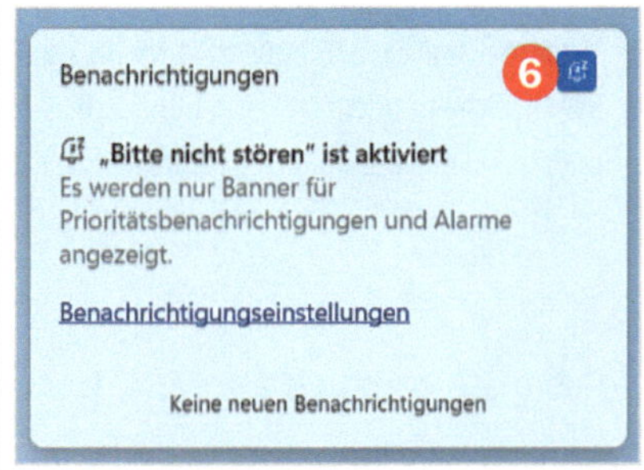

Ungestörtes Arbeiten im Bitte nicht stören - Modus

Wenn Sie konzentriert arbeiten möchten und das, wenn auch nur kurzzeitige Einblenden von Benachrichtigungen auf dem Desktop als störend empfinden, dann aktivieren Sie am besten den *Bitte nicht stören* - Modus. Klicken Sie dazu in den Benachrichtigungen auf das Symbol *Bitte nicht stören* ❺, ein weiterer Klick auf dieses Symbol ❻ schaltet *Bitte nicht stören* wieder aus. Eingehende Benachrichtigungen gehen trotzdem nicht verloren und können jederzeit eingesehen werden.

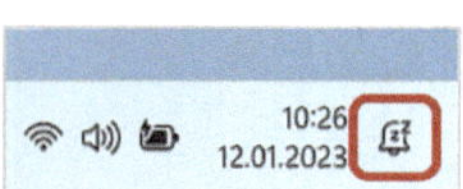

Ob *Bitte nicht stören* aktiviert ist, erkennen Sie am Symbol neben Datum und Uhrzeit in der Taskleiste.

Wie Sie die Prioritätsliste anpassen und weitere Benachrichtigungen steuern, lesen Sie in Kap 5, auf Seite 178 ff.

Ausnahmen festlegen

Mit Klick auf *Benachrichtigungseinstellungen* (Bild 3.43) und der Auswahl *Prioritätsbenachrichtigungen festlegen* können Sie im Bedarfsfall bestimmte Meldungen z. B. Anrufe trotzdem erlauben.

Fokussitzungen

Etwas versteckt unterhalb des Kalenders finden Sie unter der Bezeichnung *Fokus* auch die Möglichkeit, *Bitte nicht stören* für einen bestimmten Zeitraum zu aktivieren. Legen Sie die Zeitdauer fest ❶ und starten Sie ❷ die Sitzung.

3.7 Schnelle Infos mit Widgets und Nachrichtenfeed

Vielleicht sind Ihnen links in der Taskleiste schon Kurzinfos wie Wetter oder der aktuelle Aktienindex wie im Bild rechts aufgefallen? Dahinter versteckt sich eine Nachrichtenleiste mit einem schnellen Überblick über verschiedenste aktuelle Informationen, auch als Widgets bezeichnet. Die vollständige Nachrichtenleiste erscheint, sobald Sie auf die Kurzinfo ❶ klicken oder zeigen und verschwindet wieder, wenn Sie an eine beliebige Stelle außerhalb zeigen oder klicken. Auch die Tasten **Windows+W** blenden die Widgets ein und wieder aus.

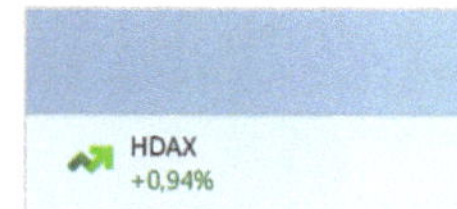

Bild 3.44 Aktueller Nachrichtenfeed

Die Widgets enthalten aktuelle Schlagzeilen, Wetter und Verkehrsmeldungen an Ihrem Standort, Aktienkurse, Bundesligaergebnisse, mehr oder weniger interessanten Promiklatsch und dazwischen auch Werbung. Klicken Sie auf eine Schlagzeile oder auf *Mehr anzeigen* ❷, so öffnet sich Ihr Standardbrowser, in der Regel Microsoft Edge mit der dazugehörigen Webseite.

Um die Anzeige auf die wichtigsten, für Sie interessanten Informationen zu beschränken, wie in Bild 3.45, klicken Sie in der linken Leiste auf *Widgets* ❸. Die Auswahl *Feed* ❹ zeigt dagegen wieder alle Neuigkeiten an.

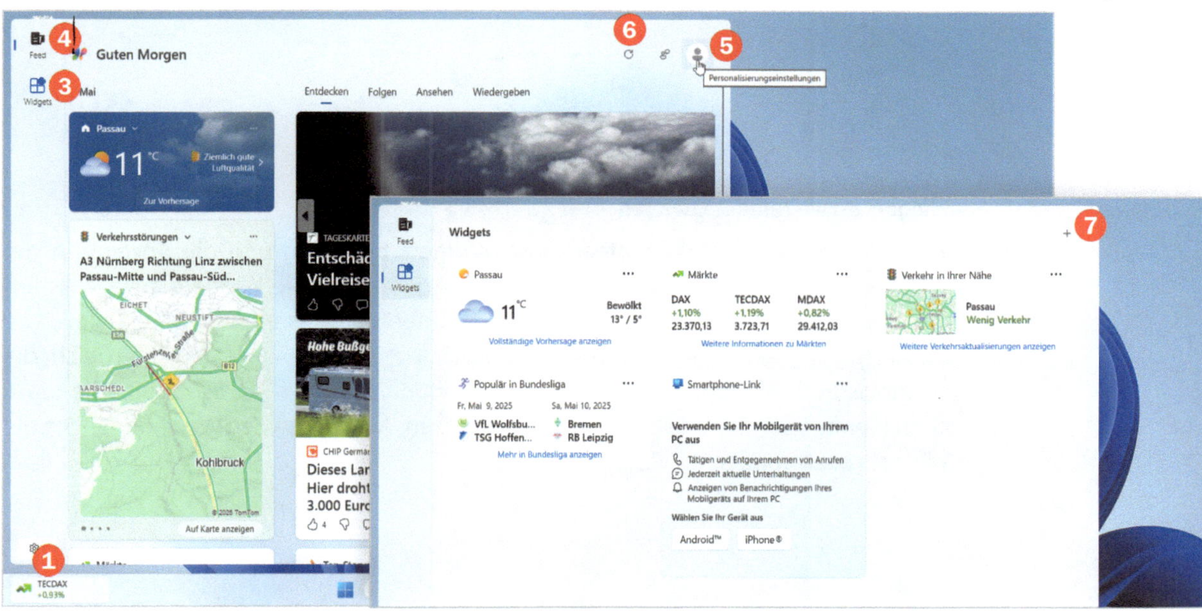

Bild 3.45 Widgets

Feed anpassen, Widgets hinzufügen, entfernen

Die Inhalte des Nachrichtenfeeds können Sie anpassen, indem Sie rechts oben auf *Personalisierungseinstellungen* ❺ klicken und nachfolgend Themen auswählen, denen Sie folgen möchten. Um dagegen einzelne Beiträge auszublenden, benutzen Sie das x, das beim Zeigen erscheint (Bild 3.46 auf der nächsten Seite).

Tipp: Mit Klick auf dieses Symbol ❻ können Sie jederzeit die Anzeige aktualisieren.

Möchten Sie dagegen weitere Widgets hinzufügen, dann wechseln Sie zu den Widgets und klicken auf das Plus-Symbol *Widgets hinzufügen* ❼ (Bild 3.45). Um ein Widget zu entfernen, klicken Sie rechts oben auf die drei Punkte ❽ und auf *Entfernen*.

Bild 3.46 Feed: Beitrag ausblenden

Bild 3.47 Widget entfernen

Nachrichtenfeed ein- oder ausblenden

Falls Sie nur an den Widgets interessiert sind und den Nachrichtenfeed nicht mehr anzeigen möchten, so klicken Sie im unteren Teil der linken Leiste auf das Symbol *Einstellungen* ⚙ und ändern den Schalter *Feed* auf *Aus*. Falls es als lästig empfinden, dass sich die Widgets bereits beim Zeigen auf die betreffende Stelle der Taskleiste öffnen, können Sie dies hier ebenfalls ausschalten.

Bild 3.48 Einstellungen öffnen

Bild 3.49 Startfeed ausschalten

Widgets aktivieren/deaktivieren

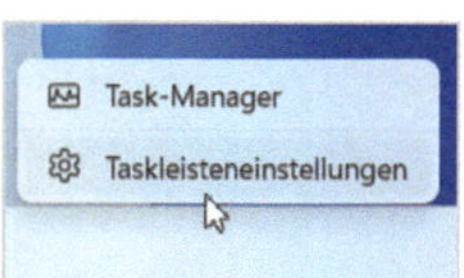

Wenn Sie weder Nachrichtenfeed noch Widgets benutzen und die Anzeige in der Taskleiste nur als störend empfinden, dann können Sie die Widgets auch vollständig deaktivieren. Klicken Sie dazu mit der rechten Maustaste an eine freie Stelle der Taskleiste und wählen Sie den Befehl *Taskleisteneinstellungen*. Es öffnen sich die Windows-Einstellungen mit der Kategorie *Personalisierung > Taskleiste* und Sie brauchen hier nur den Schalter *Widgets* auf *Aus* setzen. Auf demselben Weg können Sie die Widgets auch wieder aktivieren.

Bild 3.50 Widgets deaktivieren

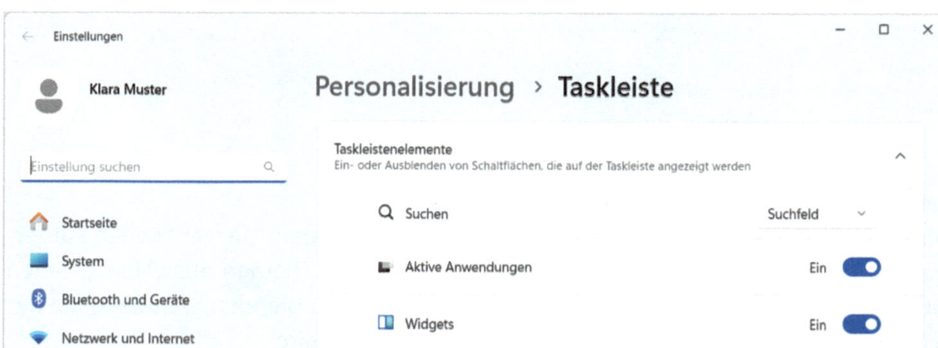

Details zum Thema Einstellungen und Personalisierung lesen Sie in Kap. 5 dieses Buches nach.

3.8 So nutzen Sie den Zwischenablageverlauf

Was ist die Zwischenablage?

Die Zwischenablage dient in Windows zum Austausch von Elementen sowohl innerhalb der Anwendung als auch zwischen verschiedenen Anwendungen, z. B. zum Kopieren von Text oder Bildern aus einer Webseite in ein Dokument. Das Prinzip ist einfach: Ein markiertes Element wird entweder kopiert oder an der Originalstelle ausgeschnitten und dadurch automatisch in der Zwischenablage gespeichert. Aus der Zwischenablage kann es anschließend an anderer Stelle wieder eingefügt werden. Die Befehle dazu stehen in Form von Symbolen oder im Kontextmenü der rechten Maustaste zur Verfügung. In der Praxis kommen häufig auch die folgenden Tastenkombinationen zum Einsatz:

Info: Die Zwischenablage kommt auch beim Kopieren von Dateien und Ordnern zum Einsatz, Näheres hierzu in Kapitel 4.4.

- Ausschneiden **Strg+X**
- Kopieren **Strg+C**
- Einfügen **Strg+V**

Der Zwischenablageverlauf

Normalerweise kann immer nur das zuletzt ausgeschnittene oder kopierte Element aus der Zwischenablage wieder eingefügt werden. Seit Windows 10 können jedoch im Zwischenablageverlauf auch mehrere Elemente gesammelt und in beliebiger Reihenfolge eingefügt werden. Der Zwischenablageverlauf steht allerdings nur für Dokumentinhalte, nicht aber beim Kopieren und Einfügen von Ordnern und Dateien (siehe Kapitel 4) zur Verfügung.

Zwischenablageverlauf öffnen: **Windows+V**

▶ Den Zwischenablageverlauf öffnen Sie mit der Tastenkombination **Windows+V**.

Beim ersten Mal müssen Sie den Zwischenablageverlauf aktivieren, dazu klicken Sie auf **Aktivieren** (s. Bild 3.51 unten). Anschließend brauchen Sie nur die betreffende Stelle, z. B. in einem Word-Dokument oder in einer Webseite im Browser markieren und mit **Strg+C** in die Zwischenablage kopieren.

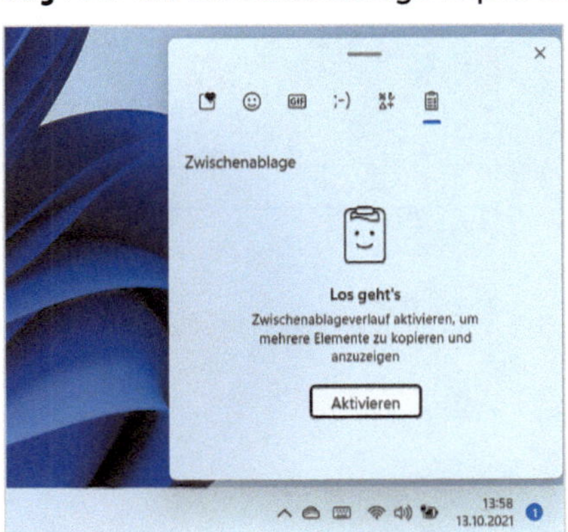

Bild 3.51 Zwischenablageverlauf aktivieren

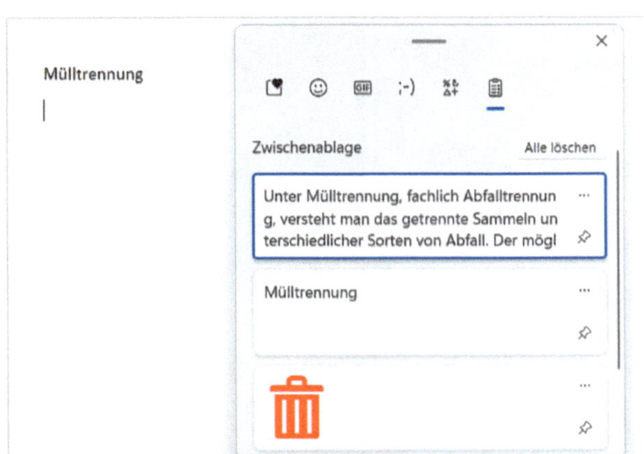

Bild 3.52 Einfügen

Aus dem Zwischenablageverlauf einfügen

Wechseln Sie dann in das Dokument, in das Sie die Inhalte einfügen möchten, platzieren Sie den Cursor an der passenden Stelle und drücken Sie die Tasten **Windows+V**. Klicken Sie dann im Zwischenablageverlauf auf den Eintrag, den Sie an dieser Stelle einfügen möchten.

Element im Zwischenablageverlauf fest anheften oder löschen

Der Zwischenablageverlauf kann maximal 25 Elemente aufnehmen. Sie können jedoch mit Klick auf das Pin-Symbol ❶ häufiger benötigte Elemente dauerhaft anheften und mit demselben Symbol auch wieder lösen.

Um ein Element aus dem Zwischenablageverlauf zu löschen, klicken Sie rechts neben dem Element auf die drei Punkte ❷ und anschließend auf das Symbol *Löschen* ❸.

Wie lange verbleiben Elemente im Zwischenablageverlauf?

Beim Abmelden oder Herunterfahren des Geräts wird mit Ausnahme der angehefteten Elemente alles aus dem Zwischenablageverlauf entfernt. Angeheftete Elemente verbleiben hier jedoch solange, bis Sie sie mit einem erneuten Klick auf das Pin-Symbol lösen, stehen also auch nach der nächsten Anmeldung am PC wieder zur Verfügung.

Symbole, Emojis und Sonderzeichen mithilfe der Zwischenablage einfügen

Info: Hierbei handelt es sich um dieselben Elemente, wie sie auch über die Bildschirmtastatur eingefügt werden können.

Neben den, von Ihnen kopierten oder ausgeschnittenen Elementen, stellt die Zwischenablage auch Symbole und sogenannte Emojis zum schnellen Einfügen zur Verfügung, z. B. in E-Mails. Um diese anzuzeigen, öffnen Sie mit **Windows**+V den Zwischenablageverlauf und klicken in der oberen Leiste z. B. auf Emojis ❶, wie im Bild unten.

Anschließend können Sie unter verschiedenen Kategorien wählen ❷ und durch Anklicken ein Bild an der Cursorposition im Dokument einfügen. Mit dem Pfeil ❸ gelangen Sie wieder zurück zur vorherigen Auswahl und mit Klick auf das Symbol *Zwischenablageverlauf* ❹ haben Sie wieder den Inhalt der Zwischenablage vor sich.

Bild 3.53 Emojis über die Zwischenablage einfügen

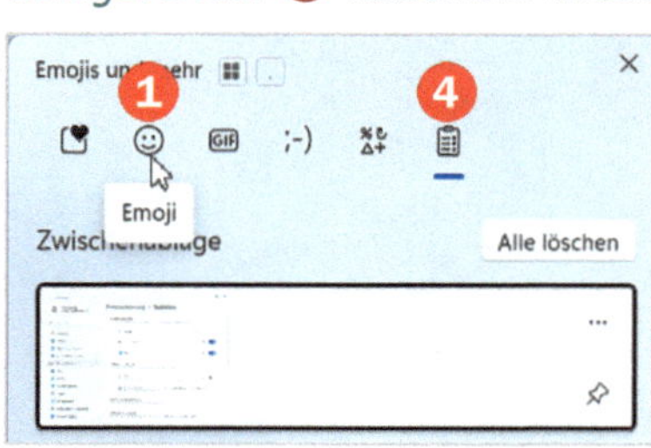

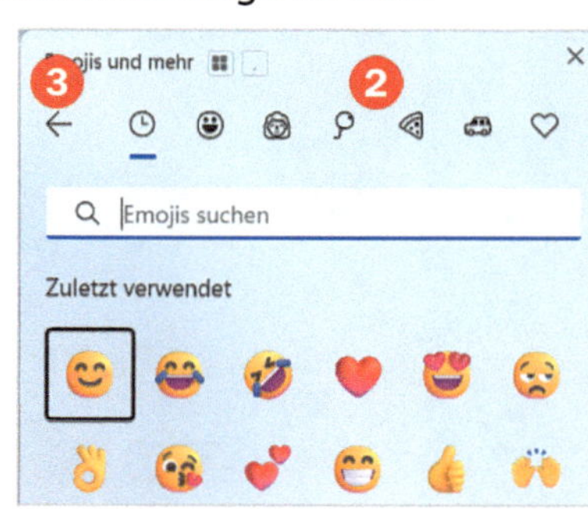

3.9 Tätigkeit am PC beenden

Herunterfahren oder Energiesparmodus?

Wenn Sie die Tätigkeit am PC beenden möchten, dann können Sie das Gerät entweder in den Energiesparmodus versetzen oder Windows herunterfahren. Im letzteren Fall wird der PC anschließend auch automatisch ausgeschaltet. Damit Windows beim nächsten Mal wieder korrekt gestartet wird und um den Verlust von Daten zu vermeiden, sollten Sie in jedem Fall die folgenden Punkte beachten:

Grundregeln beim Beenden

- Speichern Sie grundsätzlich alle wichtigen Daten, bevor Sie den Computer verlassen!
- Wenn Sie Windows beenden und den PC anschließend ganz ausschalten möchten, dann beenden Sie zuvor alle geöffneten Apps.
- Benutzen Sie den Schalter am Gerät nur in Ausnahmefällen zum Ausschalten (siehe rechts).

Falls Sie trotzdem einmal den PC über den Schalter am Gerät ausschalten müssen, weil Windows nicht mehr reagiert, dann halten Sie den Schalter am Gerät einige Sekunden lang gedrückt.

So gehen Sie vor

1. Klicken Sie in der Taskleiste auf das Symbol *Start* und klicken oder tippen Sie auf den Schalter *Ein/Aus* ❶.
2. Es erscheint ein kleines Menü ❷: Wählen Sie zwischen *Sperren*, *Energie sparen*, *Herunterfahren* und *Neu starten*.

Bild 3.54 Wählen Sie zwischen Energie sparen, Herunterfahren und Neu starten

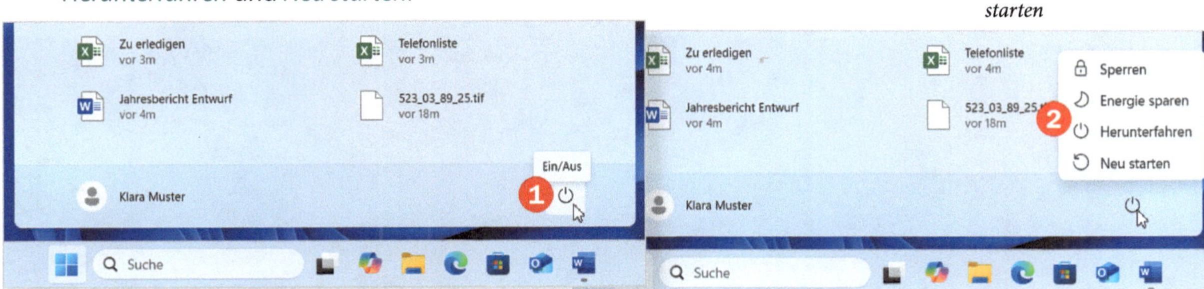

Herunterfahren/Gerät ausschalten

Haben Sie *Herunterfahren* gewählt, so dauert dieser Vorgang nur wenige Sekunden. Anschließend schaltet sich der Computer selbst ab. Sollten allerdings noch Apps geöffnet sein, wird das Herunterfahren unterbrochen. Klicken Sie in diesem Fall auf *Abbrechen* und beenden Sie die betreffende Anwendung bzw. speichern Sie eventuell noch nicht gespeicherte Daten und Änderungen.

Computer neu starten

Mit der Option *Neu starten* wird der Computer vollständig heruntergefahren und anschließend sofort wieder automatisch gestartet. Dies kann z. B. erforderlich sein nach der Installation von Updates oder Apps, oder wenn das System aufgrund von Fehlern nicht mehr stabil läuft.

- **Energiesparmodus**
  Im Energiesparmodus können sämtliche Apps geöffnet bleiben. Einstellungen und Daten werden zwischengespeichert und nicht benötigte Geräte wie Bildschirm und Lüfter abgeschaltet und so der Stromverbrauch auf ein Minimum reduziert. Ein Laptop wird beim Schließen des Deckels automatisch in den Energiesparmodus versetzt.

  Um den Computer aus dem Energiesparmodus heraus wieder in Betrieb zu nehmen, betätigen Sie die Einschalttaste am Gerät. In der Standardeinstellung wird anschließend der Sperrbildschirm angezeigt und Sie müssen sich erneut anmelden. Anschließend können Sie dort fortfahren, wo Sie zuletzt aufgehört haben.

- **Sperren**
  Mit der Option *Sperren* lässt sich der Computer vorübergehend sperren, z. B. während einer Kaffeepause. Der Sperrbildschirm wird angezeigt und erst nach erneuter Anmeldung mit PIN o. ä. finden Sie die Arbeitsoberfläche wieder so vor, wie Sie sie verlassen haben. **Tipp:** Noch schneller sperren Sie den Bildschirm mit der Tastenkombination **Windows+L** (Abkürzung für engl. Lock).

Tipp: Herunterfahren über das Kontextmenü der rechten Maustaste
Alternativ können Sie Windows auch beenden, indem Sie mit der rechten Maustaste auf die Schaltfläche mit dem Windows-Logo (*Start*) klicken. Es erscheint ein Kontextmenü, klicken Sie auf *Herunterfahren oder abmelden* und wählen Sie dann zwischen *Herunterfahren*, *Energie sparen* oder *Neu starten*. Hier finden Sie zusätzlich die Möglichkeit *Abmelden*, siehe weiter unten.

Bild 3.55 Das Kontextmenü des Start-Logos

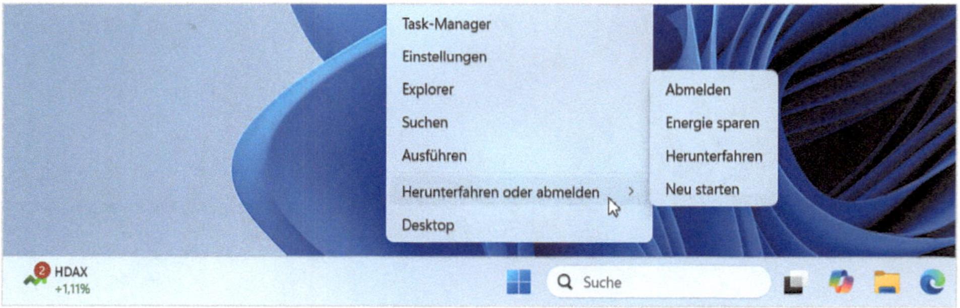

Automatisch Energie sparen

Wie Sie die Energiespareinstellungen Ihres Geräts einsehen und ändern, lesen Sie in Kap. 5.

Erfolgt über einen längeren Zeitraum keine Eingabe bzw. Mausbewegung, dann wird, abhängig vom Betriebsmodus, der Energieverbrauch automatisch verringert. Im ersten Schritt wird nach 5 bzw. 10 Minuten der Bildschirm dunkler bzw. schaltet sich automatisch aus. In diesem Fall bewegen Sie einfach die Maus oder betätigen eine Taste der Tastatur und die vorherige Anzeige wird wiederhergestellt. Nach längerer Dauer (15 Minuten) versetzt sich der PC in den Energiesparmodus, siehe oben.

Windows beim Herunterfahren aktualisieren

Windows erhält von Microsoft regelmäßig Updates, das bedeutet es wird aktualisiert, z. B. um den integrierten Virenschutz auf den neuesten Stand zu bringen oder um etwaige Fehler oder Schwachstellen zu korrigieren. Die Updates werden im Hintergrund über das Internet heruntergeladen und einige anschließend auch automatisch installiert, größere Updates erfordern jedoch einen Neustart des Systems.

Herunterfahren und anschließender Neustart erfolgen nicht automatisch, sondern ein Symbol in der Taskleiste am unteren Bildschirmrand macht Sie auf den anstehenden Neustart aufmerksam und beim Zeigen auf das Symbol erscheint der unten abgebildete Hinweis. Ein erforderlicher Neustart bedeutet aber nicht, dass dieser sofort erfolgen muss, Sie können also ruhig mit der Arbeit am PC fortfahren und den Neustart beim Herunterfahren veranlassen, siehe unten.

Bild 3.56 Hinweis auf anstehenden Neustart

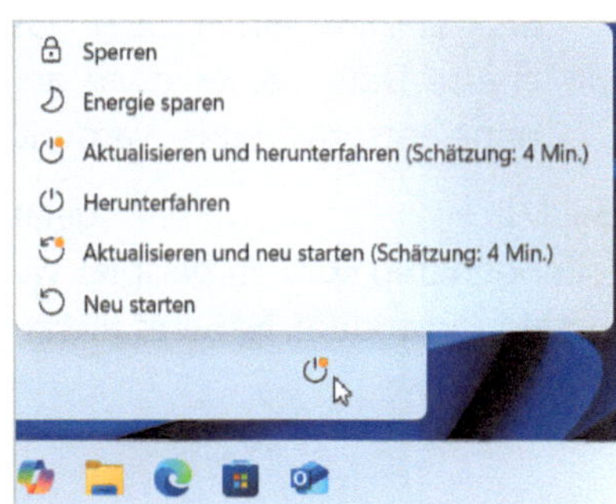

Bild 3.57 Aktualisieren beim Herunterfahren oder neu starten

Auch im Startmenü erkennen Sie am Symbol *Ein/Aus* anstehende Aktualisierungen, wie im Bild rechts. Neben *Herunterfahren* und *Neu starten* finden Sie hier nun die zusätzlichen Optionen *Aktualisieren und herunterfahren* und *Aktualisieren und neu starten*.

Achtung: Aktualisierungen können, je nach Umfang einige Minuten dauern. Schalten Sie in dieser Zeit den Computer nicht aus, dies passiert abschließend automatisch, wenn Sie *Aktualisieren und herunterfahren* gewählt haben. In solchen Fällen erscheint manchmal nach dem nächsten Einschalten des Geräts eine Meldung, dass Windows zuerst noch aktualisiert wird.

Abmelden und Benutzer wechseln

Benutzen mehrere Personen denselben Computer und melden sich mit ihrem jeweiligen Benutzerkonto an, dann kann jederzeit zwischen den verschiedenen Benutzern gewechselt werden. Dazu klicken Sie links unten im Startmenü auf Ihr Profilbild bzw. Ihren Benutzernamen ❶. Wählen Sie anschließend zwischen den folgenden Möglichkeiten:

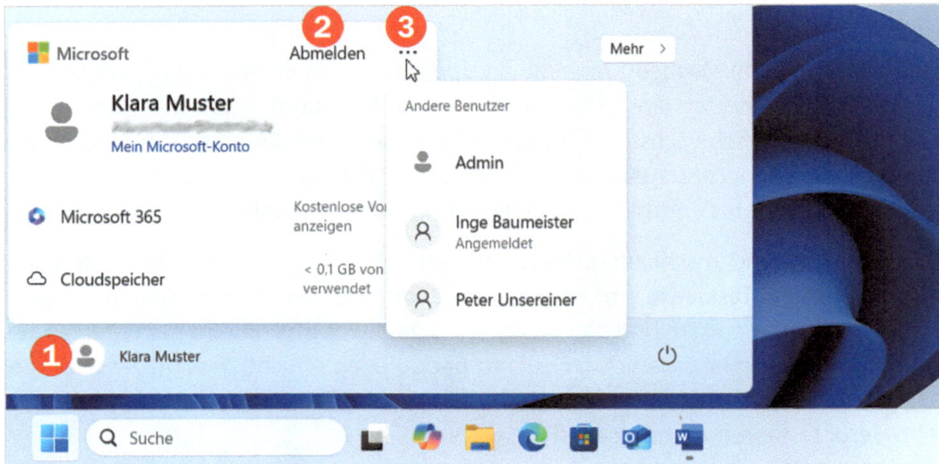

Bild 3.58 Klicken Sie im Startmenü auf Ihr Profilbild

- Mit Klick auf *Abmelden* ❷ werden alle zu Ihrem Benutzerkonto gehörenden Einstellungen gespeichert, der Sperrbildschirm erscheint wieder und ein anderer Benutzer kann sich nun anmelden.
- Wenn ohne vorheriges Abmelden zu einem anderen Benutzerkonto gewechselt werden soll, dann klicken Sie stattdessen auf die drei Punkte ❸. Es erscheinen alle, auf dem Gerät angelegten Benutzer und Sie brauchen nur den gewünschten Benutzernamen anklicken.

  Nachteil: Fährt ein anderer Nutzer den Computer herunter, gehen nicht gespeicherte Daten eines noch angemeldeten Benutzers verloren, allerdings nicht ohne entsprechende Warnung.

Tipp: Mit *Mein Microsoft-Konto* gelangen Sie schnell zu Ihren persönlichen Kontoeinstellungen und können beispielsweise ein Profilbild hinzufügen und/oder die Art der Anmeldung ändern. Näheres hierzu lesen Sie in Kapitel 5.

4 Dateien, Ordner und Laufwerke

4.1 Grundlagen für Einsteiger

Wichtige Grundbegriffe

Dateien

Der Begriff Datei steht für gespeicherte Daten, egal es sich z. B. um ein Foto, einen Brief wie im Bild links, ein Video oder eine App bzw. ein Programm handelt. Jede Datei benötigt einen eindeutigen Namen. Dieser wird ergänzt um einen, in der Standardeinstellung nicht sichtbaren Zusatz, die sogenannte Dateinamenerweiterung, die den Dateityp kennzeichnet und somit das Dateisymbol festlegt. Die Dateinamenerweiterung wird beim Speichern automatisch an den Dateinamen angefügt. An ihrem Speicherort werden die Dateien mit Dateiname und -symbol angezeigt.

Speicherorte, Laufwerke

Info: Falls Sie sich fragen,weshalb Windows mit dem Buchstaben C beginnt: A und B waren ursprünglich für das erste und zweite Diskettenlaufwerk reserviert. Da Disketten heutzutage ausgestorben sind, werden auch diese beiden Buchstaben nicht mehr verwendet.

Sämtliche Datenspeicher wie z. B. lokale Festplatte ❶ (Bild unten), DVD-Laufwerk, USB-Speicherstift usw. bezeichnet man auch als Laufwerke. Diese werden über einen eindeutigen Buchstaben, gefolgt von einem Doppelpunkt adressiert.

In der Regel wird die eingebaute (lokale) Festplatte eines Geräts mit dem Laufwerksbuchstaben C: angesprochen. Falls die Festplatte in mehrere Bereiche, sogenannte Partitionen aufgeteilt ist, werden diese als eigenständige Laufwerke behandelt und die zweite Partition erhält den nachfolgenden Buchstaben D:. Danach folgen die weiteren Laufwerke, wobei den nachträglich angeschlossenen Laufwerken, z. B. einer externen Festplatte oder einem USB-Speicherstift automatisch der nächste freie Buchstabe des Alphabets zugewiesen wird.

Beachten Sie: Externe Datenträger, z. B. externe Festplatte oder USB-Speicherstift besitzen keinen festen Laufwerksbuchstaben, sondern dieser wird in der Reihenfolge, in der sie angeschlossen werden, zugewiesen. Daher kann sich der Buchstabe eines solchen Laufwerks auch ändern.

Bild 4.1 Laufwerke und die persönlichen Ordner

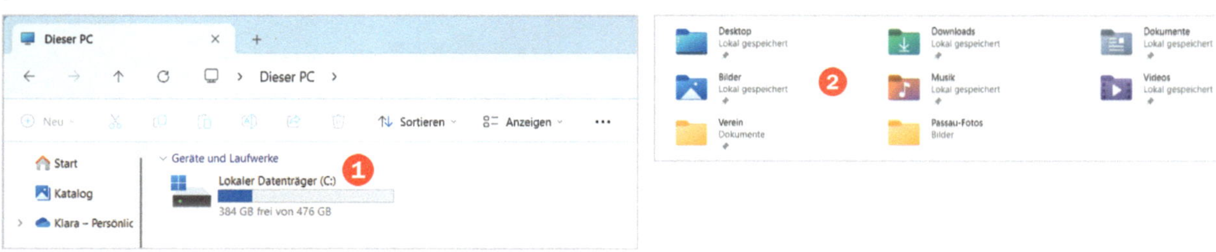

Ordner

Auf einem Laufwerk finden sehr viele Dateien Platz, deshalb werden diese zur besseren Übersicht in Ordnern ❷ zusammengefasst. Wie bei jeder Ablage sollten Sie also auch beim Speichern von Dateien auf ein übersichtliches Ordnersystem achten. Die Ordner *Bilder*, *Dokumente*, *Videos*, *Musik* und *Downloads* zum Speichern der wichtigsten Datentypen sind bereits auf Ihrer Festplatte vorhanden. Diese können Sie nach Belieben in Unterordner aufteilen, die Sie nach Ihren Bedürfnissen benennen und bei Bedarf auch wieder entfernen können.

Ihre persönlichen Ordner

Bei Ihrer ersten Anmeldung am Gerät wurden von Windows auf der Festplatte automatisch Ihre persönlichen Standardordner zum Speichern von Dateien angelegt. Dazu gehören z. B. die Ordner *Dokumente* zum Speichern von Texten und *Bilder* zum Ablegen von Fotos (siehe Bild auf der vorhergehenden Seite). Diese Ordner sind fester Bestandteil Ihres Benutzerkontos und mit Ausnahme von Administratoren ausschließlich für den jeweiligen Benutzer sichtbar. Benutzen mehrere Personen denselben Computer, melden sich aber unter einem anderen Namen an, dann verfügt jeder Benutzer über seine eigenen persönlichen Ordner.

Wenn Sie Dateien auf der Festplatte speichern, dann sollte dies in einen der persönlichen Ordner erfolgen. Hier können Sie jederzeit weitere Ordner anlegen und so Ihre individuelle Ordnerstruktur schaffen. Zudem werden die Dateien hier schneller gefunden.

Der Cloudspeicher OneDrive

Im Normalfall nutzen Sie zur Anmeldung am Gerät ein Microsoft-Konto und damit steht Ihnen automatisch unter der Bezeichnung *OneDrive* ein weiterer persönlicher Speicherort zur Verfügung. Dieser ist vergleichbar mit einer weiteren Festplatte, befindet sich aber im Gegensatz zu dieser nicht lokal auf Ihrem Gerät, sondern auf einem Server von Microsoft und der Zugriff erfolgt über das Internet.

OneDrive wird auch als Cloudspeicher bezeichnet. Der Begriff Cloud, zu deutsch Wolke, resultiert aus der Tatsache, dass der genaue Speicherort nicht nachvollziehbar, also „verhüllt" ist.

OneDrive ist vollständig in die Dateiverwaltung von Windows integriert und unterscheidet sich in der Nutzung nicht von anderen Laufwerken. Genau wie auf der lokalen Festplatte können Sie auch hier beliebig Dateien speichern, öffnen und in Ordnern verwalten. Allerdings kann das Öffnen und Speichern etwas länger dauern, da dies über die vergleichsweise langsame Internetverbindung erfolgt.

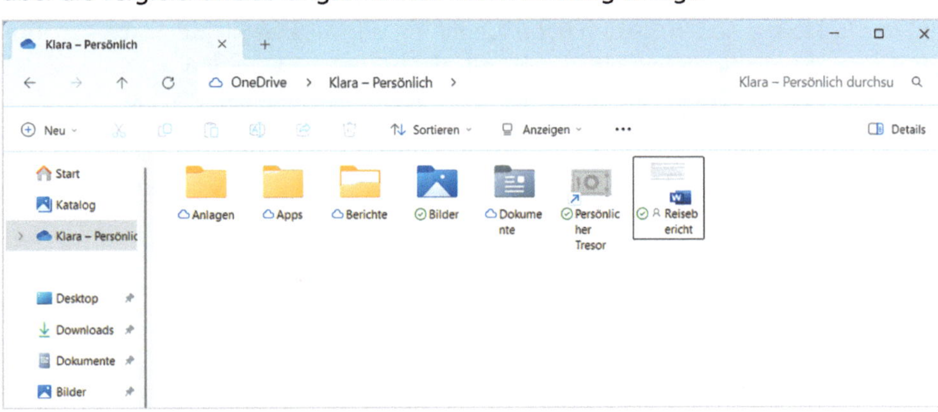

Bild 4.2 Der Speicher OneDrive mit Ordnern und Dateien

Eine Datei speichern

Wenn Ihre Eingaben, beispielsweise ein Brief zur erneuten späteren Verwendung erhalten bleiben sollen, dann müssen Sie diese speichern. Es spielt keine Rolle, aus welcher App heraus das Speichern erfolgt, die Vorgehensweise ist immer gleich: Sie müssen der Datei einen Namen geben und einen Speicherort wählen.

Für Dateinamen gelten folgende Regeln

- Der Dateiname muss eindeutig sein, das bedeutet, er darf am selben Speicherort nicht bereits anderweitig vergeben sein.
- Ein Dateiname darf bis zu 255 Zeichen lang sein, Laufwerksbuchstabe und Ordnernamen mit eingerechnet. In der Praxis sollten Sie sich aber auf kurze und aussagefähige Namen beschränken.
- Dateinamen dürfen Groß- und Kleinbuchstaben, Ziffern, Leerzeichen und Sonderzeichen enthalten. Nur die folgenden Zeichen sind für interne Zwecke reserviert und daher nicht zulässig: / \ : ? * < > |

Speicherort

- Als Speicherort wählen Sie in der Regel einen Ordner. Dieser kann sich auf der Festplatte, einem Wechseldatenträger (USB-Speicherstift, externe Festplatte, usw.) oder auf *OneDrive* befinden.
- Viele Apps wählen beim Speichern automatisch einen passenden Ordner aus. So schlägt z. B. das Schreibprogramm Microsoft Word automatisch den Ordner *Dokumente* vor. Die Auswahl eines anderen Ordners ist selbstverständlich trotzdem und jederzeit möglich.

Beispiel: Text im persönlichen Ordner Dokumente speichern

Nehmen wir als Beispiel an, Sie möchten mit der App Editor, einem einfachen Schreibprogramm eine Notiz schreiben und diese dauerhaft speichern.

Starten Sie die App Editor, entweder über das Startmenü oder klicken Sie in das Suchfeld der Taskleiste, geben Sie den Begriff „edit“ ein und klicken Sie auf *Editor App*. Tippen Sie dann beliebigen Text ein, dieser soll jetzt gespeichert werden.

1 Klicken Sie in der linken oberen Ecke des Editor-Fensters auf *Datei* ❶ und dann im sich öffnenden Menü auf *Speichern* ❷. In manchen Apps finden Sie auch das Symbol *Speichern*, das Sie stattdessen ebenfalls anklicken können.

Alternativ drücken Sie die Tastenkombination **Strg+S**.

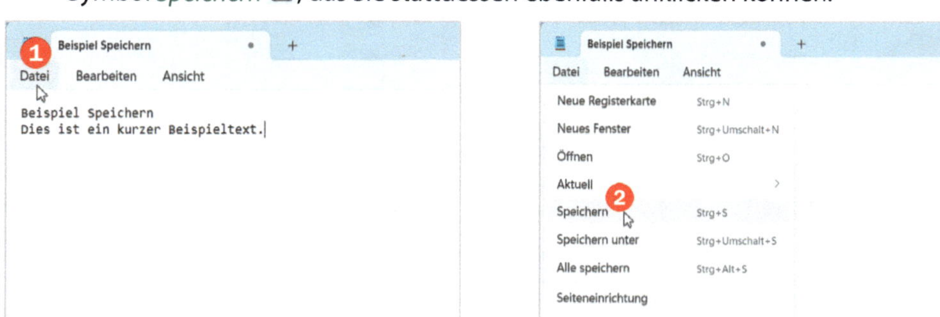

Bild 4.3 Beispiel: Eine Datei mit Editor speichern

In beiden Fällen öffnet sich anschließend das Fenster *Speichern unter*.

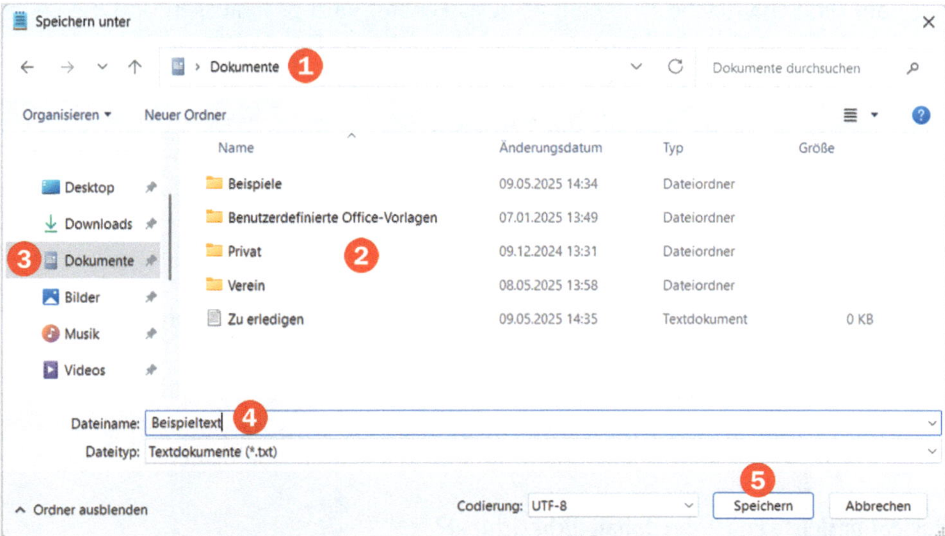

Bild 4.4 Das Fenster Speichern unter

2 Speicherort kontrollieren bzw. auswählen

Im Adressfeld ❶ unmittelbar unterhalb des Fenstertitels sehen Sie den aktuellen Ordner. In diesem Beispiel handelt es sich um den Ordner *Dokumente* auf der lokalen Festplatte des Geräts.

Der Ordner *Dokumente* wird von Textprogrammen wie Editor automatisch als Speicherort ausgewählt und kann in diesem Fall erst einmal beibehalten werden.

Um Verwechslungen mit etwaigen gleichnamigen Ordnern auf OneDrive vorzubeugen, wird letzteren Ihr Name mit dem Zusatz *Persönlich* vorangestellt.

Den größten Teil des Speichern-Fensters nimmt der Inhaltsbereich ❷ ein. Hier werden alle, am aktuellen Speicherort vorhandenen Dateien und Ordner aufgelistet. Im linken Bereich des Fensters befindet sich die Navigationsleiste ❸, hier können Sie durch Anklicken schnell einen anderen Speicherort auswählen.

3 Dateinamen eingeben

Im Feld *Dateiname* ❹ geben Sie den Namen ein, unter dem die Datei gespeichert werden soll. Meist steht hier bereits ein vorläufiger Name, z. B. *Dokument* oder die ersten Zeichen Ihres Textes. **Achtung**: Wenn Sie die Datei später schnell wiederfinden und sich nicht durch zahlreiche Dateien klicken möchten, dann wählen Sie einen Dateinamen, der auch Rückschlüsse auf den Inhalt zulässt. Also beispielsweise nicht einfach *Brief*, sondern besser *XY-Versicherung Adressänderung Januar-2025*.

Tipps zur Eingabe: Wenn der Feldinhalt blau hinterlegt bzw. markiert ist wie im Bild rechts, dann tippen Sie den Dateinamen einfach über die Tastatur ein und überschreiben so den vorläufigen Namen. Sollte der Feldinhalt nicht markiert sein, so klicken Sie zuvor zum Markieren auf den vorhandenen Dateinamen.

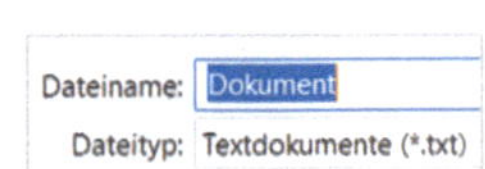

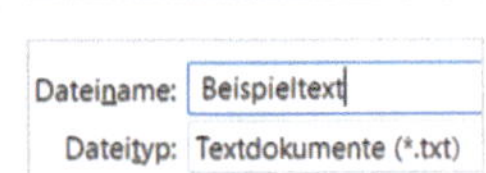

4 Im Feld unterhalb des Dateinamens ist der Dateityp, beim Editor *Textdokumente*, bereits ausgewählt und braucht nur in Ausnahmefällen geändert werden.

5 Wenn alle erforderlichen Angaben gemacht sind, dann klicken Sie abschließend auf die Schaltfläche *Speichern* ❺. Das Fenster wird geschlossen und die Datei gespeichert. Eine Meldung erscheint nur, falls die Datei nicht gespeichert werden konnte, z. B. aufgrund eines ungültigen Dateinamens.

6 Werfen Sie einen Blick in die Titelleiste des Editor-Fensters. Hier steht nun der soeben vergebene Dateiname.

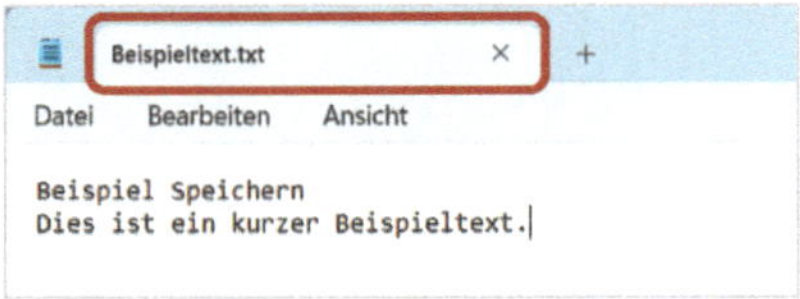

Nach dem Speichern können Sie mit der Arbeit am Text fortfahren. Wenn Sie den aktuellen Stand speichern möchten, und das sollten Sie in regelmäßigen Abständen tun, dann brauchen Sie nur, je nach App entweder auf das *Speichern*-Symbol klicken, die Tastenkombination **Strg+S** betätigen oder erneut auf *Datei* und *Speichern* klicken. Da jetzt Dateiname und Speicherort feststehen, erfolgt das Speichern im Hintergrund.Das Fenster *Speichern unter* wird nicht benötigt und erscheint deshalb auch nicht mehr.

Navigationsleiste und Ordnerinhalt nicht sichtbar?

Möglicherweise zeigt das Fenster *Speichern unter* nur das Adressfeld zusammen mit dem Eingabefeld *Dateiname* und den *Dateityp* an, wie im Bild unten. Dann klicken Sie zum Einblenden von Navigationsleiste und Ordnerinhalt auf *Ordner durchsuchen*.

Bild 4.5 Klicken Sie auf Ordner durchsuchen

Worin besteht der Unterschied zwischen Speichern und Speichern unter?

- Beim ersten Speichern einer Datei müssen im Fenster *Speichern unter* Dateiname und Speicherort festgelegt werden. Beim späteren Speichern von Änderungen am Dateiinhalt stehen diese Angaben bereits fest, daher werden beim Klick auf das Symbol *Speichern* Ihre Änderungen im Hintergrund gespeichert, ohne dass das Fenster *Speichern unter* erneut erscheint.
- Sie finden allerdings beim Klick auf *Datei* auch noch den Befehl *Speichern unter*. Dieser öffnet auch bei einer bereits gespeicherten Datei das Fenster *Speichern unter* und Sie können die Datei ein zweites Mal unter einem anderen Namen und/oder an einem anderen Ort speichern.

In einem bestimmten Ordner speichern, Speicherort wählen

Ist der gewünschte Ordner im Inhaltsbereich sichtbar, wie der Ordner *Beispiele* ❶ im Bild unten, dann öffnen Sie diesen Ordner mit Doppelklick auf das Ordnersymbol. Oder markieren Sie den Ordner und klicken rechts unten auf die Schaltfläche *Öffnen*.

Wenn Sie dagegen in einem völlig anderen Ordner speichern möchten, z. B. im Ordner *Bilder* oder einem hier befindlichen Unterordner, dann benutzen Sie im linken Bereich des Fensters *Speichern unter* die Navigationsleiste ❷. Über diese haben Sie Zugriff auf alle verfügbaren Datenträger, also auch den Cloudspeicher OneDrive oder angeschlossene externe Datenträger.

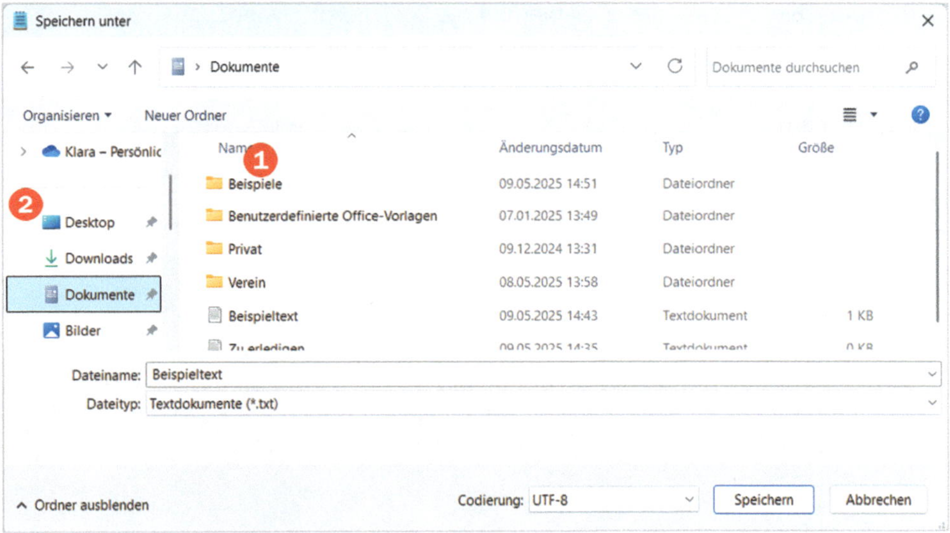

Bild 4.6 Anderen Ordner auswählen

Die Navigationsleiste gliedert sich in folgende Abschnitte (von oben nach unten). Beachten Sie, dass Sie unter Umständen mit Maus oder Bildlaufleiste nach unten bzw. oben scrollen müssen.

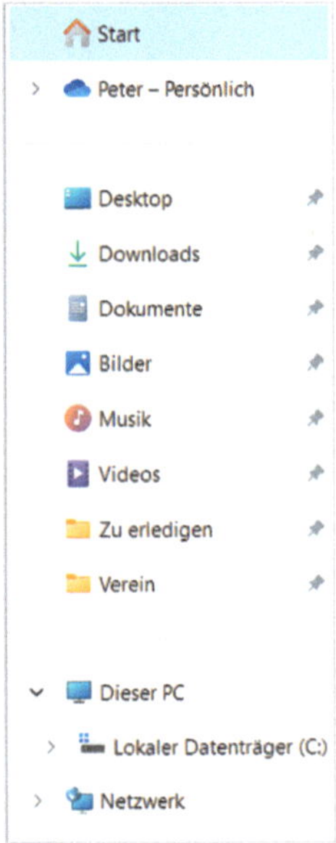

- **Start**: Die Startseite ist eine Zusammenstellung von *Schnellzugriff*, zuletzt verwendeten Dateien und *Favoriten*.
- **Ihr Name - Persönlich**: Unter Ihrem Namen mit dem Zusatz *Persönlich* finden Sie alle Ordner und Dateien auf OneDrive, Ihrem Speicher in der Cloud.
- **Schnellzugriff**: Hier fasst Windows Ihre persönlichen Ordner, z. B. *Dokumente*, *Bilder* und *Desktop* usw. sowie häufig von Ihnen verwendete Ordner zusammen. Weitere wichtige Ordner können Sie hier jederzeit fest anheften und so schneller auffinden. Angeheftete Ordner erkennen Sie am Pin-Symbol, wie im Bild rechts.
- **Dieser PC**: Der Abschnitt *Dieser PC* umfasst alle Laufwerke, die sich im Gerät befinden oder extern angeschlossen sind, also unter der Bezeichnung *Lokaler Datenträger (C:)* die Festplatte, sowie eventuell USB-Speicherstift usw.
- **Netzwerk**: In einer Firma haben Sie über *Netzwerk* meist noch Zugriff auf zentrale freigegebene Laufwerke und Ordner innerhalb des Unternehmens.

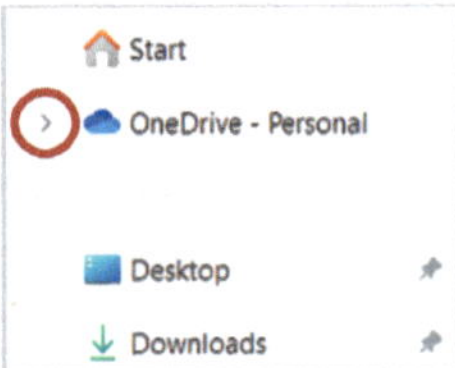

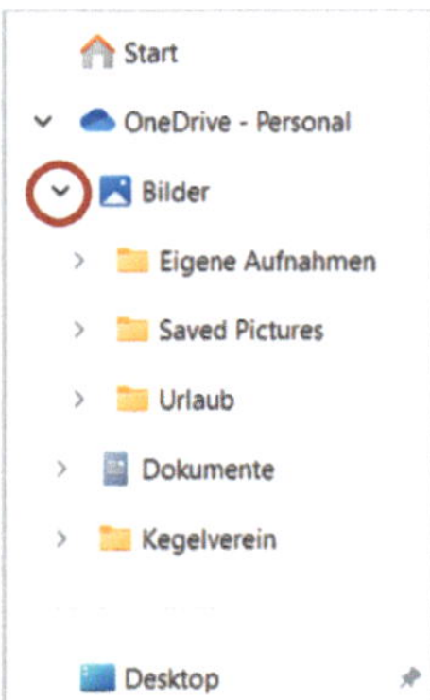

Elemente ein- und ausblenden

Um die Navigationsleiste übersichtlich zu halten, sind auf OneDrive (s. Bild links), dem lokalen Datenträger (C:) sowie angeschlossenen Laufwerken und im Netzwerk untergeordnete Elemente bzw. Ordner meist ausgeblendet. Zum Ein- und Ausblenden benutzen Sie die kleinen Pfeile links vom Symbol, dabei gilt:

- **Pfeil weist nach rechts**: Die dazugehörigen untergeordneten Speicherorte sind ausgeblendet und können mit Klick auf den Pfeil eingeblendet werden.
- **Pfeil weist nach unten**: Die dazugehörigen Speicherorte sind unterhalb und etwas eingerückt sichtbar, wie im Bild links im Ordner *Bilder* die verschiedenen Unterordner. Ein Klick auf den Pfeil blendet die Speicherorte wieder aus.

Sie möchten...	Aktion
Unterordner anzeigen	Klicken Sie auf den nach rechts weisenden Pfeil
Unterordner ausblenden	Klicken Sie auf nach unten weisenden Pfeil
Einen Ordner als Speicherort auswählen (gleichzeitig erscheint der Inhalt dieses Ordners rechts im Inhaltsbereich)	Klicken Sie auf den Namen oder das Symbol des Ordners oder Laufwerks

Beachten Sie beim Auswählen eines Speicherorts

Der aktuelle Speicherort ist immer derjenige, der im Adressfeld ❶ (Bild unten) sichtbar ist, bei mehreren aufgeführten Ordnern ist dies der Ordner ganz rechts. Es genügt nicht, wenn der betreffende Ordner im Inhaltsbereich nur markiert ist.

Falscher Unterordner?

Falls Sie einen Unterordner versehentlich geöffnet haben, dann klicken Sie im Adressfeld einfach auf den Namen eines übergeordneten Ordners, im Bild unten z. B. *Dokumente* oder *Beispiele*. Oder benutzen Sie die Pfeile links vom Adressfeld:

- Ein Klick auf den nach oben weisenden Pfeil ❷ bringt Sie jeweils eine Ebene höher in den übergeordneten Ordner.
- Mit Klick auf den nach links weisenden Pfeil ❸ gelangen Sie zurück zum vorherigen Ordner, egal wo sich dieser befindet.

Bild 4.7 Der aktuelle Speicherort ist im Adressfeld sichtbar

Den Pfeil *Zurück* kennen Sie vielleicht auch vom Browser bzw. der App mit der Sie im Internet surfen.

Datei aus einer App heraus öffnen

Das Öffnen einer Datei aus einer App heraus bzw. das Öffnen-Dialogfenster unterscheidet sich nur wenig vom Speichern, auch für das folgende Beispiel verwenden wir wieder die App Editor.

1 Starten Sie die App Editor und klicken Sie links oben auf *Datei* ❶ und im sich öffnenden Menü auf *Öffnen* ❷.

Tipp: Manche Apps listen hier auch zuletzt verwendete Dateien auf. Befindet sich die gesuchte darunter, dann brauchen Sie diese zum Öffnen nur anklicken.

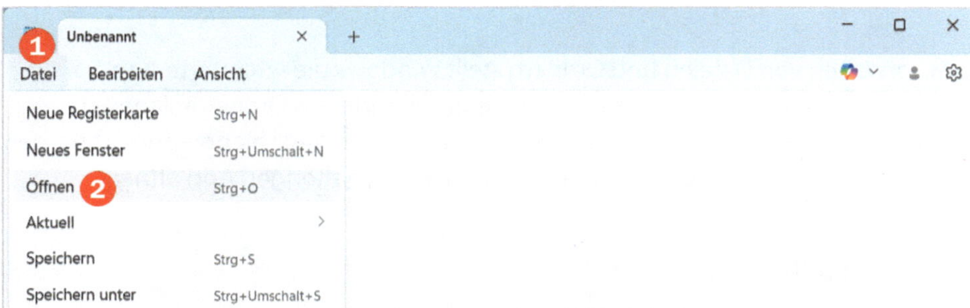

Bild 4.8 Beispiel Editor: klicken Sie auf Datei - Öffnen

2 Das Fenster *Öffnen* ❸ erscheint; zumeist auch gleich mit dem Inhalt des passenden persönlichen Ordners, hier *Dokumente* ❹ und unterscheidet sich kaum vom *Speichern*-Fenster.

3 Wenn sich die gesuchte Datei in diesem Ordner befindet, dann klicken Sie im Inhaltsbereich auf die betreffende Datei ❺. Diese erscheint im Feld *Dateiname* ❻, klicken Sie danach auf die Schaltfläche *Öffnen* ❼.

Tipp: Ein Doppelklick auf das Dateisymbol öffnet die Datei sofort ohne Schaltfläche *Öffnen*.

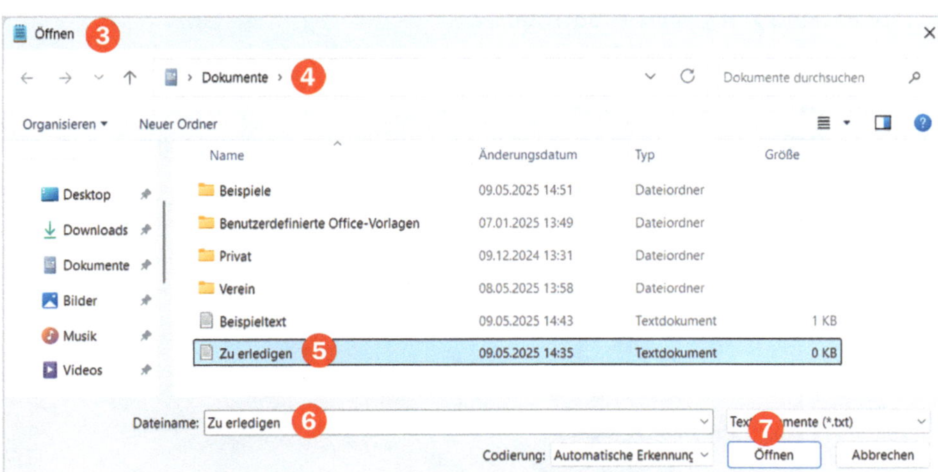

Bild 4.9 Das Dialogfenster Öffnen

Befindet sich dagegen die gesuchte Datei in einem Unterordner des Ordners *Dokumente*, dann müssen Sie wie beim Speichern zuvor diesen Ordner öffnen: Entweder im Inhaltsbereich mit Doppelklick auf das Ordnersymbol oder wählen Sie in der linken Navigationsleiste einen anderen Speicherort, z. B. auf OneDrive. In dieser Leiste genügt ein einfacher Mausklick auf das Symbol des Speicherorts.

4.2 Der Datei-Explorer

Zum Verwalten von Dateien und Ordnern stellt Windows die integrierte App *Datei-Explorer* zur Verfügung. Mit dieser können Sie unter anderem Ordner anlegen und benennen, Ordner und Dateien kopieren, an andere Stelle verschieben oder entfernen sowie Dateien bequem per Doppelklick samt der dazugehörigen App öffnen.

Datei-Explorer starten

Am schnellsten starten Sie den Datei-Explorer mit Klick auf das Symbol *Explorer*, das sich standardmäßig in der Taskleiste befindet. Oder benutzen Sie eine der nachfolgenden Möglichkeiten.

Bild 4.10 Klicken Sie auf das Symbol Explorer in der Taskleiste

Explorer starten: **Win** + **E**.

- Tastenkombination **Win**+**E**.
- Startmenü ▶ *Alle Apps* ▶ Buchstabe *E*.
- Im Suchfeld der Taskleiste oder des Startmenüs die ersten Zeichen, z. B. „expl" eintippen und danach auf *Explorer* klicken.

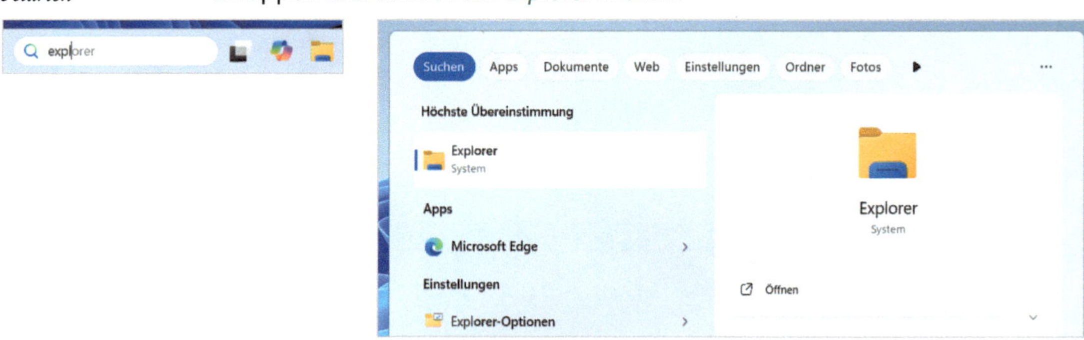

Bild 4.11 Datei-Explorer über die Suche starten

Die Elemente des Explorer-Fensters

In der Standardeinstellung zeigt der Explorer nach dem Start zunächst die Startseite ❶ an. Diese umfasst im Bereich *Schnellzugriff* ❷ die persönlichen sowie hier angeheftete und häufig verwendete Ordner. Unter *Neueste* ❸ werden die zuletzt verwendeten Dateien aufgelistet und unter *Favoriten* finden Sie fest angeheftete Dateien ❹.

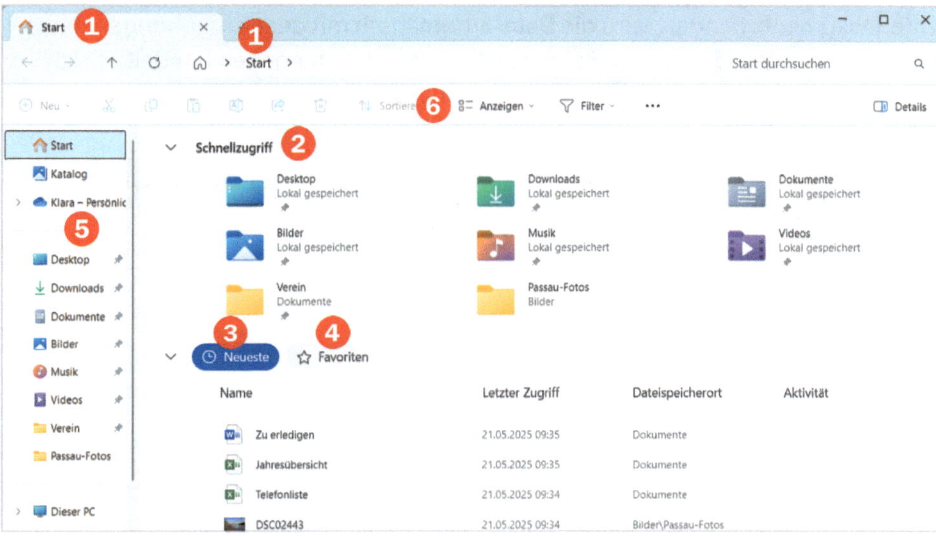

Bild 4.12 Das Explorer-Fenster wird mit der Startseite geöffnet

Betrachten wir zunächst die wesentlichen Elemente des Explorer-Fensters: Einige dürften Sie bereits von den Dialogfenstern *Speichern unter* und *Öffnen* kennen.

- **Inhalts- oder Anzeigebereich**
  Den größten Teil des Fensters nimmt der Inhalts- oder Anzeigebereich mit allen Elementen des aktuellen Speicherorts ein, dies sind auf der Startseite die Bereiche *Schnellzugriff*, *Neueste* und *Favoriten*. Der Speicherort ist auf der aktuellen Registerkarte des Explorers und im Adressfeld der Adressleiste ❶ ersichtlich.

Info: Seit dem Update vom Herbst 2023 (23H2) befindet sich die Befehlsleiste unterhalb der Adressleiste.

- **Navigationsleiste**
  Der linke Bereich des Fensters ❺ dient zur schnellen Navigation zwischen Speicherorten und wird deshalb als Navigationsleiste bezeichnet.

- **Befehlsleiste**
  Die wichtigsten Befehle finden Sie in Form von Symbolen in der Befehlsleiste ❻. Anzeige und Verfügbarkeit sind abhängig vom Speicherort und der Auswahl bzw. Markierung. Aktuell nicht anwendbare Befehle sind ausgegraut. **Tipp**: Der Befehl bzw. die Symbolbezeichnung erscheint, wenn Sie den Mauszeiger über einem Symbol positionieren und hier kurz verweilen, wie im Bild unten.

Bild 4.13 Die Befehlsleiste des Explorers: Beim Zeigen erscheint auch die Symbolbezeichnung

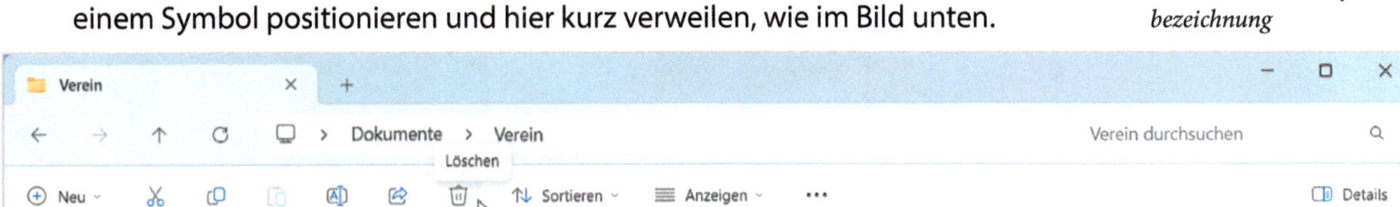

Dateien und Ordner öffnen

Eine Datei öffnen

Dateien können jederzeit aus dem Inhaltsbereich des Datei-Explorers heraus geöffnet werden: Dazu genügt ein Doppelklick auf das Dateisymbol, als Beispiel im Bild unten die Datei *Jahresbericht Entwurf*. Da es sich hier um Text in Form eines Microsoft Word-Dokuments handelt, wird die Datei automatisch mit der dazugehörigen Anwendung Microsoft Word geöffnet. Bei der Datei *Telefonliste* hingegen handelt es sich um eine Excel Arbeitsmappe und diese wird nach einem Doppelklick mit Microsoft-Excel geöffnet. Der Unterschied ist auch aus den Dateisymbolen ersichtlich.

Das Öffnen einer Datei setzt natürlich immer auch voraus, dass die passende Anwendung bzw. App auf dem Gerät installiert ist.

Bild 4.14 Datei im Explorer öffnen

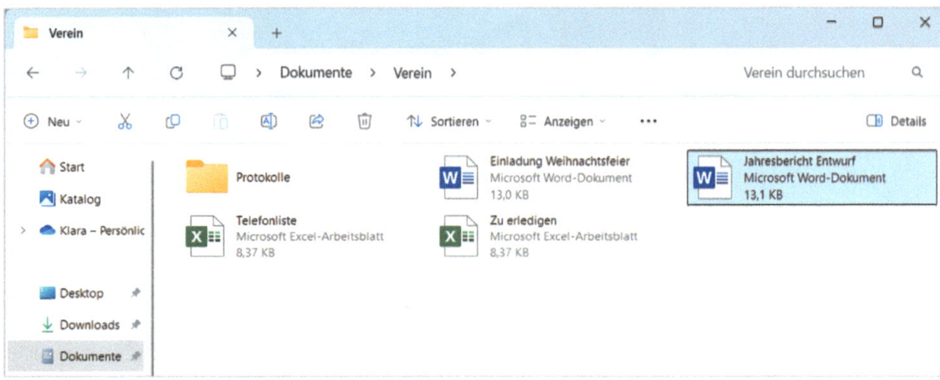

Hinweis: Manchmal kommen mehrere Apps zum Öffnen einer Datei in Frage. Wie Sie in solchen Fällen eine bestimmte App auswählen, erfahren Sie weiter unten auf Seite 135 ff.

Ordner öffnen

Wenn Sie dagegen einen Ordner im Datei-Explorer öffnen, dann wird dessen Inhalt, nämlich Dateien und eventuell auch weitere Unterordner, im Inhaltsbereich angezeigt. Beachten den kleinen Unterschied beim Öffnen:

Ordner können nicht nur in derselben, sondern auch in einer neuen Registerkarte oder in einem gesonderten Fenster geöffnet werden. Die genaue Vorgehensweise lesen Sie weiter unten auf Seite 91.

- Im Inhaltsbereich ist zum Öffnen ein Doppelklick auf das Ordnersymbol ❶ erforderlich.
- In der Navigationsleiste genügt dagegen ein einfacher Mausklick auf das Symbol bzw. den Namen ❷ des Ordners.

Bild 4.15 Ordner öffnen

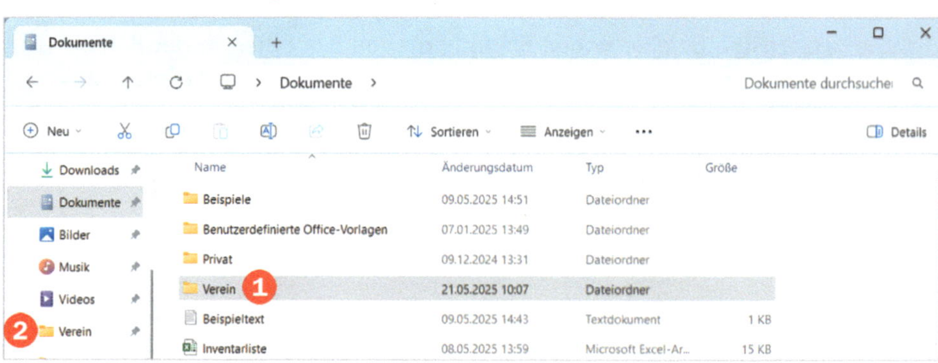

Navigation zwischen den Speicherorten

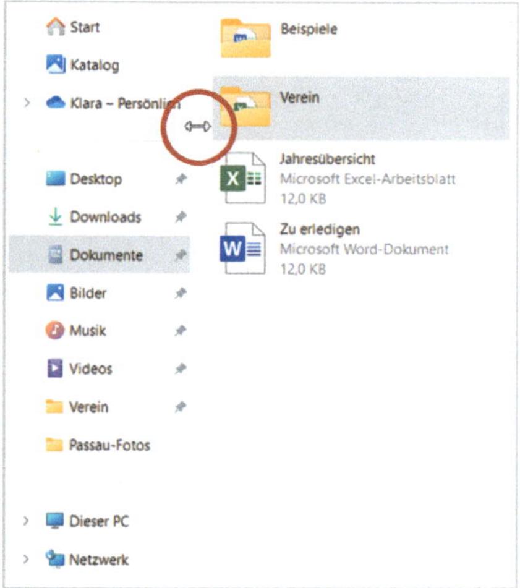

Bild 4.16 Navigationsleiste verbreitern

Die Navigationsleiste

Über die Navigationsleiste haben Sie Zugriff auf alle Speicherorte Ihres Geräts, einschließlich verbundener Netzlaufwerke, des Cloudspeichers OneDrive sowie angeschlossener externer Speichermedien. Im Gegensatz zum Inhaltsbereich enthält die Navigationsleiste ausschließlich Laufwerke und Ordner.

- Sollten hier Namen von Ordnern oder Laufwerken abgeschnitten sein, so zeigen Sie zum Verbreitern auf die (fast unsichtbare) Trennlinie zwischen Navigations- und Inhaltsbereich, bis sich der Mauszeiger in einen waagrechten Doppelpfeil verwandelt. Anschließend verschieben Sie die Trennlinie mit gedrückter Maustaste nach rechts.

> Beachten Sie, dass in der Navigationsleiste ein einfacher Mausklick auf ein Laufwerk oder einen Ordner genügt, um dessen Inhalt im Inhaltsbereich anzuzeigen.

Navigationsleiste nicht sichtbar?

Sollte auf Ihrem Gerät aus irgendeinem Grund die Navigationsleiste nicht sichtbar sein, so klicken Sie zum Einblenden in der Befehlsleiste auf *Anzeigen* ❶, anschließend am Ende der Liste auf *Einblenden* ❷ und hier auf *Navigationsbereich* ❸.

Achtung: Ein Häkchen links von *Navigationsbereich* wie im Bild unten signalisiert, dass dieser bereits sichtbar ist. In diesem Fall blenden Sie ihn durch erneutes Anklicken wieder aus.

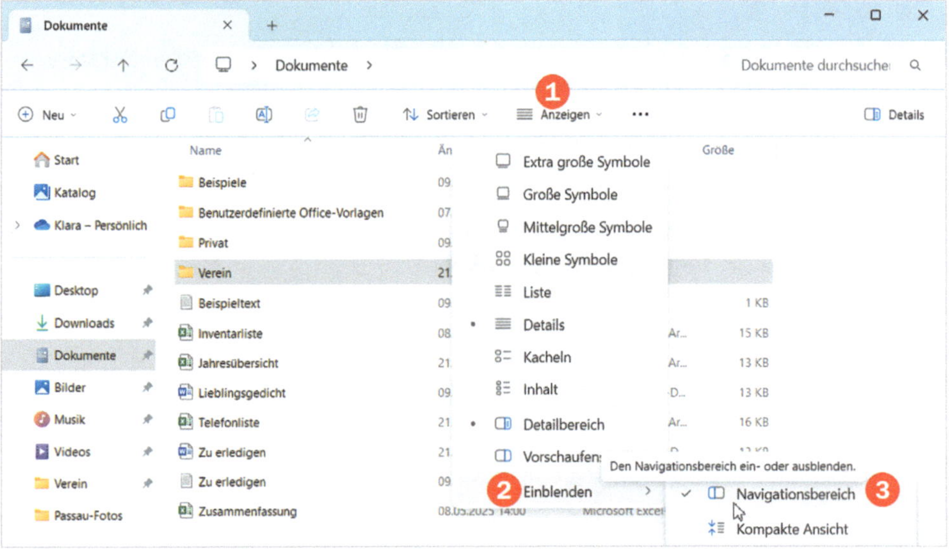

Bild 4.17 Navigationsbereich ein- und ausblenden

Untergeordnete Elemente ein- und ausblenden

Neben dem Symbol *Start* zur Anzeige der Startseite besteht die Navigationsleiste, durch horizontale Linien getrennt, aus folgenden Abschnitten:

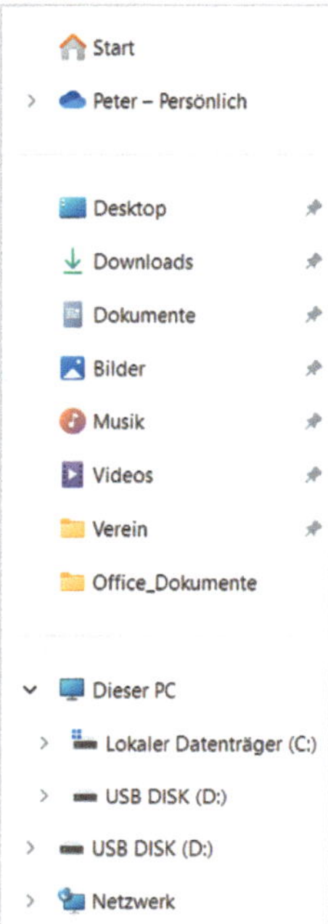

Abschnitt	Enthält...
Persönlich	Unter Ihrem Namen mit dem Zusatz *Persönlich* erscheinen alle Ordner, die sich auf OneDrive in der Cloud (Internet) befinden, natürlich nur in Verbindung mit einem Microsoft-Konto.
Schnellzugriff	Hier finden Sie standardmäßig Ihre persönlichen Ordner z. B. Dokumente, Bilder, Downloads, sowie den Desktop zusammen mit häufig verwendeten Ordnern. Weitere häufig benötigten Speicherorte können hier fest angeheftet werden.
Dieser PC	Dieser PC umfasst alle Laufwerke, die sich auf Ihrem PC befinden bzw. daran angeschlossen sind.
Netzwerk	Über Netzwerk haben Sie, falls vorhanden, Zugriff auf zentrale freigegebene Laufwerke und Ordner innerhalb des Unternehmens.

Mit Ausnahme des Schnellzugriffs finden Sie links von den Laufwerkssymbolen kleine Pfeile, über diese werden untergeordnete Elemente ein- oder ausgeblendet.

- Ein nach rechts weisender Pfeil signalisiert, die dazugehörigen Laufwerke oder Ordner sind ausgeblendet und mit Klick auf den Pfeil kann die nächste Ebene eingeblendet werden. Diese erscheinen dann unterhalb und etwas eingerückt, wie zum Beispiel im Bild links *Lokaler Datenträger* und *USB DISK* unter *Dieser PC*.
- Ein nach unten weisender Pfeil bedeutet, die nächsttiefere Ebene ist sichtbar und wird per Mausklick auf den Pfeil wieder ausgeblendet.

Navigation über die Adressleiste

Auch die Adressleiste (Bild 4.18) bietet mit den Symbolen links vom Adressfeld verschiedene Navigationsmöglichkeiten an, allerdings weniger übersichtlich als die Navigationsleiste.

- **Zurück zum vorherigen Speicherort**: Klicken Sie auf den Pfeil *Zurück* ❶ oder verwenden Sie die Tasten **Alt+Pfeil nach links**.
- **Den soeben mit Zurück verlassenen Speicherort nochmals auswählen**: Klicken Sie auf den Pfeil *Vorwärts* ❷ oder drücken Sie die Tasten **Alt+Pfeil nach rechts**.
- **Zum übergeordneten Ordner wechseln**: Klicken Sie auf den Pfeil nach oben ❸ oder verwenden Sie die Tasten **Alt+Pfeil nach oben**.
- **Anzeige aktualisieren**: Mit diesem Symbol ❹ oder der Taste **F5** können Sie bei Bedarf die Anzeige aktualisieren.

Bild 4.18 Die Pfeile Zurück, Vorwärts und nach oben

Das Adressfeld enthält den aktuellen Speicherort zusammen mit der Angabe, wo dieser zu finden ist. Diese Information wird auch als Such- oder Dateipfad bezeichnet. Der Pfad *> Dokumente > Beispiele > Angebote*, wie im unten abgebildeten Beispiel bedeutet, der aktuelle Ordner *Angebote* befindet sich im Ordner *Beispiele* und dieser wiederum ist ein Element des Ordners *Dokumente* auf der Festplatte des PCs. Darüber hinaus kann das Adressfeld auch zur Navigation benutzt werden:

Achtung: Die normale Anzeige im Adressfeld dient nur zu Ihrer Orientierung, entspricht aber nicht der korrekten Pfadangabe von Windows. Diese wird weiter unten unter Suchpfade beschrieben.

- **Übergeordneten Speicherort auswählen**: Klicken Sie im Adressfeld auf dessen Namen, z. B. *Dokumente*.
- **Anderen Ordner eines übergeordneten Speicherorts auswählen:** Klicken Sie auf den Pfeil rechts vom betreffenden Ordner und dann auf den gewünschten Ordner. So öffnet z. B. der Pfeil des Ordners *Beispiele* eine Liste aller hier befindlichen Ordner, siehe Bild unten und Sie brauchen nur den gewünschten Ordner anklicken.

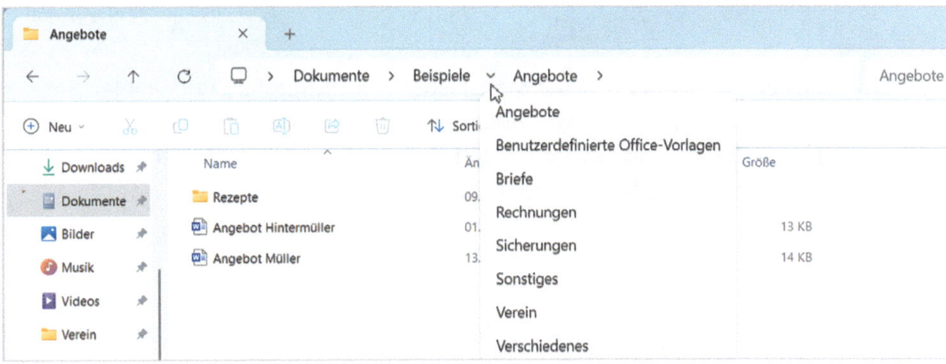

Bild 4.19 Navigation im Adressfeld

Tipp: Ordnernamen eingeben
Wenn Sie den Namen des gesuchten Ordners genau kennen, dann können Sie diesen auch so ansteuern: Klicken Sie in das Adressfeld, geben Sie den Namen, z. B. *Bilder* über die Tastatur ein und betätigen Sie anschließend die **Eingabetaste**. Der aktuell hier angezeigte Speicherort spielt dann keine Rolle und wird durch die Eingabe überschrieben.

Such- oder Dateipfade

Such- oder Dateipfade beschreiben den genauen Speicherort von Dateien und Ordnern. Ein Pfad besteht aus folgenden drei Teilen, wobei Laufwerksbuchstabe, Ordnernamen und Dateiname jeweils mit rückwärts gewandtem Schrägstrich \ (engl. Backslash) getrennt werden.

Info: Wenn Sie den Backslash per Tastatur eingeben möchten, finden Sie dieses Zeichen auf der Taste ß (**Alt Gr** + **ß**).

- Laufwerksbuchstabe, gefolgt von einem Doppelpunkt,
- Ordnernamen, mehrere Ordner werden mit \ getrennt,
- Optional: Dateiname mit Dateinamenerweiterung.

Beispiel Pfad ohne Dateiname: C:\Daten\Kunden\Mailing
Pfad mit Dateiname: C:\Daten\Kunden\Mailing\Januar.docx

Suchpfad im Explorer anzeigen und kopieren

Leider zeigt die Adressleiste des Explorers die Adresse des aktuellen Ordners in anderer Form an, z. B. *> Dokumente > Beispiele > Angebote*, wie im Bild unten links ❶. Dies bedeutet, der aktuelle Ordner *Angebote* ist ein Unterordner von *Beispiele*.

Achtung: Diese Methode funktioniert nur mit Unterordnern Ihrer persönlichen Ordner, nicht aber mit diesen selbst!

- Um den vollständigen Pfad in der korrekten Schreibweise anzuzeigen, klicken Sie einfach an eine freie Stelle im Adressfeld. Der Pfad wird gleichzeitig markiert ❷ und kann anschließend beispielsweise mit **Strg**+**C** in die Zwischenablage kopiert werden. Um wieder die vorherige Schreibweise anzuzeigen, drücken Sie entweder die **Esc**-Taste oder klicken an eine beliebige freie Stelle des Explorer-Fensters.

Bild 4.20 Suchpfad im Adressfeld anzeigen

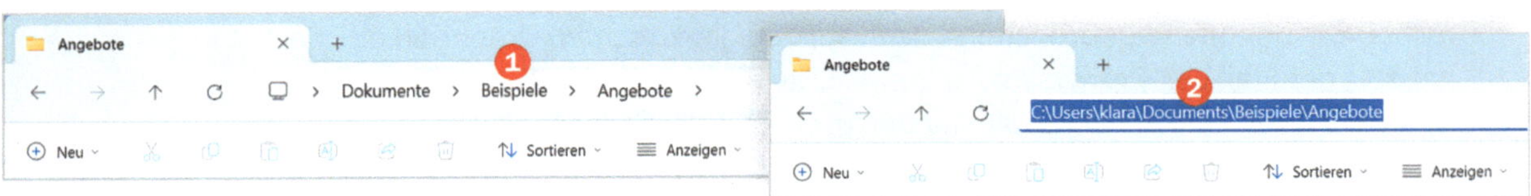

Oder klicken Sie mit der rechten Maustaste in das Adressfeld und wählen Sie *Adresse kopieren*. Die Adresse wird ebenfalls in der korrekten Schreibweise (siehe oben) in die Zwischenablage kopiert und kann danach an anderer Stelle, z. B. in ein Textdokument mit **Strg**+**V** eingefügt werden.

Bild 4.21 Suchpfad in die Zwischenablage kopieren

Auch der Befehl *Adresse bearbeiten* zeigt den Pfad in der oben beschriebenen Schreibweise an.

Tipp: Pfad inklusive Dateiname in die Zwischenablage kopieren

Wenn Sie den Pfad einer bestimmten Datei einschließlich des Dateinamens in die Zwischenablage kopieren möchten, dann klicken Sie diese mit der rechten Maustaste an und wählen den Befehl *Als Pfad kopieren*.

Bild 4.22 Pfad einschließlich Dateiname kopieren

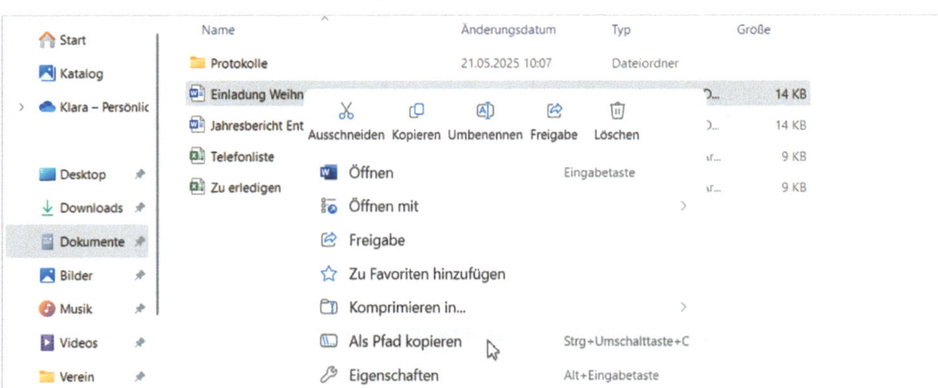

Ordner in neuem Fenster oder neuer Registerkarte öffnen

Manchmal ist es praktisch, wenn mehrere Ordner gleichzeitig geöffnet sind, z. B. beim Verschieben oder Kopieren oder wenn sich die benötigten Dateien an verschiedenen Orten befinden. In diesem Fall können Sie entweder für jeden Ordner ein gesondertes Fenster öffnen, wie in Bild 4.23 oder innerhalb des Datei-Explorers einen Ordner in einer neuen Registerkarte (Bild 4.24). Zum Anzeigen des Ordnerinhalts brauchen Sie dann nur die gewünschte Registerkarte in der Titelleiste des Datei-Explorers anklicken.

Registerkarten werden auch als Tabs bezeichnet und sind in Browsern, z. B. Microsoft Edge seit langem üblich.

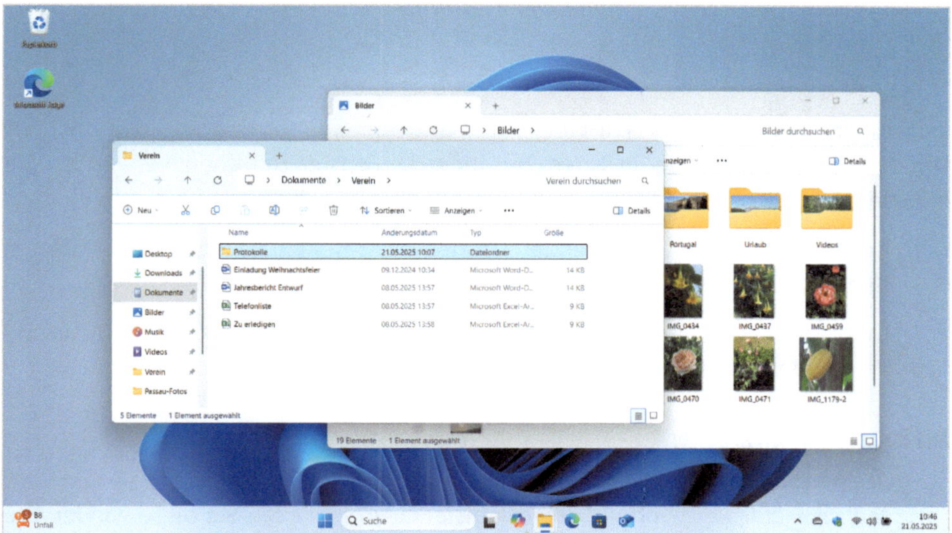

Bild 4.23 Jeden Ordner in einem gesonderten Fenster öffnen

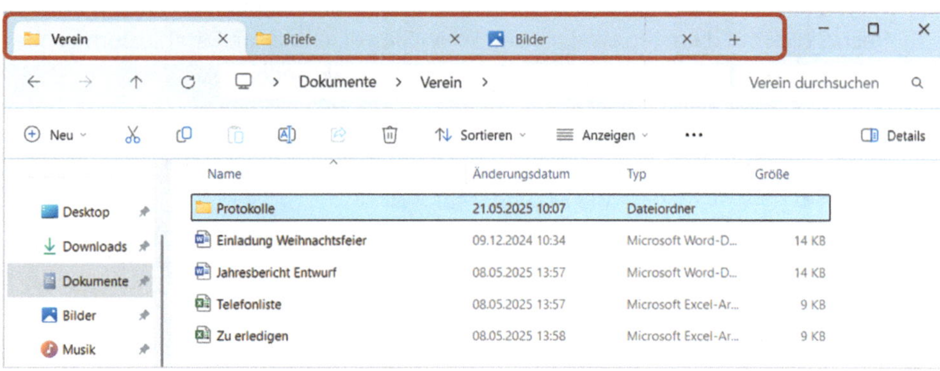

Bild 4.24 In Registerkarten geöffnete Ordner

Ordner in einer neuen Registerkarte öffnen

- Klicken Sie mit der rechten Maustaste auf den zu öffnenden Ordner, egal ob im Inhalts- oder im Navigationsbereich und auf den Befehl *In neuer Registerkarte öffnen* ❶ (Bild 4.25). Oder klicken Sie den Ordner mit der mittleren Maustaste (Mausrad) an.
- Oder öffnen Sie mit Klick auf das + (Pluszeichen) ❷ in der Titelleiste des Datei-Explorers oder den Tasten **Strg**+**T** eine neue Registerkarte und navigieren hier zum gewünschten Ordner.

Strg+**T**: Neue Registerkarte

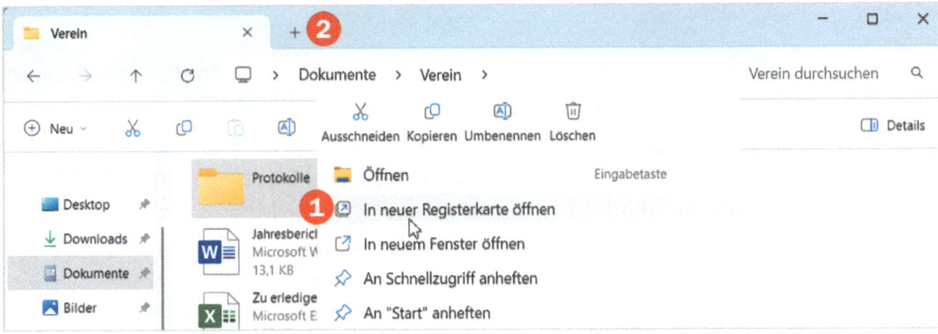

Bild 4.25 Ordner in neuer Registerkarte oder in neuem Fenster öffnen

Ordner in einem eigenen Fenster öffnen

Um dagegen einen Ordner in einem gesonderten Fenster zu öffnen, verwenden Sie eine der folgenden Methoden:

- Rechtsklick auf den zu öffnenden Ordner und Befehl *In neuem Fenster öffnen*, s. Bild oben.
- Oder Rechtsklick auf das Explorer Symbol in der Taskleiste und Auswahl *Explorer* oder Tasten **Windows+E**.

Mit Registerkarten arbeiten

- **Registerkarte schließen**
  Mit Klick auf das Symbol x einer Registerkarte, schließen Sie diese wieder. Die Tastenkombination **Strg+W** schließt dagegen die aktuelle Registerkarte. Auch per Rechtsklick auf eine Registerkarte erhalten Sie verschiedene Befehle zum Schließen von Registerkarten, z. B. alle Tabs rechts vom aktuellen Tab.
- **Registerkarten verschieben**
  In der Titelleiste des Datei-Explorers können Sie die Registerkarten mit gedrückter linker Maustaste beliebig verschieben.

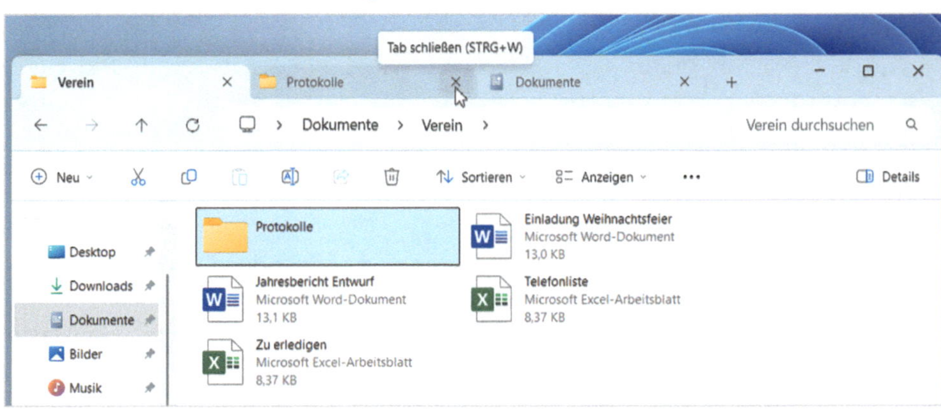

Bild 4.26 Registerkarte schließen

Größe und Anordnung der Symbole im Inhaltsbereich steuern

Die Symbole von Dateien und Ordnern können im Inhaltsbereich des Explorers in unterschiedlichen Größen dargestellt werden, je nach Darstellungsart auch mit Zusatzinformationen. Eine Liste aller Ansichten erhalten Sie mit einem Klick auf das Symbol *Anzeigen* ❶ in der Befehlsleiste. Die aktuelle Anzeige, im Bild unten *Details* ist mit einem Punkt gekennzeichnet ❷, zum Ändern klicken Sie auf die gewünschte Ansicht.

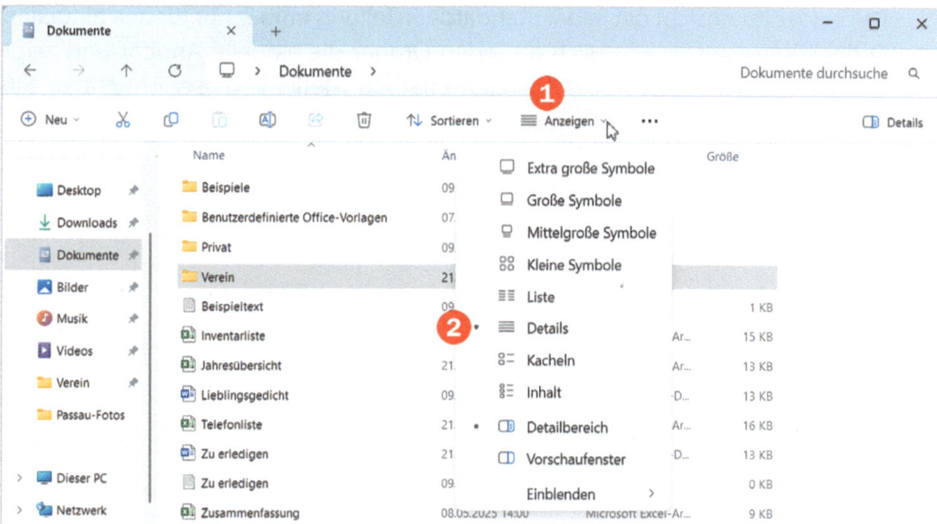

Bild 4.27 Symbolanzeige wählen

Oder wählen Sie eine Ansicht über das Kontextmenü: Klicken Sie mit der rechten Maustaste an eine freie Stelle des Inhaltsbereichs, danach auf *Ansicht* und wählen Sie eine der Ansichten. Hier erscheint auch zu jeder Ansicht die dazugehörige Tastenkombination, falls Sie diesen Weg bevorzugen.

Tipp: Schnell zu den Ansichten Details und Große Symbole wechseln

Die beiden wichtigsten Ansichten, nämlich *Details* und *Große Symbole* wählen Sie am schnellsten über die beiden Symbole in der rechten unteren Ecke des Explorer-Fensters aus.

Bild 4.28 Die Ansichten Details und Große Symbole in der rechten unteren Ecke des Explorers

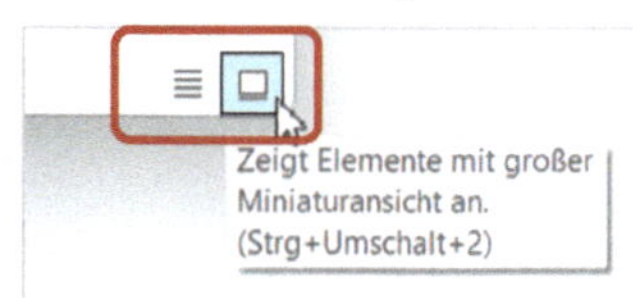

Beachten Sie bei der Wahl einer Ansicht

- Wenn Sie Ihr Gerät mit der Maus bedienen, können Sie in den Ansichten *Details*, *Liste* und *Kleine Symbole* zusätzlich mit der Auswahl *Kompakte Ansicht* die vertikalen Abstände zwischen den Symbolen verringern.
- Mit den Ansichten *Extra große Symbole*, *Große Symbole* und *Mittelgroße Symbole* erhalten Sie bei manchen Dateitypen, z. B. Grafiken oder Fotos eine Miniaturansicht des Inhalts, siehe Bild unten. Bei den übrigen Dateitypen ändert sich allerdings nur die Symbolgröße. Diese Ansichten eignen sich daher am besten für Ordner mit Bildern, beachten Sie aber, dass die Anzeige bei einer Vielzahl von Bildern dadurch sehr langsam werden kann. Für umfangreiche Ordner sollten Sie daher besser eine Ansicht mit kleineren Symbolen verwenden.
- Auch die Ansichten *Kacheln* und *Inhalt* zeigen je nach Dateityp eine Miniaturansicht des Inhalts an, aber wesentlich kompakter und mit zusätzlichen Informationen. Der Hauptunterschied: *Kacheln* ordnet die Symbole nebeneinander an, während Sie mit *Inhalt* eine übersichtliche Liste erhalten.

- Die Ansichten *Kleine Symbole* und *Liste* beschränken die Anzeige auf Symbole mit Dateinamen, neben- oder untereinander angeordnet.
- Zusätzliche Informationen wie Dateityp, letztes Änderungsdatum oder Dateigröße erhalten Sie mit den Ansichten *Kacheln*, *Inhalt* und *Details*, wobei *Details* auch noch schnelles Sortieren erlaubt und deshalb eine äußerst praktische Ansicht darstellt.
- Die gewählte Ansicht gilt in der Standardeinstellung immer nur für den aktuellen Ordner. Windows „merkt" sich für jeden Ordner die aktuelle Ansicht und zeigt den Ordner beim nächsten Öffnen automatisch wieder in dieser Ansicht an. Sie können also jedem Ordner die passende Ansicht zuweisen.

Bild 4.29 Die Ansichten Große Symbole und Details

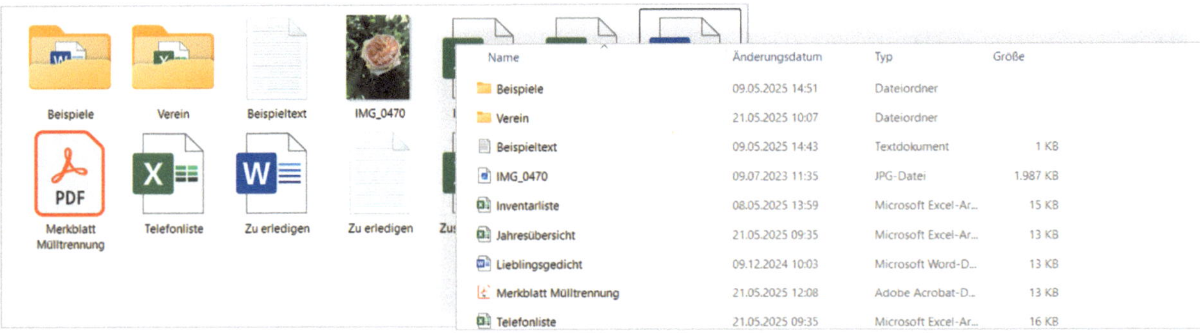

Abstände zwischen den Symbolen verringern

In den Ansichten *Details*, *Liste* und *Kleine Symbole* können Sie bei Bedarf die vertikalen Abstände zwischen den Symbolen verringern: Klicken Sie dazu auf *Anzeigen* ▶ *Einblenden* und wählen Sie *Kompakte Ansicht*.

Dateiinformationen oder Dateiinhalt im Vorschaufenster anzeigen

Mit Klick auf *Anzeigen* und *Detailbereich* ❶ (nicht zu verwechseln mit der Ansicht *Details*) oder *Vorschaufenster* wird das jeweilige Symbol am rechten Rand der Befehlsleiste angezeigt ❷.

Bild 4.30 Dateiinhalt im Vorschaufenster anzeigen

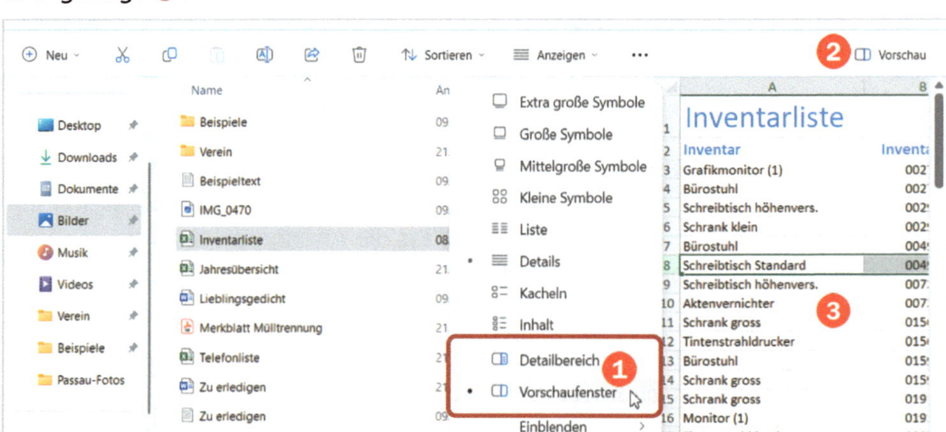

Anschließend können Sie mit Klick auf das Symbol einen gesonderten Bereich öffnen ❸, in dem zur markierten Datei entweder weitere Informationen (*Details*) oder eine Vorschau auf den Inhalt, wie in Bild 4.30 angezeigt werden. Durch umfangreichere Inhalte können Sie sogar mit Drehen des Mausrädchens bzw. einer eigenen Bildlaufleiste scrollen. Ein weiterer Klick auf das Symbol der Befehlsleiste blendet den Bereich wieder aus.

Achtung: Die Vorschau funktioniert nicht bei allen Dateitypen!

Ordnerinhalte sortieren und gruppieren

In der Standardeinstellung erscheinen im Inhaltsbereich alle Elemente nach Namen aufsteigend sortiert, wobei Dateien und Ordner jeweils eine eigene zusammenhängende Gruppe bilden. Wenn Sie allerdings in einem umfangreichen Ordner schnell die zuletzt gespeicherten Dateien auffinden möchten, dann ist eine Sortierung nach dem letzten Änderungsdatum sinnvoller. Einen besseren Überblick verschafft dagegen eine Sortierung und damit Zusammenfassung nach Dateitypen.

Hinweis: Auf der Startseite bzw. im *Schnellzugriff* ist kein Sortieren und Gruppieren möglich. Wie Sie hier Ihre Ordner trotzdem anordnen können, erfahren Sie auf Seite 122.

Schnelles Sortieren in der Ansicht Details

Am schnellsten und komfortabelsten sortieren Sie in der Ansicht *Details*: Klicken Sie einfach mit der Maus auf die Überschrift der Spalte, nach der Sie sortieren möchten, z. B. *Änderungsdatum*. Die aktuelle Sortierung erkennen Sie am Pfeil über der Spaltenüberschrift, siehe Bild unten, und ein weiterer Mausklick kehrt die Sortierfolge um.

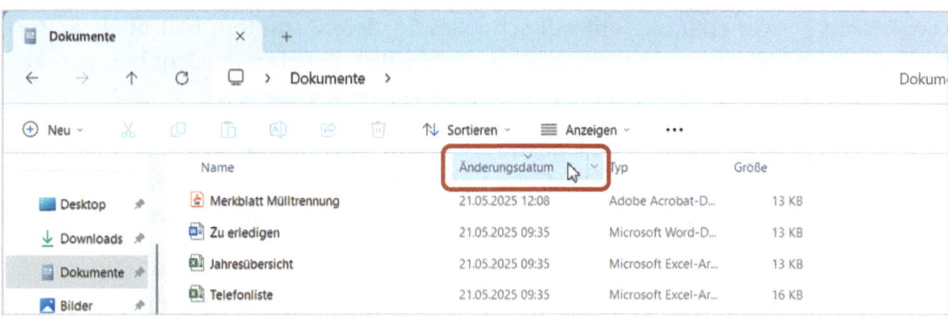

Bild 4.31 Sortieren In der Ansicht Details

Sortieren per Befehl der Befehlsleiste

In den übrigen Ansichten benutzen Sie zum Sortieren das Menü *Sortieren* in der Befehlsleiste (siehe Bild auf der nächsten Seite). Zunächst erscheinen die Sortierkriterien *Name*, *Änderungsdatum* und *Typ*, für weitere klicken Sie auf *Mehr...*. Aufsteigende oder absteigende Sortierfolge wählen Sie unterhalb.

Elemente gruppieren

In umfangreichen Ordnern kann es auch sinnvoll sein, wenn Sie die Elemente in Gruppen zusammenfassen, z. B. nach Dateityp oder Fotos nach dem Aufnahmedatum. Dazu klicken Sie in der Befehlsleiste auf *Sortieren*, dann auf *Gruppieren nach* und auf das gewünschte Merkmal, z. B. *Typ*. Zum Aufheben der Gruppierung klicken Sie nochmals auf *Sortieren* ▶ *Gruppierung nach* und wählen *(Keine)*.

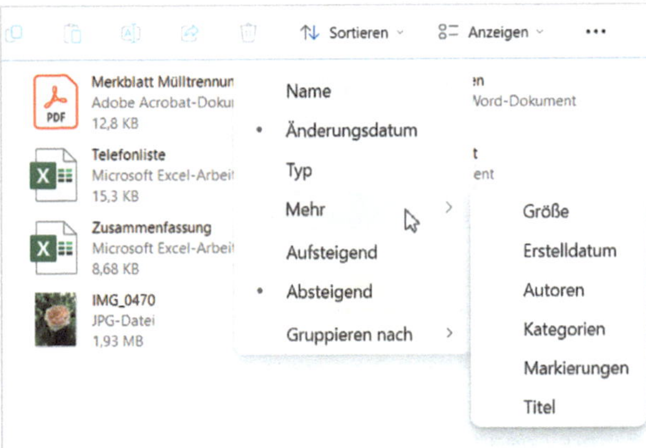

Bild 4.32 Sortieren per Befehlsleiste

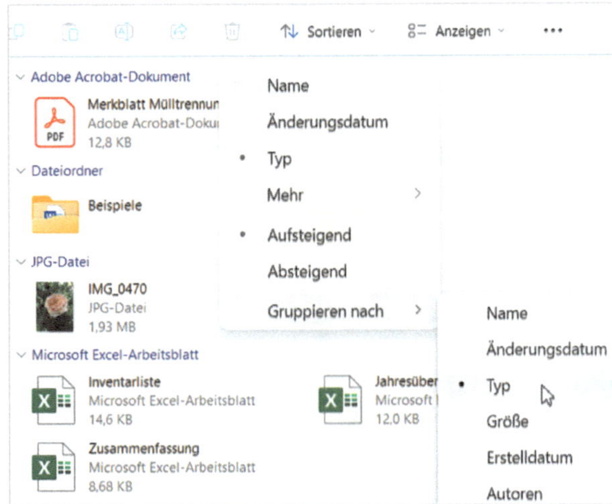

Bild 4.33 Elemente gruppieren

Info: Windows merkt sich nicht nur die Ansicht, sondern auch die zuletzt verwendete Sortierung oder Gruppierung eines Ordners, so dass Sie für jeden Ordner individuelle Einstellungen treffen können.

Weitere Anzeigeeinstellungen der Ansicht Details

Die Ansicht *Details* erlaubt nicht nur schnelles Sortieren, sondern hält noch weitere Anpassungsmöglichkeiten bereit, leider ausschließlich auf diese Ansicht beschränkt.

- **Weitere Spalten anzeigen**
  Klicken Sie mit der rechten Maustaste auf eine beliebige Spaltenüberschrift und danach auf die gewünschte Information, z. B. *Erstelldatum*. Noch mehr Auswahlmöglichkeiten erhalten Sie, wenn Sie auf *Weitere...* klicken, diese eignen sich allerdings nur für bestimmte Dateitypen.

  Zum Ausblenden nicht benötigter Spalten klicken Sie ebenfalls mit der rechten Maustaste und deaktivieren durch Anklicken das Häkchen der jeweiligen Spalte.

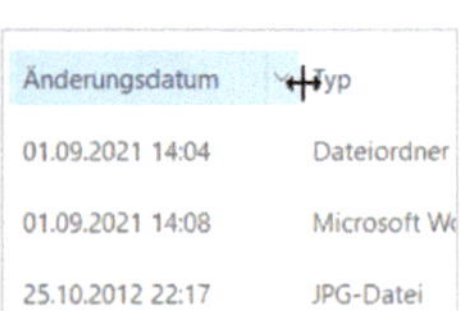

- **Spaltenbreite ändern**
  Zum Ändern der Spaltenbreite zeigen Sie auf die rechte Begrenzung der Spaltenüberschrift und ziehen dann die Trennlinie mit gedrückter linker Maustaste zum Verbreitern nach rechts bzw. nach links (verkleinern). **Tipp**: Um die Breite aller Spalten schnell an den Inhalt anzupassen, klicken Sie mit der rechten Maustaste in eine beliebige Spaltenüberschrift und auf *Größe aller Spalten anpassen* (siehe Bild unten).

- **Filtern**
  Eine weitere Möglichkeit ist das Filtern, z. B. nach einem bestimmten Dateityp wie im Bild unten rechts. Dazu klicken Sie auf den kleinen, nach unten weisenden Pfeil der beim Zeigen auf die Spaltenüberschrift erscheint und aktivieren durch

Anklicken das gewünschte Kontrollkästchen. Nochmaliges Anklicken hebt den Filter wieder auf. **Tipp**: Die bessere Alternative zum Filtern ist die Suche, Näheres dazu lesen Sie weiter unten.

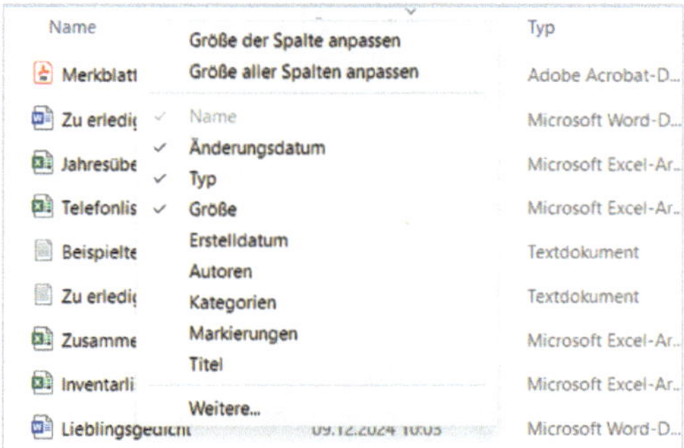

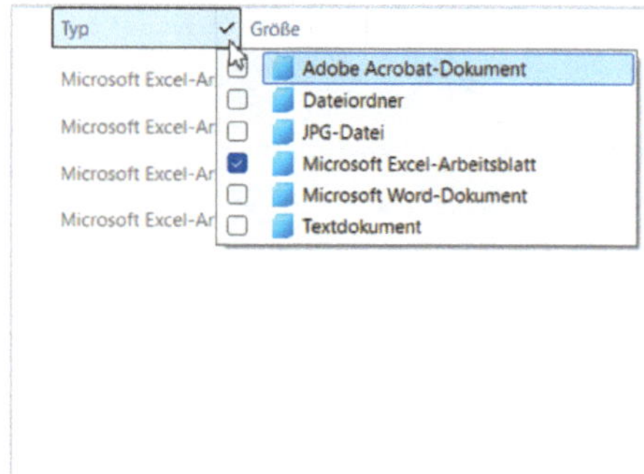

Bild 4.34 Weitere Spalten anzeigen

Bild 4.35 Filtern

Dateinamenerweiterungen anzeigen

Wie bereits erwähnt, wird beim Speichern einer Datei von der jeweiligen App automatisch ein Zusatz an den Dateinamen angefügt. Dieser wird als Dateinamenerweiterung (engl. Extension) bezeichnet und kennzeichnet nicht nur den Dateityp, sondern legt dadurch auch fest, mit welcher App eine Datei beim Doppelklick auf das Dateisymbol geöffnet wird. Die Dateinamenerweiterung besteht aus drei oder vier Zeichen und wird mit einem Punkt vom eigentlichen Dateinamen getrennt. Typische Dateinamenerweiterungen für Textdokumente sind beispielsweise .rtf (Rich-Text-Format), .docx (Microsoft Word) oder .txt (einfache Textdateien ohne Formatierungen). Weitere Beispiele finden Sie in der nachfolgenden Tabelle.

Erweiterung	Wird verwendet für..	App Beispiel
.docx	„Document", Textdokumente, die auch Bilder enthalten können	Microsoft Word
.rtf	„Rich Text Format", Textdateien mit einfachen Formaten	u. a. Microsoft Word
.xlsx	Tabellen und Berechnungen	Microsoft Excel
.jpg, .jpeg	„Joint Photographic Experts Group", ein häufig verwendetes Grafikformat für Fotos	Fotos
.gif	„Graphics Interchange Format", ein Format für Bilder mit geringer Farbtiefe	Fotos
.png	„Portable Network Graphics", ein weiteres häufiges Grafikformat	Fotos
.mp3, .mp4	Ein gängiges Dateiformat für Musikdateien	App zum Abspielen von Musik/Videos, z. B. Groove
.pdf	„Portable document format", ein Dateiformat, das Texte und Bilder enthalten kann, wird standardmäßig nur zum Lesen geöffnet	Adobe Reader (Lesen bzw. Anzeigen), ist dieser nicht installiert, so öffnet Windows PDF-Dateien im Browser

Erweiterung	Wird verwendet für..	App Beispiel
.htm, .html	„Hypertext Markup Language", dieses Dateiformat wird für Webseiten verwendet	Alle Webbrowser, z. B. Microsoft Edge, Google Chrome, Firefox, u.a.
.exe	„Executable", eine ausführbare Datei bzw. ein Programm: Ein Doppelklick auf das Dateisymbol zeigt nicht den Inhalt an, sondern führt den Programmcode aus	

Dateinamenerweiterungen ein- und ausblenden

In der Standardeinstellung sind die Dateinamenerweiterungen ❶ nicht sichtbar. Wenn Sie diese einblenden möchten, dann klicken Sie in der Befehlsleiste auf *Anzeigen* ❷ ▶ *Einblenden* und wählen *Dateinamenerweiterungen* ❸. Auf demselben Weg blenden Sie deren Anzeige auch wieder aus.

Bild 4.36 Dateinamenerweiterungen einblenden

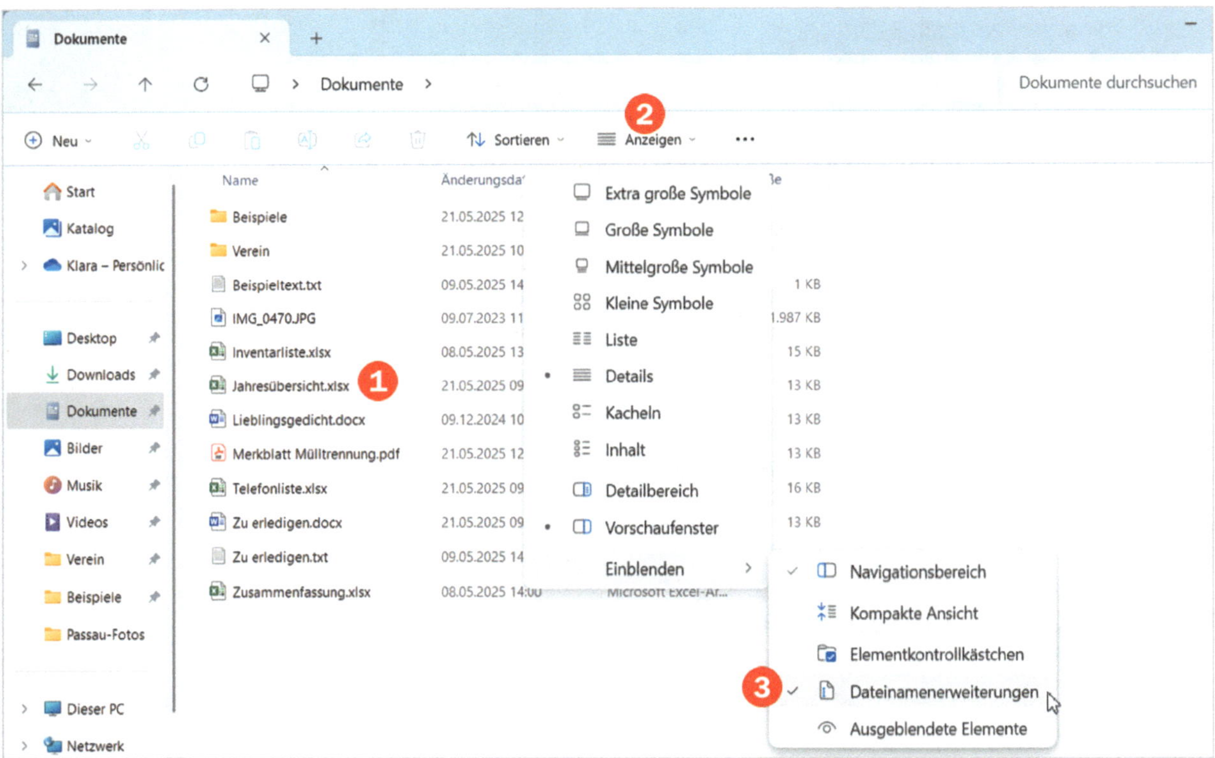

Vor- und Nachteile sichtbarer Dateinamenerweiterungen

Das Einblenden der Dateinamenerweiterungen wirkt sich nur nicht nur im Explorer aus, sondern auch auf alle Apps. So erscheint beispielsweise der Dateiname zusammen mit der Dateinamenerweiterung im Fenstertitel und beim Speichern oder Öffnen.

- **Der Vorteil eingeblendeter Dateinamenerweiterungen**: Auch Dateianlagen von E-Mails sind mit ihrem vollständigen Namen sichtbar und eine Anlage beispielsweise mit dem Namen Rechnung.pdf.exe ist so schnell als ausführbare (.exe) Schadsoftware enttarnt!

- **Nachteil**: Sichtbare Dateinamenerweiterungen dürfen beim Umbenennen der Datei nicht angetastet werden, da sonst der Dateityp nicht mehr erkannt wird und die Datei nicht mehr geöffnet werden kann.

4.3 Wechseldatenträger und externe Laufwerke

Unter der Bezeichnung Laufwerk fasst Windows alle Speicher zusammen, also auch solche, die im Gegensatz zur Festplatte nicht fest im Gerät eingebaut sind, sondern nach Bedarf angeschlossen und wieder entnommen werden. Dazu zählen beispielsweise DVD, USB-Speicherstift, externe Festplatte oder die Speicherkarte Ihrer Kamera. Vorausgesetzt, Ihr Gerät verfügt nicht nur über USB-Anschlüsse, sondern auch Einschubmöglichkeiten für DVD und Speicherkarte.

Windows unterscheidet nicht nach Laufwerkstypen

Im Grunde spielt es keine Rolle, um welchen Typ Laufwerk es sich handelt, der Ablauf ist immer gleich. Beachten Sie aber, dass sich Windows Ihre, beim ersten Anschließen/Einlegen getroffene, Auswahl „merkt" und beim nächsten Anschließen desselben Datenträgertyps automatisch ausführt. Wie Sie die Einstellungen zur automatischen Wiedergabe nachträglich ändern, lesen Sie weiter unten.

Anschließen und Aktion wählen

Legen Sie eine DVD in das DVD-Laufwerk oder die Speicherkarte in den entsprechenden Einschub ein. Einen USB-Speicherstick oder das Kabel einer externen Festplatte stecken Sie in einem freien USB-Anschluss. Nach dem Einlegen oder Anschließen dauert es einige Sekunden, bis der Inhalt gelesen wurde. Alles Weitere hängt davon ab, ob ein Datenträger dieses Typs zum ersten Mal angeschlossen wird und ob für diesen Datenträgertyp bereits eine Wiedergabeoption gewählt wurde.

Beispiel: USB-Speicherstift zum ersten Mal anschließen

1 Beim ersten Anschließen erscheint in der rechten unteren Ecke des Bildschirms eine kurze Meldung ❶, siehe Bild auf der nächsten Seite.

Wenn Sie für diesen Datenträger eine Aktion festlegen möchten, dann klicken Sie auf die Meldung. Andernfalls ignorieren Sie die Meldung einfach, diese verschwindet nach einigen Sekunden automatisch.

2 Rechts oben auf dem Bildschirm erscheint ein kleines Menü, in dem Sie eine Aktion auswählen können. Klicken Sie auf *Ordner öffnen, um Dateien anzuzeigen* ❷.

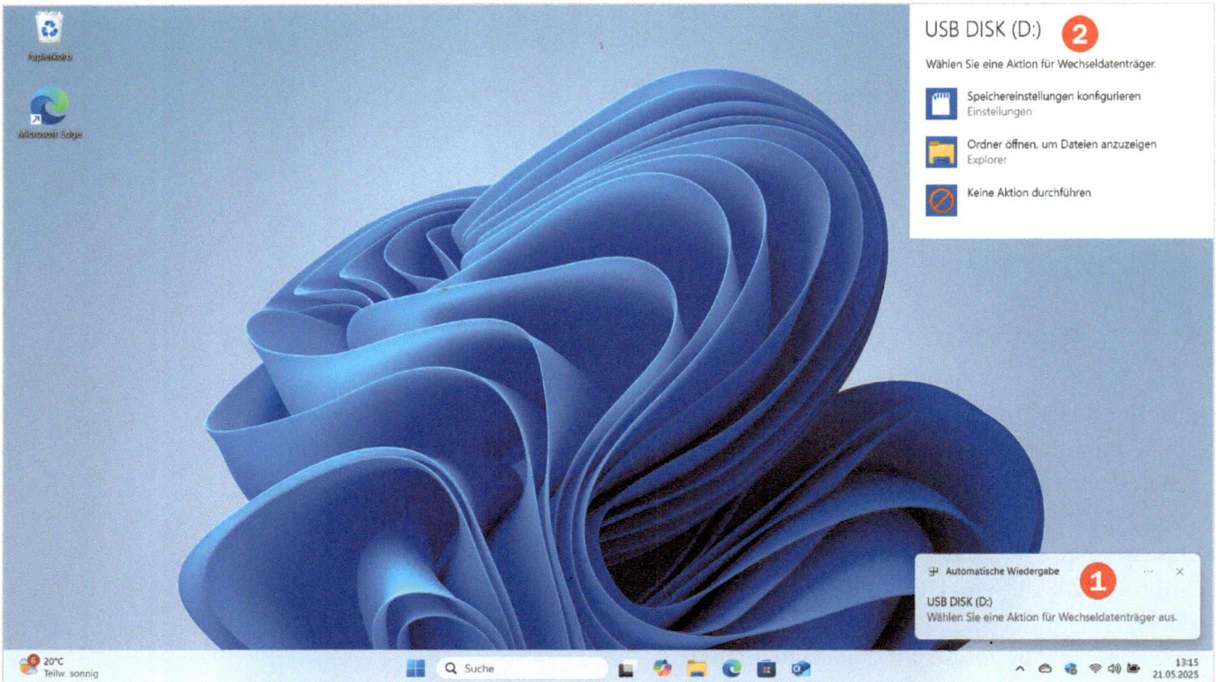

Bild 4.37 Meldungen nach dem Anschließen

3 Anschließend öffnet sich der Datei-Explorer mit dem Inhalt des Datenträgers. In der Navigationsleiste erscheint dieser unterhalb von *Dieser PC* mit dem automatisch zugewiesenen Laufwerksbuchstaben, im Bild unten D:. Gleichzeitig wird die ausgewählte Aktion gespeichert und beim nächsten Anschließen eines USB-Speicherstifts automatisch ausgeführt.

Bild 4.38 Inhalt USB-Speicherstift im Datei-Explorer

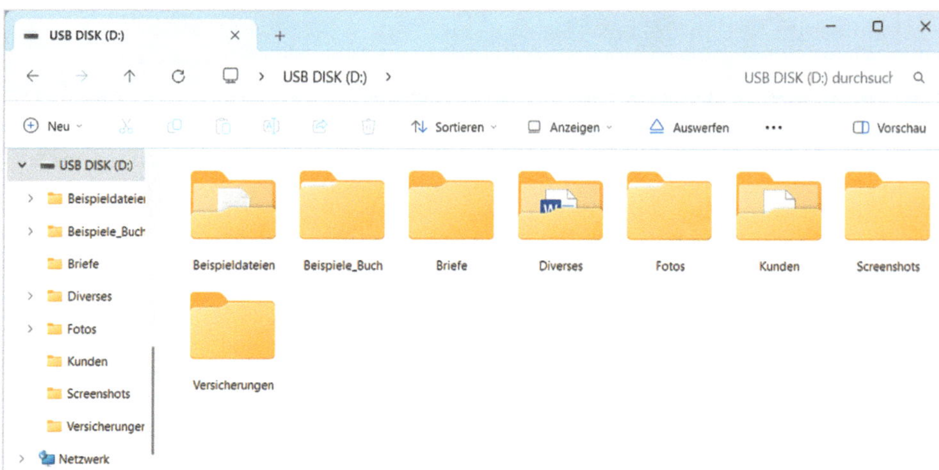

Falls Sie die Meldung nach dem Anschließen übersehen oder ignoriert haben, so öffnen Sie den Datei-Explorer und klicken in der Navigationsleiste auf das Laufwerk.

Die angebotenen Aktionen sind abhängig vom Datenträger
Beachten Sie, dass die angebotenen Aktionen davon abhängig sind, ob es sich um einen Wechseldatenträger (z. B. Externe Festplatte oder DVD) oder um eine Speicherkarte handelt und welche Apps, z. B. zur Wiedergabe von Fotos, Videos oder Musik auf Ihrem PC vorhanden sind. Für Speicherkarten bietet Windows außerdem das automatische Importieren von Fotos und Videos an.

Falls DVD oder USB-Stick nicht erkannt werden
In seltenen Fällen erscheint nach dem Anschließen bzw. Einlegen eine Meldung, dass der Datenträger nicht erkannt wurde. Die Ursache kann vielfältig sein: Manchmal wird ein USB-Stick nicht richtig eingesteckt oder eine DVD nicht korrekt ins Laufwerk eingelegt; eine DVD kann auch zerkratzt, verschmutzt oder anderweitig defekt sein. Entnehmen Sie den Wechseldatenträger und probieren Sie es nochmals.

Enthält der Datenträger wichtige Inhalte, dann können Sie versuchen, diese wiederherzustellen. Zu diesem Zweck gibt im Internet eine Reihe von Tools zum Download.

Leider unterstützt Windows derzeit das Wiederherstellen von Datenträgern nicht.

Achtung: Möglicherweise erscheint auch ein Hinweis, dass der Datenträger nicht formatiert ist und Windows bietet an, diesen jetzt zu formatieren, z. B. wenn ein USB-Stick zuvor ohne vorheriges Abmelden (siehe unten) entnommen wurde. Klicken Sie in diesem Fall unbedingt auf *Nein*, da sonst der Inhalt des Datenträgers endgültig gelöscht wird.

Datenträger abmelden

Beim Umgang mit Wechseldatenträgern sollten Sie darauf achten, den Datenträger nicht während eines Schreib- oder Lesevorgangs zu entnehmen, da sonst ein Datenverlust die Folge sein kann. In manchen Fällen kann sogar der Datenträger anschließend nicht mehr gelesen werden. Besonders bei externen Festplatten, USB-Speichersticks und Speicherkarten sollten Sie daher den Datenträger vor dem Entnehmen abmelden und somit sicherstellen, dass kein Zugriff mehr auf den Datenträger erfolgt. Dazu verwenden Sie eine der beiden folgenden Methoden.

In der Taskleiste abmelden
Bei angeschlossenen USB-Speichergeräten zeigt der Infobereich der Taskleiste das Symbol *Hardware sicher entfernen und Medium auswerfen* an. Klicken Sie auf das Symbol, so erscheinen alle angeschlossenen Geräte, die Sie auf diese Weise abmelden können. Klicken Sie hier auf das Laufwerk, das Sie entfernen möchten.

Bild 4.39 Eventuell müssen Sie zuerst ausgeblendete Symbole einblenden, damit dieses Symbol erscheint.

Achtung: Falls der Datenträger noch verwendet wird, macht Sie Windows darauf aufmerksam. In diesem Fall schließen Sie zuerst die betreffenden Dateien und Ordner oder beenden die Anwendung.

Datenträger im Explorer abmelden

Im Explorer klicken Sie in der Navigationsleiste auf das Laufwerk und danach in der Befehlsleiste auf *Auswerfen*.

Bild 4.40 Laufwerk oder Gerät auswerfen

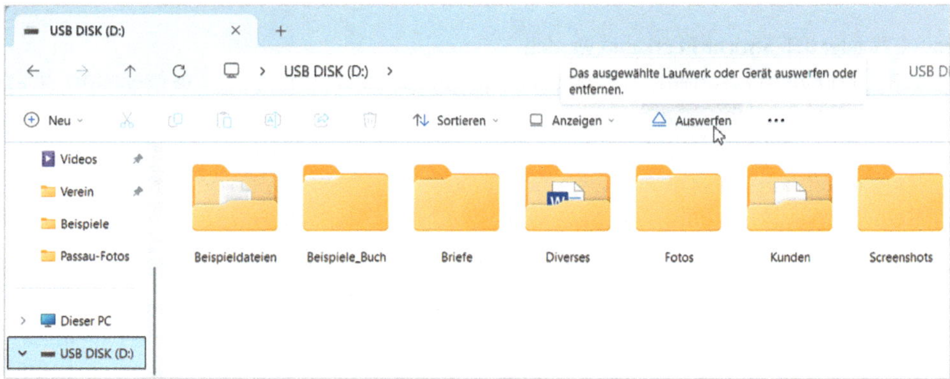

Einstellungen für die automatische Wiedergabe ändern

Die Aufforderung, eine Aktion für den Wechseldatenträger auszuwählen, erscheint nur beim ersten Mal. Windows speichert die getroffene Auswahl und führt diese beim nächsten Anschließen des Datenträgers automatisch aus (Automatische Wiedergabe). Wenn Sie die Einstellungen für die automatische Wiedergabe kontrollieren und ggf. ändern möchten, dann gehen Sie so vor:

Oder klicken Sie in den Einstellungen auf *Bluetooth und Geräte* und scrollen nach unten bis zur *Automatischen Wiedergabe*.

1 Geben Sie im Suchfeld der Taskleiste den Suchbegriff „Automatische Wiedergabe" ein und klicken Sie auf *Automatische Wiedergabe ein- oder ausschalten (Systemeinstellungen)* ❶.

Bild 4.41 Automatische Wiedergabe öffnen

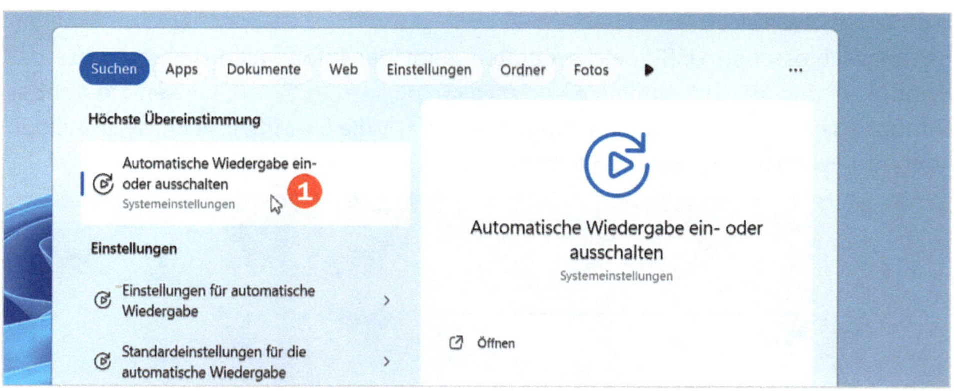

2 Nun können Sie die automatische Wiedergabe entweder pauschal für alle Geräte und Medien ausschalten ❷ oder Wechseldatenträgern ❸ und Speicherkarte

❹ jeweils gesondert eine Aktion zuweisen: Klicken Sie dazu in das jeweilige Feld und wählen Sie eine Aktion.

Keine Aktion durchführen bedeutet, es passiert überhaupt nichts und mit der Auswahl *Jedes Mal nachfragen* erhalten Sie bei jedem Anschließen erneut eine Meldung, siehe Seite 99. Die übrigen Auswahlmöglichkeiten sind abhängig vom jeweiligen Speichertyp.

Hinweis: Mit der Option *Speichereinstellungen konfigurieren* beim Anschließen einer externen Festplatte können Sie dieses Laufwerk zur Datensicherung konfigurieren.

Bild 4.42 Automatische Wiedergabe ausschalten oder individuelle Aktion auswählen

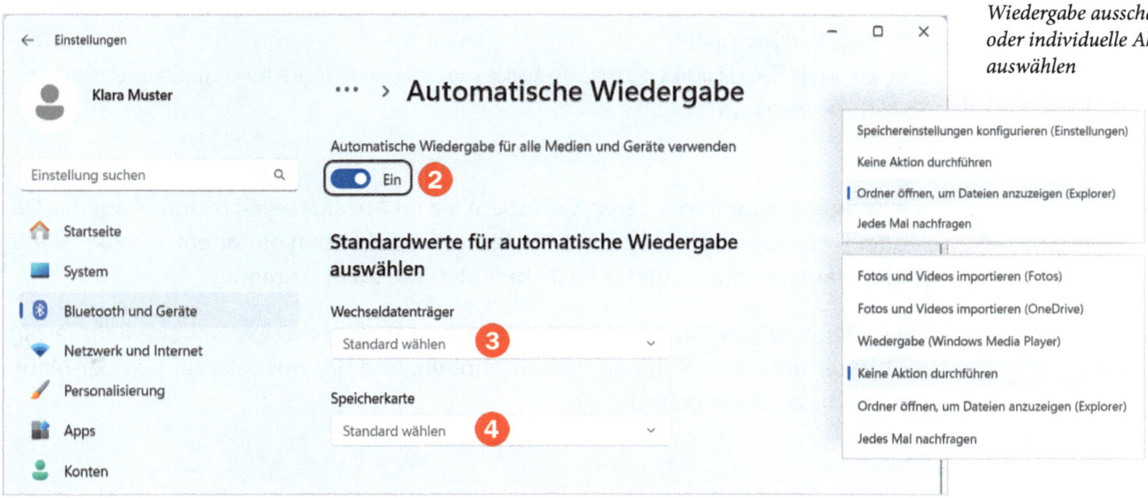

Verknüpfte Netzlaufwerke

In Firmen bzw. am Arbeitsplatz ist Ihr Computer meist Teil eines größeren Netzwerks. In diesem Fall stehen Ihnen ein oder mehrere Netzlaufwerke zum Speichern und zur gemeinsamen Nutzung von Daten zur Verfügung. Diese befinden sich auf einem zentralen Server und deren Freigabe und Nutzung wird durch den Systemadministrator geregelt.

Freigegebener Ordner

Symbol Netzlaufwerk

Die verfügbaren Netzlaufwerke sowie eventuell einzelne freigegebene Ordner finden Sie in der Navigationsleiste des Explorers je nach Netzwerktyp unter *Netzwerk* oder *Dieser PC*. Wie alle Laufwerke verfügen auch Netzlaufwerke über einen Laufwerksbuchstaben und einen Namen, der Buchstabe ist allerdings in diesem Fall fest zugewiesen.

Speichern und Öffnen von Dateien sowie das Anlegen von Ordnern auf einem Netzlaufwerk unterscheiden sich nicht vom Umgang mit der lokalen Festplatte, es sei denn, das Laufwerk wurde vom Systemadministrator mit Einschränkungen versehen.

4.4 Dateien und Ordner verwalten

Grundlegende Markierungstechniken

Vor jeder Bearbeitung müssen Sie im Explorer das betreffende Element, d. h. die Datei oder den Ordner markieren. Viele Arbeitsschritte, z. B. Kopieren oder Verschieben lassen sich auch für mehrere markierte Elemente gleichzeitig durchführen, daher an dieser Stelle zunächst einmal ein Überblick über die verschiedenen Markierungstechniken im Explorer, diese beziehen sich grundsätzlich auf Markieren im Inhaltsbereich.

Beim Markieren gilt:
Egal, wie Sie ein Element markiert haben: Die Markierung bleibt nur solange erhalten, bis Sie an eine andere Stelle klicken oder tippen.

Ein einzelnes Element markieren Sie, indem Sie im Anzeigebereich einmal auf das Datei- oder Ordnersymbol klicken. Markierte Elemente bleiben hinterlegt ❶, auch wenn sich der Mauszeiger an anderer Stelle befindet, wie im Bild unten.

Achtung: Beim Zeigen mit der Maus auf ein Element, wird dieses zwar ebenfalls farbig, aber blasser und ohne Rahmen hervorgehoben, und das nur solange sich der Mauszeiger an dieser Stelle befindet ❷.

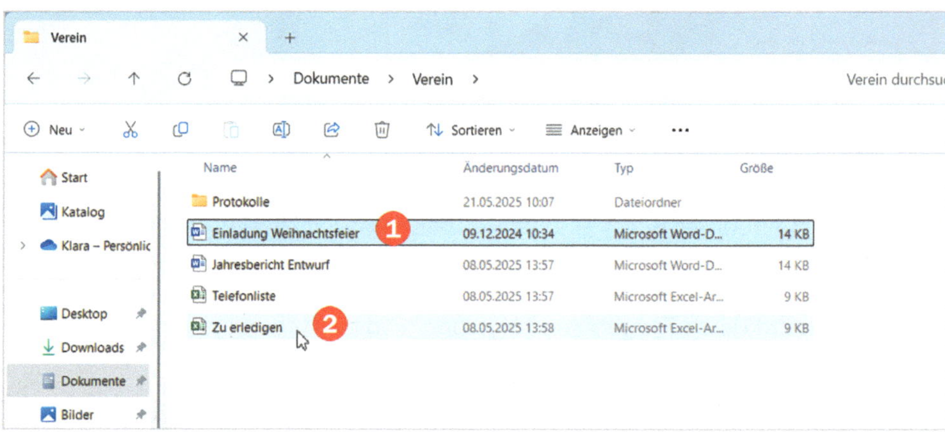

Bild 4.43 Zeigen und markieren

Den gesamten Ordnerinhalt bzw. alle Elemente im Inhaltsbereich markieren

- Klicken Sie in der Befehlsleiste auf die drei Punkte ··· und auf *Alles auswählen*. Hier finden Sie auch noch *Nichts auswählen*, um die Markierung wieder aufzuheben sowie die Möglichkeit *Auswahl umkehren*.
- Oder verwenden Sie auf der Tastatur die Tastenkombination **Strg+A**.

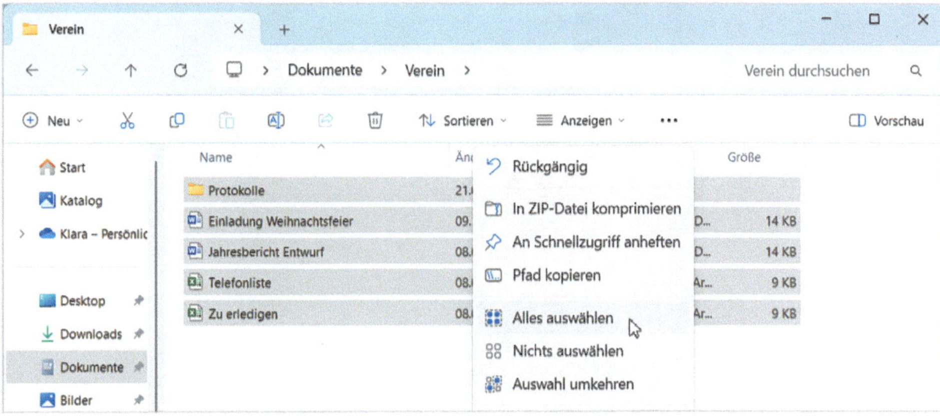

Bild 4.44 Gesamten Ordnerinhalt markieren

Mehrere zusammenhängende Elemente markieren

- Markieren Sie mit einem Klick das erste zu markierende Element. Drücken Sie dann die **Umschalt**-(**Shift**)Taste und halten Sie die Taste gedrückt, während Sie gleichzeitig auf das letzte zu markierende Element klicken. Danach lassen Sie die Taste wieder los.
- Oder ziehen Sie mit der Maus einen Rahmen um die Elemente: Dazu beginnen Sie an einer freien Stelle neben, über oder unter dem ersten Element, drücken die linke Maustaste und halten die Taste gedrückt, während Sie diagonal ein Rechteck über die Elemente aufziehen. Dabei werden auch Elemente in die Markierung einbezogen, die sich nicht vollständig innerhalb des Rahmens befinden, wie im Bild unten.

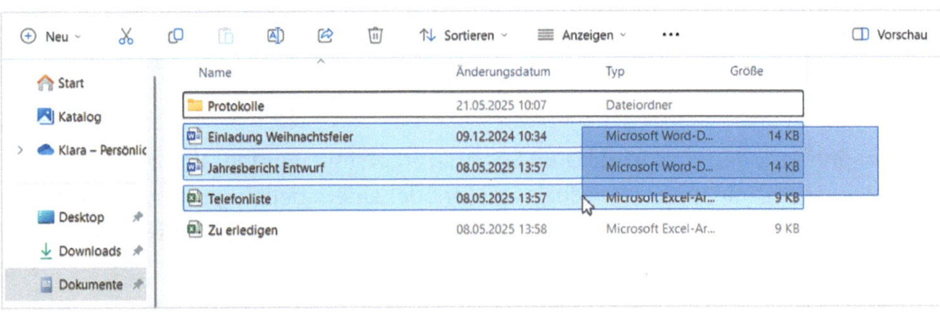

Bild 4.45 Mehrere zusammenhängende Elemente mit der Maus markieren

Info: Das zuvor markierte Element ist manchmal noch mit einem Rahmen versehen, dieser ist jedoch ohne Bedeutung.

Elemente per Kontrollkästchen auswählen

Mehrere, nicht zusammenhängende Elemente markieren Sie am einfachsten mit Hilfe von Kontrollkästchen. Um diese einzublenden, klicken Sie in der Befehlsleiste auf *Anzeigen*, danach auf *Einblenden* und wählen *Elementkontrollkästchen* ❶. Dadurch erscheint beim Zeigen auf ein Element am Dateisymbol ein kleines Kästchen ❷. Mit einem Klick in das Kästchen setzen Sie ein Häkchen, damit ist das Element markiert und Sie können nun weitere markieren. Um ein Häkchen wieder zu entfernen klicken einfach erneut in das Kästchen. Alternativ markieren Sie mehrere Elemente durch Anklicken mit gleichzeitig gedrückter **Strg**-Taste.

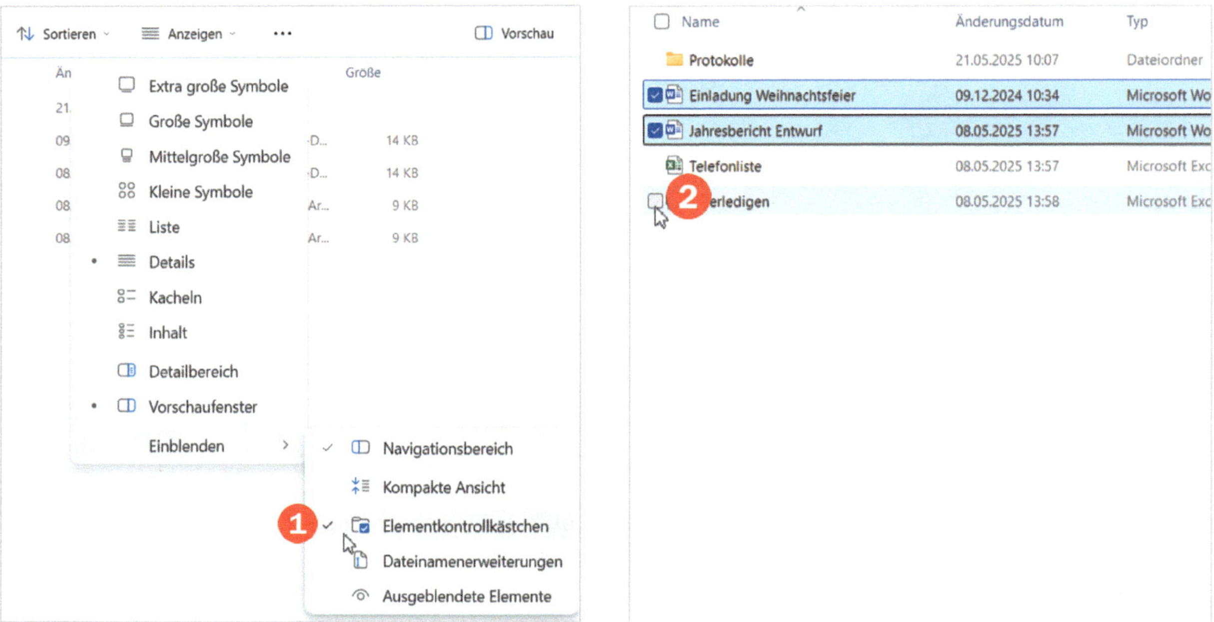

Bild 4.46 Mehrere Elemente per Elementkontrollkästchen markieren

> **Vorsicht beim Markieren mit gedrückter Strg-Taste!**
> Die Methode Mehrfachmarkierung durch „Anklicken mit gleichzeitig gedrückter Strg-Taste" hat in der Praxis manchmal zur Folge, dass die markierten Elemente unbeabsichtigt kopiert werden und anschließend doppelt vorhanden sind. Dies passiert, wenn Sie beim Anklicken die Maus versehentlich bewegen. Ziehen mit der Maus bei gleichzeitig gedrückter Strg-Taste bedeutet nämlich, das Element wird kopiert.

Neuen Ordner erstellen

Ordner können an jedem verfügbaren Speicherort erstellt werden, also beispielsweise als Unterordner in einem persönlichen Ordner oder einem beliebigen anderen Ordner, außerdem auf dem Desktop und auf einem externen Laufwerk, z. B. USB-Speicherstift oder *OneDrive*. Hierzu einige Hinweise:

- Ordner auf der lokalen Festplatte Ihres PCs sollten in einem Ihrer persönlichen Ordner, z. B. *Dokumente*, erstellt werden. Dies bietet gleich mehrere Vorteile: Unterordner von persönlichen Ordnern übernehmen automatisch auch deren Eigenschaften, das bedeutet, hier befindliche Dateien werden bei der Suche schneller gefunden. Zudem sind diese Ordner ausschließlich Ihnen zugänglich.
- Legen Sie dagegen möglichst keine Ordner direkt auf dem lokalen Datenträger C: (Festplatte) an. Dieser Ort sollte ausschließlich dem Betriebssystem Windows und den installierten Programmen vorbehalten bleiben, da ein versehentliches Löschen oder Ändern wichtiger Ordner dazu führen kann, dass einige Apps, im schlimmsten Fall auch Windows, nicht mehr richtig funktionieren.

- Wenn Sie Ordnerinhalte auch anderen Personen zugänglich machen möchten, dann legen Sie dazu einen Ordner auf OneDrive an, Näheres hierzu lesen Sie unter Punkt 4.8.

Die Vorgehensweise beim Anlegen eines Ordners ist immer gleich, egal wo Sie den Ordner anlegen. Als Beispiel erstellen wir einen neuen Ordner im Ordner *Dokumente*.

Genauso gehen Sie auch beim Anlegen eines Ordners auf OneDrive vor.

1 Sorgen Sie dafür, dass im Inhaltsbereich des Explorers der Inhalt des Speicherortes sichtbar ist, an dem der neue Ordner erstellt werden soll, hier *Dokumente*. Kontrollieren Sie also zuvor das Adressfeld oder die Registerkarte ❶ des Explorer-Fensters.

2 Klicken Sie in der Befehlsleiste auf *Neu* ❷ und wählen Sie *Ordner* ❸.

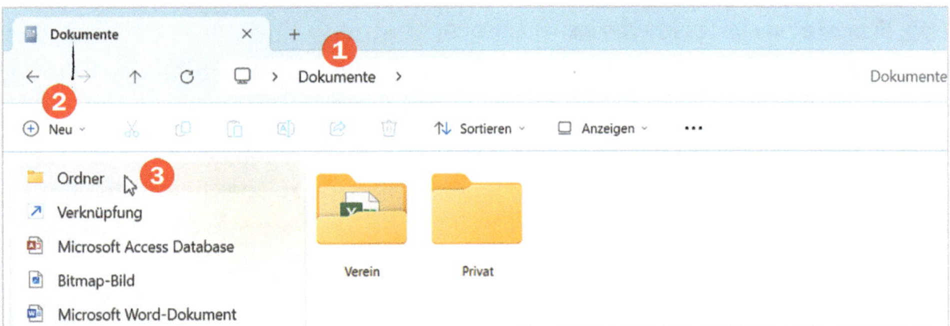

Bild 4.47 Klicken Sie auf Neu und wählen Sie Ordner

Wenn Sie nach dem Erstellen eines neuen Ordners versehentlich geklickt haben, dann ist ein anschließendes Überschreiben des Namens nicht mehr möglich. In diesem Fall benennen Sie den Ordner einfach nachträglich um, siehe weiter unten.

3 Der neue Ordner erscheint sofort im Inhaltsbereich. Der vorläufige Name *Neuer Ordner* befindet sich automatisch im Textmodus bzw. in einem kleinen Eingabefeld und ist markiert, wie im Bild unten. Überschreiben Sie den markierten Namen per Tastatureingabe mit dem gewünschten Namen und schließen Sie mit der **Eingabetaste** ab.

Beachten Sie, dass die Position des Ordnernamens, rechts neben oder unter dem Ordnersymbol, abhängig ist von der jeweiligen Ansicht.

Bild 4.48 Dem neuen Ordner einen Namen geben

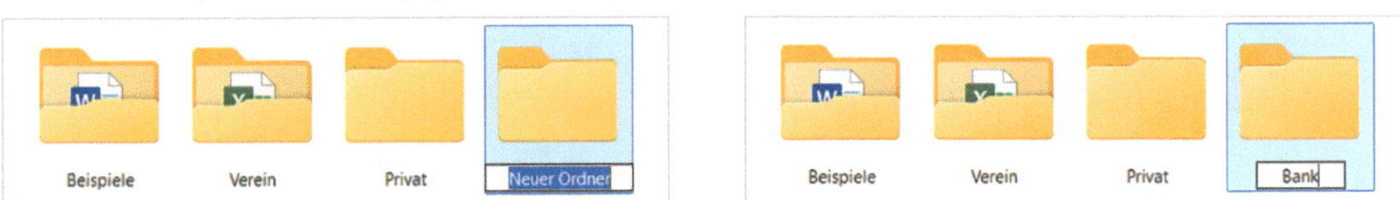

Hinweis: Sind am Speicherort bereits mehrere Ordner vorhanden, so erscheint der neue Ordner in den meisten Fällen zunächst am Ende der Liste.

Was bei Ordnernamen zu beachten ist

Für die Namen von Ordnern gelten dieselben Regeln wie für Dateinamen:

- Ein vollständiger Pfad, d. h. Laufwerksbuchstabe, übergeordnete Ordner und Dateiname einschließlich der Dateinamenerweiterung, darf maximal 255 Zeichen umfassen, wählen Sie also möglichst kurze Ordnernamen.

- Ordnernamen dürfen Buchstaben, Ziffern und fast alle Zeichen enthalten, mit Ausnahme der folgenden Sonderzeichen: / \ : ? * < > |
- Ein Ordnername muss eindeutig sein, darf also am selben Speicherort nicht bereits vorhanden sein.

> **Tipp: Monatsnamen korrekt sortieren**
> Im Inhaltsbereich werden Ordner nach Namen sortiert aufgelistet. Wenn Sie eine andere Reihenfolge benötigen, z. B. bei Monaten, dann erzwingen Sie diese, indem Sie den Ordnernamen eine Ziffer voranstellen, also beispielsweise *01 Januar*, *02 Februar* usw..

Tipp: Neuen Ordner im Speichern-Fenster anlegen

Wenn Sie beim Speichern einer Datei feststellen, dass kein geeigneter Ordner existiert, können Sie diesen auch gleich im *Speichern*-Dialogfenster anlegen. So gehen Sie vor:

1. Rufen Sie in der betreffenden App, z. B. Microsoft Word den Befehl *Speichern* auf. Navigieren Sie im Dialogfenster *Speichern unter* zu dem Speicherort, an dem Sie den neuen Ordner anlegen möchten. Dieser muss im Adressfeld sichtbar sein, im Beispiel unten der Ordner *Dokumente*.
2. Klicken Sie dann auf *Neuer Ordner* ❶.
3. Der neue Ordner erscheint sofort im Inhaltsbereich und der Name *Neuer Ordner* ist markiert ❷. Überschreiben Sie den Ordnernamen mit dem gewünschten Namen, z. B. *Briefe* und schließen Sie mit der **Eingabetaste** ab.

Bild 4.49 Neuen Ordner beim Speichern anlegen

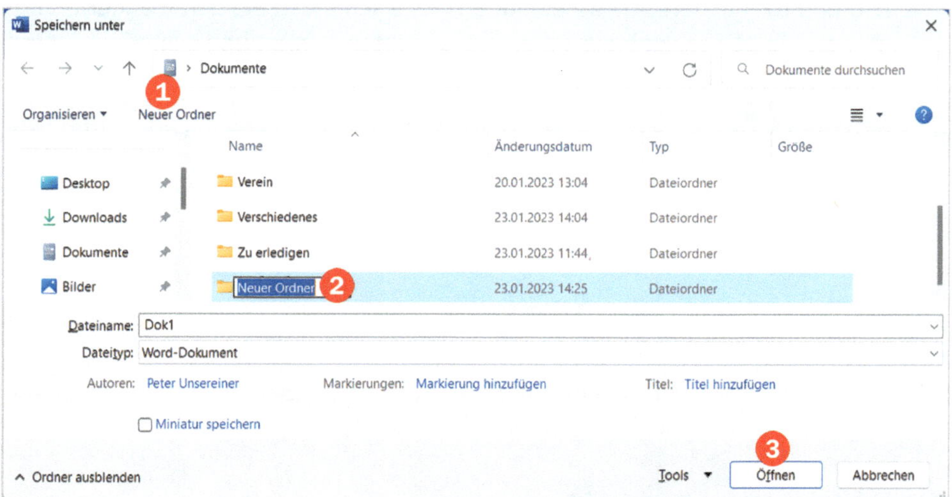

4. Zum Öffnen des soeben erstellten und bereits markierten Ordners klicken Sie anschließend auf *Öffnen* ❸, der Inhaltsbereich dieses Ordners ist noch leer. Geben Sie zuletzt einen Dateinamen ein und klicken Sie auf *Speichern*.

Dateien und Ordner nachträglich umbenennen

Namen von Ordnern können jederzeit nachträglich geändert werden, falls Sie z. B. beim Erstellen versehentlich sofort die Eingabetaste gedrückt und so den Namen *Neuer Ordner* beibehalten haben oder nachträglich im Namen einen Tippfehler entdecken. Eventuell bestehende Verknüpfungen mit Ordnern werden beim Umbenennen von Windows automatisch angepasst. Mit derselben Methode können auch die Namen von Dateien geändert werden.

Beachten Sie beim Umbenennen:

- Wenn die Dateinamenerweiterung sichtbar ist, wie im Bild rechts, dann darf diese beim Umbenennen nicht geändert werden, da sonst die Datei nicht mehr geöffnet werden kann. Ausgeblendete Dateinamenerweiterungen bleiben dagegen beim Umbenennen unverändert.

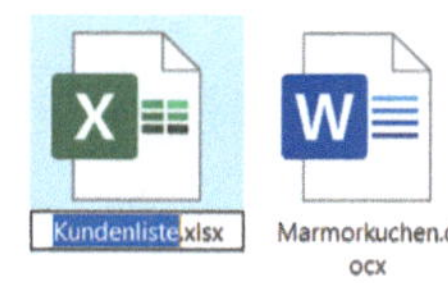

- Manche Dateitypen, z. B. Word-Dokumente dürfen beim Umbenennen nicht geöffnet sein, dies gilt auch für Ordner, die solche Dateitypen enthalten.
- Die Namen der persönlichen Ordner, wie *Dokumente*, *Bilder* usw. können und dürfen nicht geändert werden.

Umbenennen im Inhaltsbereich - so gehen Sie vor:
Die Vorgehensweise beim Umbenennen unterscheidet nicht zwischen Ordnern und Dateien, am einfachsten verwenden Sie dazu folgende Methode:

Achtung: Im Schnellzugriff befindliche Ordner können nicht umbenannt werden!

Zum Umbenennen in der Navigationsleiste klicken Sie entweder mit der rechten Maustaste auf den Ordner und im Kontextmenü auf das Symbol *Umbenennen* oder markieren Sie den Ordner und drücken die Taste **F2**.

1 Klicken Sie einmal auf das Datei- oder Ordnersymbol. Das Element ist nun markiert.

2 Klicken Sie dann entweder in der Befehlsleiste ❶ oder im Kontextmenü (Rechtsklick) auf das Symbol *Umbenennen* ❷ (Bild unten) oder im Inhaltsbereich direkt auf den Namen des markierten Elements, kein Doppelklick! In beiden Fällen wechselt die Beschriftung in den Textmodus: Der Name erscheint in einem Eingabefeld und ist markiert, kann also überschrieben werden. Im Textmodus können Sie außerdem sämtliche Techniken der Texteingabe und -korrektur anwenden.

Tipp: Auch mit Drücken der Taste **F2** wechselt der Name des markierten Elements in den Textmodus.

Bild 4.50 Beispiel Ordner umbenennen

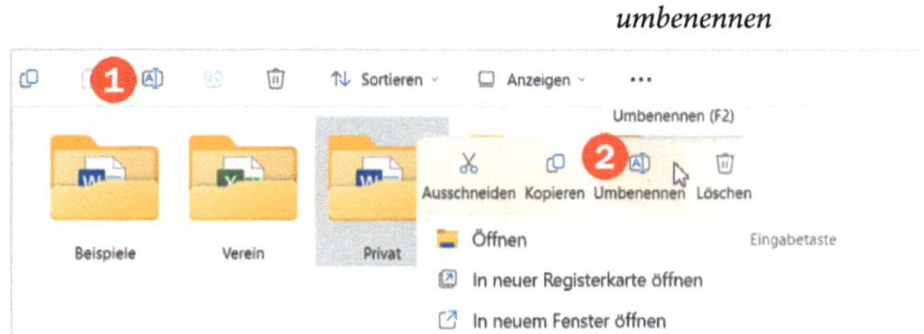

3 Beenden Sie anschließend den Textmodus durch Drücken der **Eingabetaste** oder klicken Sie mit der Maus an eine beliebige Stelle.

Hinweise

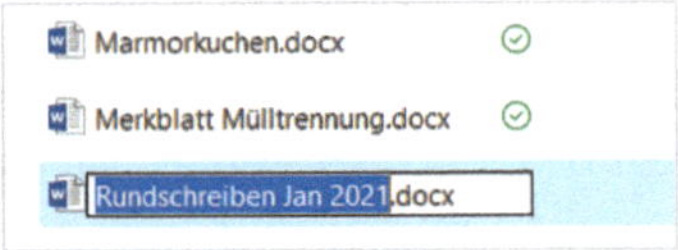

- Beim Umbenennen von Dateien dürfen die Dateinamenerweiterungen nicht geändert werden. Diese werden im Textmodus automatisch nicht mit markiert, wie im Bild rechts.
- Manchmal wechseln Dateien und Ordner unbeabsichtigt in den Textmodus. Dies passiert, wenn beim Öffnen mit Doppelklick versehentlich auf den Namen geklickt wurde. Mit der **Esc**-Taste beenden Sie in solchen Fällen den Textmodus, ohne dass der Name geändert wird.

Mehrere Dateien gleichzeitig umbenennen

Sie können auch mehrere Elemente in einem einzigen Arbeitsschritt umbenennen. Interessant ist dies beispielsweise bei umfangreichen Fotosammlungen, da die Fotos in der Regel mit einem wenig aussagefähigen Namen versehen sind. Markieren Sie hierzu zunächst alle Dateien, die Sie umbenennen möchten. Klicken Sie dann in der Befehlsleiste auf *Umbenennen* und geben Sie einen Dateinamen ein. Nach dem Drücken der **Eingabetaste** erhalten alle markierten Dateien den neuen Namen und werden zusätzlich durchnummeriert, wie im Bild unten.

Bild 4.51 Markierte Dateien gleichzeitig umbenennen

Dateien und Ordner über die Zwischenablage kopieren oder verschieben

Manchmal stellen Sie erst nach dem Speichern fest, dass eine Datei in einen anderen Ordner gehört. Oder Sie haben erst später den passenden Ordner dazu erstellt. Dann verschieben Sie die Dateien einfach nachträglich in diesen Ordner. Gleiches gilt auch, wenn ein Ordner versehentlich am falschen Ort erstellt wurde, dann verschieben Sie den Ordner samt Inhalt an die richtige Stelle.

Die Weitergabe oder Sicherung von Daten erfolgt dagegen mittels Kopieren auf andere Datenträger (DVD, USB-Speicherstick, usw.) oder einen Online-Speicher wie *OneDrive*. Kopien können aber auch im selben Ordner wie das Original erstellt werden.

> Windows unterscheidet beim Kopieren und Verschieben nicht zwischen Ordnern und Dateien. Alle nachfolgend beschriebenen Methoden können also auch auf Ordner angewendet werden.

Eine gängige Methode zum Kopieren und Verschieben ist der Weg über die sogenannte Zwischenablage. Bei der Zwischenablage handelt es sich um einen temporären Speicher, in dem ein ausgeschnittenes oder kopiertes Element so lange verbleibt, bis das nächste Element ausgeschnitten oder kopiert wird. Die Zwischenablage kann auch von Apps genutzt werden und ist somit eine wichtige Möglichkeit zum Austausch von Daten zwischen verschiedenen Apps. So können Sie beispielsweise eine Grafik in die Zwischenablage kopieren und an anderer Stelle, z. B. in ein Textdokument einfügen.

Zum Kopieren, Ausschneiden und Einfügen über die Zwischenablage verwenden Sie die folgenden Symbole bzw. Befehle oder Tastenkombinationen. Die Symbole finden Sie im Explorer in der Befehlsleiste sowie in einer gesonderten Symbolleiste des Kontextmenüs der rechten Maustaste.

Aktion	Tasten	Symbol	Beschreibung
Kopieren	Strg + C		Das markierte Element in die Zwischenablage kopieren.
Ausschneiden	Strg + X		Das markierte Element in die Zwischenablage ausschneiden. Ausgeschnittene Elemente verbleiben solange am Quellort, bis sie andernorts eingefügt werden, können also nicht verloren gehen.
Einfügen	Strg + V		Zuvor kopierte oder ausgeschnittene Elemente aus der Zwischenablage an der aktuellen Position einfügen.

Beispiel: Eine Datei kopieren und Kopie an anderer Stelle einfügen

Als Beispiel kopieren wir im Ordner *Dokumente > Beispiele* die Datei *Jahresbericht* und fügen die Kopie in den Ordner *Sicherungen* ein.

1 Markieren Sie im Inhaltsbereich die zu kopierende Datei ❶ mit einem Mausklick und klicken Sie in der Befehlsleiste auf das Symbol *Kopieren* ❷.

  Oder klicken Sie die Datei mit der rechten Maustaste an und wählen dann in der Symbolleiste des Kontextmenüs *Kopieren* ❸.

2 Öffnen Sie den Zielordner, entweder in derselben ❹ oder einer neuen Registerkarte, bzw. sorgen Sie dafür, dass der Ordnerinhalt im Inhaltsbereich sichtbar ist und klicken Sie in der Befehlsleiste auf *Einfügen* ❺.

  Oder Rechtsklick an eine freie Stelle im Zielordner und Symbol *Einfügen* ❻.

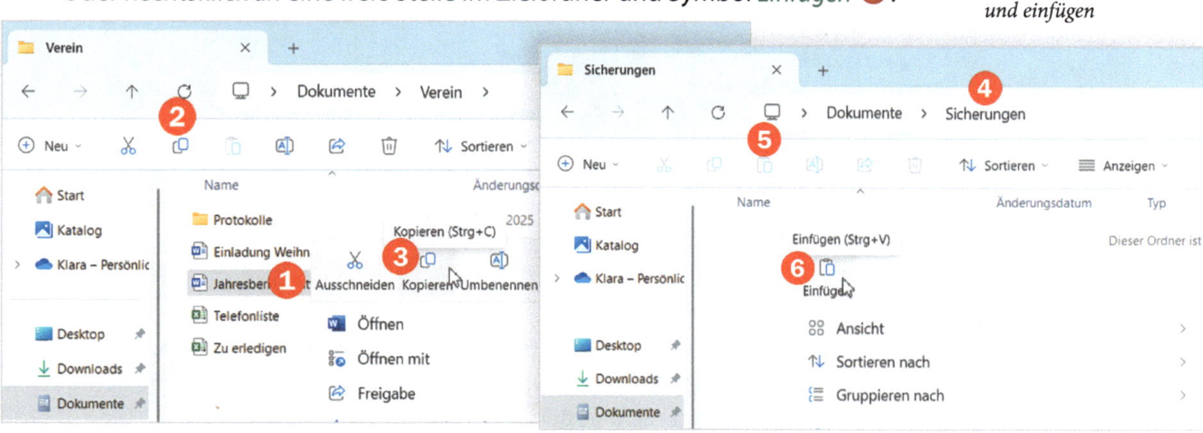

Bild 4.52 Datei kopieren und einfügen

Tipps

- Statt der Symbole/Befehle können auch die Tastenkombinationen **Strg+C** (Kopieren) und **Strg+V** (Einfügen) verwendet werden.
- Statt Öffnen des Zielordners, im Bild unten *Sicherungen*, können Sie diesen auch mit der rechten Maustaste anklicken und den Befehl *Einfügen* wählen.

Bild 4.53 Oder Rechtsklick auf Zielordner und Befehl Einfügen

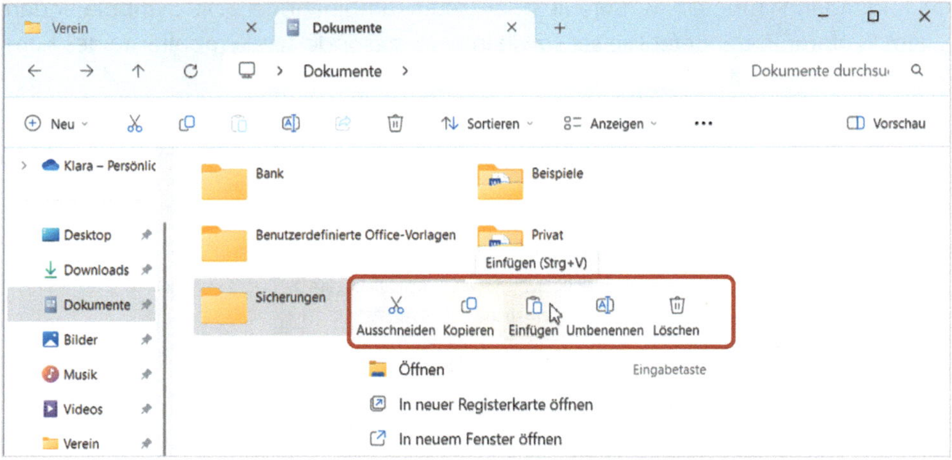

Beispiel 2: Eine Datei in einen anderen Ordner verschieben

Wenn Sie stattdessen die Datei aus einem Ordner in einen anderen verschieben möchten, dann benutzen Sie statt *Kopieren* bzw. der Tastenkombination **Strg+C** den Befehl *Ausschneiden* (Symbol Schere) oder die Tasten **Strg+X**. Die Vorgehensweise beim Einfügen ist dagegen dieselbe wie beim Kopieren, s. oben.

Bild 4.54 Datei ausschneiden

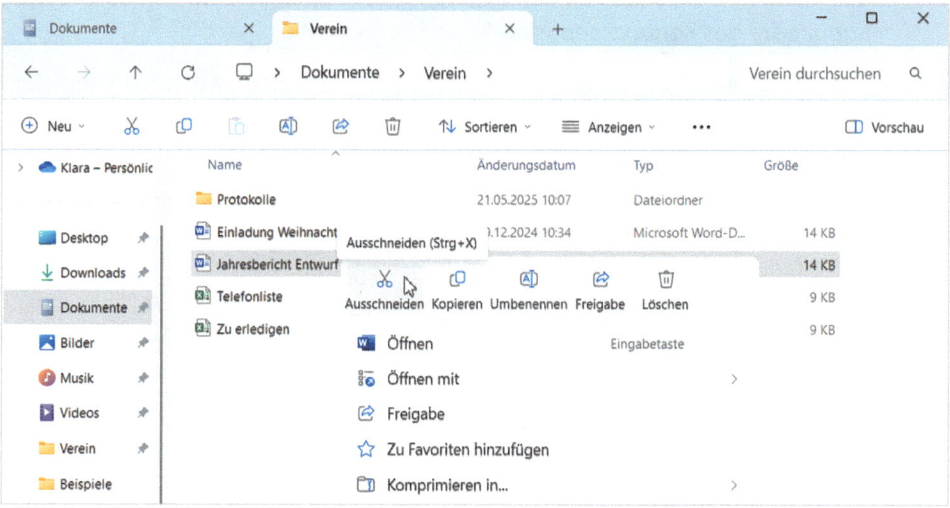

Info: Ein ausgeschnittenes Element verbleibt am ursprünglichen Ort solange, bis es anderweitig wieder eingefügt wird. Kein Problem also, falls Sie das Einfügen vergessen sollten, das Element geht nicht verloren!

Mit der Maus Elemente verschieben oder kopieren

Statt über die Zwischenablage können Dateien und Ordner auch mit der Maus verschoben oder kopiert werden. Diese Methode wird als Drag & Drop (dt. Ziehen und Ablegen) bezeichnet und bedeutet nichts anderes, als ein Element mit gedrückter Maustaste an den Zielort zu ziehen. Welcher Vorgang ausgeführt wird, erkennen Sie am Hinweistext während des Ziehens.

Hierzu gibt es verschiedene Möglichkeiten, benutzen Sie also die Methode, die Ihnen am besten zusagt.

Zwischen Fenstern oder Registerkarten verschieben

Einen guten Überblick haben Sie, wenn Sie Dateien und Ordner zwischen zwei gleichzeitig geöffneten Ordnern verschieben.

1 Dazu öffnen Sie zunächst den Ordner mit dem zu verschiebenden Element, im Bild den Ordner *Verein* und in einer zweiten Registerkarte den Zielordner, hier *Angebote*.

Registerkarten öffnen, siehe Seite 91.

2 Ziehen Sie dann das zu verschiebende Element, hier die Datei *Angebot Müller* ❶ mit gedrückter linker Maustaste zunächst auf die Registerkarte des Zielordners ❷ und anschließend in dessen Inhaltsbereich ❸ ohne zwischendurch die Maustaste loszulassen.

Bild 4.55 Datei zwischen Registerkarten verschieben

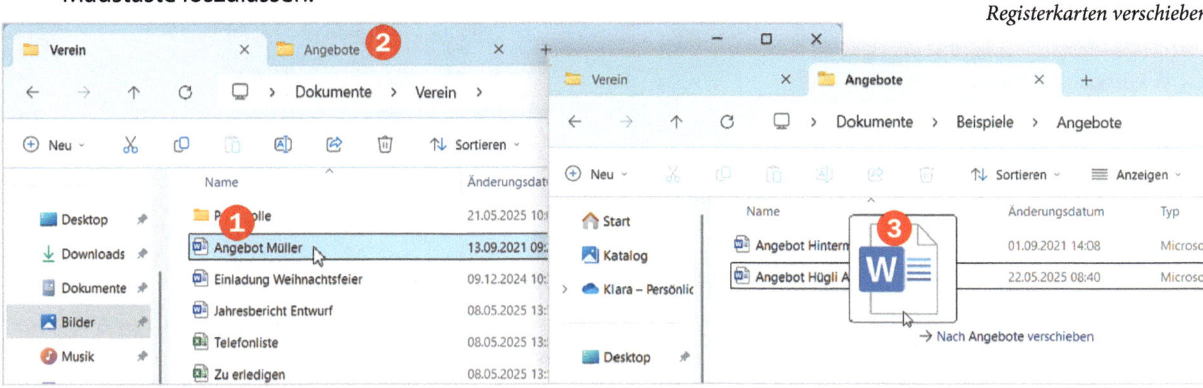

Mehrere Elemente verschieben

Sie können auch gleich mehrere Elemente mit der Maus verschieben. In diesem Fall markieren Sie zuerst die betreffenden Dateien und ziehen dann eine der markierten Dateien mit der Maus auf den Zielordner. Während des Ziehens ist am Mauszeiger die Zahl der markierten Elemente sichtbar.

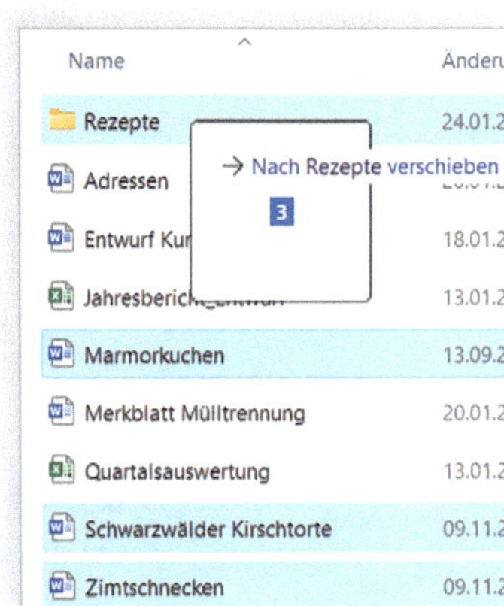

Zwischen zwei Fenstern verschieben

Als Alternative öffnen Sie Quell- und Zielordner jeweils in einem eigenen Fenster (siehe Seite 91), ordnen beide Fenster nebeneinander an und ziehen dann das Element mit gedrückter Maustaste aus dem Quellordner heraus in das Fenster und den Inhaltsbereich des Zielordners.

Auf Ordnersymbol ziehen

Falls der Zielordner bzw. dessen Symbol im Datei-Explorer sichtbar ist, entweder im Inhaltsbereich oder im *Schnellzugriff* der Navigationsleiste, dann können Sie ein Element auch verschieben, indem Sie es auf das Symbol des Zielordners ziehen. Vorheriges Öffnen des Zielordners ist bei dieser Vorgehensweise also nicht erforderlich.

- **Zielordner befindet sich im selben Ordner**
  Befinden sich Datei und Zielordner im selben Ordner, z. B. *Dokumente*, dann brauchen Sie eigentlich nur die Datei mit gedrückter linker Maustaste auf das Symbol des Zielordners ziehen. Im Bild unten wird als Beispiel die Datei *Apfelkuchen* in den Ordner *Rezepte* ❶ verschoben.
- **Über die Navigationsleiste an einen anderen Ort verschieben**
  Falls sich der Zielordner im Schnellzugriff der Navigationsleiste befindet bzw. hier angeheftet ist, dann ziehen Sie die Datei aus dem Anzeigebereich heraus und im Navigationsbereich auf den Zielordner. Als Beispiel im Bild unten die Datei *Merkblatt Mülltrennung* auf den Ordner *Zu erledigen* ❷.

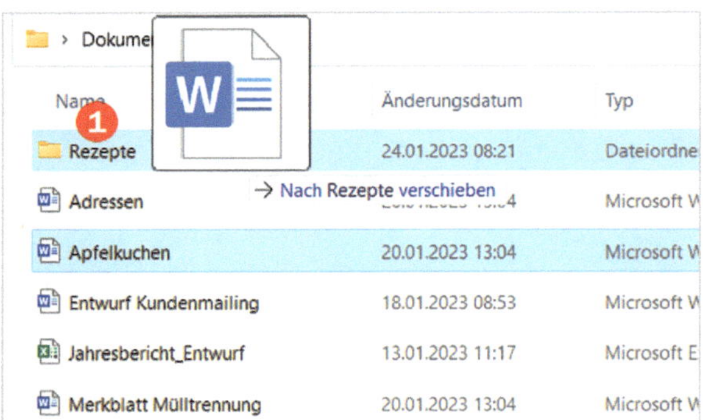

Bild 4.56 In Ordner am selben Speicherort verschieben

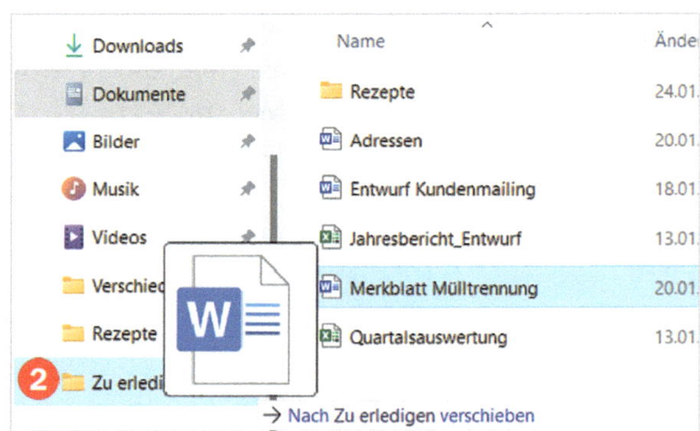

Bild 4.57 Dateisymbol in der Navigationsleiste auf den Zielordner ziehen

Dateien und Ordner mit der Maus auf einen externen Datenträger kopieren

Die oben genannten Methoden eignen sich auch, um Dateien und Ordner auf einen anderen Datenträger, z. B. externe Festplatte oder USB-Speicherstift zu kopieren. Allerdings wird in diesem Fall automatisch kopiert statt verschoben und am Hinweistext erscheint eine entsprechende Meldung.

> **Beim Ziehen auf ein anderes Laufwerk wird automatisch kopiert und nicht verschoben**
> Extern angeschlossene Datenträger, z. B. USB-Speicherstift, dienen meist zur Weitergabe oder zum Sichern. Daher werden Dateien und Ordner automatisch kopiert und nicht verschoben, wenn Sie diese mit gedrückter linker Maustaste auf ein externes Laufwerk ziehen.

Beispiel: Ordner auf USB-Speicherstift kopieren
Da angeschlossene externe Speicher in der Navigationsleiste unter *Dieser PC* erscheinen, können Sie die zu kopierenden Ordner ❶ und Dateien einfach mit gedrückter

linker Maustaste hierher ❷ ziehen. Während des Ziehens erscheint vor dem Zielort ein Plus-Zeichen (+) statt des Pfeils beim Verschieben, wie in Bild 4.58.

Bild 4.58 Ordner auf einen externen Datenträger kopieren, hier USB-Speicherstift

Zusammenfassung: Verschieben und Kopieren mit der Maus

Beim Ziehen mit der Maus haben Sie die folgenden Möglichkeiten:

- **Verschieben**
  - Ziehen Sie ein Element innerhalb desselben Laufwerks, z. B. Lokale Festplatte aus einem Ordner in einen anderen.
  - Oder halten Sie während des Ziehens die **Umschalt**-Taste der Tastatur gedrückt, dann wird unabhängig von Quell- und Zielort stets verschoben.
  - Oder verwenden Sie zum Ziehen die rechte Maustaste: Nach dem Loslassen der Maustaste erscheint am Zielort ein Menü, klicken Sie auf *Hierher verschieben*.

Bild 4.59 Ziehen mit gedrückter rechter Maustaste

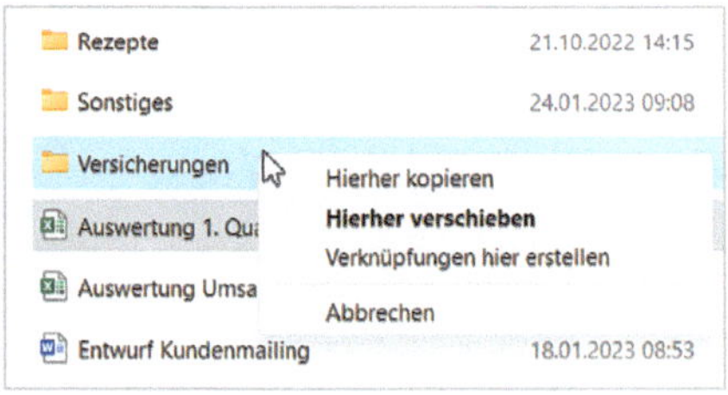

- **Kopieren**
  - Ziehen Sie ein Element von einem Laufwerk auf ein anderes.
  - Oder halten Sie während des Ziehens die **Strg**-Taste gedrückt, dann wird unabhängig vom Quell- und Zielort immer kopiert.
  - Oder ziehen mit gedrückter rechter Maustaste und wählen Sie nach dem Loslassen *Hierher kopieren*.

Wann wird verschoben, wann automatisch kopiert? Die nachfolgende Tabelle fasst die Standardeinstellungen beim Ziehen mit der Maus zusammen, am Hinweistext während des Ziehens erkennen Sie schnell, ob ein Element verschoben oder kopiert wird.

Ein Element wird automatisch verschoben, …	wenn sich Quell- und Zielort auf demselben Datenträger befinden, z. B. wenn Sie ein Foto aus dem Ordner *Dokumente* in den Ordner *Bilder* ziehen.
Ein Element wird automatisch kopiert, …	wenn sich Quell- und Zielort auf unterschiedlichen Laufwerken bzw. Datenträgern befinden. Ziehen Sie ein Foto aus dem Ordner *Bilder* auf einen angeschlossenen USB-Speicherstift, so wird am Zielort automatisch eine Kopie erstellt.

Achtung: Eine Ausnahme stellt *OneDrive* dar. Wenn Sie eine Datei oder einen Ordner nach *OneDrive*, bzw. in einen hier befindlichen Ordner ziehen, wird das Element automatisch verschoben.

Kopie im selben Ordner einfügen

Wenn Sie die Kopie einer Datei im selben Ordner wie die Originaldatei einfügen, dann erhält die Kopie automatisch den Zusatz *Kopie*. Gleiches gilt auch für Ordner.

Beim Kopieren und Verschieben auf andere Laufwerke, z. B. USB-Stick oder OneDrive, gilt:

- Der Kopiervorgang, insbesondere umfangreicher Ordner, auf ein anderes Laufwerk dauert in der Regel etwas länger. Dann lässt sich der Kopierfortschritt in einem extra Fenster mitverfolgen und hier ggf. mit Klick auf die beiden Schaltflächen unter- oder ganz abbrechen.

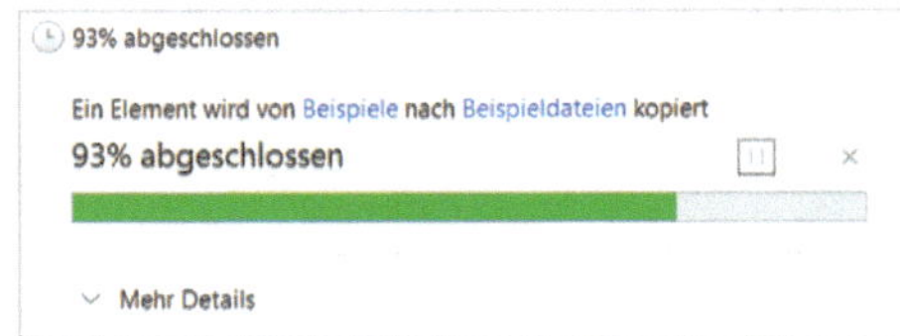

- Das Verschieben oder Kopieren umfangreicher Dateien und Ordner zwischen der lokalen Festplatte und *OneDrive* dauert ebenfalls länger, da dieser Vorgang über die vergleichsweise „langsame" Internet-Verbindung erfolgt. Man bezeichnet dies auch als „Upload" (Hochladen), bzw. „Download" (Herunterladen) von Daten. Auf *OneDrive* erkennen Sie an einem kleinen Symbol neben dem Datei- oder Ordnernamen den laufenden Aktualisierungsvorgang.

Mögliche Konflikte beim Verschieben, Kopieren oder Umbenennen

Schließen Sie Dateien vor dem Verschieben oder Kopieren

Manche Dateitypen, dazu zählen z. B. alle Microsoft Office-Dokumente können weder verschoben, noch kopiert, umbenannt oder gelöscht werden, solange sie geöffnet sind. Dies gilt auch für Ordner, wenn eine solche Datei aus diesem Ordner geöffnet ist. Schließen Sie also vor dem Kopieren oder Verschieben alle fraglichen Dateien, andernfalls erhalten Sie möglicherweise die Fehlermeldung *Datei wird verwendet.*

Weitere häufige Fehlermeldungen beim Verschieben oder Kopieren sind:

- **Der Quell- und Zieldateiname sind identisch**
  Die Fehlermeldung *Der Quell- und Zieldateiname sind identisch* beim Verschieben bedeutet, Sie versuchen ein Element dorthin zu verschieben, wo es sich ohnehin bereits befindet. Klicken Sie in diesem Fall auf *Abbrechen*.

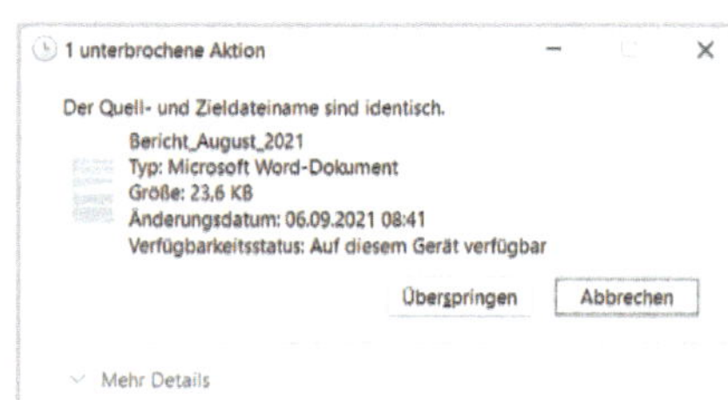

Bild 4.60 Quelle und Ziel sind identisch

- **Dateien ersetzen oder überspringen**
  Die Meldung *Dateien ersetzen oder überspringen* erscheint beim Verschieben oder Kopieren, wenn sich am Zielort bereits eine Datei mit demselben Namen befindet. In diesem Fall prüfen Sie die folgenden Möglichkeiten:
  - Handelt es sich um dieselbe Datei und der Inhalt der zu kopierenden Datei stellt die aktuellere Version dar, dann wählen Sie *Datei im Ziel ersetzen*. Dadurch wird die vorhandene Datei überschrieben.

- Ist der Inhalt beider Dateien identisch oder möchten Sie die Datei lieber nicht kopieren bzw. verschieben, dann klicken Sie auf *Diese Datei überspringen*.
- *Info für beide Dateien vergleichen* öffnet ein weiteres Fenster (siehe Bild unten) und Sie können entscheiden, welche der beiden Dateien Sie beibehalten möchten. Benutzen Sie dazu die kleinen Kästchen: Ein Häkchen bedeutet, die Datei wird beibehalten. Wenn Sie beide beibehalten, dann erhält der Dateiname der eingefügten Datei zusätzlich die Nummer *(2)*.

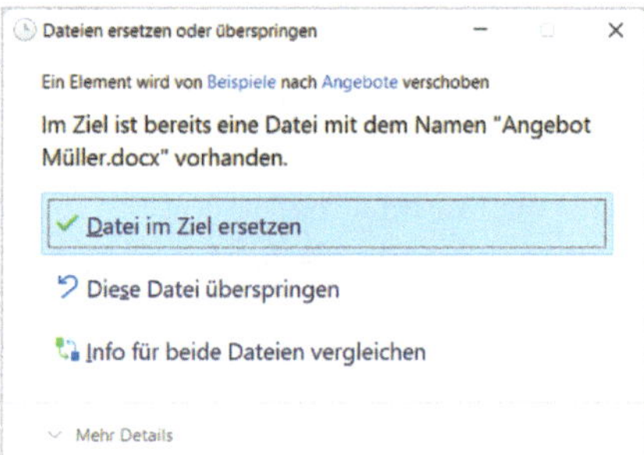

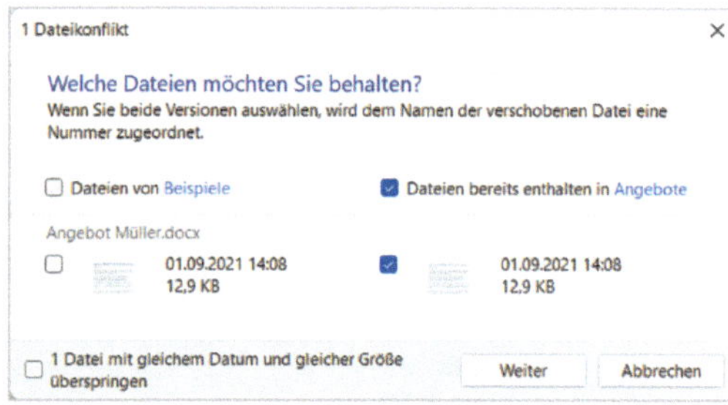

Bild 4.61 Datei ersetzen

Bild 4.62 Auswählen, welche Datei beibehalten werden soll

Die letzte Aktion rückgängig machen

Manchmal werden Dateien oder Ordner versehentlich verschoben, kopiert oder gelöscht. Dies lässt sich unmittelbar danach auf einem der folgenden Wege wieder rückgängig machen.

▶ Klicken Sie in der Befehlsleiste auf das Symbol mit den drei Punkten ❶ und hier auf *Rückgängig* ❷. **Tipp**: Beim Zeigen erscheint eine Kurzinfo und Sie können kontrollieren, ob die richtige Aktion rückgängig gemacht wird.

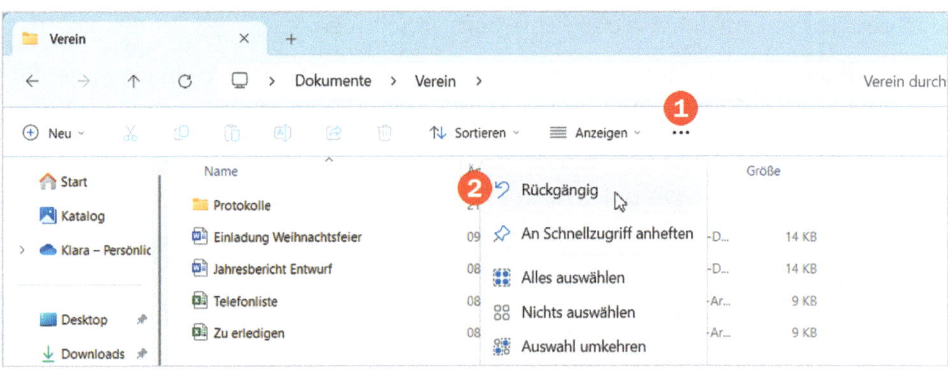

Bild 4.63 Letzte Aktion rückgängig machen

Tipps und Hinweise

▶ Wenn Sie mit der rechten Maustaste an eine freie Stelle des Inhaltsbereichs klicken, finden Sie im Kontextmenü ebenfalls die letzte Aktion, z. B. *Verschieben rückgängig machen*.

▶ Oder benutzen Sie zum Rückgängig machen die Tasten **Strg+Z**.

- Wenn Sie mehrmals nacheinander auf *Rückgängig* klicken bzw. die Tasten **Strg+Z** betätigen, können Sie auch mehrere Aktionen rückgängig machen.

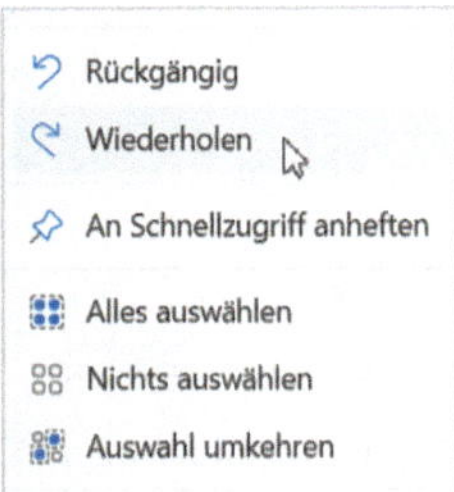

- Haben Sie dagegen eine Aktion versehentlich rückgängig gemacht, so finden Sie beim Klick auf die drei Punkte zusätzlich den Befehl *Wiederholen* mit dem Sie den letzten Befehl *Rückgängig* wieder zurücknehmen.

> **Beachten Sie folgende Punkte beim Rückgängig machen!**
> - Es wird immer die zuletzt ausgeführte Aktion rückgängig gemacht. Sie sollten also eine Aktion unmittelbar nach der Ausführung rückgängig machen, später müssen Sie sonst auch alle übrigen, zwischenzeitlich erfolgten Aktionen rückgängig machen.
> - Auch versehentliches Löschen oder Umbenennen kann auf diese Weise wieder rückgängig gemacht werden. Falls allerdings beim Verschieben oder Kopieren eine Datei ersetzt, also überschrieben wurde (siehe Konflikte), lässt sich dies nicht mehr rückgängig machen.

Nicht mehr benötigte Dateien und Ordner entfernen

Nicht mehr benötigte Dateien und Ordner können von der Festplatte bzw. vom Datenträger entfernt werden. Beim Entfernen eines Ordners wird auch dessen gesamter Inhalt gelöscht. Allerdings bedeutet Löschen unter Windows nicht, dass das betreffende Element sofort vernichtet wird. Es landet vielmehr im Papierkorb und kann daraus bei Bedarf wiederhergestellt werden.

Datei oder Ordner entfernen

Zum Löschen von Dateien und Ordnern gibt es mehrere Möglichkeiten. In allen Fällen wird das Element zunächst in den Papierkorb verschoben.

- Markieren Sie im Explorer das zu löschende Element und klicken Sie in der Befehlsleiste auf das Symbol *Löschen* ❶.
- Oder klicken Sie mit der rechten Maustaste auf das zu löschende Element und verwenden in der Symbolleiste des Kontextmenüs das Symbol *Löschen* ❷.

Bild 4.64 Eine Datei im Explorer löschen

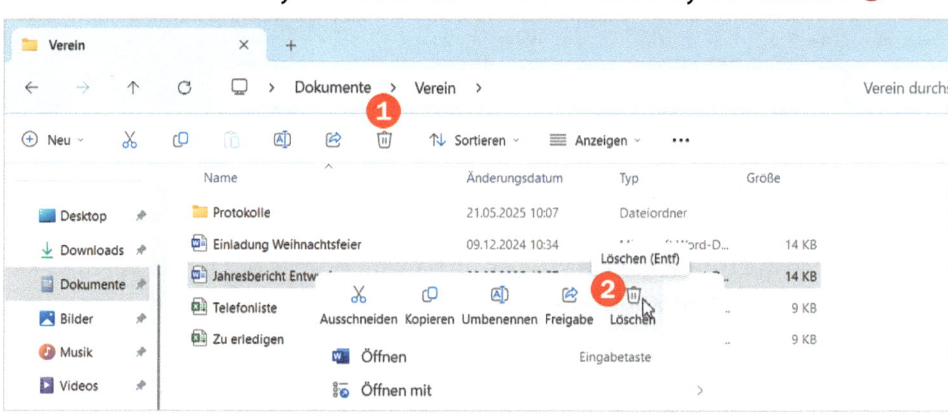

- Oder markieren Sie das Element und drücken auf der Tastatur die **Entf**-Taste oder die Tastenkombination **Strg+D**.
- Falls der Desktop mit dem Papierkorb sichtbar ist, können Sie das zu löschende Element auch mit gedrückter linker Maustaste auf das Papierkorbsymbol ziehen.

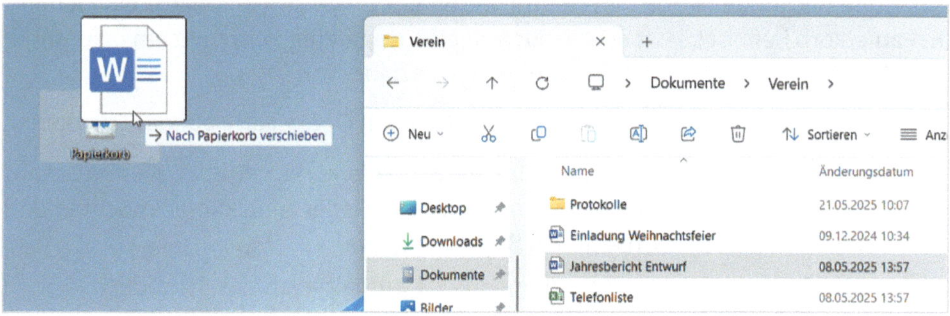

Bild 4.65 Auf das Symbol Papierkorb auf dem Desktop ziehen

> **Mögliche Probleme beim Löschen**
> Manche Dateitypen können nicht gelöscht werden, während sie geöffnet sind. In diesem Fall erhalten Sie beim Löschen eine entsprechende Meldung. Dies gilt auch für das Löschen von Ordnern.

Ein Element endgültig löschen

Wenn Sie ein Element nicht erst in den Papierkorb verschieben, sondern sofort endgültig löschen möchten, dann markieren Sie das Element und betätigen die Tasten **Umschalt+Entf**. Je nach Einstellung müssen Sie unter Umständen das endgültige Löschen nochmals mit Klick auf die Schaltfläche *Ja* bestätigen. Oder ziehen Sie das Element mit gleichzeitig gedrückter **Umschalt**-Taste auf das Papierkorbsymbol auf dem Desktop.

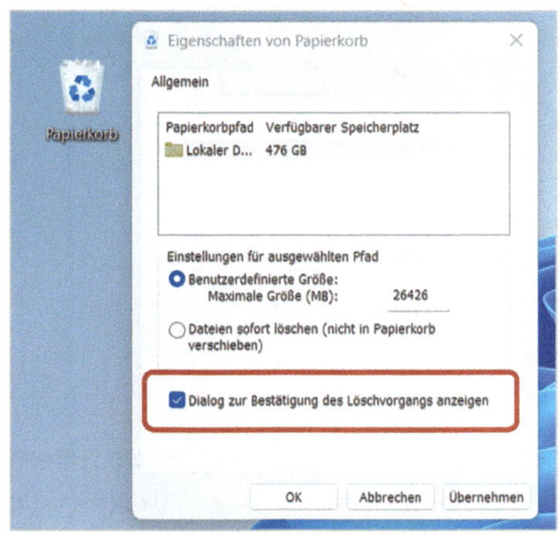

Löschbestätigung anfordern

Falls Sie eine Löschbestätigung anfordern möchten, so klicken Sie mit der rechten Maustaste auf das Papierkorbsymbol und wählen Sie *Eigenschaften*. Aktivieren Sie das Kontrollkästchen *Dialog zur Bestätigung des Löschvorgangs anzeigen* und schließen Sie die Eigenschaften mit *OK*. Achtung: Dies gilt nicht beim Ziehen auf das Papierkorbsymbol!

Info: Unter Umständen lassen sich auch endgültig gelöschte Elemente wiederherstellen. Allerdings nicht mit „Bordmitteln" von Windows und nur, solange sie nicht überschrieben wurden.

> **Vorsicht beim endgültigen Löschen!**
> - Endgültiges Löschen kann nicht mehr rückgängig gemacht werden.
> - Dateien, die in einem Netzwerk von einem freigegebenen Netzlaufwerk entfernt werden, werden meist ebenfalls endgültig gelöscht! Gleiches gilt auch für manche Wechseldatenträger. Achten Sie in solchen Fällen auf die Meldung, die beim Löschen erscheint.

Gelöschte Elemente aus dem Papierkorb wiederherstellen

Gelöschte Dateien und Ordner verbleiben solange im Papierkorb, bis Sie den Papierkorb leeren oder dieser voll ist. Bei einem vollen Papierkorb schafft Windows Platz, indem diejenigen Elemente, deren Löschdatum am weitesten zurückliegt, automatisch und ohne Rückfrage endgültig entfernt werden. Solange sich allerdings ein Element im Papierkorb befindet, lässt es sich auch zu einem späteren Zeitpunkt am ursprünglichen Speicherort wiederherstellen. So gehen Sie dabei vor:

1 Öffnen Sie auf dem Desktop den Papierkorb mit Doppelklick auf das Symbol.

2 Der Datei-Explorer wird mit dem Inhalt des Papierkorbs geöffnet. Klicken Sie mit der **rechten** Maustaste auf das Element, das Sie wieder zurückholen möchten und wählen Sie im Kontextmenü den Befehl *Wiederherstellen* ❶.

- Die Symbolleiste des Kontextmenüs ❷ enthält auch das Symbol *Ausschneiden*, mit dem Sie das markierte Element auf dem Weg über die Zwischenablage an einen anderen Speicherort verschieben können (s. Seite 110).
- Mit *Löschen* dagegen wird das Element endgültig aus dem Papierkorb entfernt und kann nicht mehr wiederhergestellt werden.

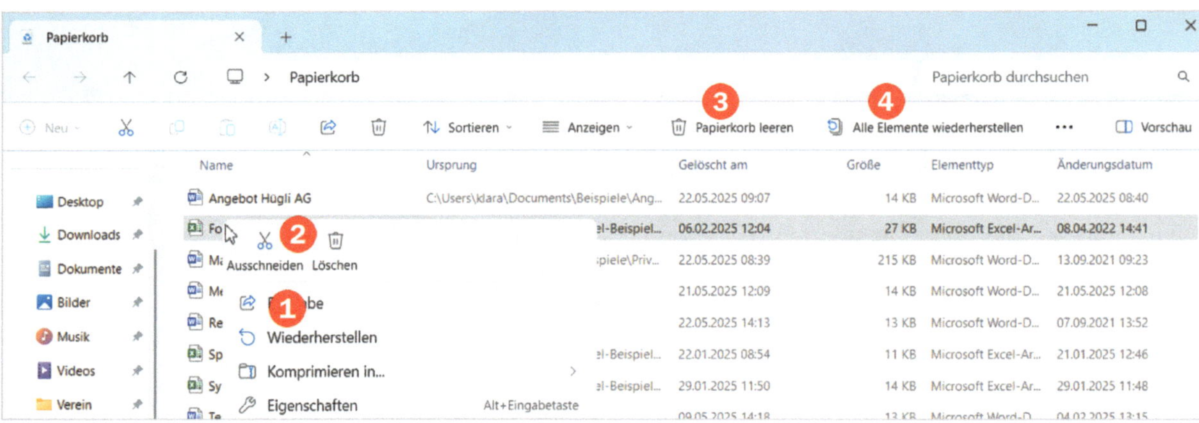

Bild 4.66 Datei aus dem Papierkorb wiederherstellen

Papierkorb leeren und weitere Möglichkeiten

- Wenn Sie den Papierkorb leeren, d. h. alle darin befindlichen Elemente endgültig löschen möchten, dann klicken Sie in der Befehlsleiste des Papierkorbs auf *Papierkorb leeren* ❸ (Bild 4.66). Es erscheint eine Rückfrage, ob Sie die Elemente wirklich unwiderruflich löschen möchten, bestätigen Sie mit *Ja*.
- Mit dem Befehl *Ausgewählte Elemente wiederherstellen* können Sie ebenfalls einzelne markierte Elemente wiederherstellen.
- Vorsicht dagegen beim Befehl *Alle Elemente wiederherstellen* ❹! Dieser stellt den gesamten Papierkorbinhalt wieder her und kann so vorangegangene zeitraubende „Aufräumaktionen" auf der Festplatte wieder zunichte machen.

Sollte die Breite des Fensters zur Anzeige nicht ausreichen, so klicken Sie auf das Symbol mit den drei Punkten.

Datei- und Ordnerinhalte im Papierkorb kontrollieren
Im Papierkorb befindliche Dateien und Ordner können nicht geöffnet werden und ein Doppelklick auf das Datei- oder Ordnersymbol öffnet nur das Fenster *Eigenschaften*. Um den Inhalt einzusehen, müssen Sie das Element zuerst wiederherstellen.

Tipp: Papierkorb ohne Öffnen leeren
Eine weitere Möglichkeit zum Leeren des Papierkorbs erhalten Sie im Kontextmenü, wenn Sie auf dem Desktop mit der rechten Maustaste auf das Papierkorbsymbol klicken. In diesem Fall braucht der Papierkorb vorher nicht geöffnet werden.

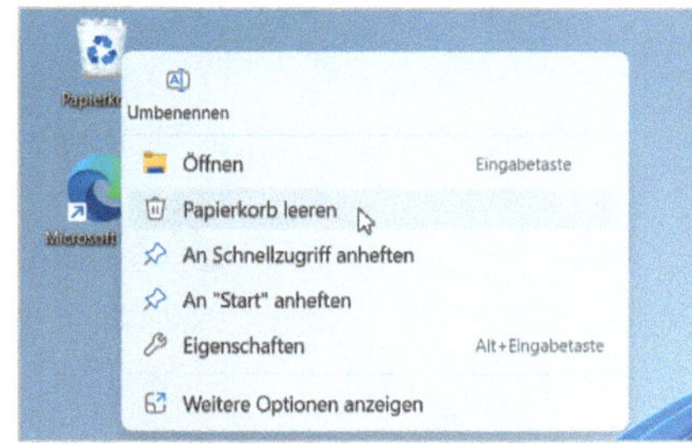

Bild 4.67 Den Papierkorb über das Kontextmenü leeren

Neue Dokumente im Datei-Explorer erstellen

Um ein neues Dokument, z. B. einen Brief zu erstellen, starten Sie in den meisten Fällen vermutlich zuerst die erforderliche App, also beispielsweise Word und speichern danach das Dokument im passenden Ordner. Sie können aber auch den umgekehrten Weg gehen und ein neues Dokument im Datei-Explorer erzeugen und somit auch speichern und danach mit der dazugehörigen App öffnen. So gehen Sie vor:

1. Öffnen Sie im Datei-Explorer den Ordner, in dem Sie das neue Dokument speichern möchten, im Bild den Ordner *Verein*.
2. Klicken Sie in der Befehlsleiste auf *Neu* ❶ und auf den gewünschten Dateityp, z. B. *Microsoft Word-Dokument* ❷. Dieselben Dateitypen erhalten Sie auch zur Auswahl, wenn Sie mit der rechten Maustaste an eine freie Stelle des Inhaltsbereichs klicken und *Neu* wählen.

Siehe auch Ordner anlegen und umbenennen auf Seite 106.

3. Das Dokument erscheint im Ordner. Der vorläufige Dateiname befindet sich im Textmodus ❸ und kann sofort überschrieben werden. Schließen Sie danach mit der **Eingabetaste** ab.
4. Wenn Sie anschließend die Datei mit Doppelklick öffnen, wird diese zusammen mit Microsoft Word geöffnet und Sie können mit der Eingabe beginnen.

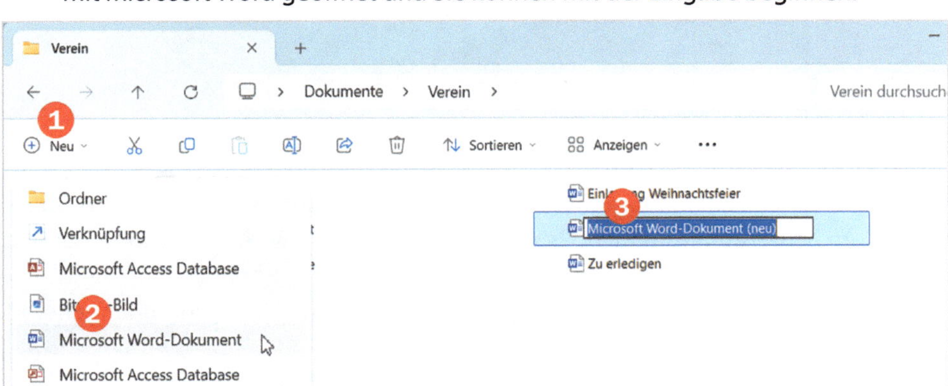

Bild 4.68 Klicken Sie auf Neu und den gewünschten Dateityp

Achtung: Windows führt in der Liste nicht alle Dateitypen bzw. auf dem PC installierten Apps und verfügbaren Dateitypen auf, sondern in erster Linie Microsoft-Apps und deren Dateitypen.

4.5 Schneller Zugriff auf Ordner und Dateien mit Verknüpfungen

Über Verknüpfungen oder Verweise lassen sich Dateien und Ordner auch öffnen, ohne dass der genaue Speicherort bekannt ist. Verknüpfungen stellen somit eine komfortable Möglichkeit des schnellen Zugriffs auf Dateien und Ordner dar, insbesondere wenn diese von unterschiedlichen Orten aus benötigt werden.

> **Für alle Verknüpfungen gilt**
> Wenn Sie eine Verknüpfung erstellen, dann wird das Originalobjekt weder verschoben noch kopiert. Die Verknüpfung enthält lediglich einen Verweis (d. h. den Dateipfad) auf den Speicherort. Verknüpfungen können daher jederzeit und problemlos wieder entfernt werden, ohne dass dabei Dateien und Ordner, auf welche die Verknüpfung verweist, gelöscht werden.

Ordnerverknüpfungen im Schnellzugriff des Explorers

Der Abschnitt *Schnellzugriff* ❶ im Navigationsbereich und auf der Startseite ❷ des Datei-Explorers enthält standardmäßig die persönlichen Ordner *Downloads*, *Dokumente*, *Bilder*, *Musik* und *Videos* sowie den *Desktop*. Hinzu kommen häufig verwendete benutzerdefinierte Ordner, die sich durch ihr Ordnersymbol von ersteren unterscheiden. In beiden Fällen handelt es sich eigentlich um Verknüpfungen zu diesen Ordnern.

Bild 4.69 Schnellzugriff auf der Startseite des Explorers

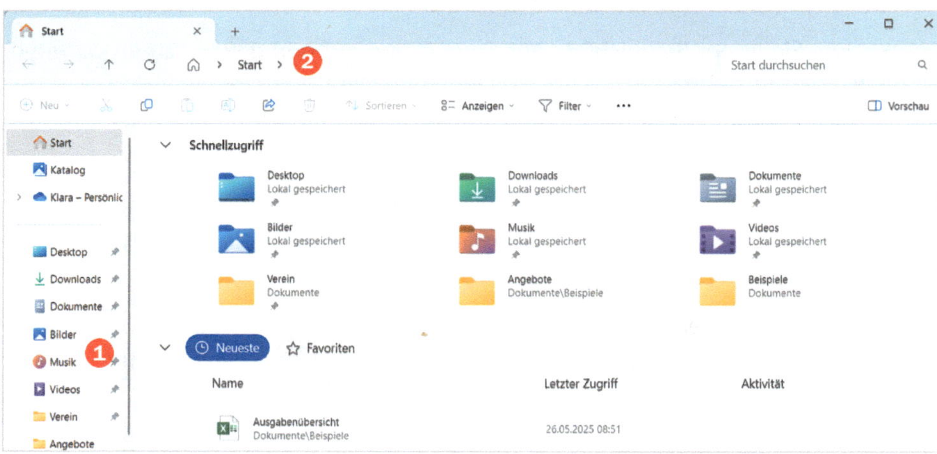

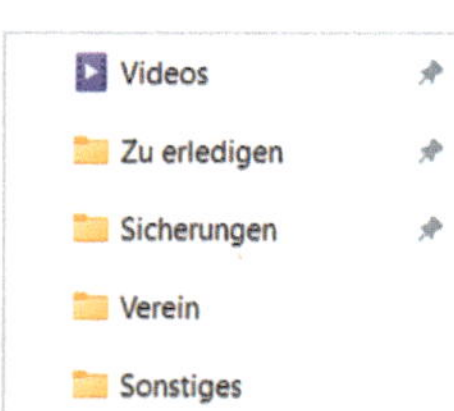

Ordner im Schnellzugriff anheften

Verknüpfungen im Schnellzugriff ersparen langwieriges Suchen, insbesondere wenn es sich um Unterordner handelt. Es empfiehlt sich daher, wichtige Ordner hier fest anzuheften. Angeheftete Verknüpfungen sind im Navigationsbereich am Pin-Symbol ❶ leicht zu erkennen. Als Beispiel soll der Ordner *Bank* im Schnellzugriff angeheftet werden.

- Dazu klicken Sie mit der rechten Maustaste auf das Ordnersymbol und auf *An Schnellzugriff anheften* ❷. Der Ordner erscheint anschließend im Schnellzugriff am Ende der Liste.
- Oder markieren Sie den betreffenden Ordner, klicken in der Befehlsleiste auf die drei Punkte ❸ und wählen hier *An Schnellzugriff anheften*.

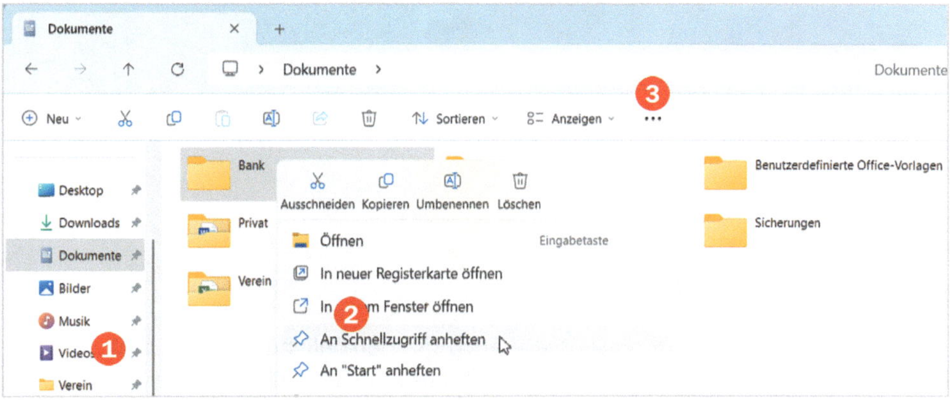

Bild 4.70 Ordner im Schnellzugriff anheften

Achtung: Im Kontextmenü erscheint auch der Befehl *An „Start" anheften*. Damit ist das Startmenü und nicht die Startseite des Explorers gemeint!

Oder ziehen Sie den Ordner mit der Maus in den Schnellzugriff der Navigationsleiste und platzieren ihn hier zwischen zwei Ordnern, siehe weiter unten.

Der Schnellzugriff enthält ausschließlich Ordner

Im Schnellzugriff können nur Ordner oder Laufwerke, aber keine Dateien angeheftet werden. Dateien heften Sie bei Bedarf auf der Startseite des Datei-Explorers unter *Favoriten* an, Näheres hierzu weiter unten.

Ordner im Schnellzugriff anordnen

Eine sinnvolle Anordnung erleichtert bei einer Vielzahl von Ordnern im Schnellzugriff das Auffinden eines Ordners. Leider unterstützt der Datei-Explorer zum gegenwärtigen Zeitpunkt im Schnellzugriff kein Sortieren oder Gruppieren, Sie müssen also die Ordner manuell anordnen.

Ziehen Sie dazu in der Navigationsleiste mit der Maus den Ordner an die gewünschte Stelle, ein schwarzer Balken markiert die Einfügeposition. **Achtung:** Ziehen Sie dagegen den Ordner direkt auf einen anderen Ordner, so wird die Verknüpfung in diesen Ordner verschoben.

Der Ordner erscheint danach auch auf der Startseite an der gewählten Position. Auf der Startseite selbst ist kein Verschieben möglich!

Bild 4.71 Ordner im Schnellzugriff verschieben

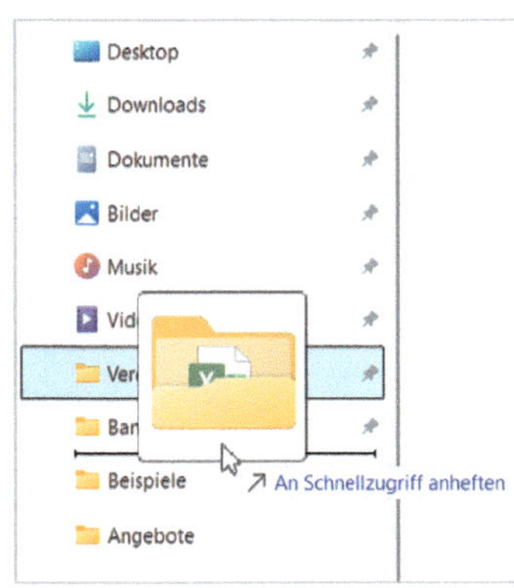

Ordner aus Schnellzugriff entfernen

Sämtliche Ordner lassen sich aus dem Schnellzugriff auch wieder entfernen. Dazu klicken Sie mit der rechten Maustaste entweder auf der Startseite (Bild 4.72) oder in der Navigationsleiste auf den angehefteten Ordner und im Kontextmenü auf den Befehl *Von Schnellzugriff lösen*. Dies funktioniert auch, wenn Sie einen nicht angehefteten, zuletzt verwendeten Ordner entfernen möchten, dann lautet der Befehl *Aus Schnell-*

zugriff entfernen. In beiden Fällen wird nur die Verknüpfung entfernt, nicht jedoch der Ordner, auf den die Verknüpfung verweist.

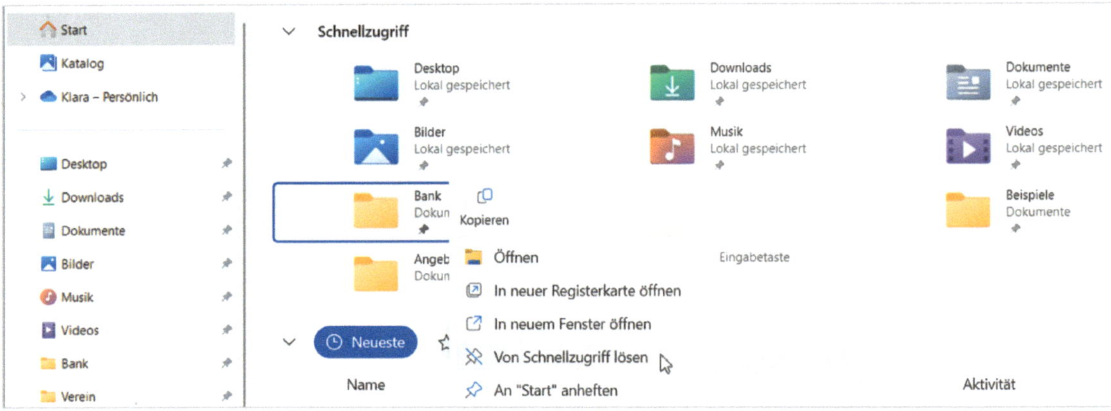

Bild 4.72 Angehefteten Ordner von Schnellzugriff lösen

Achtung: Leider können auf diese Weise auch die persönlichen Ordner, z. B. die häufig benötigten Ordner *Dokumente* und *Bilder* aus dem Schnellzugriff entfernt werden. Falls einer dieser Ordner versehentlich entfernt wurde, gehen Sie wie folgt vor, um ihn wieder anzuheften:

1. Klicken Sie im Adressfeld auf den Pfeil links vom aktuellen Dateipfad, im Bild unten links von *Dokumente* ❶. Es öffnet sich eine Liste aller persönlichen Ordner, Klicken Sie auf den Ordner, den Sie wieder anheften möchten, im Bild unten *Downloads* ❷.
2. Der Ordner wird nun geöffnet ❸, klicken Sie in der Befehlsleiste auf die drei Punkte ❹ und auf *An Schnellzugriff anheften*.

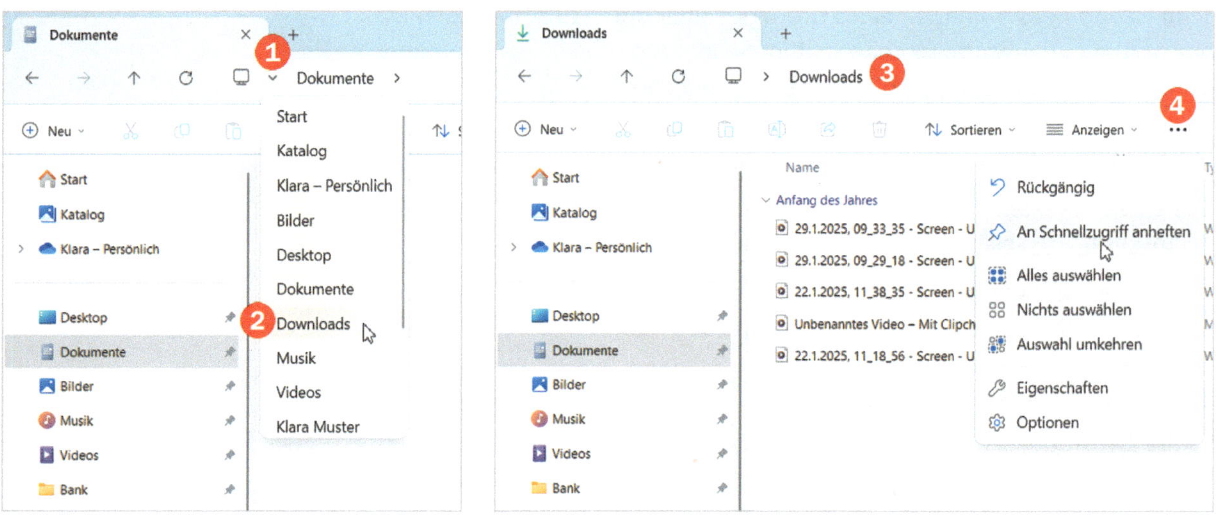

Bild 4.73 Persönlichen Ordner erneut im Schnellzugriff anheften

Häufig benötigte Dateien in den Favoriten des Explorers verwalten

Die Startseite ❶ des Datei-Explorers enthält neben den Ordnern des Schnellzugriffs auch den Bereich *Favoriten* zum Anheften von Dateien. Auch hierbei handelt es sich um Verknüpfungen, d. h. die Datei selbst verbleibt an ihrem Speicherort. Zum Anzeigen klicken Sie auf *Favoriten* ❷.

Die Vorgehensweise beim Anheften und Lösen von Dateien ist dieselbe wie beim Anheften von Ordnern: Klicken Sie mit der rechten Maustaste auf die Datei, die Sie anheften möchten und wählen Sie *Zu Favoriten hinzufügen* ❸. Um eine Datei aus den Favoriten zu entfernen, navigieren Sie zur Startseite des Explorers, klicken Bereich *Favoriten* mit der rechten Maustaste auf die Datei und auf *Aus Favoriten entfernen*.

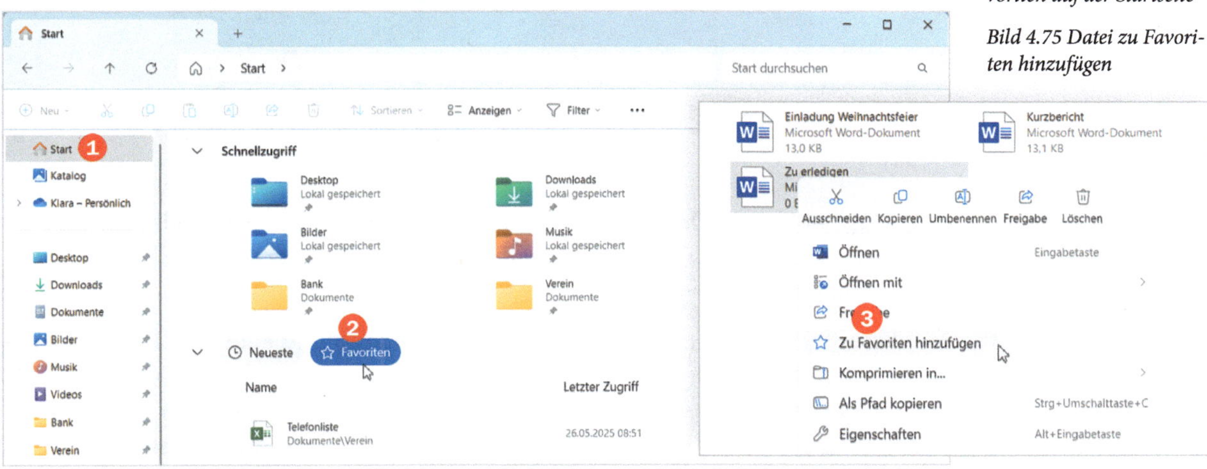

Bild 4.74 Der Bereich Favoriten auf der Startseite

Bild 4.75 Datei zu Favoriten hinzufügen

Verknüpfungen im Startmenü oder auf dem Desktop erstellen

Schnellen Zugriff auf häufig benötigte Ordner erhalten Sie auch, wenn Sie diese als Verknüpfung dem Startmenü hinzufügen oder auf dem Desktop ablegen. Bedenken Sie aber, dass ein mit Symbolen überladener Desktop schnell unübersichtlich wird.

Ordner im Startmenü anzeigen

Klicken Sie im Datei-Explorer mit der rechten Maustaste auf den Ordner und auf *An „Start" anheften*. Der Ordner erscheint zunächst am Ende des Startmenüs, kann aber beliebig verschoben werden, siehe Kap. 5.2.

Verknüpfungen auf dem Desktop erstellen

In manchen Fällen können auch auf dem Desktop Verknüpfungen zu Dateien und Ordnern nützlich sein. Hierzu gibt es verschiedene Möglichkeiten und im Gegensatz zum Schnellzugriff des Explorers funktioniert dies sowohl mit Ordnern als auch mit Dateien. Am einfachsten ist der Weg über die Zwischenablage:

Auch manche Apps erstellen bei der Installation automatisch eine Verknüpfung auf dem Desktop.

1 Markieren Sie die betreffende Datei oder den Ordner und kopieren Sie diese/n in die Zwischenablage: entweder mit der Tastenkombination **Strg+C** oder Klick auf das Symbol *Kopieren* in der Befehlsleiste oder im Kontextmenü ❶ der rechten Maustaste.

2 Wechseln Sie zum Desktop, klicken Sie mit der **rechten** Maustaste an eine freie Stelle und auf *Verknüpfung einfügen* ❷.

Bild 4.76 Element in die Zwischenablage kopieren

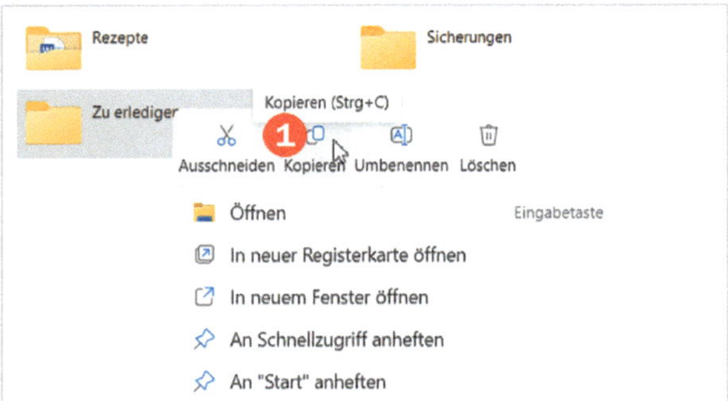

Bild 4.77 Rechtsklick auf den Desktop und Verknüpfung einfügen

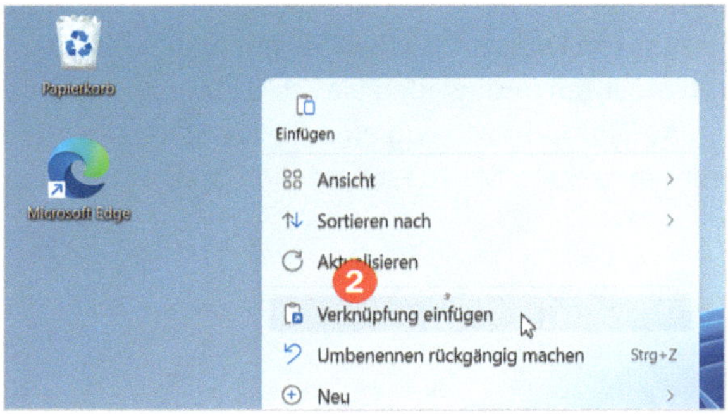

3 Das Datei- oder Ordnersymbol erscheint zusammen mit einem kleinen Pfeil auf dem Desktop und kann anschließend, falls gewünscht, problemlos umbenannt, verschoben oder wieder gelöscht werden.

Mit dieser Methode können Sie nicht nur eine Verknüpfung auf dem Desktop erstellen, sondern prinzipiell auch an jedem anderen Speicherort, also beispielsweise im Ordner *Dokumente* eine Verknüpfung zu einem Bilderordner, der sich eigentlich im Ordner *Bilder* befindet, und umgekehrt. Ob dies allerdings sinnvoll ist, müssen Sie selbst entscheiden.

Woran erkennen Sie auf dem Desktop Verknüpfungen?
Verknüpfungen auf dem Desktop und an anderen Orten sind leicht am kleinen Pfeil in der linken unteren Ecke des Symbols zu erkennen.

Weitere Möglichkeiten zum Erstellen von Verknüpfungen

- Ziehen Sie das Element mit gedrückter **rechter** Maustaste an den Ort, an dem die Verknüpfung erstellt werden soll. Nachdem Sie die Maustaste losgelassen haben, erscheint ein kleines Menü, wählen Sie *Verknüpfung hier erstellen*.
- Um eine Verknüpfung im selben Ordner wie das Original zu erstellen, klicken Sie mit der rechten Maustaste auf das Element und wählen im Kontextmenü *Verknüpfung erstellen*. Diese Verknüpfung lässt sich dann kopieren oder ausschneiden und an anderer Stelle einfügen.

4.6 Dateien und Ordner suchen

Trotz sorgfältiger Organisation von Dateien in Ordnern ist nicht immer jede Datei bzw. jedes Dokument auf Anhieb auffindbar. Für solche Fälle stellt Windows eine komfortable Suchfunktion zur Verfügung. Diese durchsucht im Gegensatz zu Suchdiensten wie Google oder Bing die Festplatte Ihres PCs.

Im Datei-Explorer suchen

Im Explorer benutzen Sie zur Suche das Suchfeld im rechten Bereich der Adressleiste. Berücksichtigen Sie folgende Punkte:

- In die Suche werden der aktuelle Ordner, z. B. *Dokumente* und alle hier befindlichen Unterordner einbezogen. Eine Datei wird also auch gefunden, wenn sie sich beispielsweise im Ordner *Dokumente\Briefe* befindet. Je nach Einstellung wird auch OneDrive durchsucht.
- Standardmäßig werden Name, Dateiinhalt und Eigenschaften berücksichtigt, nicht unterschieden wird dagegen zwischen Groß- und Kleinschreibung.

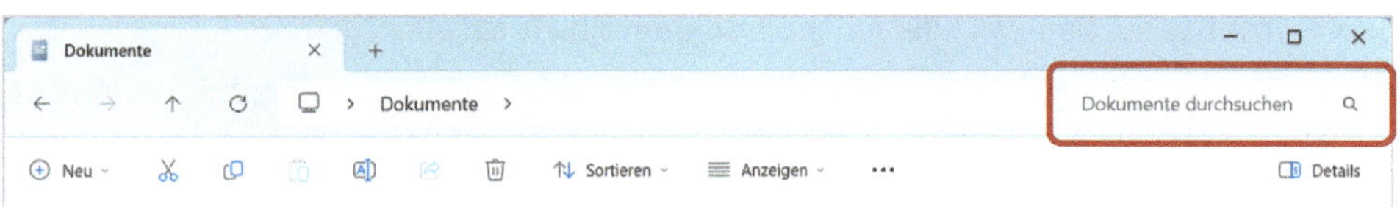

Bild 4.78 Das Suchfeld in der Adressleiste des Explorers

Als Beispiel soll nach Dateien und Ordnern gesucht werden, die im Namen oder im Inhalt die Zeichenfolge „Mül" enthalten. Da nach Textinhalten gesucht wird, beginnen Sie die Suche am besten im Ordner *Dokumente*.

1 Klicken Sie in das Suchfeld und tippen Sie die gesuchte Zeichenfolge ein.

2 Bereits während der Eingabe werden im Inhaltsbereich die gefundenen Dateien und Ordner in der Ansicht *Inhalt* aufgelistet und die gesuchte Zeichenfolge ist im Dateinamen oder -inhalt gelb hervorgehoben, wie in Bild 4.79.

Bild 4.79 Bei der Eingabe des Suchbegriffs erscheinen erste Vorschläge

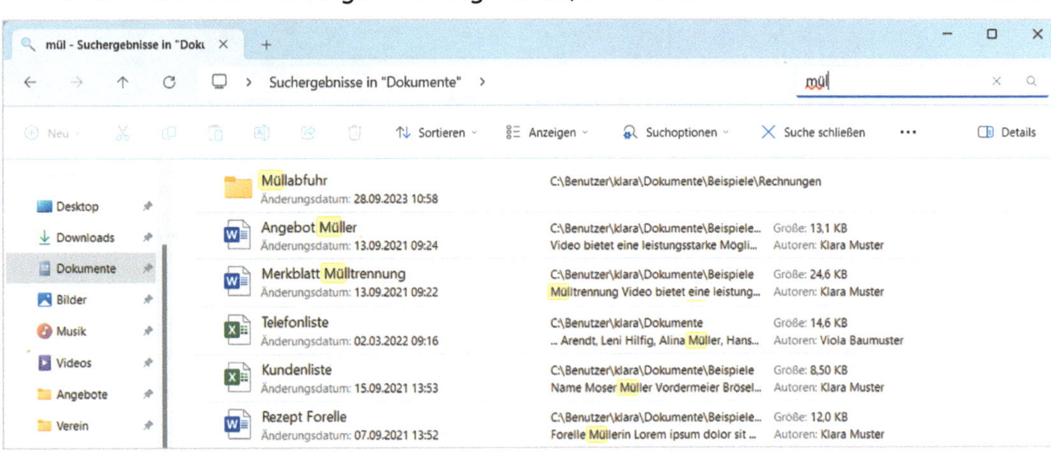

Hinweis: Eventuell erscheint auch zunächst der Suchverlauf mit früheren Suchergebnissen. Um Suchvorgänge zu löschen, klicken Sie in das Suchfeld der Taskleiste, geben den Begriff „suchverlauf" ein und klicken auf *Meinen Suchverlauf auf dem Gerät löschen Systemeinstellungen*. Klicken Sie unter *Verlauf* auf *Suchverlauf auf dem Gerät löschen*, siehe Seite 131.

Suchbegriff löschen/Suche schließen

Um wieder zu den Inhalten des vorherigen Ordners zurückzukehren, klicken Sie entweder in der Befehlsleiste auf *Suche schließen* ❹ oder auf das Schließen-Symbol im Suchfeld ❺.

Bild 4.80 Suchergebnisse und Suche schließen

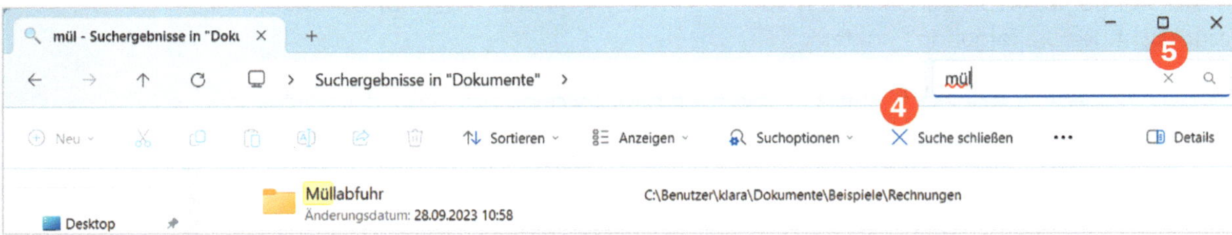

Achtung: In einem kleineren Explorer-Fenster versteckt sich *Suche schließen* unter Umständen im Dreipunktemenü, dann müssen Sie zuerst auf die drei Punkte klicken.

Suchergebnisse auf Dateityp oder Änderungsdatum einschränken

Über die Suchoptionen können Sie die Suchergebnisse einschränken, beispielsweise auf einen bestimmten Dateityp oder das Änderungsdatum in einem bestimmten Zeitraum. Dazu starten Sie die Suche wie oben beschrieben und erhalten zunächst alle Suchergebnisse.

Klicken Sie anschließend in der Befehlsleiste auf *Suchoptionen* ❶, danach auf *Änderungsdatum* ❷ und wählen hier einen Zeitraum, z. B. *Diese Woche*.

Bild 4.81 Suchergebnisse weiter einschränken

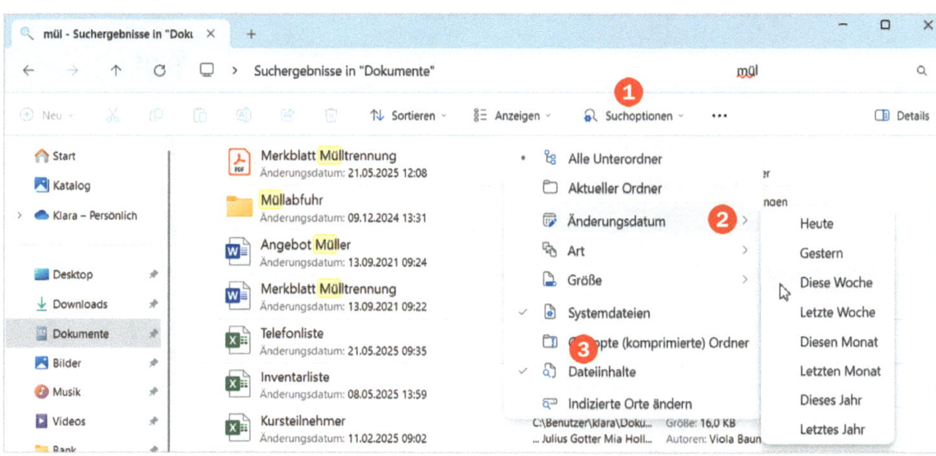

Hinweis: Über *Suchoptionen* steuern Sie auch, ob Dateiinhalte einbezogen werden. Sollte die Suche diese nicht automatisch berücksichtigen, können Sie hier *Dateiinhalte* ❸ aktivieren (Häkchen).

Weitere nützliche Möglichkeiten der Suchoptionen sind die Beschränkung auf den aktuellen Ordner (*Aktueller Ordner*, siehe Bild oben) oder auf einen bestimmten Typ (*Art*), z. B. Bild. Auch leere Dateien aufzulisten kann manchmal sinnvoll sein, dazu klicken Sie auf *Suchoptionen* ▶ *Größe* und wählen *Leer*.

Suchergebnisse am Speicherort anzeigen

Häufig genügt es nicht, eine Datei zu finden, sondern Sie möchten auch wissen, wo bzw. in welchem Ordner sich diese befindet. Die Ansicht *Inhalte* zeigt in einem entsprechend großen Explorer-Fenster zwar den Pfad der gefundenen Dateien mit an, allerdings meist abgeschnitten.

- Um eine Datei an ihrem Speicherort anzuzeigen, klicken Sie mit der **rechten** Maustaste auf die betreffende Datei und auf *Dateipfad öffnen*. Anschließend wird der Ordner geöffnet und die Datei markiert.

Dies funktioniert auch bei Ordnern in den Suchergebnissen: Rechtsklick auf den Ordner und Befehl *Ordnerpfad öffnen*.

Bild 4.82 Dateipfad öffnen

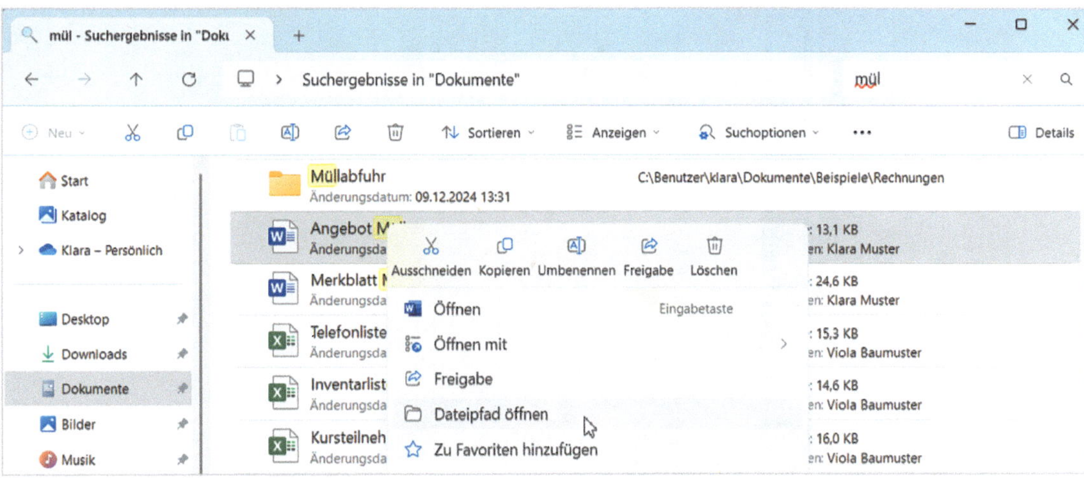

> **Tipp: Dateipfad öffnen**
>
> Den Dateipfad zu kennen bzw. zu öffnen kann auch in anderen Situationen sinnvoll sein, z. B. wenn sich auf dem Desktop eine Verknüpfung zu einer Datei befindet und Sie herausfinden möchten, wo diese Datei tatsächlich gespeichert ist. Dazu klicken Sie mit der rechten Maustaste auf die Verknüpfung und auf *Dateipfad öffnen*.

Mit der Desktopsuche nach Dateien und Ordnern suchen

Auch das Suchfeld der Taskleiste oder im Startmenü kann zur Suche nach Dateien und Ordnern genutzt werden, wenn auch mit Einschränkungen gegenüber dem Datei-Explorer. Klicken Sie dazu in das Suchfeld und geben Sie Ihren Suchbegriff ein ❶, Groß- und Kleinschreibung brauchen nicht beachtet werden.

- In der Ergebnisliste ist das Ergebnis mit der höchsten Übereinstimmung hervorgehoben ❷ und rechts davon sehen Sie dazu Details wie Speicherort und Datum der letzten Änderung ❸.

- Weitere Ordner und Dokumente werden in den Abschnitten *Dokumente* ❹ und *Ordner* ❻ aufgelistet. Klicken Sie auf die Pfeile, um rechts Details zu sehen. Zum Öffnen klicken Sie dagegen direkt auf den Namen des Dokuments.
- Zusätzlich finden Sie im Abschnitt *Web* ❺ Vorschläge für die Suche im Web und ein Klick auf den jeweiligen Pfeil zeigt die Trefferliste des Suchdienstes Bing an.

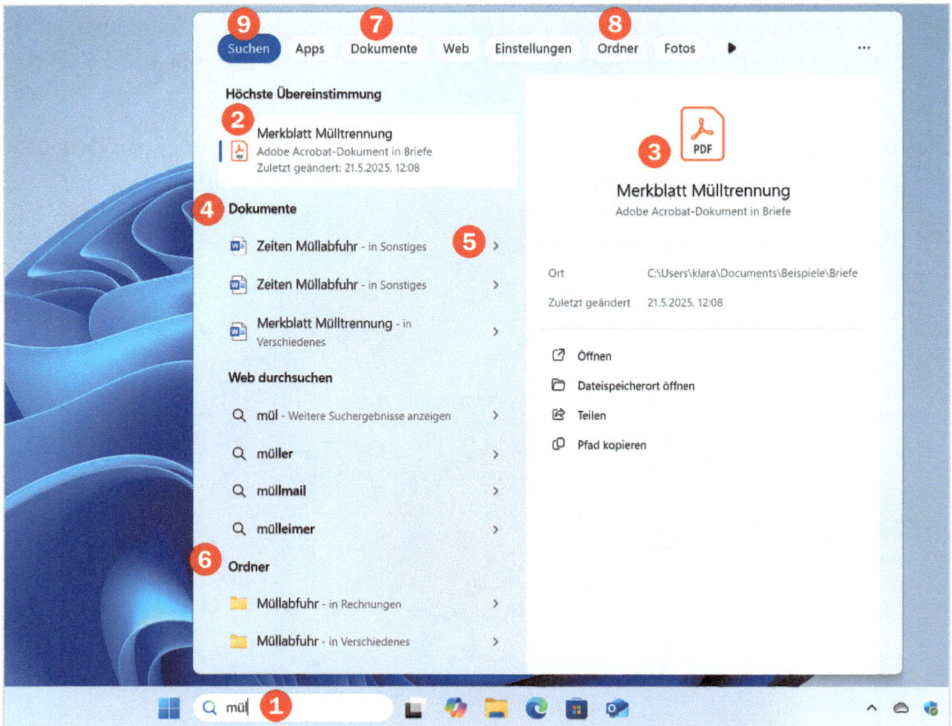

Bild 4.83 Dateien und Ordner mit der Desktopsuche suchen

Suche auf einen bestimmten Typ einschränken

Über Schaltflächen in der oberen Leiste können Sie die Suchergebnisse einschränken: Klicken Sie z. B. auf *Dokumente* ❼ oder *Ordner* ❽, weitere Möglichkeiten erhalten Sie mit Klick auf den Pfeil nach rechts oder links. Ein Klick auf *Suchen* ❾ zeigt dagegen wieder alle Suchergebnisse an.

Einschränkungen der Desktopsuche

Die Desktopsuche berücksichtigt bei der Suche nach Dateien im Gegensatz zur Suche im Datei-Explorer nur die Dateinamen, nicht aber die Inhalte.

Bei der Einschränkung auf Dokumente (s. oben) erhalten Sie aber ganz am Ende der Suchergebnisse, die Möglichkeit, auch im Datei-Explorer nach dem Suchbegriff zu suchen. Nach einem Klick darauf öffnet sich der Datei-Explorer, allerdings beginnt die Suche bei *Dieser PC* und kann, falls per Voreinstellung sämtliche Unterordner und eventuell angeschlossenen Laufwerke durchsucht werden, auch länger dauern.

Such- und Indizierungseinstellungen

Bild 4.84 Sucheinstellungen

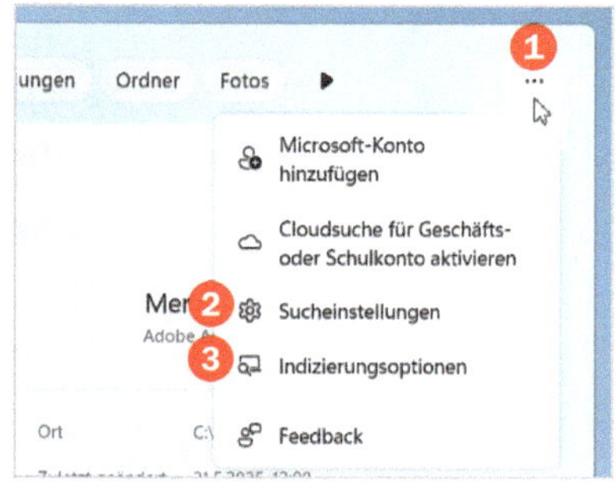

Über das Dreipunktemenü ❶ (*Optionen*) in der rechten oberen Ecke der Suche können Sie die Einstellungen zur Suche kontrollieren und ändern.

- In den *Sucheinstellungen* ❷ treffen Sie Einstellungen zur Suche im Web und in Clouddiensten, z. B. Onedrive und löschen den Suchverlauf auf Ihrem Gerät.
- Die *Indizierungsoptionen* ❸ legen fest, welche Speicherorte zur Beschleunigung der Suche indiziert werden.

Suche im Web und Datenschutzeinstellungen

Mit der Auswahl *Sucheinstellungen* öffnen sich die Windows-Einstellungen mit der Kategorie *Datenschutz und Sicherheit > Suchberechtigungen* ❶ (Bild 4.85).

Bild 4.85 Sucheinstellungen, Suchberechtigungen

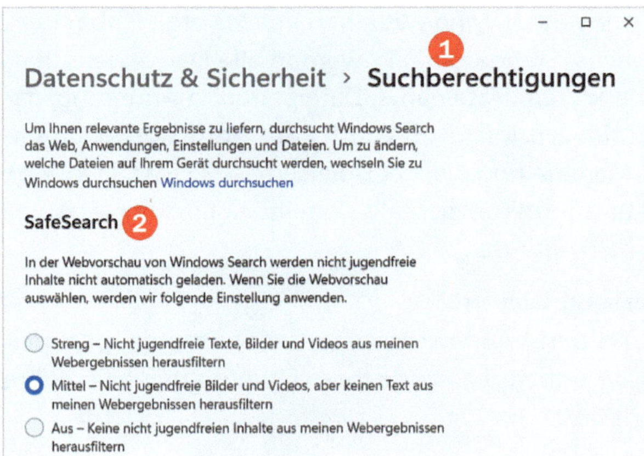

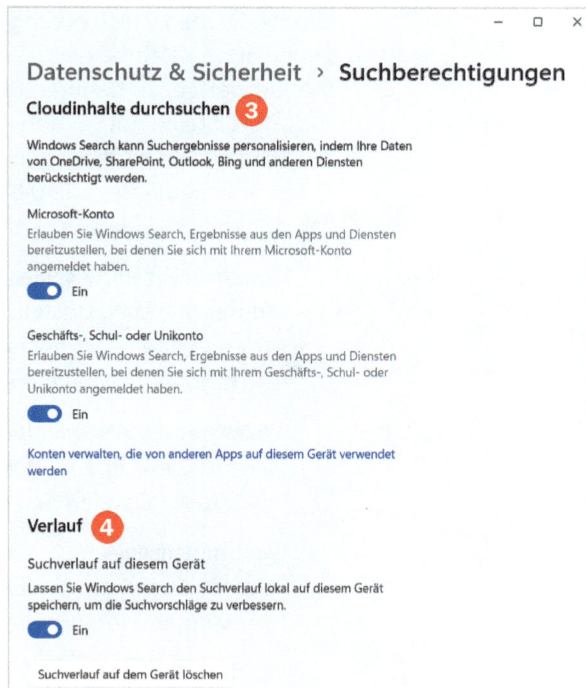

Hinweis: Detailliertere Erklärungen zu den Windows-Einstellungen allgemein finden Sie in Kapitel 5. Weitere Einstellungen zum Thema Datenschutz und Sicherheit erfahren Sie in Kapitel 6.

- **Nicht jugendfreie Suchergebnisse (Web) herausfiltern**: Für die Anzeige bzw. Vorschau von Suchergebnissen aus dem Web können Sie unter *SafeSearch* zwischen drei Stufen zum Herausfiltern nicht jugendfreier Inhalte wählen ❷. Die Standardeinstellung ist *Mittel*.
- **Daten von OneDrive, SharePoint, Outlook und anderen Diensten durchsuchen**: Ob die Suche Daten von OneDrive, SharePoint, Outlook und anderen, mit Ihren Microsoft-Konto verbundenen Diensten einbezieht, steuern Sie im Abschnitt *Cloudinhalte durchsuchen* ❸. Die Schalter *Microsoft-Konto* und *Geschäfts-, Schul- oder Unikonto* werden durch Anklicken aus- und eingeschaltet.

- **Suchverlauf verwalten**: In der Standardeinstellung speichert Windows zur Verbesserung der Suchvorschläge jede Suche. Dies können Sie im Abschnitt *Verlauf* bzw. *Suchverlauf auf diesem Gerät* ❹ mit Klick auf den Schalter deaktivieren. Falls Sie auch den bereits gespeicherten Suchverlauf löschen möchten, so klicken Sie unterhalb auf die Schaltfläche *Suchverlauf auf diesem Gerät löschen*.
- **Suchvorschläge auf der Startseite der Suche**: Wenn Sie auf der Startseite der Suche keine Vorschläge zur Suche im Web wünschen, sondern stattdessen die letzten Suchvorgänge, dann setzen Sie unter *Websuche* den Schalter *Such-Apps die Anzeige von Ergebnissen gestatten* auf *Aus*.

Schließen Sie dann die Einstellungen mit Klick auf das *Schließen*-Symbol in der rechten oberen Ecke. Geänderte Einstellungen werden automatisch übernommen.

Indizierungsoptionen

Um die Suche zu beschleunigen, verwendet Windows einen Index, vergleichbar dem Stichwortverzeichnis eines Sachbuchs. Standardmäßig werden alle Dateieigenschaften indiziert, dazu gehören unter anderem Dateiname, Dateipfad und Änderungsdatum. Bei Dateien mit Textinhalten, also z. B. Microsoft Word- oder WordPad-Dokumenten, wird auch der Inhalt indiziert. Manche Apps, wie beispielsweise Microsoft Outlook fügen ihre Elemente, z. B. E-Mails und Termine ebenfalls dem Index hinzu und benutzen den Index für die Suche innerhalb der App.

- **Welche Speicherorte werden automatisch indiziert?**
  In der Standardeinstellung indiziert Windows das Startmenü und die persönlichen Ordner *Dokumente*, *Bilder* und *Musik*, sowie Ihren Desktop und alle offline verfügbaren Dateien von *OneDrive*.
- **Wann wird die Indizierung ausgeführt?**
  Die Indizierung erfolgt während der Arbeit im Hintergrund, wobei nur neue oder geänderte Dateien neu indiziert werden.
- **Sucheinstellungen**
  Da die Suche an nicht indizierten Speicherorten entsprechend länger dauert, verwendet Windows die folgenden Sucheinstellungen:
  - An indizierten Speicherorten wird neben dem Dateinamen auch der Dateiinhalt in die Suche einbezogen.
  - An nicht indizierten Speicherorten wird nur der Dateiname berücksichtigt.
  - Komprimierte Ordner werden nicht durchsucht.

Speichern Sie Ihre Daten in den persönlichen Ordnern!

Benutzen Sie beim Speichern auf der Festplatte des PCs ausschließlich die persönlichen Ordner, z. B. *Dokumente* oder *Bilder* und legen Sie an diesen Orten auch alle weiteren Ordner an. Da die persönlichen Ordner und damit auch alle hier befindlichen Unterordner automatisch indiziert werden, stellen Sie somit sicher, dass Ihre Dateien bei der Suche auch gefunden werden.

Indizierungseinstellungen kontrollieren und ggf. ändern

Um die Einstellungen zur Indizierung zu kontrollieren, klicken Sie im Dreipunktemenü der Suche auf *Indizierungsoptionen* (siehe Bild 4.84 auf Seite 131). Damit öffnen sich die Windows-Einstellungen ebenfalls mit der Kategorie *Datenschutz und Sicherheit*, aber der Rubrik *Windows durchsuchen*. Ganz oben sehen Sie den Indizierungsstatus mit der Anzahl der indizierten Elemente ❶ (Bild 4.86). Im Abschnitt *Eigene Dateien suchen* ❷ geben Sie an, welche Speicherorte durchsucht und indiziert werden, eventuell müssen Sie die dazugehörigen Optionen erst mit Klick auf den Pfeil ❸ einblenden.

- In der Standardeinstellung *Klassisch* sind dies die persönlichen Ordner *Dokumente*, *Bilder*, *Musik* sowie *Desktop*, diese Einstellung sollte insbesondere von weniger versierten Windows-Anwendern nach Möglichkeit beibehalten werden.
- Die Alternative *Erweitert* durchsucht und indiziert den gesamten PC und die Liste *Ordner von erweiterter Suche ausschließen* ❹ zeigt an, welche Ordner standardmäßig nicht berücksichtigt werden. Weitere Ordner können Sie mit Klick auf die Schaltfläche *Auszuschließende Ordner hinzufügen* ❺ auswählen.

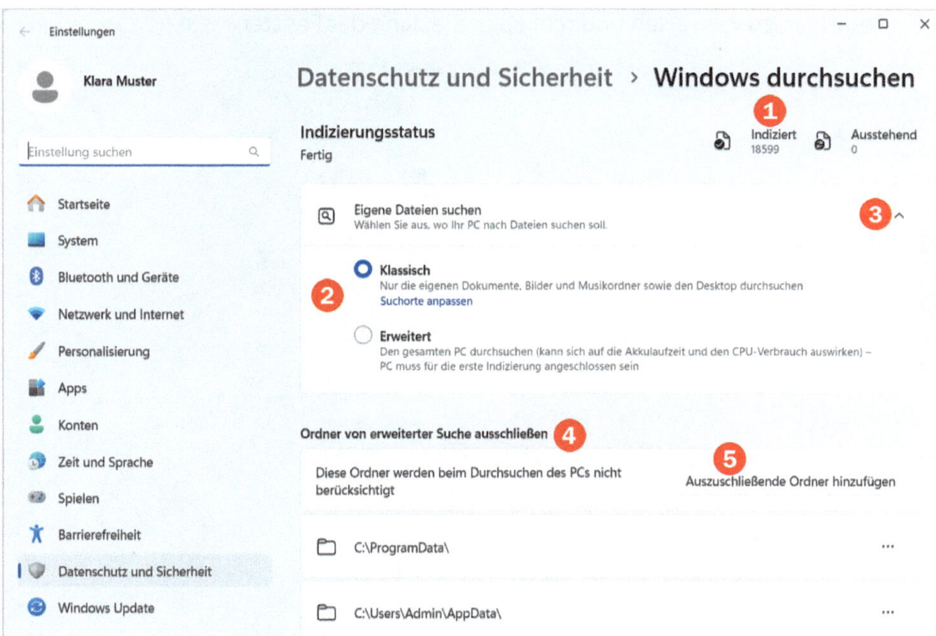

Bild 4.86 Indizierungsoptionen in den Einstellungen

Begrenzen Sie die Zahl der indizierten Speicherorte!

Ein umfangreicher Index beansprucht Rechnerressourcen zum Erstellen und Aktualisieren, kann also Ihr Gerät erheblich verlangsamen. Die Standardeinstellung *Klassisch* ist daher fast immer die bessere Wahl, zumal diese Option auch das Hinzufügen weiterer Speicherorte erlaubt, siehe nächster Punkt.

Indizierte Speicherorte anzeigen und ändern

Alternativ benutzen Sie die Suche im Datei-Explorer und klicken in den Suchergebnissen auf *Suchoptionen* und auf *Indizierte Orte ändern*.

Wenn Sie in der Standard-Indizierungseinstellung (*Klassisch*) die indizierten Speicherorte anzeigen und weitere Speicherorte hinzufügen möchten, dann klicken Sie in den Windows-Einstellungen bei der Option *Klassisch* auf *Suchorte anpassen*. Anschließend öffnet sich das Fenster *Indizierungsoptionen* (Bild unten) mit allen Orten, die bei der Indizierung berücksichtigt werden. Der Ordner *Benutzer* schließt alle persönlichen Ordner sowie deren Unterordner ein.

1 Um die Ordner im Detail anzuzeigen und weitere Ordner auszuwählen, klicken Sie auf die Schaltfläche *Ändern* ❶.

2 Benutzen Sie im Fenster *Indizierte Orte* in der Liste *Ausgewählte Orte ändern* die Pfeile ❷ zum Einblenden der Unterordner und über die Kontrollkästchen ❸ können Sie einzelne Ordner in die Indizierung aufnehmen oder ausschließen.

3 Klicken Sie zum Schließen des Fensters auf *OK*, wenn vorgenommene Änderungen übernommen werden sollen, bzw. auf *Abbrechen*, um unbeabsichtigte Änderungen zu verwerfen und schließen Sie dann das Fenster *Indizierungsoptionen*.

Bild 4.87 Indizierungsoptionen

Bild 4.88 Indizierte Orte anzeigen und ändern

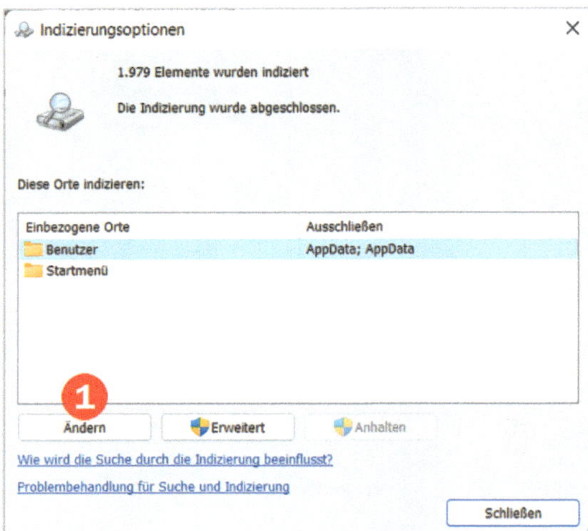

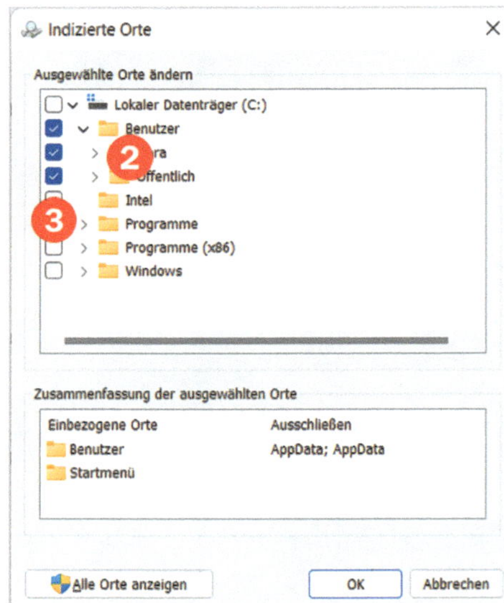

Indexeinstellungen im Detail und nach Dateitypen

Noch mehr Optionen erhalten Sie, wenn Sie im Fenster *Indizierungsoptionen* (Bild 4.87 oben) auf die Schaltfläche *Erweitert* klicken. **Achtung**: Um hier Änderungen vorzunehmen, müssen Sie über die Rechte eines Administrators verfügen. Zudem sollten diese nur mit guten Windows-Kenntnissen vorgenommen werden.

▶ **Bei eventuellen Problemen Index löschen und neu erstellen**
Wenn Sie den Eindruck haben, dass bei der Suche nicht alle Dateien gefunden werden oder die Suche nicht richtig funktioniert, sollten Sie zur Abhilfe den Index neu erstellen lassen. Klicken Sie dazu im Register *Indexeinstellungen* ❶ auf

die Schaltfläche *Neu erstellen*, **Achtung**: Je nach Umfang und Gerät kann dieser Vorgang auch einige Stunden dauern.

- **Indzierungseinstellungen nach Dateitypen**
  Im Register *Dateitypen* ❷ können Sie die Indexeinstellungen für jeden Dateityp kontrollieren und ggf. ändern. Klicken Sie auf einen Dateityp bzw. eine Dateinamenerweiterung, z. B. auf *.docx* (Microsoft Word), so sehen Sie unterhalb, ob bei diesem Dateityp nur die Eigenschaften oder Eigenschaften und Dateiinhalte indiziert werden und können die Option für diesen Typ ändern.

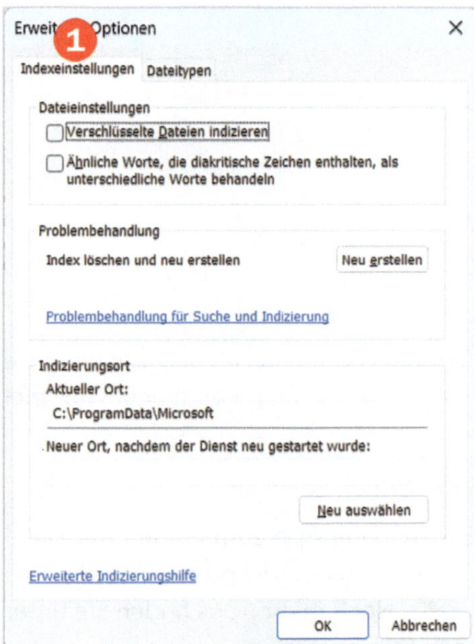

Bild 4.89 Erweiterte Optionen - Indexeinstellungen

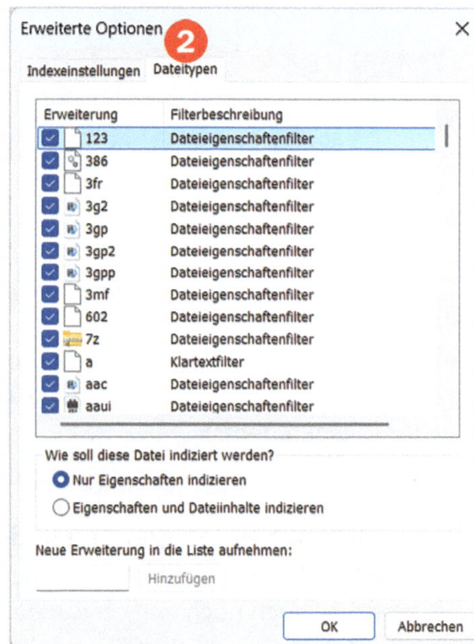

Bild 4.90 Indizierung nach Dateitypen

4.7 Weitergehende Techniken und Einstellungen

App zum Öffnen von Dateien auswählen

Dateien werden im Datei-Explorer beim Doppelklick auf das Dateisymbol automatisch mit der dazugehörigen Standard-App geöffnet. Bei vielen Dateitypen kommen allerdings auch mehrere Apps zum Öffnen in Frage. So kann beispielsweise ein Foto mit der App *Windows Fotoanzeige* geöffnet werden, aber auch mit *Paint*, *Snipping Tool* oder einer anderen installierten App zur Bildbearbeitung. Ähnlich ist es mit Text-Dokumenten mit der Dateinamenerweiterung .rtf: Falls neben Microsoft Word auf dem Gerät beispielsweise auch LibreOffice Writer installiert ist, können diese auch damit geöffnet werden. Welche App beim Öffnen mit Doppelklick zum Zuge kommt, hängt davon ab, welche als Standard-App festgelegt wurde.

Um eine Datei abweichend von der Standard-App mit einer bestimmten App zu öffnen, klicken Sie mit der **rechten** Maustaste auf die zu öffnende Datei, im Bild unten als Beispiel ein Foto und auf *Öffnen mit*. Rechts davon erscheinen geeignete Apps, klicken Sie auf die gewünschte App, z. B. *Paint*.

Bild 4.91 App zum Öffnen auswählen

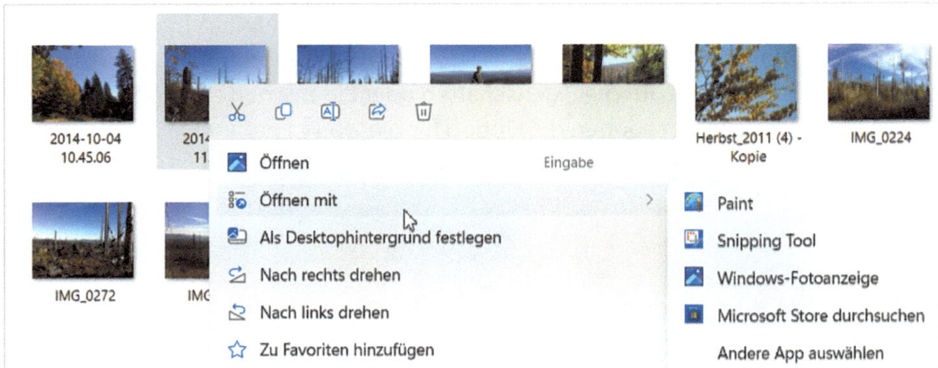

App erscheint nicht in der Liste?

Manchmal erscheint die gewünschte App nicht auf Anhieb in der Liste, obwohl sie auf dem Gerät installiert ist. In solchen Fällen gehen Sie wie folgt vor (hier am Beispiel eines Word-Dokuments):

1 Rechtsklick auf die Datei und *Öffnen mit* ❶, Befehl *Andere App auswählen* ❷.

2 Es öffnet sich ein Fenster und fordert Sie auf, eine App zum Öffnen der Datei auszuwählen. Ganz oben sehen Sie die aktuelle Standard-App, hier Word sowie eventuell auch noch *Vorgeschlagene Apps* ❸. Noch mehr Apps finden Sie unter *Weitere Optionen*, klicken Sie auf die gewünschte.

Bild 4.92 Klicken Sie auf Andere App auswählen

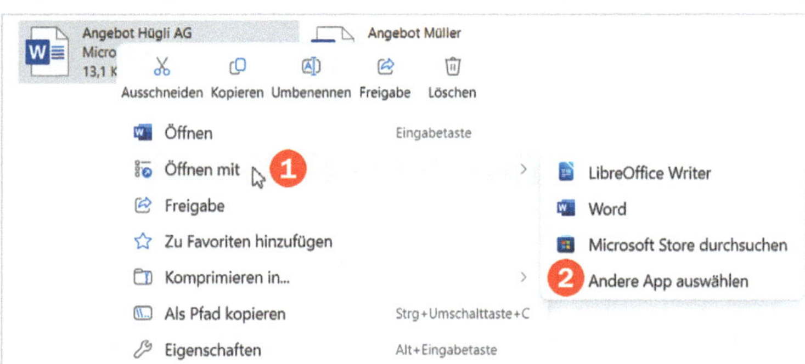

Bild 4.93 Klicken Sie auf die gewünschte App

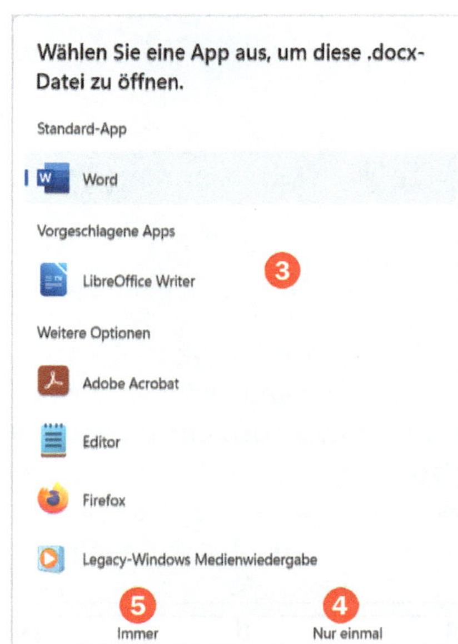

Hinweis: Falls Sie die Datei doch nicht mit einem anderen Dateityp öffnen möchten, so schließen Sie einfach das Fenster, indem Sie an eine beliebige Stelle außerhalb klicken.

Sollte hier keine geeignete App aufgeführt sein, haben Sie auch die Möglichkeit, im Microsoft Store nach einer passenden App zu suchen, Näheres zum Microsoft-Store und zur Installation von Apps lesen Sie in Kapitel 7.5.

3 Entscheiden Sie abschließend, ob die gegenwärtige Standard-App zum Öffnen dieses Dateityps beibehalten werden soll, in diesem Fall klicken Sie auf *Nur einmal* ❹. Möchten Sie dagegen diesen Dateityp ab sofort immer mit der ausgewählten App öffnen, dann klicken Sie auf die Schaltfläche *Immer* ❺.

Nicht alle Apps der Liste eignen sich zum Öffnen des ausgewählten Dateityps!
Manchmal führt Windows in der Liste *Weitere Optionen* auch Apps auf, die zum Öffnen des ausgewählten Dateityps nicht geeignet sind. So kann beispielsweise ein Text-Dokument mit der Dateinamenerweiterung .docx mit Microsoft Word und LibreOffice Writer geöffnet werden, nicht aber mit Adobe Acrobat (.pdf-Dateien), Editor (reine Textdateien ohne Formatierung) oder der Windows Medienwiedergabe.

Die Standard-App ändern

Soll ein bestimmter Dateityp ab sofort immer mit einer bestimmten App geöffnet werden, dann legen Sie diese als Standard-App fest.

Beispiel: PDF-Dateien mit Adobe Reader öffnen statt mit Microsoft Edge
Dateien im PDF-Dateiformat können sowohl im Browser, z. B. Microsoft Edge als auch mit Adobe Acrobat Reader geöffnet werden. Da letzterer nicht Bestandteil von Windows ist, ist Microsoft Edge zunächst die Standard-App für diesen Dateityp. Wenn PDF-Dateien ab sofort automatisch mit Adobe Acrobat geöffnet werden sollen, dann gehen Sie wie folgt vor:

Achtung: Dies setzt voraus, dass die entsprechende App bereits installiert ist.

Adobe Reader gehört nicht zum Lieferumfang von Windows 11, kann aber im Microsoft Store kostenlos heruntergeladen werden.

1 Klicken Sie im Datei-Explorer mit der rechten Maustaste auf eine beliebige Datei dieses Typs. Klicken Sie auf *Öffnen mit* und auf *Andere App auswählen*. **Achtung:** Dies gilt auch, wenn die gewünschte App bereits in der Vorschlagsliste auftaucht, wie hier im Bild.

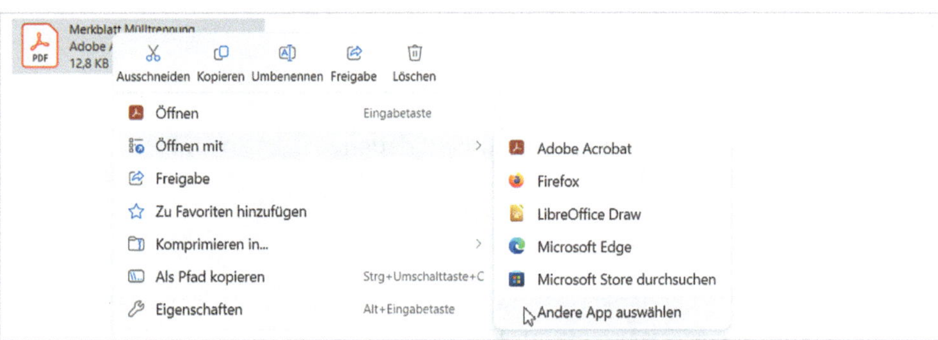

Bild 4.94 Klicken Sie auf Andere App auswählen

2 Klicken Sie im nachfolgenden Fenster auf die App, die ab sofort zum Öffnen verwendet werden soll hier Adobe Acrobat und danach auf die Schaltfläche *Immer*.

Damit wird nicht nur die betreffende Datei mit der ausgewählten App geöffnet, sondern ab jetzt werden auch alle Dateien dieses Typs beim Doppelklick automatisch mit der zugewiesenen App geöffnet. Mit der Standard-App ändert sich natürlich auch das Symbol für diesen Dateityp!

Dateien und Ordner komprimieren

Beim Komprimieren wird stets eine Kopie komprimiert, das Original wird nicht angetastet.

Durch Komprimieren lässt sich der Speicherumfang von Dateien verringern. Dies ist vor allem beim Versenden umfangreicher Dateien per E-Mail nützlich. Beim Komprimieren erzeugen Sie einen Ordner, der eine oder mehrere Dateien bzw. Ordner enthalten kann. Windows 11 unterstützt neben dem weit verbreiteten ZIP-Dateiformat auch die Formate 7z und TAR. Komprimierte Ordner sind am Reißverschluss des Ordnersymbols (englisch: zip) leicht zu erkennen. So gehen Sie beim Komprimieren von Dateien und/oder Ordnern mit Windows vor:

1. Markieren Sie im Datei-Explorer die Datei oder den Ordner, den Sie komprimieren möchten, hier die Datei *Kundenliste* ❶. Sie können auch gleich mehrere Elemente komprimieren, wenn diese zuvor markiert wurden.
2. Klicken Sie in der Befehlsleiste auf das Dreipunktmenü ❷ und auf *In ZIP-Datei komprimieren* ❸.

   Tipp: Per Rechtsklick auf das zu komprimierende Element und dem Befehl *Komprimieren in...* finden Sie neben dem ZIP-Format (Standard) auch noch die Formate *7z* und *TAR* und unter *Weitere Optionen* können Sie auch Zielort und Komprimierungsmethode wählen.

Bild 4.95 Markierten Ordner komprimieren

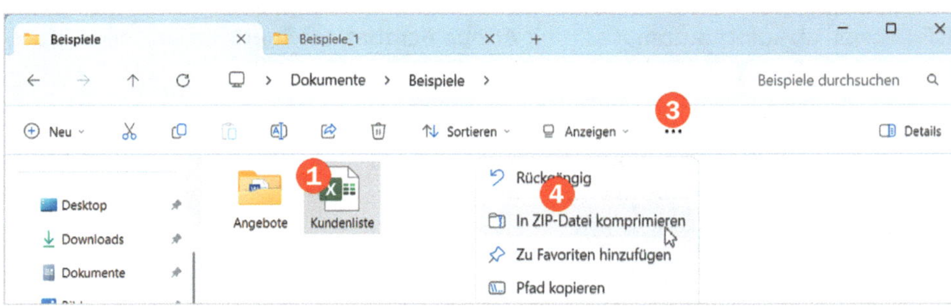

Info: Neben dem integrierten Windows-Tool zum Erstellen komprimierter Ordner gibt noch eine Ganze Reihe weiterer Apps für diese Aufgabe, einige davon sind für den privaten Gebrauch auch kostenlos. Die komprimierten Ordner erhalten in diesem Fall das Symbol der jeweiligen App.

3. Der komprimierte Ordner wird erstellt, was bei einer größeren Datenmenge einen Moment dauern kann, und am aktuellen Speicherort eingefügt. Anschließend kann der Ordner, wie jeder Ordner beliebig umbenannt werden.

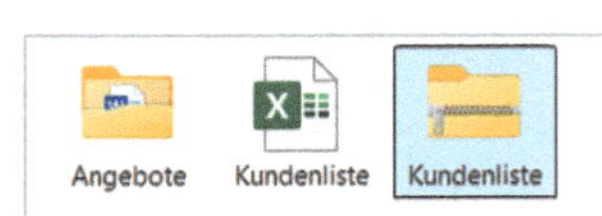

Einem komprimierten Ordner können Sie auch nachträglich jederzeit weitere Dateien und Ordner hinzufügen. Ziehen Sie im Explorer einfach die Elemente auf den komprimierten Ordner.

Komprimierte Dateien und Ordner extrahieren

In den Formaten ZIP, 7z und TAR komprimierte Ordner können im Inhaltsbereich des Datei-Explorers wie normale Ordner mit Doppelklick geöffnet werden. Auch die meisten Dateitypen können aus einem komprimierten Ordner heraus per Doppelklick geöffnet werden, sind dann allerdings schreibgeschützt. Wenn der Dateiinhalt bearbeitet werden soll, dann müssen Sie die Dateien vor dem Öffnen extrahieren. Das bedeutet, die Dateien werden in einem nicht komprimierten Ordner mit ihrem ursprünglichen Speicherumfang wiederhergestellt.

1. Dazu markieren Sie den komprimierten Ordner ❶ oder öffnen den Ordner mit Doppelklick. Klicken Sie in der Befehlsleiste auf den Befehl *Alle extrahieren* ❷. Denselben Befehl erhalten Sie auch bei einem Rechtsklick auf einen komprimierten Ordner.
2. Das Fenster *ZIP-komprimierte Ordner extrahieren* wird geöffnet: Als Zielordner ist der aktuelle Ordner vorgegeben; wenn Sie in einen anderen Ordner extrahieren möchten, dann klicken Sie auf die Schaltfläche *Durchsuchen* ❸. Zuletzt starten Sie die Extrahierung mit Klick auf die Schaltfläche *Extrahieren* ❹.

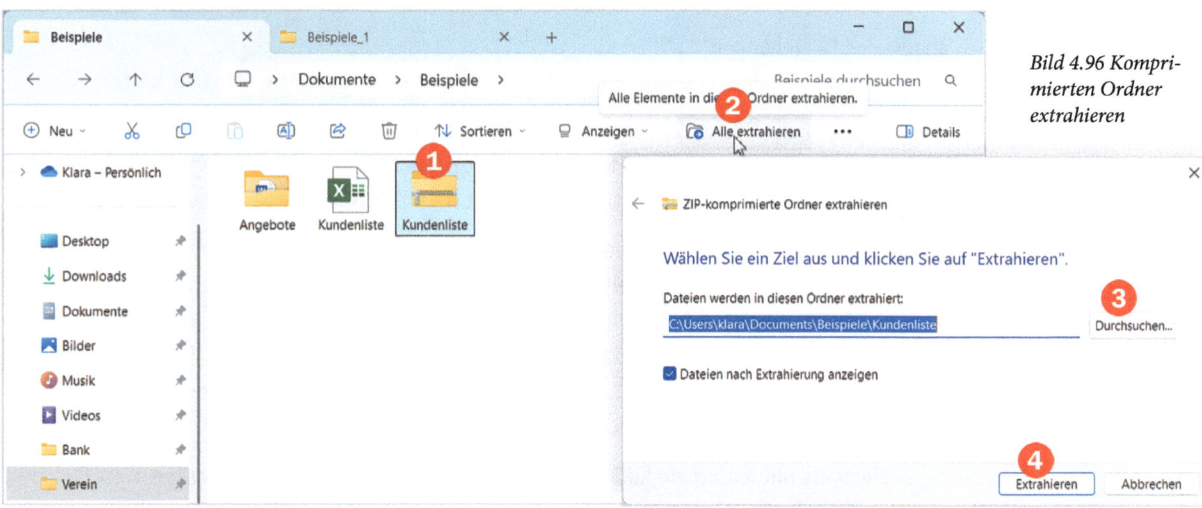

Bild 4.96 Komprimierten Ordner extrahieren

Falls Sie nur eine einzelne Datei aus dem komprimierten Ordner extrahieren möchten, benutzen Sie dazu eine der folgende Möglichkeiten:

- Ziehen Sie die Datei mit gedrückter linker Maustaste aus dem komprimierten in einen nicht komprimierten Ordner.
- Oder kopieren Sie einzelne Elemente über die Zwischenablage (*Kopieren* und *Einfügen*) in einen nicht komprimierten Ordner.

Verhalten von Datei-Explorer und Ordnern in den Ordneroptionen anpassen

In den Optionen des Datei-Explorers steuern Sie unter anderem das Verhalten von Ordnern und einige Einstellungen zur Startseite des Explorers. Zum Öffnen der Optionen klicken Sie in der Befehlsleiste auf das Dreipunktmenü und auf *Optionen*.

Bild 4.97 Optionen öffnen

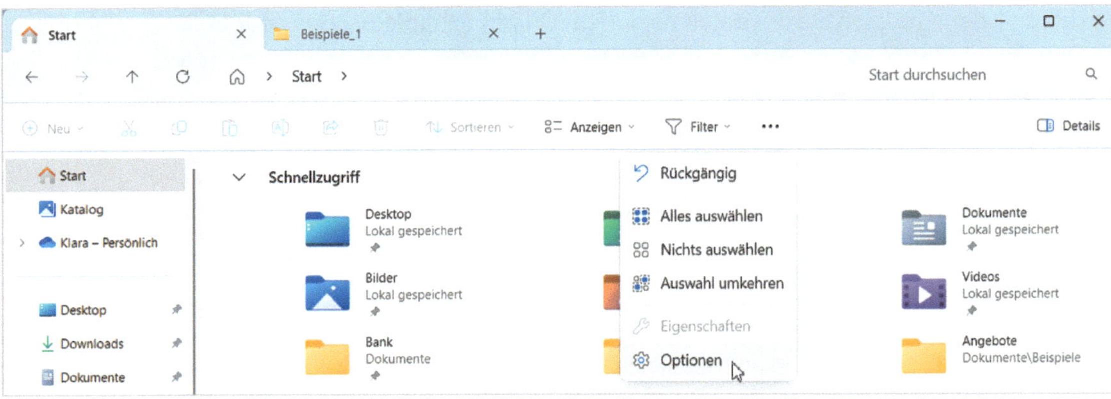

Allgemeine Einstellungen

Im Register *Allgemein* der Ordneroptionen finden Sie folgende Möglichkeiten.

- **Anzeige beim Öffnen des Explorers:** Ob beim Öffnen des Datei-Explorers die Startseite (*Start*) oder *Dieser PC* mit allen Laufwerken erscheinen soll, legen Sie in diesem Feld ❶ fest. Als dritte Option wird noch OneDrive (*Persönlich*) angeboten.
- **Jeden Ordner in einem gesonderten Fenster öffnen**: Unter *Ordner durchsuchen* ❷ kann statt der Standardeinstellung *Jeden Ordner im selben Fenster öffnen* auch *Jeden Ordner in einem eigenen Fenster öffnen* gewählt werden. Dies ist allerdings wenig sinnvoll, da eine Vielzahl gleichzeitig geöffneter Explorer-Fenster kaum für besseren Überblick sorgt. Außerdem bieten auch Registerkarten die Möglichkeit mehrerer gleichzeitig geöffneter Ordner.
- **Elemente mit einfachem Klick statt Doppelklick öffnen**: Standardmäßig werden Dateien und Ordner mit Doppelklick auf das Symbol geöffnet. Diese Einstellung können Sie unter *Markieren von Elementen* ❸ so ändern, dass dazu ein einfacher Mausklick genügt. Markieren erfolgt dann durch Zeigen oder Aktivieren der Elementkontrollkästchen, die Sie über das Menü *Anzeigen* einblenden.
- **Zuletzt verwendete Elemente nicht im Schnellzugriff anzeigen:** Wenn Sie verhindern möchten, dass häufig verwendete Ordner und Dateien auf der Startseite erscheinen, dann deaktivieren Sie unter *Datenschutz* ❹ die Kontrollkästchen *Zuletzt verwendete Dateien anzeigen* und *Häufig verwendete Ordner anzeigen*. Über eine Schaltfläche kann bei Bedarf auch der Datei-Explorer-Verlauf gelöscht werden.
- **Standardeinstellungen wiederherstellen**: Falls Sie eventuell geänderte Einstellungen wieder auf die Standardwerte zurücksetzen möchten, so klicken Sie auf die Schaltfläche *Standardeinstellungen wiederherstellen* ❺.

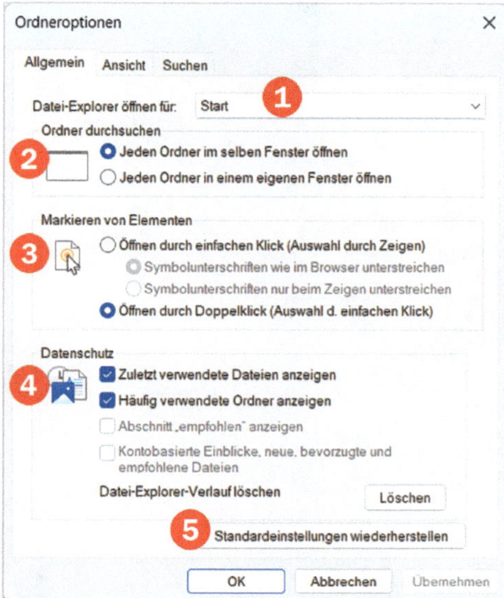

Bild 4.98 Ordneroptionen, Register Allgemein

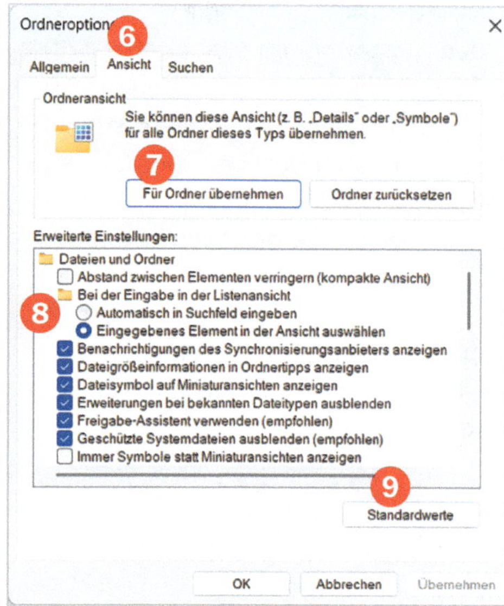

Bild 4.99 Anzeigeeinstellungen des Datei-Explorers

Anzeige von Elementen

Im Register *Ansicht* ⑥ (Bild 4.98) der Ordneroptionen können Sie die Anzeige von Elementen steuern und beispielsweise bestimmte Dateitypen ausblenden.

- **Aktuelle Ansicht für alle Ordner übernehmen**: In der Standardeinstellung „merkt" sich der Datei-Explorer für jeden Ordner die, im Menü *Anzeigen* gewählte Ansicht und zeigt diesen Ordner beim nächsten Öffnen wieder genauso an. Auf diese Weise können z. B. Ordner mit Bildern mit großen oder extra großen Symbolen und damit als Vorschau angezeigt werden, während für Ordner mit zahlreichen Dokumenten meist die kompakte Detailansicht besser geeignet ist. Falls Sie abweichend davon jeden Ordner mit derselben Ansicht, z. B. *Details* öffnen möchten, so wählen Sie im ersten Schritt für den aktuellen Ordner die gewünschte Ansicht. Öffnen Sie dann die *Ordneroptionen* und klicken Sie im Register *Ansicht* unter *Ordneransicht* auf die Schaltfläche *Für alle Ordner übernehmen* ⑦.
- **Erweiterte Anzeigeeinstellungen**: In der Liste *Erweiterte Einstellungen* ⑧ sind detaillierte Einstellungen zur Anzeige von Dateien und Ordnern möglich, so lassen sich hier beispielsweise geschützte Systemdateien, also wichtige Dateien von Windows, ein- oder ausblenden.

Vorsicht bei Änderungen in den erweiterten Anzeigeeinstellungen

Einsteiger sollten unter *Erweiterte Einstellungen* keine Änderungen vornehmen, insbesondere keine Systemdateien anzeigen. Falls hier trotzdem versehentlich Änderungen vorgenommen wurden, lassen sich diese mit Klick auf die Schaltfläche *Standardwerte* ⑨ jederzeit wieder auf die Standardeinstellungen zurücksetzen.

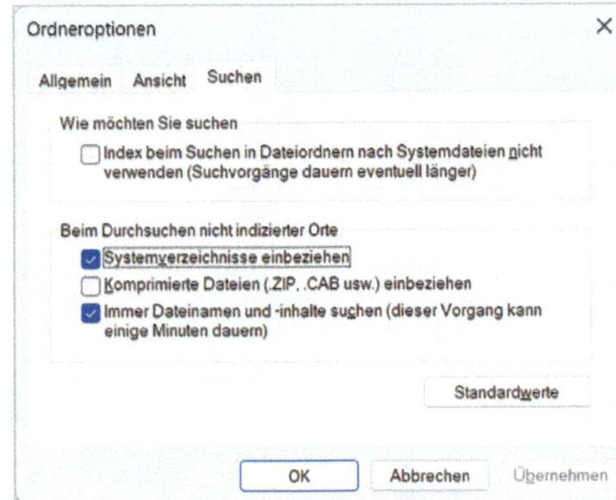

Bild 4.100 Ordneroptionen Register Suchen

Standardeinstellungen zur Suche

In den Suchoptionen (siehe Seite 128) können Sie von Fall zu Fall steuern, ob auch Dateiinhalte und Systemdateien in die Suche einbezogen werden. Im Gegensatz dazu haben Sie im Register *Suchen* der Ordneroptionen die Möglichkeit fester Vorgaben für die Suche. Ein Ändern der Standardvorgaben empfiehlt sich allerdings nur in Ausnahmefällen, da dann die Suche meist wesentlich länger dauert.

4.8 Ihr persönlicher Cloudspeicher OneDrive

Wie bereits erwähnt, steht Ihnen mit einem Microsoft-Konto unter der Bezeichnung *OneDrive* zusätzlicher Speicher in der Cloud zur Verfügung. Dieser umfasst in der kostenlosen Basisversion nach derzeitigem Stand 5 GB, in Verbindung mit Microsoft 365 (kostenpflichtig) dagegen 1 TB. Öffnen und Speichern von Dateien auf OneDrive unterscheiden sich nicht von lokal gespeicherten Dateien. Der einzige Unterschied: Beim Speichern auf *OneDrive* dauert der Speichervorgang etwas länger, da die Datenübertragung über die vergleichsweise langsame Internetverbindung erfolgt. Umfangreiche Dateien sollten Sie daher zunächst besser auf der lokalen Festplatte des Geräts speichern und bearbeiten und erst danach auf *OneDrive* sichern.

Neben dem Datei-Explorer können Sie auch im Webbrowser, z. B. Microsoft Edge unter der Adresse OneDrive.com und nach Anmeldung mit Ihrem Microsoft-Konto auf OneDrive zugreifen. Für mobile Geräte (Android, iPhone) ist eine kostenlose OneDrive-App zum Download verfügbar, für weitere Informationen zum Download öffnen Sie auf *OneDrive* die Datei *Erste Schritte.pdf*.

Statusanzeige im Datei-Explorer

Auf *OneDrive* ❶ gespeicherte Ordner und Dateien sind im Datei-Explorer mit einem zusätzlichen Symbol ❷ versehen, das Auskunft über den jeweiligen Status und damit die Verfügbarkeit - nur online oder auch offline - gibt.

Hinweis: Die Suche berücksichtigt bei nur online verfügbaren Dateien ausschließlich die Dateinamen, nicht aber deren Inhalte.

- In der Standardeinstellung sind Dateien und Ordner auf *OneDrive* zunächst ausschließlich online, d. h. nur wenn eine Verbindung zum Internet besteht, verfügbar. Solche Elemente erkennen Sie an diesem Symbol .

- Wenn Sie eine, nur online verfügbare Datei öffnen, wird diese gleichzeitig heruntergeladen und ist künftig auch ohne Internetverbindung, also offline verfügbar. Offline verfügbare Dateien und Ordner sind an diesem Symbol ✓ zu erkennen.
- Wird eine Datei oder ein Ordner gerade mit der Festplatte synchronisiert, erkennen Sie das an diesem Symbol ↻.

Sobald eine, auf *OneDrive* gespeicherte, Datei geöffnet wird, ist sie ab sofort auch offline verfügbar und belegt dann natürlich auch Speicherplatz auf der Festplatte. Diese Einstellung wird auch als *Dateien bei Bedarf* (Files On-Demand) bezeichnet.

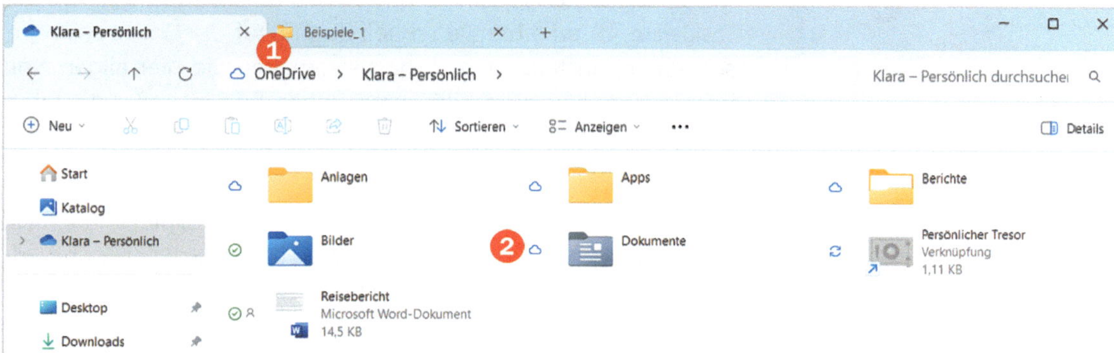

Bild 4.101 Die Symbole Status geben Auskunft über die Verfügbarkeit

Status manuell ändern

Wenn Sie den Status einer Datei oder eines Ordners ändern möchten, z. B., in *Nur online verfügbar*, um Speicherplatz auf der Festplatte freizugeben, dann klicken Sie mit der **rechten** Maustaste auf das betreffenden Objekt und auf *Speicherplatz freigeben*. *Immer auf diesem Gerät beibehalten* dagegen bedeutet, das Objekt ist ab jetzt auch ohne Internet-Verbindung auf Ihrem PC verfügbar.

Beachten Sie: Wenn ein Ordner nur online verfügbar ist, können trotzdem einzelne Dateien dieses Ordners als *Immer auf diesem Gerät beibehalten* gekennzeichnet werden.

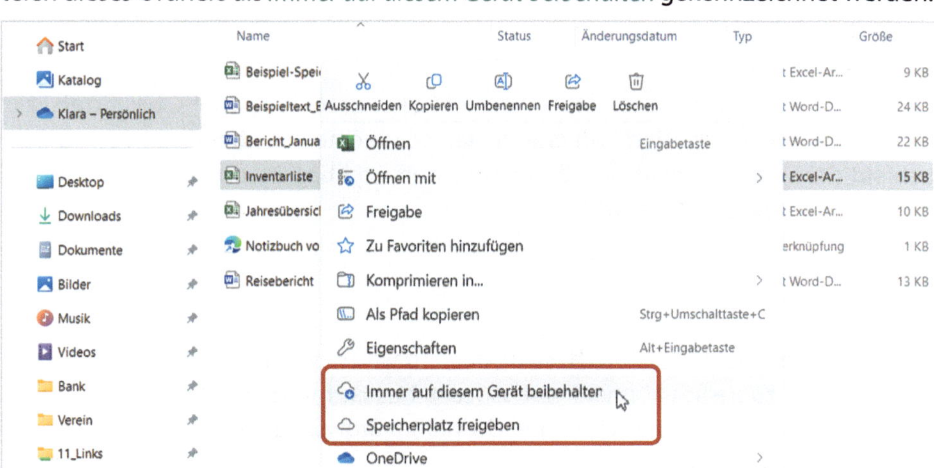

Bild 4.102 Speicherplatz freigeben und nur online speichern oder auch offline verfügbar machen

OneDrive Ordnersicherung!
Wenn Sie die OneDrive Ordnersicherung aktiviert haben, siehe Kapitel 6.6, erscheinen die Symbole der Statusanzeige ebenfalls und zwar auch bei allen Elementen in den Ordnern *Bilder* und *Dokumente* auf der Festplatte.

Bild 4.103 Schneller Zugriff über das Symbol der Taskleiste

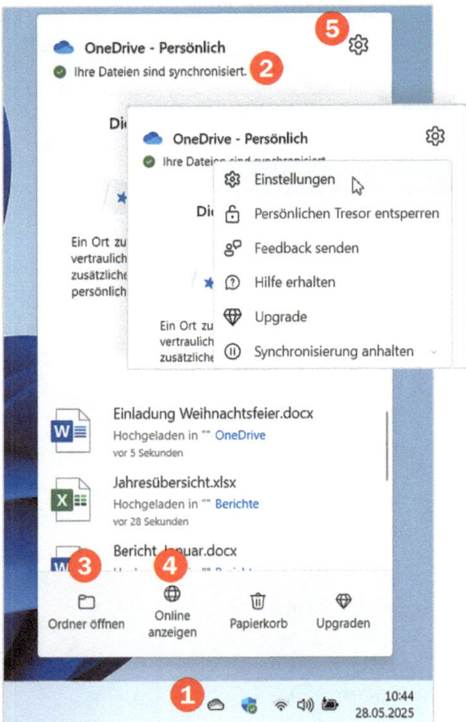

Schneller Zugriff über das Symbol der Taskleiste

Mit Klick auf das *OneDrive*-Symbol im rechten Bereich der Taskleiste ❶ erhalten Sie schnell Zugriff auf *OneDrive* sowie verschiedene Einstellungen. Zunächst erhalten Sie hier allgemeine Informationen, wie im Bild unten, sehen Ihre letzten Aktivitäten sowie oberhalb den Status der Synchronisierung ❷. Die weiteren Möglichkeiten:

- *Ordner öffnen* ❸ öffnet *OneDrive* im Datei-Explorer, mit Klick auf *Online anzeigen* ❹ dagegen öffnet sich Ihr Standardbrowser, z. B. Edge mit dem Inhalt.
- Über das Symbol *Hilfe & Einstellungen* ❺ finden Sie weitere Möglichkeiten:
  - *Einstellungen* öffnet allgemeine Einstellungen zur Sicherung von Daten, s. Kap. 6.6, OneDrive Ordnersicherung.
  - Über *Persönlichen Tresor entsperren* gelangen Sie schnell zu Ihrem Tresor, siehe weiter unten, natürlich mit vorheriger Sicherheitsüberprüfung.
  - Mit *Synchronisierung anhalten* können Sie die Synchronisierung offline verfügbarer Dateien für maximal 24 Stunden vorübergehend unterbrechen oder wahlweise auch OneDrive beenden.

OneDrive erneut starten
OneDrive wird normalerweise automatisch mit der Anmeldung am PC gestartet. Falls Sie *OneDrive* beendet haben und erneut starten möchten (s. oben), so geben Sie im Suchfeld der Taskleiste oder des Startmenüs den Suchbegriff „onedrive" ein und klicken anschließend auf die App *OneDrive*.

OneDrive im Webbrowser

Einer der Vorteile von *OneDrive* besteht darin, dass Sie von jedem beliebigen Gerät auf Ihre Daten zugreifen können, vorausgesetzt es ist mit dem Internet verbunden. In diesem Fall werden Ihre Dateien und Ordner im Browser angezeigt, z. B. Microsoft Edge oder Mozilla Firefox.

Dazu starten Sie Ihren Browser und geben folgende Adresse ein: **onedrive.com**. Klicken Sie auf *Anmelden* und geben Sie anschließend E-Mail Adresse und Kennwort Ihres Microsoft-Kontos ein.

Die Adresse: onedrive.com

Die Startseite

Die *Startseite* ❶ von OneDrive zeigt Ihre zuletzt verwendeten Dateien an, und über die Navigationsspalte wechseln Sie zwischen *Eigene Dateien* ❷ mit der Anzeige aller Dateien und Ordner, *Fotos* mit speziellen Ansichten für Bilder, mit anderen Personen *Geteilten* Elementen und dem *Papierkorb* mit gelöschten Elementen. Rechts oben sehen Sie Ihr Profilbild und Ihre Initialen ❸ über die Sie Ihr Microsoft-Konto bearbeiten oder sich abmelden können.

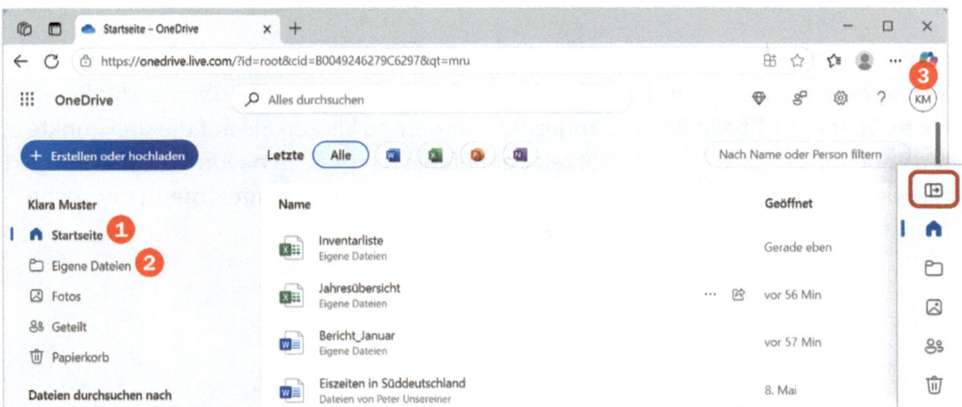

Bild 4.104 OneDrive im Browser (Microsoft Edge)

Achtung: Die Navigationsspalte ist nur sichtbar, wenn die Breite des Browserfensters ausreicht. Andernfalls blenden Sie die Navigationsspalte mit Klick auf das Symbol links oben in der Befehlsleiste ein.

Navigation, Ordner und Dateien

Zugriff auf alle Dateien und Ordner erhalten Sie, wenn in der Navigationsleiste auf *Eigene Dateien* klicken. Über die Befehlsleiste oberhalb des Anzeigebereichs können Sie hier neue Dokumente erstellen oder bestehende hochladen ❸, den aktuellen Ordner herunterladen oder mit anderen Personen teilen ❹, sortieren ❺ sowie die Anzeige steuern ❻. Weitere Befehle sind verfügbar, wenn Sie ein Element markiert haben.

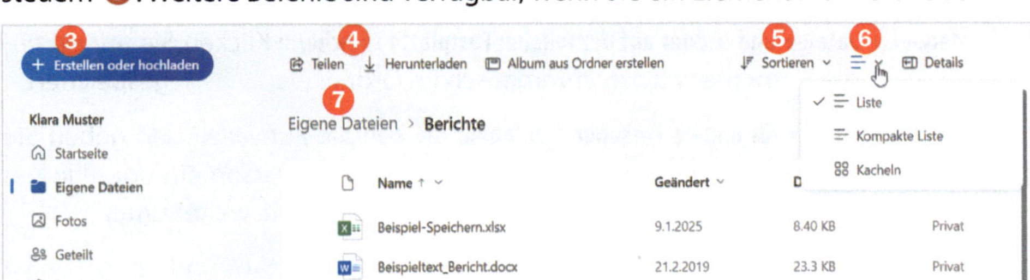

Bild 4.105 Anzeige und Navigation

Im Gegensatz zum Datei-Explorer öffnen Sie im Browser einen Ordner mit einem einfachen Mausklick. Zurück gelangen Sie über den Dateipfad ❼ in der Adressleiste oberhalb: Klicken Sie einfach auf einen der übergeordneten Ordner, z. B. *Eigene Dateien* wie im Bild oben.

Elemente markieren

Zum Markieren von Dateien und Ordnern benutzen Sie die kleinen Kreise, die beim Zeigen auf das betreffende Element erscheinen, wie im Bild unten.

Bild 4.106 Benutzen Sie zum Markieren die kleinen Kreise, ähnlich einem Kontrollkästchen

Dateien und Ordner organisieren

Die Befehle zur Verwaltung von Dateien und Ordnern finden Sie oben in der Befehlsleiste. Sollten nicht alle Befehle angezeigt werden, so klicken Sie auf die drei Punkte ... am Ende der Leiste. Die Verfügbarkeit der Befehle hängt auch davon ab, ob ein Objekt markiert ist. Dieselben Befehle erhalten Sie auch über das Kontextmenü der rechten Maustaste, d. h. mit Rechtsklick auf ein Objekt.

Bild 4.107 Befehlsleiste

Die wichtigsten Befehle:

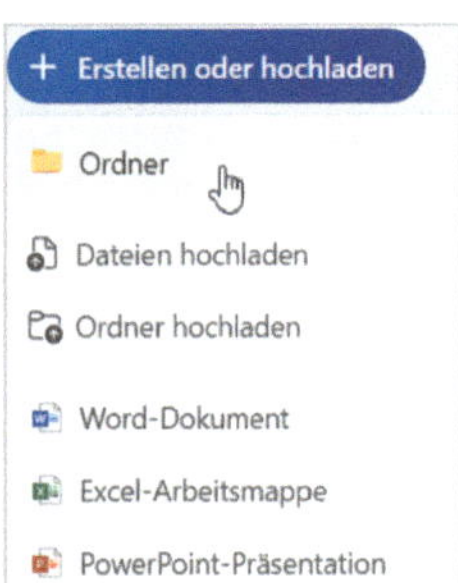

- **Neuen Ordner anlegen:** Klicken Sie auf *Erstellen oder hochladen* und auf *Ordner*.
- **Datei oder Ordner von der lokalen Festplatte hinzufügen:** Klicken Sie auf *Erstellen oder hochladen* und wählen Sie zwischen *Dateien* und *Ordner hochladen*. Danach öffnet sich das Dialogfenster *Öffnen* zur Auswahl des gewünschten Elements.
- **Markierte Dateien und Ordner auf der lokalen Festplatte speichern:** Klicken Sie auf *Herunterladen*, die Elemente werden automatisch im Ordner *Downloads* gespeichert.
- **Datei oder Ordner für andere Personen freigeben**: Klicken Sie auf *Teilen* und geben Sie danach entweder die E-Mail Adresse der betreffenden Person ein oder klicken Sie auf *Link kopieren*, Näheres zur Vorgehensweise lesen Sie weiter unten.
- Die übrigen Befehle, *Löschen*, *Verschieben nach*, *Kopieren nach* und *Umbenennen* unterscheiden sich nicht vom Datei-Explorer.

Dateien mit Office Online im Browser öffnen

Neben der Anzeige von Fotos können Sie auch Microsoft-Office Dokumente, beispielsweise Excel-Arbeitsmappen oder Word-Dokumente im Browser öffnen und mit Microsoft Office für das Web bearbeiten. Dazu gehören unter anderem die kostenlosen

Apps *Word Online*, *Excel Online* und *PowerPoint Online*, es handelt sich dabei um eingeschränkte Versionen der kostenpflichtigen Apps, die nur im Browser verfügbar sind. Voraussetzung für die Nutzung ist ein Microsoft-Konto.

Bild 4.108 Markierte Datei im Browser öffnen

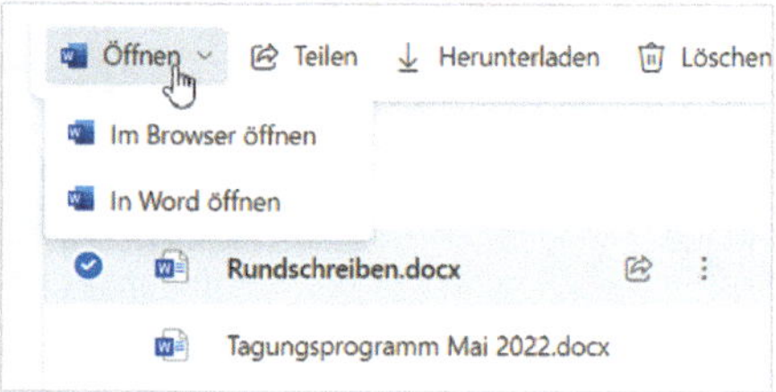

Zum Öffnen genügt ein einfacher Mausklick auf die Datei. Alternativ verwenden Sie den Befehl *Öffnen* in der Befehlsleiste oder Rechtsklick und Befehl *Öffnen*. Falls z. B. Microsoft Word auf dem Gerät installiert ist, sind hier *Im Browser öffnen* und *In Word öffnen* verfügbar.

Im Browser wird das Dokument in einem neuen Tab bzw. einer neuen Registerkarte geöffnet und zum Schließen von Word Online brauchen Sie nur den Tab des Browsers wieder schließen.

Ordner und Dateien für andere Personen freigeben

Auf *OneDrive* befindliche Dateien und Ordner können für andere Personen zum Betrachten oder Bearbeiten freigegeben werden. Die Freigabe kann sowohl im Datei-Explorer als auch im Browser erfolgen, in beiden Fällen wird ein Link erstellt, der entweder automatisch an die angegebenen E-Mail Adressen gesendet wird oder anderweitig weitergegeben werden kann. Die Empfänger brauchen nur auf den Link klicken, um die Datei oder den freigegebenen Ordner auf OneDrive im Browser zu öffnen.

Datei im Datei-Explorer freigeben

Bild 4.109 Ordner im Datei-Explorer freigeben und Link per E-Mail senden oder kopieren

1 Wählen Sie im Datei-Explorer *OneDrive* aus, markieren Sie die freizugebende Datei ❶ und klicken Sie in der Befehlsleiste auf das Symbol *Freigabe* ❷.

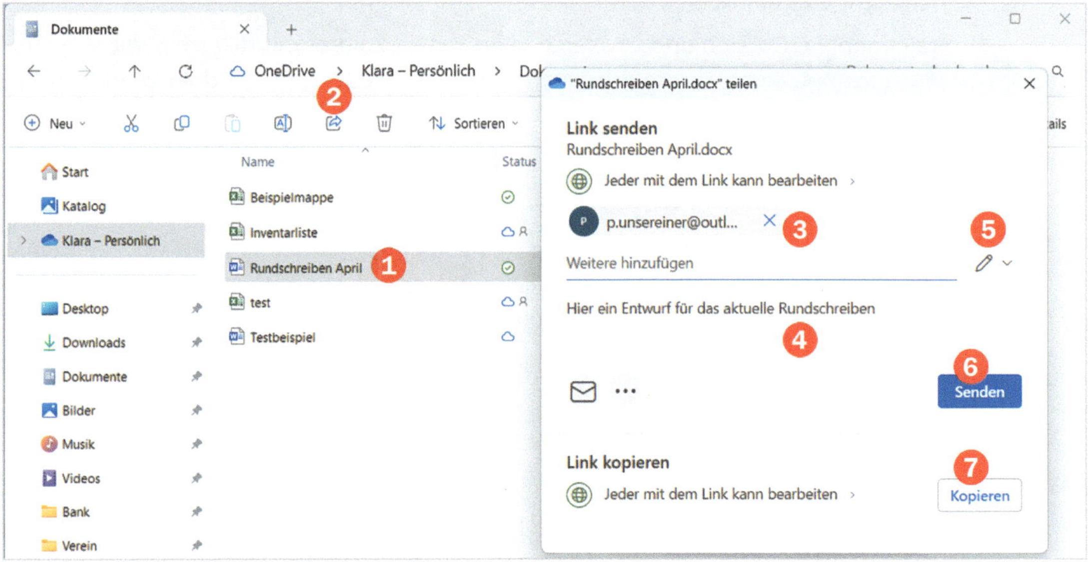

2 Falls der Link sofort gesendet werden soll, geben Sie die E-Mail Adresse des Empfängers ein ❸, weitere Adressen fügen Sie unterhalb hinzu (*Weitere hinzufügen*). Darunter können Sie bei Bedarf noch Ihre Nachricht eingeben ❹.

Tipp: Damit Sie nicht jedes Mal eine Datei oder einen Ordner erneut freigeben müssen, legen Sie am besten für jede Personengruppe einen Ordner an, geben diesen frei und ziehen oder kopieren dann die betreffenden Dateien einfach hierhin.

3 In der Standardeinstellung kann jede Person, mit der Sie eine Datei geteilt haben, diese auch bearbeiten. Falls Sie die Datei nur zum Betrachten freigeben möchten, so klicken Sie auf das Symbol *Kann bearbeiten* ❺ wie im Bild, und wählen stattdessen *Kann anzeigen*.

4 Zuletzt entscheiden Sie, auf welchem Weg Sie den Link weitergeben möchten:

- Mit Klick auf *Senden* ❻ wird der Link mit Ihrer Standard E-Mail App an alle angegebenen Empfänger gesendet.
- Möchten Sie dagegen den Freigabelink selbst weitergeben, dann lassen Sie die E-Mail Adresse leer und klicken auf die Schaltfläche *Kopieren* ❼. Der Link erscheint in einem gesonderten Fenster, klicken Sie auf *Kopieren*. Der Freigabelink wird in die Zwischenablage kopiert und kann anschließend mit den Tasten **Strg+V** in ein beliebiges Dokument oder eine E-Mail eingefügt werden.

Beachten Sie, dass theoretisch auch Unbefugte Zugriff auf die Datei erhalten könnten, da jeder der über diesen Link verfügt, auch die Datei öffnen kann. Falls Sie dies ausschließen möchten, klicken Sie auf die Berechtigung ❺ und auf *Freigabeeinstellungen*. Wählen Sie anschließend unter *Link teilen mit* die Option *Bestimmte Personen*. Dies hat zur Folge, dass die angegebenen Empfänger nur nach vorheriger Anmeldung mit ihrem Microsoft-Konto die Datei öffnen können.

Im Browser markieren Sie den betreffenden Ordner oder die Datei und klicken in der Befehlsleiste auf das Symbol *Teilen*. Anschließend verfahren Sie, wie oben beschrieben.

Freigabe wieder aufheben

Freigegebene Dateien und Ordner sind im Datei-Explorer mit diesem Symbol ⚇ gekennzeichnet. Wenn Sie die Freigabe für eine Datei oder einen Ordner wieder aufheben möchten, dann gehen Sie so vor:

1 Markieren Sie im Inhaltsbereich des Explorers die Datei oder den Ordner und klicken Sie in der Befehlsleiste auf *Freigabe*.

2 Im unteren Bereich des Fensters sehen Sie neben Ihren Initialen auch, mit wem Sie die Datei geteilt haben ❶. Klicken Sie darauf, so erscheinen auf der nächsten Seite auch die Namen und dazugehörigen Berechtigungen ❷.

3 Mit Klick auf eine Person erscheint eine Zusammenfassung: Klicken Sie auf die Berechtigung, wählen Sie *Kein direkter Zugriff* ❸ und klicken Sie abschließend auf *Anwenden* ❹. Bestätigen Sie die nachfolgende Rückfrage mit *Entfernen*.

Handelt es sich dagegen um einen Freigabelink, so klicken Sie rechts vom Link auf das Symbol *Weitere Optionen* ⚙ und anschließend auf das Symbol *Link entfernen*.

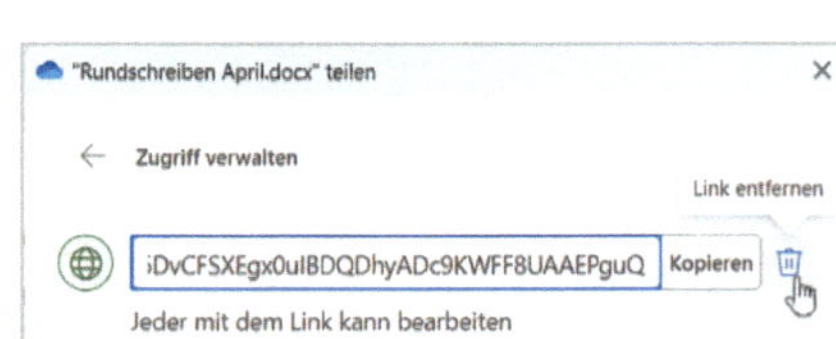

Bild 4.110 Freigabelink entfernen

4 Danach können Sie das Fenster *xxx teilen* wieder schließen.

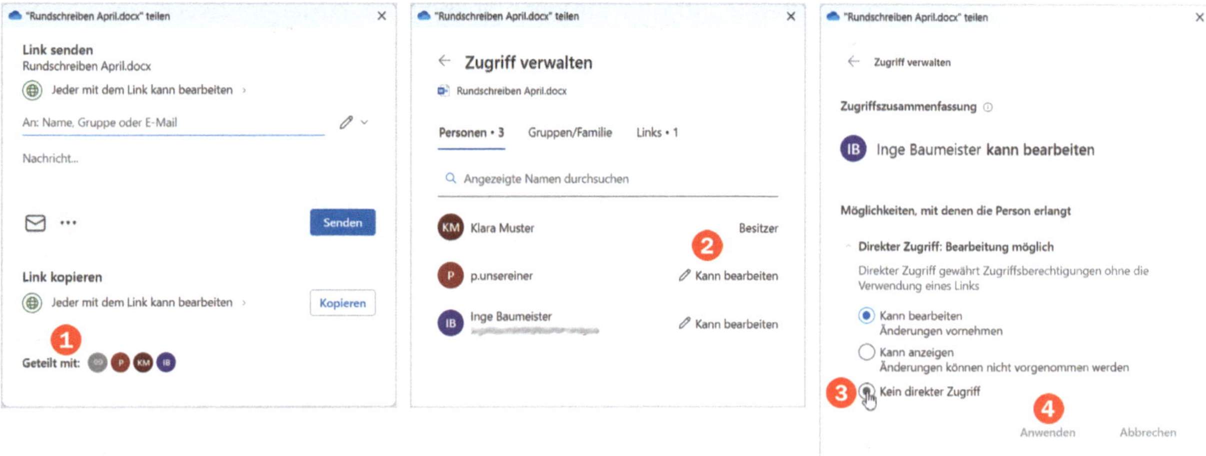

Bild 4.111 Freigabe aufheben

Vertrauliche Daten im Tresor speichern

Zu *OneDrive* gehört auch Ihr persönlicher Tresor. Hierbei handelt es sich um einen zusätzlich abgesicherten Speicherort für besonders wichtige oder vertrauliche Daten. Allerdings fasst dieser in der kostenlosen Version nur maximal drei Dateien.

Jeder Zugriff auf den persönlichen Tresor erfordert eine Identifizierung, in der Regel durch Eingabe eines Codes, der an Sie per SMS oder E-Mail gesendet wird. Nach 20 Minuten Inaktivität wird der persönliche Tresor automatisch gesperrt und Sie müssen bei einem erneuten Zugriff Ihre Identität mit einem neuen Code bestätigen.

Achtung: Zu diesem Zweck müssen Sie in Ihrem Microsoft-Konto eine zweite E-Mail Adresse oder eine Handynummer hinterlegt haben. Wie dies geht, lesen Sie in Kapitel 6.2 nach.

Persönlichen Tresor vor der ersten Nutzung einrichten

Vor der ersten Nutzung müssen Sie den persönlichen Tresor einrichten, dies ist mit wenigen Klicks schnell erledigt.

1 Klicken Sie im Navigationsbereich des Datei-Explorers auf *OneDrive* und doppelklicken Sie anschließend auf *Persönlicher Tresor*.

Bild 4.112 Starten Sie die Einrichtung mit Doppelklick auf den persönlichen Tresor

2 Sie erhalten zunächst einige Informationen, klicken Sie auf *Weiter* ❶. Danach müssen Sie die Erlaubnis zum Einrichten des Tresors erteilen, klicken Sie auf *Zulassen* ❷.

3 Im nächsten Schritt wird Ihre Identität überprüft. Zu diesem Zweck wird ein Code an Sie gesendet, den anschließend eingeben müssen. Wählen Sie aus, wie Sie den Code erhalten möchten bzw. klicken Sie auf die gewünschte Methode ❸.

Die verfügbaren Möglichkeiten sind abhängig von den, in den Sicherheitsinformationen Ihres Microsoft-Kontos hinterlegten Informationen. Falls Sie hier Ihre Mobilfunknummer angegeben haben, kann der Code auch per SMS an diese Nummer gesendet werden, ansonsten erhalten Sie den Code per E-Mail.

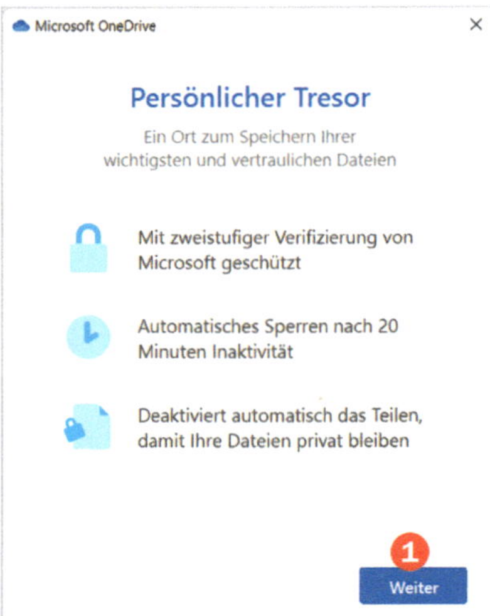

Bild 4.113 Allgemeine Informationen

Bild 4.114 Erlaubnis zur Einrichtung erteilen

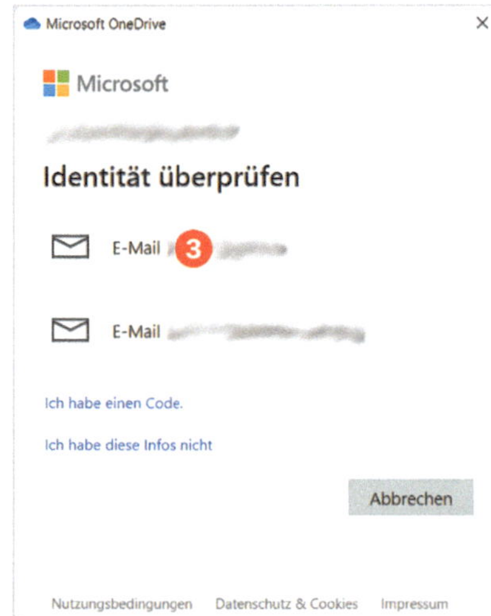

Bild 4.115 Code zur Identitätsüberprüfung erhalten

4 Aus Sicherheitsgründen werden Telefonnummer und E-Mail Adresse zunächst nicht vollständig angezeigt, siehe Bild oben. Zur Bestätigung müssen Sie anschließend entweder die letzten vier Ziffern der Telefonnummer bzw. die vollständige E-Mail Adresse eingeben. Klicken Sie dann auf *Code senden*.

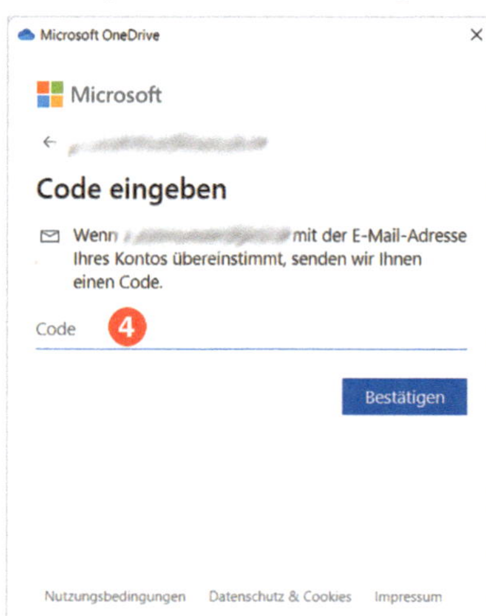

Bild 4.116 Geben Sie den erhaltenen Code ein

Bild 4.117 Der persönliche Tresor ist eingerichtet

5 Überprüfen Sie den Posteingang Ihres E-Mail Kontos bzw. Ihre SMS-Nachrichten und geben Sie im nachfolgenden Fenster den soeben erhaltenen Code ein ❹ und klicken Sie dann auf *Bestätigen*.

6 Nun wird der Tresor eingerichtet, dies kann einige Minuten dauern. Danach erscheint in der rechten unteren Ecke des Bildschirms eine Benachrichtigung.

7 Der persönliche Tresor kann anschließend im Datei-Explorer geöffnet und wie jeder andere Ordner verwendet werden. Ziehen Sie einfach die Dateien, maximal drei, hierher.

Beachten Sie bei der Verwendung des persönlichen Tresors

- In der kostenlosen Version von *OneDrive* können Sie maximal drei Dateien im Persönlichen Tresor ablegen. Die Dateigröße ist dagegen nicht beschränkt, Sie können also z. B. mehrere PDF-Dateien aneinanderfügen und als eine Datei abspeichern.
- Der persönliche Tresor wird wie jeder andere Ordner behandelt, der einzige Unterschied: Beim Öffnen, z. B. mit Doppelklick wird jedes Mal Ihre Identität überprüft, siehe oben Schritt 3 bis 5. Dies geschieht durch Eingabe eines Codes, der an die, in den Sicherheitsinformationen Ihres Microsoft-Kontos hinterlegte, E-Mail Adresse oder Telefonnummer gesendet wird. Auch Telefonnummer und E-Mail Adresse müssen jedes Mal von Ihnen erneut bestätigt werden (zweistufige Verifizierung).

Wie Sie eine zweite E-Mail Adresse oder Ihre Mobilfunknummer in Ihrem Microsoft-Konto hinterlegen, lesen Sie in Kapitel 6.2.

- Nach 20 Minuten Inaktivität wird der Tresor automatisch gesperrt und beim nächsten Zugriff wird Ihre Identität erneut überprüft.
- Die oben beschriebene Vorgehensweise gilt auch, wenn Sie im Webbrowser oder von einem mobilen Gerät aus auf *OneDrive* zugreifen.

Tipp: Tresor nach 20 Minuten automatisch sperren ist die Standardeinstellung. Falls Sie diesen Zeitraum ändern möchten, öffnen Sie die OneDrive-Einstellungen, z. B. per Rechtsklick auf *OneDrive* und Befehl *Einstellungen*. Klicken Sie im Fenster *Microsoft OneDrive* auf das Register *Konto*, unter *Persönlicher Tresor* können Sie nun einen Zeitraum auswählen.

5 Schaffen Sie Ihre persönliche Arbeitsumgebung

5.1 Ein erster Überblick über die Windows-Einstellungen

Die Einstellungen öffnen

Aussehen und Verhalten von Windows steuern Sie über die *Einstellungen*. Diese können Sie auf verschiedenen Wegen öffnen:

- Öffnen Sie mit Klick auf das Windows-Symbol in der Taskleiste das Startmenü und klicken Sie unter *Angeheftet* auf *Einstellungen*.
- Oder drücken Sie die Tastenkombination **Windows+i**.
- Oder tippen Sie in das Suchfeld der Taskleiste oder des Startmenüs den Suchbegriff „einstellungen" ein und klicken danach auf *Einstellungen*, leicht zu erkennen am Rädchen-Symbol.

Bild 5.1 Einstellungen im Startmenü öffnen

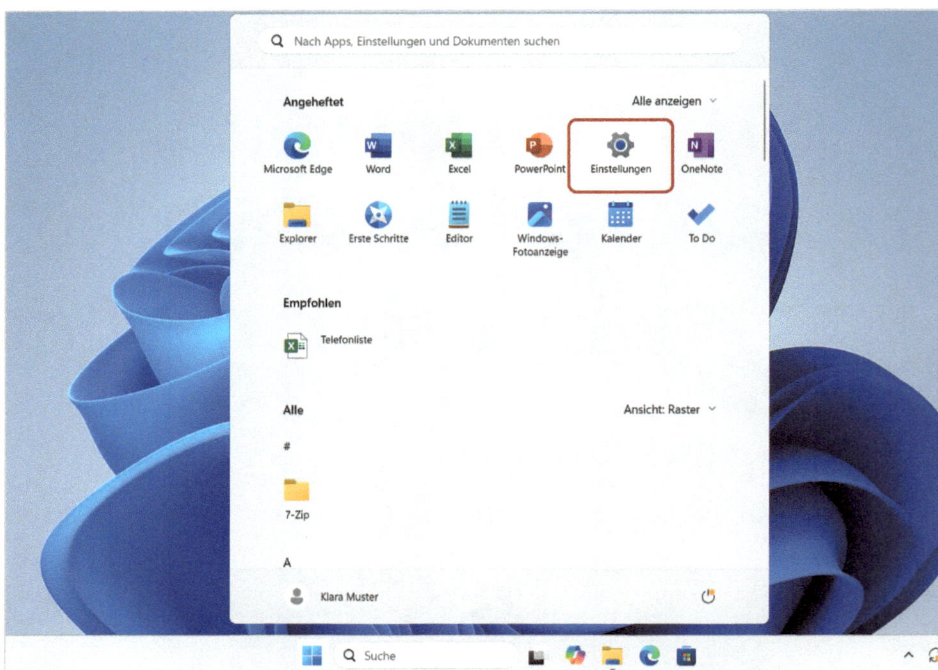

Achtung: Manchmal erhalten Sie auch Vorschläge mit dem Zusatz *Systemsteuerung*. Dann sollten Sie im Zweifelsfall die *Systemeinstellungen* wählen, da die Systemsteuerung wesentlich unübersichtlicher ist und hier zudem auch tiefgreifende Systemänderungen möglich sind.

Eine bestimmte Einstellung suchen

Alternativ können Sie auch ohne vorheriges Aufrufen der Einstellungen eine bestimmte Einstellung suchen. Dies dürfte in vielen Fällen der schnellste Weg sein:

Geben Sie dazu im *Suchfeld* der Taskleiste oder des Startmenüs einen Suchbegriff ein, z. B. „hintergrund" ❶, wenn Sie das Hintergrundbild des Desktops ändern möchten. Mit Klick auf *Desktophintergrund auswählen*, Zusatz *Systemeinstellungen* ❷ öffnen sich dann die Einstellungen genau an dieser Stelle.

Tipp: Suchergebnisse auf Einstellungen beschränken
Wenn Sie die Ergebnisse der Suche auf die *Einstellungen* eingrenzen möchten, dann klicken Sie oberhalb der Suchergebnisse auf *Einstellungen* ❸.

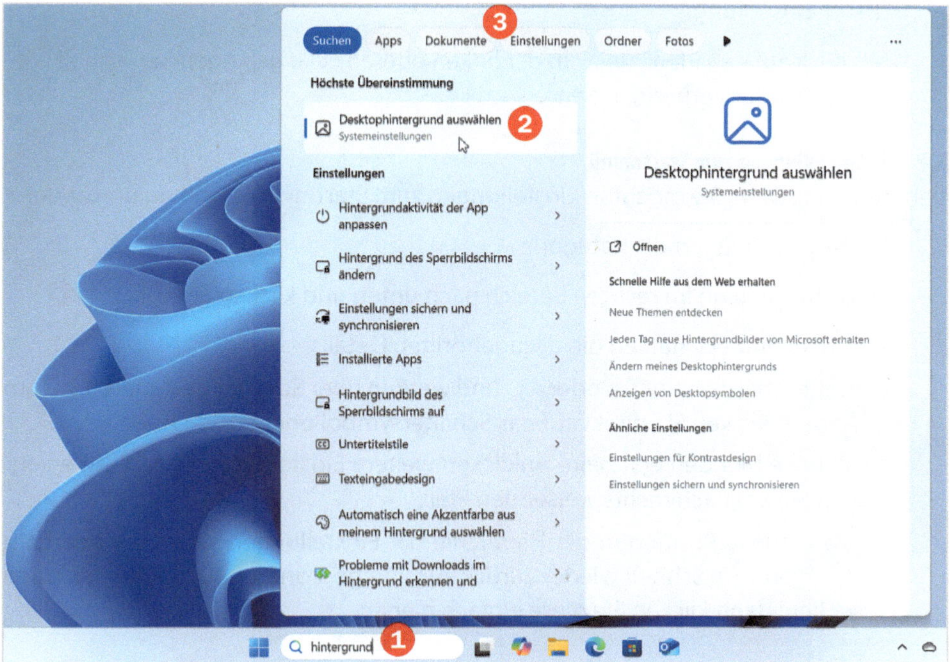

Bild 5.2 Eine bestimmte Einstellung suchen

Übersicht und Navigation

Im linken Bereich ❶ der Einstellungen sind die einzelnen Kategorien, z. B. *Apps* oder *Personalisierung* aufgelistet. Rechts davon sehen Sie die Detaileinstellungen zur ausgewählten Kategorie, im Bild die *Startseite* ❷ mit empfohlenen Einstellungen ❸.

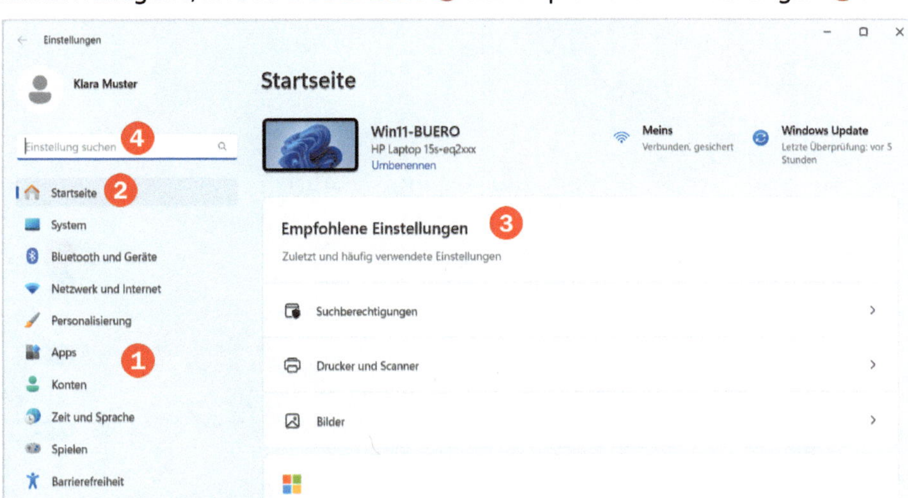

Bild 5.3 Klicken Sie links auf eine Kategorie, um rechts die dazugehörigen Einstellungen anzuzeigen

Meist erscheint auf der Startseite auch noch Werbung für Microsoft 365 /kostenpflichtig). Diese können Sie getrost ignorieren.

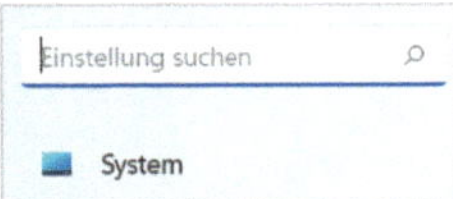

- Falls Sie nicht wissen, in welcher Kategorie sich die gesuchte Einstellung verbirgt, dann benutzen Sie das Suchfeld ❹. Bereits während der Eingabe werden passende Ergebnisse aufgelistet und mit Klick auf ein Thema gelangen Sie sofort zu dieser Einstellung.

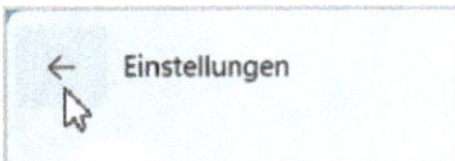

- Mit Klick auf den Pfeil *Zurück* in der linken oberen Ecke gelangen Sie schnell wieder zurück zur vorherigen Seite.

Beispiel: Einstellungen zum Startmenü

Nehmen wir z. B. an, Sie möchten Einstellungen zum Startmenü einsehen und ändern.

1 Klicken Sie links auf die Kategorie *Personalisierung* ❶.

2 Scrollen Sie dann im rechten Bereich nach unten und klicken Sie auf *Start* ❷.

3 Anschließend erscheinen die dazugehörigen Details.

  - Einige erlauben nur *Ein* oder *Aus* und werden über Schalter gesteuert ❸. Zum Ändern klicken Sie direkt auf das Schaltersymbol oder auf *Ein* bzw. *Aus*.
  - Manche blenden erst beim Anklicken weitere Einstellungen ein, diese erkennen Sie am nach rechts weisenden Pfeil.
  - Die aktuelle Position in der Hierarchie der Einstellungen sehen Sie oberhalb ❹. Wenn Sie schnell wieder zurück zur übergeordneten Kategorie gelangen wollen, dann klicken Sie diese einfach hier an.

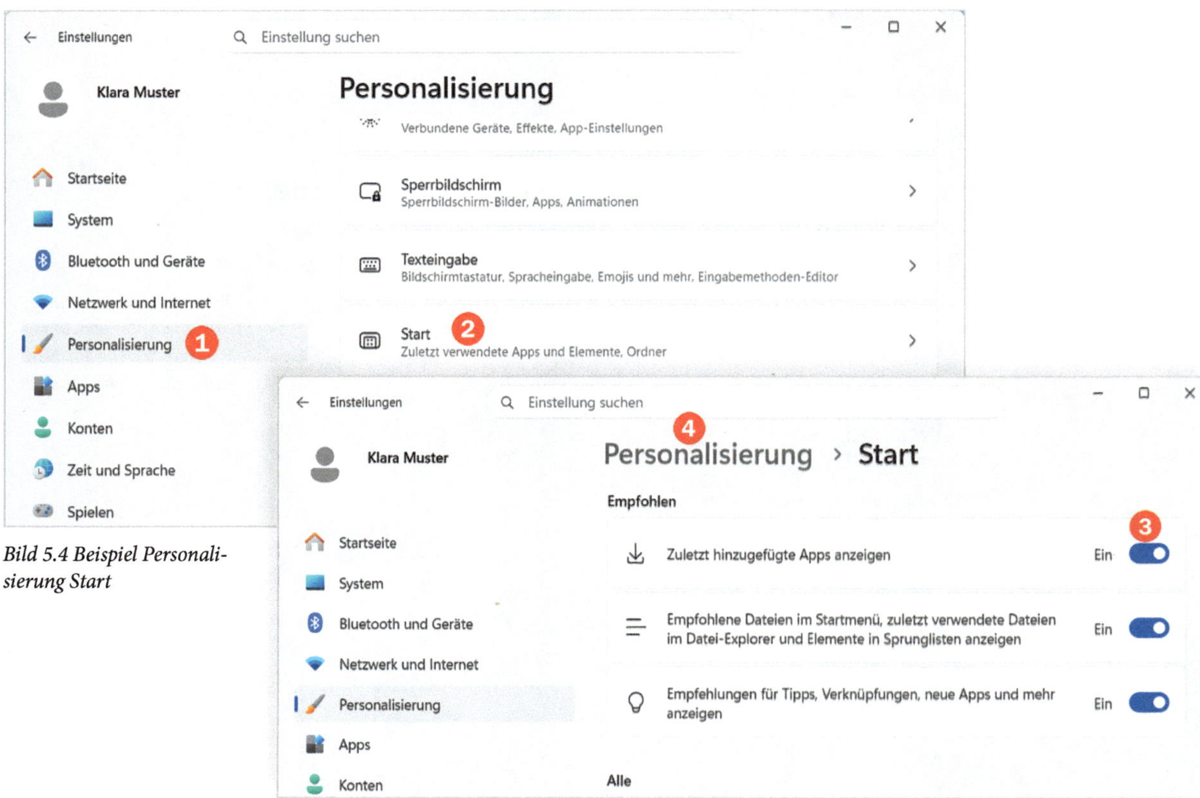

Bild 5.4 Beispiel Personalisierung Start

Hilfe erhalten

Am Ende jeder Seite der Einstellungen erhalten Sie über den Link *Hilfe anfordern* in einem gesonderten Fenster gezielt Hilfe zur jeweiligen Einstellung.

Manchmal findet sich hier auch noch der Abschnitt *Zugehöriger Support* mit Verweisen auf weiterführende bzw. ähnliche Einstellungen anderer Kategorien, zu denen Sie ebenfalls durch Anklicken gelangen.

Einstellung suchen

Der schnellste Weg zu den Starteinstellungen führt auch in den Einstellungen wieder über die Suche: Geben Sie z. B. im Suchfeld der Einstellungen den Suchbegriff „start" ein und klicken Sie danach auf *Starteinstellungen*.

Für alle Einstellungen gilt

- Ihre Änderungen werden sofort und automatisch gespeichert. Sie können also einfach zur Startseite der Einstellungen zurückkehren oder die Einstellungen über das *Schließen*-Symbol des Fensters schließen.
- Einige Änderungen sollten nur mit guten Windows-Kenntnissen vorgenommen werden, da sonst unter Umständen das gesamte System nicht mehr korrekt funktioniert. Tiefgreifende Änderungen erfordern zudem die Rechte eines Administrators! Solche Einstellungen sind nur sichtbar, wenn Sie als Administrator angemeldet sind, nicht aber für normale Standardbenutzer. Sollten daher einige der nachfolgend beschriebenen Funktionen auf Ihrem Gerät nicht verfügbar sein, dann haben Sie nicht die dafür notwendige Berechtigung.

5.2 Stellen Sie Ihr persönliches Startmenü zusammen

Insbesondere auf einem neuen PC oder nach der Anmeldung als neuer Benutzer, enthält das Startmenü unter *Angeheftet* eine Menge überflüssiger Apps. Andererseits vermissen Sie hier mit Sicherheit einige häufig benötigte Programme. Heften Sie also die wichtigen Apps hier an und entfernen Sie alle übrigen. Diese werden nur aus dem Bereich *Angeheftet* entfernt, nicht aber von der Festplatte und sind daher nach wie vor unter *Alle* zu finden. Ordnen Sie außerdem die Symbole so an, dass diese schnell auffindbar sind oder fassen Sie zusammengehörende Apps in Ordnern zusammen.

Apps im Startmenü anheften oder daraus entfernen

Eine App im Startmenü anheften, geht am einfachsten über die Suche. Nehmen wir als Beispiel an, Sie möchten die App *Microsoft Word* dauerhaft im Startmenü anheften, so gehen Sie dabei vor:

1 Tippen Sie im Suchfeld des Startmenüs oder der Taskleiste den Namen bzw. die ersten Zeichen der gesuchten App ein, hier „word“ ❶.

2 Klicken Sie in der Liste der Suchergebnisse bei *Höchste Übereinstimmung* oder unter *Apps* mit der rechten Maustaste auf *Word* ❷ und wählen Sie *An "Start" anheften* ❸.

Als Alternative zur Suche können Sie eine App auch im Bereich *Alle* mit der rechten Maustaste anklicken und in Startmenü anheften. Der Befehl im Kontextmenü ist derselbe wie in Bild 5.5.

Bild 5.5 App per Rechtsklick an Startmenü anheften

Tipp: Sie können auch häufig benötigte Ordner zum Speichern Ihrer Daten im Startmenü anheften. Wie das geht, lesen Sie in Kap. 4.

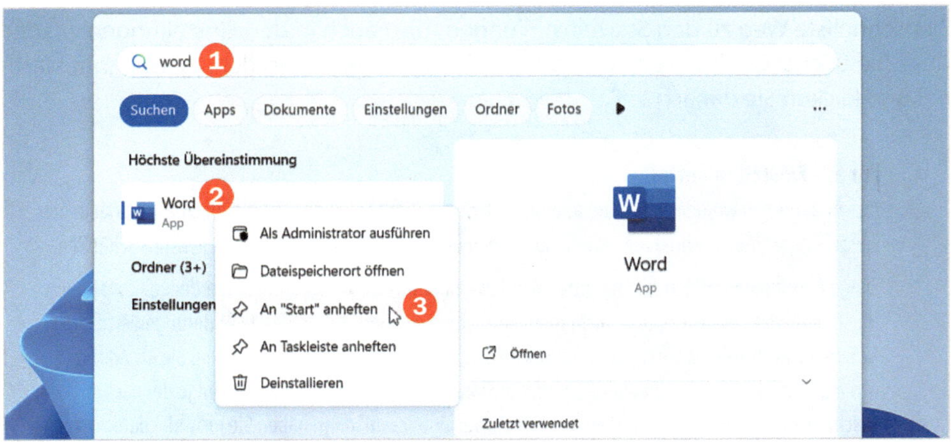

Neu angeheftete Apps landen im Startmenü zunächst ganz am Ende des Bereichs *Angeheftet* ❹. Zum Anzeigen müssen Sie also im Startmenü unter Umständen erst auf *Mehr anzeigen* klicken ❺. Wie Sie im Startmenü die Reihenfolge der angehefteten Apps ändern, lesen Sie weiter unten.

Bild 5.6 Neu angeheftete Apps werden am Ende hinzugefügt

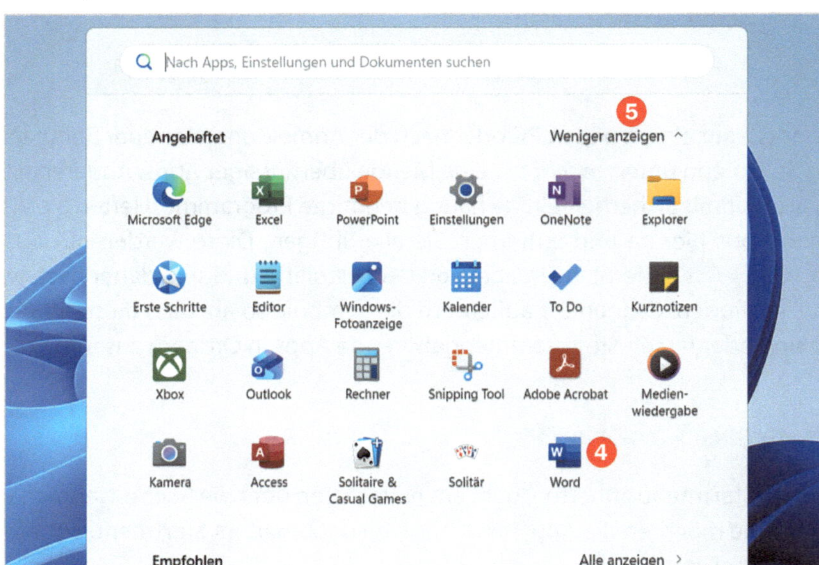

Angeheftete Apps aus dem Startmenü entfernen

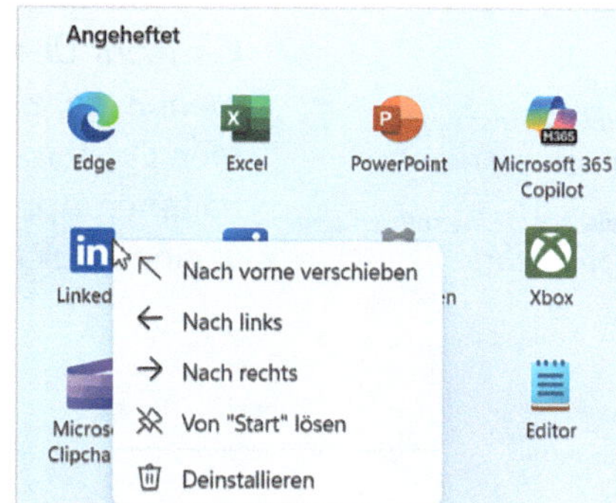

Um in den angehefteten Apps des Startmenüs eine bessere Übersicht zu erhalten, sollten Sie nicht benötigte Apps daraus entfernen. Diese werden dadurch nicht gelöscht, verbleiben also auf der Festplatte und können im Bereich *Alle* jederzeit wieder aufgerufen werden.

Zum Entfernen klicken Sie mit der rechten Maustaste auf das Symbol der App und wählen *Von "Start" lösen*.

Achtung: Bei manchen Apps erscheint beim Anklicken mit der rechten Maustaste auch der Befehl *Deinstallieren*, wie im Bild rechts. Dadurch wird die betreffende App endgültig vom PC entfernt und befindet sich auch nicht mehr in der Liste *Alle Apps*. Näheres zum Installieren und Deinstallieren von Apps lesen Sie in Kapitel 7.5 nach.

So bringen Sie Ordnung in die angehefteten Apps

Die angehefteten Apps können Sie ganz einfach durch Ziehen mit der Maus in Ihre bevorzugte Reihenfolge bringen. Als Beispiel soll die Anwendung Word zwischen Excel und PowerPoint platziert werden, s. Bild unten.

Achtung: Ziehen Sie ein Symbol nicht direkt auf ein anderes Symbol, da dieses sonst in einem Ordner verschwindet, siehe nächster Punkt.

- Zeigen Sie auf das Symbol der App ❶ und ziehen Sie es dann mit gedrückter linker Maustaste an die gewünschte Stelle ❷, hier zwischen Excel und PowerPoint. Die Symbole rechts von der neuen Position rücken automatisch weiter.

Bild 5.7 Angeheftete Apps mit der Maus verschieben

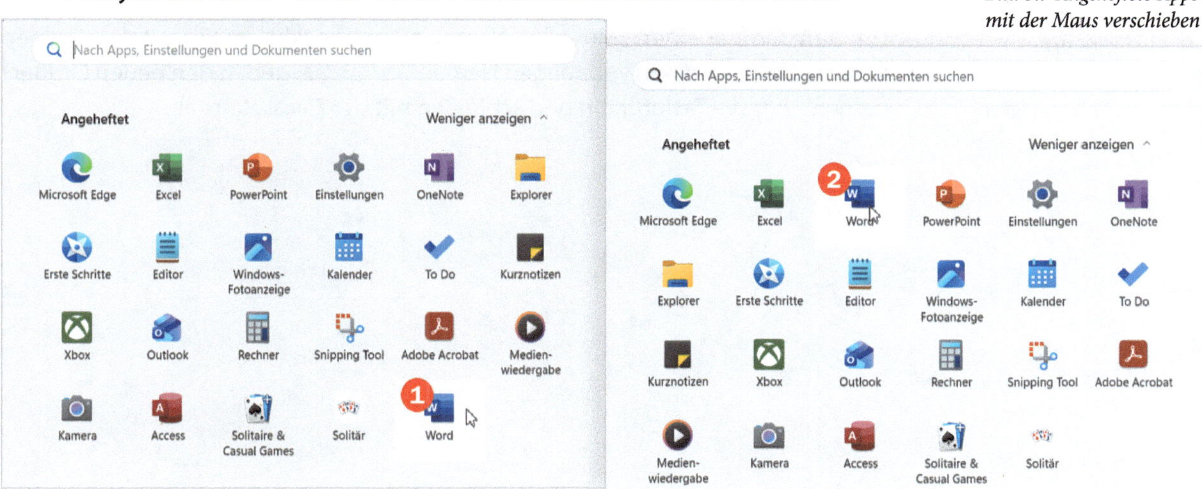

- Alternativ klicken Sie mit der rechten Maustaste auf das Symbol und benutzen die Befehle *Nach links* bzw. *Nach rechts*. Mit dem Befehl *Nach vorne verschieben* können Sie eine App ganz schnell an erster Stelle im Startmenü platzieren.

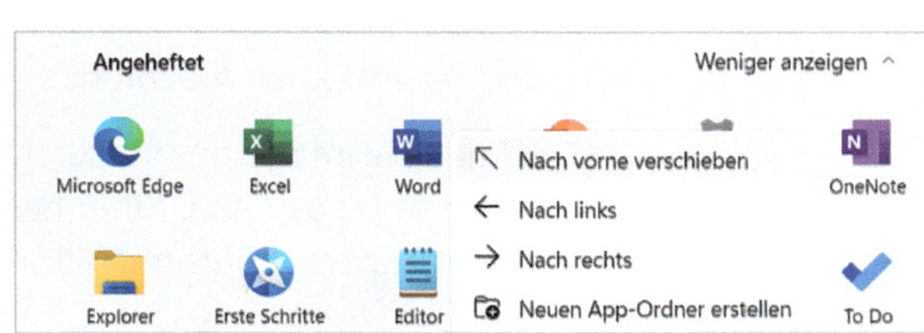

Apps in Ordnern zusammenfassen

Für mehr Übersicht können Sie auch mehrere angeheftete Apps in Ordnern zusammenfassen, z. B. die Apps *Rechner*, *Kalender* und *To Do* in einem Ordner mit dem Namen Organisation wie im Bild unten. Der Ordner zeigt zunächst die Symbole der enthaltenen Apps verkleinert an, zum Starten einer darin befindlichen App klicken Sie in einem solchen Fall auf den Ordner und danach im geöffneten Ordner auf die App.

Bild 5.8 Apps in Ordnern zusammenfassen

Bild 5.9 Ordner öffnen und App starten

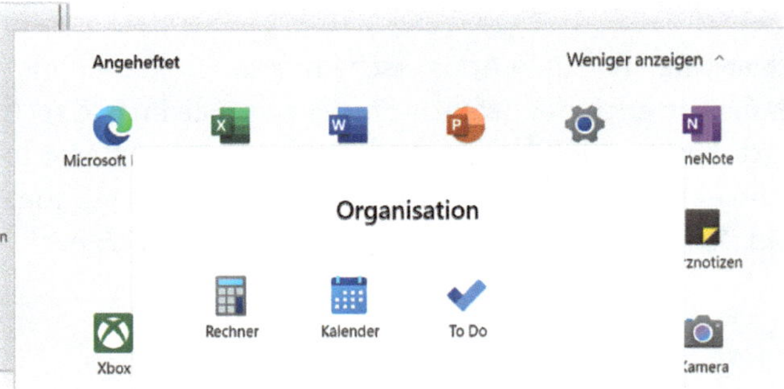

So erstellen Sie einen Ordner:

Oder ziehen Sie einfach eine App mit gedrückter linker Maustaste eine App direkt auf eine andere.

1 Rechtsklick auf die erste App, hier *Rechner* ❶ und Befehl *Neuen App-Ordner erstellen* ❷. Ein Ordner mit dieser App wird an derselben Stelle erstellt ❸ und Sie können nun weitere Apps, z. B. *To Do* oder *Kalender* hinzufügen, indem Sie diese auf den Ordner ziehen.

2 Um dem Ordner einen sinnvollen Namen zu geben, klicken Sie auf den Ordner, klicken danach auf den vorläufigen Namen *Ordner* ❹, geben den neuen Ordnernamen über die Tastatur ein und schließen mit der **Eingabetaste** ab.

Bild 5.10 Neuen App-Ordner erstellen

Bild 5.11 Ordner benennen

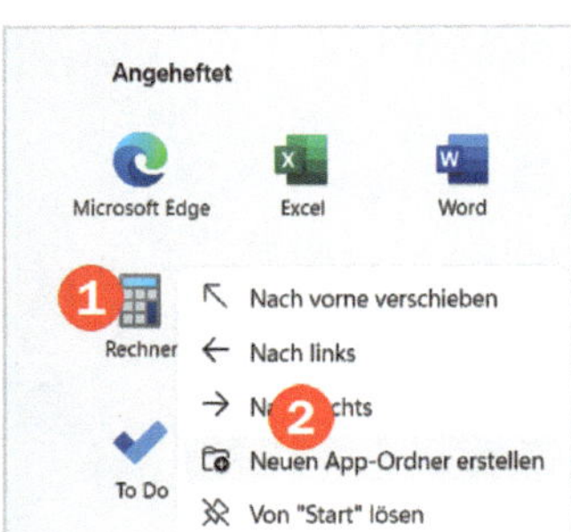

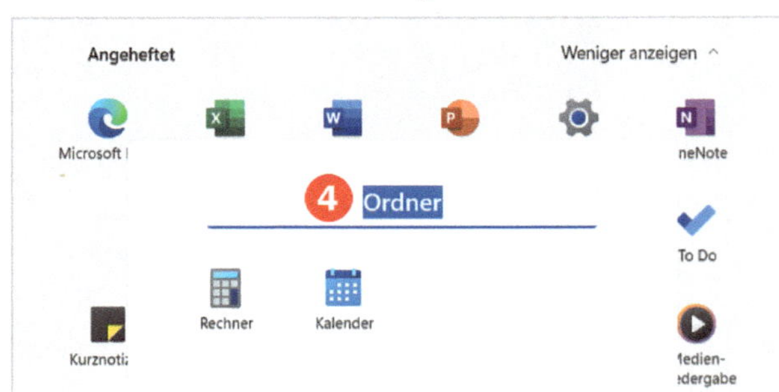

App wieder aus Ordner entfernen

Ähnlich einfach ist auch die Vorgehensweise, wenn Sie eine App wieder aus einem Ordner entfernen möchten.

Öffnen Sie im Startmenü durch Anklicken den Ordner und ziehen Sie dann die betreffende App aus den Ordner heraus an eine beliebige Stelle des Startmenüs. Die App landet zunächst automatisch rechts vom Ordner und kann danach verschoben werden. Der Ordner selbst wird beim Entfernen der letzten App automatisch gelöscht.

Das Startmenü in den Einstellungen anpassen

Weitere Anpassungsmöglichkeiten für das Startmenü finden Sie in den Einstellungen. Klicken Sie dazu am einfachsten mit der rechten Maustaste an eine freie Stelle des Startmenüs und auf *Starteinstellungen* oder klicken Sie in der Taskleiste auf *Suche*, geben den Suchbegriff „start" oder „starteinstellungen" ein und klicken in den Suchergebnissen auf *Starteinstellungen*. In den Einstellungen finden Sie die folgenden Möglichkeiten vor:

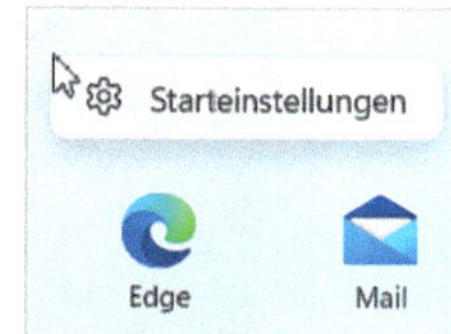

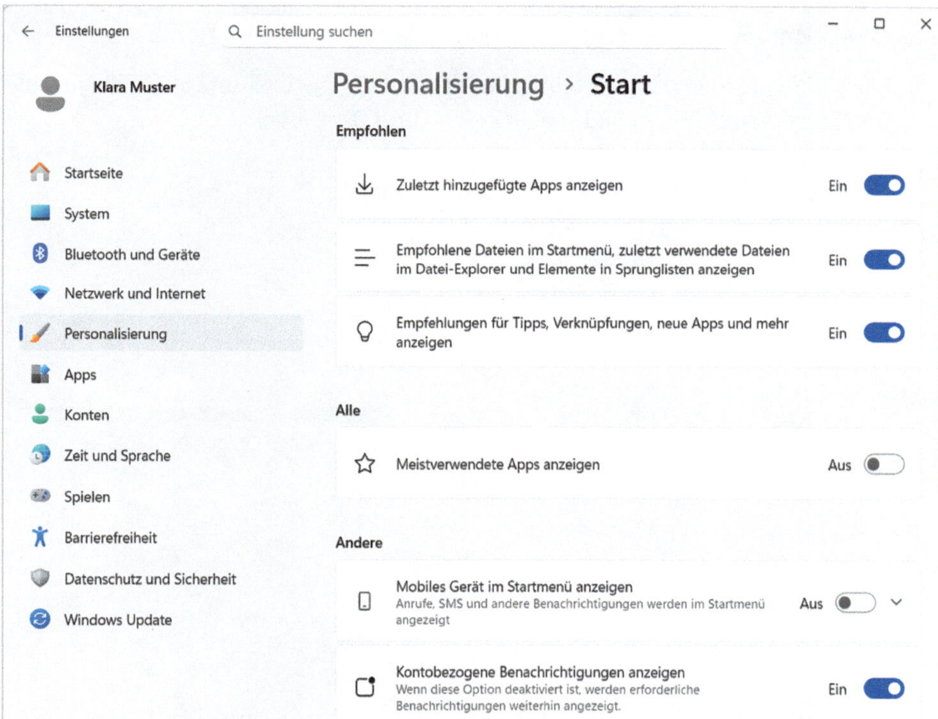

Bild 5.12 Einstellungen zum Startmenü

Falls die Einstellungen bereits geöffnet sind, klicken Sie auf *Personalisierung* und wählen hier *Start*.

- Die Schalter *Zuletzt hinzugefügte Apps anzeigen* und *Meistverwendete Apps anzeigen* bewirken, dass zuletzt installierte und häufig verwendete Apps im Bereich *Alle* als gesonderte Gruppe erscheinen.

  Tipp: Um im Startmenü mehr Platz zu schaffen, können beide Schalter sowie *Empfehlungen für Tipps, Verknüpfungen, neue Apps und mehr anzeigen* problemlos auf *Aus* gesetzt werden.

- Der Schalter, *Empfohlene Dateien im Startmenü, zuletzt verwendete Dateien im Datei-Explorer und Elemente in Sprunglisten anzeigen* bewirkt, dass im Startmenü unter *Empfohlen* und beim Öffnen des Datei-Explorers (siehe Kapitel 4) eine Liste zuletzt verwendeter Dokumenten erscheint. Diese erlaubt es, eine Datei schnell wieder zu öffnen und die Arbeit im Dokument fortzusetzen, belegt aber im Startmenü entsprechend Platz.

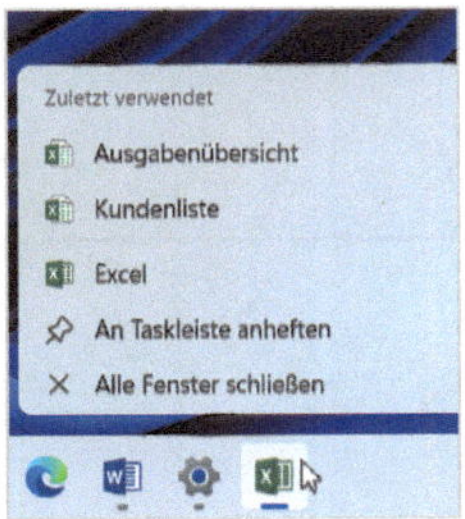

Auch wenn Sie mit der rechten Maustaste in der Taskleiste auf eine App klicken, erscheint eine Liste zuletzt bearbeiteter Dokumente – auch als Sprungliste bezeichnet – die Sie durch Anklicken schnell mit der betreffenden App öffnen können. Als Beispiel im Bild rechts die Sprungliste der Anwendung Excel, mehr zum Thema Sprunglisten finden Sie auf Seite 164.

Tipp: Persönliche Standardordner im Startmenü anzeigen
Als weitere Option können Sie im Startmenü einige Ihrer persönlichen Ordner, z. B. *Dokumente*, *Bilder* oder den *Datei-Explorer* anzeigen lassen. Diese erscheinen dann nicht zwischen den Apps, sondern links vom Schalter *Ein/Aus*.

Bild 5.13 Ordner und Datei-Explorer im Startmenü anzeigen

Klicken Sie dazu in den Starteinstellungen auf *Ordner* und setzen Sie die jeweiligen Schalter auf *Ein*, im Bild *Datei-Explorer* und *Dokumente*.

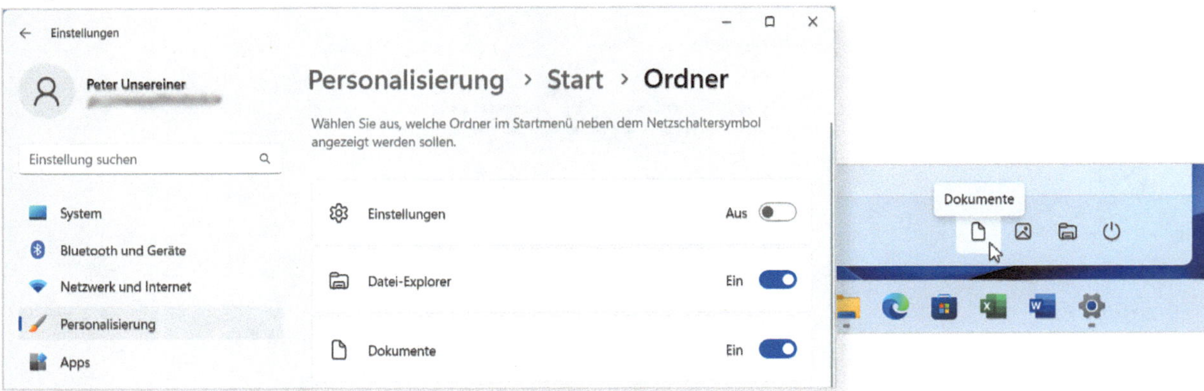

5.3 Apps über Taskleiste und Desktopsymbole starten

Neben dem Startmenü gibt es noch weitere Möglichkeiten, häufig benötigte Apps zu starten, nämlich über Verknüpfungen auf dem Desktop oder Symbole in der Taskleiste.

Apps in der Taskleiste anheften

Über Symbole in der Taskleiste lassen sich häufig benötigte Apps unter Umgehung des Startmenüs mit einem einfachen Mausklick starten, standardmäßig finden Sie hier unter anderem bereits die Symbole *Microsoft Copilot*, *Datei-Explorer, Microsoft Edge* und *Microsoft Store* vor. Weitere lassen sich schnell hinzufügen, so gehen Sie vor:

1 Zunächst einmal benötigen Sie die App, dies geht am einfachsten über die Suche. Geben Sie im Suchfeld von Taskleiste oder Startmenü einen Suchbegriff ein, z. B. „excel", wenn die gleichnamige Office-Anwendung angeheftet werden soll.

Alternativ können Sie dazu auch die App im Startmenü benutzen, z. B. unter *Angeheftet* oder unter *Alle*.

2 Klicken Sie mit der rechten Maustaste auf die App und wählen Sie *An Taskleiste anheften*.

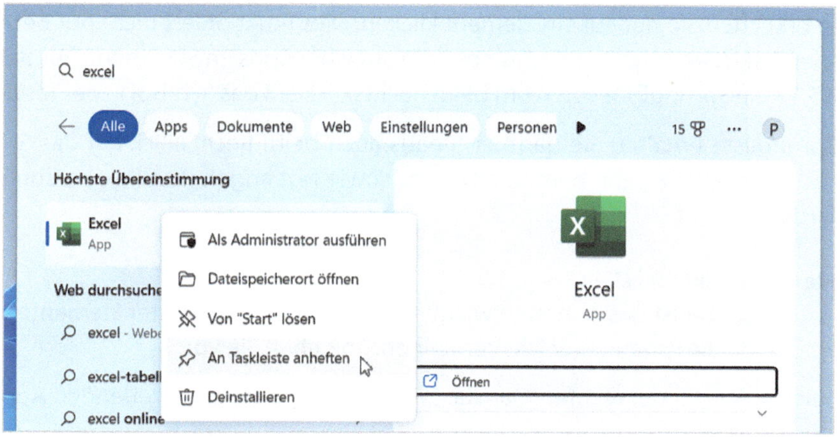

Bild 5.14 App suchen und an Taskleiste anheften

Das Symbol der App erscheint nun in der Taskleiste und zum Starten genügt ein einfacher Mausklick auf das Symbol.

Bild 5.15 Die App über das Symbol in der Taskleiste starten

> **Fest angeheftete oder geöffnete Apps – beachten Sie den Unterschied!**
> Geöffnete Apps sind in der Taskleiste im Gegensatz zu den fest angehefteten und nicht geöffneten Apps unterstrichen hervorgehoben. Nicht angeheftete Symbole verschwinden beim Beenden der App bzw. beim Schließen des Fensters wieder aus der Taskleiste.

Reihenfolge der Symbole ändern

Die Reihenfolge der Symbole in der Taskleiste können Sie jederzeit ändern. Ziehen Sie einfach das Symbol mit gedrückter linker Maustaste an die gewünschte Stelle.

Bild 5.16 Angeheftete App von Taskleiste lösen

Symbol wieder aus der Taskleiste entfernen

Um eine angeheftete App wieder aus der Taskleiste zu entfernen, klicken Sie mit der rechten Maustaste auf das Symbol und auf *Von Taskleiste lösen*.

Hinweis: Falls der Platz in der Taskleiste nicht für alle Symbole ausreicht, dann erscheinen am rechten Ende drei Punkte und mit Klick darauf werden die restlichen Symbole in einem Überlaufbereich eingeblendet.

Sprunglisten nutzen

Bei Apps, mit denen Dokumente oder Dateien bearbeitet werden, also z. B. Microsoft Office Anwendungen oder der App *Fotoanzeige*, erhalten Sie beim **Rechtsklick** auf das Symbol der Taskleiste eine Sprungliste mit zuletzt verwendeten Dokumenten. Zum Öffnen brauchen Sie nur auf ein Element klicken. Dies funktioniert nicht nur bei Apps, die in der Taskleiste angeheftet sind, sondern auch bei Apps im Startmenü. Als Beispiel in Bild 5.17 die Sprungliste von Word beim Rechtsklick auf das Symbol in der Taskleiste.

Hinweis: Sollten keine Sprunglisten angezeigt werden, so ist vermutlich in den *Einstellungen* ▶ *Personalisierung* ▶ *Start* der Schalter *Empfohlene Dateien im Startmenü, zuletzt verwendete Dateien im Datei-Explorer und Elemente in Sprunglisten anzeigen* auf *Aus*.

Die empfohlenen Dateien im Startmenü und die Sprunglisten lassen sich derzeit leider nicht getrennt aktivieren und deaktivieren.

Eine Sprungliste erhalten Sie darüber hinaus auch beim Rechtsklick auf das Symbol *Explorer*, diese listet zuletzt benutzte Ordner, sowie fest angeheftet Ihre persönlichen Standardordner auf.

Elemente in Sprungliste anheften

Noch interessanter ist das Anheften wichtiger oder häufig benötigter Elemente in der Sprungliste, da diese dann hier fest verbleiben. So gehen Sie vor:

1. Klicken Sie mit der rechten Maustaste auf das Symbol der betreffenden App, hier Microsoft Word.
2. Bewegen Sie in der Sprungliste die Maus über das Dokument, das fest angeheftet werden soll, hier *Merkblatt Mülltrennung*. Rechts davon erscheint ein Pin-Symbol und ein Klick auf dieses Symbol heftet das Dokument an die Sprungliste an.
3. Das Dokument erscheint nun oberhalb in einem gesonderten Bereich. Um es wieder zu lösen, brauchen Sie nur das Pin-Symbol erneut anklicken.

Sollten beim Rechtsklick keine zuletzt verwendeten Elemente erscheinen, dann müssen Sie diese in den Einstellungen aktivieren, siehe Seite 161.

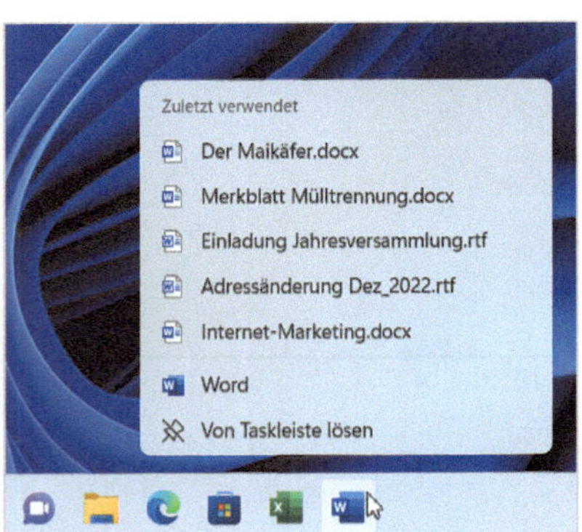

Bild 5.17 Sprungliste Word

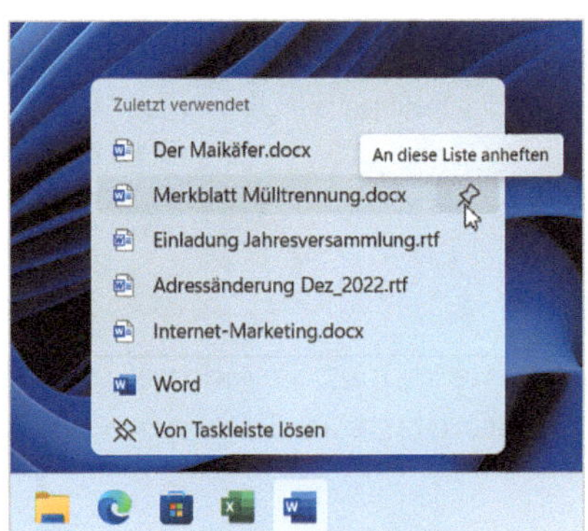

Bild 5.18 Dokument in Sprungliste anheften

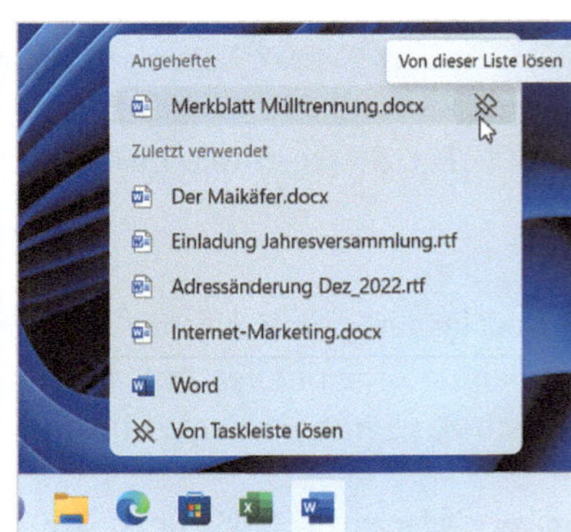

Bild 5.19 Angeheftetes Dokument aus Sprungliste lösen

Zuletzt verwendetes Element aus Sprungliste entfernen

Um ein zuletzt verwendetes, nicht angeheftetes Element aus der Sprungliste zu entfernen, klicken Sie es mit der rechten Maustaste an und wählen *Aus dieser Liste entfernen*. Im Kontextmenü finden Sie auch den Befehl *An diese Liste anheften*, dieser bewirkt dasselbe wie ein Klick auf das Pin-Symbol, siehe oben.

Verknüpfungen auf dem Desktop erstellen und verwalten

Zum schnelleren Starten kann eine App auch als Verknüpfung auf dem Desktop abgelegt werden. Solche Verknüpfungen erkennen Sie am Pfeil in der linken unteren Ecke des Symbols, siehe Bild. Da es sich hierbei um einen Verweis auf den eigentlichen Speicherort handelt, können Verknüpfungen, wenn sie nicht mehr benötigt werden, problemlos auch wieder vom Desktop entfernt werden. Einige Apps, z. B. Microsoft Edge, erstellen bei der Installation bereits automatisch eine Verknüpfung auf dem Desktop. Beachten Sie aber, dass eine Vielzahl von Verknüpfungen den Desktop schnell unübersichtlich machen kann.

Achtung: Im Gegensatz zu Startmenü und Taskleiste ist auf dem Desktop zum Starten der App ein Doppelklick auf das Symbol erforderlich.

Verknüpfung erstellen

Im Gegensatz zu Taskleiste und Startmenü werden Verknüpfungen auf dem Desktop nicht im Kontextmenü angeboten, Sie müssen sich also durch Ziehen mit der Maus behelfen.

1 Öffnen Sie das Startmenü und wandern Sie unter *Alle* zur gewünschte App, als Beispiel im Bild die App *Rechner*.

2 Ziehen Sie das Symbol der App mit gedrückter linker Maustaste aus dem Startmenü heraus auf den Desktop. Während des Ziehens erscheint am Symbol der Infotext *Link*, das bedeutet, die App wird nicht aus dem Startmenü entfernt, sondern Windows erstellt eine Verknüpfung.

Achtung: Wenn Sie versuchen, eine angeheftete App aus dem Startmenü heraus auf den Desktop zu ziehen, erscheint meist während des Ziehens statt *Link* die Info *Verschieben*. In diesem Fall geschieht nichts, da eine App auf diese Weise nicht aus Startmenü entfernt werden kann, allerdings wird auch keine Verknüpfung erstellt. Achten Sie also darauf, die App aus dem Bereich *Alle* auf den Desktop zu ziehen.

Tipp: Am schnellsten finden Sie in den Ansichten *Liste* und *Raster* eine App über den alphabetischen Index. Dieser erscheint beim Klicken auf eine beliebige Überschrift.

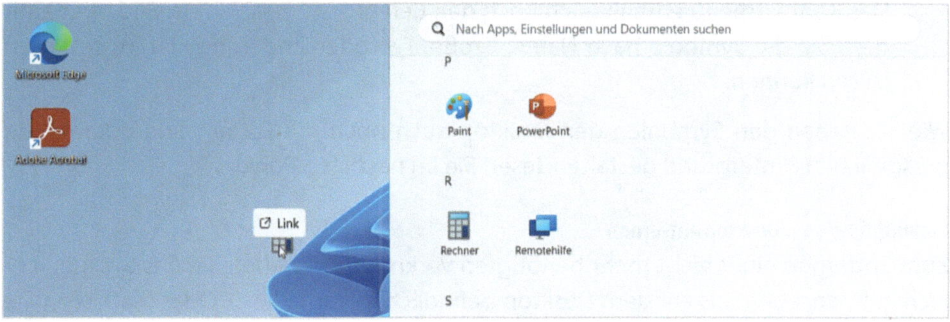

Bild 5.20 Ziehen Sie die App aus dem Bereich Alle heraus auf den Desktop

Desktopsymbole anordnen/ausblenden

Die Symbole auf dem Desktop können Sie durch Ziehen beliebig anordnen, auf Wunsch auch sortieren oder anhand eines Rasters automatisch anordnen lassen. Klicken Sie dazu mit der rechten Maustaste an eine freie Stelle des Desktophintergrunds.

Die Auswahl *Ansicht* bietet die unten abgebildeten Ansichten und Möglichkeiten der Anordnung an.

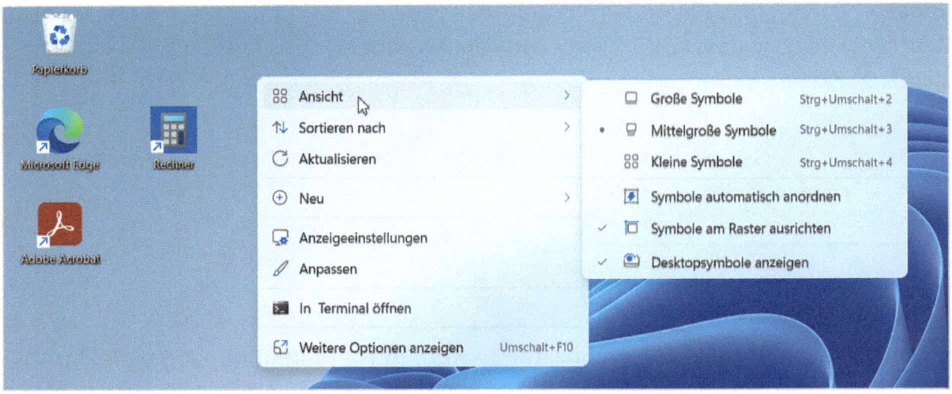

Bild 5.21 Anzeigeeinstellungen des Desktops

- Wählen Sie als Symboldarstellung zwischen *Große Symbole*, *Mittelgroße Symbole* (Standardeinstellung) und *Kleine Symbole*.
- Ferner können Sie durch Aktivieren von *Symbole automatisch anordnen* festlegen, dass die Symbole beim Verschieben mit der Maus automatisch untereinander angeordnet werden; Ziehen verändert dann nur noch die Reihenfolge.
- Wenn Sie statt der automatischen Anordnung die Symbole lieber selbst anordnen möchten, dann sollten Sie die Einstellung *Symbole am Raster ausrichten* aktiviert haben. Diese dient als Hilfe beim Ausrichten unter- oder nebeneinander.
- *Desktopsymbole anzeigen* ist standardmäßig aktiviert (Häkchen). Falls Sie die Symbole einschließlich des Papierkorbs ausblenden möchten, brauchen Sie nur diese Einstellung deaktivieren. Umgekehrt zeigen Sie diese mit einem weiteren Klick auf den Befehl wieder an.
- Das Kontextmenü enthält auch noch den Befehl *Sortieren nach* (s. Bild oben) mit dem Sie die Symbole nach Name, Größe, Typ oder Änderungsdatum sortieren lassen können.

Achtung: Sollte der Papierkorb nicht sichtbar sein, wurde er vermutlich auf diesem Weg ausgeblendet!

Wie Sie neben den Symbolen den Desktop auch noch mit Farben und/oder einem persönlichen Hintergrund gestalten, lesen Sie im nächsten Punkt.

Verknüpfung vom Desktop entfernen

Zum Entfernen einer nicht mehr benötigten Verknüpfung ziehen Sie das Symbol einfach auf den, ebenfalls auf dem Desktop befindlichen Papierkorb. Oder markieren Sie diese durch Anklicken und betätigen die **Entf**-Taste.

5.4 Gestalten Sie Ihren persönlichen Desktop

Wie bereits erwähnt, lassen sich Hintergrundbild des Desktops sowie die Farben einiger Elemente individuell ändern. Um alle Möglichkeiten auf einen Blick zu erhalten, klicken Sie im Startmenü auf *Einstellungen* und wählen links die Kategorie *Personalisierung*. Oder Rechtsklick auf den Desktophintergrund und Befehl *Anpassen*.

Ein anderes Design wählen

Gleich an oberster Stelle der Kategorie *Personalisierung* ❶ können Sie ein Design wählen, d. h. verschiedene, teils wechselnde Hintergrundbilder auf dem Desktop sowie dazu passende Farben für Startmenü, Taskleiste und Fenster. Klicken Sie auf ein Design ❷, so erhalten Sie nicht nur oberhalb eine etwas vergrößerte Vorschau ❸, sondern auch Hintergrundbild des Desktops und die Farbe von Einstellungen und Taskleiste ändern sich sofort, wie im Bild unten.

Um den ursprünglichen Standarddesktop wiederherzustellen, klicken Sie einfach auf das entsprechende Design.

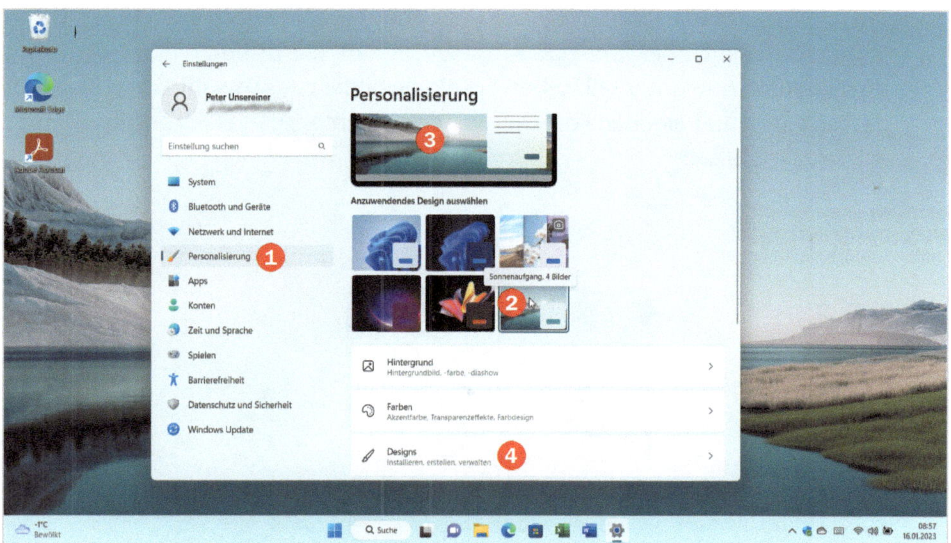

Bild 5.22 Klicken Sie auf ein Design, so ändert sich sofort das Aussehen des Desktops

Weitere Designs können Sie kostenlos aus dem Microsoft Store beziehen. Klicken Sie dazu in den Einstellungen, Kategorie *Personalisierung* etwas weiter unten auf *Designs* ❹ und hier bei *Weitere Designs aus dem Microsoft Store abrufen* auf die Schaltfläche *Designs durchsuchen*, s. Bild auf der nächsten Seite.

Anschließend öffnet sich in einem gesonderten Fenster der Microsoft Store mit einer Sammlung kostenloser Designs. Klicken Sie auf ein Design, um mehr Informationen und eine Vorschau zu erhalten, anschließend kann mit Klick auf die Schaltfläche *Herunterladen* das Design heruntergeladen und installiert werden. Näheres zum Thema Microsoft Store finden Sie auch in Kapitel 7.

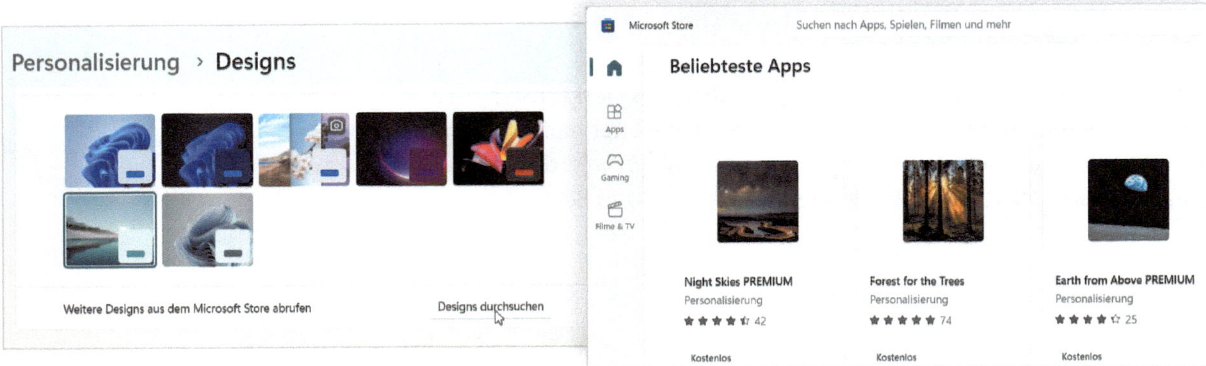

Bild 5.23 Designs im Microsoft Store suchen

Ihr persönliches Hintergrundbild auf dem Desktop

Statt eines Designs können Sie auch Ihr Lieblingsfoto oder ein anderes Bild als Hintergrundbild für den Desktop verwenden. Klicken Sie dazu in den Einstellungen ▶ *Personalisierung* auf *Hintergrund* oder geben Sie im Suchfeld den Begriff „hintergrundbild" ein und klicken dann auf *Einstellungen für das Hintergrundbild*.

1 Standardmäßig ist bei *Hintergrund personalisieren* die Option *Bild* ❶ aktiv, wie im Bild unten und unterhalb sehen Sie einige Bilder zur Auswahl. Wenn Sie stattdessen eines Ihrer eigenen Fotos verwenden möchten, dann klicken Sie auf *Fotos durchsuchen* ❷.

Bild 5.24 Wählen Sie Ihr individuelles Hintergrundbild

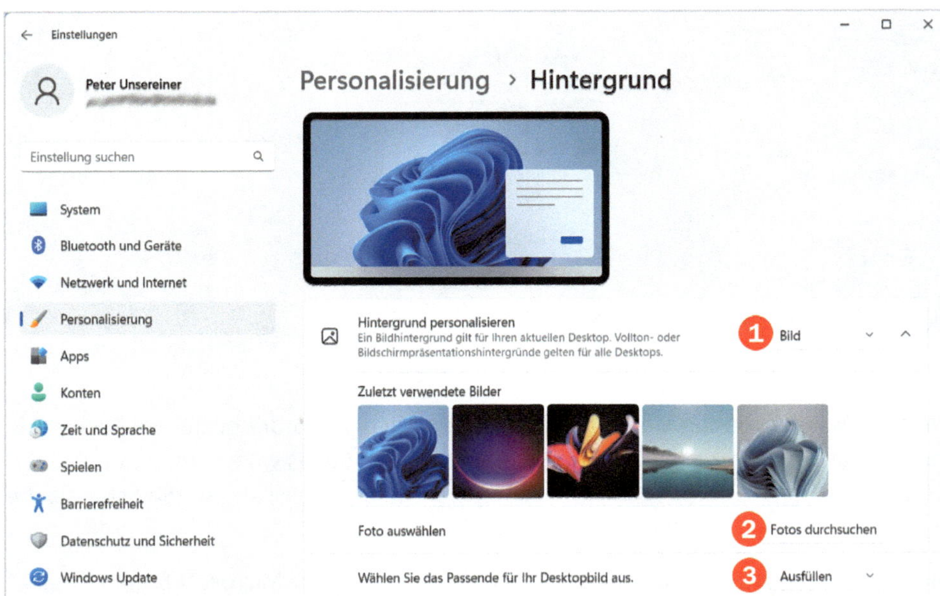

Hinweis: Sollte hier ❶ stattdessen *Diashow* oder *Windows Spotlight* stehen, so klicken Sie in das Feld und wählen *Bild*.

2 Das Dialogfenster *Öffnen* wird mit dem Standardordner für Bilder, in der Regel dem Ordner *Bilder* auf der lokalen Festplatte geöffnet. Öffnen Sie hier ev. zuerst

mit Doppelklick den Ordner, der das gesuchte Bild enthält. Falls sich das Bild an einem völlig anderen Ort, z. B. OneDrive befindet, wählen Sie diesen über die Navigationsleiste aus.

3 Klicken Sie auf das gewünschte Bild und danach auf die Schaltfläche *Bild auswählen*. Das ausgewählte Bild erscheint nun auf dem Desktop.

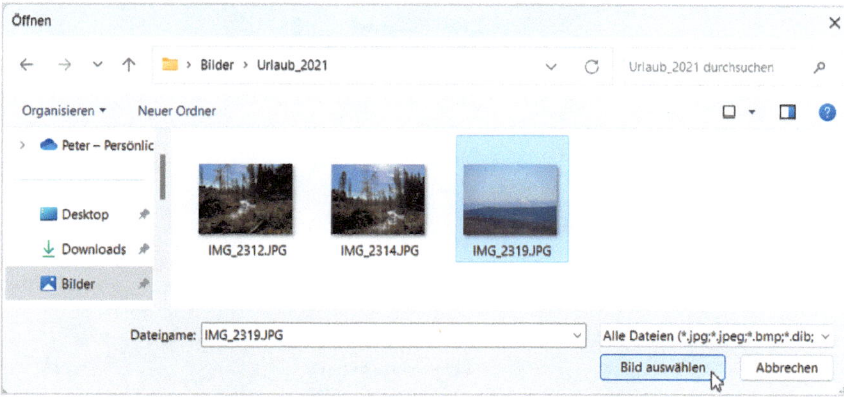

Bild 5.25 Wählen Sie ein Bild aus

4 Da das Seitenverhältnis eines Fotos nur selten mit dem des Bildschirms übereinstimmt, müssen Sie außerdem angeben, wie das Bild an den Bildschirm angepasst wird. Klicken Sie dazu bei *Wählen Sie das Passende für Ihr Desktopbild aus* in das Feld ❸ und auf die gewünschte Variante ❹.

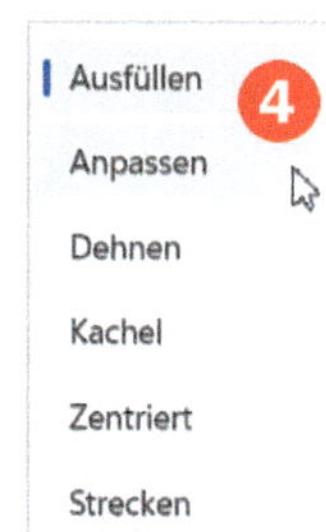

Achtung: Nicht alle der angebotenen Methoden sind optimal geeignet. Die Auswahl *Anpassen* zeigt das gesamte Bild an, je nach Bild können aber dabei schwarze Ränder entstehen. Mit *Dehnen* oder *Strecken* wird das Bild verzerrt, während *Ausfüllen*, *Kachel* und *Zentriert* unter Umständen Teile des Fotos abschneiden.

Wechselnde Bilder statt eines einzelnen Bildes als Hintergrund

Alternativ zum stets gleichen Bild kann der Desktop auch wechselnde Bilder in Form einer Diashow anzeigen.

1 Dazu wählen Sie bei *Hintergrund personalisieren* statt *Bild* die Option *Diashow* ❶ (Bild auf der nächsten Seite).

Hinweis: Neben *Bild* und *Diashow* finden Sie als weitere Alternativen *Windows Spotlight* mit täglich wechselnden Bildern und Zusatzinformationen, sowie *Volltonfarbe*, also einfarbigen Hintergrund.

Mit der Auswahl *Volltonfarbe* erscheinen verschiedene Farbfelder, aus denen Sie eine Farbe für den Hintergrund wählen können.

2 Aus welchem Ordner die Bilder der Reihe nach erscheinen, sehen Sie hier ❷, in der Standardeinstellung ist dies der Ordner *Bilder*. Um einen anderen Ordner auszuwählen, klicken Sie auf die Schaltfläche *Durchsuchen* ❸. Klicken Sie dann auf den gewünschten Ordner und auf die Schaltfläche *Diesen Ordner auswählen*.

3 Standardmäßig wechselt das Bild alle 30 Minuten, zum Ändern klicken Sie in das Feld *Bildänderungsintervall* ❹ und auf eine andere Zeitspanne.

4 Mit weiteren Schaltern steuern Sie die Reihenfolge der Bilder (*Die Bilder unsortiert anzeigen*) und die Wiedergabe im Akkubetrieb und wählen wie beim Einzelbild die Anpassung an den Bildschirm.

Bild 5.26 Diashow als Hintergrund

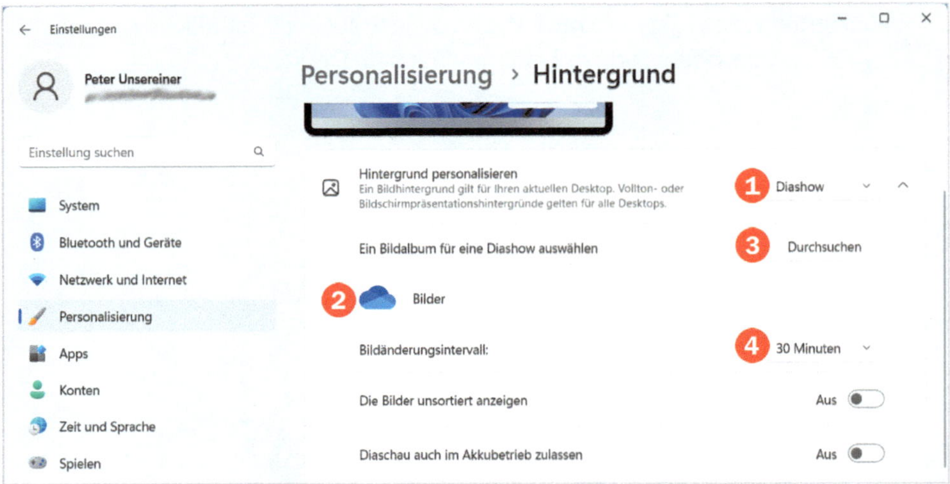

Heller oder dunkler Farbmodus und individuelle Farben

Manche Anwender empfinden einen dunklen Hintergrund bzw. Farbmodus, den einige Apps bereits seit langem anbieten, als augenfreundlicher. Auch Windows bietet einen hellem und einen dunklem Modus an, außerdem lässt sich die sogenannte Akzentfarbe, also die Farbe von Hervorhebungen, Schaltern usw. individuell wählen.

Bild 5.27 Datei-Explorer und Startmenü im dunklen Modus

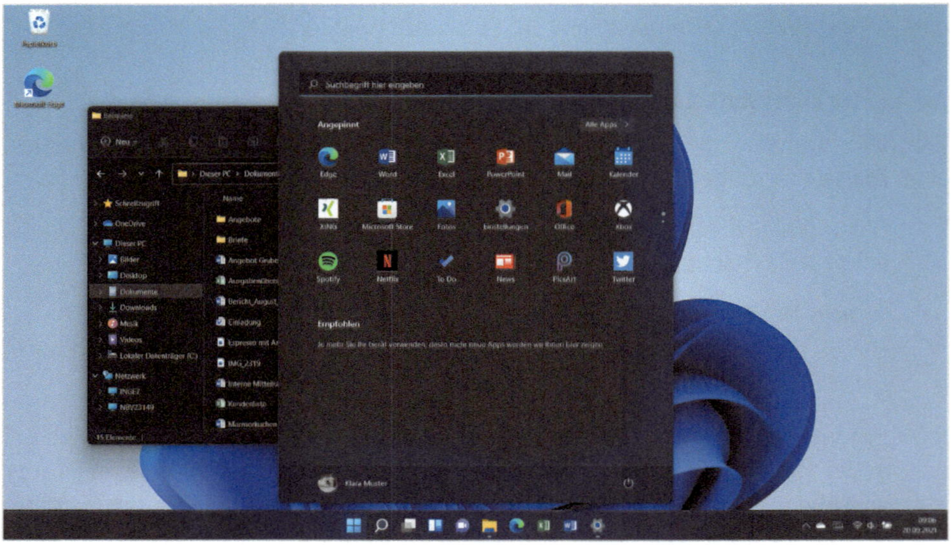

Klicken Sie dazu in den Einstellungen auf *Personalisierung* und auf *Farben* oder geben Sie den Suchbegriff „farbeinstellungen" ein.

Farbmodus wählen

Wenn Sie den dunklen Modus statt des hellen Farbmodus bevorzugen oder testen möchten, dann klicken Sie bei *Modus auswählen* in das Feld ❶ und wählen *Dunkel*. Dieser Farbmodus wirkt sich auf Windows-Elemente wie Taskleiste und Startmenü sowie Apps, z. B. Datei-Explorer aus, siehe Bild auf der vorhergehenden Seite. **Tipp**: Die dritte Option *Benutzerdefiniert* erlaubt getrennte Einstellungen für Windows und Apps.

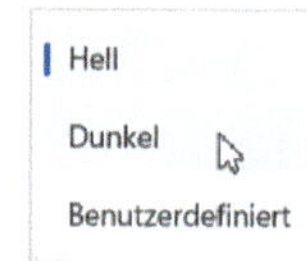

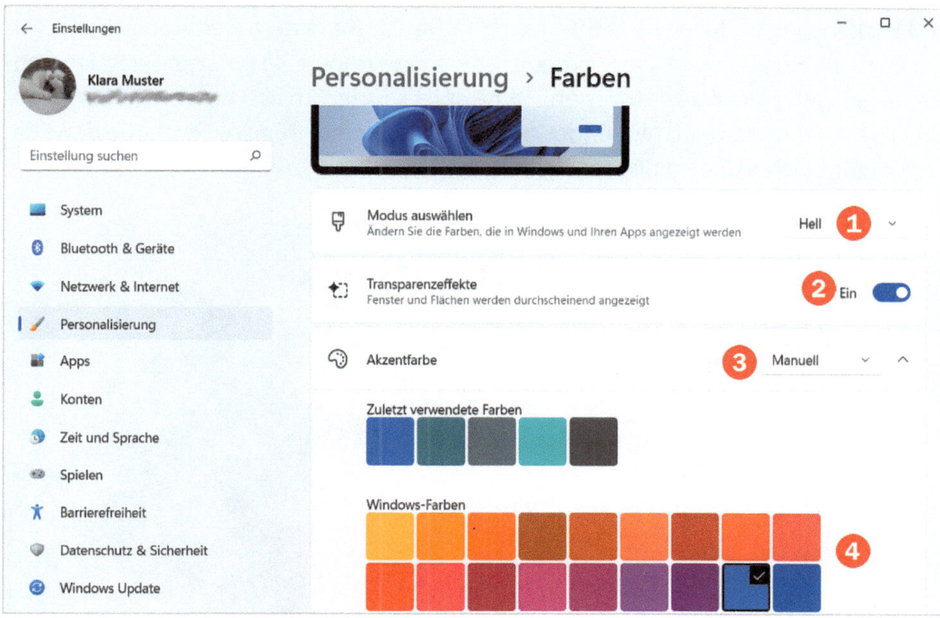

Bild 5.28 Personalisierung - Farben

Transparenzeffekte

In der Standardeinstellung sind einige Windows-Elemente transparent. Dadurch erhalten Sie beispielsweise ein leicht transparentes Startmenü. Diesen Effekt aktivieren oder deaktivieren Sie mit dem Schalter *Transparenzeffekte* ❷.

Hervorhebungsfarbe

Einige Elemente, z. B. Schalter, die aktive App in der Taskleiste oder die aktuelle Kategorie in den Einstellungen werden mit einer farbigen Leiste hervorgehoben. Deren Farbe ändern Sie unter *Akzentfarbe* ❸. Die Auswahl *Automatisch* bedeutet, die Farbe wird von Windows passend zum Hintergrundbild bzw. Design gewählt.

- Alternativ legen Sie die Farbe selbst fest. Sobald Sie auf ein Farbfeld ❹ klicken, ändert sich beispielsweise die Farbe des Schalters oberhalb und Sie können die Wirkung testen. Sollte die gewünschte Farbe nicht verfügbar sein, können Sie unterhalb der Farbfelder unter *Benutzerdefinierte Farben* mit Klick auf *Farben anzeigen* (s. Bild auf der nächsten Seite) Ihre eigenen Farben definieren.
- Wenn nach verschiedenen Experimenten die Farbe wieder passend zum Hintergrund gewählt werden soll, wählen Sie einfach statt *Manuell* wieder die Option *Automatisch*.

Farbe von Taskleiste und Startmenü ändern

Wenn Sie auch der Taskleiste und dem Startmenü eine individuelle Farbe verpassen möchten, dann müssen Sie zuvor entweder den dunklen Farbmodus ausgewählt haben, siehe oben, oder mit der Auswahl *Benutzerdefiniert* zumindest *Dunkel* als *Standardmäßigen Windows-Modus*.

Setzen Sie dann den Schalter *Akzentfarbe auf Start und Taskleiste anzeigen* ❶ auf *Ein* und klicken Sie auf die gewünschte Akzentfarbe ❷. Mit einem weiteren Schalter *Akzentfarbe in Titelleisten und Fensterrändern anzeigen* können Sie noch anderen Elementen die ausgewählte Farbe zuweisen. Als Beispiel wurden im Bild unten der Modus *Benutzerdefiniert* und *Dunkel* als Windows-Modus sowie eine grüne Akzentfarbe gewählt, das Ergebnis sehen Sie im Bild rechts daneben.

Bild 5.29 Akzentfarbe in Startmenü und Taskleiste anzeigen

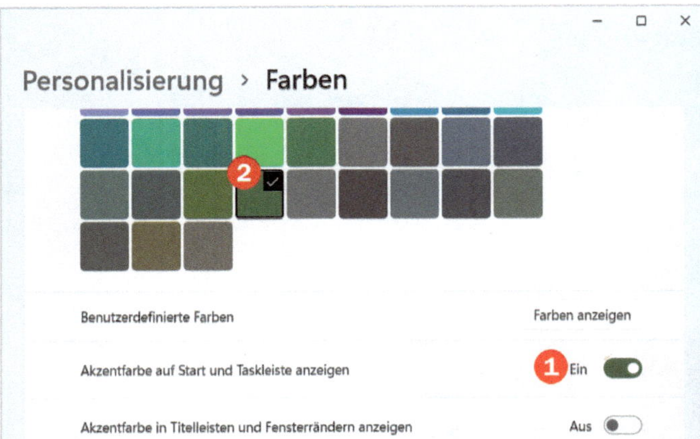

Bild 5.30 Das Ergebnis

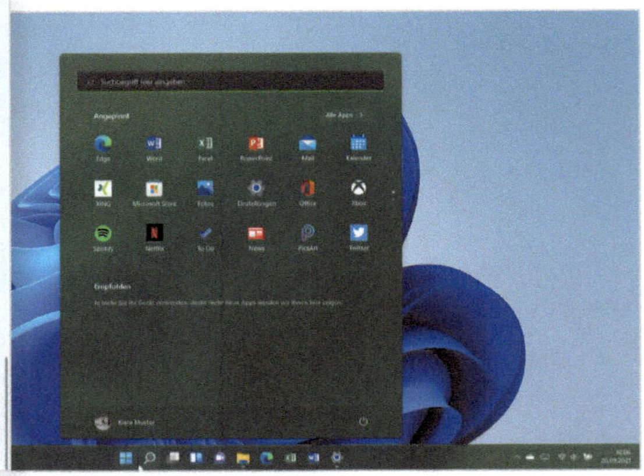

Speichern Sie Ihr eigenes Design

Ihre individuellen Einstellungen zu Hintergrundbild und Farben können Sie als benutzerdefiniertes Design speichern und so jederzeit schnell wiederherstellen. Dazu klicken Sie in den Einstellungen ▶ *Personalisierung* auf *Designs*, siehe auch Seite 167.

Bild 5.31 Benutzerdefiniertes Design speichern

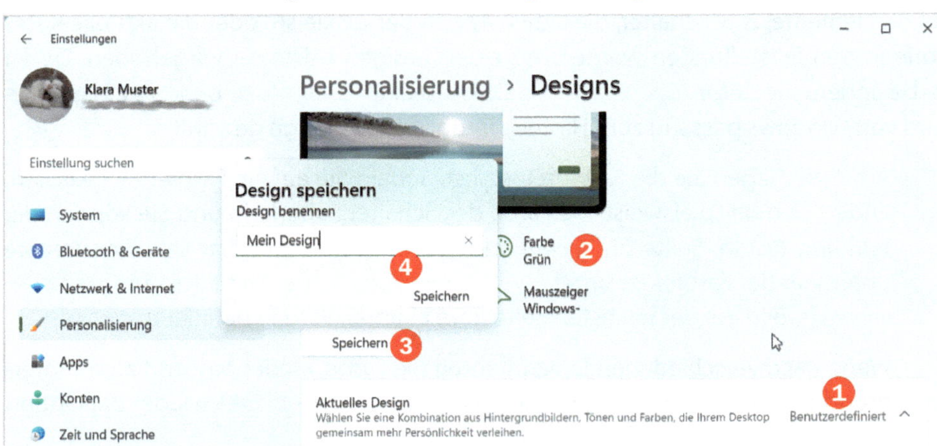

Sie erhalten eine Übersicht ❷ über das aktuelle benutzerdefinierte Design ❶, zum Speichern klicken Sie auf die Schaltfläche *Speichern* ❸. Geben Sie eine Bezeichnung für das Design ein ❹ und klicken Sie abschließend auf *Speichern*.

Das gespeicherte Design erscheint zusammen mit den Standard-Designs von Windows und kann durch Anklicken jederzeit wieder aktiviert werden.

Anzeigeeinstellungen des Sperrbildschirms

Ähnlich wie beim Desktop, können Sie auch das Bild des Sperrbildschirms ändern. Klicken Sie dazu in den Einstellungen auf *Personalisierung* und wählen *Sperrbildschirm* oder geben Sie den Suchbegriff „sperrbildschirm" ein und klicken auf *Einstellungen für den Sperrbildschirm*.

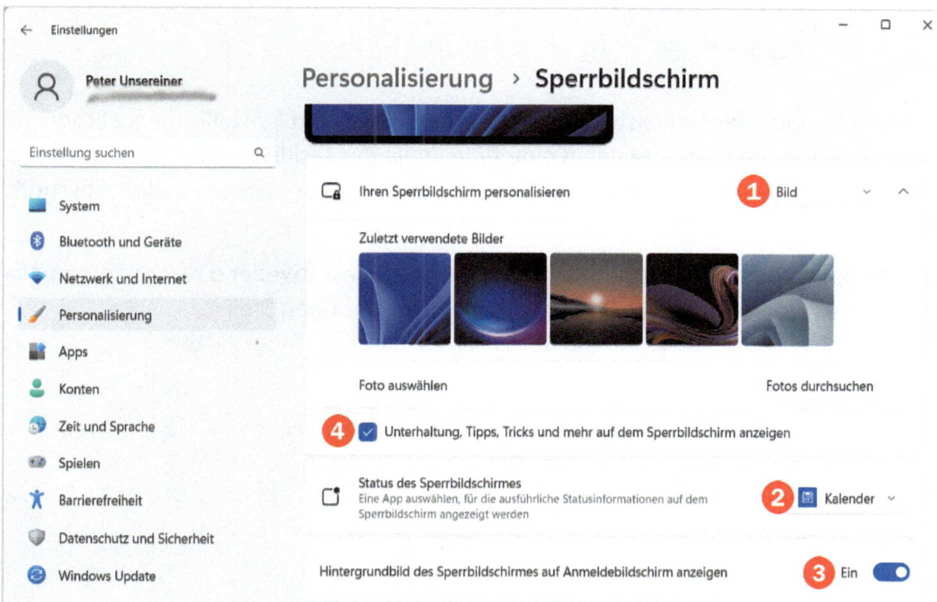

Bild 5.32 Einstellungen des Sperrbildschirms

Hintergrundbild

Bei *Ihren Sperrbildschirm personalisieren* ❶ wählen Sie zwischen *Windows-Blickpunkt*, *Bild* und *Diashow*. Auswahl und Einstellungen der beiden letzteren unterscheiden sich nicht vom Desktop, siehe Seite 168, *Windows-Blickpunkt* bedeutet dagegen, Sie erhalten auf dem Sperrbildschirm automatisch ein täglich wechselndes Bild zusammen mit Infos zum Bild.

Zusatzinformationen anzeigen

Status des Sperrbildschirms ❷ legt fest, welche App Informationen auf dem Sperrbildschirm anzeigt. In der Standardeinstellung ist dies das aktuelle Datum des *Kalenders*. Sie können stattdessen aber auch *Wetter* wählen oder mit *Keiner* die Anzeige deaktivieren.

Tipp: Unter *Verwandte Einstellungen* gelangen Sie mit Klick auf *Bildschirm-Zeitüberschreitung* schnell zu den Energieeinstellungen. Hier legen Sie unter anderem fest, wann das Gerät in den Ruhezustand wechseln soll, siehe weiter unten.

Hintergrundbild auch auf Anmeldebildschirm anzeigen
Dieser Schalter ❸ legt fest, ob das Hintergrundbild des Sperrbildschirms auch hinter dem transparenten Anmeldebildschirm erscheint, dies ist auch die Standardeinstellung. Andernfalls erhalten Sie einen einfarbigen Anmeldebildschirm.

Hinweise, Tipps und Infos auf dem Sperrbildschirm
Auf dem Sperrbildschirm erscheinen auch Infos zum Bild sowie Hinweise und Tipps. In Verbindung mit den Optionen *Bild* und *Diashow* können Sie diese bei Bedarf über das Kontrollkästchen *Unterhaltung, Tipps, Tricks und mehr auf dem Sperrbildschirm anzeigen* ❹ deaktivieren. Mit der Auswahl *Windows-Blickpunkt* ist dies nicht möglich.

5.5 Symbole und Verhalten der Taskleiste

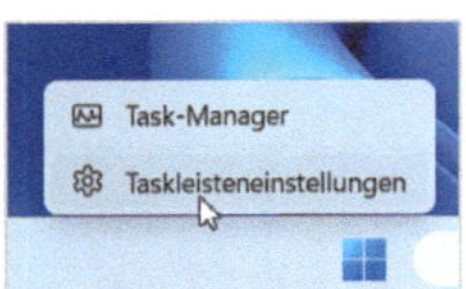

Auch die Anzeige der Taskleistensymbole steuern Sie in den Einstellungen. Klicken Sie dazu mit der rechten Maustaste an eine freie Stelle der Taskleiste und auf *Taskleisteneinstellungen* oder wählen Sie in den Einstellungen ▶ *Personalisierung* den Abschnitt *Taskleiste*.

Zum Anzeigen oder Ausblenden der Details klicken Sie entweder direkt auf einen Abschnitt, z. B. *Taskleistenelemente* ❶ oder den dazugehörigen Pfeil ❷.

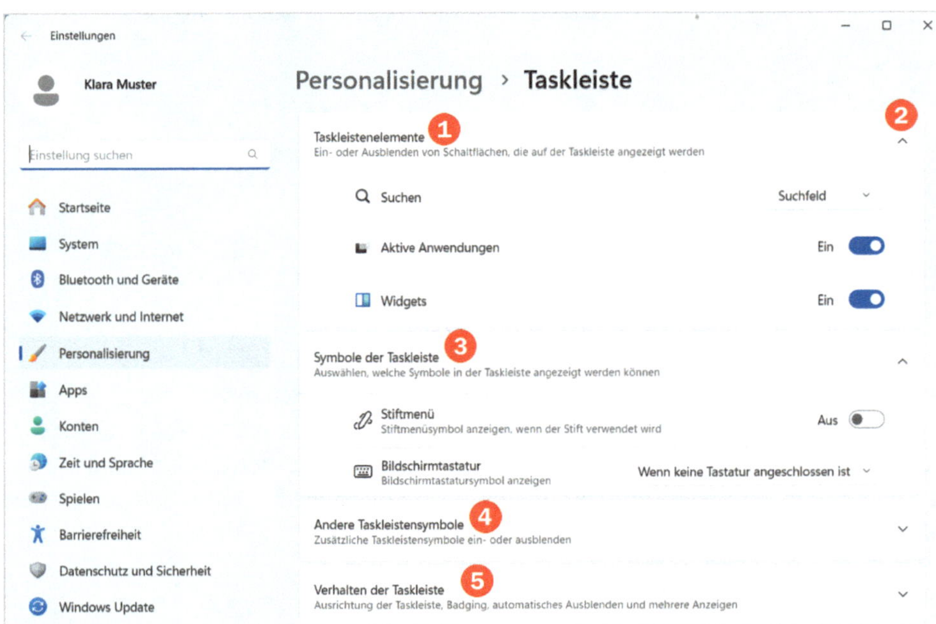

Bild 5.33 Taskleisteneinstellungen

Allgemeine Anzeigeeinstellungen

Anzeige der Taskleistenelemente

Im Abschnitt *Taskleistenelemente* ❶ legen Sie fest, welche Symbole standardmäßig neben dem Windows-Logo (*Start*) erscheinen bzw. deaktivieren nicht benötigte oder störende Symbole, z. B. *Widgets*. Außerdem können Sie die Anzeige der *Suche* steuern: *Symbol*, *Symbol und Bezeichnung* (Suchfeld) oder *Ausblenden*.

Bildschirmtastatur, Stiftmenü usw. anzeigen

Der Abschnitt *Symbole der Taskleiste* ❸ steuert die Anzeige zusätzlicher Symbole im Infobereich ganz rechts, z. B. *Bildschirmtastatur* oder ein Symbol zum Einblenden des Stiftmenüs bei Stifteingabe.

Symbole im rechten Infobereich

Einen Überblick über die Symbole im Infobereich der Taskleiste haben Sie bereits in Kapitel 3 erhalten. Einige davon sind nicht auf Anhieb sichtbar, sondern erscheinen erst beim Klick auf den kleinen Pfeil im sogenannten Überlaufbereich.

Ob ein Symbol dauerhaft sichtbar ist oder im Überlaufbereich erscheint, legen Sie im Abschnitt *Andere Taskleistensymbole* ❹ für jedes Symbol einzeln fest, siehe Bild unten. *Aus* bedeutet, das Symbol erscheint im Überlaufbereich. Schaffen Sie also mehr Übersicht, indem Sie selten benötigte Symbole in den Überlaufbereich auslagern.

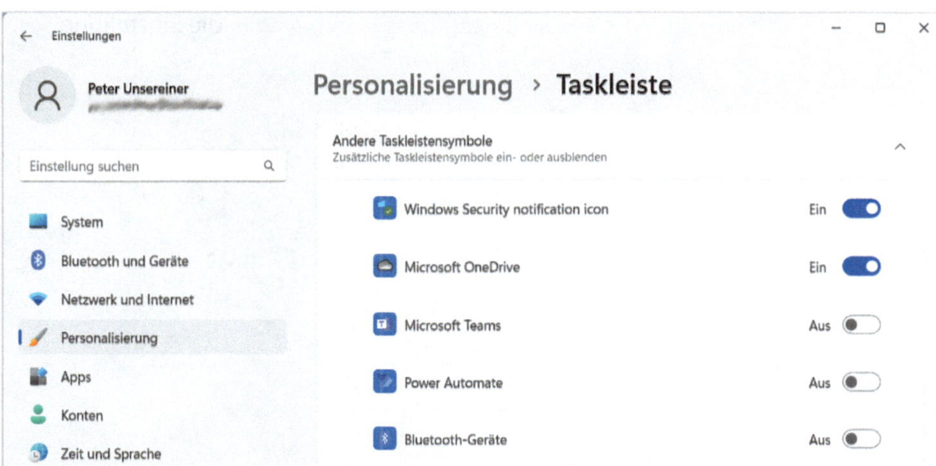

Bild 5.34 Wählen Sie, ob ein Symbol im Infobereich der Taskleiste dauerhaft sichtbar sein soll

Startmenü links statt in der Mitte anzeigen

Falls Sie Windows bereits von früheren Versionen her kennen, finden Sie vielleicht das Symbol *Start* und damit das Startmenü in der Mitte des Bildschirms gewöhnungsbedürftig. Wenn Sie das Startmenü wieder an den linken Rand rücken möchten, dann öffnen Sie den Abschnitt *Verhalten der Taskleiste* ❺ und wählen im Feld *Taskleistenausrichtung* statt *Zentriert* die Option *Links* aus.

Die Bedeutung der übrigen Kontrollkästchen im Abschnitt Verhalten der Taskleiste

- **Taskleiste ausblenden**: Normalerweise ist die Taskleiste dauerhaft sichtbar. Mit dem Kontrollkästchen *Taskleiste automatisch ausblenden* kann jedoch die Taskleiste ausgeblendet werden und erscheint dann nur noch, wenn sie benötigt wird bzw. wenn Sie an den unteren Rand des Bildschirms zeigen.
- **Anzahl ungelesener Nachrichten**: Ob im rechten Bereich die Zahl ungelesenener Benachrichtigungen erscheint, legen Sie über das Kontrollkästchen *Badges in Taskleisten-Apps anzeigen* fest.
- **Blinken von App-Symbolen**: Durch Blinken weisen App-Symbole in der Taskleiste auf Wichtiges hin. Dieses Blinken lässt sich durch Deaktivieren des Kontrollkästchens *„Blinken auf der Taskleiste"-Apps anzeigen* abschalten.
- **Beliebiges Fenster aus meiner Taskleiste teilen**: Dieses Kontrollkästchen steuert, ob in Teams-Sitzungen das Teilen von Fensters mittels Button angeboten wird.
- **Die Funktion Desktop anzeigen**: Wenn Sie auf den äußersten rechten Rand der Taskleiste klicken, werden alle geöffneten Fenster minimiert und der Desktop erscheint. Über das Kontrollkästchen *Wählen Sie die äußerste Ecke der Taskleiste aus, um den Desktop anzuzeigen* können Sie diese Funktion deaktivieren bzw. aktivieren.
- **Taskleistensymbole gruppieren**: Wenn mehrere geöffnete Fenster einer App, z. B. Word nicht als Gruppe in der Taskleiste erscheinen sollen, dann wählen Sie bei *Taskleistenschaltflächen kombinieren und Beschriftungen ausblenden* die Einstellung *Nie*.

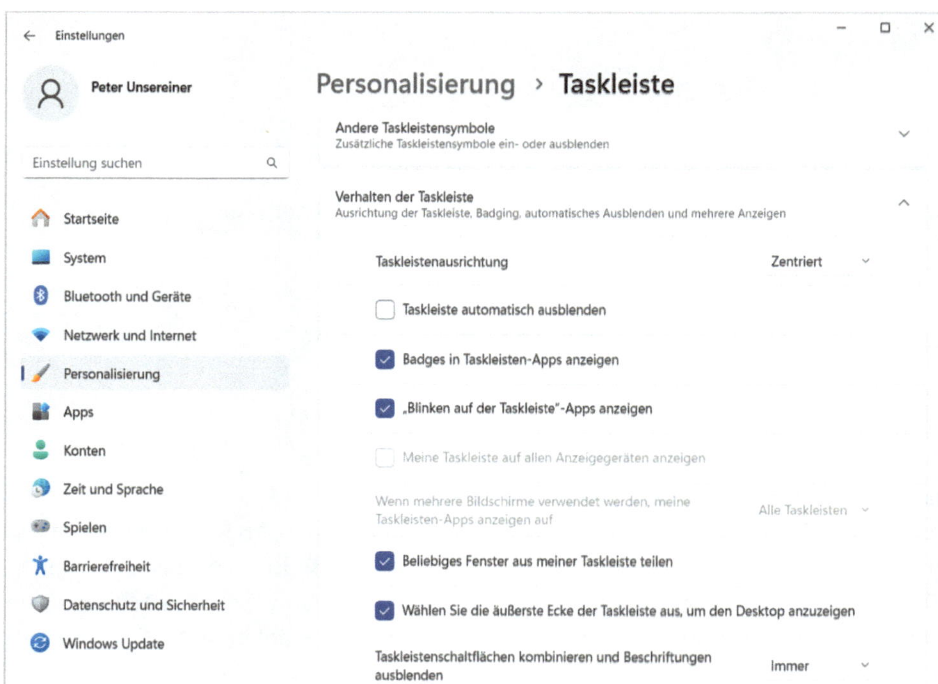

Bild 5.35 Einstellungen im Abschnitt Verhalten der Taskleiste

Ansicht der Taskleiste bei zwei Bildschirmen

Sind an Ihrem Gerät zwei Bildschirme angeschlossen, so stehen Ihnen auch noch die Kontrollkästchen *Meine Taskleiste auf allen Anzeigegeräten anzeigen* und *Meine Taskleisten-Apps anzeigen auf* zur Verfügung. Wie Sie einen zweiten Bildschirm anschließen und einrichten, lesen Sie in Kapitel 7.2.

Schnelleinstellungen anpassen

Die Schnelleinstellungen enthalten einige wichtige Schaltflächen, z. B. zum Herstellen einer WLAN-Verbindung oder Ein- und Ausschalten des Flugzeugmodus und werden mit Klick auf die Symbolgruppe *Netzwerk, Lautsprecher, Akku* geöffnet.

Anordnung der Schaltflächen ändern

Die Schaltflächen der Schnelleinstellungen verteilen sich auf zwei Seiten: Über die Pfeile ❶ oder mit Drehen des Mausrads gelangen Sie zur nächsten bzw. vorhergehende Seite.

- **Gerät auswählen:** Einige Schaltflächen, z. B. *Bluetooth* oder *WLAN* weisen einen, nach rechts weisenden Pfeil auf, über den Sie weitere Einstellungen erhalten, bzw. ein entsprechendes Gerät auswählen können.
- **Schaltflächen verschieben:** Sie können die Schaltflächen beliebig anordnen, indem Sie eine Schaltfläche mit gedrückter linker Maustaste an eine andere Stelle ziehen. Um eine Schaltfläche von einer Seite auf die andere zu verschieben, ziehen Sie diese einfach ganz nach oben bzw. nach unten, bis die betreffende Seite erscheint und danach an die gewünschte Position.
- **Beispiel Projizieren:** *Projizieren* ❷ benötigen Sie, wenn Sie Bildschirmpräsentationen, z. B. mit PowerPoint über Beamer oder einen zweiten Bildschirm vorführen. Wählen eine Projektionsart, mit dem Pfeil ❸ gelangen Sie wieder zurück.

Tipp: Rechtsklick auf eine Schaltfläche und der Befehl *Zu Einstellungen wechseln* öffnet die Einstellungen an genau dieser Stelle.

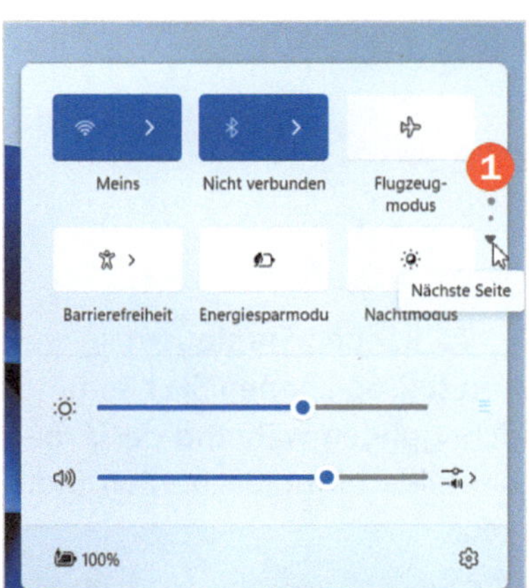

Bild 5.36 Nächste Seite anzeigen

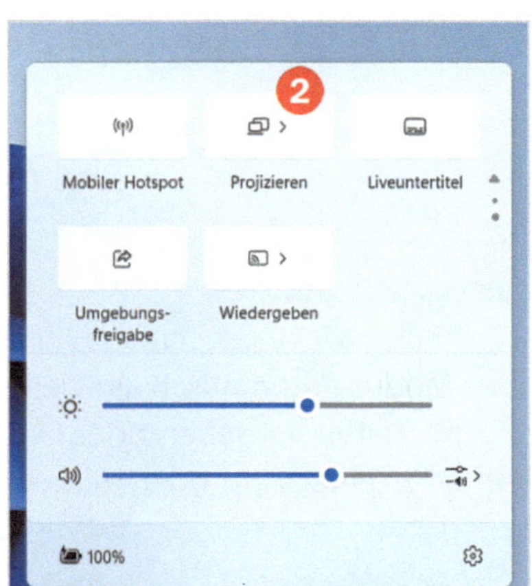

Bild 5.37 Klicken Sie auf den Pfeil für weiterführende Einstellungen

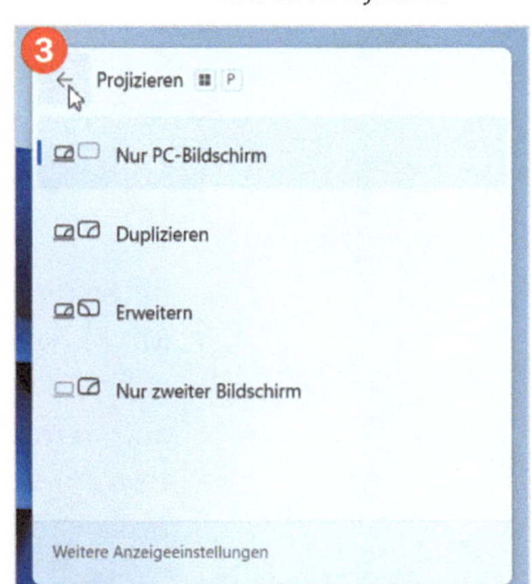

Bild 5.38 Projizieren

Benachrichtigungen im Griff

Ständig in der rechten unteren Ecke aufploppende Meldungen und der damit meist einhergehende Sound haben in der Regel eine ablenkende Wirkung. Wie Sie solche Benachrichtigungen durch Aktivieren des „Bitte nicht stören" - Modus oder Starten einer Fokussitzung unterdrücken, haben Sie in Kapitel 3 kennengelernt. Weitergehende Möglichkeiten, z. B. Sound ausschalten oder automatisches Aktivieren von *Bitte nicht stören* finden Sie auch hierzu wieder in den Einstellungen.

Öffnen Sie dazu mit Klick auf Datum und Uhrzeit in der Taskleiste die Benachrichtigungen und aktivieren Sie *„Bitte nicht stören"*. Klicken Sie dann auf den Link *Benachrichtigungseinstellungen*. Oder öffnen Sie die Einstellungen, klicken auf *System* und wählen *Benachrichtigungen*.

Soundwiedergabe und Anzeige auf dem Sperrbildschirm

Über den Schalter *Benachrichtigungen* ❶ können Sie sämtliche Benachrichtigungen von Apps und anderen Absendern ausschalten. Wenn Sie dagegen nur die dazugehörige Soundwiedergabe oder die Anzeige auf dem Sperrbildschirm deaktivieren möchten, dann klicken Sie auf *Benachrichtigungen* ❷ und nehmen die entsprechenden Einstellungen über die Kontrollkästchen ❸ vor.

Bild 5.39 Sound und Anzeige auf dem Sperrbildschirm

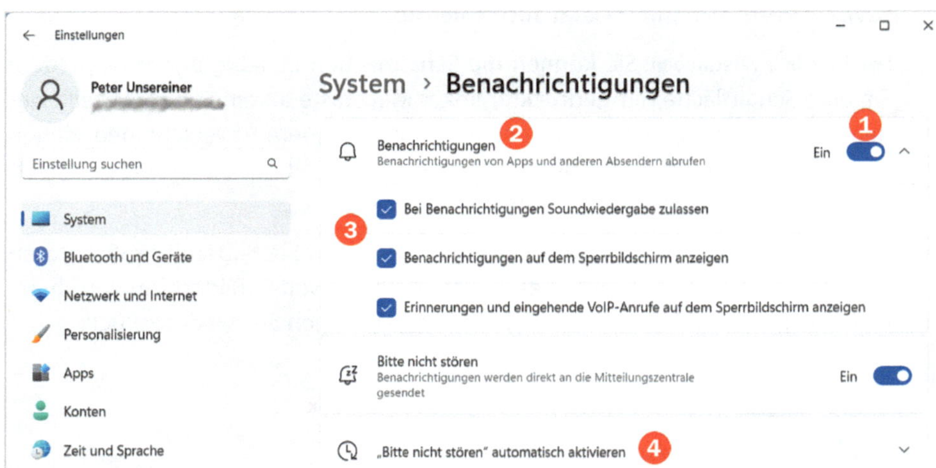

Bitte nicht stören automatisch aktivieren

Mit Klick auf *„Bitte nicht stören" automatisch aktivieren* ❹ können Sie steuern, in welchen Fällen dieser Modus automatisch aktiviert werden soll. So können Sie hier unter anderem bestimmte Zeiten vorgeben oder Benachrichtigungen während des Arbeitens im Vollbildmodus einer App oder während einer Bildschirmpräsentation (Kontrollkästchen *Beim Duplizieren Ihres Bildschirms*) blocken.

Welche Benachrichtigungen möchten während Bitte nicht stören erlauben?

In der Standardeinstellung werden im „Bitte nicht stören" - Modus alle Benachrichtigungsbanner bis auf wichtige systemrelevante Meldungen (Alarme) und von ausgewählten Apps unterdrückt. Um welche Apps es sich dabei handelt, legen Sie unter *Prioritätsbenachrichtigungen* ❶ fest. Aktivieren bzw. deaktivieren Sie anschließend Anrufe oder Erinnerungen und fügen Sie im Bedarfsfall weitere Apps der Liste hinzu ❷. Um eine App zu entfernen, klicken Sie auf die drei Punkte ❸.

Bild 5.40 Prioritätsbenachrichtigungen bearbeiten

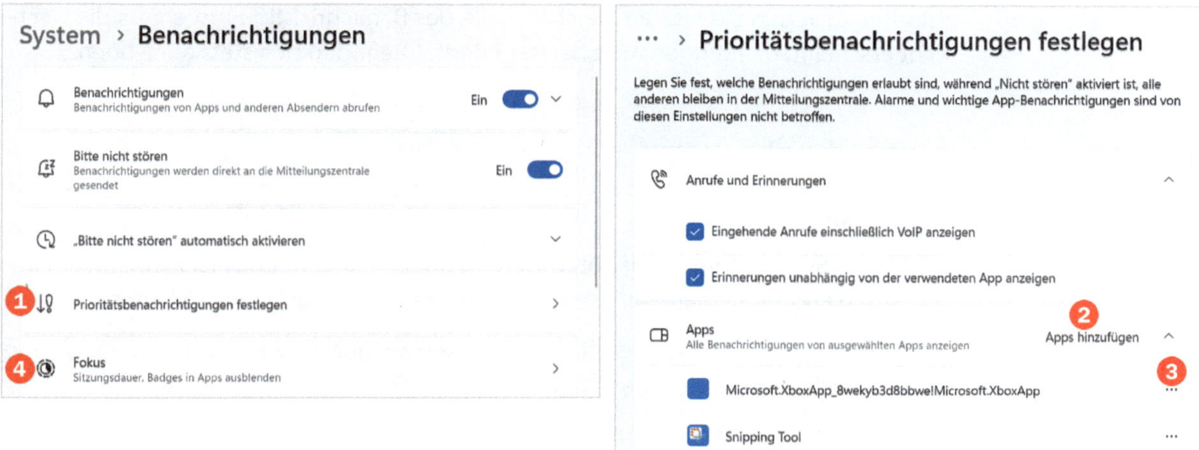

Mit Klick auf *Fokus* ❹ haben Sie die Möglichkeit, für Fokussitzungen einzelne störende Elemente, z. B. blinkende Apps in der Taskleiste zu deaktivieren.

Benachrichtigungen von Apps bearbeiten

In den Benachrichtigungseinstellungen (*Einstellungen* ▶ *System* ▶ *Benachrichtigungen*) finden Sie auch die Liste der Apps, deren Benachrichtigungen abgerufen werden.

Bild 5.41 Benachrichtigungen für jede App bearbeiten

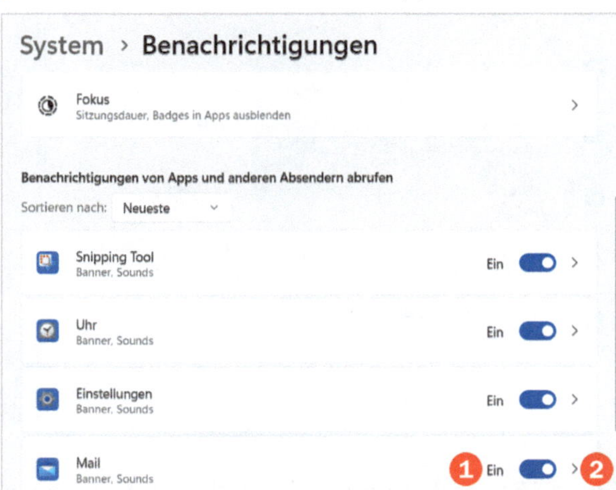

Bild 5.42 Beispiel Mail

Per Schalter ❶ entscheiden Sie für jede einzelne App, z. B. *Mail*, ob Sie deren Benachrichtigungen erhalten möchten. Klicken Sie dagegen auf den Pfeil ❷, so sind detaillierter Einstellungen, z. B. das kurzzeitige Einblenden eines Benachrichtigungsbanners ❸ oder die Soundwiedergabe beim Eintreffen unterbinden ❹ möglich. Unter Priorität ❺ legen Sie fest, an welcher Stelle des Benachrichtigungscenters die Nachricht erscheint. Meldungen mit oberster Priorität befinden sich stets ganz oben.

Andockverhalten von Fenstern, mehrere Desktops

Snap Layouts

Snap Layouts, siehe Kap. 3, Seite 54.

Falls keine Snap Layouts angeboten werden oder Fenster beim Verschieben nicht automatisch andocken, dann müssen Sie dies in den Einstellungen einschalten.

1 Öffnen Sie dazu die Einstellungen, klicken Sie auf die Kategorie *System* ❶ und danach im rechten Bereich auf *Multitasking* ❷.

2 Für ein automatisches Andocken und Snap Layouts muss der Schalter *Fenster andocken* auf *Ein* ❸ stehen. Weitere Optionen blenden Sie mit Klick auf den Pfeil ❹ ein, diese sind in der Standardeinstellung alle aktiviert und ihre Funktion dürfte selbsterklärend sein, siehe Bild unten.

Bild 5.43 Unter Multitasking steuern Sie das Andockverhalten von Fenstern

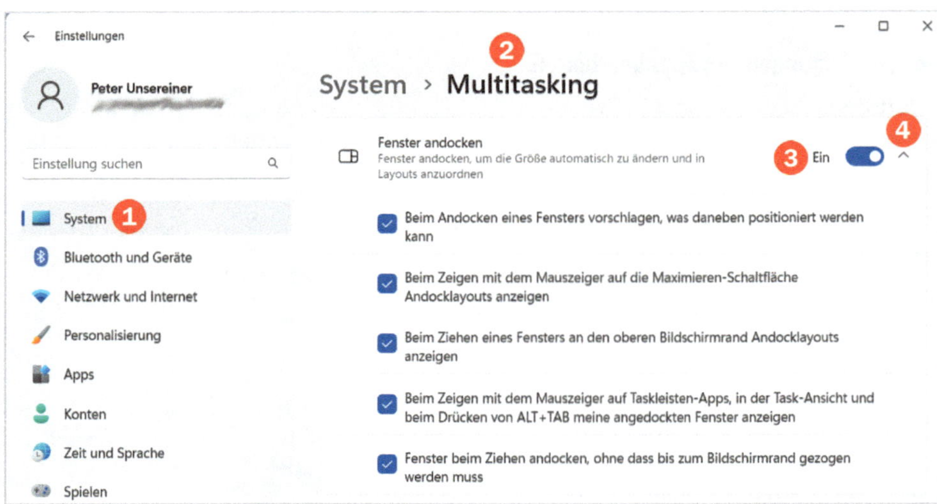

Info: Auch in der Ansicht *Aktive Anwendungen* haben Sie per Rechtsklick die Möglichkeit, ein Fenster auf allen Desktops anzuzeigen. Im Unterschied zur hier beschriebenen Einstellung befindet sich damit aber das Fenster selbst auf allen Desktops

Apps anderer Desktops anzeigen

Im Abschnitt *Desktops* steuern Sie bei Verwendung mehrerer Desktops die Anzeige geöffneter Apps in der Taskleiste.

In der Standardeinstellung zeigt die Taskleiste immer nur die geöffneten Apps des aktuellen Desktops an. Das bedeutet, wenn Sie zu einer, auf einem anderen Desktop geöffneten App wechseln möchten, dann müssen zuerst diesen Desktop aufrufen. Wenn Sie dies bei häufigem Wechsel als zeitraubend und umständlich empfinden, dann klicken Sie im Abschnitt *Desktops* ❶ bei *Auf Taskleiste alle geöffneten Fenster anzeigen* in das Feld und wählen *Auf allen Desktops* ❷. Wenn Sie anschließend mit dieser Auswahl über die Taskleiste eine App aufrufen, gelangen Sie automatisch auch zu dem Desktop, auf dem die App geöffnet ist. Unterhalb finden Sie dieselben Möglichkeiten auch für die Verwendung der Tasten **Alt+Tab** ❸.

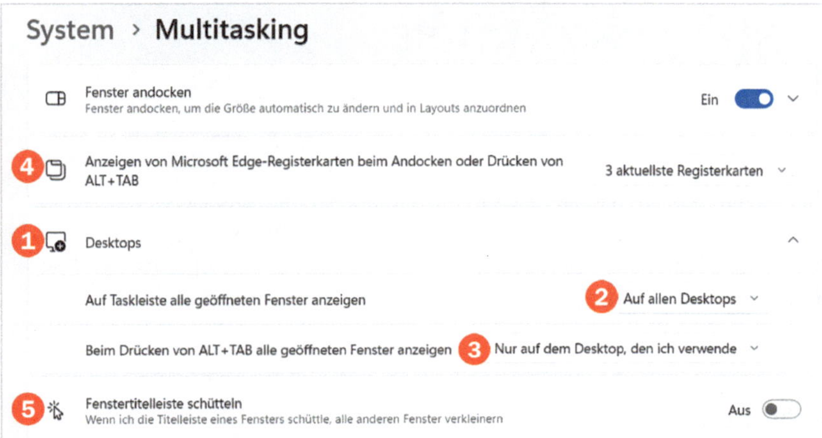

Bild 5.44 Anzeige von Apps in der Taskleiste

Die weiteren Multitasking Einstellungen:

- Eine weitere Multitasking-Einstellung steuert die Anzahl der Tabs in Microsoft Edge ❹ die mit den Tasten **Alt+Tab** geöffnet werden können, hier ist die Standardeinstellung *3 aktuellste Registerkarten* ausreichend.
- Durch „Schütteln" der Titelleiste lassen sich schnell alle übrigen geöffneten Fenster mit Ausnahme des aktuellen Fensters minimieren. Diese Funktion wird über den Schalter *Fenstertitelleiste schütteln* ❺ aktiviert oder deaktiviert.

5.6 Einstellungen für Bildschirm, Maus und Bildschirmtastatur

Bildschirmanzeige

Um Ihren Nacken und Ihre Augen zu schonen, insbesondere bei längerem Arbeiten am PC, sollten Sie sich mit den Einstellungen für die Bildschirmanzeige näher befassen. Wie Sie mit Klick auf das Symbol im Infobereich der Taskleiste schnell die Bildschirmhelligkeit ändern, haben Sie bereits in Kapitel 3 gesehen. Daneben gibt es aber noch weitere nützliche Anzeigeeinstellungen.

Falls sichtbar, klicken Sie dazu mit der rechten Maustaste an eine freie Stelle des Desktophintergrunds und auf *Anzeigeeinstellungen*. Oder öffnen Sie die Einstellungen, klicken auf die Kategorie *System* ❶ und anschließend auf *Bildschirm* ❷, s. Bild unten.

Bild 5.45 Bildschirmeinstellungen bearbeiten

Hinweis zur Barrierefreiheit

Für Anwender mit eingeschränktem Seh- oder Hörvermögen stellt Windows in der Kategorie *Barrierefreiheit* verschiedene Einstellungen zur Verfügung die im nächsten Punkt detailliert beschrieben werden. Aber auch für alle übrigen Nutzer lohnt sich ein Blick auf einige dieser Einstellungen.

Nachtmodus und Helligkeit

Im Abschnitt *Helligkeit und Farbe* schalten Sie neben der Regelung der Helligkeit auch den *Nachtmodus* ein und aus ❶. Im Nachtmodus erscheint der Bildschirm etwas abgedunkelt und in wärmeren Farben, da hier der Blauanteil fehlt. Für detailliertere Einstellungen klicken Sie auf *Nachtmodus* oder den dazugehörigen Pfeil. Anschließend können Sie im Bedarfsfall die Stärke des blauen Lichtanteils regeln und/oder durch Aktivieren des Schalters *Nachtmodus planen* die Zeitpunkte zum automatischen Ein- und Ausschalten festlegen. Auch automatisches Aktivieren bei Sonnenuntergang ist möglich, jedoch muss hierzu der Positionsdienst bzw. die automatische Standortermittlung aktiviert sein.

HDR-Unterstützung

HDR = Abkürzung für High Dynamic Range)

Falls Ihr Gerät für die Videowiedergabe und bestimmte Spiele bzw. Apps HDR unterstützt, erhalten Sie mit Klick auf diesen Bereich ❷ verschiedene Optionen, z. B. in Zusammenhang mit Akkubetrieb.

Bild 5.46 Helligkeit und Farbe

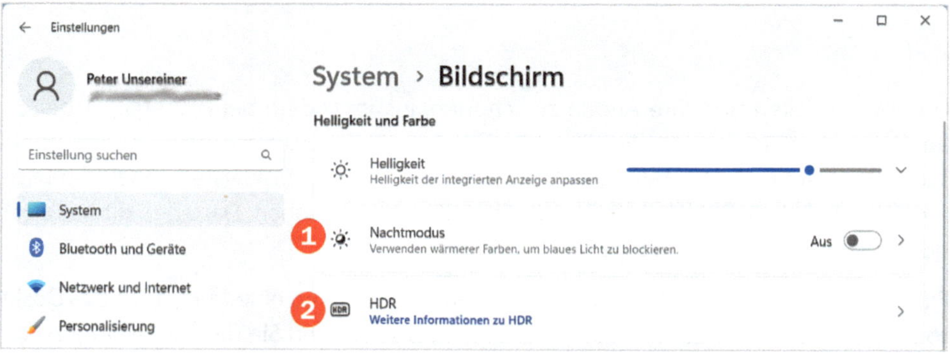

Anzeige vergrößern

Auf großen Bildschirmen mit hoher Auflösung empfinden viele Nutzer die Anzeige als zu klein. In solchen Fällen kann ein Vergrößern der Anzeige die Lesbarkeit erheblich verbessern. Klicken Sie dazu unter *Skalierung und Layout* ▶ *Skalierung* auf die aktuelle Skalierung und wählen Sie statt der empfohlenen *100%* oder *125%* ❸ einen höheren Skalierungsfaktor.

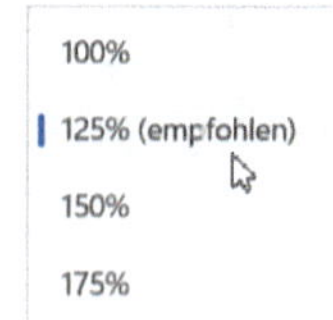

Info: Über den dazugehörigen Pfeil ❹ könnten Sie auch einen benutzerdefinierten Skalierungsfaktor eingeben, davon wird allerdings dringend abgeraten.

Die *Bildschirmauflösung* ❺ sollte dagegen nicht oder nur in Ausnahmefällen geändert werden, da Windows ohnehin meist die, für den angeschlossenen Bildschirm empfohlene Einstellung verwendet. Auch ein Ändern der Bildschirmausrichtung (Quer- bzw. Hochformat) dürfte nur in seltenen Fällen erforderlich sein.

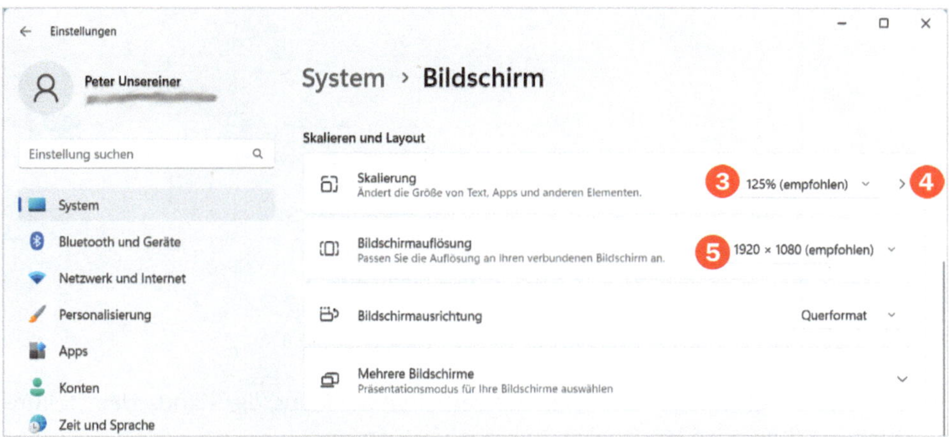

Bild 5.47 Anzeige vergrößern

Hinweis: Die hier angebotenen Werte sind abhängig vom Bildschirm und können auf Ihrem Gerät von der Abbildung abweichen.

> **Beachten Sie bei Änderungen der Anzeige**
>
> - Nach dem Ändern der Anzeigeeinstellungen müssen Sie sich abmelden und anschließend erneut anmelden, damit Ihre Änderungen vollständig übernommen werden!
> - Falls mehrere Personen dasselbe Gerät mit verschiedenen Benutzerkonten nutzen, gilt die geänderte Anzeige nur für den aktuellen Benutzer.

Tipp: Wenn Sie nur den Mauszeiger vergrößern oder Text größer darstellen möchten, dann finden Sie dies in der Kategorie *Barrierefreiheit*, siehe Punkt 5.7 auf Seite 186 ff.

Die Maus auf linkshändige Bedienung umstellen

Standardmäßig ist bei Verwendung einer Maus die linke Maustaste die wichtigste Taste. Falls Sie als Linkshänder/in die Funktion der Maustasten vertauschen, also die rechte Maustaste als primäre Taste nutzen möchten, dann gehen Sie so vor:

1 Wählen Sie in den Einstellungen *Bluetooth und Geräte* ❶ und klicken Sie im rechten Bereich auf *Maus* ❷.

Oder geben Sie im Suchfeld den Suchbegriff Maus ein und klicken in den Suchergebnissen auf *Mauseinstellungen*.

2 Klicken Sie bei *Primäre Taste* in das Feld und wählen Sie *Rechts* anstatt *Links* ❸.

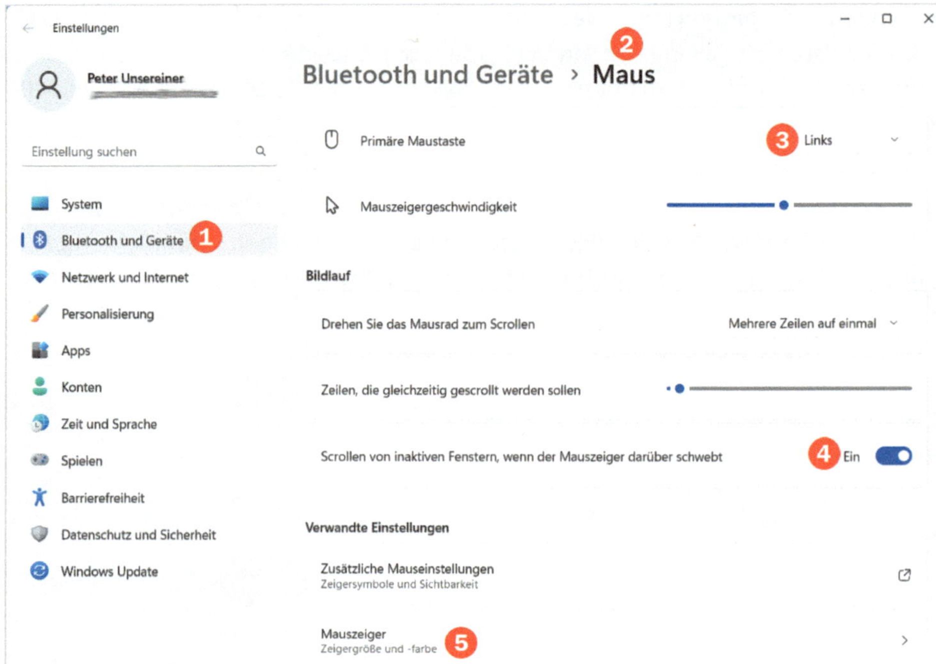

Bild 5.48 Ändern Sie die primäre Maustaste auf Rechts statt Links

Die weiteren Möglichkeiten betreffen das Verhalten der Maus, die Standardeinstellungen hierzu sollten nach Möglichkeit beibehalten werden.

- Die *Mauszeigergeschwindigkeit* regelt, wie schnell der Mauszeiger Ihren Bewegungen folgt. Hier sollte sich der Regler etwa in der Mitte befinden (Standard).
- Im Abschnitt *Bildlauf* steuern Sie das Verhalten beim Scrollen durch Drehen des Mausrads. **Achtung**: Der Schalter *Scrollen von inaktiven Fenstern, wenn der Mauszeiger darüber schwebt* sollte unbedingt *Ein* ❹ sein, da Sie sonst in einem inaktiven Fenster nur scrollen können, wenn Sie zuvor in das Fenster geklickt haben.
- Unter *Verwandte Einstellungen* gelangen Sie mit Klick auf *Mauszeiger* ❺ zur Kategorie *Barrierefreiheit* und können hier unter anderem Größe und Farbe von Mauszeiger und Textcursor ändern, siehe weiter unten.

Unterstützte Touchpad-Gesten

Falls Sie auf einem mobilen Gerät statt der Maus oder zusätzlich ein Touchpad nutzen, lässt sich in den Einstellungen auch dessen Empfindlichkeit steuern. Klicken Sie dazu in den Einstellungen ▶ *Bluetooth und Geräte* auf *Touchpad*. Im Abschnitt *Tippeingaben* können Sie nicht nur zwischen verschiedenen Stufen der Empfindlichkeit wählen, sondern auch einzelne Tippeingaben, z. B. *Zur Mehrfachauswahl zweimal tippen und ziehen* aktivieren oder deaktivieren. Gleiches gilt auch *Scrollen und Zoomen*.

Tipp: Falls Sie nicht genau wissen, welche Möglichkeiten das Touchpad Ihres Laptops unterstützt, dann finden Sie diese unter *Drei-Finger-Gesten* und *Vier-Finger-Gesten*. Ferner können Sie wählen, was passieren soll, wenn Sie z. B. mit drei Fingern tippen und anschließend mit der Tastatureingabe beginnen (Standardeinstellung: Suche öffnen).

Bild 5.49 Touchpad-Einstellungen

Bild 5.50 Drei-Finger-Gesten

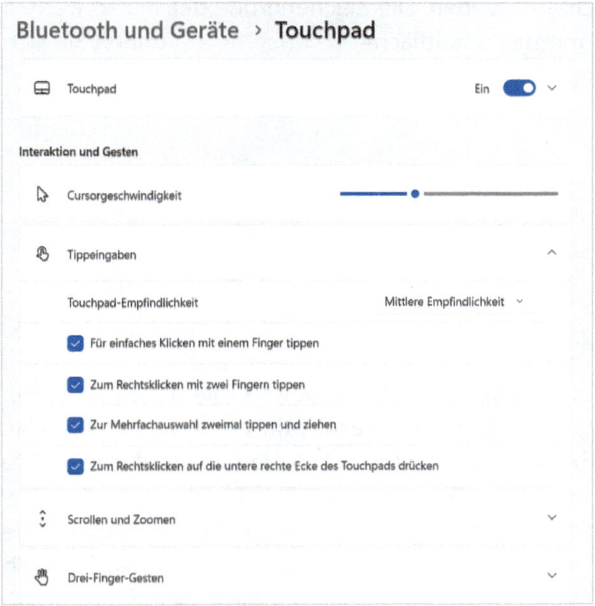

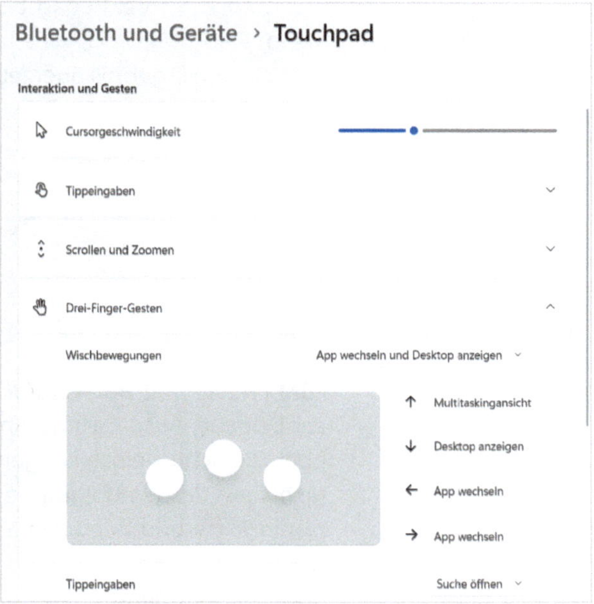

Wählen Sie Ihre individuelle Bildschirmtastatur

Falls Sie auf einem mobilen Gerät zur Tastatureingabe die Bildschirmtastatur nutzen, können Sie auch dieser ein Design und verschiedene Farben verpassen. Öffnen Sie dazu die Einstellungen ▶ *Personalisierung* und wählen Sie *Texteingabe*. Klicken Sie dann auf das gewünschte Tastaturdesign.

Oder tippen Sie auf der Bildschirmtastatur auf das Symbol *Einstellungen* ⚙ und wählen *Design und Größe ändern*.

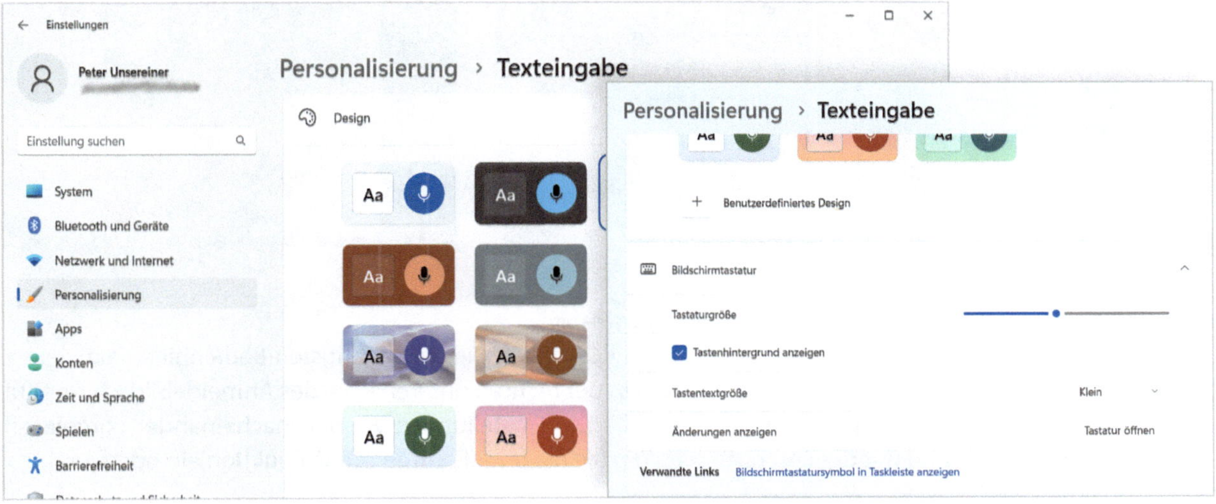

Hintergrundbild und Zeichengröße

Klicken Sie unterhalb auf *Bildschirmtastatur*, so können Sie mittels Schieberegler die Tastaturgröße anpassen (s. Bild auf der vorherigen Seite) und eventuell störende Hintergrundbilder mancher Tastaturdesigns mit dem Kontrollkästchen *Tastaturhintergrund anzeigen* bei Bedarf einfach ausblenden. Die Zeichengröße der Tasten wählen Sie im Feld *Tastentextgröße* und mit der Schaltfläche *Tastatur öffnen* können Sie sich schnell vom Ergebnis überzeugen.

5.7 Barrierefreies Arbeiten

Schnelles Einschalten der wichtigsten Hilfsfunktionen

Für Benutzer mit Hör- und/oder Sehproblemen stellt Windows 11 verschiedene Hilfen zur Eingabe, Ausgabe und Anzeige zur Verfügung. Die wichtigsten davon schalten Sie über die Schnelleinstellungen schnell ein- und aus: Klicken Sie dazu in der Taskleiste rechts auf die Symbolgruppe *Lautsprecher*, *Netzwerk* und *Akku* ❶, danach auf *Barrierefreiheit* ❷ und benutzen Sie die Schalter ❸. Genauere Beschreibungen finden Sie weiter unten, einige davon, z. B. *Bildschirmlupe* oder *Sprachausgabe* können Sie auch über das Startmenü, *Alle Apps* im Ordner *Barrierefreiheit* starten. Ein Klick auf *Weitere Einstellungen für Barrierefreiheit* ❹ öffnet die dazugehörigen Einstellungen, siehe Bild 5.52.

Bild 5.51 Die wichtigsten Hilfen zum barrierefreien Arbeiten über die Taskleiste ein- und ausschalten

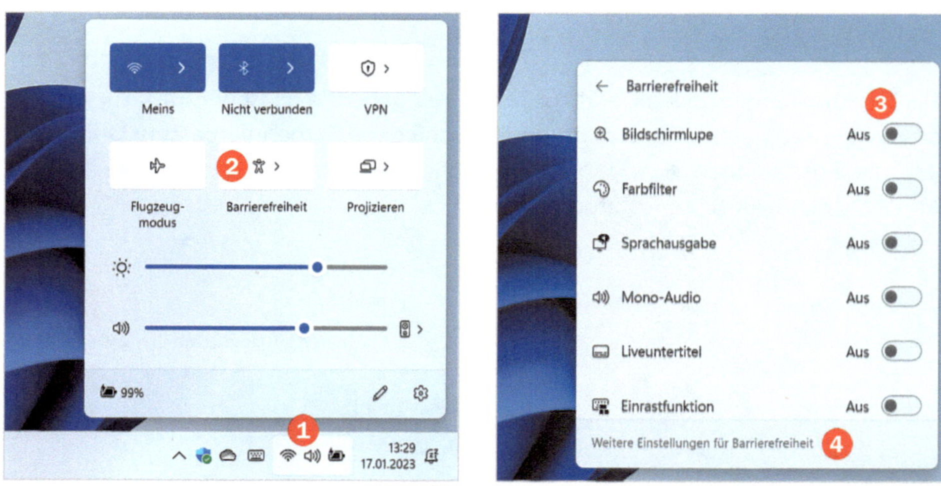

Bedienhilfen bei der Anmeldung aktivieren

Auch bei der Anmeldung am PC können Sie die wichtigsten Bedienhilfen aktivieren. Klicken oder tippen Sie dazu in der rechten unteren Ecke des Anmeldebildschirms auf das Symbol *Barrierefreiheit*. Die Einstellungen werden nacheinander vorgelesen und mit der Leertaste schalten Sie die jeweils vorgelesene Funktion ein oder aus.

Die Kategorie Barrierefreiheit in den Einstellungen

Diese und noch weitere Möglichkeiten zum barrierefreien Arbeiten finden Sie in den Einstellungen in der Kategorie *Barrierefreiheit*, aufgeteilt in die Bereiche *Sehen*, *Hörvermögen* und *Interaktion*. Im Bild unten alle Einstellungen zum Thema *Sehen*, ein Klick auf die jeweilige Einstellung oder die Pfeile öffnet die dazugehörigen Details.

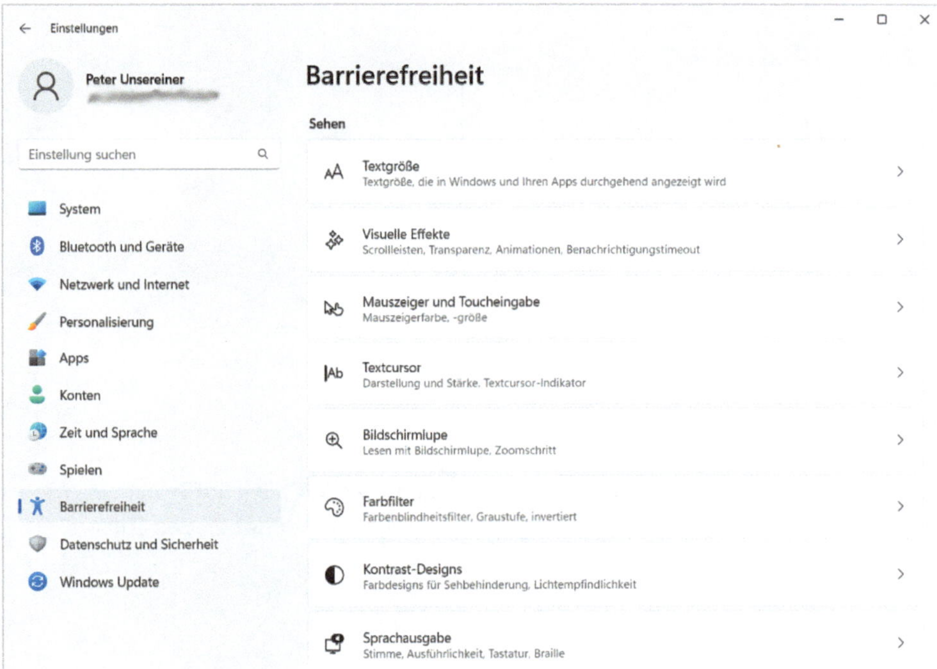

Bild 5.52 Barrierefreiheit, Abschnitt Sehen

Text, Mauszeiger und Cursor vergrößert darstellen

Textgröße

Um Text, z. B. im Startmenü oder Datei-Explorer größer darzustellen, klicken Sie auf *Textgröße*. Ziehen Sie den Schieberegler, bis der Beispieltext oberhalb die gewünschte Größe hat und klicken Sie zum Übernehmen auf *Anwenden* (Bild 5.53).

Mauszeiger und Touchpunkt besser sichtbar machen

Insbesondere auf großen Bildschirmen ist der Mauszeiger nicht immer auf Anhieb auszumachen. Um ihn optisch hervorzuheben, klicken Sie auf *Mauszeiger und Toucheingabe* (Bild 5.54).

- Wählen Sie eine Farbdarstellung ❶, beispielsweise schwarz oder klicken Sie auf *Benutzerdefiniert* ❷ und wählen eine der angebotenen Farben.
- Zum Ändern der Zeigergröße benutzen Sie den Schieberegler ❸. Da sich der Mauszeiger bereits während des Ziehens verändert, können Sie die Wirkung sofort beurteilen.

- Unter *Touch-Indikator* sorgt der aktivierte Schalter *Touch-Anzeige* ❹ dafür, dass bei Touchbedienung auf dem Bildschirm der berührte Punkt kreisförmig hervorgehoben wird. Über ein Kontrollkästchen können Sie diesen dunkler und größer machen.

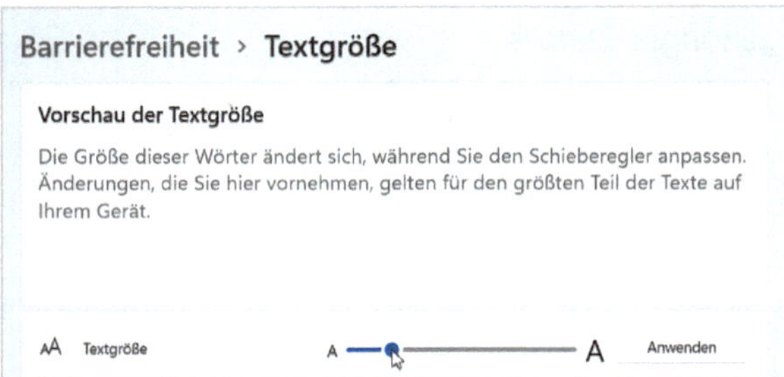

Bild 5.53 Textgröße ändern

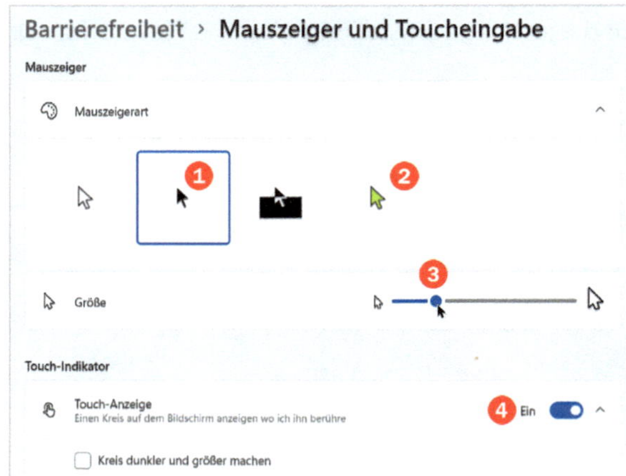

Bild 5.54 Aussehen und Größe des Mauszeigers

Textcursor hervorheben

Auch der Cursor ist nicht immer auf Anhieb erkennbar. Mit Klick auf *Textcursor* ❶ erhalten Sie die unten abgebildeten Möglichkeiten zum Hervorheben des Cursors.

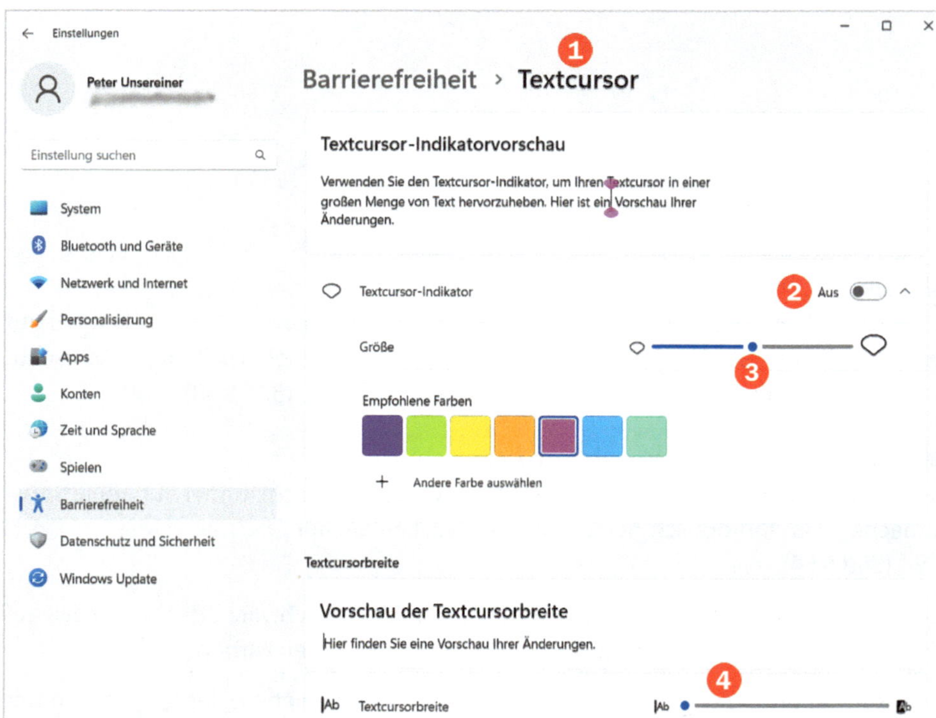

Bild 5.55 Einstellungen zum Textcursor

- **Hervorhebung mit farbigen Punkten oben und unten:** Dazu setzen Sie den Schalter *Textcursor-Indikator* auf *Ein* ❷, unterhalb können Sie Größe ❸ (Schieberegler) und Farbe festlegen.

- **Cursorbreite:** Um den Cursor selbst breiter darzustellen, verwenden Sie den Schieberegler *Textcursor-Darstellung ändern* ❹.

So nutzen Sie die Bildschirmlupe

Die Bildschirmlupe ❶, die Sie in den Einstellungen ebenfalls unter *Barrierefreiheit* finden, ist eigentlich keine Einstellung, sondern eine kleine App, die in den Schnelleinstellungen über *Barrierefreiheit* oder noch schneller mit den Tasten **Windows** + **Pluszeichen (+)** geöffnet werden kann. Nach dem Starten der App erscheinen links oben in einer kleinen Leiste die Bedienelemente. Mit Klick auf - und + ❷ vergrößern und verkleinern Sie die Anzeige in Schritten von jeweils 100%.

Das Symbol der App erscheint auch in der Taskleiste.

Bild 5.56 Bildschirmlupe einschalten, Bedienelemente

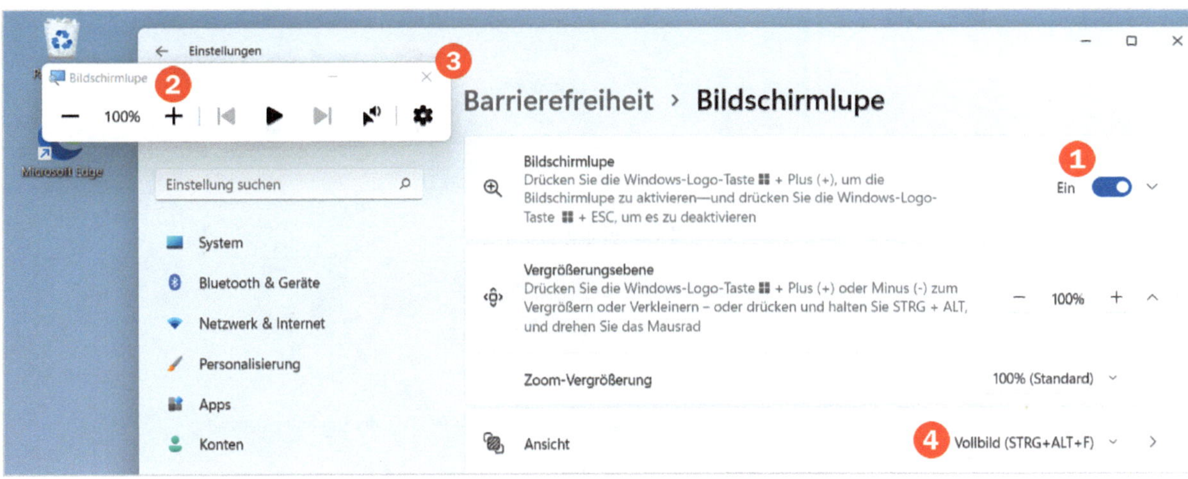

Der sichtbare Bildschirmausschnitt verschiebt sich entsprechend der Position des Mauszeigers. Über die übrigen Symbole starten Sie das Vorlesen (siehe weiter unten) und mit dem Symbol *Schließen* ❸ beenden Sie die Bildschirmlupe.

Größe und Ansichten der Bildschirmlupe

In der Standardeinstellung füllt die vergrößerte Anzeige den gesamten Bildschirm aus (Vollbild). Allerdings kann das Arbeiten in dieser Ansicht auch gewöhnungsbedürftig sein, da nicht immer auf Anhieb ersichtlich ist, welcher Teil des Bildschirms gerade sichtbar ist. Als Alternative stehen im Feld *Ansicht* ❹ (Bild 5.56) auch noch die Ansichten *Angedockt* und *Lupe* zur Auswahl.

- *Angedockt* (oder **Strg+Alt+D**) teilt den Bildschirm in zwei Hälften, unten die normale Anzeige und oben die Vergrößerung.
- *Lupe* (oder **Strg+Alt+L**) vergrößert nur den Teil des Bildschirms, in dem sich der Mauszeiger gerade befindet ❺. Dieser Ausschnitt bewegt sich mit der Maus

Tipp: Mit Tastenkombinationen, siehe Tabelle auf der nächsten Seite, schalten Sie schnell zwischen den Ansichten um.

über den Bildschirm. Mit **Strg+Alt+F** schalten Sie wieder um auf Vollbildvergrößerung.

- Über den Schalter *Farben umkehren* ❻ können Sie bei Bedarf auf inverse Farbdarstellung umschalten. Falls die Schrift verschwommen erscheint, kann ein Deaktivieren des Schalters *Text- und Bildkanten glätten* ❼ Abhilfe bringen.

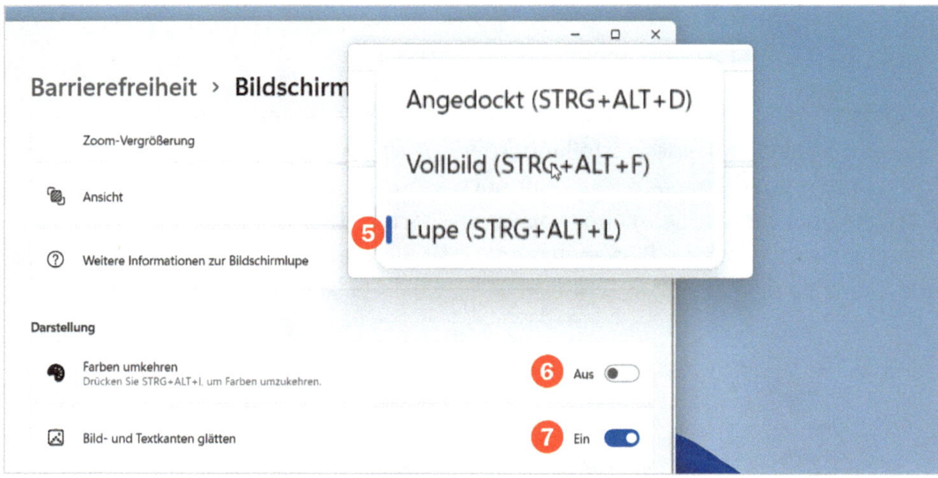

Bild 5.57 Die Ansicht Lupe vergrößert nur den Teil des Bildschirms über dem sich der Mauszeiger befindet

Tastenkombinationen der Bildschirmlupe

Befehl	Tasten
Bildschirmlupe Ein	Windows+Plustaste (+)
Bildschirmlupe Aus	Windows+Esc
Um je eine Stufe vergrößern	Windows+Plustaste(+) oder Strg+Alt+Mausrad
Um je eine Stufe verkleinern	Windows+Minustaste(-)
Vollbild	Strg+Alt+F
Angedockt	Strg+Alt+D
Lupe (Bildschirmausschnitt)	Strg+Alt+L

Bildschirmlupe mit Vorlesen verknüpfen

Bild 5.58 Vorlesen über die Symbole der Bildschirmlupe

Die Leiste mit den Bedienelementen der Bildschirmlupe enthält neben den Symbolen *Vergrößern* und *Verkleinern* noch weitere Symbole, über Sie das gleichzeitige Vorlesen von Text steuern:

- Das Symbol *Wiedergabe* ❶ bzw. *Pause* startet das Vorlesen am Beginn, z. B. einer Webseite und durch Drücken einer beliebigen Taste auf der Tastatur beenden Sie das Vorlesen wieder.

- Mit Klick auf dieses Symbol ❸ ändern Sie Lesegeschwindigkeit und Stimme (neben *Microsoft Stefan* stehen auch noch *Katja* und *Hedda* zur Auswahl).
- Besonders praktisch in Verbindung mit der Bildschirmlupe ist die Funktion bzw. das Symbol *Ab hier lesen* ❷ (Bild 5.58). So geht's:
  - Klicken Sie in der Bedienleiste auf das Symbol *Ab hier lesen* und danach mit der linken Maustaste an die Stelle, ab der Text vorgelesen werden soll.
  - Das gerade vorgelesene Wort wird umrandet hervorgehoben und falls Sie die Bildschirmlupe, z. B. mit der Ansicht *Lupe* aktiviert haben, wandert auch die Lupe bzw. der vergrößerte Bildschirmausschnitt mit.

Vorlesen mit Tastenkombinationen statt Symbolen steuern

Falls Sie das Vorlesen lieber mit Tastenkombinationen statt den Symbolen der Bedienleiste steuern, so finden Sie diese in den Einstellungen unter *Bildschirmlupe* etwas weiter unten im Abschnitt *Vorlesen* ❶, s. Bild unten.

Die hier aufgeführten Tastenkombinationen ❷, z. B. *Leseverknüpfung + H* bedeuten, Sie müssen zum Buchstaben **H** die, im Feld *Leseverknüpfung* angegebenen Tasten ❸, drücken, in der Standardeinstellung **Strg+Alt**. Statt der Tasten Strg+Alt stehen in diesem Feld auch noch die **Feststelltaste**, die Taste **Einfügen** oder beides zur Wahl.

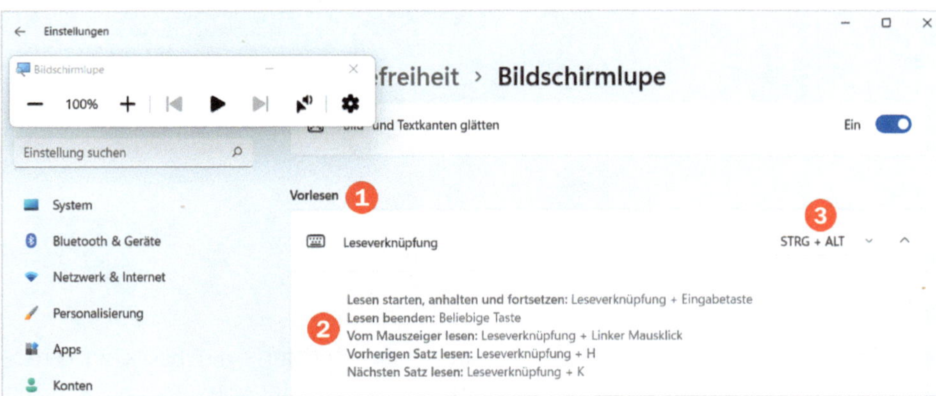

Bild 5.59 Tastensteuerung zum Vorlesen

Steuerung der Sprachausgabe

Genau wie die Bildschirmlupe ist auch die Sprachausgabe eigentlich eine App, die Sie unter anderem bei der Anmeldung oder über die Schnelleinstellungen und die Schaltfläche *Barrierefreiheit* aktivieren können. Zur detaillierten Steuerung der Sprachausgabe wählen Sie in den Einstellungen die Kategorie *Barrierefreiheit* und klicken im Abschnitt *Sehen* auf *Sprachausgabe*.

Neben dem Schalter zum Einschalten der Sprachausgabe ❶ erhalten Sie eine umfangreiche Liste (Bild 5.60 zeigt nur einen Ausschnitt), in der Sie unter anderem Stimme und Sprache, Geschwindigkeit, Lautstärke, Sprachausgabecursor, Anzeige in Blindenschrift (nur mit zusätzlicher Software verfügbar) usw. steuern können. Die einzelnen

Hinweis: Beim Einschalten der Sprachausgabe erscheint nach einem Hinweis auf geänderte Tastenkombinationen die Startseite der Sprachausgabe und bietet Ihnen Hilfe zu den verschiedenen Themen und Einstellungen an.

Sollte die Startseite nicht erscheinen, so können Sie dies unter *Startseite der Sprachausgabe* einschalten.

Einstellungen sind weitgehend selbsterklärend. Zudem erhalten Sie mit Klick auf *Vollständige Anleitung für die Sprachausgabe* ❸ im Browser eine aktuelle und ausführliche Beschreibung aller Funktionen.

Tipp: Mit Klick auf den Pfeil ❷ können Sie das automatische Starten der Sprachausgabe aktivieren, entweder vor oder nach der Anmeldung.

Bild 5.60 Steuerung der Sprachausgabe in den Einstellungen, Ausschnitt

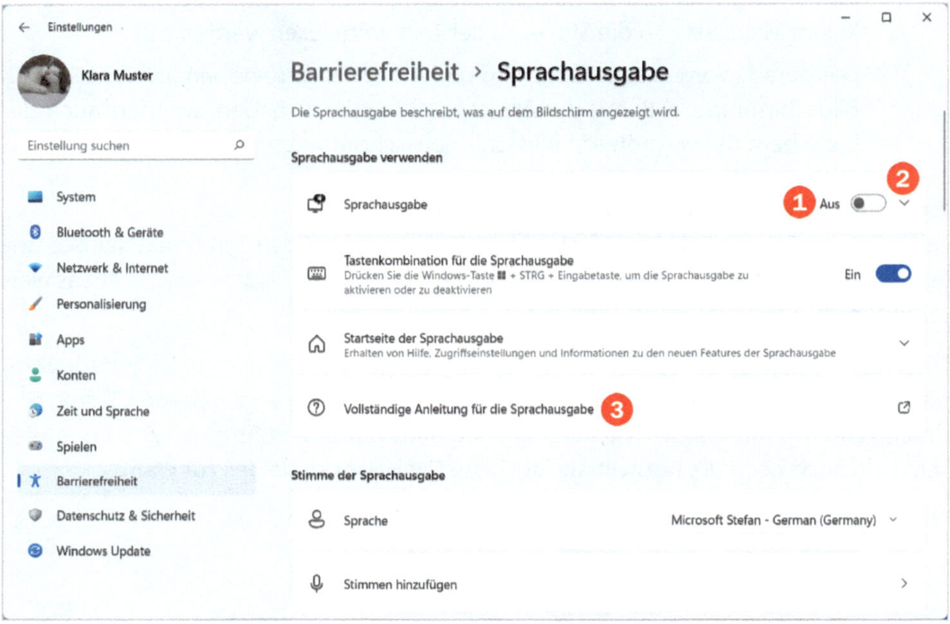

Weitere visuelle Hilfen

Kontrast-Designs

Auch Kontrast-Designs können die Lesbarkeit von Beschriftungen am Bildschirm erhöhen. Eine Vorschau auf die Designs ❶ erhalten Sie in der Kategorie *Barrierefreiheit* mit der Auswahl *Kontrast-Designs*. Zum Ändern klicken Sie in das Feld, wählen eines der angebotenen Designs ❷ und klicken danach auf *Anwenden* ❸. Die Auswahl *Keine* deaktiviert das Kontrast-Design wieder.

Bild 5.61 Kontrast-Design auswählen

Tipp: Mit Klick auf *Bearbeiten* können Sie die Farben des gewählten Kontrast-Designs schnell anpassen.

Farbfilter

Für Nutzer mit eingeschränkter Farbwahrnehmung, z. B. Rot-Grün-Schwäche stellt Windows 11 unter *Farbfilter* gleich mehrere Filter zur Verfügung. Ändern Sie dazu den Schalter *Farbfilter* auf *Ein* ❶ und wählen Sie dann unterhalb den passenden Filter ❷, anhand der Vorschau ❸ können Sie das Ergebnis sofort kontrollieren.

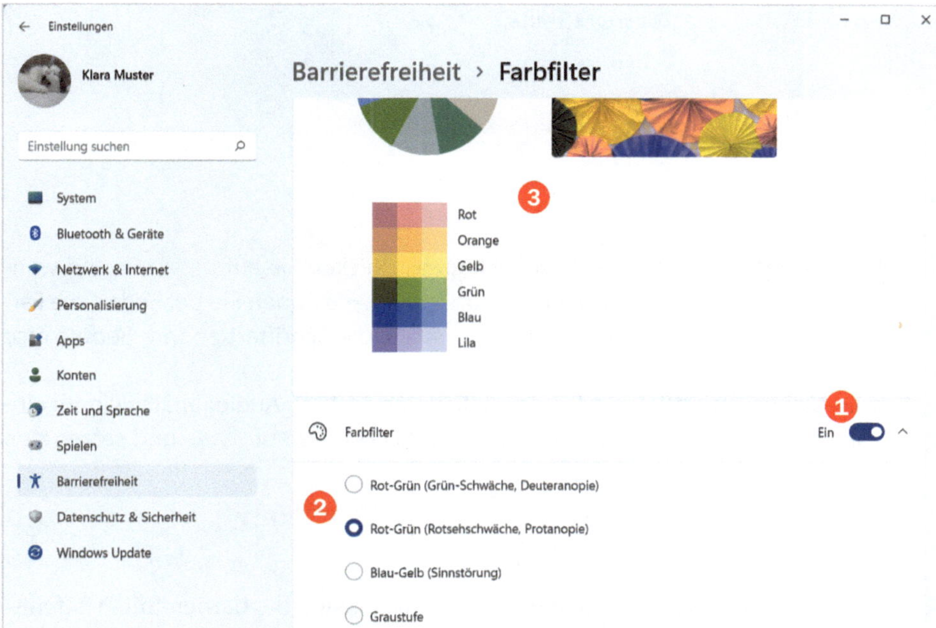

Bild 5.62 Farbfilter aktivieren

Tastenkombination: Den gewählten Farbfilter können Sie später auch mit der Tastenkombination **Windows**+**Strg**+**C** schnell ein- und ausschalten. Allerdings müssen Sie diese Tastenkombination erst aktivieren, indem Sie unterhalb der Farbfilter den Schalter *Tastenkombination für Farbfilter* auf *Ein* setzen.

Transparenz und Animationseffekte

Transparente Fenster oder dauerhaft sichtbare Bildlaufleisten schalten Sie in der Kategorie *Barrierefreiheit* mit Klick auf *Visuelle Effekte* ein oder aus. Außerdem können Sie hier angeben, nach welcher Zeitspanne Benachrichtigungen auf dem Desktop automatisch wieder verschwinden, in der Standardeinstellung nach 5 Sekunden.

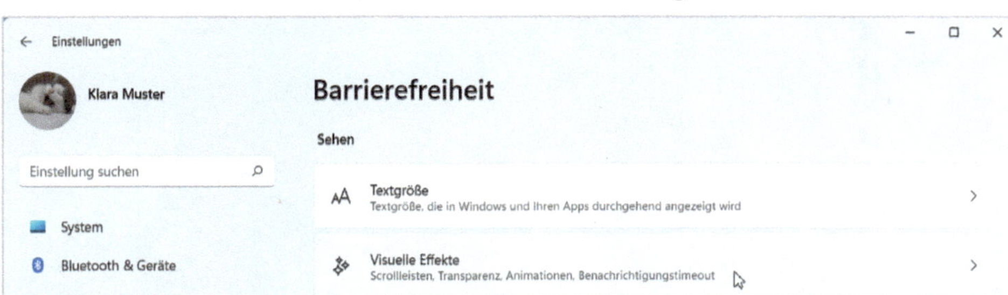

Bild 5.63 Transparenz, Scrollleisten und Benachrichtigungen steuern

Hilfen für Nutzer mit eingeschränktem Hörvermögen

Für Nutzer mit eingeschränktem Hörvermögen bietet Windows in den Einstellungen, Kategorie *Barrierefreiheit* im Abschnitt *Hörvermögen* die folgenden Möglichkeiten an.

Bild 5.64 Barrierefreiheit - Hörvermögen

- **Videowiedergabe: Aussehen der Untertitel festlegen:** Klicken Sie auf *Untertitel* und wählen Sie einen Untertitelstil. Mit Klick auf *Bearbeiten* können Sie bei Bedarf die Farben von Text, Hintergrund und Fenster sowie die Schriftart an Ihre Bedürfnisse anpassen.
- **Mono-Audiowiedergabe:** Wenn Sie den linken und rechten Audiokanal in einem einzigen zusammenzuführen möchten, dann klicken Sie auf *Audio* und setzen den Schalter *Mono-Audio* auf *Ein*.

Spracherkennung verwenden, Text diktieren

Optionen zur Spracherkennung und weitere Möglichkeiten der barrierefreien Befehlseingabe erhalten Sie in den Einstellungen, Kategorie *Barrierefreiheit* im Abschnitt *Interaktion*. Hier bietet Windows die unten abgebildeten Möglichkeiten an.

Bild 5.65 Einstellungen zur Eingabe finden Sie im Abschnitt Interaktion

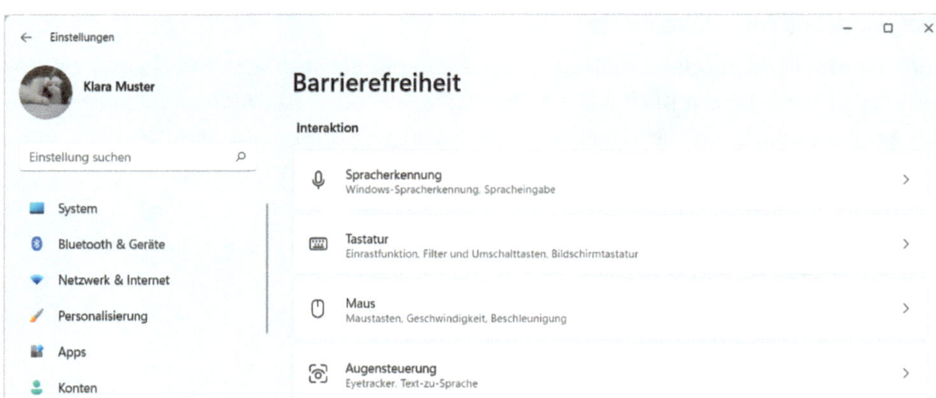

Info: Hier bietet Windows neben *Spracherkennung* und *Tastatur* auch noch die Maussteuerung über den Ziffernblock der Tastatur an sowie die Augensteuerung. Letztere setzt voraus, dass ein geeignetes Gerät angeschlossen ist.

Spracheingabe, die Windows Spracherkennung

Wenn Sie die Bildschirmtastatur nutzen, dann tippen Sie hier auf das Mikrofonsymbol.

Wenn Sie den PC anstelle von Maus und Tastatur per Spracheingabe bedienen oder Texte diktieren möchten, dann benötigen Sie dazu die Spracherkennung. Diese finden Sie im Startmenü ▶ *Alle Apps* im Ordner *Erleichterte Bedienung von Windows*. Oder klicken Sie in den Einstellungen in der Kategorie *Barrierefreiheit* auf *Spracherkennung* und ändern den Schalter *Windows-Spracherkennung* auf *Ein*.

Beim ersten Starten der Spracherkennung werden Sie aufgefordert, Ihr Mikrofon und die Spracherkennung einzurichten ❶. Klicken Sie auf *Weiter*, um einen Assistenten zu starten, der Sie durch die weiteren Schritte führt.

Legen Sie die Art des Mikrofons fest ❷ (wenn Sie das integrierte Mikrofon Ihres mobilen Geräts benutzen, dann wählen Sie *Sonstiges*) und passen Sie die Lautstärke an ❸. Zur Verbesserung der Genauigkeit der Spracheingabe können optional Dokumente und E-Mails auf Ihrem Gerät herangezogen werden. Wenn Sie dies aus Datenschutzgründen nicht wünschen, dann klicken Sie auf *Dokumentprüfung deaktivieren*.

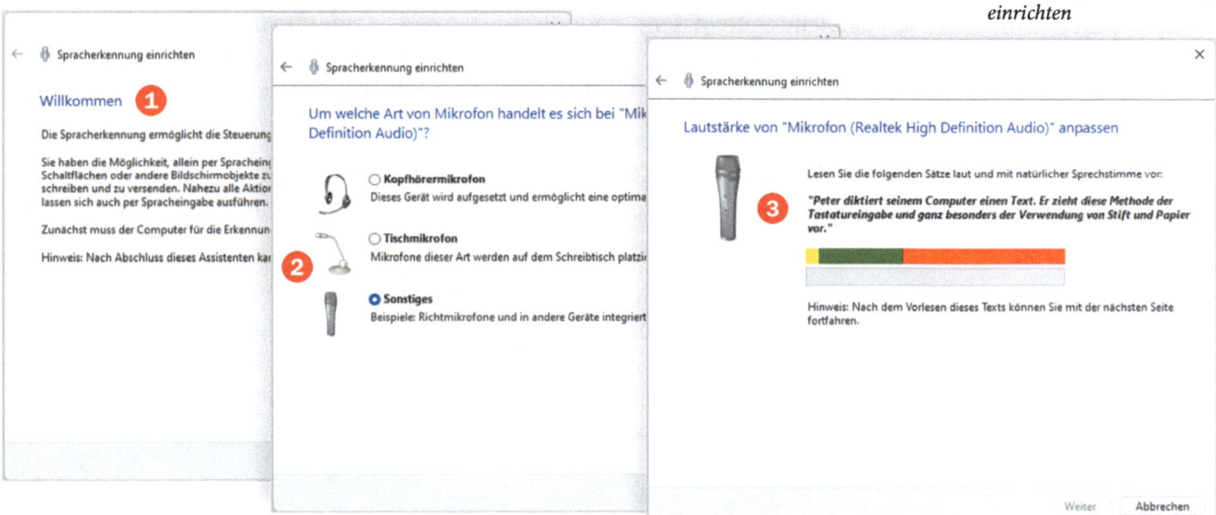

Bild 5.66 Spracherkennung einrichten

Ferner geben Sie an, wie Sie später die Spracherkennung starten möchten: Im manuellen Aktivierungsmodus starten Sie die Spracherkennung mit der Tastenkombination **Windows+Strg+S**, Klick auf das Mikrofonsymbol der Sprachsteuerungsleiste oder der Bildschirmtastatur, zum Beenden sagen Sie einfach „Zuhören beenden". Im Stimmaktivierungsmodus dagegen startet die Spracherkennung mit dem Sprachbefehl „Zuhören starten". Zuletzt können Sie noch ein Referenzblatt bzw. eine Liste mit Kurzbefehlen zur Sprachsteuerung anzeigen und anschließend ausdrucken und festlegen, ob die Sprachsteuerung nach der Anmeldung automatisch gestartet werden soll.

Nach Abschluss der Einrichtung erscheint die Spracherkennung als Leiste und kann mit der Maus beliebig verschoben werden. Mit Klick auf das Mikrofon ❹ schalten Sie die Spracheingabe ein und aus.

Bild 5.67 Spracherkennung manuell aktivieren

Tastaturverhalten, z. B. Einrastfunktion

Was ist die Einrastfunktion?

Die sogenannte Einrastfunktion erleichtert die Eingabe von Tastenkombinationen, z. B. **Strg+C**, da bei aktivierter Einrastfunktion die Tasten nacheinander statt gleichzeitig gedrückt werden können. Vielleicht haben Sie auch bereits unfreiwillig Bekanntschaft mit dieser Funktion gemacht: Wenn Sie fünfmal nacheinander die **Umschalttaste** gedrückt haben, erscheint auf dem Bildschirm die Frage, ob Sie die Einrastfunktion aktivieren möchten.

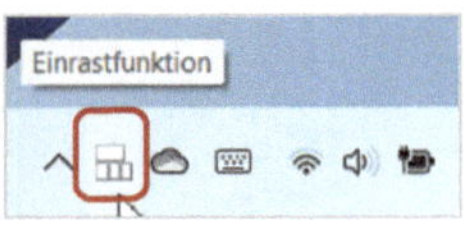

Statt mit fünfmaligem Drücken der Umschalttaste können Sie die Einrastfunktion auch in den Einstellungen in der Kategorie *Barrierefreiheit* ein- und ausschalten. Klicken Sie dazu im Abschnitt *Interaktion* auf *Tastatur* und ändern Sie den Schalter *Einrastfunktion* ❶ (Bild unten). Die aktivierte Einrastfunktion erkennen Sie auch am Symbol in der Taskleiste, siehe links.

Tipp: Mit Klick auf den Pfeil ❷ erhalten Sie weitere Optionen und können unter anderem die Tastenkombination für die Einrastfunktion, also fünfmaliges Drücken der Umschalttaste deaktivieren, wenn diese nicht benötigt wird.

Die Funktion *Filtertasten* sorgt dafür, dass kurze oder wiederholte Tastenanschläge ignoriert werden. Sie wird über den Schalter *Filtertasten* ❸ aktiviert. Oder halten Sie zum Einschalten die Umschalttaste 8 Sekunden lang gedrückt. Auch diese Tastenkombination können Sie mit Klick auf den dazugehörigen Pfeil bei Bedarf deaktivieren.

Bild 5.68 Tastatureinstellungen zur Barrierefreiheit

Weitere Tastaturfunktionen

Weitere Tastaturfunktionen ❹ betreffen die Bildschirmtastatur, Hervorheben von Tastenkombinationen und die Funktion der Taste **Druck** zum Erzeugen von Bildschirmausschnitten.

5.8 Allgemeine Energieeinstellungen

Bei jedem Gerät schaltet sich automatisch zuerst der Bildschirm ab, wenn über eine bestimmte Zeit keine Aktion am PC erfolgt und etwas später wechselt das Gerät in den Energiesparmodus.

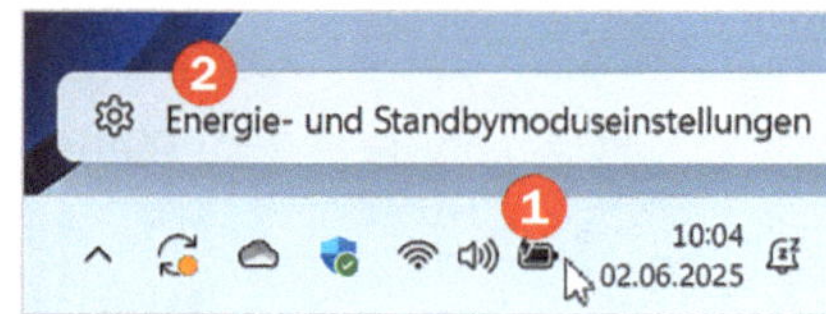

Bild 5.69 Energieeinstellungen öffnen

Um diese Zeitintervalle einzusehen und ggf. zu ändern, klicken Sie bei einem mobilen Gerät mit der **rechten** Maustaste in der Taskleiste auf das Symbol *Akku* ❶ und auf *Energie- und Standbymoduseinstellungen* ❷. Oder öffnen Sie die Einstellungen, klicken auf die Kategorie *System* und wählen hier *Strom und Akku*.

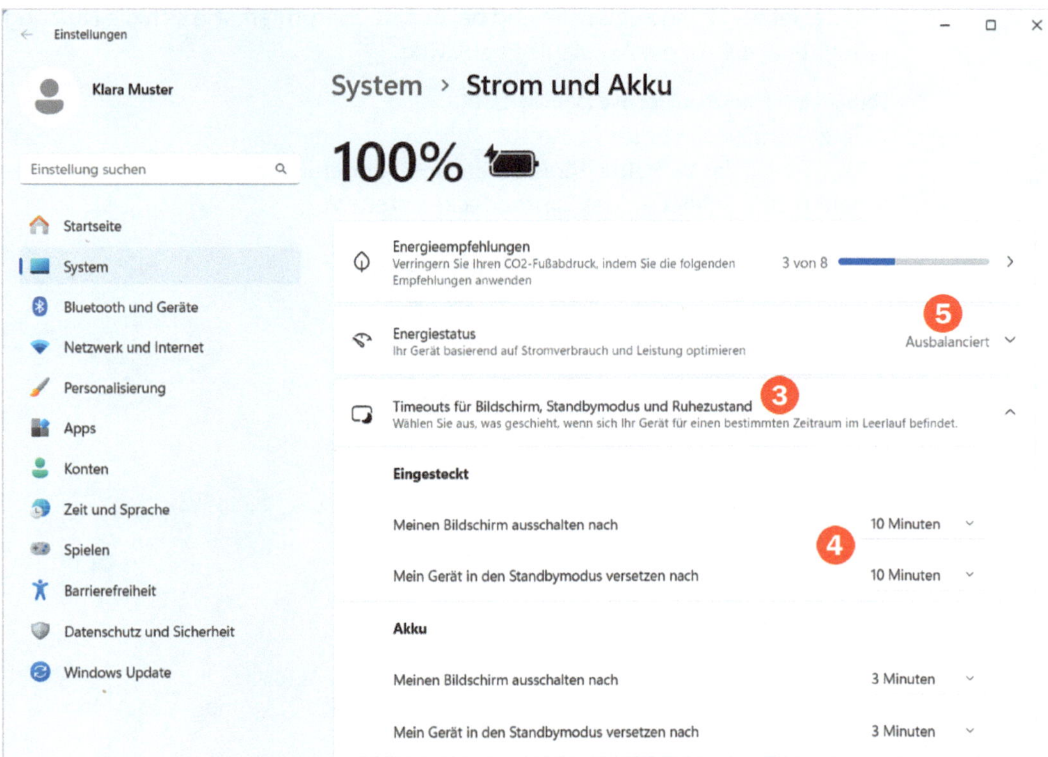

Bild 5.70 Bildschirm und Energiesparmodus

- **Zeitintervall ändern**
  Klicken Sie auf *Timeouts für Bildschirm, Standbymodus und Ruhezustand* ❸. Anschließend können Sie unterhalb jeweils für Akku- und Netzbetrieb (*Eingesteckt*) getrennt festlegen, wann sich der Bildschirm abschalten soll und wann der PC in den Ruhezustand versetzt wird ❹.

- **Optimierung**
  Das Feld *Energiestatus* ❺ erlaubt ebenfalls für Akku- und Netzbetrieb neben der Standardeinstellung *Ausbalanciert* die Wahl zwischen *Bester Energieeinsparung*, und *Bester Leistung*.

Hinweis: Mit Klick auf *Energieempfehlungen* öffnet sich Ihr Standardbrowser mit Informationen und Tipps zum Thema Energieeffiziente Einstellungen in Windows.

- **Einstellungen zum Energiesparmodus**
  Sinkt bei mobilen Geräten der Akkuladestand unter einen bestimmten Wert, standardmäßig 30 %, dann wird automatisch der Energiesparmodus ❻ aktiviert und dadurch die Bildschirmhelligkeit verringert sowie Hintergrundaktivitäten abgeschaltet. Mit Klick auf den Pfeil können Sie den Schwellenwert von 30% ändern.

- **Akkunutzung**
  Unter *Akkunutzung* können Sie die Akkuzustände während der letzten 24 Stunden der letzten 7 Tage einsehen und bei Bedarf überprüfen, wie sich die Nutzung einzelner Apps auf die Akkulaufzeit auswirkt.

- **Verhalten von Netzschalter und Standby-Taste**
  Zuletzt können Sie unter *Deckel, Ein/Aus und Standbymodus-Schaltflächensteuerelemente* ❼ das Verhalten Ihres Geräts unter anderem beim Betätigen des Netzschalters und Schließen des Laptopdeckels steuern.

Bild 5.71 Verhalten von Netzschalter und Standby-Taste

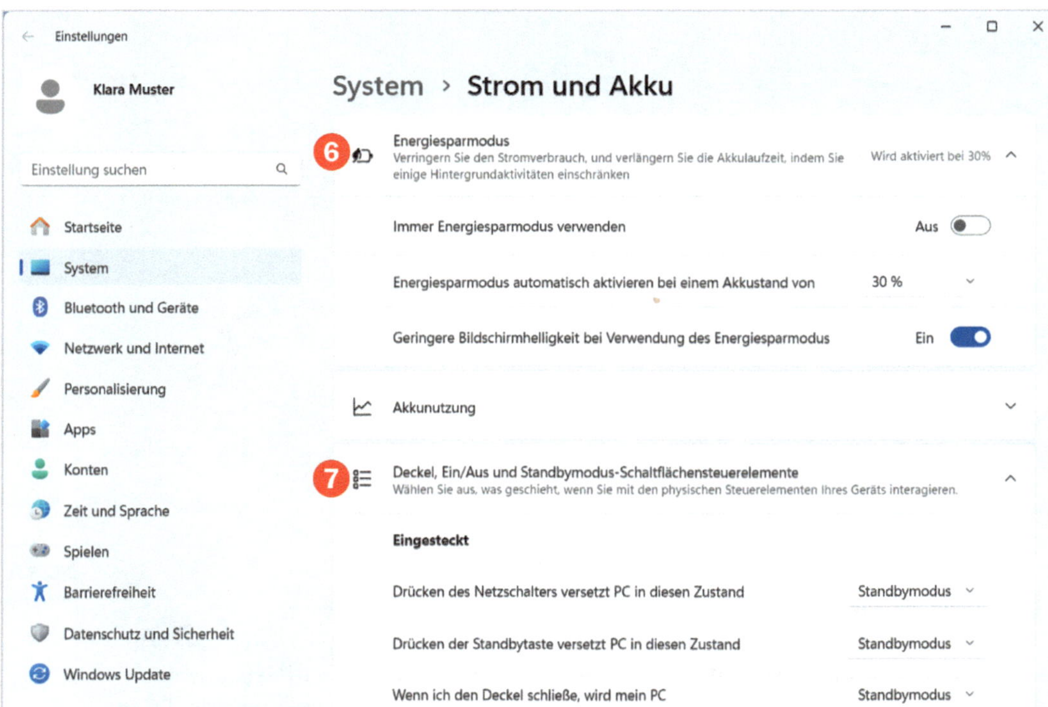

6 Kontoeinstellungen, Sicherheit und Datenschutz

6.1 Anmeldung und persönliches Konto verwalten

Windows 11 erfordert, wie auch seine Vorgänger zwingend eine Anmeldung, in der Regel mit einem Microsoft-Konto. Dieses Konto wird beim ersten Start von Windows bzw. bei der ersten Anmeldung festgelegt, außerdem haben Sie bei dieser Gelegenheit auch die, zur künftigen Anmeldung am PC erforderliche PIN gewählt. Falls Sie Ihre PIN und/oder die Art der Anmeldung ändern möchten, dann erledigen Sie dies in den Systemeinstellungen. Die zu Ihrem Microsoft-Konto hinterlegten Informationen, z. B. Kennwort, ändern und ergänzen Sie dagegen im Browser, s. Seite 208 ff.

Unterstützte Anmeldungen - ein Überblick

Bei der Ersteinrichtung von Windows wurden Sie unter anderem aufgefordert, eine PIN zur Anmeldung am PC zu vereinbaren. Diese PIN dient zur Anmeldung am Gerät und darf nicht verwechselt werden mit dem Kennwort Ihres Microsoft-Kontos.

Gute bzw. sichere Kennwörter sind schwer zu merken und können trotzdem von Unbefugten, z. B. Trojanern ausgespäht werden. Daher stellt Windows unter dem Begriff *Windows Hello* verschiedene Möglichkeiten der Anmeldung zur Verfügung. Allerdings handelt es sich bei Gesichtserkennung und Fingerabdruckerkennung um biometrische Verfahren, die eine entsprechende Hardware voraussetzen und nicht auf jedem Gerät verfügbar sind.

> Sie können jederzeit auch mehrere Möglichkeiten der Anmeldung nutzen bzw. einrichten. Um bei der Anmeldung zwischen diesen zu wählen, klicken Sie auf der Anmeldeseite auf *Anmeldeoptionen*.

Die Möglichkeiten der Anmeldung im Überblick:

- **Gesichtserkennung (Windows Hello)**
  Die Anmeldung mit Gesichts- oder Iriserkennung nutzt Infrarot-Technologie, eine einfache Webcam genügt nicht.
- **Fingerabdruckerkennung (Windows Hello)**
  Auch die Fingerabdruckerkennung setzt einen entsprechenden Sensor voraus.
- **PIN (Windows Hello)**
  Die Anmeldung mit einer zuvor vereinbarten PIN funktioniert auf jedem Gerät.
- **Sicherheitsschlüssel**
  Als Sicherheitsschlüssel bezeichnet Microsoft einen speziellen USB-Stick, der zur Anmeldung anstelle von Fingerabdruck oder PIN verwendet wird. Solche USB-Sticks sind im Handel als Zubehör erhältlich.

Um die Anmeldung einzurichten oder zu ändern, z. B. Ihre PIN, klicken Sie im Startmenü auf *Einstellungen* und wählen die Kategorie *Konten*. Klicken Sie hier auf *Anmeldeoptionen* ❶. Oder geben Sie den Suchbegriff „anmeldung" ein und klicken auf die gewünschte Art der Anmeldung z. B. *Anmeldung per PIN* (*Systemeinstellungen*).

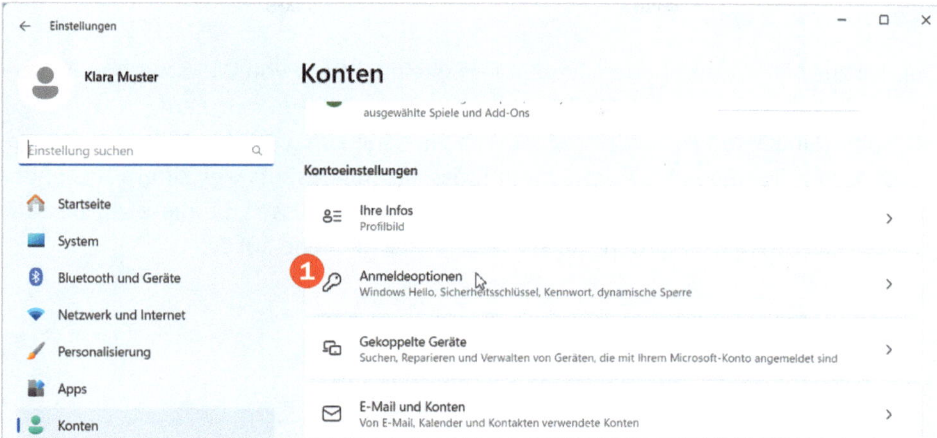

Bild 6.1 Konten - Anmeldeoptionen

Sie erhalten eine Übersicht über sämtliche Möglichkeiten der Anmeldung zusammen mit der Information, ob diese durch Ihr Gerät unterstützt wird. So erscheint z. B. im Bild unten bei der Gesichtserkennung *Diese Option ist nicht verfügbar*. Zum Einrichten oder um weitere Details zu erhalten, z. B. Ändern der PIN, klicken Sie auf die jeweilige Anmeldeoption ❷.

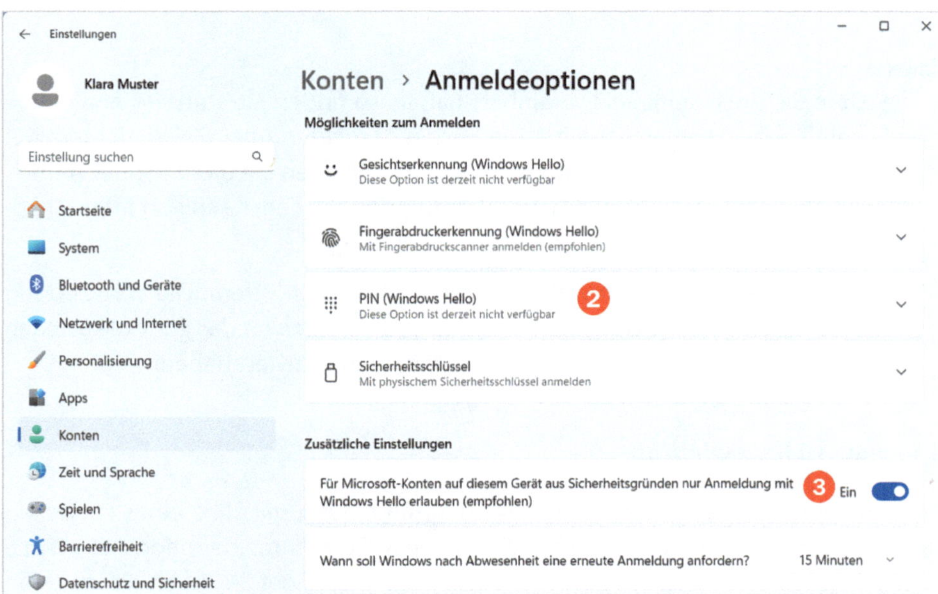

Bild 6.2 Übersicht Anmeldeoptionen

Hinweis: Falls das Ändern der PIN nicht möglich sein sollte (*Diese Option ist derzeit nicht verfügbar*), dann benutzen Sie wahrscheinlich ein Geschäfts- oder Schulkonto, das eine Änderung nicht erlaubt.

Windows Hello-Anmeldung für Microsoft-Konten

Aus Sicherheitsgründen empfiehlt Microsoft anstelle der Kennworteingabe, die Anmeldung mit Windows Hello, also mit Sicherheitsschlüssel, Fingerabdruck- oder Gesichtserkennung oder PIN für Ihr Microsoft-Konto einzurichten, dazu setzen Sie den Schalter *Ermöglichen Sie aus Sicherheitsgründen die Anmeldung mit Windows Hello nur für Microsoft-Konten auf diesem Gerät* ❸ auf *Ein* (Bild oben).

PIN einrichten/ändern

Eine PIN zur Anmeldung haben Sie bei der Ersteinrichtung von Windows bereits vereinbart. Zum Ändern dieser PIN klicken Sie in den *Anmeldeoptionen* auf *PIN (Windows Hello)* und danach auf *PIN ändern* ❶. Geben Sie dann zunächst Ihre bisherige PIN ❷ und darunter die neue PIN ❸ ein, diese muss aus mindestens vier Ziffern bestehen. Um sicherzustellen, dass Sie sich nicht vertippt haben, müssen Sie diese zur Bestätigung ein zweites Mal eingeben ❹. Klicken Sie abschließend auf *OK*.

Bild 6.3 Klicken Sie auf PIN ändern

Bild 6.4 Geben Sie Ihre bisherige und die neue PIN ein

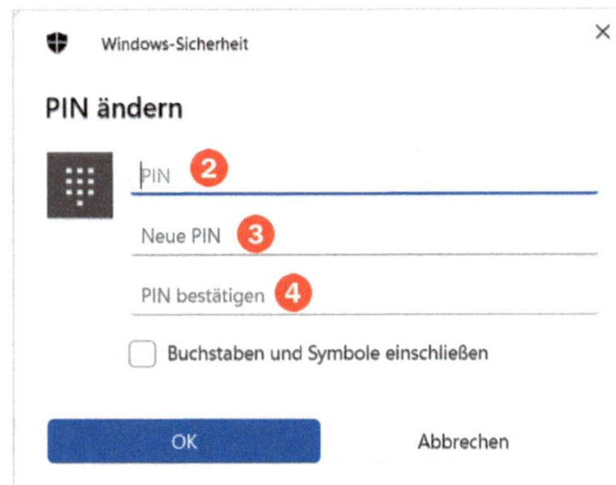

Hinweise

Anmeldung auswählen
Zur Anmeldung können Sie mit Klick auf *Anmeldeoptionen* zwischen PIN und den weiteren eingerichteten Anmeldeoptionen wählen.

- Sollten Sie noch keine PIN vereinbart haben, so finden Sie statt *PIN Ändern* die Schaltfläche *Einrichten* vor, über die Sie die Anmeldung per PIN einrichten. Mit der Schaltfläche *Entfernen* entfernen bzw. deaktivieren Sie diese Art der Anmeldung. Beides müssen Sie aus Sicherheitsgründen mit dem Kennwort Ihres Microsoft-Kontos bestätigen.
- Eine PIN besteht normalerweise aus mindestens vier Ziffern. Die Verwendung von Buchstaben und Symbolen ist möglich, wenn Sie zuvor das Kontrollkästchen *Buchstaben und Symbole einschließen* (s. Bild oben) aktiviert haben.

Sicherheitsschlüssel einrichten

Sicherheitsschlüssel sind im Handel als Computerzubehör erhältlich.

Wenn Sie einen Sicherheitsschlüssel bzw. die Anmeldung mit Hilfe eines speziellen USB-Sticks einrichten möchten, dann klicken Sie auf die Anmeldeoption *Sicherheitsschlüssel* und auf *Verwalten*. Es startet ein kleiner Assistent, der Sie durch die weiteren Schritte führt, folgen Sie einfach den Anweisungen.

Bild 6.5 Sicherheitsschlüssel einrichten

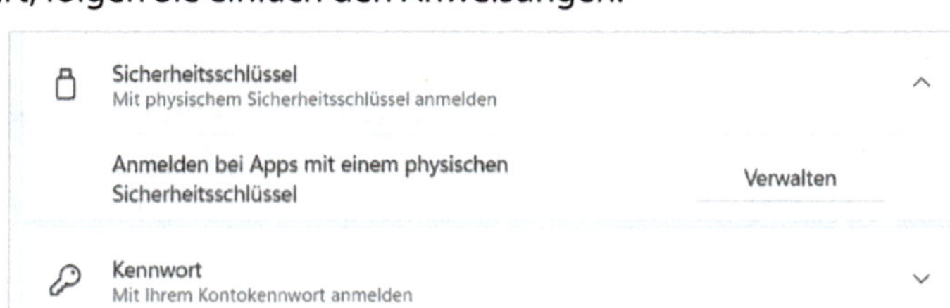

Zur Anmeldung mit einem Sicherheitsschlüssel stecken Sie den USB-Stick in einen USB-Anschluss Ihres Geräts und drücken die Taste auf dem Stick. Da Windows eine sogenannte Zwei-Faktor-Authentifizierung erfordert, ist außerdem zusätzlich entweder Ihr Fingerabdruck oder die Eingabe Ihrer PIN erforderlich.

Achtung: Zur Absicherung gegen einen eventuellen Verlust des USB-Sticks sollten Sie einen zweiten Sicherheitsschlüssel registrieren, dies ist problemlos möglich.

Anmeldung per Fingerabdruckerkennung einrichten

Wenn Ihr Gerät über einen entsprechenden Sensor verfügt, können Sie sich auch per Fingerabdruck anmelden. Dazu klicken Sie auf die Anmeldeoption *Fingerabdruckerkennung* und auf *Einrichten*.

1. Klicken Sie im Willkommensfenster von *Windows Hello-Setup* auf *Los geht's* ❶. Anschließend müssen Sie wieder Ihre Identität je nach Einstellung durch Eingabe Ihrer PIN ❷ oder Ihres Kennworts bestätigen.
2. Berühren Sie anschließend mit einem Finger, z. B. dem rechten Zeigefinger den Fingerabdrucksensor Ihres Geräts ❸. Die Aufforderung, den Finger anzuheben und erneut auf den Sensor aufzulegen, erscheint nun mehrmals, bis Ihr Finger vollständig erkannt ist.
3. Klicken Sie dann entweder auf *Weiteren Finger hinzufügen* und wiederholen Sie den letzten Schritt für den nächsten Finger oder schließen Sie das Setup-Fenster.

Bild 6.6 Fingerabdruckerkennung einrichten

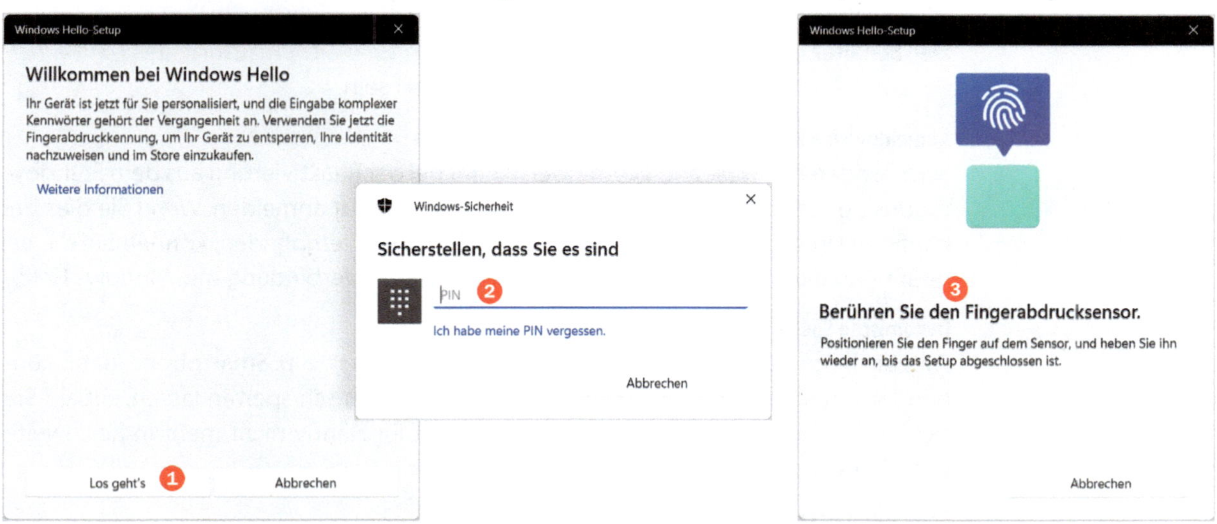

Gesichtserkennung einrichten

Falls Ihr Gerät über eine Kamera verfügt, die auch Gesichtserkennung unterstützt, eine einfache Webcam ist hierzu nicht ausreichend, führt Sie auch hier ein Setup-Assistent durch die Einrichtung, ähnlich dem Fingerabdrucksensor.

Zusätzliche Einstellungen zur Anmeldung

Unterhalb der Anmeldeoptionen finden Sie die folgenden zusätzlichen Einstellungen.

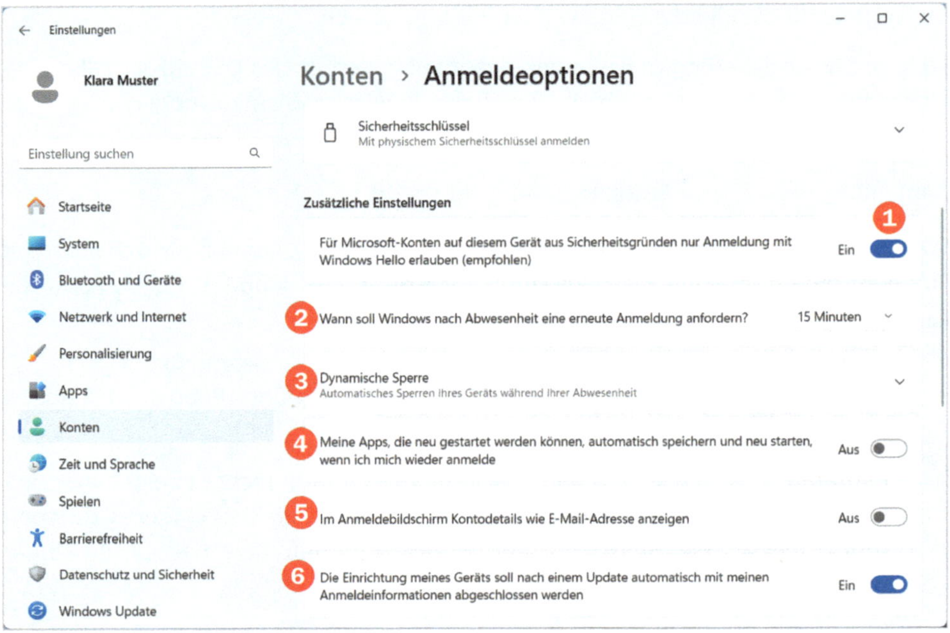

Bild 6.7 Zusätzliche Einstellungen zur Anmeldung

Windows Hello-Anmeldung für Microsoft-Konten

Der Schalter *Für Microsoft-Konten auf diesem Gerät aus Sicherheitsgründen nur Anmeldung mit Windows Hello erlauben* ❶ sollte aktiviert sein.

Anmeldung bei Reaktivierung aus dem Energiesparmodus

Um diese Einstellung zu ändern, müssen Sie über die Rechte eines Administrators verfügen. Näheres über Benutzerrechte lesen Sie in Kap. 7.7.

Nach längerer Abwesenheit vom PC erscheint bei der Reaktivierung aus dem Standbymodus der Sperrbildschirm und Sie müssen sich erneut anmelden. Wenn Sie dies bei häufigen Unterbrechungen als lästig und zeitraubend empfinden, können Sie die erneute Anmeldung ❷ ausschalten, allerdings nicht in Verbindung mit Windows Hello.

Dynamische Sperre

Falls Sie Ihren PC mit anderen Geräten gekoppelt haben, z. B. Smartphone, dann können Sie unter *Dynamische Sperre* ❸ Ihren PC automatisch sperren lassen, sobald Sie sich vom Arbeitsplatz entfernen und sich damit Ihr Handy nicht mehr in Reichweite des PCs befindet.

Apps neu starten

Windows kann einige Apps beim Beenden automatisch speichern und bei der nächsten Anmeldung neu starten. Dazu setzen Sie diesen Schalter ❹ auf *Ein*.

E-Mail Adresse auf dem Anmeldebildschirm

Aus Sicherheitsgründen sollten Kontoinformationen wie Ihre E-Mail Adresse nicht auf dem Anmeldebildschirm erscheinen ❺.

Verwendung der Anmeldeinfos nach einem Update

Der letzte Schalter ❻ sollte auf *Ein* stehen, er sorgt dafür, dass nach einem Update die Einrichtung automatisch mit Ihren Anmeldeinformationen abgeschlossen wird.

Profilbild hinterlegen

Sie haben die Möglichkeit, zu Ihrem Konto ein Profilbild zu hinterlegen. Dieses erscheint dann z. B. auf dem Anmeldebildschirm, im Startmenü, wie im Bild rechts sowie in den Einstellungen links oben. Dazu öffnen Sie das Startmenü, klicken links unten auf Ihren Namen ❶ und wählen *Mein Microsoft-Konto* ❷. Oder klicken Sie in den Windows-Einstellungen auf *Konten* und auf *Ihre Infos*.

Wenn Ihr Gerät über eine integrierte Kamera bzw. Webcam verfügt, können Sie unter *Foto anpassen* ❸ mit Klick auf *Kamera öffnen* das Bild aufnehmen. Ist dagegen das gewünschte Bild bereits als Datei vorhanden, dann klicken Sie auf *Dateien durchsuchen* und wählen anschließend das Bild aus.

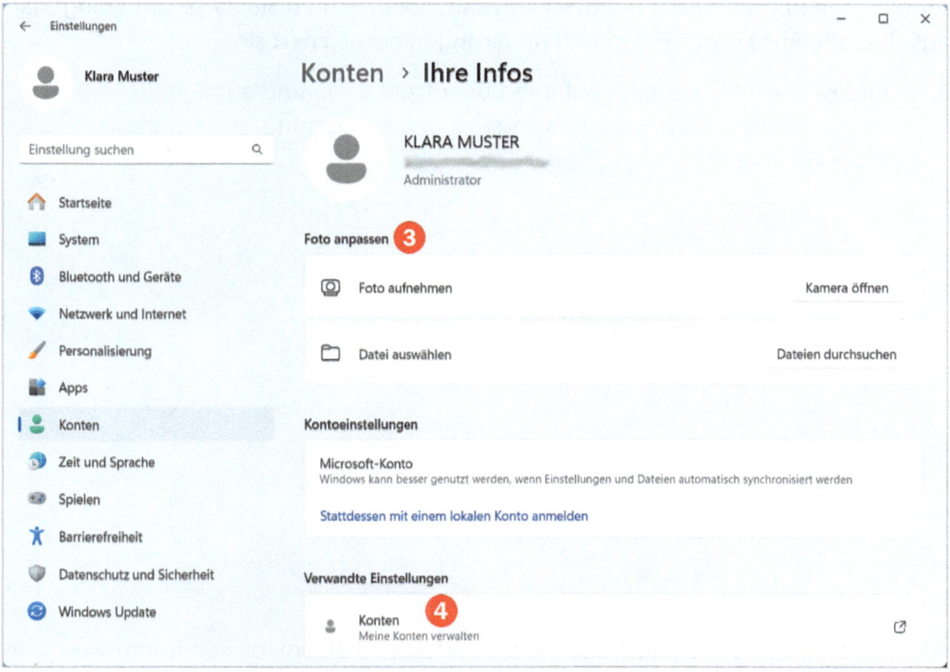

Bild 6.8 Profilbild auswählen oder aufnehmen

Die Handhabung der Kamera ist einfach: Die App wird automatisch gestartet, wenn Sie auf *Kamera* klicken, und um ein Bild aufzunehmen, brauchen Sie dann nur noch den Auslöser betätigen.

Tipp: Unter *Verwandte Einstellungen* finden Sie außerdem den Link *Konten* (*Meine Konten verwalten)* ❹, über den Sie Ihr Microsoft-Konto online im Browser verwalten, Näheres hierzu auf Seite 208 ff.

Anmeldung mit einem lokalen Konto

Achtung: Lokale Benutzerkonten werden nur von der Version Windows 11 pro unterstützt, nicht aber von Windows Home!

Statt der Anmeldung mit einem Microsoft-Konto und den damit verbundenen Anmeldeoptionen (siehe Seite 200 ff.) ist auch die Anmeldung mit einem sogenannten lokalen Benutzerkonto möglich, dies wird allerdings nicht von allen Windows-Editionen unterstützt. Da ein solches Konto kein Microsoft-Konto und auch keine Internetverbindung voraussetzt, wird es auch als Offline-Konto bezeichnet. Allerdings müssen Sie dann auf die Nutzung von OneDrive verzichten oder sich explizit bei OneDrive mit einem Microsoft-Konto anmelden. Kostenlose Apps aus dem Microsoft-Store können Sie auch mit einem lokalen Konto problemlos beziehen, wenn Sie über ein Microsoft-Konto verfügen und sich mit diesem im Store anmelden.

Beim nachträglichen Umwandeln in ein lokales Konto bleiben Ihr Microsoft-Konto mit sämtlichen Daten, auch auf OneDrive, sowie alle Einstellungen erhalten. Umgekehrt können Sie auch ein lokales Konto in ein Microsoft-Konto umwandeln.

Achtung: Nach dem Ändern in ein lokales Konto werden Sie automatisch abgemeldet und müssen sich als lokaler Benutzer neu anmelden. Achten Sie daher unbedingt darauf, dass alle Apps geschlossen und Änderungen gespeichert sind.

1 Klicken Sie im Startmenü auf Ihren Benutzernamen und auf *Kontoeinstellungen ändern*. Wählen Sie unter *Kontoeinstellungen* die Option *Stattdessen mit einem lokalen Konto anmelden*.

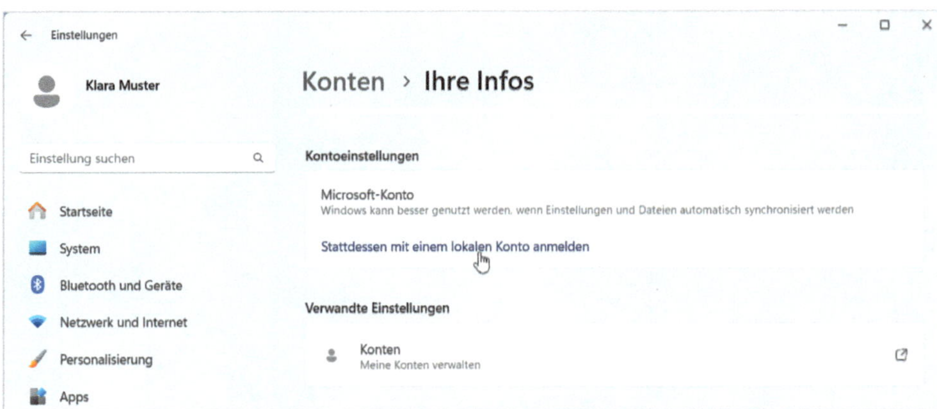

Bild 6.9 Mit einem lokalen Konto statt Microsoft-Konto anmelden

2 Bestätigen Sie die Rückfrage, ob Sie wirklich zu einem lokalen Konto wechseln möchten, indem Sie auf *Weiter* klicken. Anschließend müssen Sie Ihre Identität je nach Anmeldung mit Kennwort, PIN oder anderweitig bestätigen.

3 Das neue lokale Konto ist unabhängig vom Microsoft-Konto, daher müssen Sie für dieses ebenfalls Ihren Benutzernamen wählen und ein Kennwort zur Anmeldung vereinbaren. Da dieses Konto nur auf dem PC existiert, benötigen Sie außerdem einen Hinweis auf das Kennwort, falls Sie dieses vergessen sollten.

4 Klicken Sie abschließend auf *Abmelden und Fertig stellen*. Sie werden automatisch abgemeldet und müssen sich anschließend mit Ihrem neuen Benutzernamen

und dem dazugehörigen Kennwort anmelden. Falls Sie zuvor Windows Hello z. B. in Form einer PIN zur Anmeldung benutzt haben, behält diese Ihre Gültigkeit und wird automatisch mit dem neuen lokalen Konto verbunden.

Beim nachträglichen Wechsel vom Microsoft-Konto zu einem lokalen Konto können Sie im Datei-Explorer OneDrive trotzdem weiterhin nutzen, da der Zugang hinterlegt bleibt.

Lokales Konto in ein Microsoft-Konto umwandeln

Der Wechsel zurück zur Anmeldung per Microsoft-Konto funktioniert genauso, nur dass Sie jetzt auf *Stattdessen mit einem Microsoft-Konto anmelden* klicken (s. Bild unten). Anschließend geben Sie Benutzername und Kennwort Ihres Microsoft-Kontos ein oder benutzen stattdessen Windows Hello und Ihre damit verbundene Anmeldeoption, z. B. PIN. Zuletzt müssen Sie Ihre noch Identität mit einem Sicherheitscode bestätigen, den Sie entweder per E-Mail oder aufs Handy erhalten (siehe „Sicherheitsinformationen zur Identifizierung hinterlegen" auf Seite 209).

Bild 6.10 Zu einem Microsoft-Konto wechseln

Identität bestätigen

Wenn Sie Ihr Microsoft-Konto auf mehreren Geräten nutzen, müssen Sie unter *Konten - Ihre Infos* eventuell nach der Neueinrichtung auf einem der Geräte Ihre Identität bestätigen. Klicken Sie auf *Bestätigen*, so wird anschließend ein Sicherheitscode an die angegebene E-Mail Adresse oder Handynummer gesendet. Überprüfen Sie Ihren Posteingang und geben Sie den soeben erhaltenen Code im nachfolgenden Fenster ein.

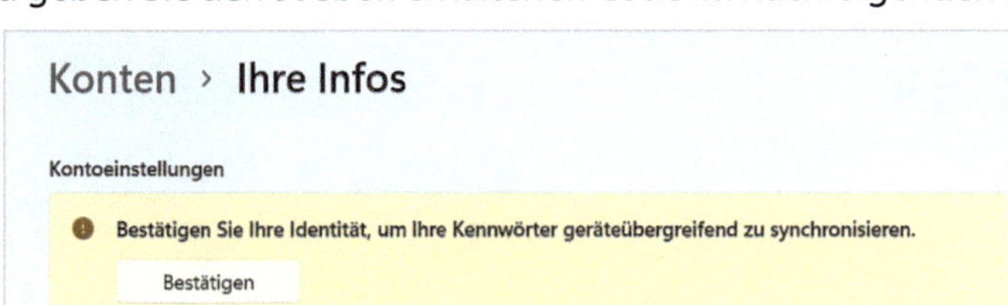

Bild 6.11 Identität auf zweitem Gerät bestätigen

6.2 Kennwort ändern und Microsoft-Konto online verwalten

Bild 6.12 Klicken Sie bei Ihrem Microsoft-Konto auf Verwalten

Alle übrigen Änderungen an Ihrem Microsoft-Konto, z. B. Kennwort ändern oder E-Mail-Adresse und zusätzliche Sicherheitsinformationen hinterlegen, erfolgen online. Wählen Sie dazu in den Einstellungen die Kategorie *Konten* und danach *E-Mail und Konten* ❶. Klicken Sie hier auf Ihr Konto bzw. die E-Mail Adresse Ihres Kontos ❷ und auf *Verwalten* ❸. Oder klicken Sie bei *Konten* ▶ *Ihre Infos* unter *Verwandte Einstellungen* auf den Link *Meine Konten verwalten* (s. Bild 6.8 auf Seite 205).

In beiden Fällen öffnet sich Ihr Standardbrowser, im Bild unten Microsoft Edge. Ob die Anmeldung automatisch erfolgt oder Sie sich zuerst noch mit Kennwort und/oder PIN anmelden müssen, ist abhängig vom Browser und den verwendeten Einstellungen.

Das Kennwort Ihres Microsoft-Kontos ändern

Um das Kennwort Ihres Microsoft-Kontos zu ändern, klicken Sie im Browser auf der Startseite Ihres Microsoft-Kontos rechts oben auf *Kennwort ändern* ❶. Oder wählen Sie zunächst *Sicherheit* ❷ und klicken dann auf *Kennwort ändern*.

Bild 6.13 Microsoft-Konto online verwalten

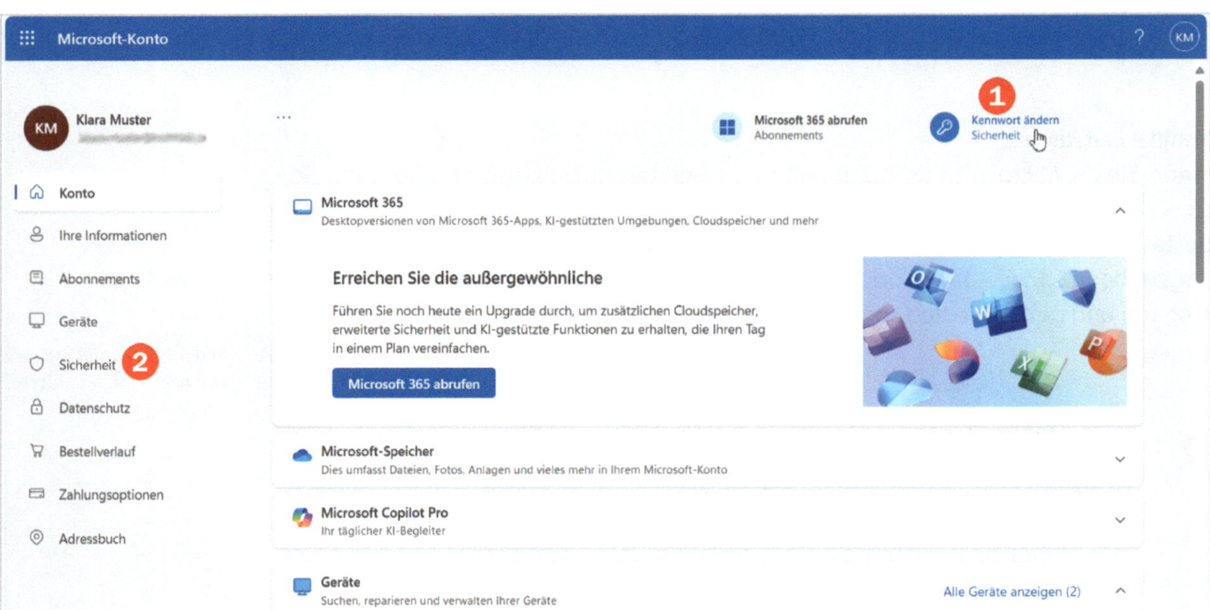

Wie bei allen Zugriffen auf vertrauliche Informationen müssen Sie eventuell zuvor noch Ihre Identität nachweisen, z. B. mit PIN, Fingerabdruck oder Kennworteingabe

(Bild unten). Geben Sie auf der nachfolgenden Seite Ihr aktuelles Kennwort und darunter das neue Kennwort ein, das Sie sicherheitshalber ein zweites Mal eingeben müssen. Klicken Sie abschließend auf *Speichern*.

Hinweis: Aus Sicherheitsgründen wird automatisch eine E-Mail an die, zu Ihrem Microsoft-Konto gehörende E-Mail-Adresse gesendet, die Sie über die Kennwortänderung informiert.

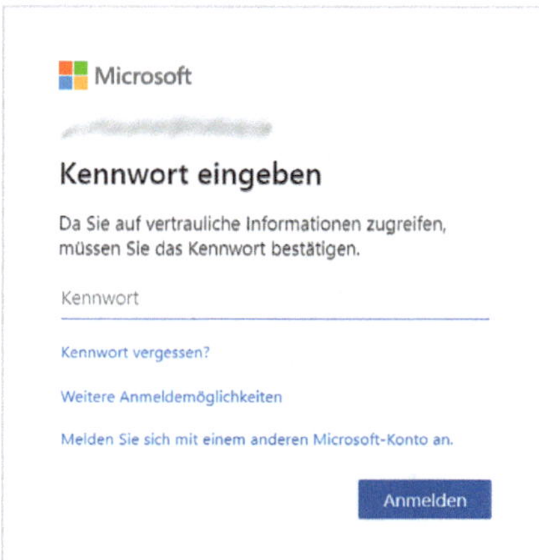

Bild 6.14 Zugriff auf vertrauliche Informationen mit Kennwort bestätigen

Bild 6.15 Aktuelles und Neues Kennwort eingeben

Anmeldung mit PIN oder Kennwort?

- Wenn Sie zuvor zur Anmeldung am PC eine PIN oder Fingerabdruckerkennung vereinbart haben, dann bleibt diese Art der Anmeldung auch nach einer Änderung Ihres Konto-Kennworts bestehen.
- Beachten Sie, dass Sie sich nach einer Änderung Ihres Kontokennworts auch bei anderen Diensten, z. B. E-Mail mit Outlook oder bei der nächsten Anmeldung am PC auch bei OneDrive mit Ihrem neuen Kennwort wieder anmelden müssen. Eine entsprechende Meldung macht Sie darauf aufmerksam.

Sicherheitsinformationen zur Identifizierung hinterlegen

Für den Fall, dass Sie das Kennwort Ihres Microsoft-Kontos oder Ihre PIN vergessen haben, sollten Sie unbedingt zusätzliche Möglichkeiten hinterlegen, mit denen Sie Ihre Identität bestätigen und so trotzdem auf Ihr Microsoft-Konto zugreifen können. Dies kann eine zweite E-Mail-Adresse, am besten bei einem anderen Anbieter, oder eine Telefonnummer sein, an die ein Prüfcode per SMS gesendet wird. Diesen Code geben Sie anschließend ein und erhalten wieder Zugang zu Ihrem Microsoft-Konto.

Im Rahmen einer zweistufigen Überprüfung werden Sie außerdem aufgefordert, die E-Mail Adresse oder Telefonnummer nochmals einzugeben. Der Code wird anschließend nur gesendet, wenn diese mit den hinterlegten Sicherheitsinformationen übereinstimmt.

1 Klicken Sie dazu auf der Startseite Ihres Microsoft-Kontos auf *Sicherheit* ❶ (Bild auf der nächsten Seite) und auf *Verwalten, wie ich mich anmelde* ❷. Unter *Möglichkeiten zum Nachweisen Ihrer Identität* können Sie nun zusätzlich zum Kennwort weitere Möglichkeiten zur Anmeldung oder Verifizierung hinzufügen.

Info: Sie können auch mehrere Sicherheitsinformationen, z. B. zwei E-Mail Adressen oder E-Mail und Telefonnummer hinterlegen.

2 Klicken Sie auf *Neue Möglichkeit zur Anmeldung oder Verifizierung hinzufügen* und wählen Sie, auf welchem Weg Sie den Code zur Bestätigung Ihrer Identität erhalten möchten. Zur Wahl stehen *Code per E-Mail senden* und *Code per SMS senden* (unter *Weitere Optionen*). Die Option *Gesichtserkennung, Fingerabdruck, PIN oder Sicherheitsschlüssel* bedeutet, Sie verwenden diese, auf einem mobilen Gerät gespeicherten, Informationen als Ersatz für Ihr Kennwort (Passkey) und die Auswahl *App verwenden* erlaubt die Anmeldung mit Ihrem Smartphone statt Kennworteingabe. Dies erfordert auf Ihrem Handy eine spezielle Authenticator-App, die Sie anschließend herunterladen können.

Bild 6.16 Sicherheitsinformationen hinterlegen

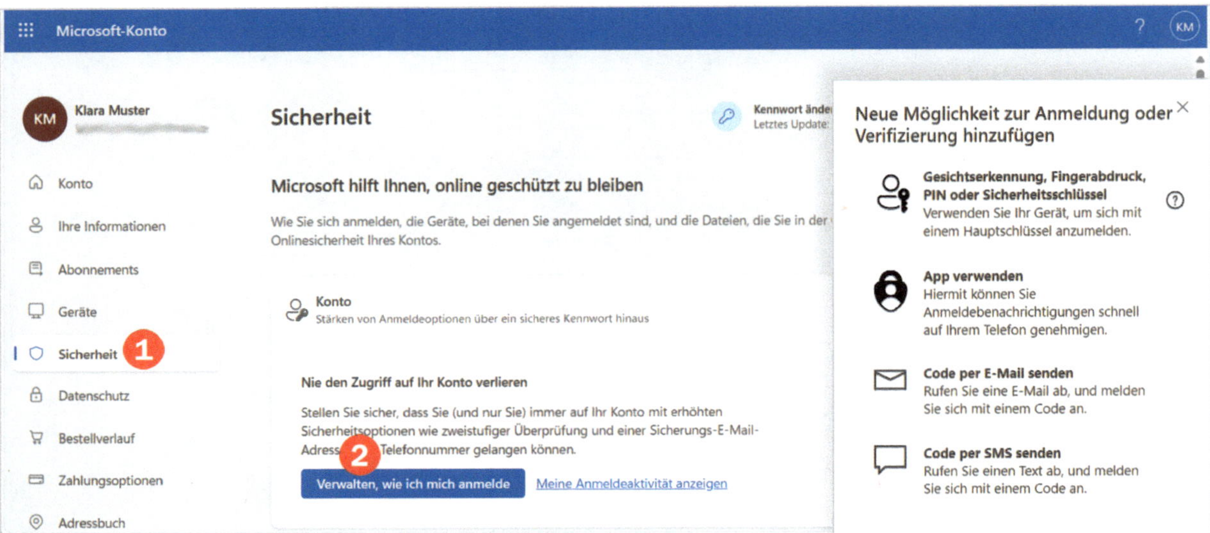

Näheres zum Thema Passkeys finden Sie auf Seite 212.

Beispiel: Code per E-Mail senden

Soll beispielsweise ein Code an eine E-Mail Adresse gesendet werden, dann geben Sie im nächsten Schritt eine zweite E-Mail Adresse ein, die nicht identisch ist mit Ihrem Microsoft-Konto und klicken auf *Weiter*. Anschließend wird ein Code an die angegebene Adresse gesendet. Kontrollieren Sie den Posteingang dieser E-Mail Adresse und geben Sie zur Bestätigung den erhaltenen Code im nachfolgenden Fenster in das Feld ein. Klicken Sie auf *Weiter* um die E-Mail Adresse hinzuzufügen.

Hinweis: Auch bei sicherheitskritischen Vorgängen in Zusammenhang mit Ihrem Microsoft-Konto, z. B. Verwendung auf einem zweiten Gerät oder Änderung des Kennworts wird ein Code an diese Adresse gesendet, den Sie dann zur Bestätigung eingeben müssen.

Zweistufige Sicherheitsüberprüfung

Unter *Zusätzliche Sicherheitsoptionen* können Sie für die Kontoanmeldung auch eine *Zweistufige Überprüfung* aktivieren und in Verbindung mit PIN, Gesichtserkennung oder Fingerabdruck als zweiten Faktor eine Authenticator-App auf dem Smartphone einrichten. Deren Code muss dann nicht nur bei der Anmeldung, sondern auch statt des zugesendeten Sicherheitscodes (siehe oben) eingegeben werden.

Achtung: Informieren Sie sich über den Link *Weitere Informationen zur zweistufigen Überprüfung*, bevor Sie die zweistufige Authentifizierung aktivieren!

Wiederherstellungscode

Etwas weiter unten finden Sie auch die Möglichkeit, einen Wiederherstellungscode zu generieren, mit dem Sie auf Ihr Microsoft-Konto zugreifen können, falls Sie den Zugriff auf Ihre Anmeldeinformationen verlieren. Scannen Sie diese Code ein oder drucken Sie ihn aus und bewahren ihn an einem sicheren Ort auf.

Persönliche Informationen und Zahlungsmethoden verwalten

Persönliche Informationen einsehen und/oder ändern

Zum Anzeigen und Ändern der, in Ihrem Microsoft-Konto hinterlegten persönlichen Informationen, z. B. Name, Geburtsdatum, Telefonnummer usw., klicken Sie im Browser auf der Startseite Ihres Microsoft-Kontos auf Ihren Namen oder in der linken Leiste auf *Ihre Informationen* ❶.

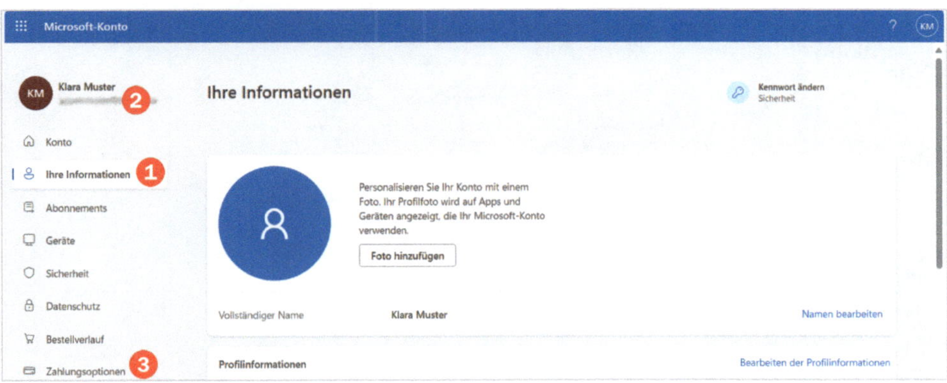

Bild 6.17 Microsoft-Konto verwalten

E-Mails im Browser anzeigen

Ihre E-Mails können Sie online einsehen und verwalten, indem Sie unterhalb Ihres Namens auf die E-Mail Adresse Ihres Microsoft-Kontos klicken ❷.

Zahlungsmethoden, z. B. für Einkäufe im Microsoft Store anlegen und verwalten

Für kostenpflichtige Einkäufe im Microsoft Store müssen in Ihrem Microsoft-Konto Zahlungsmethoden hinterlegt sein. Klicken Sie hierzu auf *Zahlungsoptionen* ❸. Anschließend sehen Sie Ihre bisherigen Transaktionen und bereits hinterlegte Zahlungsmethoden, falls vorhanden. Um eine Zahlungsmethode zu hinterlegen, klicken Sie auf *Zahlungsmethode hinzufügen*. Anschließend wählen Sie zwischen *Kredit- oder Debitkarte, SEPA* (Lastschrift, nicht immer verfügbar), *PayPal* und *Mobilfunkabrechnung*, geben die erforderlichen Informationen ein und klicken abschließend auf *Speichern*.

Info: Bei PayPal handelt es sich um einen Zahlungsdienstleister, bei dem statt einer Kreditkartennummer eine E-Mail Adresse angegeben wird. Hierzu ist ein PayPal-Konto erforderlich. Die Webadresse: www.paypal.com

Passkeys: Anmeldung ohne Kennwort

Sogenannte Passkeys oder Hauptschlüssel sind eine Authentifizierungsmethode für Webseiten oder Apps, bei der Sie sich anstelle eines (häufig unsicheren) Kennworts mit Windows Hello (PIN, Fingerabdruck oder Gesichtserkennung) anmelden. Passkeys werden derzeit unter anderem unterstützt von Amazon, Google, Microsoft, LinkedIn, Paypal, WhatsApp,...

Um einen Passkey zu erstellen, melden Sie sich zunächst auf der betreffenden Webseite an, z. B. Google. Möglicherweise wird Ihnen bereits nach erfolgreicher Anmeldung angeboten, einen Passkey zu erstellen. Falls nicht, so ist ein Passkey schnell erstellt, hier am Beispiel Google:

1 Wechseln Sie zu Ihrer Kontoverwaltung, klicken auf Sie auf *Sicherheit* und unter Weitere Anmeldeoptionen auf *Passkeys und Sicherheitsschlüssel* ❶.

2 Klicken Sie auf *Passkey erstellen* ❷, geben Sie Ihre PIN oder Ihren Fingerabdruck ein, den Sie auch zur Anmeldung bei Windows benutzen ❸ und klicken Sie auf *Weiter*. Abschließend erhalten Sie die Meldung, dass Ihr Hauptschlüssel gespeichert wurde.

Bild 6.18 Beispiel Google: Konto verwalten

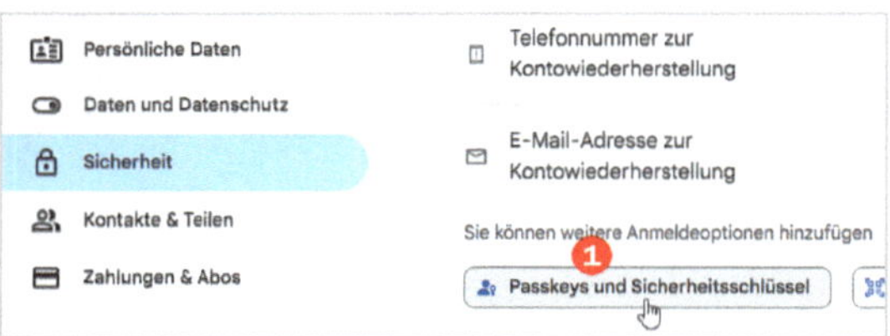

Bild 6.19 Passkey (PIN) erstellen

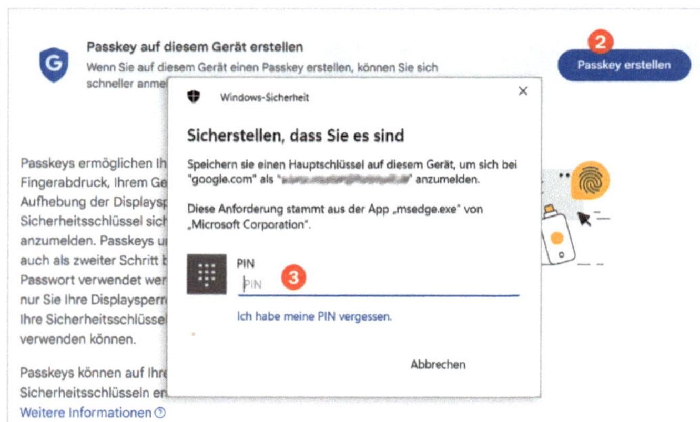

Passkeys sollten Sie selbstverständlich ausschließlich auf Ihrem persönlichen PC erstellen, da der Schlüssel auf dem Gerät gespeichert wird!

Auf Ihrem PC werden Ihre Passkeys in den Einstellungen unter *Konten* ▶ *Passkeys* verwaltet. Hier kann über das Dreipunktemenü ein Hauptschlüssel auch wieder gelöscht werden.

Bild 6.20 Passkeys in den Einstellungen verwalten

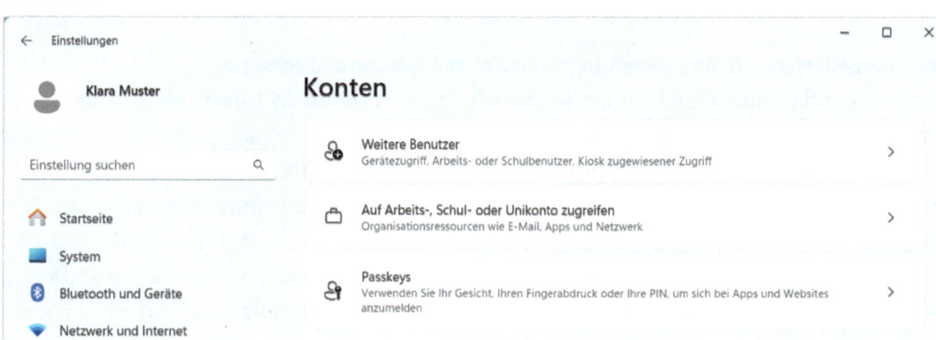

6.3 Datenschutzeinstellungen

Wenn Sie nichts anderes vereinbart haben, sammelt und speichert Windows allerlei Nutzerdaten und sendet diese an Microsoft. Allerdings haben Sie beim ersten Start von Windows die Möglichkeit, einige allgemeine Einstellungen zum Datenschutz festzulegen und auch nach größeren Updates werden Sie manchmal aufgefordert, erneut die Datenschutzeinstellungen zu kontrollieren. Zum Schutz Ihrer Privatsphäre finden Sie darüber hinaus in den Windows-Einstellungen in der Kategorie *Datenschutz und Sicherheit* noch einige weitergehende Einstellungen, von denen Sie die meisten in der Regel problemlos deaktivieren können.

> **Tipp: Datenschutz kontrollieren**
> Wenn Sie Wert auf den Schutz Ihrer Privatsphäre legen, dann sollten Sie unbedingt von Zeit zu Zeit die Datenschutzeinstellungen Ihres Geräts kontrollieren. Insbesondere nach größeren Updates werden diese von Windows manchmal automatisch wieder zurückgesetzt und die standardmäßig abgefragten Einstellungen zum Datenschutz sind nur sehr allgemein. In den Einstellungen finden Sie noch weitergehende Möglichkeiten.

Windows-Berechtigungen und allgemeine Datenschutzeinstellungen

Um zunächst die allgemeinen Datenschutzeinstellungen zu kontrollieren und bei Bedarf zu ändern, geben Sie einfach in der Taskleiste den Suchbegriff „datenschutz" ein und klicken dann auf *Datenschutzeinstellungen (Systemeinstellungen)*. Oder klicken Sie im Startmenü auf *Einstellungen*, wählen die Kategorie *Datenschutz und Sicherheit* ❶ und klicken dann unter *Windows-Berechtigungen* auf *Empfehlungen & Angebote* ❷.

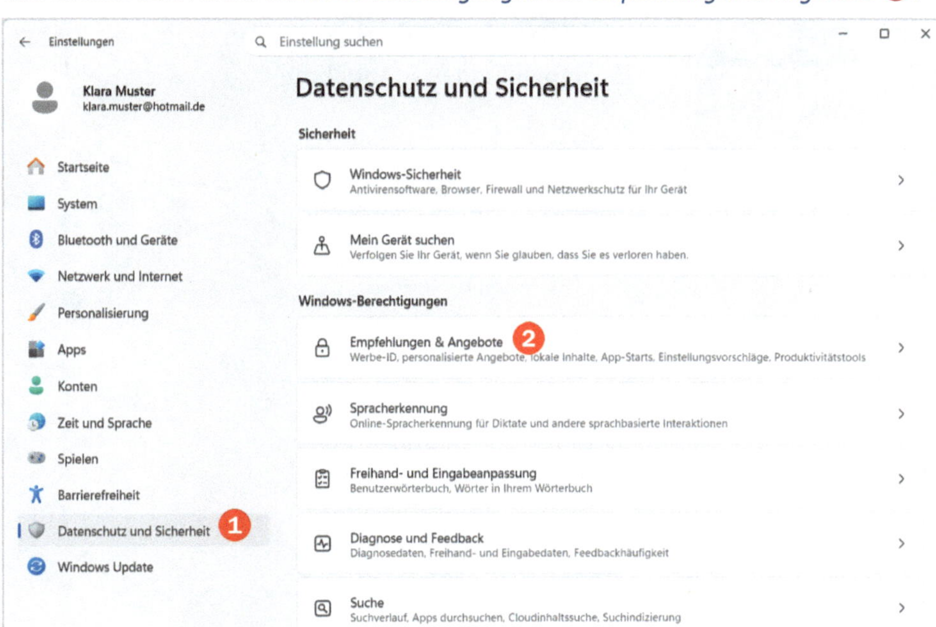

Bild 6.21 Kategorie Datenschutz und Sicherheit, die Windows-Berechtigungen

Tipp: Unter den *Windows-Berechtigungen* finden Sie auch die *Suchberechtigungen* in denen Sie das Verhalten der Suche steuern können, siehe Kap. 4, Seite 131.

Die *Empfehlungen & Angebote* betreffen in erster Linie personalisierte Empfehlungen aufgrund der Suche und Ihres Surfverhaltens im Web, siehe Bild 6.23 unten. Die meisten Schalter können problemlos deaktiviert werden.

- *Personalisierte Angebote* kann ausgeschaltet werden.
- Ob Sie dagegen *Websites den Zugriff auf die eigene Sprachliste gestatten* ist abzuwägen, da manche Webseiten aufgrund Ihrer Sprachlisten die Sprache entsprechend anpassen können.
- Der Schalter *Start- und Suchergebnisse verbessern...* wirkt sich auf Suchvorschläge und empfohlene Apps im Startmenü aus.
- *Empfehlungen und Angebote in den Einstellungen* beinhaltet Tipps und Werbung in den Einstellungen und kann, ebenso wie der Schalter *Werbe-ID* ausgeschaltet werden, da die persönliche Werbe-ID von Apps benutzt wird, um anhand besuchter Webseiten gezielt Werbung zu schalten.
- Unter *Datenschutzressourcen* erhalten Sie nähere Informationen, können die Datenschutzerklärung einsehen und haben die Möglichkeit, bereits gespeicherte Informationen zu löschen.

Dies gilt allerdings nur für Windows-Apps, die die Werbe-ID verwenden. Andere Methoden interessensbezogener Werbung werden dadurch nicht beeinflusst.

Bereits gesammelte Inhalte löschen

Wenn Sie die bereits gesammelten Informationen löschen möchten, dann klicken Sie unter *Datenschutzressourcen* auf *Datenschutz-Dashboard.* Damit gelangen Sie nach vorheriger Anmeldung (mit Kennwort, PIN, Fingerabdruck usw.) im Browser zu den Datenschutzeinstellungen Ihres Microsoft-Kontos, s. Bild 6.22, und können unter anderem Ihren Browser- und Suchverlauf, Standort- und Sprachaktivitäten sowie Verwendung von Apps einsehen und löschen.

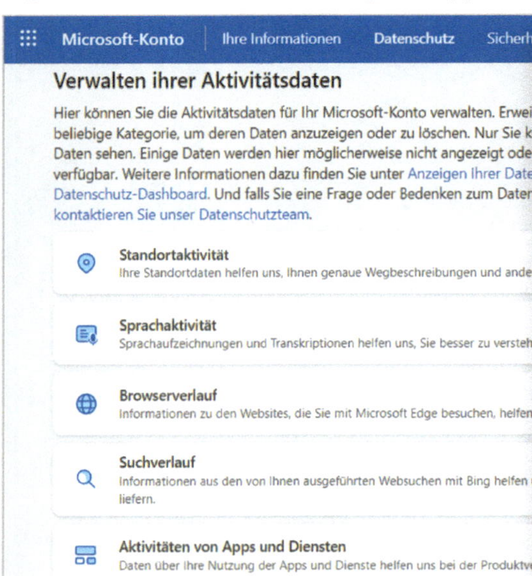

Bild 6.22 Datenschutz-Dashboard im Browser

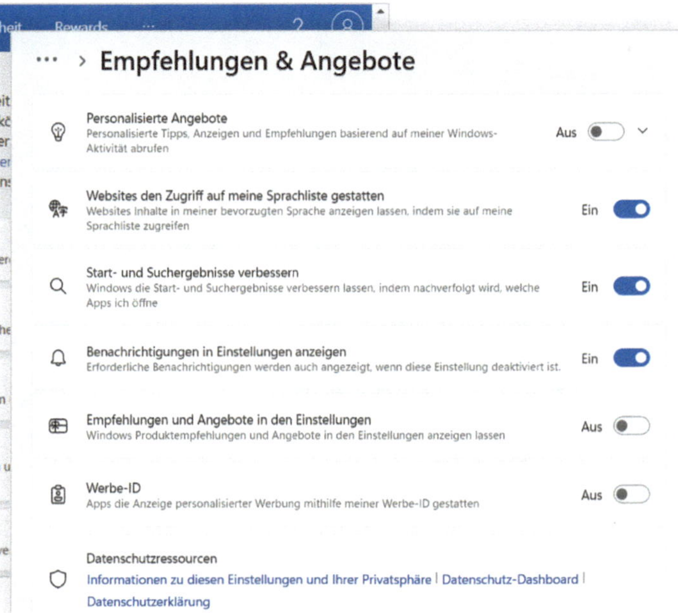

Bild 6.23 Empfehlungen & Angebote

Spracherkennung und Freihandeingaben

Die Online-Spracherkennung

Windows verfügt neben der gerätebasierten Spracherkennung, die z. B. von der Windows Spracherkennungs-App genutzt wird, auch über eine Online-Spracherkennung. Letztere sendet Ihre Spracheingaben an Microsoft und wird von Apps benutzt, auf der Online-Spracherkennung basieren. Die App *Windows Spracherkennung*, siehe Kapitel 5.7, Barrierefreies Arbeiten funktioniert dagegen auch bei ausgeschalteter Online-Spracherkennung.

Info: Falls eine App die Online-Spracherkennung erfordert, erhalten Sie beim Start der App einen Hinweis auf die ausgeschaltete Funktion und können an dieser Stelle die Erlaubnis zum Aktivieren der Online-Spracherkennung erteilen.

Um die Online-Spracherkennung ein- oder auszuschalten, klicken Sie in den Einstellungen, Kategorie *Datenschutz und Sicherheit* auf *Spracherkennung*, siehe Bild 6.24 und ändern den Schalter.

Ein persönliches Wörterbuch aus Freihandeingaben erstellen

Falls Sie Freihandeingaben per Stift nutzen, können Sie individuelle Vorschläge aus einem persönlichen Wörterbuch erhalten, das aus Ihren Eingaben erstellt wird. Ob diese Funktion aktiviert ist, sehen Sie, wenn Sie in der Kategorie *Datenschutz und Sicherheit* auf *Freihand- und Eingabeanpassung* klicken (Bild 6.25). Wenn Sie keine Freihandeingaben nutzen, können Sie auch diesen Schalter problemlos deaktivieren. Falls gewünscht, können Sie mit Klick auf *Persönliches Wörterbuch* dieses löschen.

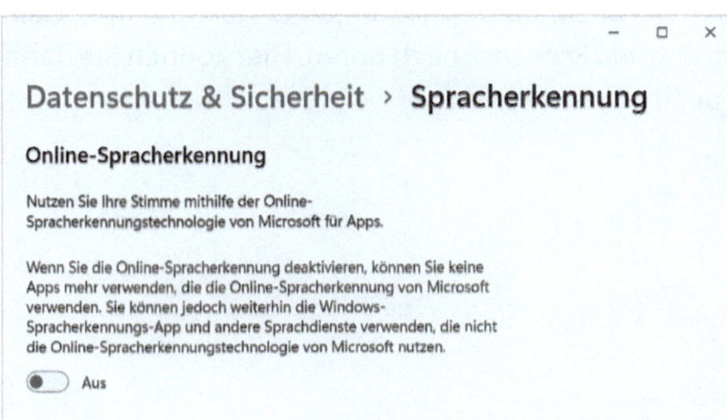

Bild 6.24 Online-Spracherkennung Ein/Aus

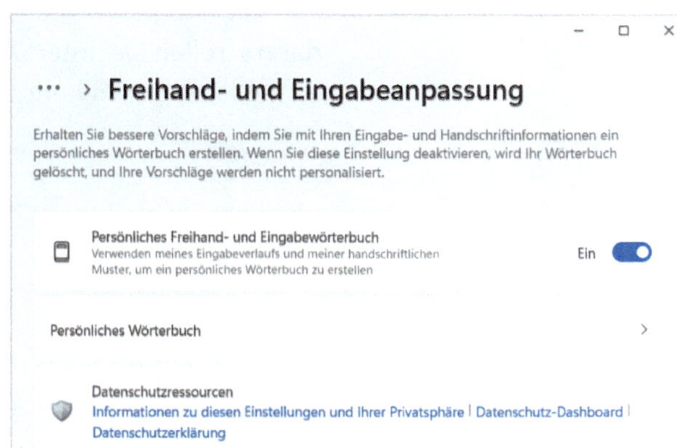

Bild 6.25 Freihandeingaben

Sammeln und Senden von Diagnosedaten

Windows sendet automatisch bestimmte Informationen zu Ihrem Gerät und den verwendeten Einstellungen und Apps an Microsoft. Diese dienen der Verbesserung von Windows und können helfen, eventuell auftretende Probleme zu beheben, siehe Problembehandlung. Die Datenschutzoptionen dazu finden Sie in der Kategorie *Datenschutz und Sicherheit* mit der Auswahl *Diagnose und Feedback*, siehe Bild auf der nächsten Seite. Klicken Sie auf die Rubriken, um die dazugehörigen Schalter anzuzeigen und ggf. zu deaktivieren oder zu aktivieren.

- **Diagnosedaten senden**: Unter *Diagnosedaten* legen Sie fest, in welchem Umfang Daten zur Verwendung von Windows an Microsoft gesendet werden: Beachten Sie, dass die *optionalen Diagnosedaten* auch persönliche Daten, z. B. besuchte Webseiten umfassen. Aufgrund der gesendeten Diagnosedaten versucht Microsoft, Probleme mit Windows automatisch zu beheben, siehe Kapitel 7.8.
- **Freihand- und Eingabe verbessern**: Dieser Schalter ist nicht zu verwechseln mit dem persönlichen Wörterbuch, siehe Seite 215, sondern regelt, ob diese Eingabedaten im Rahmen der Diagnosedaten an Microsoft gesendet werden dürfen. Zum Schutz Ihrer Privatsphäre sollten Sie diesen Schalter deaktivieren.
- **Individuelle Benutzererfahrung**: Dahinter verbirgt sich die Verwendung der Diagnosedaten für personalisierte Tipps und Werbung. Dieser Schalter kann problemlos auf *Aus* gesetzt werden.
- **Diagnosedaten anzeigen**: Wenn der Schalter *Diagnosedaten anzeigen* aktiviert ist, werden die Diagnosedaten auf der Festplatte Ihres Geräts gespeichert. **Achtung**: Diese können sehr umfangreich sein, daher sollte der Schalter bis auf Ausnahmefälle *Aus* sein.

  Unter *Diagnosedaten löschen* können Sie alle, auf dem Gerät gespeicherten Diagnosedaten auch wieder löschen.
- **Feedbackhäufigkeit**: Windows bittet Sie gelegentlich um Feedback zu bestimmten Funktionen: „*Wie finden Sie...*? Wenn Sie diese Meldungen als lästig empfinden, dann scrollen Sie unter *Diagnose und Feedback* nach unten. Hier können Sie dann im Feld *Feedbackhäufigkeit* auch *Nie* auswählen.

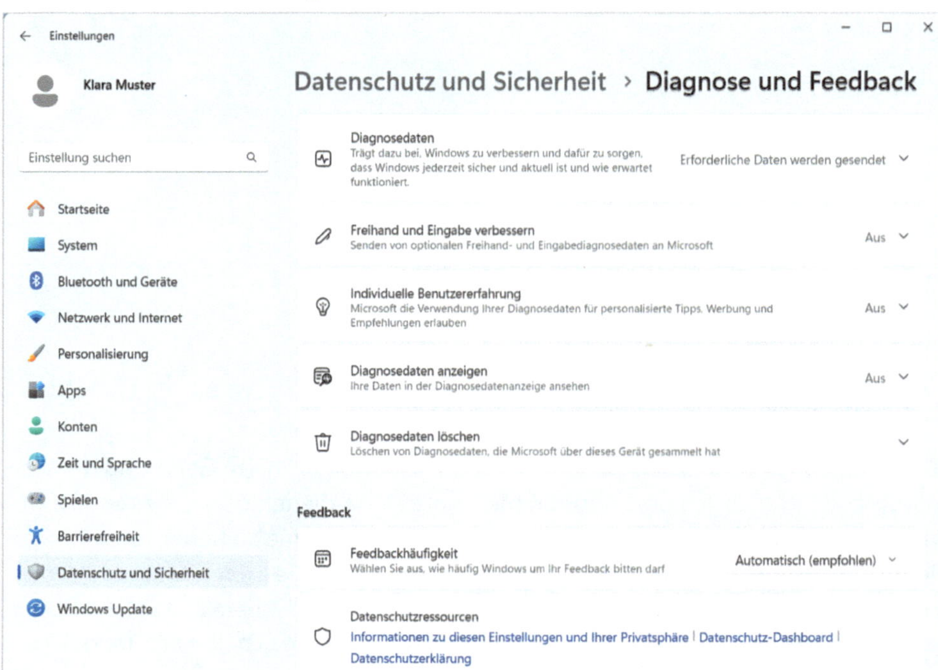

Bild 6.26 Diagnosedaten senden

App-Berechtigungen verwalten

Unterhalb der oben beschriebenen *Windows-Berechtigungen* finden Sie in den Einstellungen in der Kategorie *Datenschutz und Sicherheit* auch noch die *App-Berechtigungen*. Diese regeln den Zugriff von Apps auf bestimmte Informationen und Geräte sowie untereinander, z. B. ob und welche Apps auf die Kamera Ihres Geräts oder Ihren Kalender zugreifen und ob diese Ihren Standort verwenden dürfen. Achtung, die Liste ist sehr umfangreich, im Bild unten ein Ausschnitt.

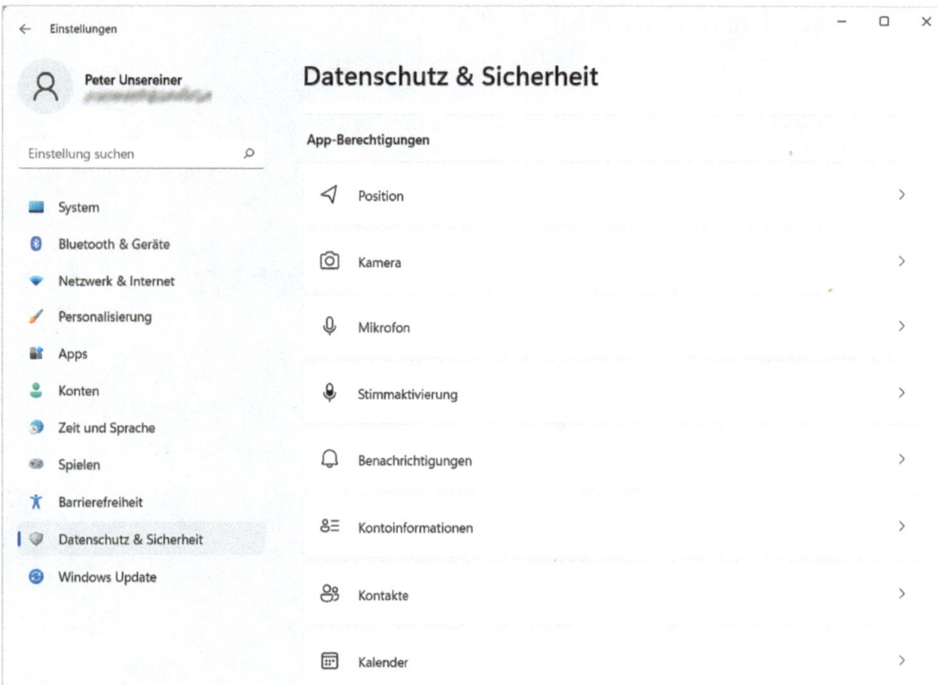

Bild 6.27 App-Berechtigungen (Ausschnitt)

Schränken Sie die Berechtigungen von Apps ein

Die meisten Apps beanspruchen mehr Rechte als sie eigentlich brauchen. Da diese ein Einfallstor für Hacker und Schadsoftware sein können, sollten Sie aus Sicherheitsgründen deren Berechtigungen kontrollieren und einschränken.

Apps machen in der Regel darauf aufmerksam, wenn eine Berechtigung zum Zugriff auf ein Gerät oder eine Information, z. B. die Kamera oder Ihren Standort fehlt. Kein Problem also, wenn eine App zunächst nicht über die erforderlichen Berechtigungen verfügt. Diese können Sie im Bedarfsfall nachträglich schnell erteilen.

Beispiel: Zugriff auf die Kamera

Als Beispiel beschränken wir uns auf die App-Berechtigungen für Kamera und einige Ordner.

1 Klicken Sie unter *App-Berechtigungen* auf *Kamera*.

2 Der Schalter *Kamerazugriff* ❶ regelt den Zugriff auf die Kamera für das gesamte System und für alle Nutzer des Geräts. Ein Ändern ist nur mit Administratorrechten möglich, andernfalls ist dieser Schalter inaktiv.

3 Wenn der Schalter *Apps den Zugriff auf Ihre Kamera erlauben* ❷ deaktiviert ist, ist für alle Apps der Zugriff auf die Kamera gesperrt. Setzen Sie dagegen diesen Schalter auf *Ein*, kann jeder Benutzer des PCs selbst entscheiden, welche der unterhalb aufgeführten Apps die Kamera benutzen dürfen. Eventuell müssen Sie die Liste mit Klick auf den Pfeil ❸ öffnen.

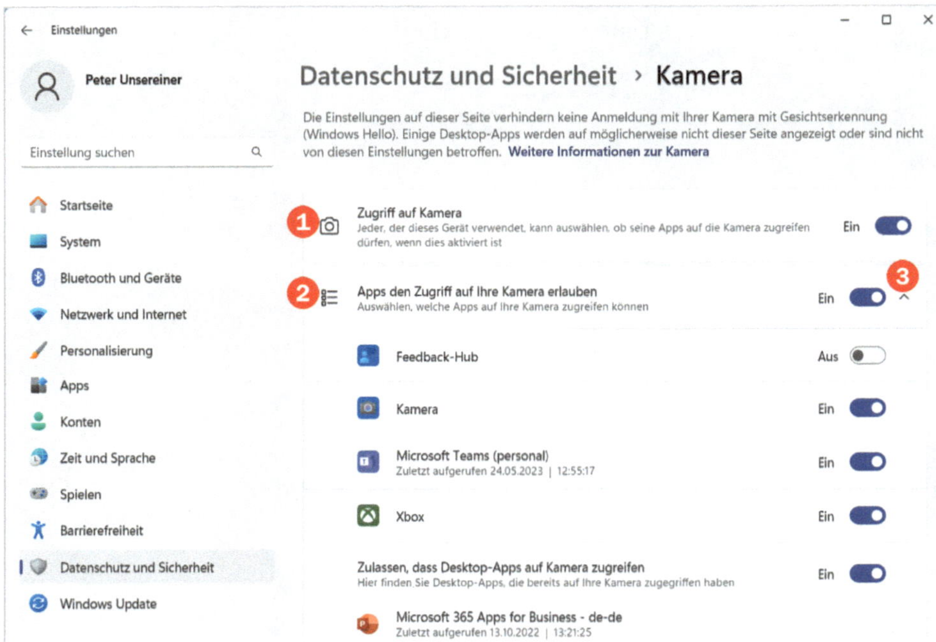

Bild 6.28 Beispiel: Zugriff auf die integrierte Kamera

Hinweis: Bei diesen Apps handelt es sich um Microsoft-Store Apps, auf klassische Anwendungen haben diese Einstellungen keine Auswirkung.

Dateisystem und persönliche Ordner

Weiter unten in der Liste der *App-Berechtigungen* finden Sie auch die persönlichen Ordner *Dokumente*, *Musik*, *Videos* und *Downloads* sowie das Dateisystem allgemein. Diese Zugriffsberechtigung gilt nur für Apps aus dem Microsoft-Store, Anwendungen wie Microsoft Word, Excel oder PowerPoint sind davon nicht betroffen.

6.4 Virenschutz und Sicherheitseinstellungen

Ein wirksamer und stets aktueller Schutz vor unerlaubten Zugriffen und schädlicher Software (Stichwort Computerviren und Co.) ist ein absolutes Muss für jeden Computer. Zu diesem Zweck bieten zahlreiche Hersteller sowohl kostenlose als auch kostenpflichtige Software an. Die Palette reicht vom einfachen Antivirenschutz bis hin zu umfangreichen Sicherheitspaketen.

Auch Windows verfügt bereits seit Windows 10 über einen integrierten Viren- und Bedrohungsschutz sowie eine Firewall, welche den Datenverkehr mit anderen Computern bzw. dem Internet überwacht. Beide werden unter dem Namen *Windows Sicherheit* bzw. *Windows Defender* zusammengefasst und sind im Hintergrund ständig aktiv, sofern Sie nicht eine entsprechende Software eines anderen Herstellers installiert haben.

Windows-Sicherheit oder Software von Drittherstellern?

Laut aktueller Testergebnisse ist der Windows Viren- und Bedrohungsschutz vielen kostenlos erhältlichen Programmen anderer Hersteller mindestens ebenbürtig, teils sogar überlegen. Lediglich umfassende, allerdings kostenpflichtige Sicherheitspakete spezialisierter Herstellern bieten bessere Leistungen.

An dieser Stelle wird nur der Umgang mit dem Windows Viren- und Bedrohungsschutz beschrieben. Falls Sie Antivirensoftware eines anderen Herstellers installiert haben, ist dieser automatisch deaktiviert und Einstellungen und Vorgehensweise können sich unterscheiden.

Egal, für welche Schutzsoftware Sie sich entscheiden: Ein wirksamer Schutz erfordert regelmäßige Updates über das Internet. Diese sollten am besten täglich und zwar automatisch im Hintergrund erfolgen.

Bild 6.29 Das Symbol Windows-Sicherheit in der Taskleiste

Sämtliche sicherheitsrelevanten Einstellungen sind unter *Windows-Sicherheit* zusammengefasst. Das Symbol dafür finden Sie im Infobereich der Taskleiste (eventuell auch im Überlaufbereich). Ein grünes Häkchen bedeutet, alle Einstellungen sind OK, ein Ausrufezeichen dagegen signalisiert, Sie sollten die Einstellungen unbedingt kontrollieren, schlimmstenfalls ist z. B. der Virenschutz ausgeschaltet.

- Am schnellsten öffnen Sie die Windows-Sicherheitseinstellungen mit Klick auf das Symbol der Taskleiste, siehe Bild oben.
- Oder geben Sie den Suchbegriff „sicherheit" ein und klicken dann unter *Apps* auf *Windows-Sicherheit*.
- In der Liste *Alle Apps* des Startmenüs finden Sie *Windows-Sicherheit* unter dem Buchstaben W.

Aus den Einstellungen heraus öffnen Sie Windows-Sicherheit mit der Auswahl *Datenschutz und Sicherheit*. Klicken Sie anschließend auf *Windows-Sicherheit* und danach auf *Windows-Sicherheit öffnen*.

Auf der Startseite der Windows-Sicherheit sehen Sie auf einen Blick den aktuellen Sicherheitsstatus (s. Bild auf der nächsten Seite). Klicken Sie entweder direkt auf eine Aufgabe, z. B. *Viren- und Bedrohungsschutz* ❶, um Details anzuzeigen und genauere Einstellungen zu kontrollieren und ggf. zu ändern. Oder benutzen Sie die Leiste ❷ am linken Rand des Fensters. Falls hier die Beschriftungen der Symbole ausgeblendet sein sollten, klicken Sie zum Anzeigen auf das Dreipunktmenü ❸. Nach Auswahl einer Aufgabe gelangen Sie mit dem Pfeil ❹ wieder zurück zur vorherigen Seite.

Bild 6.30 Windows-Sicherheit: Startseite

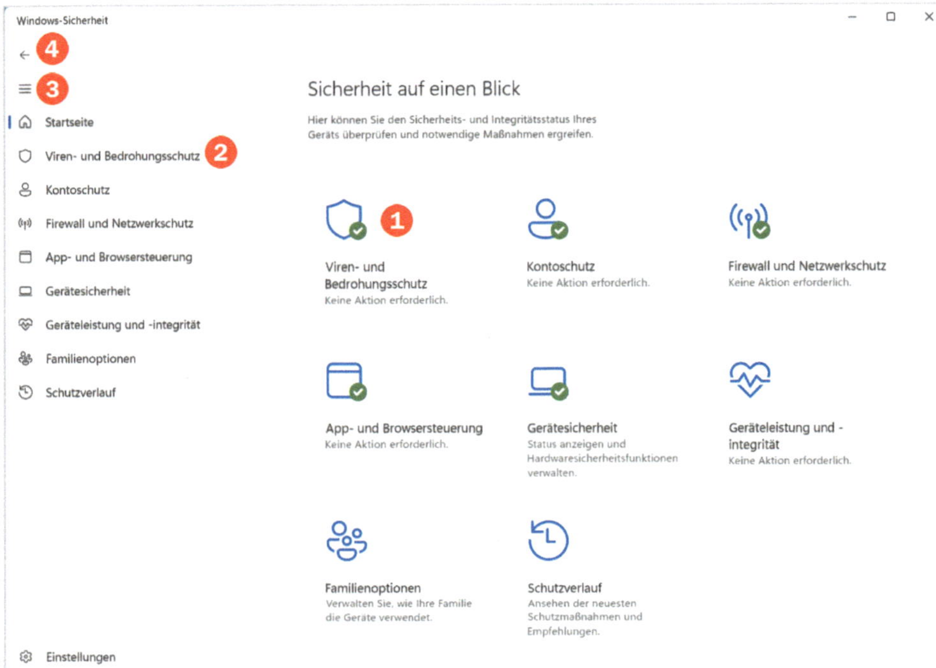

Schutz vor Viren und anderen Bedrohungen

Klicken Sie auf der Startseite der Windows-Sicherheit auf *Viren- und Bedrohungsschutz*. Wenn Sie den integrierten Virenschutz Microsoft Defender Antivirus verwenden, dann können Sie hier Ihr Gerät auf Bedrohungen durchsuchen, im Bedarfsfall Updates abrufen und verschiedene Einstellungen vornehmen.

Hinweis: Haben Sie Antivirensoftware eines anderen Herstellers installiert, dann wurde der Windows Viren- und Bedrohungsschutz automatisch deaktiviert und Sie sehen hier einen Hinweis auf die verwendete Software. In diesem Fall öffnen Sie Ihr Antivirenprogramm, indem Sie in der Taskleiste auf das dazugehörige Symbol klicken.

Der Viren- und Bedrohungsschutz ist wie jede Sicherheitssoftware im Hintergrund aktiv und überprüft Ihr Gerät automatisch. Unter *Aktuelle Bedrohungen* sehen Sie Zeitpunkt und Zusammenfassung der letzten Überprüfung und können mit Klick auf die Schaltfläche *Schnellüberprüfung* ❶ (Bild auf der nächsten Seite) eine Überprüfung starten.

Den Computer manuell überprüfen

Falls Sie eine gründlichere Überprüfung vornehmen möchten, z. B. bei Virenverdacht, dann klicken Sie auf *Scanoptionen* ❷ und wählen eine der folgenden Optionen ❸. Die Überprüfung starten Sie mit der Schaltfläche *Jetzt überprüfen* ❹.

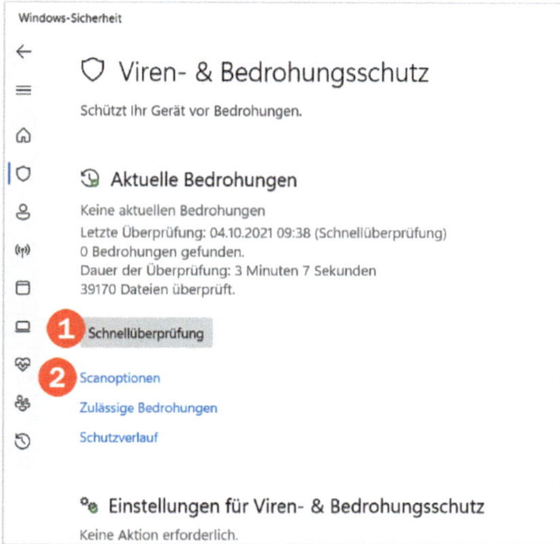

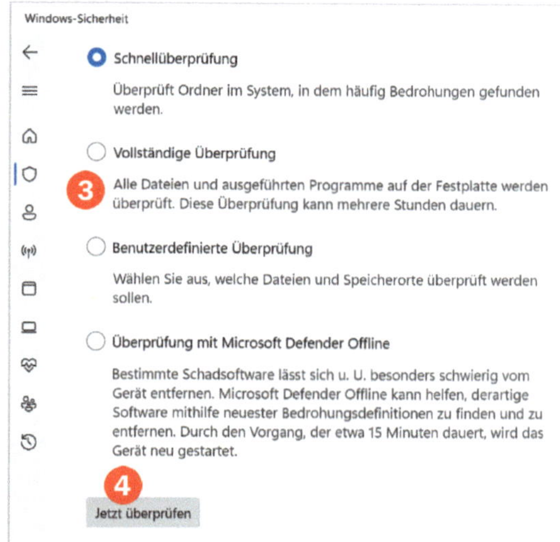

Bild 6.31 Status Viren- und Bedrohungsschutz

Bild 6.32 Den PC manuell auf Schadsoftware überprüfen

- Die Standardeinstellung **Schnellüberprüfung** durchsucht nur Bereiche, die für schädliche Software in Frage kommen.
- Die **Vollständige Überprüfung** bezieht alle Dateien und Programme auf der Festplatte ein. Da dies einige Zeit in Anspruch nimmt, sollte sie nur gestartet werden, wenn der Computer gerade nicht benötigt wird.
- Wenn ein bestimmter Speicherort überprüft werden soll, z. B. USB-Stick oder ein bestimmter Ordner, dann wählen Sie **Benutzerdefinierte Überprüfung**. Das Laufwerk bzw. den Ordner wählen Sie erst aus, nachdem Sie auf *Jetzt überprüfen* geklickt haben.
- Die meisten erkannten Bedrohungen werden von Windows automatisch entfernt. Einige verstecken sich jedoch besonders gut auf Ihrer Festplatte und lassen sich nur schwer aufspüren und beseitigen. In solchen Fällen kann eine **Überprüfung mit Microsoft Defender Offline** helfen. **Achtung**: Schließen Sie alle geöffneten Apps und Dateien, bevor Sie die Offline-Überprüfung starten, da dazu ein Neustart des PCs erforderlich ist.

Einstellungen für Viren- und Bedrohungsschutz

Bild 6.33 Klicken Sie auf Einstellungen verwalten

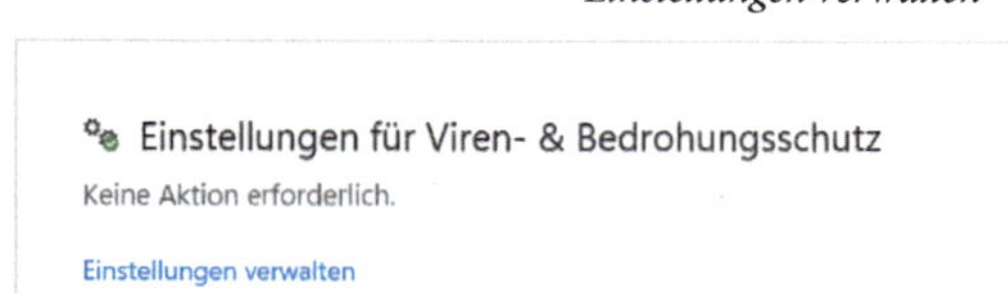

Unterhalb der aktuellen Bedrohungen kontrollieren Sie die *Einstellungen für Viren- & Bedrohungsschutz*. *Keine Aktion erforderlich*, wie im Bild, bedeutet, alle wichtigen Einstellungen sind aktiviert. Sollte dies nicht der Fall sein, dann macht Sie an dieser Stelle ein Ausrufezeichen darauf aufmerksam. Klicken Sie auf *Einstellungen verwalten*, um die dazugehörigen Einstellungen zu kontrollieren.

Achtung: Für einen wirksamen Schutz müssen sich **alle** Schalter unbedingt auf *Ein* befinden (Bild 6.34 auf der nächsten Seite).

- Die *Automatische Übermittlung von Beispielen* sorgt dafür, dass bei entdeckten Bedrohungen automatisch ein Beispiel an Microsoft gesendet wird und dient zur Verbesserung des Schutzes. Dieser Schalter sollte ebenfalls aktiviert sein.

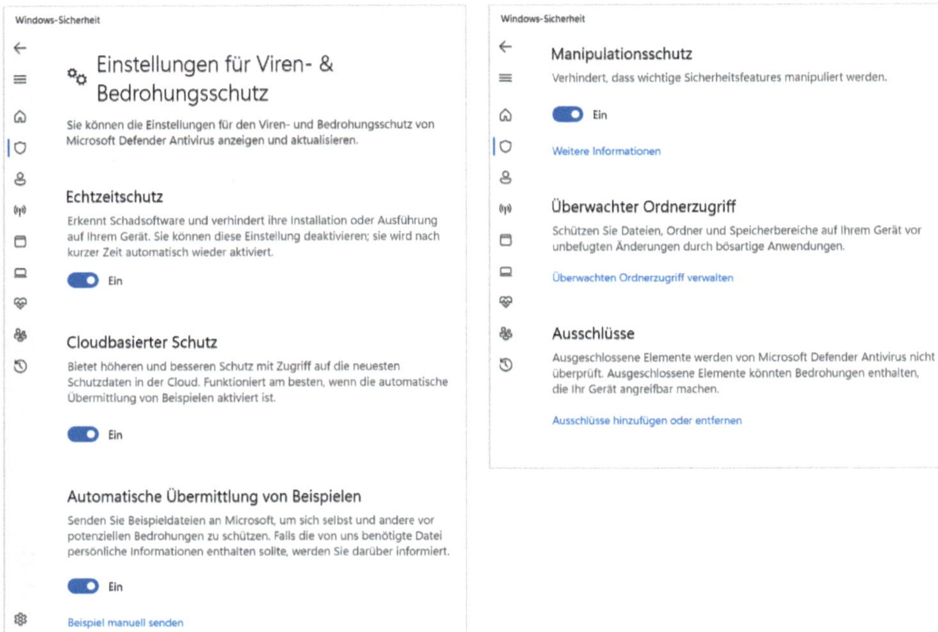

Bild 6.34 Einstellungen für Viren- und Bedrohungsschutz

Hinweis: Bei sicherheitsrelevanten Änderungen meldet sich die Benutzerkontensteuerung und Sie müssen explizit bestätigen, ob Änderungen vorgenommen werden dürfen. Unter Umständen ist dazu auch die Eingabe eines Administratorkennworts erforderlich.

- Den *Überwachten Ordnerzugriff* finden Sie mit denselben Einstellungen auch unter *Ransomware-Schutz*, Näheres hierzu im nächsten Punkt.
- Unter *Ausschlüsse* können Sie im Bedarfsfall Elemente hinzufügen, die von Microsoft Antivirus Defender nicht durchsucht werden.

Schutz vor Erpressungssoftware durch überwachten Ordnerzugriff

Als Erpressungstrojaner, Verschlüsselungstrojaner, Erpressungssoftware oder Ransomware (engl. ransom = Lösegeld) bezeichnet man Schadprogramme, die persönliche Daten verschlüsseln und erst nach Zahlung eines Lösegelds wieder freigeben. Der Microsoft Viren- und Bedrohungsschutz verfügt unter der Bezeichnung *Überwachter Ordnerzugriff* auch über einen Schutz vor Erpressungstrojanern, indem er nur vertrauenswürdigen Apps den Zugriff auf Ihre persönlichen Ordner, z. B. *Dokumente* oder *Bilder* gestattet. Allerdings muss der überwachte Ordnerzugriff erst aktiviert werden.

1. Wenn Sie den überwachten Ordnerzugriff aktivieren möchten, dann klicken Sie in den *Einstellungen für Viren- und Bedrohungsschutz* unter *Überwachter Ordnerzugriff* auf *Überwachten Ordnerzugriff verwalten*, siehe Bild oben. Oder wählen Sie unter *Viren- und Bedrohungsschutz* und *Ransomware-Schutz* den Link *Ransomware-Schutz verwalten* ❶ (Bild auf der nächsten Seite).
2. Aktivieren Sie dann den Schalter *Überwachter Ordnerzugriff* ❷.

3 Anschließend können Sie mit Klick auf *Geschützte Ordner* ❸ die geschützten Ordner, in der Standardeinstellung Ihre persönlichen Ordner, kontrollieren und weitere hinzufügen.

4 Der überwachte Ordnerzugriff erlaubt nur solchen Apps den Zugriff, z. B. Öffnen oder Speichern, die von Microsoft als unbedenklich eingestuft werden. Um weiteren Apps den Zugriff zu gestatten, klicken Sie auf *App durch überwachten Ordnerzugriff zulassen* ❸ und fügen die betreffende App der Liste hinzu.

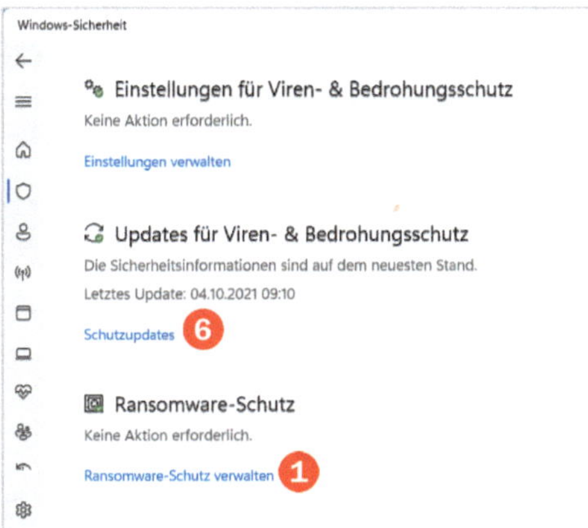

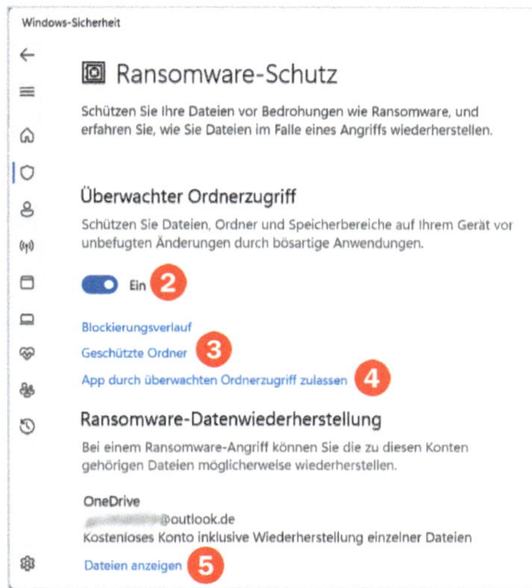

Bild 6.35 Updates und Ransomware-Schutz

Bild 6.36 Überwachter Ordnerzugriff

Sichern Sie wichtige Daten regelmäßig!

Der überwachte Ordnerzugriff bietet zwar einen guten Schutz, kann aber beim Speichern und Öffnen von Dateien lästig sein, da Sie den meisten Apps den Zugriff erst explizit erlauben müssen. Leider ist auch nirgends ersichtlich, welche Apps von Microsoft als vertrauenswürdig eingestuft werden.

Als Sicherheitsmaßnahme sollten Sie unbedingt Ihre Daten regelmäßig in der Cloud oder auf einen externen Datenträger, z. B. externe Festplatte sichern. Auch Microsoft macht Sie beim Aktivieren des überwachten Ordnerzugriffs darauf aufmerksam, dass Dateien auf OneDrive wiederhergestellt werden können, siehe oben ❹.

Updates kontrollieren

Da ständig neue Bedrohungen bekannt werden, muss jede Antivirensoftware durch Updates regelmäßig, täglich oder noch besser mehrmals täglich, aktualisiert werden. Diese Updates erfolgen bei Microsoft Defender Antivirus automatisch und im Hintergrund. Datum und Uhrzeit des letzten Updates sehen Sie unter *Updates für Viren- und Bedrohungsschutz* ❻ (Bild oben). Wenn Sie manuell nach Updates suchen möchten, dann klicken Sie auf *Schutzupdates* und anschließend auf *Nach Updates suchen*. Falls neue Updates verfügbar sind, werden diese heruntergeladen und sofort installiert.

Windows Firewall

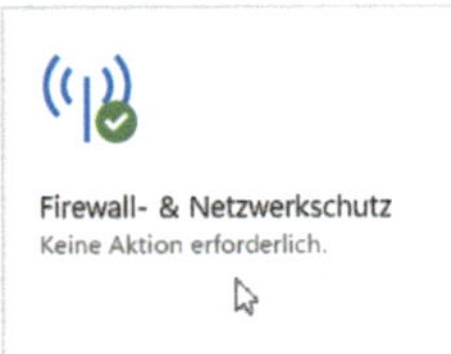

Näheres lesen Sie dazu auch in Kapitel 7.3 unter Netzwerkeinstellungen.

Als Firewall bezeichnet man eine Schutzfunktion, die ein Netzwerk oder einen einzelnen Computer vor unerwünschten Netzwerkzugriffen von außen schützt und somit einen wichtigen Bestandteil der Computersicherheit bildet. Auch Windows verfügt über eine integrierte Firewall, die Einstellungen dazu sehen Sie, wenn Sie auf der Startseite der Windows-Sicherheit auf *Firewall und Netzwerkschutz* klicken.

Die Firewall unterscheidet zwischen privaten und öffentlichen Netzwerken, z. B. in Hotels und Flughäfen, grundsätzlich sollte die Firewall für jeden Netzwerktyp aktiviert sein. Falls die Firewall eines Netzwerktyps deaktiviert sein sollte, so klicken Sie auf diesen Netzwerktyp und aktivieren den Schalter *Microsoft Defender Firewall*.

Bild 6.37 Firewall und Netzwerkschutz kontrollieren

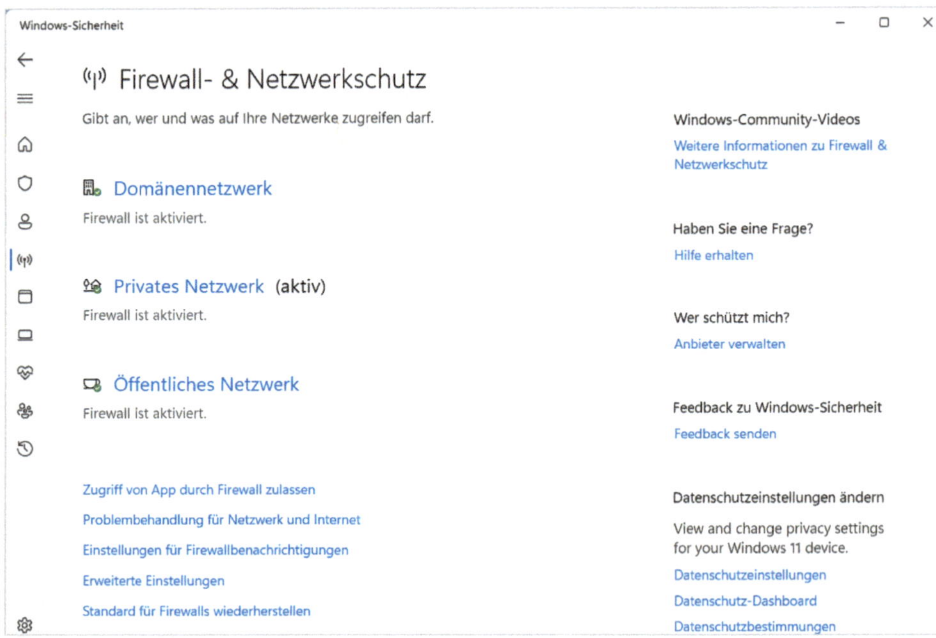

Hinweis: Falls eine App von der Firewall blockiert wurde, können Sie mit Klick auf *Zugriff von App durch Firewall zulassen* diese in die Liste der zugelassenen Apps aufnehmen. Tiefergehende Einstellungen finden Sie in den *Erweiterten Einstellungen*. Für beides gilt: Änderungen sollten nur mit guten Windows-Kenntnissen vorgenommen werden, aus diesem Grund sind hierzu auch Administratorrechte erforderlich bzw. müssen Sie Änderungen bestätigen.

Benachrichtigungen erhalten

In der Standardeinstellung erhalten Sie durch die Windows-Sicherheit alle relevanten Benachrichtigungen. Falls Sie diese kontrollieren oder ändern möchten, so klicken Sie auf *Einstellungen für Firewallbenachrichtigungen* und anschließend auf *Benachrichtigungen verwalten*. Anschließend können Sie die Benachrichtigungen festlegen, die Sie vom Viren- und Bedrohungsschutz, dem Kontoschutz und dem Firewall und Netzwerkschutz erhalten möchten.

Sicherheitseinstellungen beim Surfen

Zur Kontrolle der Schutzeinstellungen beim Surfen im Web, klicken Sie auf der Startseite der Windows-Sicherheit auf *App- und Browsersteuerung*. Hier finden Sie die folgenden Funktionen:

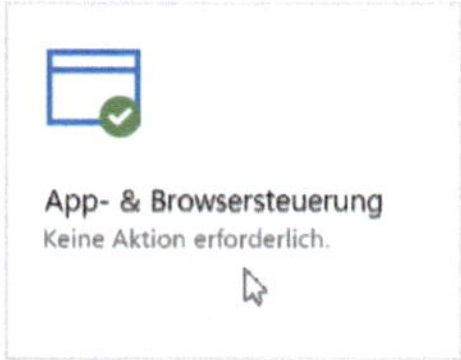

Smart App Control

Smart App Control ❶ überprüft Apps beim Starten auf ihre Vertrauenswürdigkeit und blockiert potentiell unerwünschte Apps. Allerdings ist diese Funktion nur bei sauberen Neuinstallationen von Windows 11 verfügbar und erfordert zudem das optionale Senden von Diagnosedaten.

Zuverlässigkeitsbasierter Schutz

Der *Zuverlässigkeitsbasierte Schutz* bzw. *Microsoft Defender SmartScreen* schützt Ihren PC vor schädlichen Webseiten und Downloads, indem er die aufgerufenen Webseiten analysiert und mit gemeldeten oder bekannten Webseiten mit Schadsoftware vergleicht. Für Details klicken Sie auf *Einstellungen für zuverlässigkeitsbasierten Schutz* ❷. Um einen größtmöglichen Schutz zu gewährleisten, sollten hier alle Schalter *Ein* sein, wie in Bild 6.39 und Bild 6.40.

Exploit-Schutz

Exploits nutzen Schwachstellen von Apps und Systemen aus, um in ein Computersystem einzudringen und dieses zu manipulieren. Windows verfügt über einen integrierten Exploit-Schutz ❸, dessen Schutzeinstellungen möglichst nicht geändert werden sollten, sonst besteht die Gefahr, noch mehr Löcher aufzureißen.

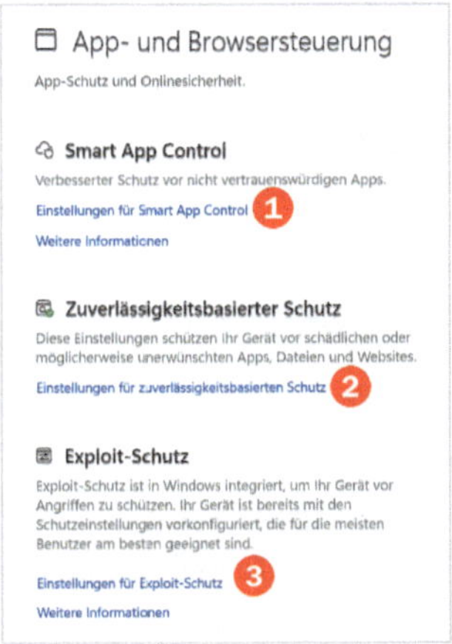

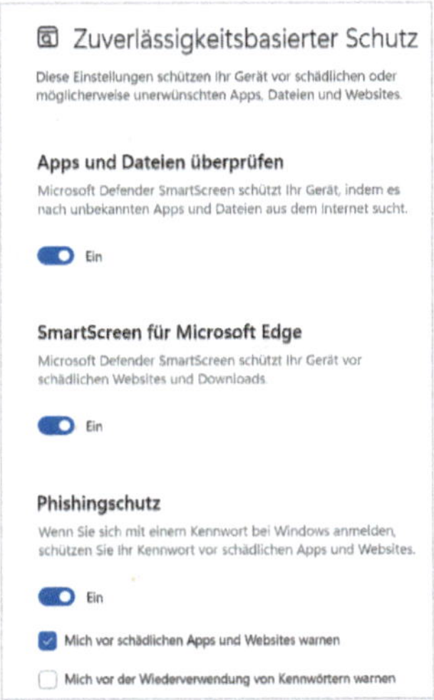

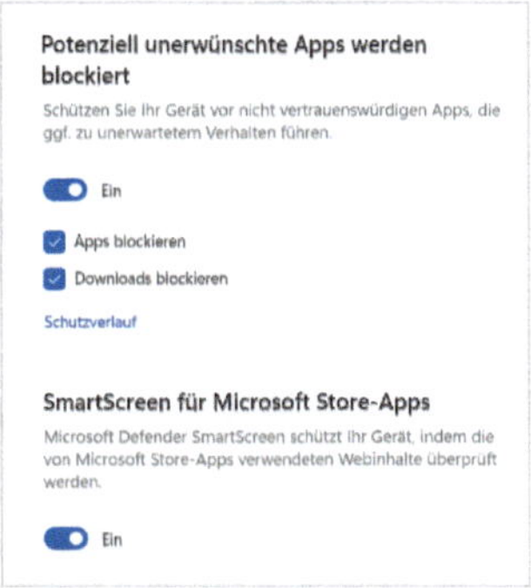

Bild 6.38 App- und Browsersteuerung

Bild 6.39 Einstellungen zum zuverlässigkeitsbasierten Schutz

Bild 6.40 Fortsetzung zuverlässigkeitsbasierter Schutz

Weitere Optionen der Windows-Sicherheit

Neben den oben beschriebenen, finden Sie auf der Startseite der Windows-Sicherheit noch folgende Optionen:

- **Kontoschutz**: Unter Kontoschutz erhalten Sie eine Zusammenfassung aller sicherheitsrelevanten Einstellungen Ihres Microsoft-Kontos und können im Bedarfsfall mit Klick auf den entsprechenden Link die dazugehörige Einstellung ändern, siehe Punkt 6.1.

Leider gilt die Einschränkung auf bestimmte Webseiten nur für Microsoft Edge, lässt sich also relativ leicht umgehen.

- **Jugendschutz**: Falls auch Kinder das Gerät nutzen und Sie verschiedene Jugendschutzeinstellungen festlegen möchten, z. B. welche Webseiten mit Microsoft Edge von Ihren Kindern besucht werden dürfen oder Zeitlimits bei der Computernutzung und Aktivitätsberichte einrichten, dann klicken Sie auf *Familienoptionen* und wählen *Familieneinstellungen anzeigen*.
- **Geräteleistung und -integrität**: *Geräteleistung und -integrität* zeigt Ihnen anhand eines Integritätsberichts den Status von Speicherkapazität, Apps und Software sowie Akkulaufzeit an.
- **Gerätesicherheit**: Mit Klick auf *Gerätesicherheit* erhalten Sie eine Übersicht über die vorhandenen Hardwarekomponenten für zusätzliche Schutzfunktionen.

Die Benutzerkontensteuerung

Bild 6.41 Die Benutzerkontensteuerung erfordert Ihr Zustimmung bei wichtigen Änderungen

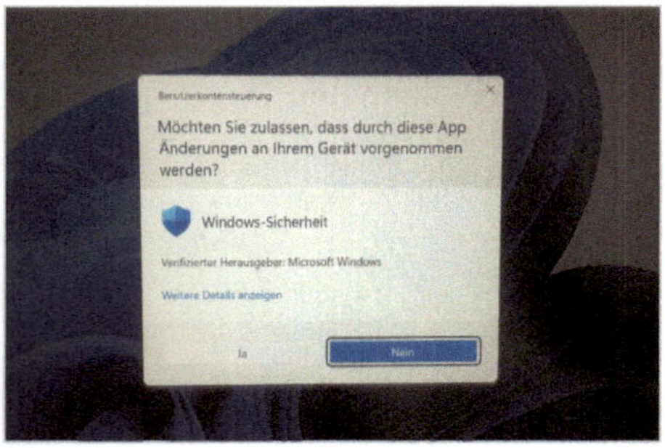

Einen wichtigen Beitrag zur Sicherheit Ihres Geräts leistet die sogenannte Benutzerkontensteuerung. Diese ist standardmäßig aktiv und fordert jedes Mal Ihre Zustimmung an, wenn Sie eine App installieren oder Änderungen an wichtigen Systemeinstellungen vornehmen möchten, wie im Bild. **Achtung**: Klicken Sie nur auf *Ja*, wenn die Änderung von Ihnen ausgeht.

Wenn Sie nicht über die Rechte eines Administrators verfügen, müssen Sie zusätzlich noch ein Administratorkennwort oder die dazugehörige PIN eingeben.

Nicken Sie die Meldung der Benutzerkontensteuerung nicht einfach ab!
Die Benutzerkontensteuerung soll sicherstellen, dass ohne Ihre Zustimmung keine Software installiert wird und keine sicherheitsrelevanten Änderungen vorgenommen werden. Kontrollieren Sie also die Meldung genau und klicken Sie nur auf *Ja*, wenn Sie sicher sind, dass die Änderung oder Installation von Ihnen ausging.

Falls Sie die Einstellungen zur Benutzerkontensteuerung einsehen möchten, geben Sie im Suchfeld den Begriff „benutzerkonten" ein und klicken anschließend auf *Einstellungen der Benutzerkontensteuerung ändern*. Es wird allerdings dringend davon abgeraten, die Benutzerkontensteuerung auszuschalten, am besten behalten Sie die empfohlene Einstellung bei.

6.5 Windows Updates

Microsoft stellt laufend Updates bereit, um Schwachstellen und Fehler von Windows zu beheben. Manchmal fügen Updates auch neue Funktionen hinzu, z. B. in den Einstellungen oder ändern geringfügig das Aussehen der Benutzeroberfläche. Normale Updates werden in der Standardeinstellung automatisch im Hintergrund über das Internet heruntergeladen, die eigentliche Installation erfolgt aber erst, wenn der Computer gerade nicht benötigt wird. Unter Umständen muss das Gerät auch während oder nach der Installation heruntergefahren und wieder neu gestartet werden. Speichern Sie also in jedem Fall zuvor Ihre Daten!

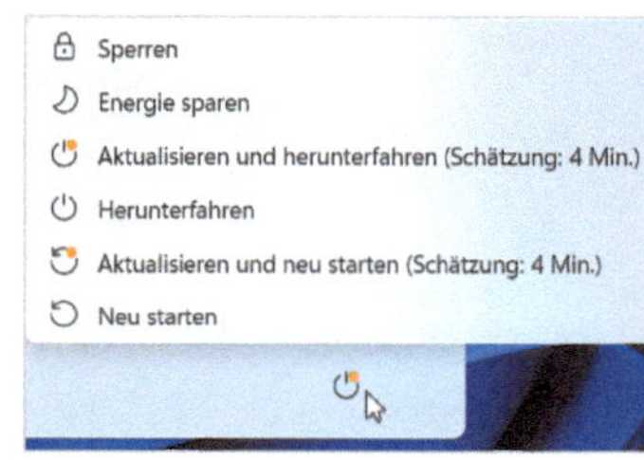

Automatisch heruntergeladene und zu installierende Updates erkennen Sie am Symbol im rechten Bereich der Taskleiste und beim Herunterfahren erhalten Sie die rechts abgebildeten Optionen. Meist erscheint auch in der unteren rechten Ecke oder im Benachrichtigungscenter eine Meldung, dass Windows zwecks Aktualisierung neu gestartet werden muss.

Achtung: Sie können problemlos die Arbeit fortsetzen und erst beim Beenden bzw. Herunterfahren Windows aktualisieren.

Updates anzeigen und verwalten

Um einen Überblick über installierte oder anstehende Updates zu erhalten, öffnen Sie Windows-Einstellungen, z. B. mit den Tasten **Windows**+**i** und klicken auf *Windows Update* ❶. Ganz oben sehen Sie den Zeitpunkt der letzten Überprüfung auf verfügbare Updates ❷ und können mit Klick auf die Schaltfläche *Nach Updates suchen* ❸ nach weiteren suchen.

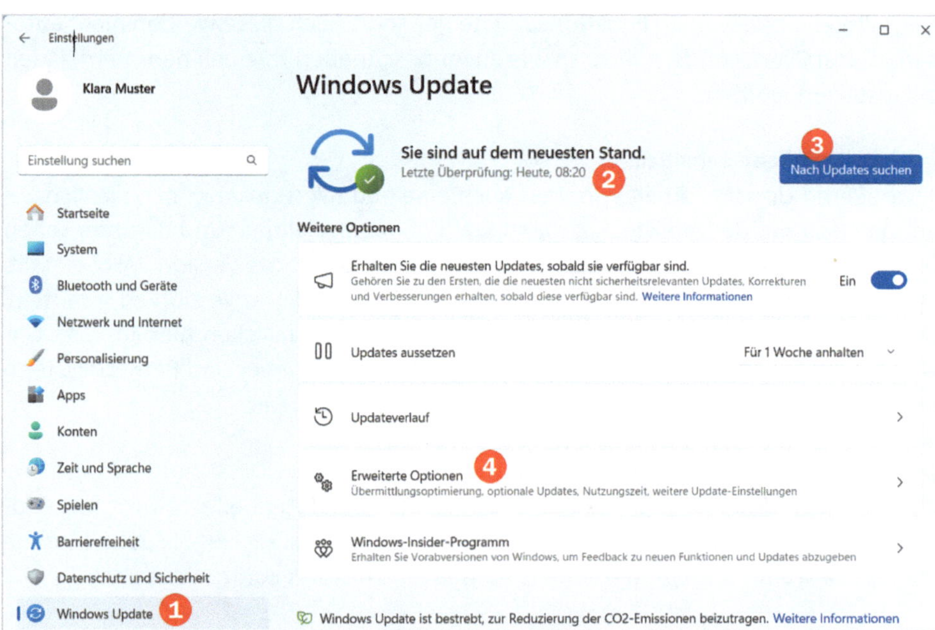

Bild 6.42 Windows Update: Nach Updates suchen

Achtung: Größere Updates sowie Updates für Gerätetreiber werden nicht automatisch installiert. Wichtige Updates für Windows (Funktionsupdates) finden Sie unter *Windows Update* und um verfügbare Updates für Gerätetreiber zu erhalten, klicken Sie auf *Erweiterte Optionen* ❹. Details hierzu im nächsten Punkt.

Weitere Optionen

Verfügbare Updates automatisch erhalten

Ob nicht sicherheitsrelevante Updates automatisch installiert werden, entscheiden Sie mit dem Schalter *Erhalten Sie die neuesten Updates, sobald sie verfügbar sind*. Ist dagegen dieser Schalter auf *Aus* gesetzt, so müssen Sie selbst in regelmäßigen Abständen nach verfügbaren Updates suchen. Dann erscheint in den Einstellungen unter *Windows Update* ein entsprechender Hinweis (s. Bild unten) und Sie müssen das Herunterladen und die Installation manuell starten.

Bild 6.43 Updates herunterladen und installieren

Funktionsupdates

Neben den oben genannten Updates veröffentlicht Microsoft etwa zweimal jährlich ein größeres Update, auch Funktionsupdate genannt. Auch diese werden nicht automatisch installiert, sondern müssen wie zuvor beschrieben manuell heruntergeladen und installiert werden.

Tipp: Installierte Version ermitteln

Mit größeren Updates erhält Windows auch eine neue Versionsnummer, die sich zusammensetzt aus der zweistelligen Jahreszahl und dem Halbjahr und darunter sehen Sie das Datum der Installation. Dieses Buch wurde z. B. mit der Version 24H2 erstellt, (Jahr 2024, zweites Halbjahr). Um die auf Ihrem PC installierte Version zu ermitteln, wählen Sie in den Einstellungen die Kategorie *System* und klicken hier auf *Info*. Unter *Windows-Spezifikationen* finden Sie Edition, Versionsnummer und Betriebssystembuild, das das zuletzt installierte Update noch genauer definiert.

Optionale Updates installieren, Treiberupdates

Die optionalen Updates umfassen meist Updates für Gerätetreiber, z. B. Mikrofon, Bildschirm usw.. Zum Anzeigen und Installieren dieser Updates, klicken Sie auf *Erweiterte Optionen* und auf *Optionale Updates* ❶. Öffnen Sie mit Klick auf *Treiberupdates* ❷ die

Liste und legen Sie per Kontrollkästchen fest ❸, welche davon Sie installieren möchten. Zuletzt klicken Sie auf *Herunterladen und Installieren* ❹.

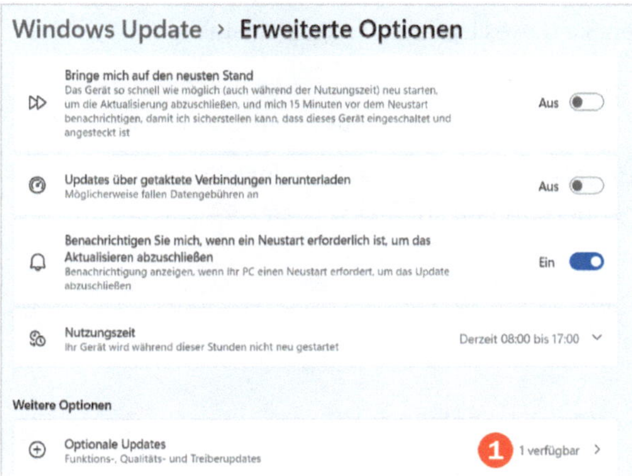

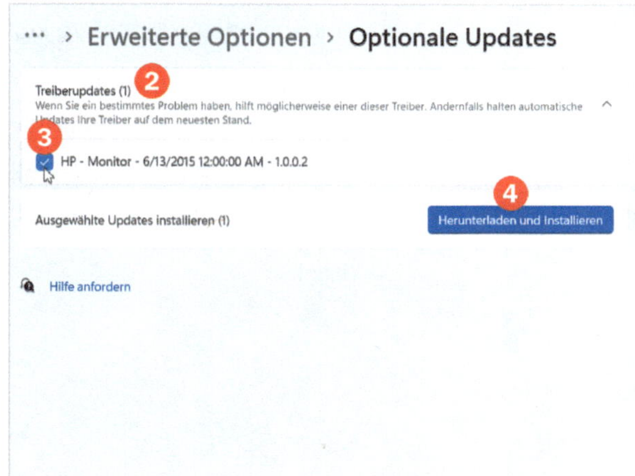

Bild 6.44 Optionale Updates anzeigen

Bild 6.45 Auswählen und installieren

Installierte Updates anzeigen

Unter *Windows Update* (siehe Bild 6.42 auf Seite 227) finden Sie außerdem noch die folgenden Möglichkeiten:

- **Automatische Updates aussetzen**: Falls Sie die automatischen Updates mit Ausnahme von Sicherheitsupdates verzögern möchten, klicken Sie auf *Für 1 Woche anhalten*. Zum Aufheben der Pause vor Ablauf, klicken Sie auf *Updates fortsetzen*. **Achtung**: Diese Option ist nicht in allen Windows-Editionen enthalten!

Wichtig: Sicherheitsupdates sind in jedem Fall sind von der Pause ausgenommen!

- **Installierte Updates anzeigen**: Um eine Liste der installierten Updates anzuzeigen, klicken Sie auf *Updateverlauf anzeigen*. Weitere Details finden Sie anschließend jeweils in den Abschnitten *Qualitätsupdates*, *Treiberupdates*, *Definitionsupdates* und *Weitere Updates*. Bei den Definitionsupdates handelt es sich um regelmäßige Aktualisierungen von Microsoft Defender Antivirus.
- **Nutzungszeit, Benachrichtigungen über Updates**: Da bei vielen Updates der Computer neu gestartet werden muss, können Sie über die Nutzungszeit einen Zeitraum festlegen, in dem der Computer nicht neu gestartet wird. Ferner können Sie eine Benachrichtigung über erforderliche Neustarts anzeigen lassen. Klicken Sie dazu auf *Erweiterte Optionen*.
- **Windows-Insider-Programm:** In der Kategorie *Windows Update* finden Sie auch das *Windows-Insider-Programm*, in dem Microsoft die Teilnahme am Windows-Insider-Programm anbietet. Dadurch erhält Ihr Gerät regelmäßig Vorabversionen geplanter Updates, sogenannte Betaversionen. Da diese allerdings auch noch Fehler enthalten können, riskieren Sie dadurch ein instabiles Windows. Nutzen Sie das Windows-Insider-Programm nicht auf einem Produktiv-Rechner bzw. einem Gerät, das Sie für die tägliche Arbeit benutzen.

Updates deinstallieren

Falls nach einem kürzlich installierten Update Windows oder Ihr PC nicht mehr ordnungsgemäß funktioniert, können Sie dieses Update wieder deinstallieren.

1. Klicken Sie dazu in den Einstellungen auf *Windows Update* und hier auf *Updateverlauf*. Klicken Sie unter *Verwandte Einstellungen* auf *Updates deinstallieren* ❶.
2. Anschließend werden alle Updates aufgelistet, die Sie deinstallieren können. Klicken Sie neben dem betreffenden Update auf *Deinstallieren* ❷.

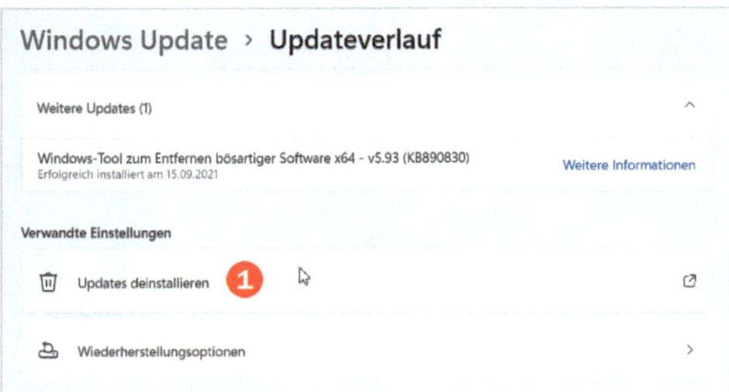

Bild 6.46 Updateverlauf und Updates deinstallieren

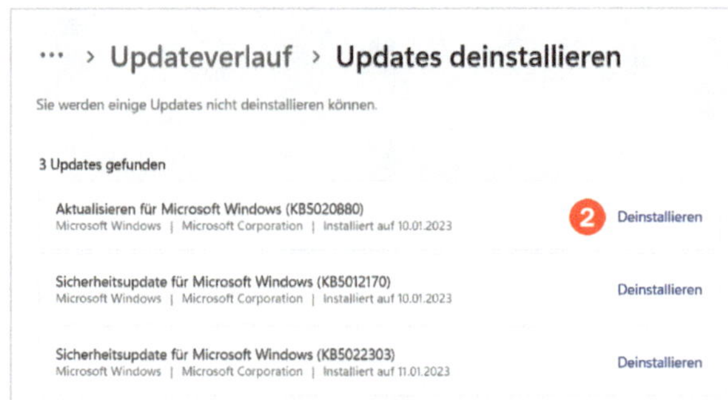

Bild 6.47 Update in der Systemsteuerung deinstallieren

Hinweis: Falls nach einem Update Windows nicht mehr stabil läuft, kann auch die Problembehandlung die Ursache aufspüren und beseitigen. Eine andere Alternative ist das Zurücksetzen des PCs. Die genauere Vorgehensweise lesen Sie in Kapitel 7.8 nach.

Zurück zur vorherigen Windows Version

Bei eventuellen Problemen nach einem größeren Update haben Sie die Möglichkeit, innerhalb von 10 Tagen zur vorherigen Version zurückzukehren. Solange archiviert Windows frühere Versionen, danach werden diese automatisch von der Festplatte entfernt.

Sicherheitshalber sollten Sie vor dem Zurücksetzen alle wichtigen Daten sichern. Schließen Sie dann alle Apps und Dateien und klicken Sie in den Einstellungen, Kategorie *System* auf *Wiederherstellung* und unter Wiederherstellungsoptionen auf die Schaltfläche *Zurückkehren*. **Achtung**: Zwischenzeitlich darf keine Speicheroptimierung bzw. Datenträgerbereinigung mit Entfernen vorheriger Windows-Versionen erfolgt sein.

6.6 Sichern Sie regelmäßig Ihre Dateien

Zu den Sicherheits- und Schutzmaßnahmen gehört auch das Sichern wichtiger Daten. Die Datensicherung sollte regelmäßig und an einem gesonderten Speicherort erfolgen, um Datenverlust, z. B. bei einem Angriff mit Verschlüsselungstrojanern oder einem eventuellen Defekt der Festplatte, zu vermeiden. Als Speicherort eignen sich beispielsweise eine externe Festplatte oder auch ein Speicher in der Cloud.

- Externe Festplatten mit einer Speicherkapazität ab 1 Terabyte (TB) sind im Handel bereits ab etwa 50 € erhältlich. Sie werden am USB-Anschluss angeschlossen und sollten nach erfolgter Datensicherung wieder vom PC getrennt werden.
- Als Alternative bieten sich Cloudspeicher, z. B. OneDrive an. Hier sorgen umfangreiche Sicherungsmaßnahmen von Seiten der Serverbetreiber dafür, dass sich Ihre Daten wiederherstellen lassen. **Nachteile**: Ihre Daten liegen möglicherweise außerhalb der EU, das Hochladen dauert länger und bei den kostenlosen Angeboten dürfte der verfügbare Speicherplatz für eine umfassende Sicherung, beispielsweise einer Fotosammlung, bei weitem nicht ausreichen.

Neben dem manuellen Kopieren auf ein passendes Laufwerk unterstützt Windows auch zwei Möglichkeiten einer automatischen und regelmäßigen Datensicherung im Hintergrund, siehe nächster Punkt.

Dateien und Ordner auf ein externes Laufwerk kopieren

Im einfachsten Fall kopieren Sie zur Sicherung einfach regelmäßig die betreffenden Dateien und/oder Ordner im Datei-Explorer auf ein externes Laufwerk, die Möglichkeiten zum Kopieren wurden in Kapitel 4 dieses Buches ausführlich beschrieben. Damit Sie den Überklick nicht verlieren, legen Sie bei dieser Methode am besten für jede Sicherung einen Ordner mit dem aktuellen Datum als Ordnername an.

Hinweis: Wenn Sie einen persönlichen Ordner. z. B. *Dokumente* oder *Bilder* komplett kopieren möchten, dann müssen Sie diesen entweder per Rechtsklick oder über das Symbol in der Befehlsleiste kopieren. Ziehen mit der Maus funktioniert hier nicht, da Windows dann für persönliche Ordner automatisch eine Verknüpfung erstellt.

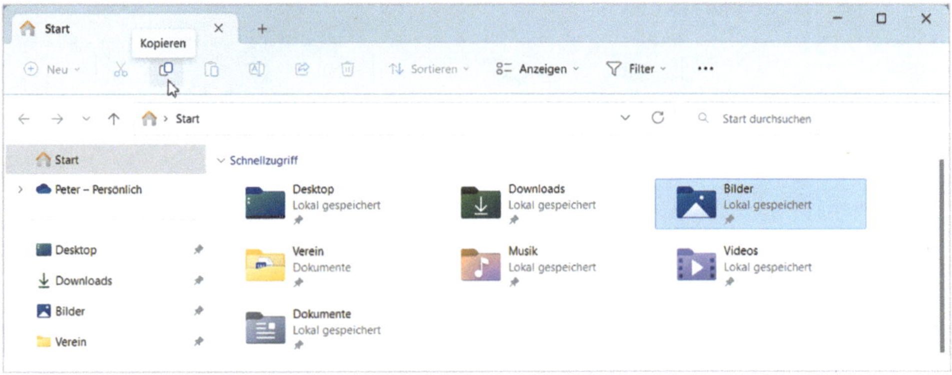

Bild 6.48 Persönlichen Ordner kopieren

OneDrive als Sicherungslaufwerk einrichten

> **Achtung Speicherplatzbedarf!**
> OneDrive wird Ihnen von Microsoft an vielen Stellen zur Datensicherung empfohlen, unter anderem bereits bei der ersten Anmeldung am PC, sowie im Datei-Explorer. Bevor Sie aber OneDrive zur Datensicherung einrichten, sollten Sie bedenken, dass OneDrive in der kostenlosen Version nur 5 GB (GigaByte) Speicherplatz bereitstellt, was z. B. für eine umfangreiche Fotosammlung bei weitem nicht ausreicht.
>
> Verfügen Sie dagegen über das (kostenpflichtige) Abo Microsoft 365, dann stehen Ihnen hier 1 TB (Terabyte) Speicherplatz zur Verfügung und einer Datensicherung steht nichts im Wege. Beachten Sie in diesem Fall, dass Sie die OneDrive Ordnersicherung nur die Ordner *Dokumente*, *Bilder* und *Desktop* samt Inhalt bzw. enthaltenen Unterordnern berücksichtigt.

Ordnersicherung öffnen

Zur OneDrive Ordnersicherung gelangen Sie auf einem der folgenden Wege:

- **Windows-Einstellungen:** Wählen Sie in den Windows-Einstellungen die Kategorie *Konten* und klicken Sie hier auf *Windows-Sicherung* ❶. Klicken Sie bei *OneDrive-Ordnersynchronisierung* auf *Synchronisierungseinstellungen verwalten* ❷.

Bild 6.49 OneDrive-Ordnersychronisierung in den Einstellungen einrichten

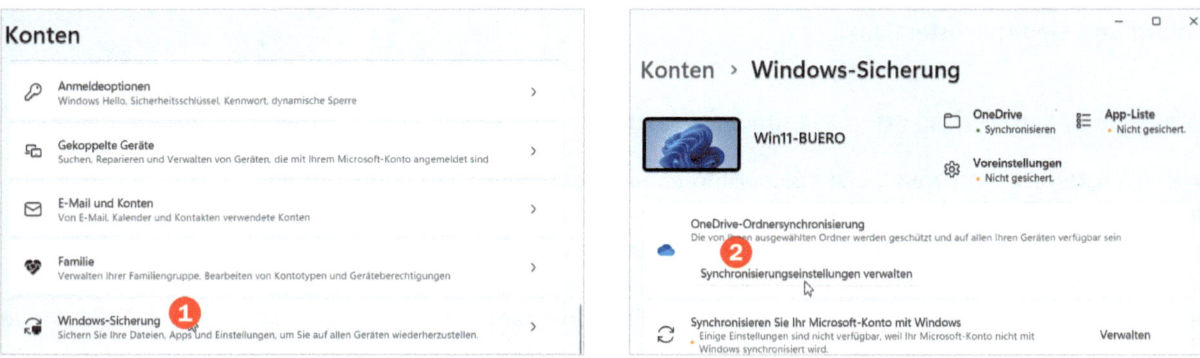

- **Datei-Explorer:** Im Datei-Explorer klicken Sie mit der rechten Maustaste auf Ihren OneDrive-Speicher, wählen den Befehl *OneDrive* und klicken auf *OneDrive-Sicherung verwalten*.

Bild 6.50 Datei-Explorer: OneDrive Sicherung starten

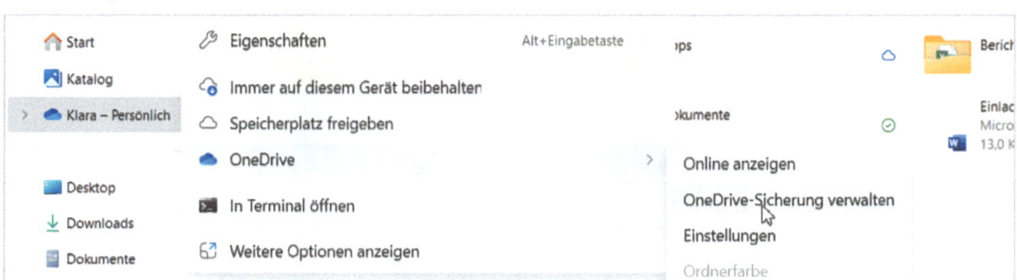

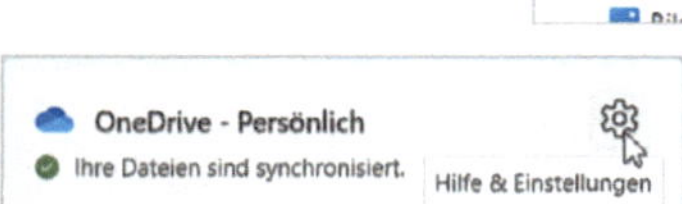

Oder klicken Sie auf das OneDrive-Symbol in der Taskleiste, danach auf das Symbol *Hilfe & Einstellungen* und wählen *Einstellungen*.

In beiden Fällen öffnet sich anschließend das Fenster *Ordner auf diesem PC sichern* (Bild unten). In der Standardeinstellung werden die Inhalte der drei Ordner, *Desktop*, *Dokumente* und *Bilder* gesichert, zu erkennen am aktivierten Schalter. Falls Sie einen Ordner, z. B. *Desktop* von der Sicherung ausschließen möchten, brauchen Sie nur dessen Schalter auf *Aus* ändern.

Klicken Sie zuletzt auf *Änderungen speichern*. Das nachfolgende Fenster *Status anzeigen* können Sie einfach schließen.

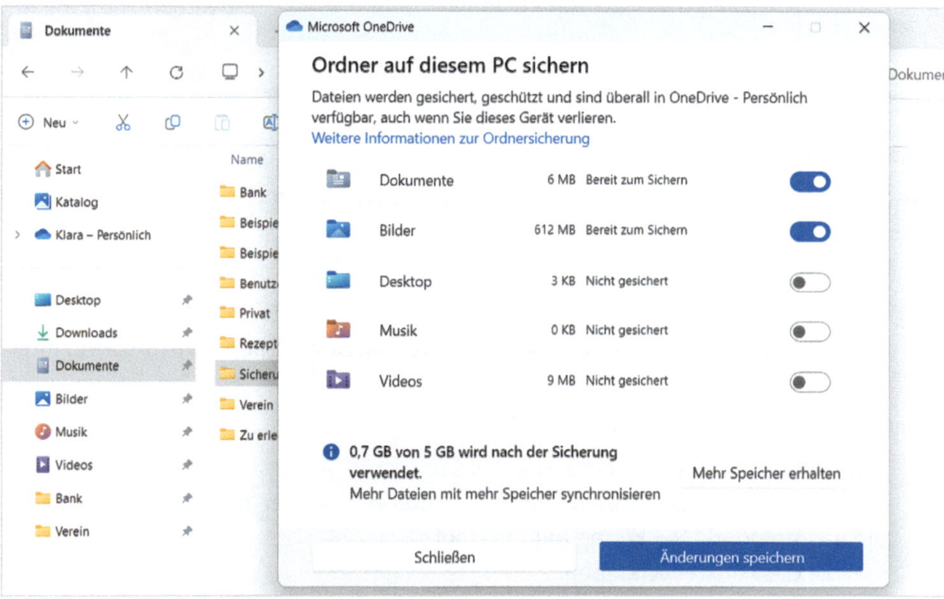

Bild 6.51 Die zu sichernden Ordner

Ab jetzt werden alle Dateien die Sie in den, zur Sicherung ausgewählten Ordnern einschließlich aller Unterordner speichern oder ändern, automatisch im Hintergrund mit *OneDrive* synchronisiert, daher dauert auch der Speichervorgang etwas länger. Jede Datei ist also stets an beiden Speicherorten verfügbar und aktuell und im Adressfeld des Datei-Explorers sehen Sie nun *OneDrive* vor dem eigentlichen Dateipfad.

Die gesicherten Elemente im Datei-Explorer

Auf diese Weise gesicherte Dateien und Ordner erkennen Sie im Datei-Explorer am zusätzlichen Symbol *Status*. Dieses befindet sich je nach Anzeige und Symbolgröße neben dem Namen oder in einer zusätzlichen Spalte (Ansicht *Details*), wie im Bild unten.

- Mit diesem Symbol ✓ gekennzeichnete Elemente sind sowohl auf dem PC als auch online verfügbar. Das Symbol ↻ signalisiert, dass das Element gerade synchronisiert wird.

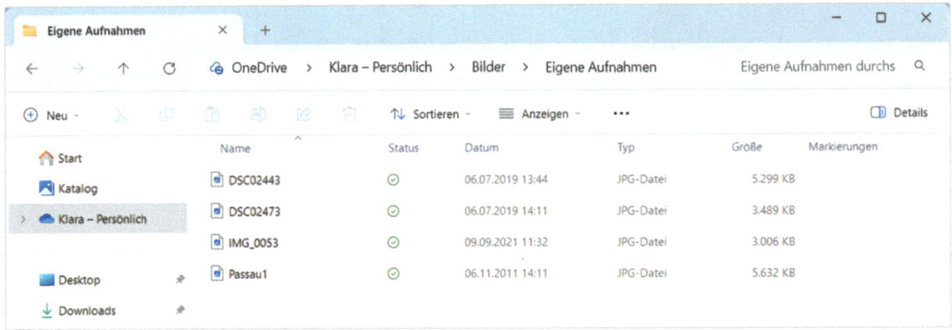

Bild 6.52 Gesicherte Dateien im Datei-Explorer

Weitere Informationen zu OneDrive finden Sie in Kapitel 4.8.

Ordnersicherung beenden

Falls Sie die gesamte Ordnersicherung beenden oder die Synchronisierung für einen bestimmten Ordner ändern möchten, dann gehen Sie so vor:

1 Klicken Sie auf das OneDrive-Symbol in der Taskleiste, danach auf das Symbol *Hilfe & Einstellungen* ▶ *Einstellungen* und klicken auf die Schaltfläche *Sicherung verwalten*. Oder klicken Sie im Datei-Explorer mit der rechten Maustaste auf Ihren OneDrive Speicher, wählen *OneDrive* und klicken auf *OneDrive-Sicherung verwalten* (siehe „Ordnersicherung öffnen" auf Seite 232).

2 Anschließend öffnet sich das Fenster *Ordner auf diesem PC sichern* (s. Bild 6.51) erneut. Zum Beenden ändern Sie die Schalter der Ordner auf *Aus* und bestätigen die nachfolgende Rückfrage mit Klick auf *Sicherung beenden*. Anschließend können Sie das Fenster schließen

Achtung: Wenn Sie die Sicherung beenden, verbleiben die vorhandenen Daten auf OneDrive und werden gleichzeitig aus dem betreffenden Ordner auf der Festplatte des Geräts entfernt!

Mit dem Dateiversionsverlauf Daten auf einem externen Laufwerk sichern

Datensicherung einrichten

Datensicherungen bezeichnet man auch als Backup.

Falls Sie die Datensicherung auf OneDrive nicht nutzen möchten oder diese aus anderen Gründen nicht in Frage kommt, dann sollten Sie Ihre Daten auf ein zweites physisches Laufwerk, z. B. ein Netzlaufwerk oder eine externe Festplatte sichern. Zu diesem Zweck gibt es zahlreiche, sogenannte Backup-Programme.

Auch Windows 11 verfügt mit dem Dateiversionsverlauf über ein geeignetes Werkzeug, das sich leider noch immer in der Systemsteuerung versteckt. So gehen Sie vor:

1 Schließen Sie das vorgesehene Laufwerk, z. B. eine externe Festplatte an, geben Sie im Suchfeld der Taskleiste den Begriff „dateiversionsverlauf" ein und klicken Sie auf *Dateiversionsverlauf Systemsteuerung*.

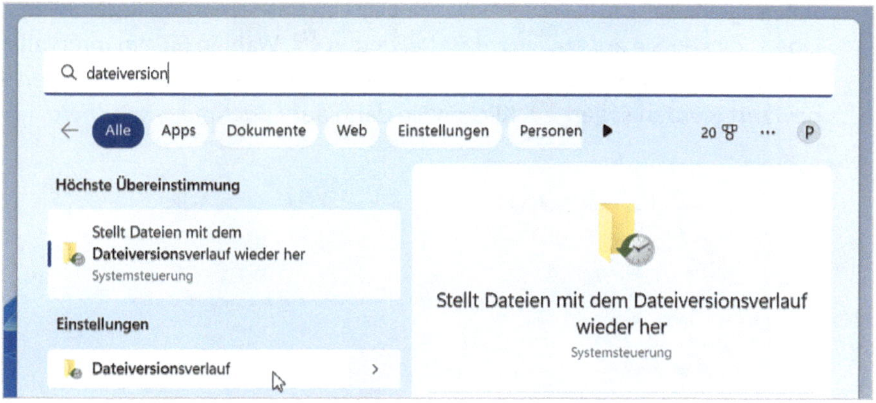

Bild 6.53 Dateiversionsverlauf in der Systemsteuerung öffnen

2 Anschließend öffnet sich die Systemsteuerung mit dem Dateiversionsverlauf und sucht nach geeigneten angeschlossenen Laufwerken. Zudem erhalten Sie Meldung, dass der Dateiversionsverlauf ausgeschaltet ist, s. Bild unten.

3 Bevor Sie den Dateiversionsverlauf einschalten ❶, kontrollieren Sie den Sicherungsumfang ❷ und das verwendete Laufwerk ❸.

- **Ordner ausschließen:** Unter *Dateien kopieren von* finden Sie in der Standardeinstellung neben *Desktop*, *Kontakte* und *Favoriten* auch die *Bibliotheken*. Diese umfassen die persönlichen Ordner *Bilder*, *Dokumente*, *Musik* und *Videos* einschließlich der hier befindlichen Unterordner. Falls Sie einen der genannten Ordner ausschließen möchten, dann klicken Sie auf *Ordner ausschließen* ❹, fügen diesen der Liste der ausgeschlossenen Ordner hinzu und klicken dann auf *Änderungen speichern*.
- **Laufwerk ändern:** Falls Sie ein anderes Laufwerk oder ein verbundenes Netzlaufwerk zur Datensicherung auswählen möchten, so klicken Sie links auf *Laufwerk auswählen*.

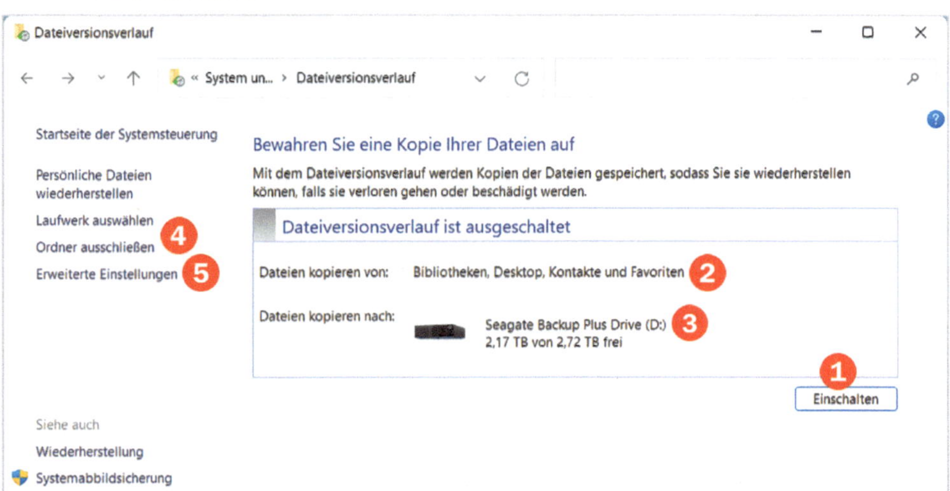

Bild 6.54 Der Dateiversionsverlauf in der Systemsteuerung

- **Sicherungsintervall und Dauer der Aufbewahrung:** Um das Sicherungsintervall festzulegen, klicken Sie auf *Erweiterte Einstellungen* ❺. Wählen Sie ein Intervall zum Speichern ❻ und geben Sie an, wie lange die gespeicherten Versionen aufbewahrt werden sollen ❼. Klicken Sie dann auf *Änderungen speichern*.

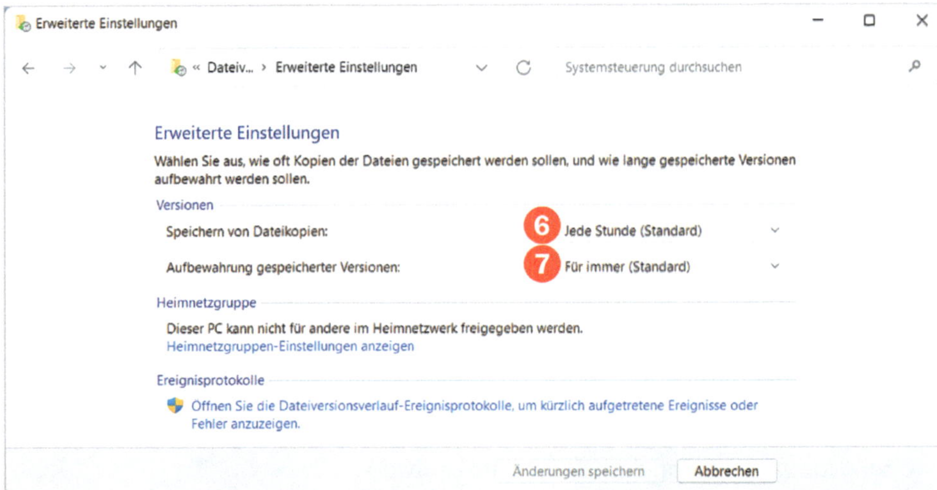

Bild 6.55 Sicherungsintervall und Dauer der Aufbewahrung

4 Abschließend schalten Sie die Datensicherung ein ❶ (Bild 6.54). Mit Klick auf *Jetzt ausführen* ❽ (Bild auf der nächsten Seite) können Sie bei Bedarf eine Datensicherung auch manuell starten.

Achtung: Ordner, die gleichzeitig auf OneDrive automatisch gesichert werden, siehe Ordnersicherung auf Seite 232 ff., werden vom Dateiversionsverlauf nicht berücksichtigt!

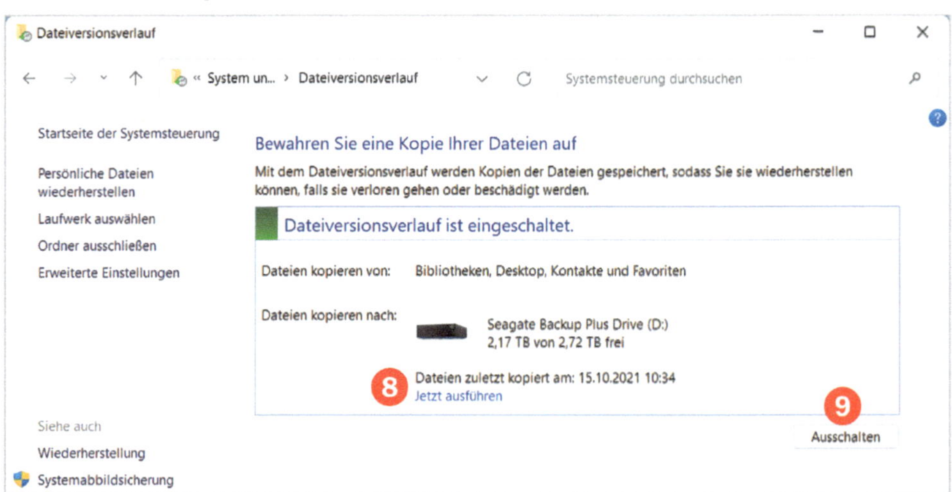

Bild 6.56 Der Dateiversionsverlauf ist eingeschaltet

Ab jetzt werden neue und geänderte Dateien im angegebenen Zeitintervall im Hintergrund gesichert. Eventuell bereits auf dem Laufwerk vorhandene, andere Dateien werden dadurch nicht überschrieben.

Datensicherung beenden, Sicherungslaufwerk ändern

Falls Sie die Datensicherung beenden möchten, so klicken Sie auf *Ausschalten* ❾. Auch wenn Sie später einmal ein anderes Sicherungslaufwerk verwenden möchten, müssen Sie zuvor die Datensicherung ausschalten.

Gesicherte Daten wiederherstellen

Falls Sie auf die Datensicherung zurückgreifen müssen, dann gehen Sie so vor:

1. Tippen Sie in das Suchfeld der Taskleiste den Begriff „dateiversionsverlauf" ein und klicken Sie auf *Stellt Dateien mit dem Dateiversionsverlauf wieder her*.
2. Anschließend öffnet sich die Startseite des *Dateiversionsverlaufs* (s. Bild auf der nächsten Seite). Mit den Pfeilen ❶ gelangen Sie zur vorherigen oder nächsten Sicherung, sofern vorhanden.
3. Markieren Sie das Element ❷, das die Sie wiederherstellen möchten, mehrere markieren Sie durch Anklicken mit gedrückter Strg-Taste, und klicken Sie zum Wiederherstellen auf den grünen Knopf ❸.

   Wenn Sie nur bestimmte Dateien und/oder Unterordner aus einem Ordner wiederherstellen möchten, dann öffnen Sie zuvor den betreffenden Sicherungsordner mit Doppelklick. Oder benutzen Sie das Suchfeld ❹ zur Suche. Mit Klick auf den Pfeil *Zurück* ❺ gelangen Sie wieder zurück zur Startseite.

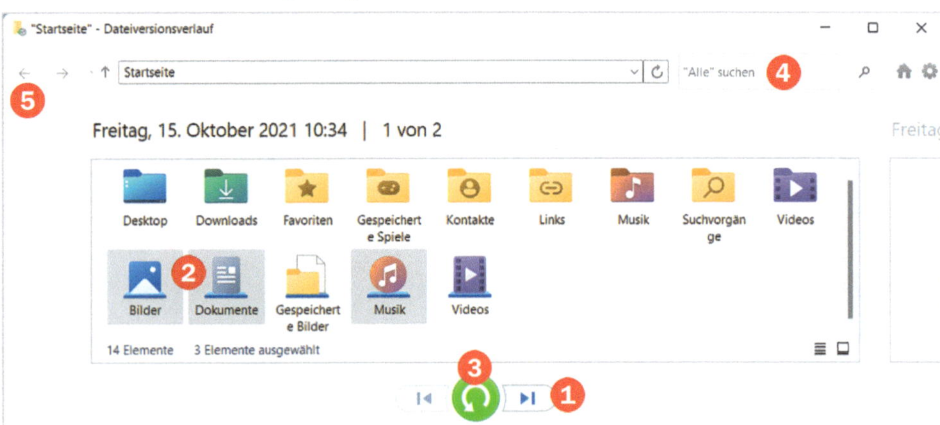

Bild 6.57 Gesicherte Daten auswählen und wiederherstellen

4. Falls der wiederherzustellende Ordner oder die Datei auf der Festplatte bereits vorhanden ist, müssen Sie anschließend noch entscheiden, ob dieses Element ersetzt werden soll.

Tipps und Hinweise zur Sicherung mit dem Dateiversionsverlauf

- **Gesicherte Dateien im Datei-Explorer anzeigen**
  Falls Sie im Datei-Explorer auf die Sicherungskopien zugreifen möchten, so finden Sie diese auf dem Datenträger im Ordner *FileHistory*. Hier befindet sich ein

Unterordner mit Ihrem Benutzernamen und in diesem liegen im Ordner *Data* Ihre gesicherten Ordner mit Inhalt.

- **Sicherungslaufwerk entnehmen?**
  Sie können jederzeit die externe Festplatte entfernen. In diesem Fall werden die automatischen Sicherungen auf der eingebauten Festplatte (C:) zwischengespeichert und erst synchronisiert, wenn das Laufwerk wieder angeschlossen wird. Allerdings erscheint regelmäßig ein Hinweis auf das fehlende Sicherungslaufwerk.

Frühere Version einer Datei über die Dateieigenschaften wiederherstellen

Falls Sie eine Datei nicht gelöscht, sondern nur geändert haben, können Sie eine frühere Version bei eingeschaltetem Dateiversionsverlauf auch anhand der Datei-Eigenschaften wiederherstellen.

1. Öffnen Sie den Datei-Explorer und klicken Sie mit der rechten Maustaste auf die betreffende Datei. Wählen Sie *Weitere Optionen anzeigen* und klicken Sie anschließend auf *Vorgängerversionen wiederherstellen* ❶.
2. Es öffnen sich die Datei-Eigenschaften mit einer Liste aller vorhandenen Versionen. Zum Wiederherstellen klicken Sie auf die gewünschte Version und danach auf die Schaltfläche *Wiederherstellen* ❷.

Tipp: Über den Dropdown-Pfeil dieser Schaltfläche erhalten Sie mit *Wiederherstellen in...* die Möglichkeit, die Datei an einem anderen Ort wiederherzustellen. Mit der Schaltfläche *Öffnen* ❸ können Sie den Dateiinhalt kontrollieren.

Bild 6.58 Frühere Version einer Datei wiederherstellen

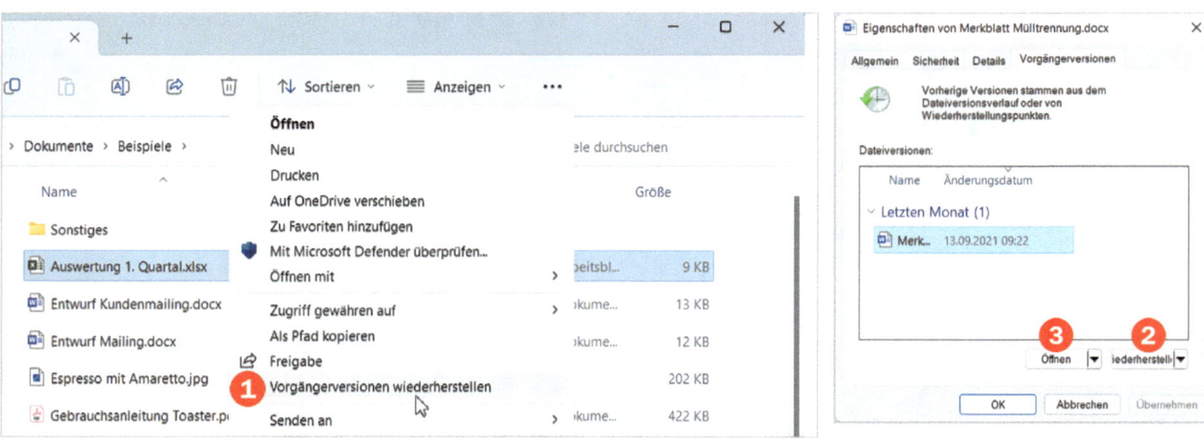

7 Allgemeine Hard- und Software Einstellungen

7.1 Drucker und weitere Geräte verwalten

Drucker anschließen

Moderne Drucker erfordern in der Regel keinerlei Installationsaufwand. Es genügt, wenn Sie den Drucker mit dem PC verbinden, am einfachsten gehen Sie dabei so vor:

1 Schließen Sie den Drucker an die Stromversorgung an und schalten Sie den Drucker ein. Sorgen Sie außerdem dafür, dass Ihr Computer eingeschaltet ist und dass Sie angemeldet sind.

Wie Sie einen Drucker kabellos per WLAN oder Bluetooth anschließen, lesen Sie auf der nächsten Seite nach.

2 Schließen Sie den Drucker per USB-Kabel am Computer an. Das erforderliche Kabel sollte im Lieferumfang des Druckers enthalten sein. Danach wird der Drucker in den meisten Fällen automatisch erkannt und der erforderliche Gerätetreiber installiert. Dies kann einige Sekunden dauern.

Falls der Drucker nicht erkannt werden sollte, informieren Sie sich in der beiliegenden Installationsanleitung. Hier finden Sie eine Beschreibung, wie Sie den erforderlichen Druckertreiber von der angegebenen Webadresse herunterladen und installieren.

Drucker anzeigen/Drucker hinzufügen

Eine Übersicht über die angeschlossenen Drucker erhalten Sie in den *Einstellungen* in der Kategorie *Bluetooth und Geräte* ❶. Klicken Sie auf *Drucker und Scanner* ❷. Hier werden alle vorhandenen Drucker und Scanner aufgelistet und Sie können ein Gerät als Standarddrucker festlegen.

Bild 7.1 Drucker & Scanner in den Einstellungen verwalten

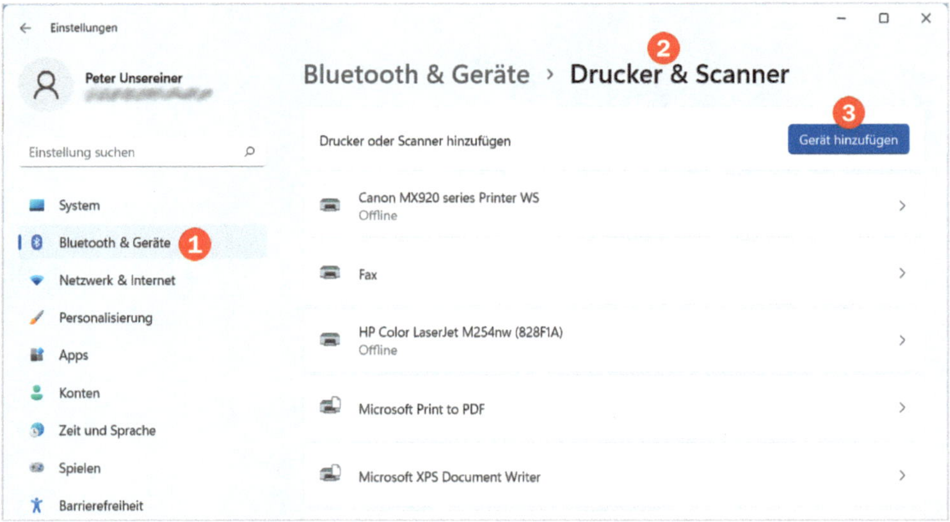

Tipp: Wenn kein Drucker angeschlossen ist, stehen Ihnen trotzdem „Drucker" zur Verfügung, darunter *Microsoft Print to PDF*. Mit Auswahl dieses Druckers erzeugen Sie statt eines Ausdrucks auf Papier eine Datei im gängigen PDF-Dateiformat, das auf jedem PC gelesen werden kann, da zum Anzeigen nur ein Leseprogramm, wie z. B. der kostenlose Adobe Reader oder auch der Browser Microsoft Edge, benötigt wird.

Bluetooth-, WLAN oder Netzwerkdrucker hinzufügen

Wenn Sie einen weiteren Drucker, z. B. kabellos per WLAN oder Bluetooth oder einen im Netzwerk verfügbaren Drucker hinzufügen möchten, dann klicken Sie bei *Drucker oder Scanner hinzufügen* auf *Gerät hinzufügen* ❸. Sollte anschließend der Drucker nicht gefunden werden, so wählen Sie *Manuell hinzufügen*. Nachfolgend können Sie den Drucker manuell mit Hilfe eines Assistenten hinzufügen. Wählen Sie zunächst die zutreffende Option, z. B. *Freigegebenen Drucker über den Namen auswählen* oder *Bluetooth-, Drahtlos- oder Netzwerkdrucker hinzufügen* und klicken Sie auf *Weiter*. Anschließend werden gefundene Geräte aufgelistet und können installiert werden.

Ihr Standarddrucker

Wenn Sie aus einer App heraus drucken, dann kommt, falls nichts anderes festgelegt, der Standarddrucker zum Einsatz. Ist am Ende der Druckerübersicht unter *Drucker-Voreinstellungen* der Schalter *Windows verwaltet Standarddrucker* ❹ *Ein*, dann ist der zuletzt verwendete Drucker automatisch auch der Standarddrucker.

Insbesondere bei mehreren Druckern ist dies nicht immer sinnvoll, in diesem Fall deaktivieren Sie zuerst diesen Schalter und legen dann den Standarddrucker manuell fest. Dazu klicken Sie einfach auf den betreffenden Drucker und anschließend auf die Schaltfläche *Als Standard* ❺. Mit der Schaltfläche *Entfernen* können Sie dagegen einen nicht mehr verwendeten oder verfügbaren Drucker aus der Liste entfernen.

Bild 7.2 Standarddrucker festlegen

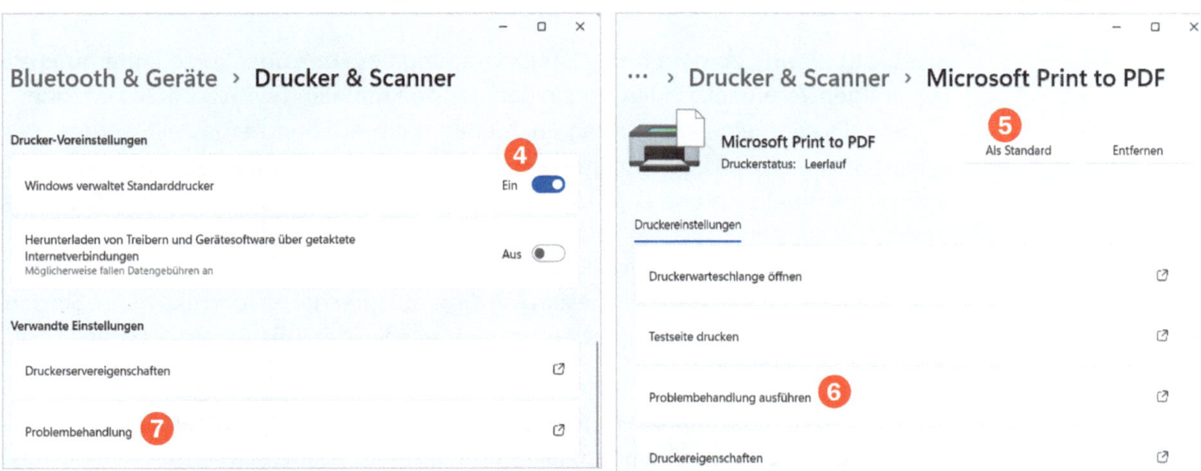

Problembehandlung Drucker

Falls ein Drucker nicht reagieren sollte, können Sie die Problembehandlung von Windows heranziehen. Klicken Sie dazu auf den betreffenden Drucker und auf *Problembehandlung ausführen* ❻, oder unter *Verwandte Einstellungen* auf *Problembehandlung* ❼ und folgen Sie den weiteren Anweisungen.

Anstehende Druckaufträge verwalten

Achtung: Das Druckersymbol erscheint in der Taskleiste nur, wenn Druckaufträge vorhanden sind!

Wenn Sie in einer App auf *Drucken* klicken, wird ein Druckauftrag erstellt und an den Drucker gesendet. Sie können also unmittelbar aufeinanderfolgend auch mehrere Dokumente drucken, die jeweiligen Druckaufträge werden dann nacheinander vom Drucker abgearbeitet. Um nicht erledigte Druckaufträge anzuzeigen bzw. abzubrechen, doppelklicken Sie im Infobereich der Taskleiste auf das kleine Druckersymbol ❶. Die Druckerwarteschlange mit anstehenden Druckaufträgen wird geöffnet. Klicken Sie mit der rechten Maustaste auf das Dokument ❷ und wählen Sie zwischen *Abbrechen* und *Anhalten*, d. h. der Druckauftrag wird nur vorübergehend angehalten.

Bild 7.3 Druckauftrag in der Warteschlange eines Druckers abbrechen

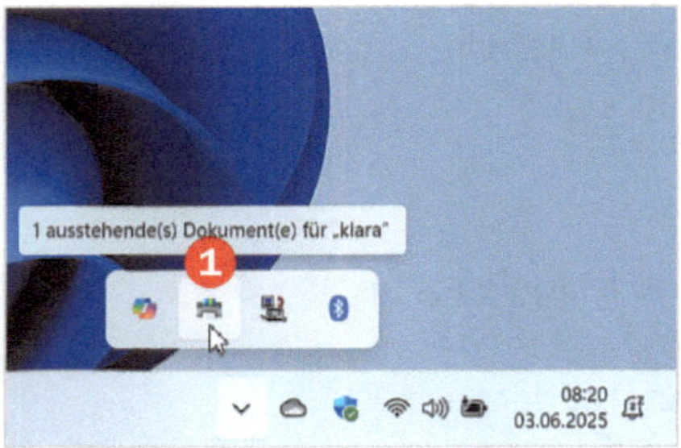

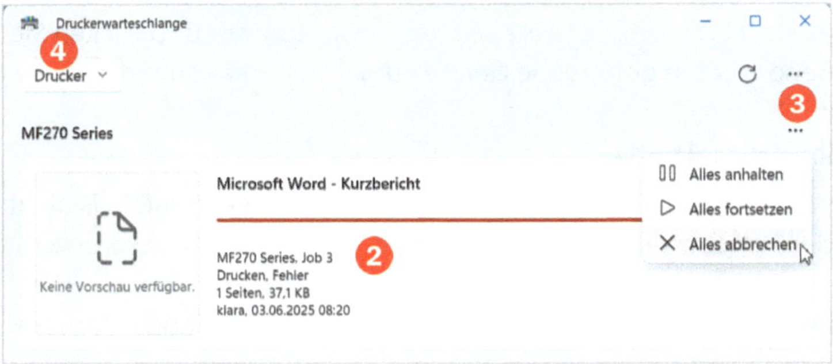

Alternativ können Sie über das Dreipunktemenü ❸ auch alle Druckaufträge abbrechen. Über diese Schaltfläche ❹ wählen Sie ggf. den Drucker aus.

Weitere Bluetooth Geräte verbinden

Bluetooth ist ein Standard für Datenübertragung per Funk über kurze Entfernungen. Die nötigen Voraussetzungen sind in den meisten mobilen Geräten bereits integriert, andernfalls kann eine Verbindung auch über einen Adapter hergestellt werden, der seinerseits an einen USB-Anschluss angeschlossen wird. Gängige Geräte für den Anschluss per Bluetooth sind Kopfhörer oder Headset, Lautsprecher, Maus und Tastatur.

Beispiel: Bluetooth-Lautsprecher verbinden

1. Schalten Sie das Gerät, in diesem Fall den Lautsprecher ein und aktivieren Sie den Kopplungsmodus. Wie das geht, entnehmen Sie der Anleitung des Geräts.
2. Öffnen Sie die Schnelleinstellungen, entweder mit Klick auf die Symbole *Akku, Lautsprecher, WLAN* oder mit den Tasten **Windows+A**. Vergewissern Sie sich, dass am PC Bluetooth ❶ eingeschaltet und der Flugzeugmodus *Aus* ❷ ist (Bild 7.4).
3. Klicken Sie in den Schnelleinstellungen auf den Pfeil der Schaltfläche *Bluetooth* (*Bluetooth-Geräte verwalten*) ❸. Windows sucht nun nach neuen Geräten und zeigt Ihr Gerät an ❹. Klicken Sie auf das Gerät, um es mit dem PC zu verbinden ❺.

Oder wählen Sie in den Einstellungen die Kategorie *Bluetooth und Geräte*, klicken auf *Gerät hinzufügen* und wählen Sie die Art des Geräts, in diesem Fall *Bluetooth*. Klicken

Sie danach in der Liste gefundener Geräte auf Ihr Gerät. Anschließend wird eine Verbindung hergestellt, klicken Sie zuletzt auf *Fertig*, wenn der Vorgang abgeschlossen ist.

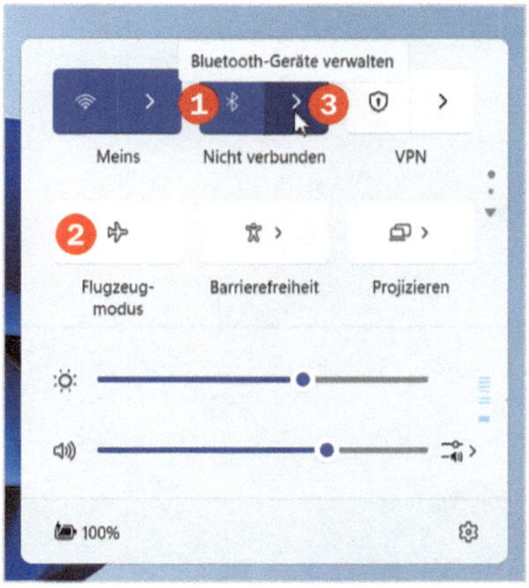

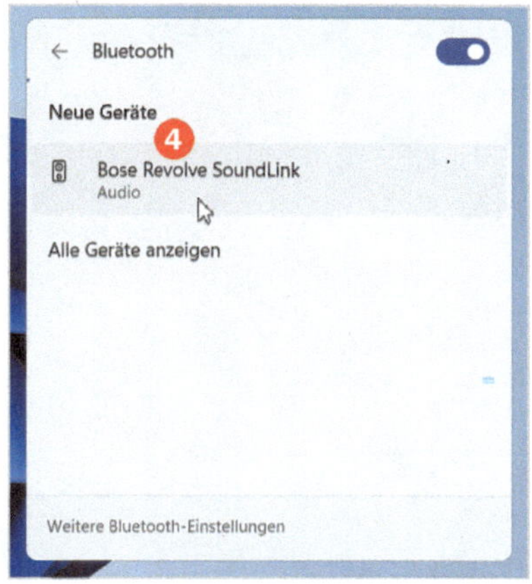

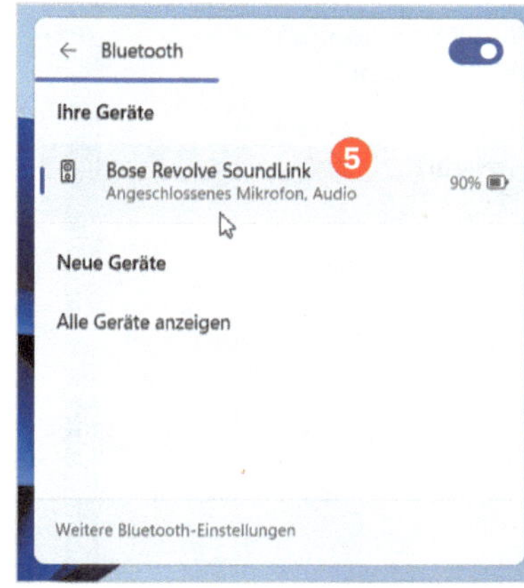

Bild 7.4 Klicken Sie auf Ihr Bluetooth-Geräte verwalten

Bild 7.5 Gerät auswählen

Bild 7.6 Gerät verbinden

7.2 Zweiten Bildschirm einrichten und verwenden

Beim Arbeiten mit mehreren gleichzeitig geöffneten Apps bzw. Fenstern leistet ein zweiter Bildschirm gute Dienste. Windows unterstützt daher seit langem standardmäßig auch mehrere Bildschirme.

Anschlüsse und Betriebsarten

Für einen zweiten Bildschirm benötigen Sie am PC einen entsprechenden zweiten Anschluss und das passende Kabel. Gebräuchlich sind die folgenden Anschlüsse und die entsprechenden Kabel sind jederzeit im Handel erhältlich:

- HDMI
- DisplayPort
- VGA

Bild 7.7 VGA-Anschluss (links) und HDMI (rechts)

Projizieren: Windows+P

Außerdem müssen Sie wählen, wie Sie den zweiten Monitor verwenden möchten. Die verschiedenen Betriebsarten ❷ blenden Sie in der rechten unteren Ecke des Desktops mit der Tastenkombination **Windows+P** ein. Oder klicken Sie in den Schnelleinstellungen auf *Projizieren* ❶.

Bild 7.8 Schnelleinstellungen - Projizieren

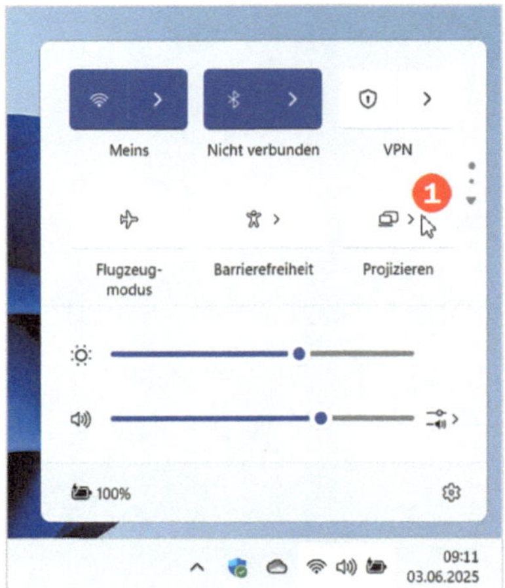

Bild 7.9 Wählen Sie eine Anzeigeart

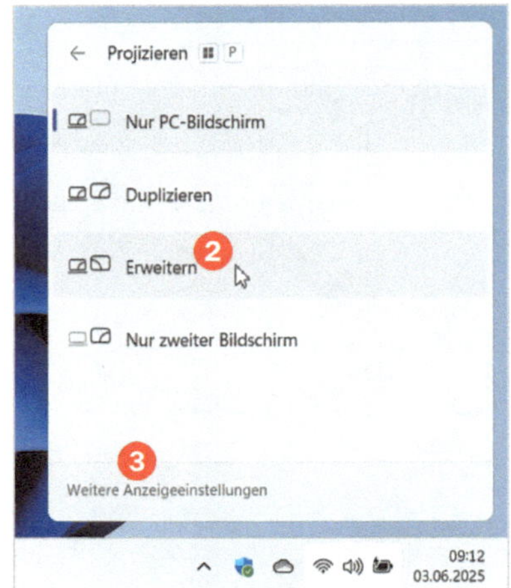

- **Nur PC-Bildschirm**: Hierbei wird nur der ursprüngliche Bildschirm verwendet, dies ist die Standardeinstellung bei nur einem einzigen angeschlossenen Monitor.
- **Duplizieren**: Mit dieser Einstellung erscheinen auf beiden Monitoren die gleichen Inhalte. Dies wird in der Regel bei Präsentationen über Beamer benötigt.
- **Erweitern**: Diese Einstellung benötigen Sie bei Verwendung von zwei Bildschirmen. In diesem Modus wird jeder Monitor separat angesteuert und Sie können Fenster und Apps nach Belieben zwischen den Bildschirmen verschieben. Damit dies wie gewünscht funktioniert, sind noch zusätzliche Einstellungen nötig, Details dazu finden Sie weiter unten.
- **Nur zweiter Bildschirm**: Hier wird nur der zweite Bildschirm angesteuert; diese Einstellung verwenden Sie, wenn Sie beispielsweise an einem Laptop statt des vergleichsweise kleinen Bildschirms den zusätzlichen größeren Monitor verwenden möchten.

Bildschirm anschließen und konfigurieren

Am verbreitetsten dürfte das gleichzeitige Verwenden von zwei Monitoren im Erweitern-Modus sein, daher beschränken wir uns auf diese Betriebsart. So gehen Sie vor:

1. Schließen Sie den zweiten Monitor an die Stromversorgung an, schalten Sie ihn ein und verbinden Sie den Monitor über das passende Kabel mit dem PC. Anschließend sollte der neue Monitor von Windows automatisch erkannt werden.
2. Drücken Sie **Windows+P** oder klicken Sie in den Schnelleinstellungen auf *Projizieren* und wählen Sie *Erweitern*. Windows erweitert nun den Desktop auf den zweiten Bildschirm.

3 Versuchen Sie nun testweise, ein beliebiges Fenster auf den zweiten Bildschirm zu verschieben. Vermutlich entspricht das Resultat noch nicht Ihren Vorstellungen: So kann es beispielsweise vorkommen, dass Sie, wenn sich der neue Monitor links befindet, das Fenster nach rechts verschieben müssen. Probleme kann es auch geben, wenn einer der beiden Monitore höher steht.

4 Für weitere Einstellungen klicken Sie entweder im Bereich *Projizieren* auf *Weitere Anzeigeeinstellungen* (siehe Bild 7.9 ❸). Oder öffnen Sie die Einstellungen, klicken auf *System* und wählen *Bildschirm*.

Oder **Windows+i**

5 Hier ordnen Sie nun die beiden Bildschirme ❹ durch Ziehen mit der Maus so an, wie es ihrer tatsächlichen Position entspricht. Auch höher oder tiefer anordnen ist möglich. Wenn sich Mauszeiger und Fenster korrekt zwischen den Bildschirmen bewegen lassen, dann klicken Sie zum Übernehmen dieser Einstellung auf *Anwenden* ❺.

Tipp Bildschirm identifizieren: Nicht immer ist auf Anhieb klar, welcher Monitor Bildschirm 1 ist und welcher die Nummer 2. Klicken Sie auf *Identifizieren* ❻, dann erscheint in der linken unteren Ecke der Bildschirme kurz deren Nummer.

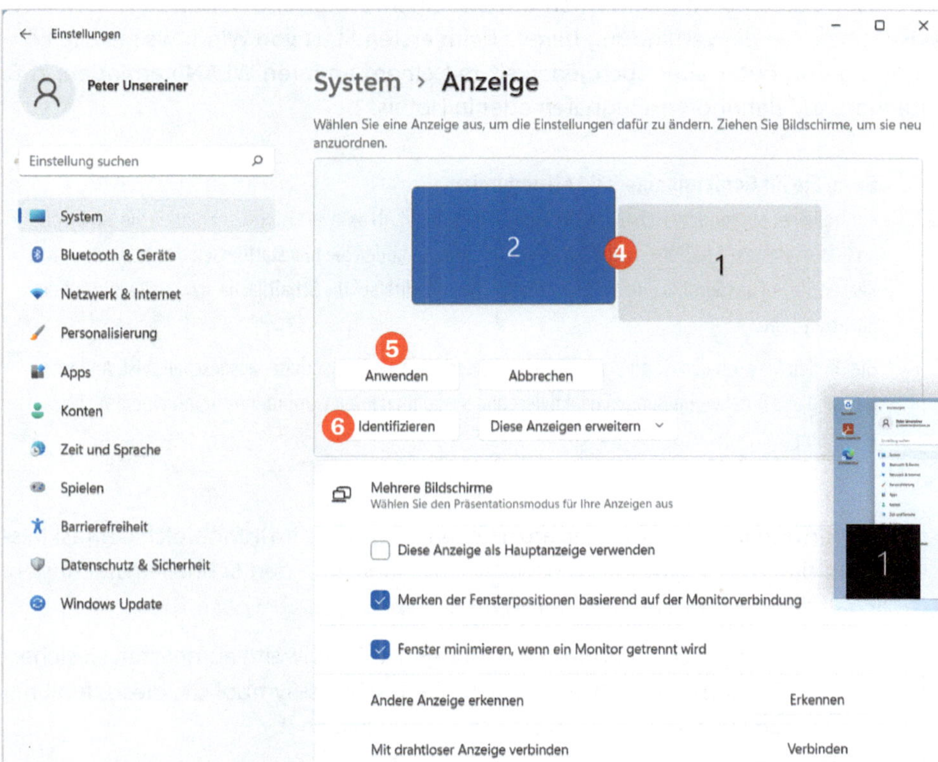

Bild 7.10 Ordnen Sie die Bildschirme mit der Maus an, wie sie ihrer tatsächlichen Position entsprechen

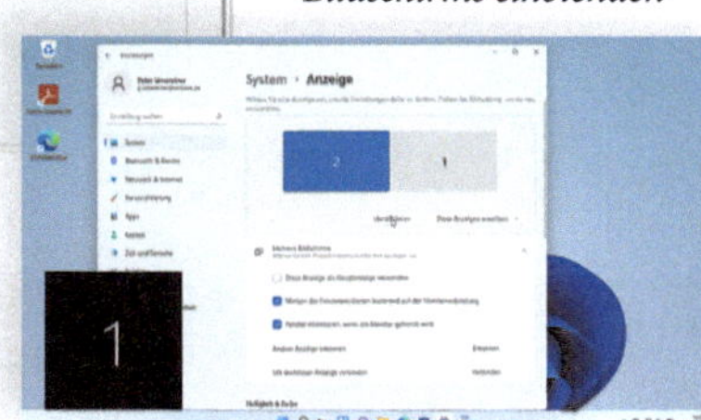

Bild 7.11 Die Nummer des Bildschirms einblenden

6 Unter *Mehrere Bildschirme* finden Sie noch weitere Einstellungen. **Achtung**: *Merken der Fensterposition* kann dazu führen, dass ein Fenster bei ausgeschaltetem oder nicht mehr angeschlossenem zweiten Monitor nur minimiert geöffnet wird.

Skalierung, Helligkeit des neuen Bildschirms anpassen

Die Auflösung des neu angeschlossenen Bildschirms wird von Windows in der Regel korrekt erkannt. Die weiteren Anzeigeeinstellungen, z. B. Skalierung, Helligkeit usw. können Sie für jeden Bildschirm gesondert anpassen. Wählen Sie dazu zuvor den betreffenden Bildschirm durch Anklicken aus und legen Sie dann die gewünschten Einstellungen fest.

7.3 Netzwerk- und Internetverbindungen

Mit einem WLAN verbinden

Mobile Geräte wie Laptops und Tablet-PCs werden in der Regel per WLAN, also einem kabellosen Funknetz mit dem Internet bzw. einem Netzwerk verbunden. Normalerweise stellen Sie die Verbindung bereits beim ersten Start von Windows her, Sie können Ihren Computer aber auch jederzeit mit einem anderen WLAN verbinden, z. B. unterwegs auf Bahnhöfen, Flughäfen oder in Hotels.

Bevor Sie Ihr Gerät mit einem WLAN verbinden

- Kontrollieren Sie vor dem Herstellen der Verbindung, ob WLAN aktiviert ist. Dies erkennen Sie am Symbol im Infobereich der Taskleiste. Sollte es deaktiviert sein, so finden Sie hier stattdessen dieses Symbol. Klicken Sie auf das Symbol und aktivieren Sie WLAN mit Klick auf die Schaltfläche ❶, siehe Bild auf der nächsten Seite.
- Hier finden Sie auch den *Flugzeugmodus* ❷. Achten Sie darauf, dass dieser ausgeschaltet ist. Andernfalls sind alle Datenverbindungen deaktiviert und Sie können Ihren Computer nicht mit einem WLAN verbinden.

1. Um verfügbare Verbindungen anzuzeigen, klicken Sie im Infobereich der Taskleiste auf das WLAN-Symbol bzw. und danach in den Schnelleinstellungen, Schaltfläche *WLAN* auf den Pfeil *WLAN-Verbindungen verwalten* ❸.
2. Meist werden gleich mehrere Verbindungen in Reichweite aufgelistet. Gesicherte Verbindungen erkennen Sie am Sicherheitsschloss-Symbol ❹, dieses fehlt bei öffentlichen Netzwerken, auch als Hotspots bezeichnet.
3. Klicken Sie auf das Netzwerk, mit dem Sie sich verbinden möchten und achten Sie auf das Kontrollkästchen *Automatisch verbinden* ❺. Wenn sich Ihr Gerät das nächste Mal automatisch mit diesem Netzwerk verbinden soll, sobald es in Reichweite ist, dann müssen Sie es durch Anklicken aktivieren (Häkchen). Klicken Sie dann auf *Verbinden* ❻.

Ist Ihr Gerät bereits mit diesem WLAN verbunden, so erscheint hier stattdessen *Trennen*.

4 Wenn es sich um ein gesichertes Netzwerk handelt, dann tippen Sie im nächsten Schritt über die Tastatur Ihren Netzwerksicherheitsschlüssel (Kennwort) ein und klicken Sie auf *Weiter*.

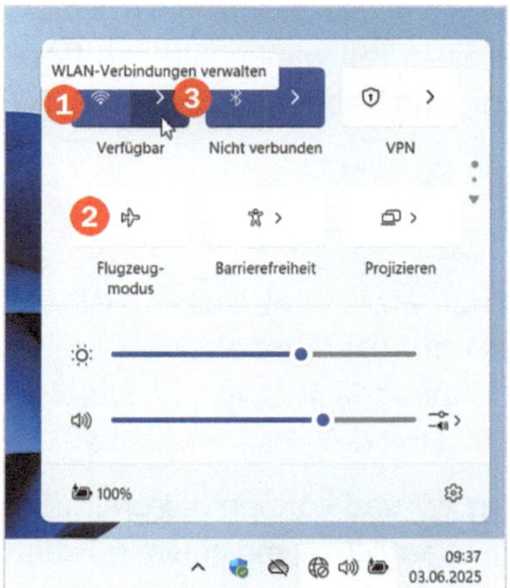

Bild 7.12 Schnelleinstellungen: WLAN-Verbindungen verwalten

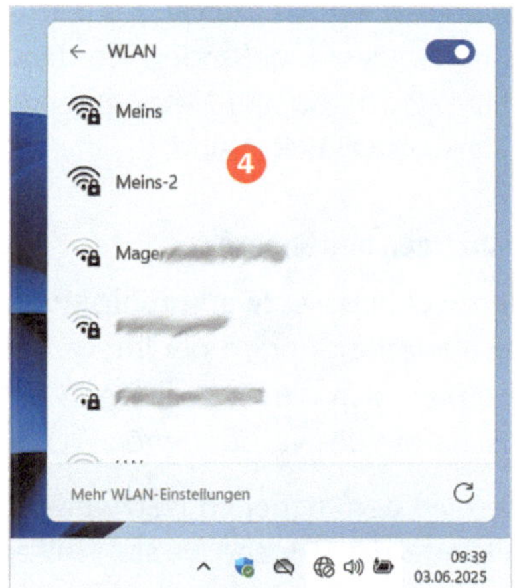

Bild 7.13 Verfügbare WLAN-Verbindungen

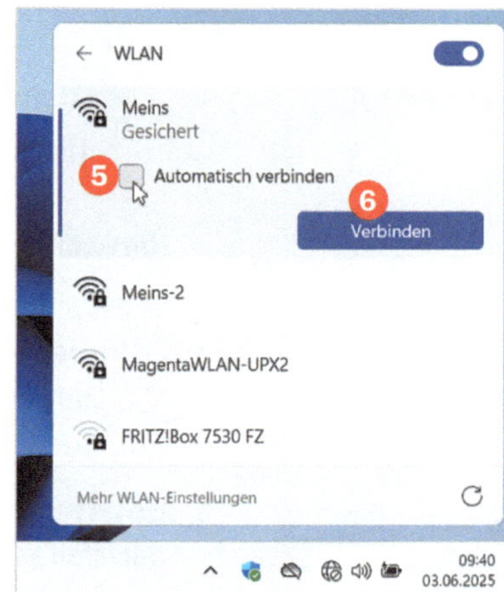

Bild 7.14 Verbinden

Wenn das Kennwort korrekt war, sind Sie jetzt mit dem WLAN und damit mit dem Internet verbunden. Andernfalls klicken Sie auf *Abbrechen* und geben das Kennwort erneut ein. Genauso gehen Sie vor, wenn Sie Ihren Laptop unterwegs mit einem WLAN verbinden möchten. Der einzige Unterschied: Bei einem offenen WLAN ist kein Kennwort erforderlich.

Beachten Sie beim Verbinden mit einem öffentlichen/offenen Netzwerk!
Ein offenes Netzwerk, auch als WLAN-Hotspot bezeichnet, ist ein Netzwerk, das beim Verbinden kein Kennwort erfordert. Solche Netzwerke sind nicht sicher, da jeder Benutzer eine Verbindung mit diesem Netzwerk herstellen und möglicherweise auch auf Informationen, die Sie über das Netzwerk übermitteln, zugreifen kann. Aus diesem Grund sollten Sie auch in einem offenen Netzwerk keine persönlichen Daten übermitteln, z. B. beim Onlinebanking oder Onlineshopping. Für offene Netzwerke gelten daher auch etwas andere Sicherheitseinstellungen; das aktuell verwendete Netzwerkprofil können Sie mit einem Blick in die Netzwerkeigenschaften kontrollieren, Näheres hierzu im nächsten Punkt.

WLAN-Status und Netzwerkprofil

Windows unterscheidet zwischen öffentlichen und privaten Netzwerken und verwaltet für jeden Netzwerktyp ein Profil mit unterschiedlichen Sicherheitseinstellungen.

- **Öffentlich**
  Wenn Sie mit einem öffentlichen Netzwerk, das für jedermann zugänglich ist, verbunden sind, sollte aus Sicherheitsgründen Ihr Gerät im Netzwerk nicht ge-

funden werden. Daher ist beim öffentlichen Netzwerkprofil die Netzwerkerkennung sowie die Datei- und Druckerfreigabe ausgeschaltet. Beim Verbinden wählt Windows in der Regel automatisch das Netzwerkprofil *Öffentlich*.

- **Privat**
  Wenn dagegen in einem privaten oder Firmennetzwerk Dateien über das Netzwerk ausgetauscht und Drucker gemeinsam genutzt werden sollen, dann muss Ihr Gerät im Netzwerk gefunden werden. In diesem Fall wählen Sie den Netzwerkprofiltyp *Privat*, da hier Netzwerkerkennung und Datei- und Druckerfreigabe normalerweise aktiviert sind.

Netzwerkprofil anzeigen und ändern

Um festzustellen, welches Netzwerkprofil aktuell zum Einsatz kommt, klicken Sie in der Liste der Netzwerkverbindungen bei Ihrem Netzwerk auf das Symbol *Eigenschaften* ❶. Daraufhin öffnen sich die Einstellungen mit der Kategorie *Netzwerk und Internet* und den Eigenschaften des verbundenen WLAN (im Bild mit dem Namen „Meins“).

Unterhalb sehen Sie den aktuellen Netzwerkprofiltyp ❷ und können diesen im Bedarfsfall schnell ändern, z. B. wenn Sie statt mit einem öffentlichen, mit einem privaten oder Firmennetzwerk verbunden sind.

Bild 7.15 Klicken Sie auf das Symbol Eigenschaften Ihres Netzwerks

Bild 7.16 Netzwerkprofiltyp wählen

Tipp: Über die Schaltfläche *Zeigen* ❸ können Sie das Netzwerkkennwort im Klartext und als QR-Code zum Scannen anzeigen.

Die weiteren Eigenschaften:

- **Automatisch verbinden, wenn in Reichweite**
  Falls Sie beim Herstellen der Verbindung vergessen haben, das Häkchen *Automatisch verbinden* zu setzen, können Sie dies hier nachholen oder das automatische Verbinden wieder deaktivieren.

- **Getaktete Verbindung**
  Wenn Sie Internet über einen volumenbegrenzten Mobilfunktarif nutzen, dann kann es sinnvoll sein, eine Verbindung als getaktete Verbindung festzulegen. Den dazugehörigen Schalter finden Sie unter *Getaktete Verbindung*. So lädt beispielsweise Windows keine Updates über getaktete Verbindungen herunter.

Netzwerkprofile bearbeiten

Falls die Datei- und Druckerfreigabe auch für das Netzwerkprofil *Privat* ausgeschaltet sein sollte, gehen Sie zum Einschalten so vor:

1 Geben Sie im Suchfeld von Taskleiste oder Startmenü den Suchbegriff „freigabe" ein und klicken Sie auf *Erweiterte Freigabeeinstellungen verwalten - Systemeinstellungen*.

Oder klicken Sie in den Einstellungen ▶ *Netzwerk und Internet* auf *Erweiterte Netzwerkeinstellungen* und hier unter *Weitere Einstellungen* auf *Erweiterte Freigabeeinstellungen.*

2 Anschließend können Sie für private ❶ und öffentliche ❷ Netzwerke jeweils getrennt die Netzwerkerkennung und die Datei- und Druckerfreigabe ein- oder ausschalten.

Achtung: Für öffentliche Netzwerke sollten aus Sicherheitsgründen *Netzwerkerkennung* und *Datei- und Druckerfreigabe* ausgeschaltet sein.

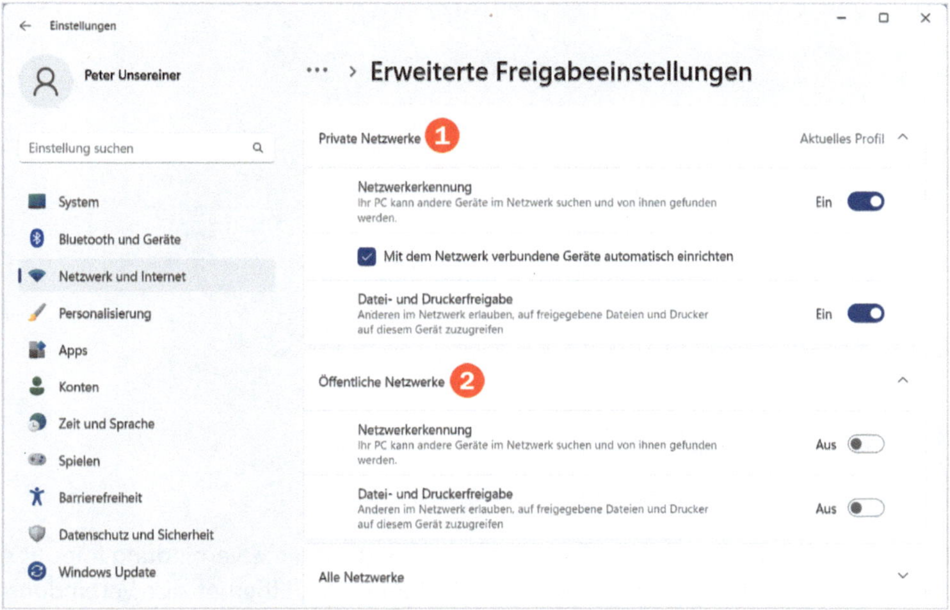

Bild 7.17 Netzwerkerkennung und Datei- und Druckerfreigabe kontrollieren und ändern

WLAN-Verbindungen verwalten

Um zu sehen, mit welchen Netzwerken in der Vergangenheit eine Verbindung hergestellt wurde, suchen Sie entweder nach dem Begriff „wlan" und wählen dann *WLAN-Einstellungen Systemeinstellungen* oder klicken in den Einstellungen ▶ *Netzwerk und Internet* auf *WLAN*. Wählen Sie *Bekannte Netzwerke verwalten* ❶.

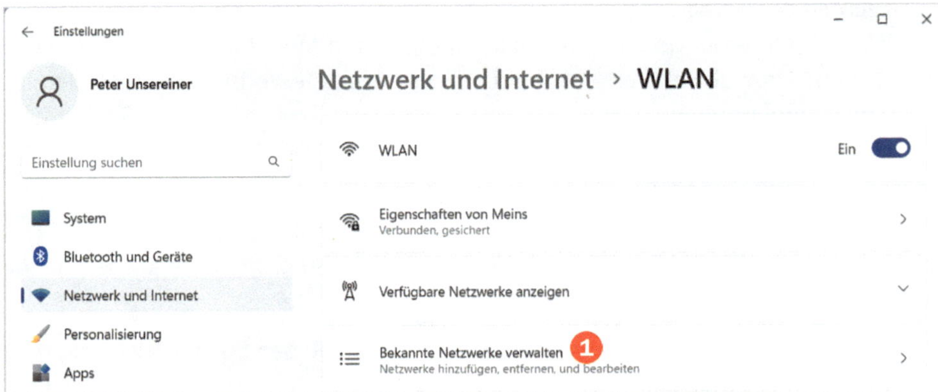

Bild 7.18 Bekannte Netzwerke verwalten

Anschließend können Sie mit Klick auf ein Netzwerk ❷ kontrollieren und ggf. ändern, ob sich Ihr Gerät automatisch mit diesem verbindet und ob es sich um eine getaktete Verbindung handelt. Das Netzwerkprofil (privat oder öffentlich) ist dagegen nur für die aktuelle WLAN-Verbindung sichtbar. Falls Sie ein Netzwerk aus der Liste zu entfernen möchten, klicken Sie auf die Schaltfläche *Vergessen* ❸.

Bild 7.19 Netzwerke verwalten

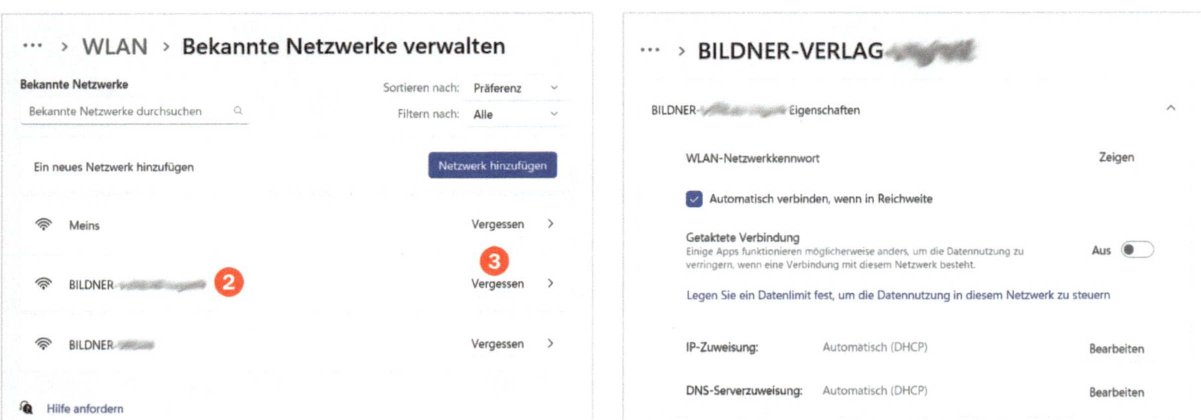

Internetverbindung für andere Geräte freigeben

Unter der Bezeichnung *Mobiler Hotspot* können Sie die Internetverbindung Ihres PCs für andere Geräte freizugeben. Dies funktioniert für WLAN, Ethernet, also Verbindung per Netzwerkkabel und mobile Datenverbindungen.

1 Zum Einrichten klicken Sie in den Einstellungen auf *Netzwerk und Internet* und wählen hier *Mobiler Hotspot*.

Bild 7.20 Klicken Sie auf Mobiler Hotspot

2 Setzen Sie den Schalter *Mobiler Hotspot* auf *Ein* ❶. Falls Sie mehrere Internetverbindungen nutzen, wählen Sie außerdem eine Verbindung aus ❷.

3 Bei *Freigeben über* können Sie wählen, ob die Freigabe über WLAN ❸ oder Bluetooth erfolgen soll.

4 Unter *Eigenschaften* sehen Sie den Netzwerknamen Ihres PCs und das dazugehörigen Kennwort, und können die Verbindungsinformationen per QR-Code scannen. Mit der Schaltfläche *Bearbeiten* ❹ können Sie den Netzwerknamen ❻ unter dem Ihr Gerät im Netzwerk gefunden werden soll sowie das Kennwort zum Verbinden ändern.

5 Zum Übernehmen der Änderung klicken Sie auf *Speichern*.

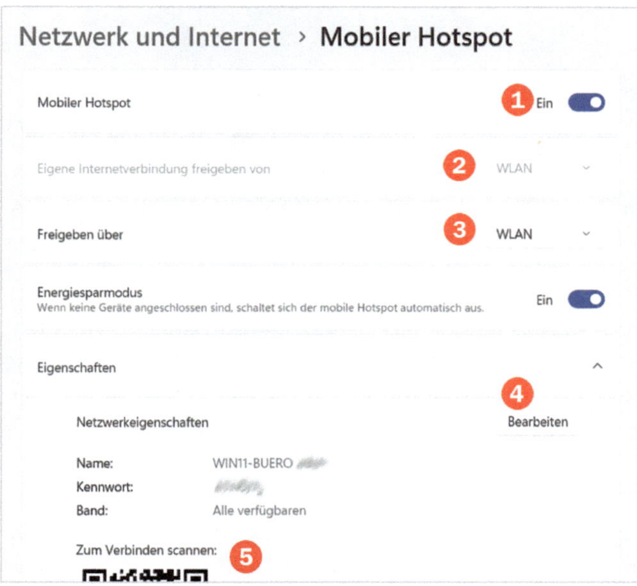

Bild 7.21 Mobilen Hotspot einrichten

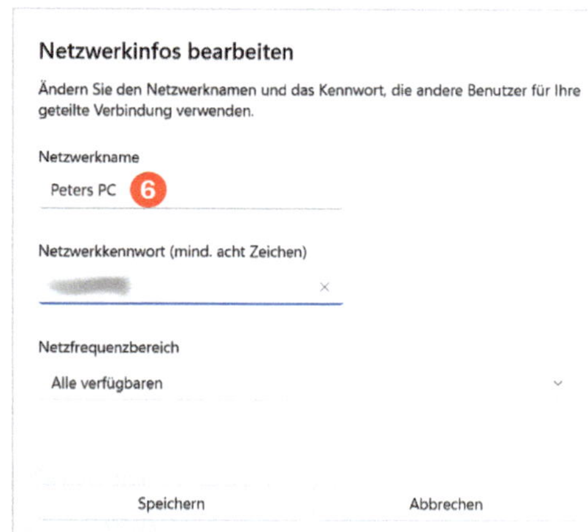

Bild 7.22 Netzwerkname und -kennwort ändern

Um auf dem anderen Gerät eine Verbindung herzustellen, klicken Sie in der Taskleiste auf das WLAN-Symbol und anschließend auf den Netzwerknamen. Geben Sie das Kennwort ein und klicken Sie auf *Verbinden*.

Tipp: Sie finden die Schaltfläche *Mobiler Hotspot* auch in den Schnelleinstellungen und können Sie diese hier schnell aktivieren und deaktivieren.

Verbindung per Kabel (Ethernet)

Welche Verbindungsmöglichkeiten in den Einstellungen unter Netzwerk und Internet verfügbar sind, hängt von der Hardwareausstattung Ihres Geräts ab. *WLAN*, *Mobiler Hotspot* und *Flugzeugmodus* erscheinen nur, wenn Ihr PC das Gerät mit einem WLAN-Adapter ausgestattet ist. Bei Arbeitsplatzrechnern, die per Kabel mit einem Netzwerk bzw. dem Internet verbunden ist, finden Sie die dazugehörigen Einstellungen, z. B. Authentifizierung unter *Ethernet*, wie im Bild unten.

Bild 7.23 Ethernet-Einstellungen

Eine VPN-Verbindung herstellen

Eine VPN-Verbindung (Abkürzung für virtuelles privates Netzwerk) bietet die Möglichkeit, von außen auf ein bestehendes Netzwerk zuzugreifen, z. B. um auf Geschäftsreisen oder im Homeoffice auf dem Server der Firma Daten zu speichern oder gespeicherte Daten zu bearbeiten. Dies erfordert auf dem Server des Unternehmens spezielle VPN-Software.

Grob vereinfacht ist eine VPN-Verbindung eine direkte Verbindung des PCs zu einem Netzwerk, wobei der PC als Teil des Netzwerks betrachtet wird. Dieser könnte sich also genauso gut vor Ort am Standort des Unternehmens befinden. Der Datenverkehr erfolgt wie durch einen „Tunnel" direkt zum Server und wird außerdem verschlüsselt.

VPN-Verbindung einrichten

Das Einrichten einer VPN-Verbindung ist einfach, vorausgesetzt Sie verfügen über alle erforderlichen Zugangsdaten. Diese erhalten Sie in der Regel vom Administrator bzw. von der IT Ihrer Firma.

1. Klicken Sie in der Taskleiste auf die Suche, geben Sie den Suchbegriff „vpn" ein und klicken Sie auf *VPN-Einstellungen Systemeinstellungen*. Oder klicken Sie in den Einstellungen, Kategorie *Netzwerk und Internet* auf *VPN*.
2. Klicken Sie auf *VPN hinzufügen* ❶.
3. Klicken Sie in das Feld *VPN-Anbieter* ❷, wählen Sie *Windows (integriert)* aus und füllen Sie die übrigen Felder mit den Zugangsdaten, die Sie von Ihrer Firma erhalten haben aus.

   Hinweis: Benutzername und Kennwort sind optional. Wenn Sie diese hier eingeben, werden sie zusammen mit der VPN-Verbindung gespeichert. Lassen Sie dagegen die Felder leer, werden Sie jedes Mal beim Verbinden nach Benutzername und Kennwort gefragt.

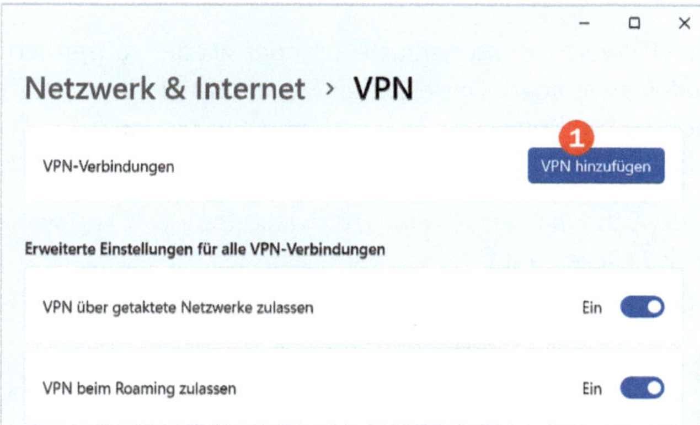

Bild 7.24 VPN hinzufügen

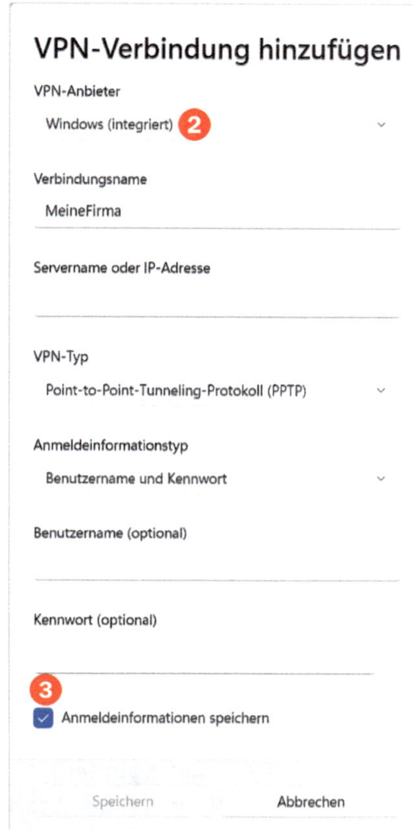

Bild 7.25 Zugangsdaten eingeben

4 Achten Sie darauf, dass das Kontrollkästchen *Anmeldeinformationen speichern* ❸ aktiviert ist und klicken Sie zuletzt auf die Schaltfläche *Speichern*.

Damit sind alle nötigen Angaben gemacht und Sie können eine VPN-Verbindung herstellen. Klicken Sie dazu auf die VPN-Verbindung und auf *Verbinden*.

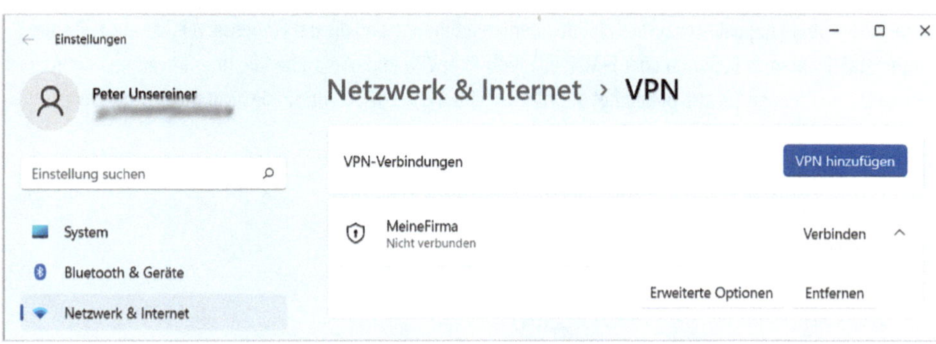

Bild 7.26 Mit eingerichtetem VPN verbinden

VPN-Verbindung nachträglich bearbeiten: Sollten einige Angaben nicht korrekt gewesen sein, so klicken Sie auf die Verbindung, danach auf *Erweiterte Optionen* und anschließend auf die Schaltfläche *Bearbeiten*. Im Fenster *VPN-Verbindung bearbeiten*, können Sie nun die notwendigen Änderungen eintragen.

VPN-Verbindung herstellen

1 Um künftig schnell eine VPN-Verbindung herzustellen oder wieder zu trennen, benutzen Sie die Schnelleinstellungen. Diese öffnen Sie, indem Sie im rechten Bereich der Taskleiste auf die Symbolgruppe *Internet*, *Lautsprecher* und *Akku* klicken.

2 Klicken Sie auf den Pfeil der Schaltfläche *VPN* (*VPN-Verbindungen verwalten*) wählen die Verbindung aus und klicken auf *Verbinden*.

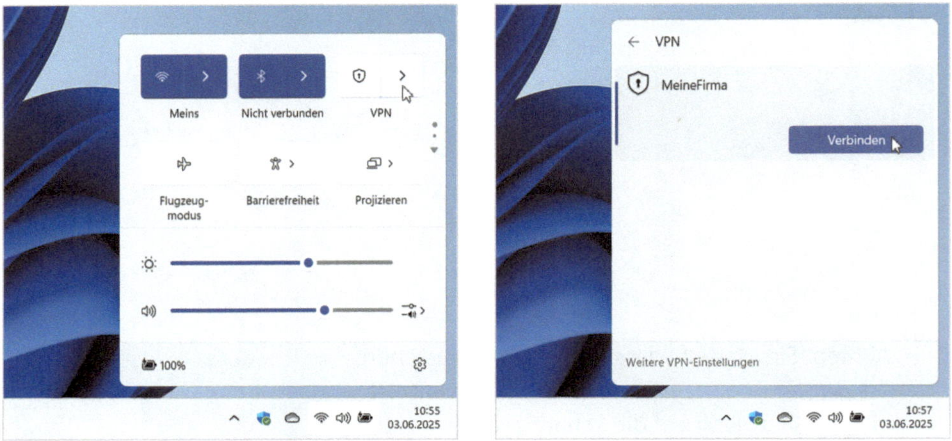

Bild 7.27 Über die Taskleiste - Schnelleinstellungen mit VPN verbinden

VPN-Verbindung trennen

Nach Beenden der Arbeit sollten Sie unbedingt die Verbindung wieder trennen. Öffnen Sie dazu erneut die Schnelleinstellungen, klicken Sie auf die VPN-Verbindung und auf *Trennen*.

> **Denken Sie daran, die VPN-Verbindung wieder zu trennen!**
> Eine VPN-Verbindung belastet zusätzlich Ihre Internetverbindung und die des Firmenservers, da auch alle Ihre Internetaktivitäten, z. B. Surfen oder E-Mail ebenfalls über VPN und damit über die Internetverbindung Ihrer Firma laufen. Trennen Sie also unbedingt die VPN-Verbindung wieder, wenn Sie sie nicht mehr benötigen!

7.4 Uhrzeit-, Sprach- und Tastatureinstellungen

Datum und Uhrzeit ändern

Datum und Uhrzeit des Computers werden auch als Systemdatum bezeichnet und erscheinen beispielsweise im rechten Bereich der Taskleiste sowie auf dem Sperrbildschirm. Die korrekte Einstellung erfolgt automatisch über das Internet. Sie können jedoch Datum, Uhrzeit sowie die Zeitzone jederzeit auch manuell umstellen, etwa wenn Sie auf Reisen die Zeitzone wechseln.

Achtung: Administratorrechte erforderlich!

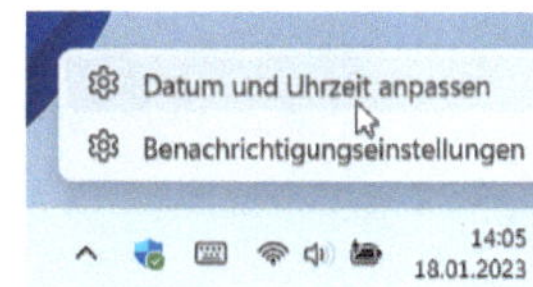

- Klicken Sie in der Taskleiste mit der rechten Maustaste auf Datum und Uhrzeit und auf *Datum und Uhrzeit anpassen* oder wählen Sie in den Windows-Einstellungen die Kategorie *Zeit und Sprache* und klicken auf *Datum und Zeit* ❶.
- **Zeitzone und Uhrzeit**: Die Schalter *Zeitzone automatisch festlegen* ❷ und *Uhrzeit automatisch festlegen* ❸ sind normalerweise auf *Ein* gesetzt. Falls Sie Zeitzone und/oder Uhrzeit manuell ändern möchten, müssen Sie zuerst das automatische Festlegen über den dazugehörigen Schalter ausschalten. Erst dann erscheint unterhalb ein Feld, über das Sie die Zeitzone auswählen können bzw. die Schaltfläche *Ändern*, über die Sie die neue Uhrzeit eingeben können.
- **Wechsel zwischen Sommer- und Winterzeit:** Winter- und Sommerzeit richten sich nach der Zeitzone und die Zeitumstellung erfolgt automatisch. Bei manueller Auswahl der Zeitzone können Sie die automatische Anpassung auch deaktivieren.

Bild 7.28 Einstellungen zu Datum und Uhrzeit

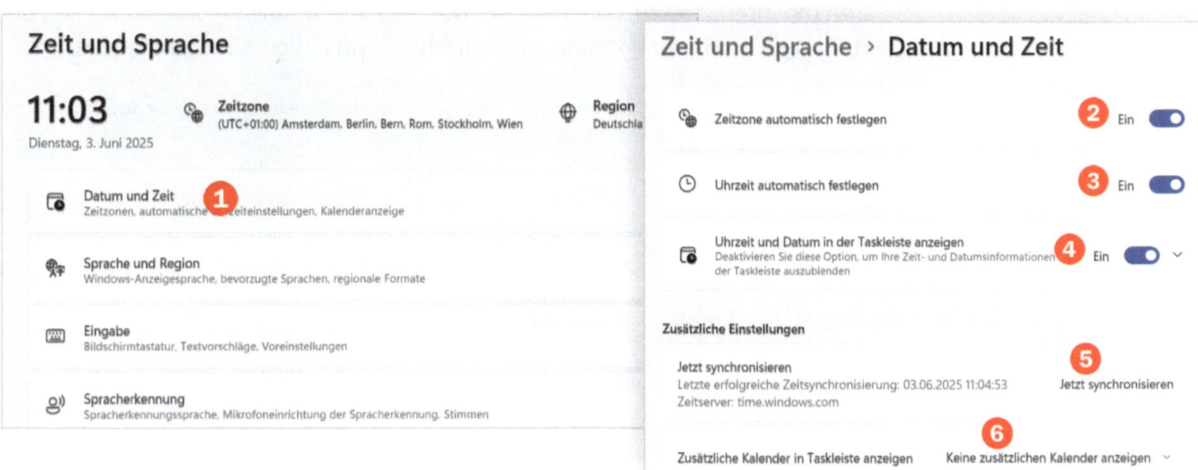

- Falls Datum und Uhrzeit nicht in der Taskleiste sichtbar sein sollen, können Sie dies hier deaktivieren ❹. Im Bedarfsfall lässt sich die Uhrzeit mit Klick auf *Jetzt synchronisieren* ❺ manuell synchronisieren. Darüber hinaus können auch zusätzliche Kalender in der Taskleiste angezeigt werden ❻.
- **Weitere Zeitzone in der Taskleiste anzeigen**: Wenn die Taskleiste zusätzlich noch die Uhrzeit einer anderen Zeitzone anzeigen soll, dann klicken Sie unter *Verwandte*

Nützlich, wenn Sie beispielsweise schnell die Uhrzeit weiter entfernter Kollegen oder Geschäftspartner sehen möchten.

Links auf *Zusätzliche Uhren*. Aktivieren Sie dann im Fenster *Datum und Uhrzeit* im Register *Zusätzliche Uhren* das Kontrollkästchen *Diese Uhr anzeigen* und wählen Sie die Zeitzone aus. Im Feld unterhalb sollten Sie außerdem einen passenden Anzeigenamen eingeben. Die Uhrzeit der zusätzlichen Zeitzone erscheint, wenn Sie in der Taskleiste auf Datum und Uhrzeit zeigen.

Weitere Sprache installieren, Sprache ändern

Die Anzeigesprache von Windows, Apps usw. wurde beim ersten Start festgelegt und auf dieser Sprache basiert auch die Spracherkennung. Wenn Sie die Sprache ändern und/oder eine zweite Sprache hinzufügen möchten, z. B. Englisch, dann wählen Sie in den Einstellungen die Kategorie *Zeit und Sprache* und klicken dann auf *Sprache und Region* ❶. Ganz oben sehen Sie bei *Windows Anzeigesprache* ❷ die aktuell verwendete Sprache, hier *Deutsch (Deutschland)*.

Sprache hinzufügen

1 Unter *Bevorzugte Sprachen* ist die aktuelle Sprache ebenfalls bereits aufgeführt. Falls Sie eine weitere Sprache installieren möchten, so klicken auf *Sprache hinzufügen* ❸ und auf die gewünschte Sprache, z. B. *Englisch (United States)* ❹. Die Symbole rechts davon zeigen an, welche Features, z. B. Spracherkennung, zu dieser Sprache verfügbar sind, Erklärungen dazu finden Sie unterhalb.

2 Klicken Sie auf *Weiter* und wählen Sie danach aus, welche der Features Sie installieren möchten bzw. deaktivieren Sie, was Sie nicht brauchen. Zuletzt klicken Sie auf *Installieren*, dieser Vorgang kann anschließend einige Minuten dauern.

Bild 7.29 Weitere Sprache hinzufügen

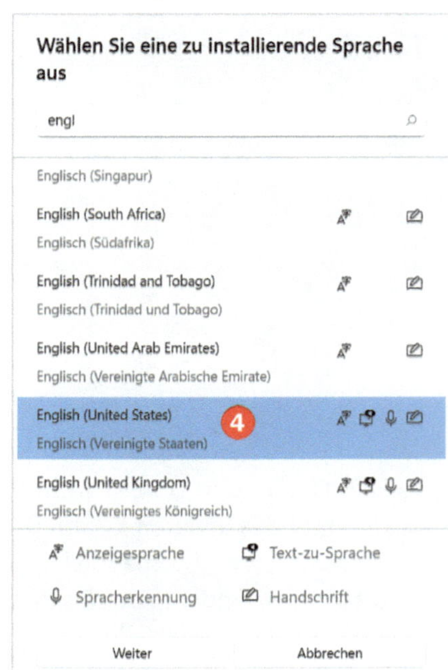

Tipp: Über das Suchfeld im oberen Bereich (s. Bild rechts) geht das Auffinden einer Sprache wesentlich schneller.

3 Die neu hinzugefügte Sprache wird den bevorzugten Sprachen hinzugefügt und kann jetzt auch als Windows-Anzeigesprache ❷ ausgewählt werden.

Bild 7.30 Reihenfolge der Sprachen ändern

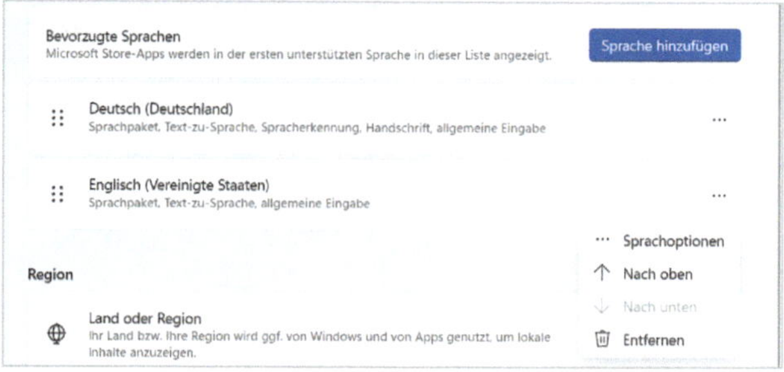

Achtung: Haben Sie eine zweite Sprache installiert, dann verwendet Windows die erste, unter *Bevorzugte Sprachen* aufgeführte als Standardsprache für Apps und Websites. Falls Sie die Reihenfolge ändern möchten, klicken Sie bei der zu verschiebenden Sprache auf die drei Punkte und anschließend auf *Nach oben* oder *Nach unten*.

Sprachumfang ändern, Sprache wieder entfernen

Falls Sie zu einer Sprache nachträglich den installierten Sprachumfang ändern oder die Sprache wieder entfernen möchten, so klicken Sie bei der betreffenden Sprache auf das Dreipunktmenü (s. Bild oben). Wählen Sie dann *Sprachoptionen* um Features zu entfernen oder weitere herunterzuladen oder klicken Sie auf *Entfernen*.

Tastatursprache bzw. -layout ändern

Bild 7.31 Wechsel zwischen deutschem und englischem Tastaturlayout

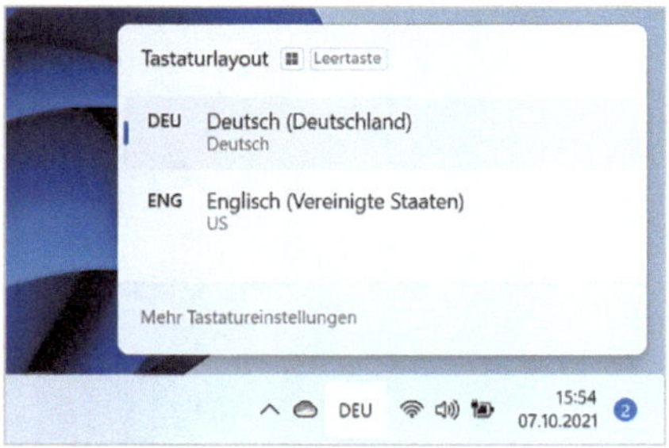

Tastaturen bzw. die Anordnung der Tasten unterscheiden sich je nach Sprache, so ist beispielsweise auf einer englischen Tastatur das Zeichen z mit y belegt und umgekehrt. Wenn Sie eine weitere Sprache hinzugefügt haben, siehe oben, dann ist damit automatisch auch das Tastaturlayout dieser Sprache verfügbar und im Infobereich der Taskleiste erscheint die aktuell verwendete Tastatursprache. Falls Sie schnell zwischen den beiden Tastaturlayouts umschalten möchten, klicken einfach auf die Sprache. Alternativ wechseln Sie mit den Tastenkombinationen **Windows**+**Leertaste** oder **Umschalt**+**Alt** zwischen den Eingabesprachen.

> **Vorsicht - versehentliches Umschalten möglich!**
> Bei mehreren installierten Tastatursprachen kann es passieren, dass Sie unbeabsichtigt die Sprache wechseln, da die Tastenkombinationen Windows+Leertaste oder Umschalt+Alt manchmal versehentlich betätigt werden! Dies merken Sie meist daran, dass bei der Texteingabe plötzlich anstelle des z ein y erscheint und umgekehrt. Installieren Sie daher eine weitere Sprache nur, wenn Sie diese auch wirklich brauchen.

Tastaturlayout hinzufügen oder entfernen

Wenn Sie das versehentliche Umschalten des Tastaturlayouts auf die zweite installierte Sprache verhindern möchten, ohne gleich das gesamte Sprachpaket zu entfernen, dann klicken Sie bei der betreffenden Sprache, z. B. Englisch wie im Bild oben, auf das Dreipunktmenü und auf *... Sprachoptionen*. Klicken Sie unter *Tastaturen* bei der betreffenden Tastatur, in diesem Fall *US QWERTY* auf das Dreipunktmenü und auf *Entfernen*. Umgekehrt können Sie über die Schaltfläche *Tastatur hinzufügen* auch nur ein Tastaturlayout, z. B. spanisch ohne die übrigen Sprachfeatures hinzufügen.

Länderabhängige Zahlen- und Datumsschreibweise

Die Schreibweise von Datum und Uhrzeit ist abhängig davon, welches Land bzw. welche Region Sie beim ersten Start von Windows gewählt haben. Wenn Sie die Region und/oder die dazugehörigen Einstellungen einsehen und im Bedarfsfall nachträglich ändern möchten, dann klicken Sie in der Taskleiste auf die Lupe, geben den Suchbegriff „region" ein und klicken auf *Regionseinstellungen*. In den Einstellungen gelangen Sie über die Kategorie *Zeit und Sprache* und die Auswahl *Sprache & Region* dorthin. Im Abschnitt *Region* finden Sie die folgenden Einstellungen:

- In der Rubrik *Land oder Region* wählen Sie bei Bedarf ein anderes Land aus ❶.
- Unter *Regionales Format* ❷ wählen Sie das regionale Format für die Schreibweise von Datum und Uhrzeit, z. B. *Deutsch (Österreich)*.
- Ein Klick auf den Pfeil ❸ blendet die aktuell verwendeten Einstellungen ❹ ein, diese können bei Bedarf über die Schaltfläche *Formate ändern* ❺ einzeln bearbeitet werden.

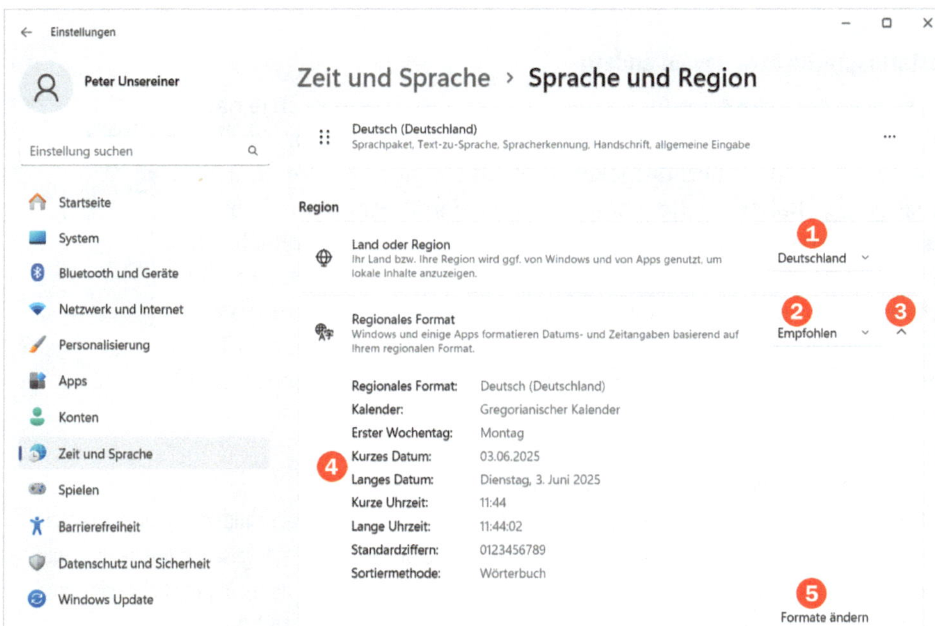

Bild 7.32 Land und Region in den Einstellungen ändern, Format von Datum und Uhrzeit bearbeiten

Sprachabhängige Eingabeunterstützung

Zur Eingabe mit Stift, Bildschirmtastatur und seit kurzem auch mit der normalen Tastatur stellt Windows verschiedene Eingabehilfen zur Verfügung, z. B. automatische Rechtschreibkorrektur oder Vorschläge für Wörter, die Sie übernehmen können. Die Einstellungen dazu finden Sie in der Kategorie *Zeit und Sprache* ▶ *Eingabe*. Oder tippen Sie in der linken oberen Ecke der Bildschirmtastatur auf das Symbol *Einstellungen* ⚙, danach auf *Weitere Einstellungen* und hier auf *Eingabe* ❶.

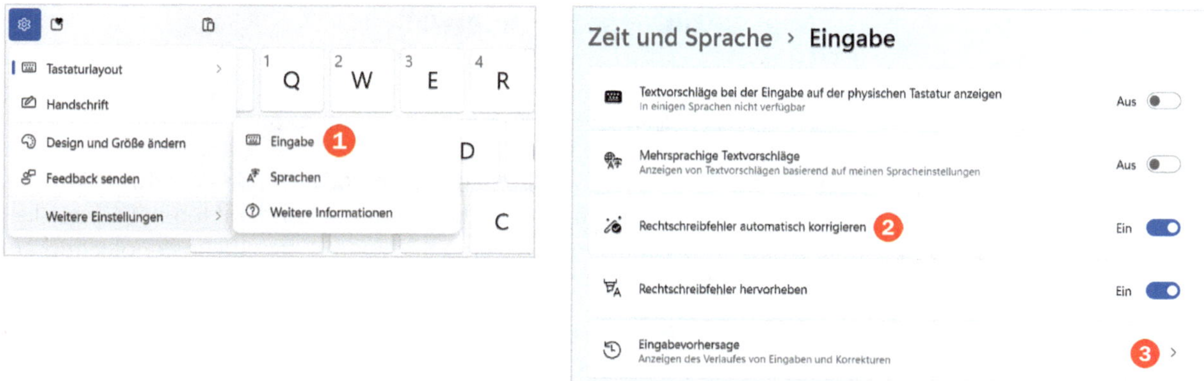

Bild 7.33 Eingabehilfen für Tastatur und Stift

Korrektur von Rechtschreibfehlern

Die Schalter *Rechtschreibfehler automatisch korrigieren* ❷ und *Rechtschreibfehler hervorheben* sorgen dafür, dass Ihnen möglichst wenig Fehler bei der Eingabe unterlaufen. Textvorschläge bei der Eingabe auf der physischen Tastatur sind dagegen nicht für alle Sprachen verfügbar. Beachten Sie aber, dass sich diese nur auf Eingaben per Stift oder Bildschirmtastatur beziehen. Anwendungen wie z. B. Microsoft Word verfügen unabhängig davon über eine eigene Rechtschreibprüfung.

Eingabevorschläge und Korrekturen während der Tastatureingabe

Die *Eingabevorhersage* ❸ ist eine KI-gestützte Eingabehilfe bei der Tastatureingabe. Zum Aktivieren oder Deaktivieren klicken Sie auf den Pfeil und ändern den Schalter *Eingabevorhersage* auf *Ein* oder *Aus*. Hier finden Sie auch weitere Infos.

KI: Abkürzung für Künstliche Intelligenz.

Stimmerkennung und Mikrofon einrichten

Wenn Sie Spracheingaben nutzen, z. B. für Diktate, dann wurden Sie vermutlich bei der ersten Nutzung aufgefordert, das Mikrofon Ihres PCs für die Spracherkennung einzurichten. Bei Problemen können Sie das auch in den Zeit- und Spracheinstellungen erledigen. Klicken Sie dazu auf *Spracherkennung* und unter *Mikrofon* auf *Los geht's* und folgen Sie den Anweisungen. Auch die Sprache können Sie hier ev. ändern.

Bild 7.34 Spracherkennungssprache und Mikrofon einrichten

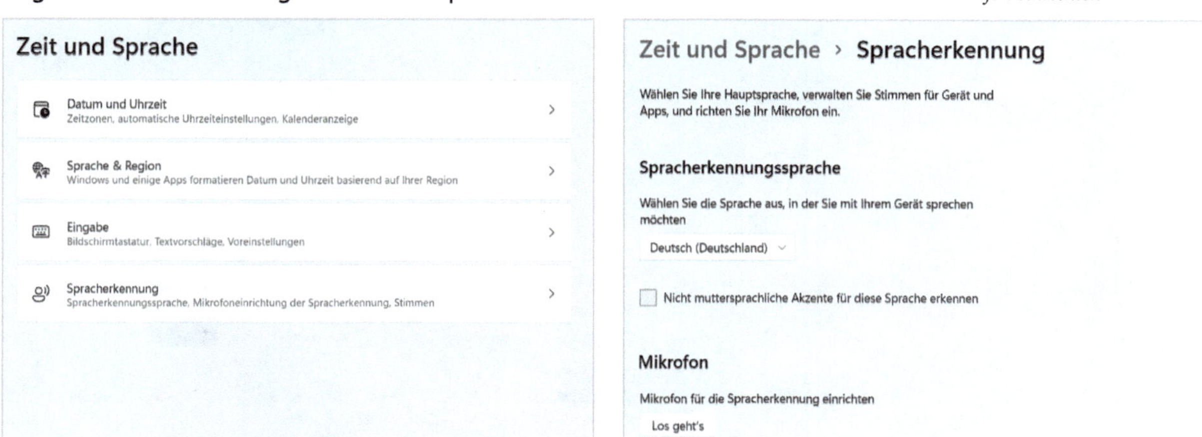

7.5 Apps und Anwendungen verwalten

Apps aus dem Microsoft Store beziehen

Beim Microsoft Store handelt es sich um ein Online-Portal von Microsoft, in dem Sie weitere Apps, Musik und Filme auswählen, herunterladen und auf Ihrem PC installieren können. Einige Angebote sind kostenlos, andere müssen Sie kostenpflichtig erwerben. In jedem Fall ist dazu ein Microsoft-Konto erforderlich.

Zum Öffnen des Microsoft Stores benutzen Sie entweder das Symbol in der Taskleiste oder klicken Sie im Startmenü auf *Microsoft Store*.

So finden Sie sich im Store zurecht

Auf der Startseite ❶ des Microsoft Stores (s. Bild unten) erhalten Sie verschiedene aktuelle Angebote, aufgeteilt in Gruppen wie *Meistverkaufte Apps*, *Neue Filme* oder *Spiele-Bestseller* die Sie mit den Pfeilen horizontal durchsuchen können ❷.

Oder klicken Sie in der Leiste am linken Rand auf *Apps*, *Gaming* oder *Unterhaltung* ❸, wenn Sie gezielt eine bestimmte Kategorie durchsuchen möchten. Mit Klick auf dieses Symbol ❶ gelangen Sie schnell wieder zurück zur Startseite des Stores.

Suchen Sie dagegen nach einer bestimmten App, dann geben Sie den Suchbegriff in das Suchfeld ❹ am oberen Rand ein. Bereits während der Eingabe werden passende Apps aufgelistet, um die vollständige Trefferliste anzuzeigen, klicken Sie im Suchfeld auf das Symbol *Lupe*.

Bild 7.35 Die Startseite des Microsoft Stores

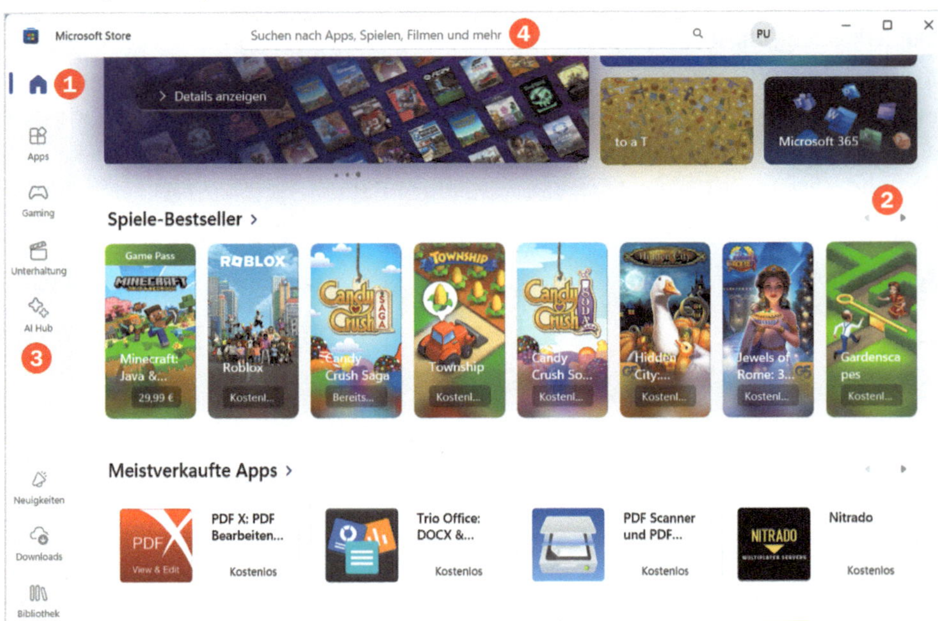

Achtung: Der Microsoft Store wechselt laufend sein Aussehen, die grundlegenden Elemente bleiben jedoch in der Regel gleich.

Kategorien durchsuchen und filtern

Von jeder Gruppe, z. B. *Kostenlose Top-Apps* sehen Sie zunächst immer nur eine kleine Auswahl, um alle anzuzeigen, klicken Sie auf den Namen der Kategorie, z. B. *Beliebteste kostenlose Apps* ❶. Anschließend können Sie nicht nur durch die gesamte Liste scrollen, sondern mit Klick auf *Filter* ❷ verschiedene Filtermöglichkeiten einblenden, z. B. eine bestimmte Kategorie.

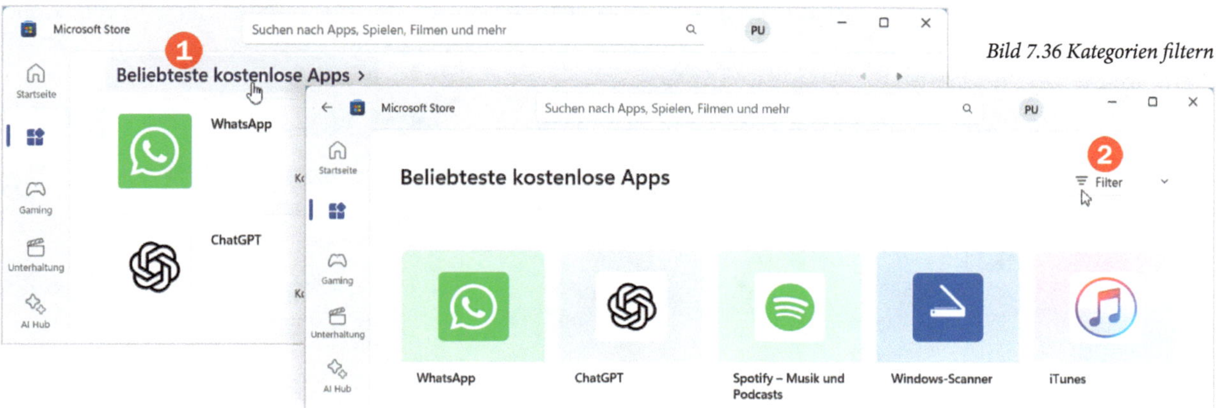

Bild 7.36 Kategorien filtern

Informationen zu einer App erhalten

Bereits auf den ersten Blick sehen Sie den Preis einer App oder ob diese kostenlos ist, sowie die Benutzerbewertungen. *Installiert* bedeutet, die App ist bereits auf Ihrem PC vorhanden. Für nähere Informationen klicken Sie auf die App. Neben einigen Bildschirmfotos, einer Kurzbeschreibung und Nutzerbewertungen erfahren Sie hier auch in den Systemanforderungen, ob sich die App für Ihr Gerät eignet.

Hinweis: Der kleingedruckte Zusatz *Bietet in-App-Käufe*, wie im Bild unten, bedeutet, die App selbst ist zwar kostenlos, umfasst aber einige kostenpflichtige Erweiterungen, die allerdings nicht zwingend benötigt werden.

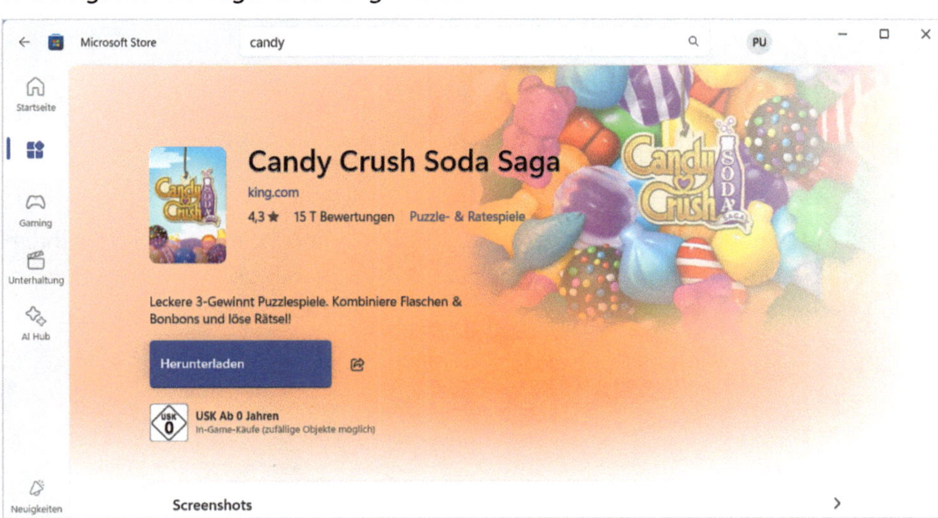

Bild 7.37 Informationen zur App

Kostenlose Apps herunterladen und installieren

Wenn Sie eine kostenlose App, im Bild als Beispiel die *ZDFmediathek* herunterladen und installieren möchten, dann klicken Sie einfach auf *Herunterladen*. Anschließend können Sie anhand der Schaltfläche den Download- und Installationsstatus mitverfolgen, dieser kann je nach Umfang auch etwas länger dauern. Nach erfolgreicher Installation erscheint hier die Schaltfläche *Öffnen*, über die Sie die App sofort starten können. Die soeben installierte App ist außerdem im Startmenü unter *Alle Apps* verfügbar.

Bild 7.38 Kostenlose App herunterladen und installieren

Kostenpflichtige App erwerben

Bei PayPal handelt es sich um einen Zahlungsdienstleister, bei dem statt einer Kreditkartennummer eine E-Mail-Adresse angegeben wird.

Webadresse PayPal: www.paypal.com

Zur Bezahlung kostenpflichtiger Apps werden Sofortzahlung, Kreditkarten (VISA, MasterCard, American Express), SEPA Lastschriftverfahren (nicht von jedem Konto unterstützt), PayPal und Geschenkgutscheine/Guthabenkarte akzeptiert. Die Informationen zu Kreditkarte, PayPal und SEPA Lastschrift werden als Zahlungsmethode in Ihrem Microsoft-Konto hinterlegt und müssen dann nicht bei jedem Kauf erneut eingegeben werden. Nach der Bezahlung wird der Betrag von Ihrem Bankkonto abgebucht.

Zahlungsmethode hinterlegen

Bild 7.39 Zahlungsmethoden hinterlegen und kontrollieren

Mit Ausnahme von Sofortzahlung und Geschenkgutschein muss für den Erwerb kostenpflichtiger Apps eine Zahlungsmethode in Ihrem Microsoft-Konto hinterlegt sein. Dies erledigen Sie entweder während des Kaufvorgangs oder klicken Sie in der Titelleiste des Microsoft Stores rechts oben auf Ihr Namenskürzel ❶ und auf *Zahlungsmethoden* ❷.

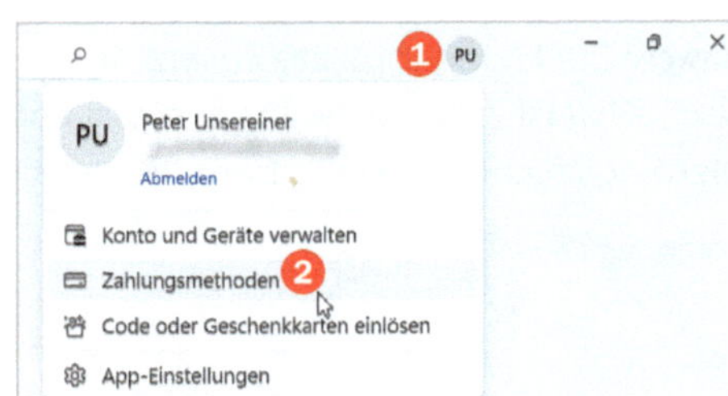

Microsoft-Konto und Zahlungsmethoden im Browser bearbeiten, siehe Seite 211.

Anschließend öffnet sich Ihr Browser, z. B. Microsoft Edge und Sie müssen sich bei Ihrem Konto entweder mit Kennwort, PIN oder einer anderen gewählten Anmeldeoption anmelden. Klicken Sie dann auf *Zahlung und Abrechnung* und auf *Zahlungsoptionen*.

Bild 7.40 Zahlungsmethoden hinterlegen

Klicken Sie unter *Zahlungsmethoden* auf *Neue Zahlungsmethode hinzufügen*. Wählen Sie eine Zahlungsart, füllen Sie alle dazugehörigen Felder aus und klicken Sie auf *Speichern*. Ihre Angaben werden überprüft und die Zahlungsmethode der Liste der verfügbaren Zahlungsoptionen hinzugefügt.

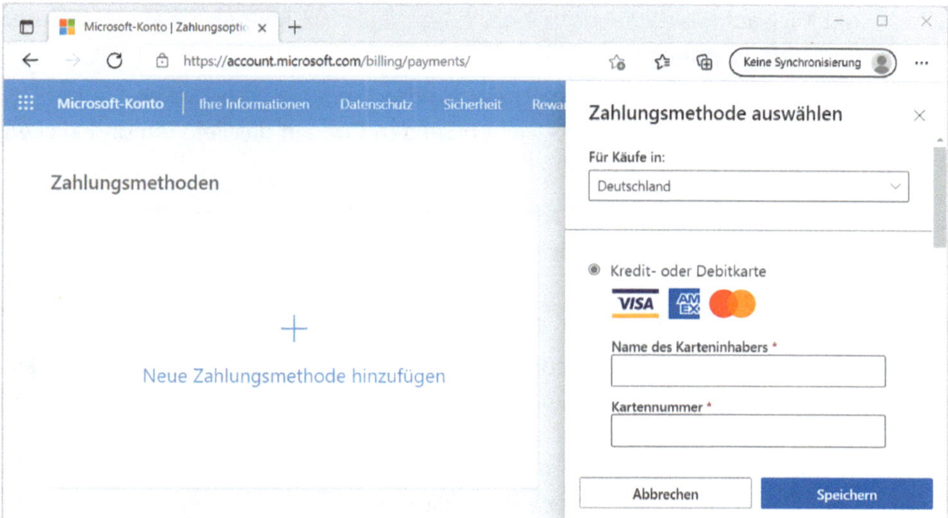

Bild 7.41 Neue Zahlungsmethode hinzufügen

Bereits hinterlegte Zahlungsmethoden werden hier aufgeführt und können nachträglich bearbeitet bzw. geändert werden.

An dieser Stelle können Sie auch bereits hinterlegte Zahlungs- und Abrechnungsinformationen kontrollieren. Zum Bearbeiten bzw. Ändern einer vorhandenen Zahlungsoption klicken Sie auf die gewünschte Zahlungsoption und auf *Bearbeiten*.

App erwerben und herunterladen

1 Zum Erwerb einer kostenpflichtigen App klicken Sie auf die Schaltfläche mit dem Preis ❶. Anschließend müssen Sie Ihre Identität durch Eingabe von PIN oder Kennwort, Scannen des Fingerabdrucks usw. bestätigen.

Bild 7.42 Wählen Sie eine Zahlungsmethode aus

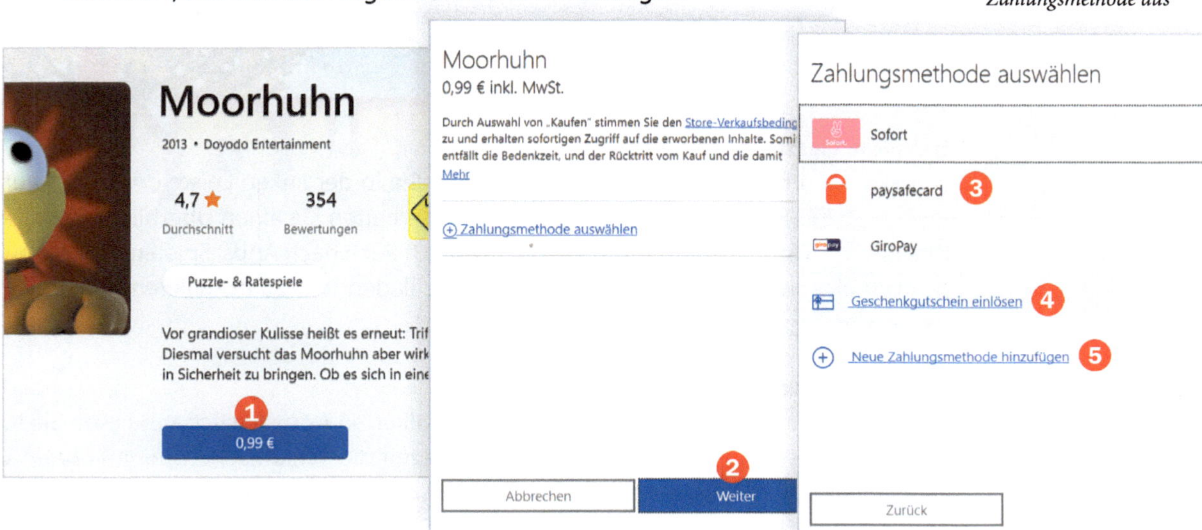

2 Im nächsten Schritt sehen Sie eine Zusammenfassung Ihres Kaufs, klicken Sie auf *Weiter* ❷. Anschließend müssen Sie eine Zahlungsmethode auswählen: Klicken Sie auf die gewünschte Zahlungsmethode ❸ und füllen Sie dann alle dazugehörigen Felder aus.

- Mit Klick auf *Neue Zahlungsmethode hinzufügen* ❹ können Sie auch an dieser Stelle eine Zahlungsmethode in Ihrem Konto hinterlegen.
- Falls Sie einen Geschenkgutschein einlösen möchten, so klicken Sie auf *Geschenkgutschein einlösen* ❺, geben Sie den Code in das Feld ein und klicken Sie dann auf die Schaltfläche *Einlösen.*

3 Zuletzt klicken Sie auf *Kaufen.* **Achtung:** Nachdem Sie auf *Kaufen* geklickt haben, ist der Kauf wirksam und kann nicht mehr abgebrochen werden!

Apps aus dem Store deinstallieren bzw. erneut installieren

Um eine App aus dem Microsoft Store von der Festplatte Ihres PCs zu entfernen, klicken Sie im Startmenü, entweder unter den angehefteten Apps oder in der Liste *Alle Apps*, mit der rechten Maustaste auf die zu entfernende App und auf *Deinstallieren*, als Beispiel im Bild unten die App *ZDFmediathek*. Bestätigen Sie die nachfolgende Rückfrage, indem Sie nochmals auf *Deinstallieren* klicken.

Alternativ können Sie die App auch suchen, dann mit der rechten Maustaste anklicken und den Befehl *Deinstallieren* wählen.

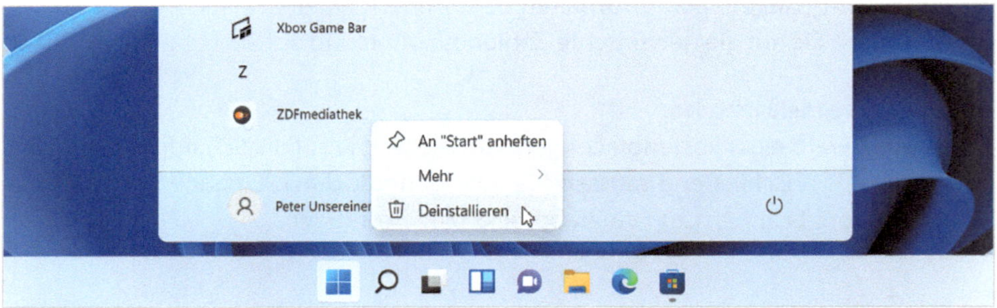

Bild 7.43 App suchen und deinstallieren

Erworbene Apps erneut installieren

Um alle erworbenen Apps anzuzeigen, klicken Sie in der linken Leiste des Stores auf *Bibliothek* ❶ (Bild auf der nächsten Seite). Hier erhalten Sie einen Überblick über alle Ihre Käufe im Store und können diese auf Wunsch auch nach Apps, Spielen usw. filtern ❷. Um eine erworbene App erneut herunterzuladen und zu installieren klicken Sie neben der App auf das Symbol *Herunterladen* ❸.

Updates suchen und installieren

Um nach Updates für Ihre erworbenen und installierten Apps zu suchen, klicken Sie in der linken Leiste auf Downloads ❹ und benutzen die Schaltfläche *Updates abrufen*. Falls Updates verfügbar sind, werden diese anschließend automatisch heruntergeladen und installiert.

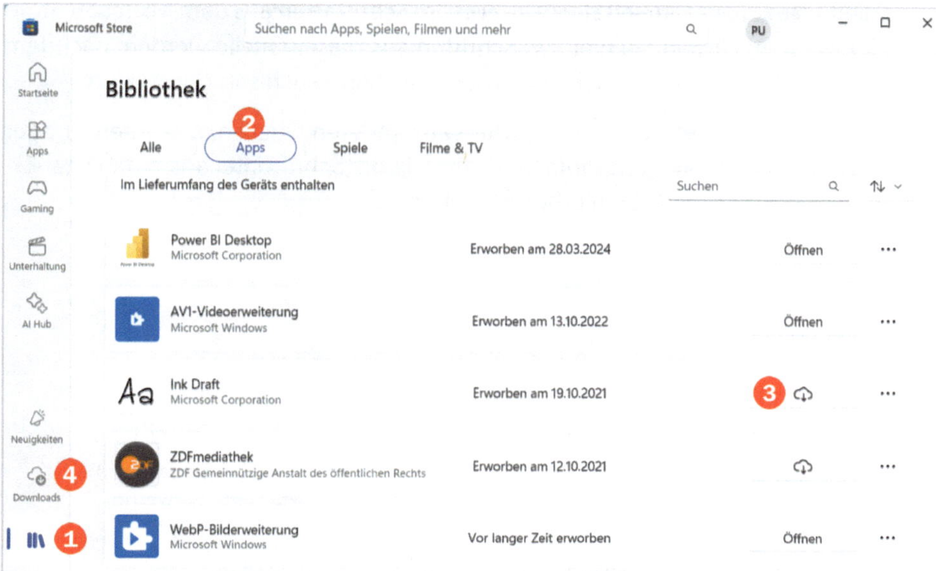

Bild 7.44 Eine Übersicht über erworbene Apps erhalten Sie in Ihrer Bibliothek

Schriftarten verwalten und installieren

Im Microsoft Store finden Sie auch mehrere Schriftarten, darunter einige kostenlos, die Sie herunterladen und zusätzlich zu den bereits vorhandenen installieren können. Damit beginnen Sie am besten in den Einstellungen: Wählen Sie die Kategorie *Personalisierung* und klicken Sie hier auf *Schriftarten*.

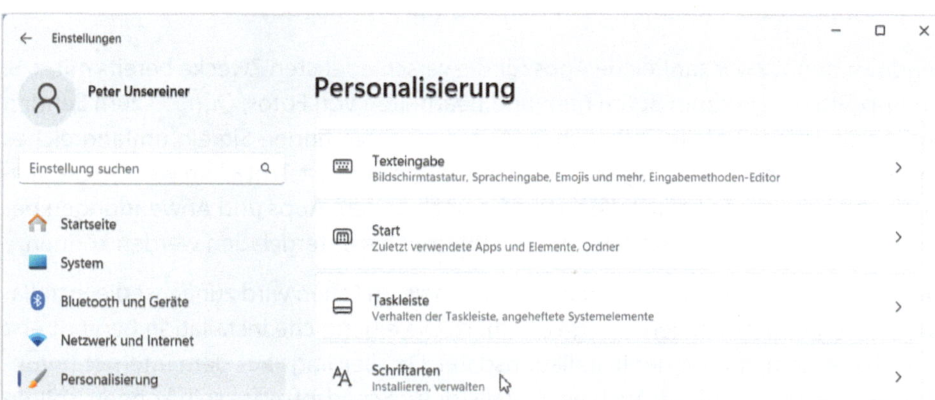

Bild 7.45 Wählen Sie in den Einstellungen Personalisierung ▶ Schriftarten

Sie erhalten eine Zusammenstellung aller, auf Ihrem Gerät installierten Schriftarten, siehe Bild auf der nächsten Seite. Da die Liste sehr umfangreich ist, benutzen Sie zur Suche nach einer bestimmten Schriftart am besten das Suchfeld ❶.

- **Details, Schriftart entfernen**: Nähere Informationen zu Version und Copyright erhalten Sie, wenn Sie auf eine Schriftart klicken. Hier können Sie bei Bedarf eine Schriftart auch deinstallieren und damit vom Computer entfernen.

- **Schriftarten aus dem Microsoft Store beziehen:** Um Schriftarten aus dem Microsoft Store zu beziehen, klicken Sie hier ❷. Schriften aus dieser Quelle werden, nachdem Sie auf *Herunterladen* geklickt haben, anschließend auch sofort installiert.
- **Weiteren Schriften installieren:** Schriftarten aus anderen Quellen, z. B. Internet oder DVD installieren Sie ganz einfach, indem Sie die Schriftdatei aus dem Datei-Explorer oder vom Desktop hierher ❸ ziehen.

Bild 7.46 Schriftarten in den Einstellungen verwalten und installieren

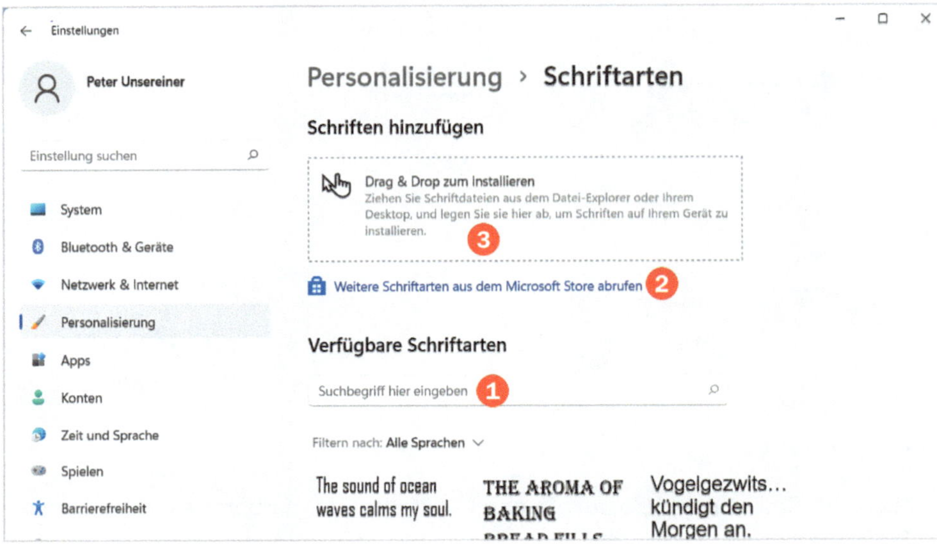

Programme aus dem Internet herunterladen und installieren

Windows bringt zwar zahlreiche Apps für die verschiedensten Zwecke bereits mit, z. B. die App *Fotoanzeige* zum Betrachten und Bearbeiten von Fotos, *Outlook* zum Senden und Abrufen von E-Mails und auch im Microsoft Store finden Sie ein umfangreiches Angebot, das fast alle wichtigen kostenlosen Apps umfasst. Trotzdem werden Sie vielleicht im Laufe der Zeit feststellen, dass Sie noch andere Apps und Anwendungen benötigen, von denen einige auch über das Internet heruntergeladen werden können.

Die Vorgehensweise ist immer gleich. In den meisten Fällen wird zunächst die Installationsdatei heruntergeladen und gespeichert. Die eigentliche Installation beginnt erst danach mit dem Starten der Installationsdatei. Da allerdings aus dem Internet heruntergeladene Apps zugleich auch ein Einfallstor für Schadsoftware sein können, sollten Sie unbedingt die nachfolgenden Sicherheitshinweise beachten.

Allgemeine Sicherheitshinweise

- **Im Microsoft Store verfügbar?**
  Kontrollieren Sie in jedem Fall erst einmal, ob die gewünschte App im Microsoft Store verfügbar ist. Wenn ja, dann sollten Sie aus Sicherheitsgründen unbedingt dieser Quelle den Vorzug geben und die App hier herunterladen.

- **Achten Sie auf vertrauenswürdige Quellen**
  Gerade bei Programmen, die aus dem Internet stammen, sollten Sie auf absolut vertrauenswürdige Quellen achten, da ansonsten auch Schadsoftware mit heruntergeladen und installiert werden könnte. Leider enthält die Trefferliste von Suchdiensten wie Google oder Bing häufig auch unseriöse Webseiten; am sichersten ist deshalb der Download über die Seite des jeweiligen Herstellers. Bekannte Computerzeitschriften, z. B. Computerbild, Chip, Heise, usw. sind ebenfalls zuverlässige Quellen.

- **Kontrollieren Sie, ob es sich um kostenlose oder kostenpflichtige Software handelt**
  Manche Programme sind für die private Nutzung kostenlos, bei kommerzieller Nutzung aber kostenpflichtig. Zum Download kostenloser Angebote sind keinerlei Angaben über persönliche Daten, z. B. Ihr Name, Anschrift oder E-Mail-Adresse erforderlich!

  Außerdem finden sich auf vielen Seiten neben kostenlosen Angeboten auch kostenpflichtige, z. B. beim Download von Antivirensoftware. Kontrollieren Sie also immer ganz genau, ob es sich wirklich um eine kostenlose Version handelt.

Achtung: Sollten Sie bei kostenlosen Angeboten aufgefordert werden, Ihre E-Mail-Adresse, Postanschrift und eventuell sogar die Bankverbindung anzugeben, dann versuchen Sie es in solchen Fällen besser an einer anderen Webadresse.

Solche Angaben sind bei kostenlosen Downloads freiwillig und nicht verpflichtend. Auch eine vorherige Anmeldung ist dazu nicht erforderlich. Allerdings müssen Sie sich in manchen Fällen registrieren, dazu genügt normalerweise die E-Mail-Adresse.

- **Installieren Sie nur, was Sie wirklich benötigen**
  Es kommt häufig vor, dass unnötige Zusatzsoftware mit angeboten und somit ebenfalls heruntergeladen und installiert wird. So wird z. B. manchmal Google Chrome zum Download mit angeboten. Diese App benötigen Sie aber nicht, wenn Sie Microsoft Edge zum Surfen im Internet bevorzugen.

- **Prüfen Sie die Sprache und die erforderlichen Voraussetzungen**
  Kontrollieren Sie, ob die App in deutscher Sprache vorliegt und mit Windows 11 eingesetzt werden kann bzw. wählen Sie die richtige Programmversion, falls mehrere angeboten werden.

Beispiel: Adobe Reader herunterladen und installieren

Das PDF-Dateiformat ist ein gängiges Format zur Weitergabe von Texten aller Art, z. B. Betriebsanleitungen, Beschreibungen usw. Der Vorteil: Zum Lesen genügt Microsoft Edge oder eine andere kostenlose App, davon dürfte Adobe Acrobat Reader die bekannteste sein. Leider gehört der Adobe Reader nicht zum Standardumfang von Windows, sondern muss gesondert heruntergeladen und installiert werden.

Hinweis: Adobe Reader finden Sie auch im Angebot des Microsoft Stores. Die App wird hier nur zu Demonstrationszwecken von der Seite des Herstellers heruntergeladen.

Die aktuelle Version trägt die Bezeichnung *Adobe Acrobat Reader* und kann kostenlos von der Seite des Herstellers, der Firma Adobe heruntergeladen werden:

1. Geben Sie zur Suche im Browser den Suchbegriff *adobe reader* ein und prüfen Sie anschließend in der Trefferliste die Webadressen: *get.adobe.com/de/reader* ist die offizielle Downloadseite von Adobe.

2. Kontrollieren Sie, ob das Betriebssystem Windows (11 oder im Zweifelsfall auch 10) und Deutsch als Sprache korrekt vorgeschlagen werden ❶. Zudem können Sie hier über Links die Systemanforderungen genauer kontrollieren und die Geschäftsbedingungen einsehen.

3 Im Bild unten wird Ihnen z. B. unter *Im Downloadumfang enthalten* ❷ zusätzliche Sicherheitssoftware zur Installation angeboten. Wenn Sie diese nicht benötigen weil Sie bereits Sicherheitssoftware eines anderen Anbieters installiert haben, dann deaktivieren Sie die Kontrollkästchen bzw. ignorieren das Angebot.

4 Klicken Sie zuletzt auf die Schaltfläche *Acrobat Reader herunterladen* ❸, um den Download- und Installationsvorgang zu starten. Gleichzeitig stimmen Sie damit den Lizenzbedingungen zu.

Bild 7.47 Adobe Reader herunterladen

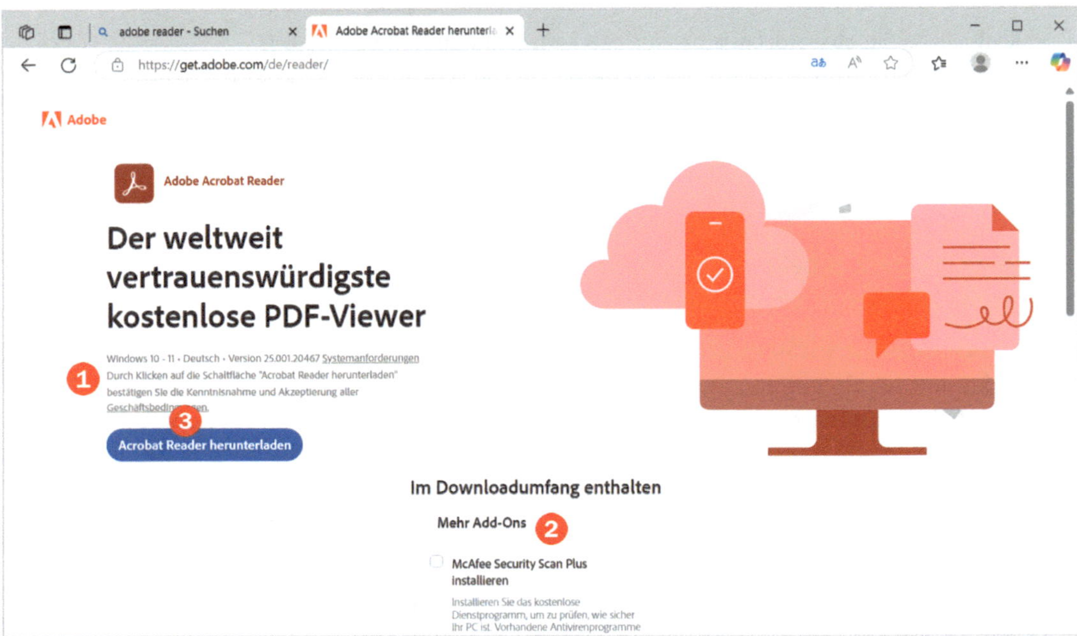

5 Anschließend wird eine Installationsdatei auf Ihren PC heruntergeladen und normalerweise im Ordner *Downloads* gespeichert. Nach Abschluss des Downloads öffnet sich im Browser ein kleiner Hinweis und um die Installation sofort zu starten, klicken Sie auf *Datei öffnen*.

Bild 7.48 Klicken Sie auf Datei öffnen

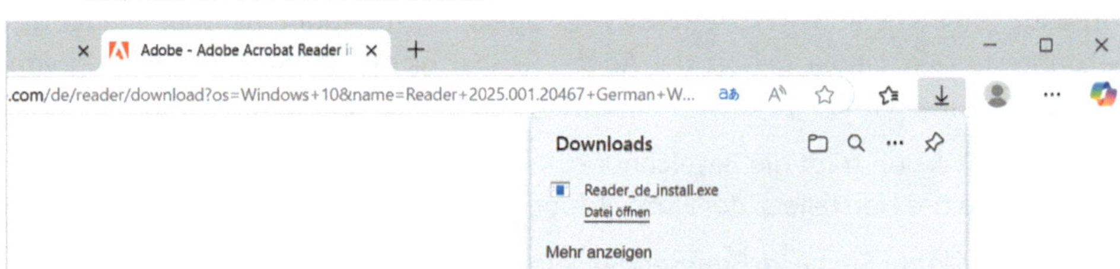

Wie Sie Bezugsquellen für Apps einschränken, lesen Sie weiter unten auf Seite 270.

6 Da die zu installierende App nicht aus dem Microsoft Store stammt, erscheint möglicherweise anschließend ein Warnhinweis. Klicken Sie auf *Trotzdem installieren*, wenn Sie fortfahren möchten. Im nächsten Schritt blendet sich die Benutzerkontensteuerung ein und fragt, ob Sie die Ausführung erlauben wollen. Klicken Sie auf *Ja* bzw. geben Sie PIN oder Kennwort des Administratorkontos ein.

7 Anschließend wird das eigentliche Programm heruntergeladen und installiert. Sie können den Fortschritt anhand eines Balkens mitverfolgen, je nach Internetverbindung kann dies einige Minuten dauern. Nachdem der Installationsvorgang abgeschlossen wurde erhalten Sie eine Meldung, klicken Sie auf *Fertig stellen*. Damit wird Adobe Reader auch als Standard-App zum Öffnen von PDF-Dateien festgelegt.

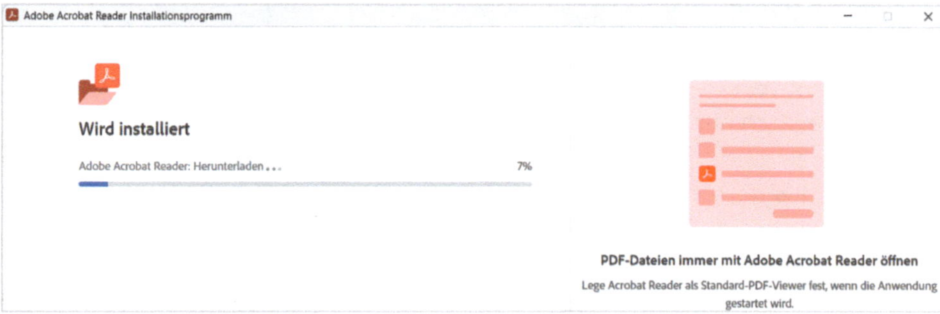

Bild 7.49 Herunterladen und installieren

Hinweise

- Manchmal wird die Installationsdatei nach Abschluss des Installationsvorgangs automatisch wieder entfernt. Sollte sich diese noch im Ordner *Downloads* befinden, kann sie problemlos gelöscht werden.
- Häufig werden Sie auch nach Installationsumfang und Speicherort gefragt, dann wählen Sie im Zweifelsfall am besten die Standardvorgaben.

Ausführung zulassen?

Beachten Sie, dass zur Installation von Apps und Anwendungen Administratorrechte erforderlich sind und in jedem Fall durch die Benutzerkontensteuerung eine entsprechende Bestätigung angefordert wird.

Installation manuell starten

Sollte im Browser der Hinweis auf die heruntergeladene Datei nicht erscheinen oder falls Sie die Installation manuell bzw. erst später starten möchten, dann öffnen Sie im Datei-Explorer den Ordner *Downloads* und starten die Installation mit Doppelklick auf den *Dateinamen*, wie im Bild unten.

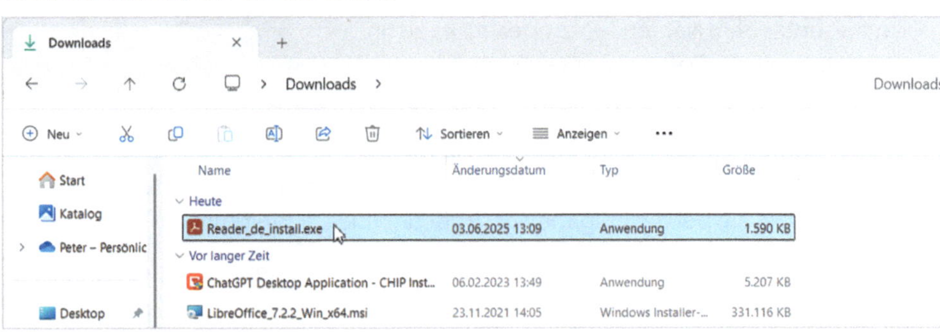

Bild 7.50 Installation mit Doppelklick auf die Installationsdatei starten

Bezugsquellen für Apps einschränken

Normalerweise können Sie Apps aus fast jeder beliebigen Quelle im Internet herunterladen und installieren. Wenn Sie jedoch auf Nummer Sicher gehen möchten, dann schränken Sie die Bezugsquellen auf den Microsoft Store ein oder lassen zumindest eine Warnung einblenden. Öffnen Sie dazu die Einstellungen, wählen Sie die Kategorie *Apps* und klicken Sie auf *Erweiterte Einstellungen für Apps* ❶.

Klicken Sie dann bei *Auswählen, wo Apps abgerufen werden können* ❷ in das Feld und wählen Sie entweder *Nur Microsoft Store* oder *Überall* (mit Benachrichtigung oder Warnung) statt einfach nur *Überall*.

Bild 7.51 Bezugsquellen für Apps einschränken

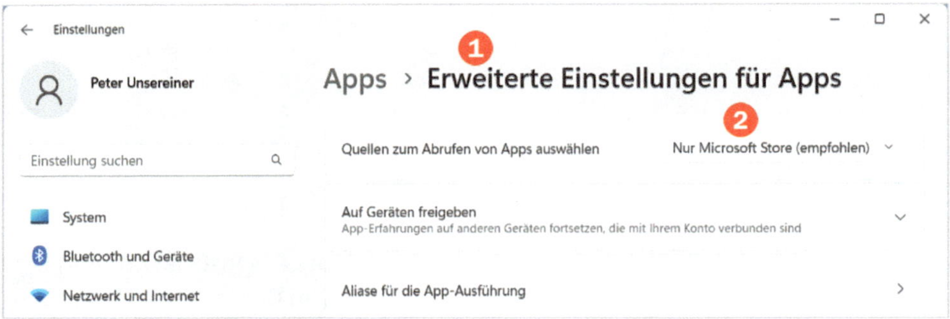

Software von Datenträger installieren

Manche Programme können auch von CD oder DVD installiert werden, sofern Ihr Gerät über ein entsprechendes Laufwerk verfügt. In diesem Fall gehen Sie so vor:

Bild 7.52 Installation von CD/DVD starten

Natürlich ist der genaue Installationsvorgang abhängig vom Programm, der grundsätzliche Ablauf ist jedoch immer gleich.

1. Legen Sie den Datenträger in das Laufwerk ein. In der Regel bietet Ihnen Windows anschließend das Ausführen der Installation an und nach einem Klick auf *Ausführen* startet ein Installationsassistent, der Sie durch die einzelnen Schritte der Installation führt. Sollte dies nicht der Fall sein, so öffnen Sie den Explorer, wählen den Datenträger aus und starten die Installation mit Doppelklick auf die Installationsdatei. Diese ist meist unter dem Namen *Setup* oder *Install* zu finden und hat die Dateinamenerweiterung .exe.
2. Handelt es sich um ein käuflich erworbenes Programm, müssen Sie meist den sogenannten Produkt Key eingeben: Hierbei handelt es sich um eine Folge aus Buchstaben und/oder Ziffern, die Sie auf der Verpackung des Datenträgers finden. Achten Sie bei der Eingabe auf Groß- und Kleinschreibung.
3. In einem weiteren Schritt müssen Sie die Lizenzbestimmungen bestätigen, indem Sie auf *Akzeptieren* oder *Annehmen* klicken.

4 Falls Sie zur Angabe von Speicherort und Installationsumfang aufgefordert werden, so wählen Sie am besten die Standardeinstellungen.

Apps und Anwendungen deinstallieren

Um Apps und Anwendungen vom PC zu entfernen, müssen diese deinstalliert werden. Es reicht nicht aus, einfach die angeheftete App vom Startmenü zu lösen oder die Programmdateien zu löschen. Denn bei einer Programminstallation werden auch nicht offensichtliche Änderungen vorgenommen, z. B. Einträge in der Windows-Registrierungsdatenbank, die bei der Deinstallation zurückgenommen werden müssen. Zum Deinstallieren bestehen zwei Möglichkeiten:

- Über das Kontextmenü der rechten Maustaste, z. B. im Startmenü oder in den Suchergebnissen,
- oder in den Windows-Einstellungen.

App in den Einstellungen entfernen

Am übersichtlichsten und einfachsten geht das Deinstallieren von Apps und Anwendungen in den Einstellungen vor sich:

1 Öffnen Sie die *Einstellungen*, z. B. im Startmenü, wählen Sie die Kategorie *Apps* und klicken Sie auf *Installierte Apps* ❶.

2 Klicken Sie in der *App-Liste* bei der die App, die Sie deinstallieren möchten, im Beispiel unten Adobe Acrobat, auf die drei Punkte ❷ und auf *Deinstallieren* ❸.

3 Bestätigen Sie die nachfolgende Meldung erneut mit *Deinstallieren*. Anschließend werden das Programm und sämtliche dazugehörigen Einträge und Einstellungen entfernt. Dies kann, genau wie die Installation, einige Sekunden dauern.

Tipp: Da die Liste sehr umfangreich sein kann, können Sie nach der App auch über das Suchfeld ❹ *(Apps durchsuchen)* suchen.

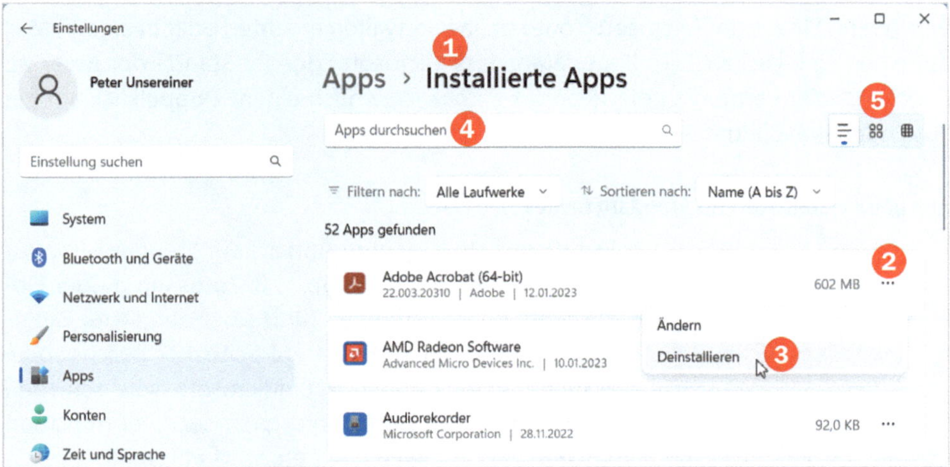

Bild 7.53 Installierte Apps - App deinstallieren

Statt in der Listenansicht wie im Bild können Sie wesentlich kompakter die Apps in der *Rasteransicht* ❺ oder in der *Kachelansicht* anordnen lassen.

Im Startmenü deinstallieren

Wenn Sie eine App im Startmenü deinstallieren möchten, dann klicken Sie mit der rechten Maustaste auf die betreffende App und auf *Deinstallieren*. Diese Methode funktioniert auch, wenn Sie zuvor nach der App gesucht haben.

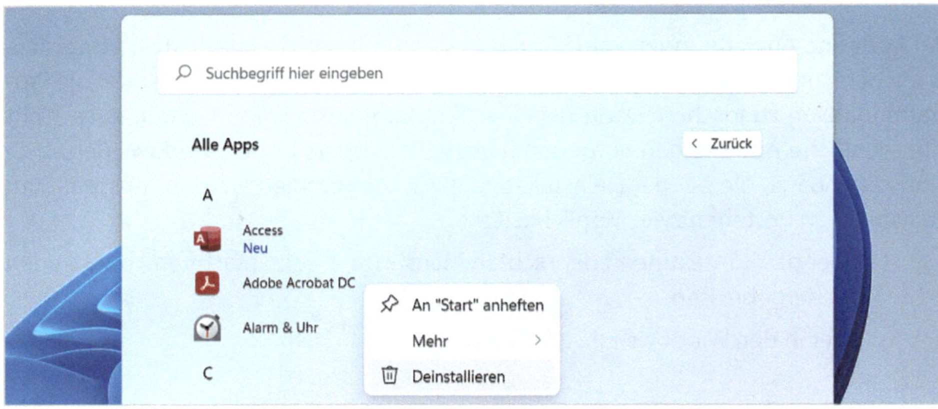

Bild 7.54 Rechtsklick und Deinstallieren

Die weitere Vorgehensweise hängt davon ab, ob es sich um eine einfache App, z. B. *Editor* oder eine klassische Anwendung, z. B. den oben erwähnten Adobe Acrobat Reader oder eine Office-Anwendung handelt.

- **Einfache App deinstallieren**: Bei einfachen Apps erscheint anschließend eine Meldung und mit Klick auf *Deinstallieren*, wird diese vom PC entfernt.
- **Klassische Anwendung deinstallieren**: Bei klassischen Anwendungen öffnen sich dagegen nach einem Klick auf *Deinstallieren* die Einstellungen mit der Kategorie *Apps > Installierte Apps*, danach verfahren Sie wie auf Seite 271 beschrieben.

Standard-Apps in den Einstellungen ändern

Bestimmt haben Sie schon festgestellt, dass Microsoft Edge automatisch gestartet wird, wenn Sie z. B. Ihr Microsoft-Konto online verwalten möchten oder in einer E-Mail auf einen Link klicken. Dies liegt daran, dass Microsoft Edge Ihr Standardbrowser ist. Ebenso startet vermutlich die *Windows-Fotoanzeige* nach einem Doppelklick auf ein Foto oder eine Bilddatei.

Bild 7.55 Beispiel: Word als Standard-App für Dokumente?

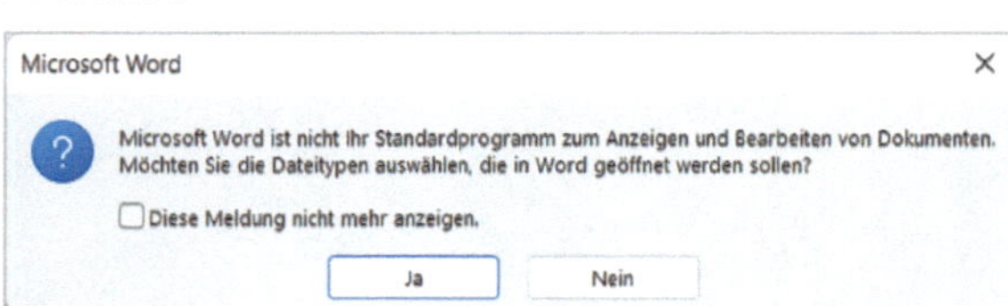

App beim ersten Start als Standard festlegen

Der einfachste Weg zum Ändern der Standard-App für einen bestimmten Dateityp, z. B. Fotos (.jpg) oder Dokumente (.docx, .rtf, usw.) führt über den Datei-Explorer und wurde in Kapitel 4 auf Seite 137 beschrieben. Manche Anwendungen, z. B. Microsoft Word schlagen Ihnen auch beim ersten Start nach der Neuinstallation vor, sie zur Standard-App zu machen. Wenn Sie zustimmen, wird automatisch allen passenden Dateitypen bzw. Dateinamenerweiterungen die App als Standard-App zugewiesen.

Auch manche Browser, z. B. Firefox schlagen beim ersten Start das Festlegen als Hauptbrowser, s. Bild unten, vor. Wenn Sie hier auf *Als Hauptbrowser festlegen* klicken, ist das Ändern ebenfalls schnell erledigt.

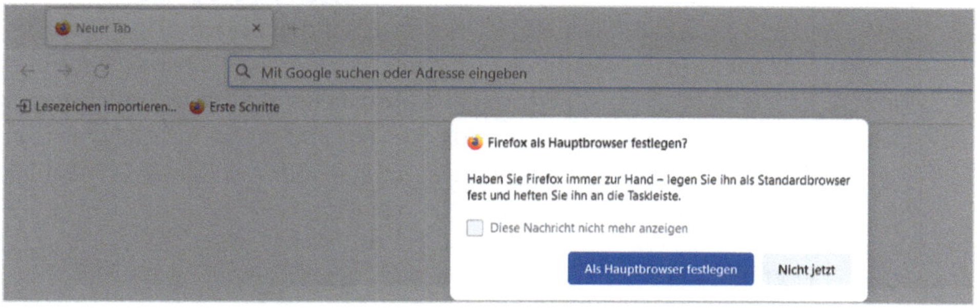

Bild 7.56 Firefox als Standardbrowser beim ersten Start festlegen

Standardbrowser in den Einstellungen ändern

Etwas umständlicher ist dagegen das Ändern der Standard-App für bestimmte Aufgaben in den Windows-Einstellungen, da Sie hier unter Umständen für mehrere Dateitypen oder Linktypen die Standard-App einzeln ändern müssen. Hier ein Beispiel, wie Sie Firefox statt Microsoft Edge als Standardbrowser zum Surfen im Web festlegen.

1. Klicken Sie in der Taskleiste auf das Symbol *Suche*, geben Sie den Suchbegriff „standard app“ ein und klicken Sie auf *Standard-Apps Systemeinstellungen*. Oder wählen Sie in den Einstellungen die Kategorie *Apps* und klicken auf *Standard-Apps* ❶.

2. Geben Sie im Feld *Apps durchsuchen* den Namen des neuen Browsers, hier „firefox“ ein ❷ und klicken Sie auf *Firefox* ❸.

Bild 7.57 Beispiel: Den Standardbrowser ändern

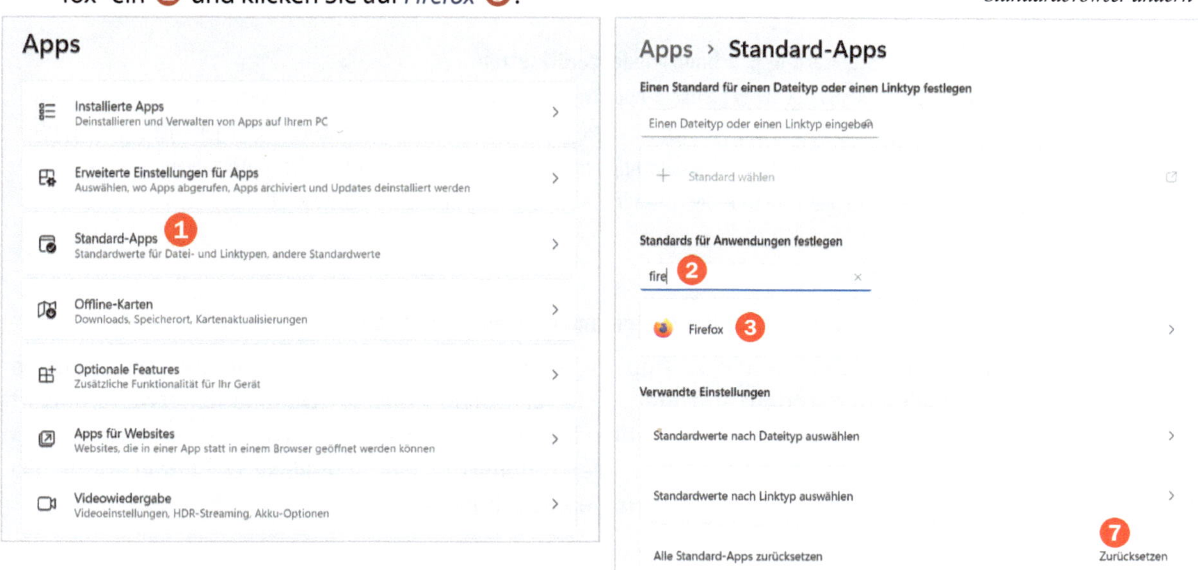

3 Es öffnet sich eine Liste von Dateitypen, genauer gesagt Dateinamenerweiterungen mit der dazugehörigen aktuellen Standard-App Microsoft Edge.

Handelt es sich um einen Browser, wie hier, dann brauchen Sie nur ganz oben bei *Firefox als Standardbrowser festlegen* auf *Als Standard festlegen* ❹ klicken.

Wird diese Möglichkeit nicht angeboten, dann müssen Sie die Standard-App für jeden Dateityp einzeln ändern. Klicken Sie dazu auf den Dateityp, hier *.htm* ❺, wählen statt Microsoft Edge den gewünschten Browser, hier *Firefox* ❻ aus und klicken auf *Standard festlegen*. Ersetzen Sie anschließend auch bei den übrigen Dateitypen Microsoft Edge durch Firefox. Ausgenommen sind Dateitypen, denen ohnehin eine andere App zugewiesen ist, z. B. .pdf mit Adobe Acrobat als Standard-App

Bild 7.58 Firefox als Standard-App festlegen

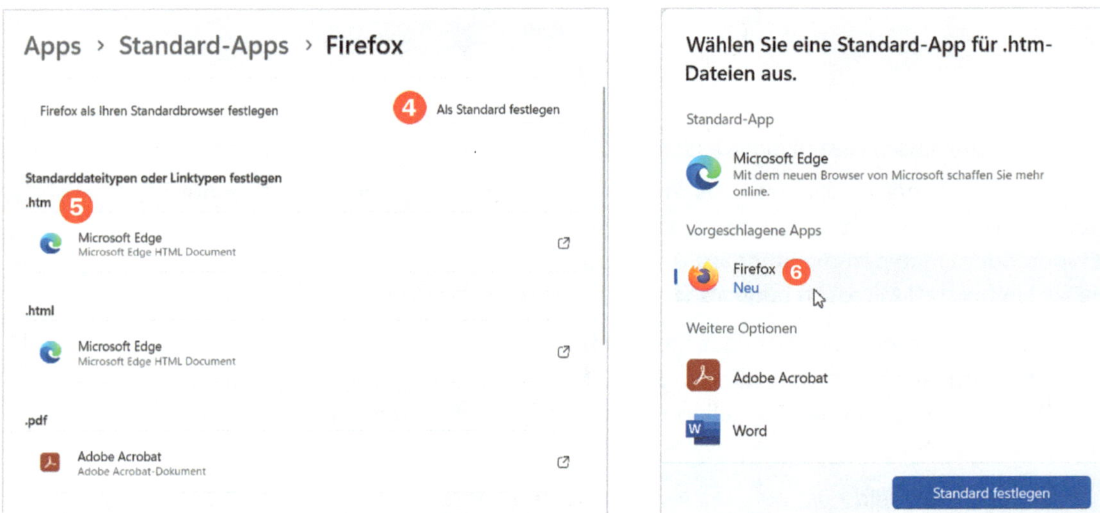

> **Standard-Apps schnell wieder zurücksetzen**
> Sollte beim Ändern der Standard-App etwas schiefgegangen sein, z. B. weil Sie versehentlich einem Dateityp die falsche App zugewiesen haben, dann können Sie alle vorgenommenen Änderungen wieder auf die, von Microsoft empfohlenen Standard-Apps zurücksetzen. Klicken Sie dazu in den Einstellungen, *Apps* ▶ *Standard-Apps* ganz am Ende der Liste auf *Zurücksetzen* ❼ (Bild 7.57 auf Seite 273).

Standard-App für Dateityp/Dateinamenerweiterung ändern

Wenn Sie die Standard-App für einen bestimmten Dateityp in den Windows-Einstellungen ändern möchten, z. B. für Dateien mit der Dateinamenerweiterung .rtf (Rich-Text-Format), dann wählen Sie *Apps* ▶ *Standard-Apps* und geben im Feld *Einen Dateityp oder Linktyp eingeben* den Dateityp .rtf ein ❶. **Achtung**: Der Punkt vor der Dateinamenerweiterung muss mit eingegeben werden!

Unterhalb erscheint nun die bisherige Standard-App ❷, hier Microsoft Word. Klicken Sie diese an und wählen Sie anschließend die gewünschte App, hier *LibreOffice Writer* aus ❸ und klicken Sie zuletzt auf die Schaltfläche *Standard festlegen* ❹.

Bild 7.59 Standard-App für eine Dateinamenerweiterung ändern

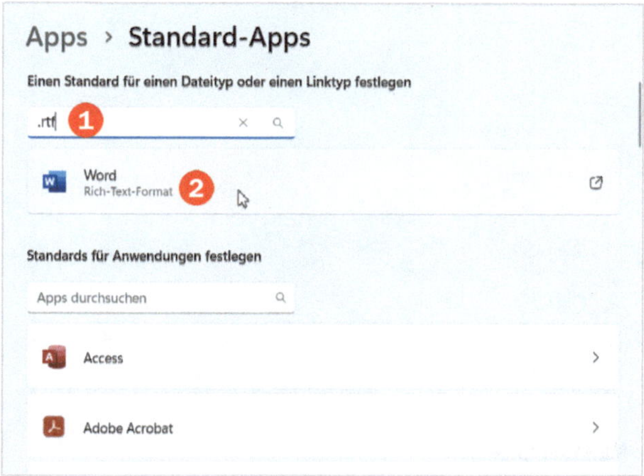

Automatisches Starten von Apps (Autostart)

Manche Apps werden in der Standardeinstellung nach dem Start von Windows automatisch gestartet, z. B. OneDrive oder Sicherheitssoftware. Meist sind diese minimiert oder führen nur Hintergrundaufgaben aus, können aber die Startdauer von Windows beeinflussen. Wenn Sie sehen wollen, um welche Programme es sich handelt und bei Bedarf nicht benötigte deaktivieren möchten, dann stehen Ihnen hierzu die beiden folgenden Möglichkeiten offen. In beiden Fällen gilt: Deaktivieren Sie nur Apps, die Sie nicht brauchen!

Vorsicht beim Deaktivieren von Apps im Autostart

Bevor Sie den Autostart einer App deaktivieren, sollten Sie genau wissen, was Sie tun. Deaktivieren Sie nur Apps, die Sie nicht brauchen, Sicherheitssoftware, z. B. ein Antivirenprogramm sollte dagegen immer aktiviert sein. Zu Ihrer Information sehen Sie rechts vom Schalter die Wirkung der jeweiligen App auf das Startverhalten, *Hohe Auswirkung* z. B. bedeutet, dass die App den Startvorgang sehr stark bremst. Das allein sollte allerdings kein Grund zum Deaktivieren sein.

Möglichkeit 1: Autostart in den Windows-Einstellungen

Klicken Sie in den Windows-Einstellungen auf *Apps* und hier auf *Autostart*. Anschließend können Sie über Schalter einzelne Apps deaktivieren oder aktivieren.

Bild 7.60 Autostart

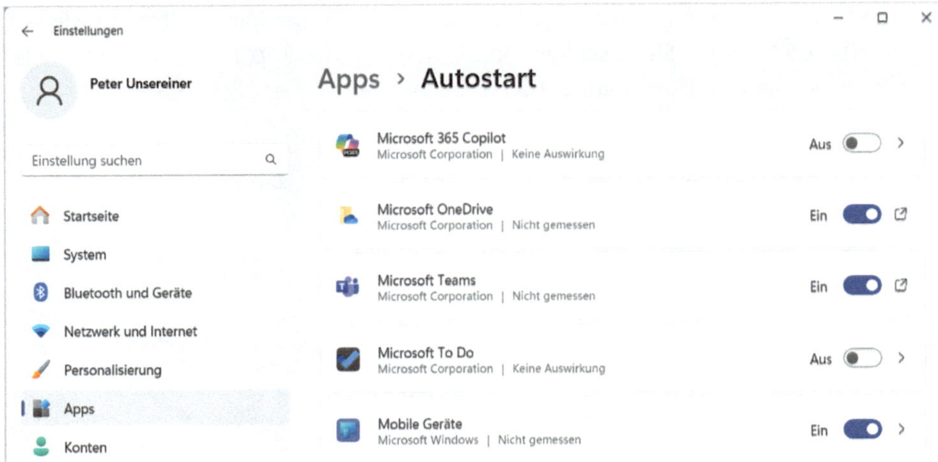

Manche Apps tragen sich bei der Installation automatisch hier ein.

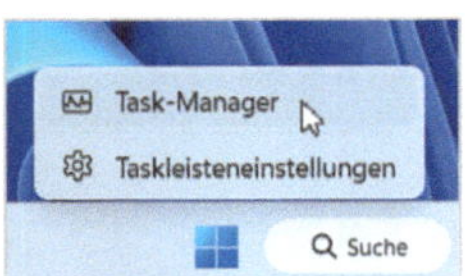

Möglichkeit 2: Autostart über den Task-Manager anzeigen

Als Alternative können Sie die Autostart-Apps auch über den Task-Manager einsehen und aktivieren bzw. deaktivieren. Klicken Sie dazu mit der rechten Maustaste an eine freie Stelle der Taskleiste und auf *Task-Manager*.

Klicken Sie im Task-Manager auf *Autostart von Apps* ❶. Hier können Sie eine App per Rechtsklick und den Befehl *Deaktivieren* ebenfalls deaktivieren. Oder klicken Sie auf die App ❷ und danach auf *Deaktivieren* ❸.

Bild 7.61 Wählen Sie im Taskmanager Autostart von Apps

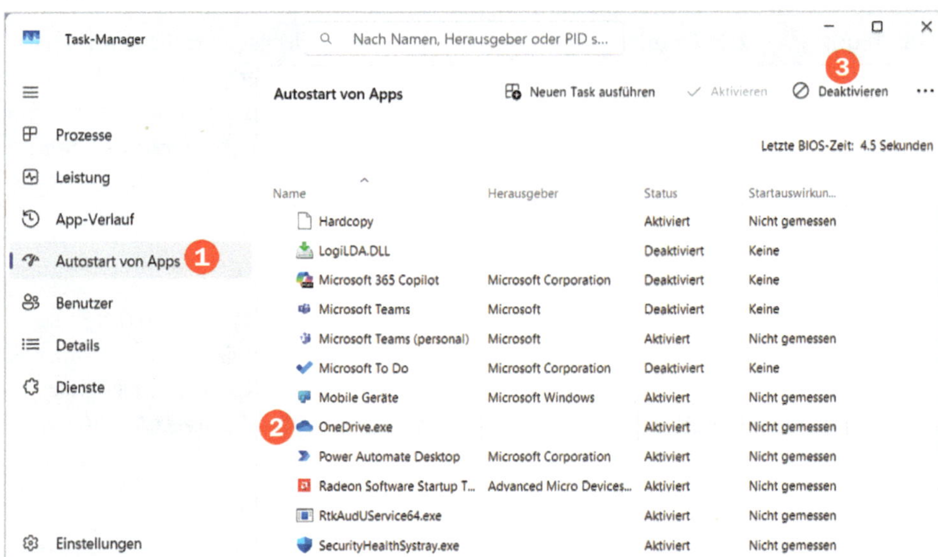

Weitere Apps dem Autostart hinzufügen

Die meisten Apps tragen sich bei der Installation automatisch in den Autostart ein. Bei manchen, wie z. B. Microsoft Teams können Sie das automatische Starten auch über deren Einstellungen aktivieren und deaktivieren. Darüber hinaus können Sie auch Apps durch Hinzufügen in den Ordner *Autostart* automatisch starten lassen. Allerdings erfordert diese Vorgehensweise etwas mehr Aufwand.

1 Klicken Sie in der Taskleiste mit der rechten Maustaste auf das Windows-Logo (*Start*) und dann auf *Ausführen* ❶. Oder betätigen Sie die Tasten **Windows+R**.

2 Geben Sie im nachfolgenden Fenster *Ausführen* im Feld *Öffnen* die Anweisung **shell:startup** ein ❷ und betätigen Sie die Eingabetaste oder klicken auf *OK* ❸.

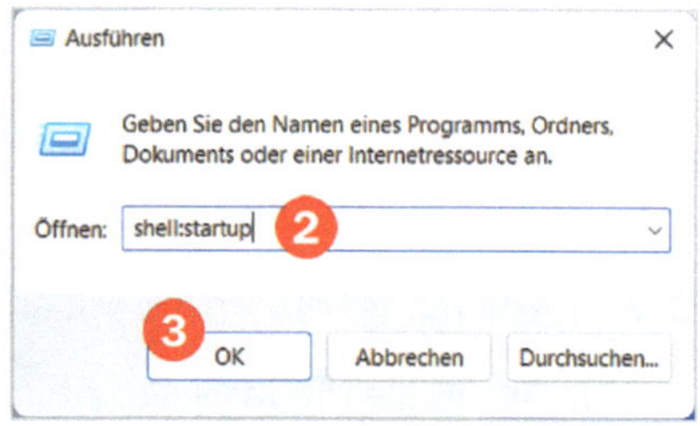

Bild 7.62 Rechtsklick auf Start und Ausführen

Bild 7.63 Das Fenster Ausführen

3 Es öffnet sich der Datei-Explorer mit dem, normalerweise verborgenen Ordner *Autostart* ❹. Ziehen Sie nun die betreffende App, als Beispiel im Bild unten Outlook ❺, aus dem Startmenü ▶ *Alle Apps* hierher ❻. Windows erstellt hier automatisch eine Verknüpfung (*Link*) zur App.

Bild 7.64 Eine App dem Ordner Autostart hinzufügen

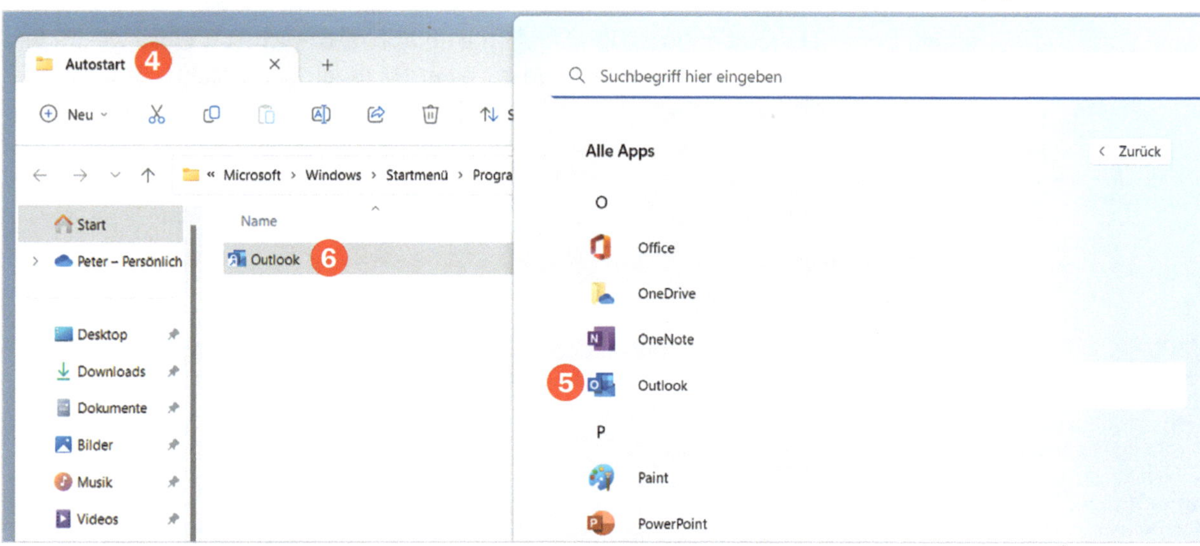

Alternative

Ist auf dem Desktop bereits eine Verknüpfung zu dieser App vorhanden, dann können Sie auch diese in den Ordner *Autostart* kopieren (z. B. mit Rechtsklick und Symbol *Kopieren* bzw. **Strg+C**; zum Einfügen wählen Sie dann nach einem Rechtsklick in den Ordner das Symbol *Einfügen* oder betätigen die Tasten **Strg+V**).

App aus Autostart entfernen
Auf demselben Weg entfernen Sie auch eine App wieder aus dem Ordner *Autostart*. Wenn es sich um eine Verknüpfung und nicht um die Originaldatei handelt, ist dies problemlos möglich.

Mit dem Task-Manager nicht mehr reagierende Apps beenden

Manchmal kommt es vor, dass eine App oder eine Anwendung nicht mehr korrekt funktioniert oder überhaupt nicht mehr reagiert. In solchen Fällen ist der Task-Manager ein wichtiges Hilfsmittel zum Beenden dieser App. Darüber hinaus dient der Task-Manager aber auch zur Verwaltung und Kontrolle laufender Apps und Prozesse, sowie von Systemfunktionen.

Den Task-Manager öffnen Sie mit einer der folgenden Methoden:

Weitere Möglichkeiten: Rechtsklick auf Windows-Logo (Start) oder Tastenkombination **Strg+Alt+Entf** und Aufruf *Taskmanager*.

- Drücken Sie die Tastenkombination **Strg+Umschalt+Esc**.
- Oder klicken Sie mit der rechten Maustaste an eine beliebige freie Stelle der Taskleiste und auf *Task-Manager*.

Der Task-Manager wird in einem eigenen Fenster geöffnet und zeigt in der Regel zunächst *Prozesse* ❶ an. Hier sehen Sie neben allen aktuell geöffneten Apps ❷ auch die laufenden Hintergrundprozessen ❸. Letztere sollten Sie allerdings nicht antasten, da sonst in den meisten Fällen das gesamte System nicht mehr korrekt funktioniert und neu gestartet werden muss. Um dagegen eine App, z. B. Microsoft Word wie im Bild unten zu beenden, markieren Sie diese mit einem Mausklick und klicken dann auf *Task beenden* ❹.

Bild 7.65 App über den Task-Manager beenden

Hinweis: Mit manchen Apps, z. B. Word können auch mehrere Dokumente gleichzeitig geöffnet sein. Deren Anzahl sehen Sie in Klammern dahinter und mit Klick auf den Pfeil blenden Sie die Dokumente ein.

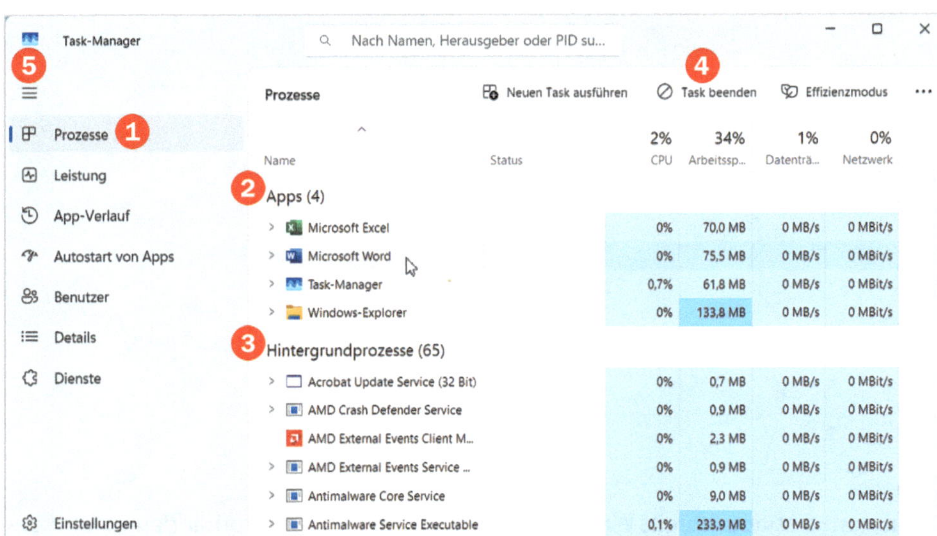

Achtung: Nicht gespeicherte Daten, z. B. ein angefangener und nicht gespeicherter Brief mit Word, gehen dabei verloren. Allerdings verfügen einige Anwendungen über eigene Funktionen, die beim nächsten Start der Anwendung ein Wiederherstellen erlauben, dazu gehören auch Microsoft Word und Excel.

Weitere Informationen im Task-Manager anzeigen
Statt der Prozesse können Sie im Task-Manager über die Leiste am linken Rand auch noch auf andere Informationen zugreifen, z. B. welche Benutzer aktuell noch am Gerät angemeldet sind oder können die Auslastung von Prozessor (CPU), Arbeitsspeicher und Laufwerken einsehen.

> **Vorsicht beim Beenden von Prozessen und Diensten!**
> Beenden Sie keine Prozesse und Dienste, die Sie nicht kennen. Bei diesen handelt es sich meist um systemrelevante Prozesse und deren Beenden führt dazu, dass das gesamte System nicht mehr korrekt arbeitet und neu gestartet werden muss.

Tipp: Falls in der linken Leiste nur die Symbole statt der Beschriftung sichtbar sein sollten, so blenden Sie diese mit Klick auf das Symbol *Erweitern* ❺ links oben ein.

Hier eine kurze Übersicht:

- **Prozesse:** Hier erhalten Sie einen Überblick über die laufenden Apps sowie eine Liste der verschiedenen Prozesse im Hintergrund. In den Spalten sehen Sie, welche Kapazitäten in welchem Maß in Anspruch genommen werden.
- **Leistung:** Hier sehen Sie grafisch aufbereitete Informationen zu Prozessorleistung, Arbeitsspeicher, Festplattenspeicher und Netzwerkkapazität.
- **App-Verlauf:** Der App-Verlauf zeigt die Auslastung von CPU und Netzwerk durch Apps in den letzten Tagen an.
- **Autostart von Apps**: Eine Liste aller Apps, die automatisch gestartet werden, siehe Seite 275.
- **Benutzer:** Hier sehen Sie, welche Benutzer aktuell am Computer angemeldet sind, inklusive der Daten zu den verwendeten Apps und Prozessen. Ein Benutzer kann hier per Mausklick ausgewählt und dann per *Trennen*-Schaltfläche abgemeldet werden.

Hinweis: Abmelden anderer Benutzer ist nur für Administratoren möglich.

- **Details:** Sie wünschen sich Details zu den geöffneten Apps, Programmen und Prozessen? Diese finden Sie hier.
- **Dienste:** Hier finden Sie schließlich eine Übersicht über die von Windows verwendeten Dienste. Bei den Diensten handelt es sich, grob vereinfacht, um Prozesse, die für das Betriebssystem selbst relevant sind.

7.6 Laufwerke und Speicherplatz im Blick

Speichernutzung kontrollieren

Wenn Sie einen Überblick über den belegten Speicherplatz auf der Festplatte erhalten möchten, dann klicken Sie in den Windows-Einstellungen auf die Kategorie *System* und wählen *Speicher*. Es erscheint das Laufwerk *Lokaler Datenträger (C:)* ❶ und unterhalb sehen Sie, wie viel Speicherplatz jeweils von *Installierten Apps*, *Temporären Dateien*, z. B. im Papierkorb, und von anderen Personen bzw. Benutzern belegt ist.

- Noch mehr Details zum belegten Speicherplatz, z. B. wie viel Speicherplatz Ihr Musikordner oder Ihre Fotos im Ordner *Bilder* belegen, erhalten Sie mit Klick auf *Weitere Kategorien anzeigen*.
- Um die Speicherauslastung auf anderen angeschlossenen Laufwerken zu kontrollieren, klicken Sie auf *Erweiterte Speichereinstellungen* ❷ und auf *Speichernutzung auf anderen Laufwerken*.

Bild 7.66 Speicherplatzbelegung der Festplatte

Hinweis: Da erst Einzelheiten zum belegten Speicherplatz ermittelt werden, kann es etwas dauern, bis eine Anzeige erscheint.

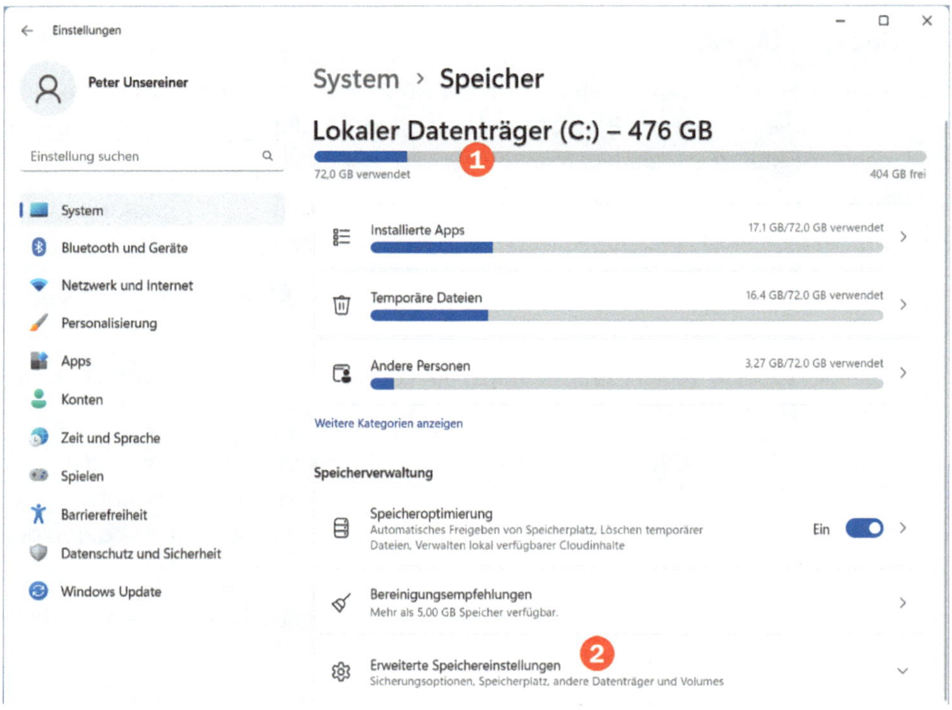

Temporäre Dateien anzeigen und entfernen

Wenn der Speicherplatz auf der Festplatte knapp wird, sollten Sie zuerst unter den temporären Dateien aufräumen und nicht mehr benötigte Daten endgültig löschen. Dazu lassen Sie sich in den Einstellungen ▶ *System* mit der Auswahl *Speicher* die Speicherauslastung (s. Bild 7.66) anzeigen und klicken auf *Temporäre Dateien* ❶.

Deaktivieren Sie anschließend die Kontrollkästchen derjenigen Dateigruppen, die Sie behalten möchten und klicken Sie danach auf *Dateien entfernen* ❷.

- Die Kontrollkästchen von *Papierkorb* und dem Ordner *Downloads* sind in der Standardeinstellung deaktiviert. Wenn Sie auf diesem Weg auch den Papierkorb leeren möchten, müssen Sie das dazugehörige Kontrollkästchen aktivieren.
- Dasselbe gilt auch für eventuell vorhandene *Vorherige Windows-Installationen*. Diese werden benötigt, wenn Sie bei möglichen Problemen auf die Daten früherer Installationen zurückzugreifen möchten. Die *Windows Update-Bereinigung* löscht dagegen ältere Updates, die nicht mehr benötigt werden.

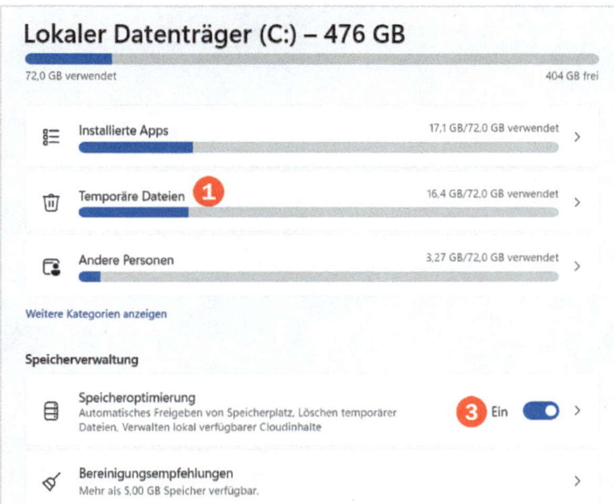

Bild 7.67 Temporäre Dateien anzeigen und entfernen

Mit der Speicheroptimierung automatisch Speicherplatz freigeben

Statt manuellem Entfernen temporärer Dateien können Sie diese auch automatisch entfernen lassen. Klicken Sie dazu in den Einstellungen auf *System* ▶ *Speicher* und unter *Speicherverwaltung* auf *Speicheroptimierung* ❸ (Bild 7.67).

- Das aktivierte Kontrollkästchen ❶ (Bild auf der nächsten Seite) sorgt dafür, dass auch temporäre System- und App-Dateien automatisch bereinigt werden.
- Um Benutzerinhalte aus Papierkorb, Ordner Downloads und lokal verfügbare Cloud-Inhalte automatisch zu bereinigen, setzen Sie den Schalter ❷ auf *Ein*. Unter *Konfigurieren von Bereinigungszeiten* ❸, wählen Sie dann ein Intervall oder einen Zeitpunkt, z. B. *Jeden Monat* oder *Bei wenig freiem Speicherplatz*.
- Wann Papierkorb und der Ordner *Downloads* bereinigt werden, steuern Sie bei Bedarf gesondert ❹.

- Etwas weiter unten können Sie auch noch festlegen, was mit lokal verfügbaren Cloudinhalten und OneDrive-Dateien passieren soll.
- Falls Sie die Speicheroptimierung sofort ausführen möchten, klicken Sie zuletzt ganz unten auf die Schaltfläche *Speicheroptimierung jetzt ausführen* ❺.

Bild 7.68 Automatische Speicheroptimierung konfigurieren

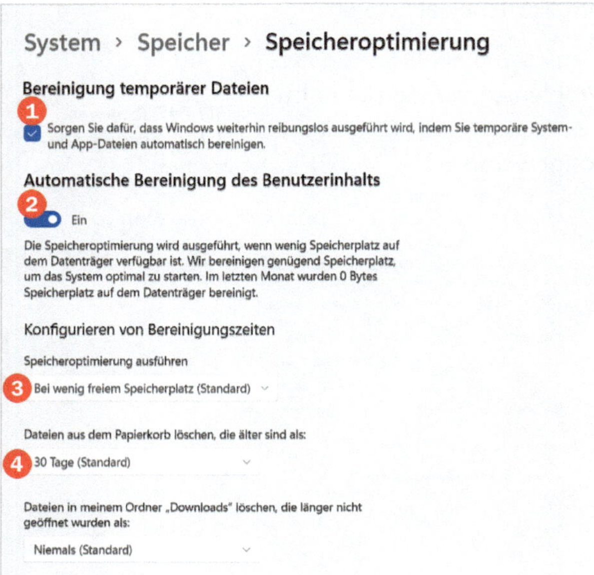

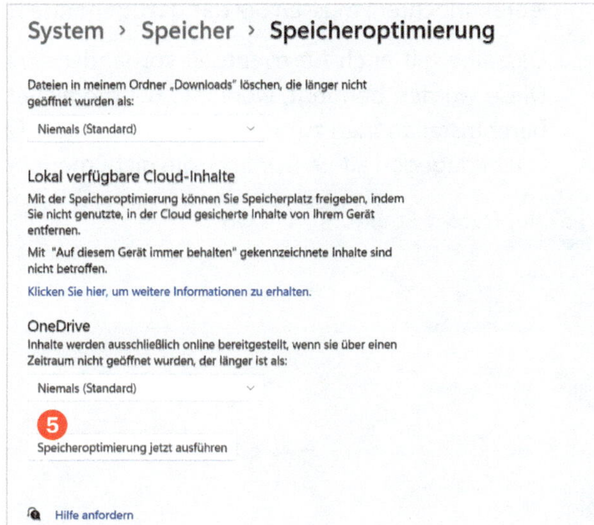

Tipp: Wenn Sie Empfehlungen für weitere Säuberungsaktionen anzeigen möchten, dann klicken Sie unter *Speicherverwaltung* auf *Bereinigungsempfehlungen*. Anschließend können Sie neben *Papierkorb*, *Vorherige Windows-Installationen* und *Downloads* auch *Große oder nicht verwendete Dateien* oder *Nicht verwendete Apps* zur Bereinigung auswählen und anschließend entfernen.

Bild 7.69 Bereinigungsempfehlungen

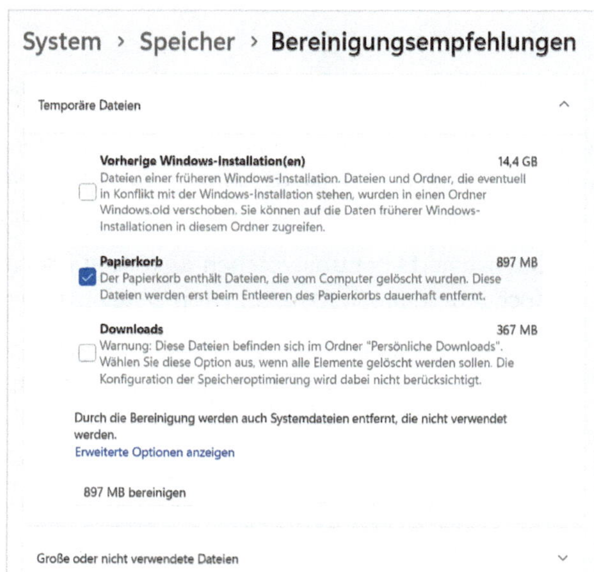

Dem Computer einen Namen geben

Ein Name für den Computer wird in der Regel beim ersten Start vergeben, siehe Kapitel 2. Falls Sie diesen Punkt übergangen haben oder den Namen nachträglich ändern möchten, dann gehen erledigen Sie dies in den Einstellungen.

Öffnen Sie dazu die Einstellungen und klicken Sie auf *System* oder *Startseite*. Rechts erscheint nun der aktuelle Name ❶. Klicken Sie unterhalb auf *Umbenennen*, geben Sie im nachfolgenden Fenster den neuen Namen ein ❷ und klicken Sie auf *Weiter*. Anschließend muss das Gerät neu gestartet werden.

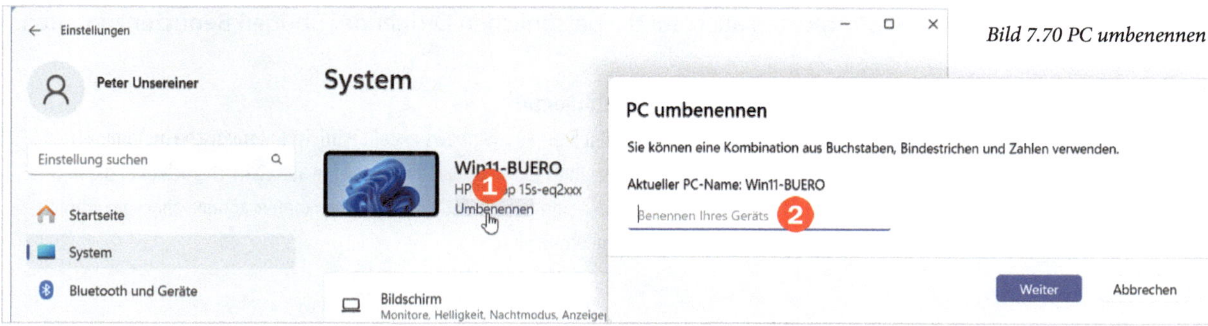

Bild 7.70 PC umbenennen

7.7 Weitere Benutzerkonten einrichten

Wenn mehrere Personen gemeinsam denselben PC nutzen, können weitere Benutzerkonten angelegt werden, z. B. um jedem Familienmitglied seine eigenen persönlichen Ordner (*Dokumente*, *Bilder*, *Videos*, *Downloads* usw.) zur Verfügung zu stellen. Außerdem kann jeder Benutzer individuelle Einstellungen, wie z. B. Gestaltung des Startmenüs oder Hintergrundbild des Desktops, vornehmen. Sind mehrere Benutzerkonten auf einem PC vorhanden, so muss jeder Benutzer vor der Anmeldung zunächst sein Benutzerkonto auswählen und sich mit seiner PIN oder einer anderen Methode anmelden.

Benutzerberechtigungen

Bevor wir uns mit Benutzerkonten und deren Verwaltung befassen, betrachten wir zunächst einmal die Kontotypen und deren Rechte genauer. Windows unterscheidet grundsätzlich zwischen zwei Kontotypen mit jeweils unterschiedlichen Rechten, nämlich Standardbenutzer und Administrator.

- **Standardbenutzer** haben Zugriff auf ihre persönlichen Ordner und die dort gespeicherten Dateien und dürfen Änderungen an Desktop und Startmenü vornehmen, also z. B. das Hintergrundbild des Desktops ändern, Apps zum Startmenü hinzufügen, entfernen oder an die Taskleiste anheften sowie die eigenen Kontoeinstellungen wie PIN, Kennwort und Profilbild verwalten. Dagegen können keine Einstellungen geändert werden, die Auswirkungen auf andere Benutzer oder die Sicherheit des Computers haben. Falls Sie z. B. als Standardbenutzer versuchen, eine App zu installieren, erscheint eine Meldung der Benutzerkontensteuerung und Sie müssen Kennwort oder PIN des Administrators eingeben.

- **Administratoren** verfügen grundsätzlich über alle Rechte am Computer. Das bedeutet, es können Programme installiert und deinstalliert sowie sämtliche Einstellungen geändert werden. Darüber hinaus kann ein Benutzer mit Administratorrechten auch auf die persönlichen Ordner der übrigen Benutzer zugreifen.

Um welchen Kontotyp es sich bei Ihrem Konto handelt, sehen Sie, wenn Sie in den Einstellungen auf *Konten* klicken.

Ist mein Konto ein Administratorkonto?

Das erste Benutzerkonto, das beim ersten Start von Windows erstellt wird, ist automatisch ein Administratorkonto. Falls Sie also der einzige Benutzer Ihres PCs sind, dann verfügen Sie automatisch auch über die Rechte eines Administrators. Alle weiteren Konten sind zunächst Standardbenutzerkonten, können aber vom Administrator in Administratorkonten umgewandelt werden.

Benutzerkonto hinzufügen

Um ein weiteres Benutzerkonto anzulegen, klicken Sie in den *Einstellungen* auf die Kategorie *Konten* und wählen Sie zwischen auf *Familie* ❶ und *Andere Benutzer* ❷.

Windows unterscheidet bei den Benutzerkonten zwischen Familienmitgliedern und anderen Benutzern. Wenn Sie die Jugendschutzeinstellungen von Windows nutzen und beispielsweise die Computernutzung von Kindern einschränken oder deren letzte Aktivitäten überprüfen möchten, dann fügen Sie diese als Familienmitglied hinzu, Details hierzu weiter unten auf Seite 287. Ehepartner bzw. Lebensgefährten legen Sie dagegen am einfachsten als *Andere* (bzw. *Weitere*) *Benutzer* an.

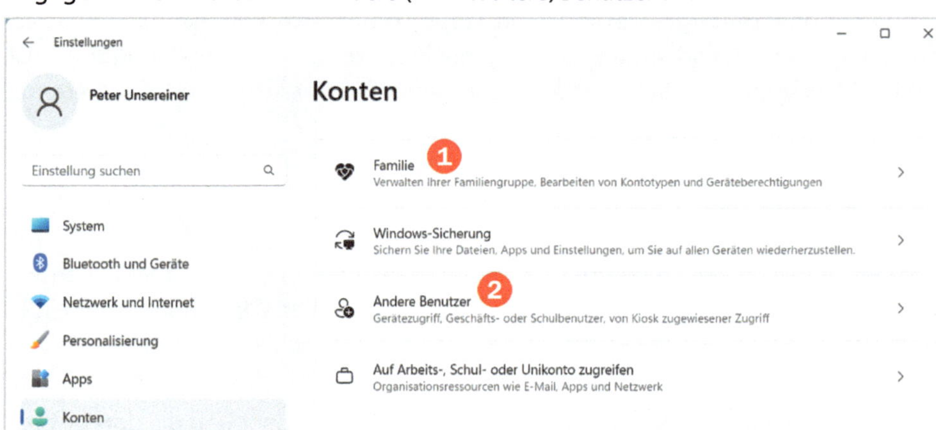

Bild 7.71 Wählen Sie beim Anlegen eines Benutzers zwischen Familie und Andere Benutzer

Andere Benutzer hinzufügen

Klicken Sie in den Einstellungen ▶ *Konten* auf *Weitere Benutzer* und anschließend auf *Konto hinzufügen*.

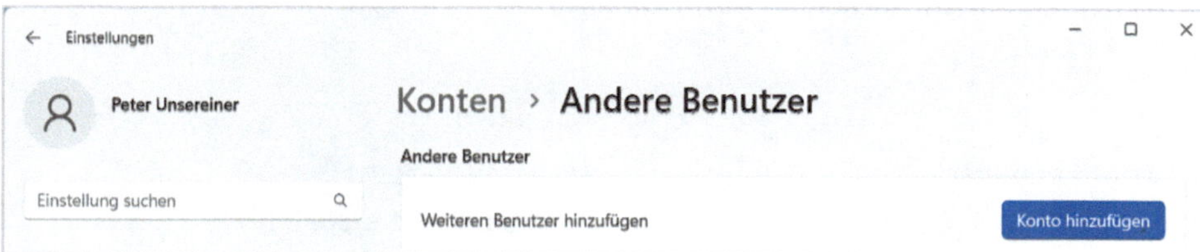

Bild 7.72 Andere Benutzer hinzufügen

Falls der/die neue Benutzer/in über ein Microsoft-Konto verfügt und Sie die dazugehörige E-Mail Adresse kennen, dann geben Sie diese im nächsten Schritt ein ❶ (Bild unten), klicken auf *Weiter* und abschließend auf *Fertig stellen*. Die weiteren Informationen und Einstellungen werden dann vom Benutzer bei der ersten Anmeldung erfragt, siehe Kapitel 2.2.

Ein Microsoft-Konto für den neuen Benutzer anlegen

Verfügt dagegen der neue Benutzer über kein Microsoft-Konto, so klicken Sie auf *Ich kenne die Anmeldeinformationen für diese Person nicht* ❷ und erstellen im nächsten Schritt für diesen ein Microsoft Konto.

1 Wenn Sie die E-Mail Adresse des Benutzers kennen, diese kann bei einem beliebigen Anbieter registriert sein, dann geben Sie diese im nächsten Schritt ein ❸.

Info: Die Version Windows 11 pro erlaubt auch das Anlegen von Benutzern ohne Microsoft-Konto mit einem lokalen oder Offline-Konto (*Benutzer ohne Microsoft-Konto hinzufügen).*

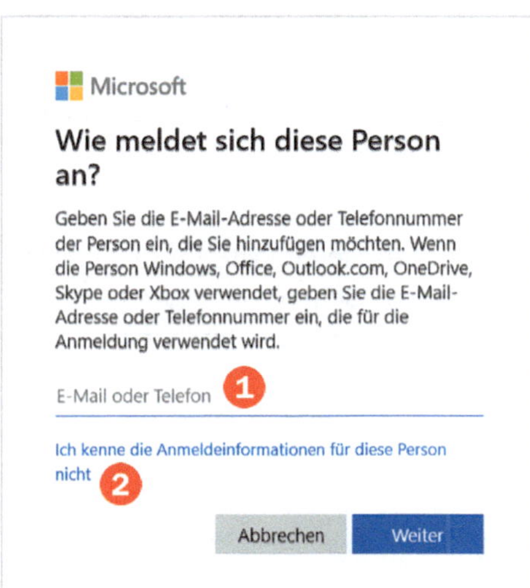

Bild 7.73 E-Mail Adresse des bestehenden Microsoft-Kontos eingeben

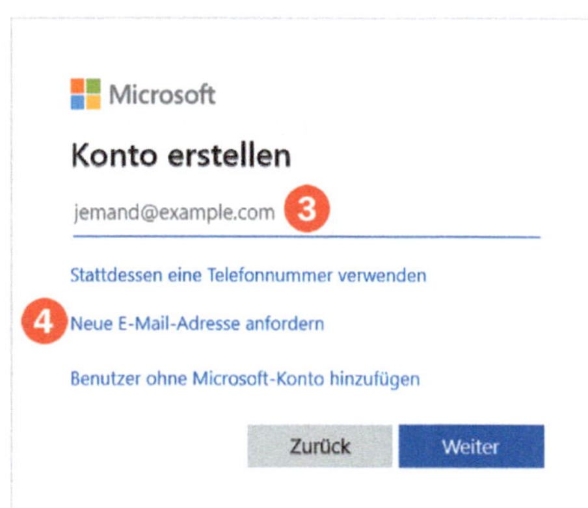

Bild 7.74 Neues Microsoft-Konto erstellen

Wenn Sie stattdessen eine neue E-Mail Adresse einrichten möchten, dann klicken Sie auf *Neue E-Mail Adresse anfordern* ❹ und geben im nächsten Schritt die gewünschte Adresse ein ❺. Die Endung kann zwischen @outlook.de, @outlook.com oder @hotmail.com gewählt werden.

2 Nachdem Sie auf *Weiter* geklickt haben, müssen Sie ein Kennwort für das Microsoft-Konto vereinbaren ❻. Dieses sollte aus Sicherheitsgründen mindestens 8 Zeichen lang sein und Groß- und Kleinbuchstaben sowie Ziffern und Sonderzeichen enthalten. Klicken Sie dann auf *Weiter*.

Bild 7.75 Gewünschte E-Mail Adresse eingeben

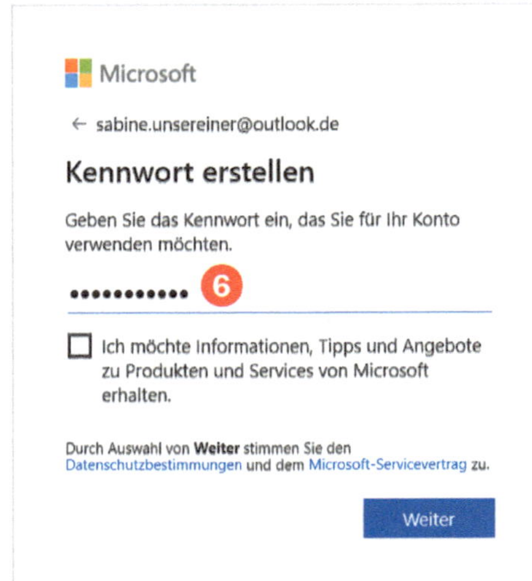

Bild 7.76 Kennwort erstellen

3 Bevor das dann neue Microsoft-Konto erstellt wird, müssen Sie noch Vor- und Nachname des neuen Benutzers sowie Land und Geburtsdatum eingeben.

Kontotyp/Berechtigung ändern, Benutzer entfernen

Jeder neu hinzugefügte Benutzer erhält zunächst die Rechte eines Standardbenutzers und erscheint unter *Andere Benutzer* in der Liste der Benutzer.

- **Kontotyp ändern**
  Um die Rechte eines Benutzers zu ändern, klicken Sie einfach auf den Namen bzw. die E-Mail Adresse ❶. Es erscheinen die Schaltflächen *Kontotyp ändern* und *Entfernen*. Klicken Sie auf *Kontotyp ändern* ❷ und wählen Sie zwischen *Standardbenutzer* und *Administrator* ❸.

Bild 7.77 Kontotyp ändern und Konto entfernen

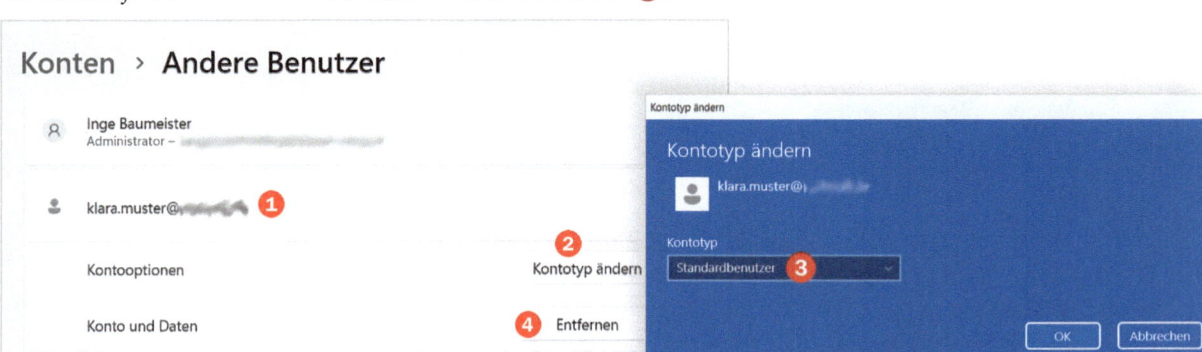

- **Benutzer entfernen**
  Zum Entfernen eines Benutzers klicken Sie ebenfalls zuerst auf den Benutzer und dann auf die Schaltfläche *Entfernen* ❹. **Achtung:** Bevor das Konto entfernt wird, werden Sie darauf aufmerksam gemacht, dass dadurch auch alle persönlichen Ordner dieses Kontos samt Inhalt gelöscht werden. Sollten hier wichtige Daten gespeichert sein, so brechen Sie die Aktion ab und sichern die Daten auf ein anderes Laufwerk.

Kiosk einrichten

Eine Sonderform stellt der Kioskmodus dar. Darunter ist ein lokales Konto zu verstehen, das nur Zugriff auf eine bestimmte Microsoft-Store App, z. B. *Fotoanzeige* erhält. Klicken Sie unter *Kiosk einrichten* auf *Los geht's* und wählen anschließend Konto und App aus.

Bild 7.78 Kiosk einrichten

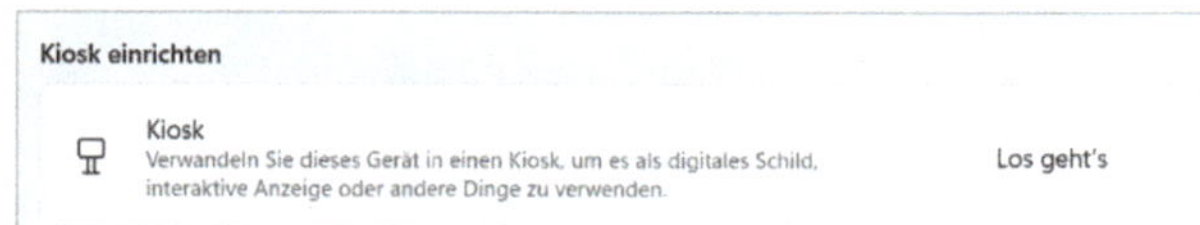

Familienmitglieder als Benutzer anlegen

Familienmitglieder werden in der Familiengruppe verwaltet. Sie als angemeldeter Benutzer sind automatisch Organisator/in der Familiengruppe und können weitere Mitglieder hinzufügen.

1 Wählen Sie dazu in den Einstellungen ▶ *Konten* ▶ *Familie* und klicken Sie auf *Jemanden hinzufügen*.

Bild 7.79 Familienmitglied als Benutzer hinzufügen

2 Geben Sie anschließend die E-Mail-Adresse des Familienmitglieds ein ❶ (Bild 7.80), es spielt keine Rolle, bei welchem Anbieter diese registriert ist, und klicken Sie auf *Weiter*.

3 In nächsten Schritt legen Sie die Rolle des neuen Mitglieds fest (Bild 7.81): Organisatoren dürfen Familien- und Sicherheitseinstellungen festlegen (Erwachsene), die Befugnisse von Mitgliedern ❷ (Kind) sind dagegen altersabhängig. Klicken Sie dann auf *Einladen*.

4 Das Familienmitglied erhält eine Einladung an die angegebene E-Mail-Adresse und kann sich mit Klick auf *Einladung annehmen* anmelden und der Familiengruppe beitreten.

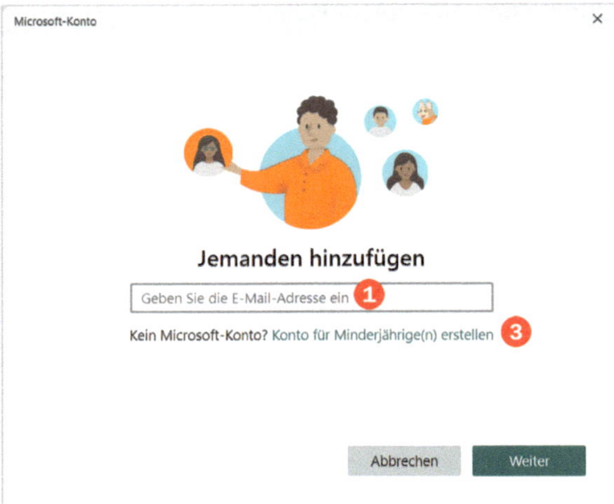

Bild 7.80 Familienmitglied hinzufügen

Bild 7.81 Wählen Sie die Rolle des Familienmitglieds

Microsoft-Konto für ein Kind erstellen

Falls Sie ein Kind zur Familiengruppe hinzufügen und gleichzeitig für das Kind auch ein Microft-Konto erstellen möchten, so klicken Sie statt der Eingabe einer E-Mail Adresse auf *Konto für Minderjährigen(n) erstellen* ❸ (Bild 7.80).

Anschließend geben Sie die gewünschte E-Mail-Adresse ein und vergeben ein Kennwort. Außerdem müssen Sie noch Name, Land und Geburtsdatum Ihres Kindes angeben und Ihre Zustimmung zum Anlegen des Kontos erteilen.

Familieneinstellungen verwalten

Microsoft-Konto online verwalten, siehe Kap. 6.2.

Die Familieneinstellungen, z. B. zur Computernutzung verwalten Sie online im Browser. Hierher gelangen Sie entweder über *Einstellungen* ▶ *Konten* ▶ *E-Mail und Konten* und Auswahl Ihres Microsoft-Kontos ▶ *Verwalten*. Klicken Sie dann auf *Familie anzeigen*. Oder klicken Sie in der Taskleiste auf *Windows Sicherheit*, wählen anschließend *Familienoptionen* und klicken hier auf *Familieneinstellungen anzeigen*. In beiden Fällen öffnet sich *Family Safety* online im Browser und Sie können hier die Einstellungen für jedes Familienmitglied bearbeiten.

Als Alternative können Sie zur Verwaltung der Familieneinstellungen auch die App Microsoft Family Safety aus dem Microsoft Store herunterladen und installieren.

7.8 Probleme beheben, Windows wiederherstellen

Häufige Probleme suchen und beheben

Wenn der Drucker nicht ansprechbar ist, das Netzwerk Probleme macht, ein Update nicht oder nicht vollständig ausgeführt wird oder eine bestimmte App immer wieder abstürzt oder auch Windows selbst nicht richtig funktioniert, dann kommt die Problembehandlung von Windows zum Einsatz. In manchen Fällen können Probleme mit Windows aufgrund der gesendeten Diagnosedaten von Microsoft automatisch oder nach Rückfrage behoben werden. Einzelne Probleme, z. B. mit bestimmten Geräten lassen sich aber auch mit Assistenten aufspüren und beseitigen.

In welchem Umfang Diagnosedaten an Microsoft gesendet werden, haben Sie bei der ersten Anmeldung festgelegt oder nachträglich in den Einstellungen, Kategorie *Datenschutz* ▶ *Diagnose und Feedback* geändert.

Die automatische Problembehandlung von Windows

Wählen Sie in den Windows-Einstellungen die Kategorie *System* und klicken Sie hier auf *Problembehandlung*. Oder geben Sie den Suchbegriff „problembehandlung" ein und klicken auf *Problembehandlungseinstellungen (Systemeinstellungen)*.

Achtung: Möglicherweise listet die Suche auch die Problembehandlungseinstellungen in der *Systemsteuerung* auf. Diese ist nicht zu verwechseln mit den *Systemeinstellungen*, die wesentlich einfacher in der Handhabung sind und aus diesem Grund im Zweifelsfall vorgezogen werden sollten.

- Falls Sie das Senden von Diagnosedaten nur im erforderlichen Umfang erlaubt haben, wie im Bild unten, macht Sie eine Info darauf aufmerksam ❶ und Klick auf *Diagnose und Feedback öffnen* könnten Sie die Einstellung ändern. Dies betrifft allerdings nur zusätzliche Empfehlungen, die Problembehandlung selbst sollte laut Microsoft auch unabhängig von der gewählten Option funktionieren.
- Bei *Einstellungen der empfohlenen Problembehandlung* ❷ legen Sie die Vorgehensweise fest, wenn auf Ihrem PC ein Problem mit Windows festgestellt wird. Die Option *Mich vor dem Ausführen fragen* ist eine gute Wahl, dann können Sie jedes Mal selbst entscheiden, ob die Problembehandlung ausgeführt werden soll.

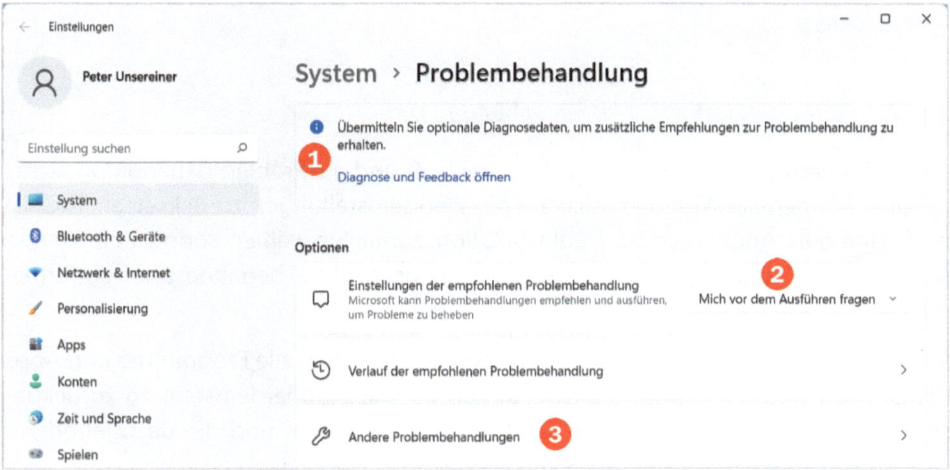

Bild 7.82 Einstellungen zur empfohlenen Problembehandlung

- Unterhalb finden Sie im *Verlauf der empfohlenen Problembehandlungen* eine Übersicht über Problembehandlungen auf Ihrem Gerät in der Vergangenheit.

Probleme mit den Problembehandlungsassistenten aufspüren und beheben

Mit den Assistenten stehen Ihnen ebenfalls umfangreiche Werkzeuge zur Problemsuche und -beseitigung zur Verfügung. Um die Assistenten anzuzeigen, klicken Sie in auf *Andere Problembehandlungen* ❸ (Bild 7.82).

Haben Sie beispielsweise ein Problem mit dem Drucker, dann klicken Sie auf *Drucker* und starten mit Klick auf die Schaltfläche *Ausführen* ein kleines Diagnoseprogramm, das das Problem ermittelt und anschließend unter Umständen auch mehrere Vorschläge zur Behebung anbietet. Unter *Andere* finden Sie eine umfangreiche Liste weiterer möglicher Probleme, z. B. bei der Wiedergabe von Filmen und Videos, bei der Spracheingabe oder mit Hardware und Geräten für die ebenfalls eine Problembehandlung zur Verfügung steht, das Bild unten zeigt nur einen Ausschnitt.

Bild 7.83 Häufige Probleme suchen und beheben

Bild 7.84 Andere Probleme (Auschnitt)

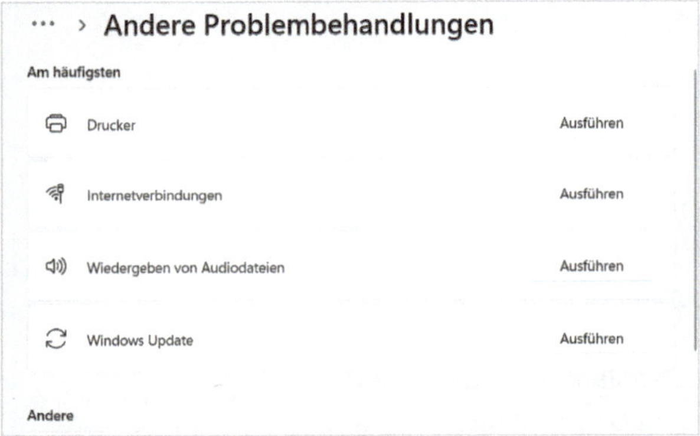

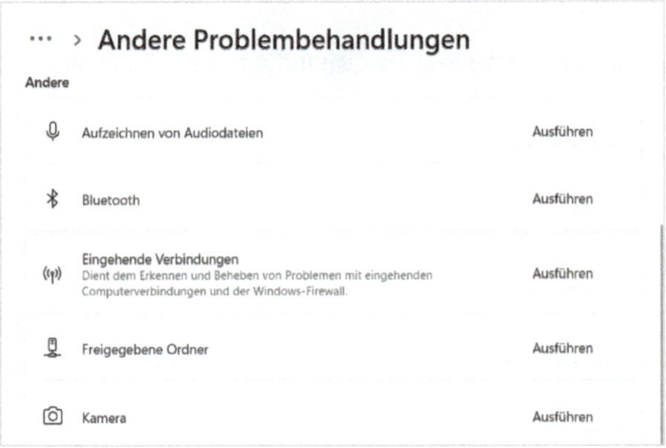

Hinweis: Sollte die Beseitigung eines Problems Änderungen am System bzw. den Windows-Einstellungen erforderlich machen, müssen Sie dies explizit, unter Umständen auch durch Eingabe von Administrator-PIN oder Kennwort, erlauben (*Benutzerkontensteuerung*).

Windows auf die ursprünglichen Einstellungen zurücksetzen

Wenn das gesamte System nicht mehr stabil läuft und die Problembehandlung nichts bewirkt, können Sie Windows auch auf die Werkseinstellungen zurücksetzen. Dies ist auch eine gute Alternative zur Neuinstallation, zumal Sie wählen können, ob Sie Ihre persönlichen Dateien und Apps aus dem Microsoft Store behalten oder entfernen möchten.

Achtung: Wenn Sie den PC zurücksetzen, dann werden auch alle Programme und Apps deinstalliert und die Windows-Einstellungen auf die Standardeinstellung zurückgesetzt. Sie können jedoch wählen, ob Ihre Benutzerkonten und die dazugehörigen persönlichen Ordner bzw. Dateien beibehalten oder ebenfalls entfernt werden sollen. Sicherheitshalber sollten Sie trotzdem zuvor wichtige Dateien sichern.

Haben Sie Ihre persönlichen und wichtigen Dateien gesichert?

Auch wenn beim Zurücksetzen des PCs Ihre persönlichen Dateien beibehalten werden können, sollten Sie trotzdem kontrollieren, ob eine aktuelle Datensicherung vorhanden ist, auf die Sie notfalls zurückgreifen können, falls etwas schiefgehen sollte.

Bei der anschließenden Neuinstallation werden nur Apps mitinstalliert, die standardmäßig mit Windows ausgeliefert werden, also z. B. Microsoft Edge. Alle übrigen Apps werden entfernt, dazu zählen beispielsweise Antivirensoftware von Drittherstellern oder Microsoft Office. Diese müssen Sie nach dem Zurücksetzen wieder neu installieren. Kontrollieren Sie daher unbedingt auch, ob Sie für die genannten Apps alle, zur Neuinstallation erforderlichen Seriennummern, Installationsdateien und ggf. auch Datenträger usw. zur Hand haben.

Die Vorgehensweise

1 Schließen Sie alle Apps und öffnen Sie die Windows-Einstellungen. Klicken Sie auf *System* und hier auf *Wiederherstellung*.

2 Klicken Sie bei *Diesen PC zurücksetzen* auf die Schaltfläche *PC zurücksetzen*. Falls Sie nicht über Administratorrechte verfügen, müssen Sie die nachfolgenden Änderungen durch Eingabe von Administratorkennwort oder PIN bestätigen.

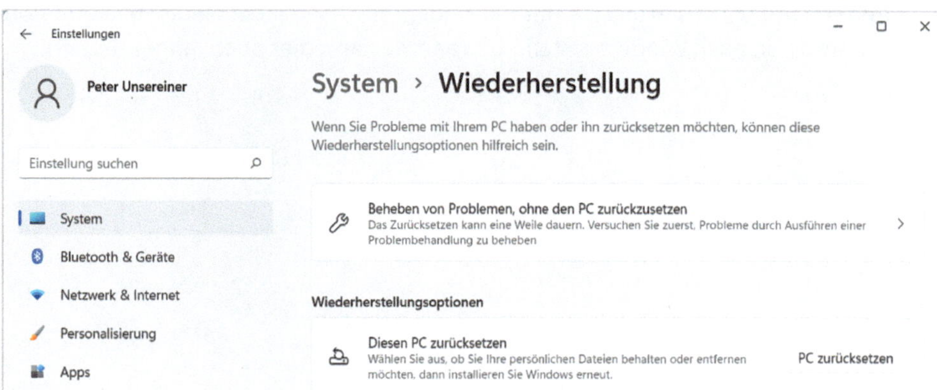

Bild 7.85 PC zurücksetzen

Hier wird Ihnen ebenfalls die Problembehandlung (siehe Seite 289) angeboten.

3 Wählen Sie danach, ob Sie Ihre Benutzerkonten und persönlichen Dateien behalten oder alles entfernen möchten. Letzteres ist dringend zu empfehlen, wenn Sie anschließend Ihren PC z. B. verkaufen oder verschenken möchten.

4 Im nächsten Schritt entscheiden Sie, ob Sie Windows herunterladen und neu installieren oder von Ihrem PC aus neu installieren möchten. **Achtung**: Der Download ist sehr umfangreich und kann, je nach Internetverbindung etwas dauern.

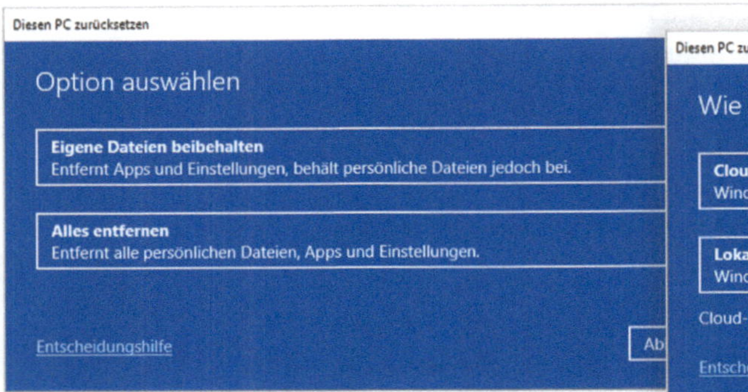

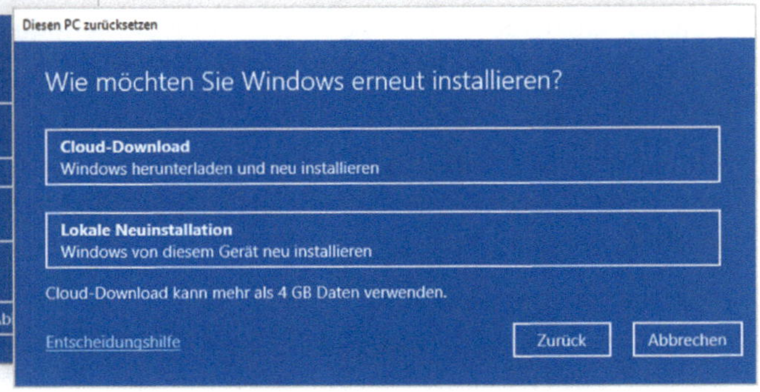

Bild 7.86 Eigene Dateien behalten oder Alles entfernen

Bild 7.87 Download oder Neuinstallation

5 Anschließend wird Ihr PC vorbereitet und Sie erhalten danach eine Zusammenfassung der gewählten Einstellungen.

Hinweis: Beim Zurücksetzen wird Windows anschließend neu installiert, dabei werden auch alle im Lieferumfang enthaltenen Apps, z. B. WordPad oder Microsoft Edge wiederhergestellt. Alle übrigen Apps, darunter Microsoft Office, müssen Sie dagegen nach dem Zurücksetzen selbst neu installieren. Klicken Sie auf *Apps anzeigen, die entfernt werden*, um zu sehen, welche Apps Sie anschließend über einen Datenträger oder Herunterladen neu installieren müssen. Eine Liste dieser Apps findet sich nach dem Zurücksetzen auch auf dem Desktop.

6 Im letzten Schritt starten Sie mit Klick auf *Zurücksetzen* die Neuinstallation von Windows. Je nach Wiederherstellungsvariante kann dies auch länger dauern.

8 Rund um Fotos & Videos

8.1 Was wird in der Windows-Fotoanzeige angezeigt?

Unter Windows 11 steht standardmäßig die App **Windows-Fotoanzeige** zum Betrachten und Bearbeiten von Fotos zur Verfügung. Aber auch der **Datei-Explorer** hilft bei der Verwaltung Ihrer Bildbestände. In diesem Kapitel beschäftigen wir uns hauptsächlich mit den Möglichkeiten, die die App Windows-Fotoanzeige bietet.

App aufrufen

Die App heißt bei Microsoft offiziell **Microsoft Fotos** bzw. in Englisch **Microsoft Photos**; unter Windows 11 mit deutschsprachiger Oberfläche wird die App allerdings als **Windows-Fotoanzeige** bezeichnet. Unter diesem Namen finden Sie sie auch im Startmenü. Falls sie nicht oben im Bereich *Angeheftet* angezeigt wird, finden Sie sie auch unten in der Kategorie *Kreativität*. Am schnellsten kommen Sie zum Ziel, wenn Sie den App-Namen in das Suchfeld tippen.

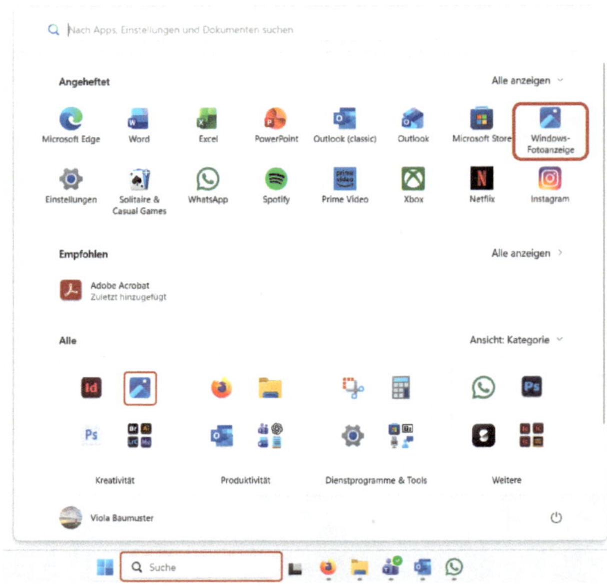

Bild 8.1 Startmenü

Die Benutzeroberfläche

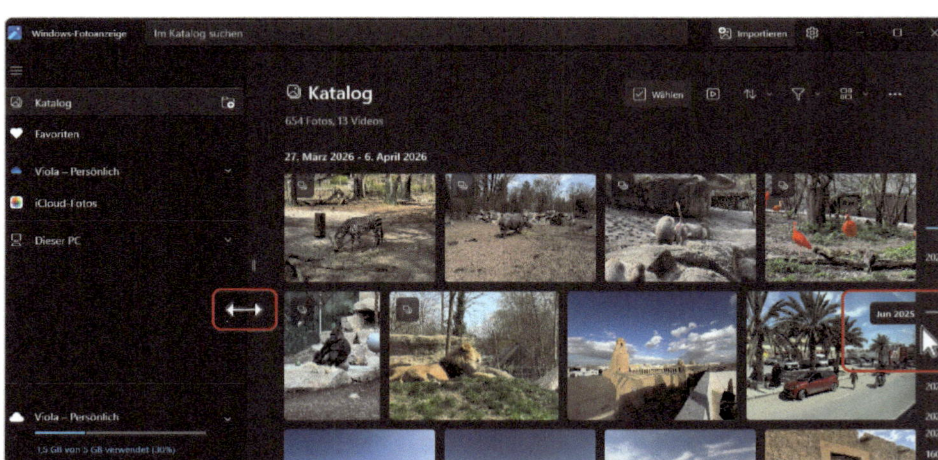

Bild 8.2 Erweiterter Navigationsbereich und eingeblendeter Zeitstrahl

Navigationsbereich

Der Navigationsbereich am linken Fensterrand zeigt unter anderem die einzelnen Speicherorte an, deren Inhalte von der Windows-Fotoanzeige erfasst werden. Erscheinen im Navigationsbereich nur Symbole ohne Bezeichnungen, tippen Sie oben links auf das Symbol ☰, um den Bereich zu erweitern. Wird das Fenster der Fotoanzeige stark verkleinert, minimiert sich der Navigationsbereich automatisch. Die Breite des Navigationsbereichs können Sie selbst festlegen: Bewegen Sie den Mauszeiger zwischen Navigations- und Anzeigebereich, bis ein Doppelpfeil angezeigt wird. Halten Sie dann die Maustaste gedrückt und ziehen Sie, bis die gewünschte Breite erreicht ist.

Katalog

Im Katalog werden alle Bilder nach Aufnahmedatum sortiert angezeigt, auf die die Windows-Fotoanzeige Zugriff hat, dabei wird nicht unterschieden, in welchem Ordner das Foto liegt.

Fehlt das Aufnahmedatum, verwendet die App einfach das Erstelldatum als Aufnahmedatum. Das Erstelldatum ist das Datum der ersten Speicherung auf dem Rechner.

Zeitstrahl

Zeigen Sie mit der Maus rechts auf den schwarzen Rand neben den Bildern, um einen Zeitstrahl einzublenden. Klicken Sie mit der Maus auf den Zeitraum, dessen Fotos Sie anzeigen möchten. Im Zeitstrahl werden nur Monate/Jahre angezeigt, deren Aufnahmedatum vorhanden ist.

Persönlich

Falls Sie Ihre Fotos auf OneDrive sichern, wird Ihr Bildbestand im Ordner *Persönlich* ❶ angezeigt. Unten links sehen Sie, wie viel Speicherplatz ❷ aktuell auf OneDrive belegt ist. Durch Anklicken der Pfeile zeigen Sie die Unterordner an bzw. blenden Sie wieder aus. Nur mit der Synchronisierung Ihrer Fotos auf OneDrive steht die Option *Erinnerungen* ❸ zur Verfügung. Dabei werden Bilder automatisch in Alben zusammengestellt.

Bild 8.3 Windows-Fotoanzeige mit Sicherung auf OneDrive

Mehr zu OneDrive erfahren Sie im Kapitel 4.8

Achtung! Der kostenlose Speicherplatz wird nicht nur durch OneDrive-Dateien belegt, sondern auch durch E-Mails, wenn Sie über dasselbe Microsoft-Konto auch E-Mails (Outlook.com) verschicken.

Dieser PC

Arbeiten Sie nur lokal, synchronisieren also Ihre Fotos **nicht** mit OneDrive, wird in der Windows-Fotoanzeige der Inhalt des Ordners *Bilder* angezeigt. Fotos, die Sie anderenorts speichern, z. B. in einem Ordner auf dem Desktop, werden standardmäßig nicht von der Windows-Fotoanzeige erfasst.

Vorhandene Unterordner des Ordners *Bilder* zeigen Sie durch Anklicken des Pfeilsymbols an. Im Beispiel unten ist momentan der Ordner *Bilder* ausgewählt. Rechts werden alle Fotos und Videos angezeigt, die sich im Bilderordner und seinen Unterordnern befinden.

Anzahl der Fotos und Videos, die momentan von der Windows-Fotoanzeige berücksichtigt werden.

Hier findet keine Synchronisierung mit OneDrive statt.

Bild 8.4 Windows-Fotoanzeige: verwendet wird der lokale Ordner Bilder

Durch Auswahl eines Unterordners werden nur die Bilder angezeigt, die in diesem gespeichert sind.

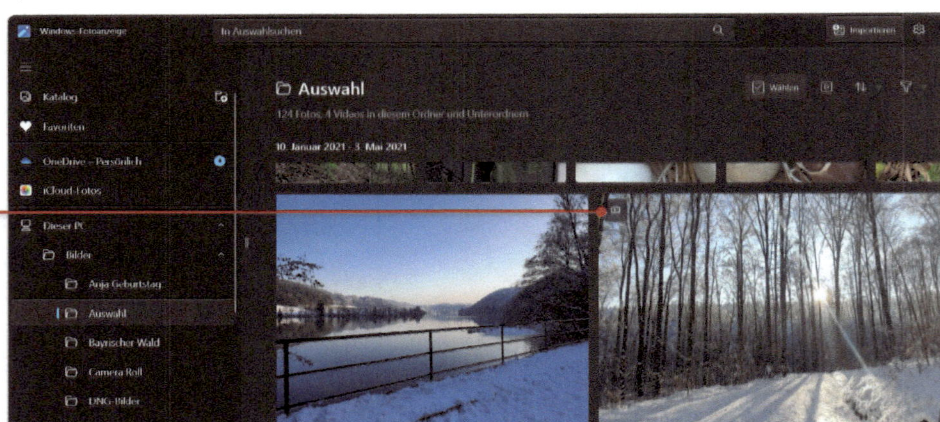

Bild 8.5 In diesem Beispiel enthält der Unterordner „Auswahl" 124 Fotos und 4 Videos

Videos erkennen Sie an diesem Symbol

OneDrive-Inhalte

Ob Sie den Inhalt Ihres Bilderordners mit OneDrive synchronisieren, hängt davon ab, wie viel Speicherplatz Sie zur Verfügung haben. Auf OneDrive erhalten Sie kostenlos 5 GB Speicherplatz zur Sicherung Ihrer Daten in der Cloud. Wenn Sie öfter Fotos machen und auf den PC übertragen, macht die Sicherung von Fotos bei 5 GB Speicherplatz wenig Sinn, weil dieser Speicherplatz schnell voll ist. Eine andere Lösung ist, Fotos nur lokal zu speichern und regelmäßig auf eine oder mehrere externe Festplatten zu kopieren oder für mehr Cloud-Speicherplatz zu bezahlen. Vielleicht verwenden Sie aber auch Microsoft 365, dann steht Ihnen 1 TB auf OneDrive zur Verfügung und Sie sollten genug Speicherplatz für Ihre Bilder haben.

Falls Sie unsicher sind, ob bzw. welche Ordnerinhalte in OneDrive gesichert werden, hilft ein Blick in den Datei-Explorer. Wählen Sie im Navigationsbereich *Start* aus, um die Standardordner oben anzuzeigen. Im Beispiel unten sehen Sie an dem Zusatz *- Persönlich*, dass die Inhalte des Ordners ***Dokumente*** gesichert werden, während die Inhalte des Ordners ***Bilder*** *lokal gespeichert* sind. Vor den auf OneDrive gesicherten Ordnern wird entweder ein grünes Häkchen angezeigt, diese Inhalte sind auf OneDrive und lokal verfügbar, oder eine Wolke für Inhalte, die momentan nur auf OneDrive gespeichert und somit offline nicht verfügbar sind.

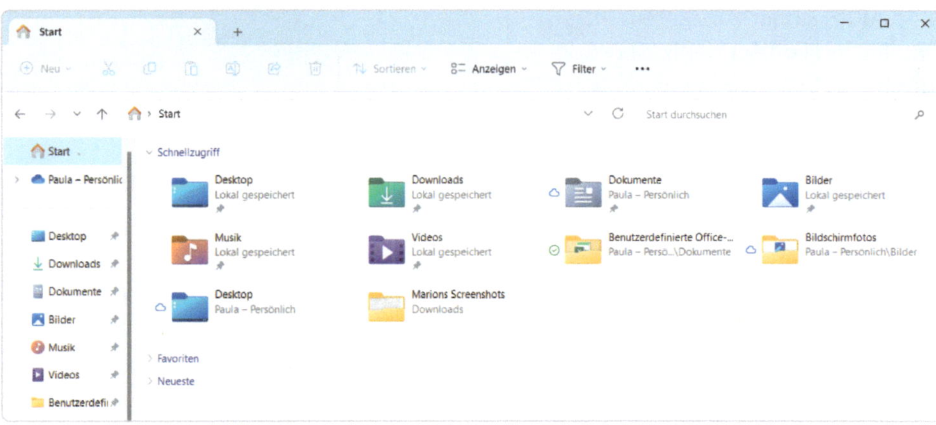

Bild 8.6 Datei-Explorer: Anzeige der Standardordner

iCloud verbinden

iPhone-Nutzer aufgepasst - sofern Sie Ihre iPhone-Daten mit iCloud synchronisieren, können Sie ganz leicht Fotos, die Sie mit Ihrem iPhone geknipst haben, auch in die Windows-Fotoanzeige aufnehmen.

iCloud ist der Cloud-Speicherdienst von Apple, also ein über das Internet erreichbarer Online-Speicher auf dem Nutzer von Apple-Geräten Daten, z. B. Fotos, speichern und für andere freigeben können.

Dazu klicken Sie im Navigationsbereich auf *iCloud-Fotos* und wählen dann rechts *iCloud für Windows abrufen* aus. Der Microsoft Store wird angezeigt und Sie können die iCloud-App herunterladen. Nach erfolgreicher Installation klicken Sie auf *Öffnen*. Geben Sie im nächsten Fenster Ihre Apple-ID und das Kennwort ein und klicken Sie auf *Anmelden*.

Bild 8.7 Windows-Fotoanzeige mit iCloud verbinden

Bild 8.8 iCloud: Welche Inhalte sollen synchronisiert werden?

Nun müssen Sie den Zugriff auf Ihrem iPhone oder iPad bestätigen. Klicken Sie dazu auf *Erlauben*. Auf dem Apple-Gerät wird ein Code angezeigt. Diesen geben Sie an Ihrem Windows-Rechner zur Authentifizierung ein. Im Fenster der iCloud-App entscheiden Sie, was synchronisiert werden soll. In Bezug auf die Anzeige Ihrer Fotos in der Windows-Fotoanzeige sollten Sie bei *iCloud-Fotos mit Microsoft Photos synchronisieren* auf die Schaltfläche *Fotos synchronisieren* tippen. Die anderen Informationen müssen nicht synchronisiert werden. Tippen Sie unten rechts auf *Später*, um die restlichen Daten nicht zu übertragen und beenden Sie mit *Konfiguration abschließen*.

Weitere Ordner einbeziehen

Videos, die Sie im Ordner *Videos* gespeichert haben oder Fotos, die außerhalb des Standardordners *Bilder* abgelegt sind, werden in der Windows-Fotoanzeige nicht angezeigt. Es können aber jederzeit weitere Speicherorte in die Windows-Fotoanzeige aufgenommen werden.

- **Ordner einbeziehen:** Klicken Sie im Navigationsbereich rechts neben *Katalog* auf das Symbol für *Ordner hinzufügen* . Markieren Sie den Ordner, den Sie hinzufügen möchten und klicken Sie auf *Ordner auswählen*.

> Sollte der hinzugefügte Ordner nicht im Navigationsbereich angezeigt werden, schließen Sie die Windows-Fotoanzeige und öffnen Sie sie erneut. Das löst meist das Problem.

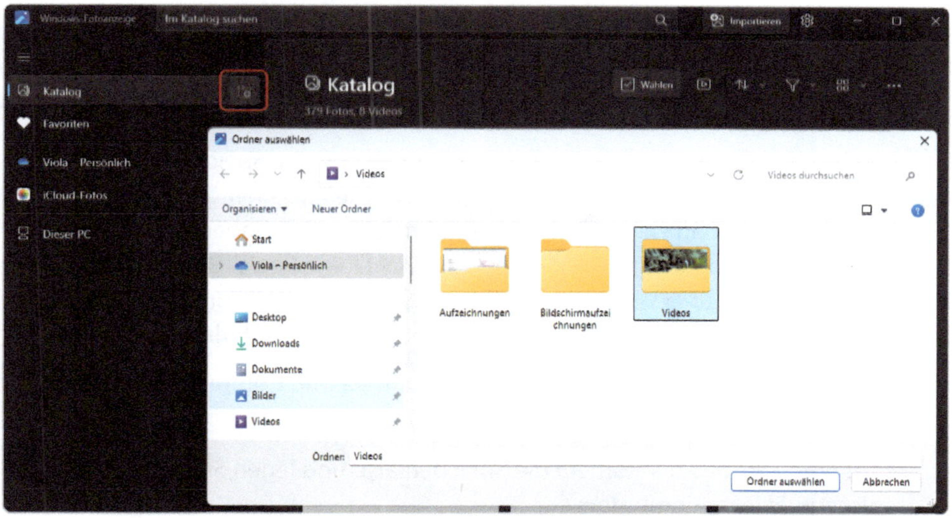

Bild 8.9 Weitere Ordner hinzufügen

- **Ordner entfernen:** Falls Sie den Ordner wieder entfernen möchten, klicken Sie mit der rechten Maustaste auf den Ordner und wählen *Ordner aus Microsoft Fotos entfernen* aus.

  Achtung! Mit *Ordner löschen* entfernen Sie den Ordner und dessen Inhalt von der Festplatte.

Bild 8.10 Ordner wieder entfernen

Weitere hinzugefügte Ordner werden nicht mit OneDrive synchronisiert. Wenn Ihnen die Synchronisierung wichtig ist, müssen die Fotos und Videos auf OneDrive verschoben werden.

8.2 Fotos und Videos importieren

Übertragung von der Kamera

Zur Speicherung Ihrer Fotos befindet sich in Ihrer Kamera eine Speicherkarte. Ihr Inhalt kann mittels eines Kartenlesegeräts angezeigt und auf den Rechner übertragen werden. Das Kartenlesegerät ist in vielen Laptops bereits integriert, kann aber auch als Einzelgerät hinzugekauft werden. Daneben sind auch WLAN-fähige Speicherkarten (WiFi-Card) erhältlich. Sie können über WLAN eine Verbindung zwischen Karte und Smartphone, Tablet, Laptop oder PC herstellen und Fotos betrachten bzw. herunterladen.

- Stellen Sie eine USB-Verbindung zwischen Kamera und Computer her, indem Sie die beiden Geräte mit einem Kabel verbinden.
- Entnehmen Sie aus der Kamera die Speicherkarte und legen Sie diese in das Kartenlesegerät Ihres Computers ein.
- Einige Kameras verfügen über WiFi-Konnektivität, d. h. zwischen Kamera und Rechner kann eine drahtlose Verbindung aufgebaut werden.

Import über die Windows-Fotoanzeige

Bild 8.11 Auswahl des externen Geräts, hier eine Speicherkarte

- Klicken Sie auf *Importieren* ❶ und wählen das verbundene Gerät aus. Die Fotos auf dem externen Datenträger werden angezeigt und das verbundene Gerät bzw. die verbundene Speicherkarte wird unten links bei *Externe Geräte* aufgeführt. Sie haben nun drei Möglichkeiten zur Fotoauswahl:

Beim Import können neben Fotos auch Videos übertragen werden.

- **Alle Fotos auswählen:** Setzen Sie ein Häkchen vor *Alle auswählen* ❷, um alle Bilder des Datenträgers zu importieren.
- **Nur neue Bilder auswählen:** Wenn Sie schon einmal von der Speicherkarte oder vom Smartphone Bilder importiert haben, sich also neue und bereits übertragene Fotos auf dem Speichermedium befinden, dann können Sie mit *Neu auswählen* ❸, nur die Bilder markieren, die sich noch nicht auf Ihrem Rechner befinden.
- Natürlich ist es auch möglich, jedes Bild einzeln auszuwählen. Dazu klicken Sie in das Kästchen in der rechten oberen Ecke des betreffenden Fotos.

- Klicken Sie dann auf *Elemente hinzufügen* ❹.
- Die Fotos werden standardmäßig in den Bilderordner (lokal oder OneDrive) importiert. Wenn Sie einen Unterordner auswählen möchten, zeigen Sie die Unterordner an und klicken den betreffenden an ❺. Dieser erhält dann einen senkrechten blauen Strich. Mit *Ordner erstellen* ❻, können Sie einen neuen Ordner speichern. Mit *Importieren* kopieren Sie die ausgewählten Fotos auf Ihren Rechner.

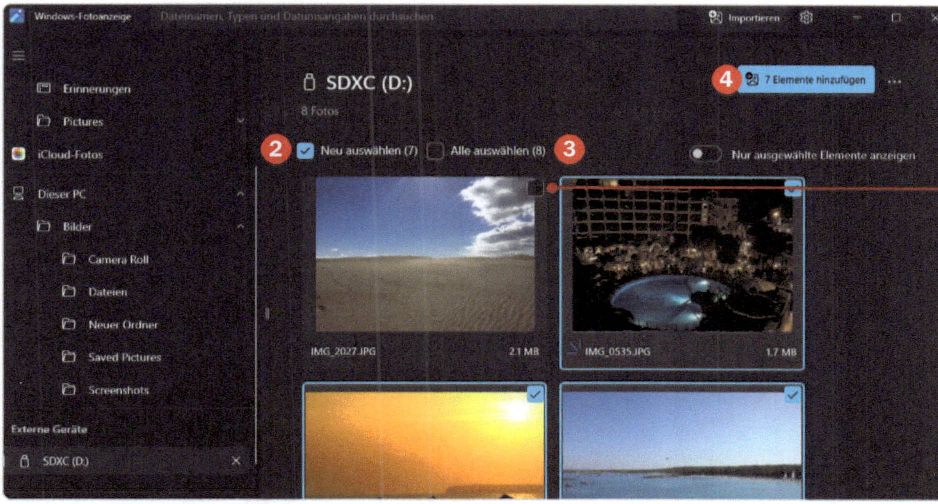

Bild 8.12 Auswahl der zu importierenden Bilder, hier alle neuen Fotos auf der Speicherkarte

Wenn Sie bestimmte Bilder nicht übertragen möchten, entfernen Sie das Häkchen durch Anklicken.

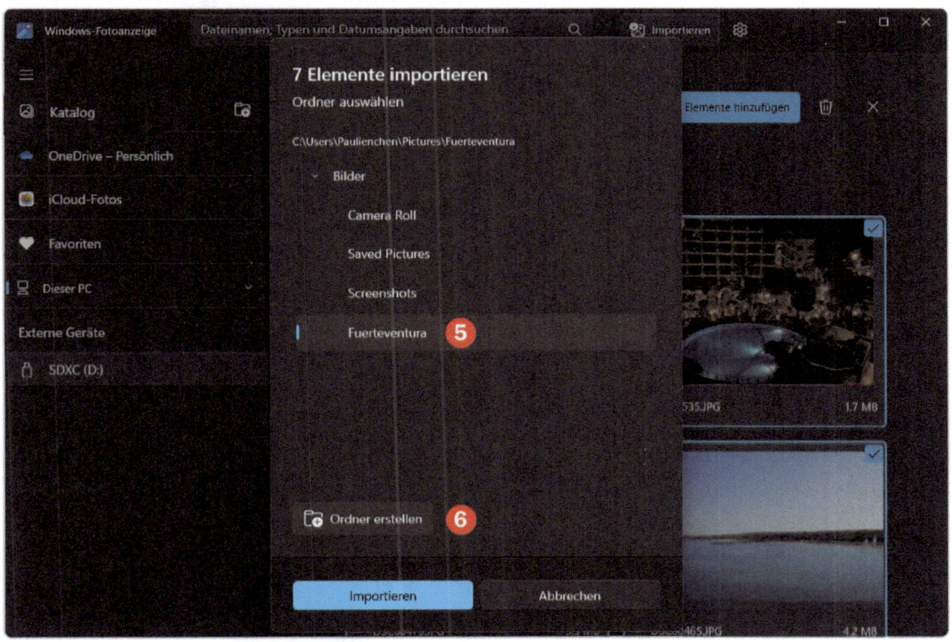

Bild 8.13 Auswahl eines Unterordners des lokalen Ordners Bilder

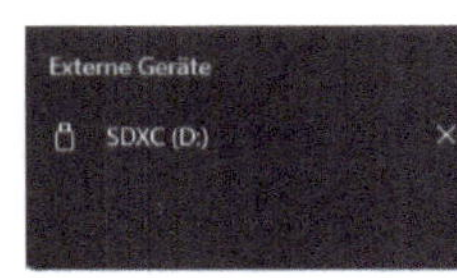

Nach Abschluss der Übertragung entfernen Sie das externe Gerät durch Anklicken von x wieder aus der Liste

Verwenden Sie OneDrive, so werden die Fotos nach der Übertragung auf den Computer bei bestehender Internetverbindung mit OneDrive synchronisiert. Den Fortschritt der Synchronisierung sehen Sie in der Windows-Fotoanzeige nicht. Dazu müssen Sie in den Datei-Explorer wechseln. Alle Bilder, die auf OneDrive gesichert werden, erhalten in der Windows Fotoanzeige ein Wolkensymbol. Im Datei-Explorer sehen Sie am grünen Häkchen, dass das Bild auch auf OneDrive liegt. Fotos mit diesem Symbol werden gerade noch synchronisiert.

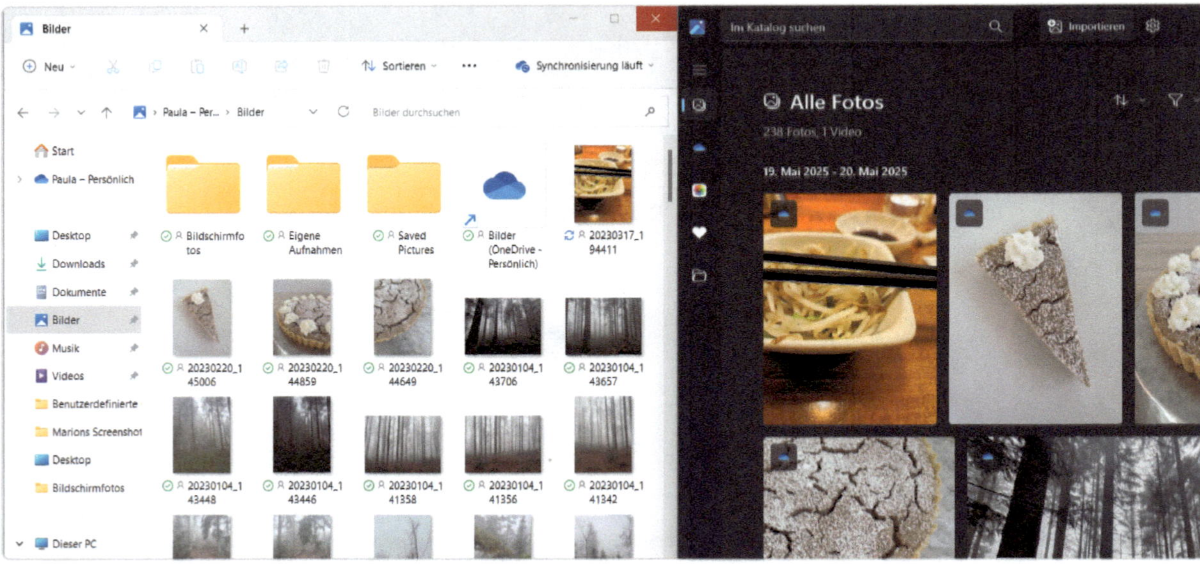

Bild 8.14 Links Bilder im Datei-Explorer, rechts Bilder in der Windows-Fotoanzeige

Übertragung vom USB-Stick

Auch der Inhalt eines mit dem Gerät verbundenen USB-Sticks kann über die Schaltfläche *Importieren* angezeigt und wie oben beschrieben können Bilder auf den Computer übertragen werden.

Übertragung von einem Smartphone

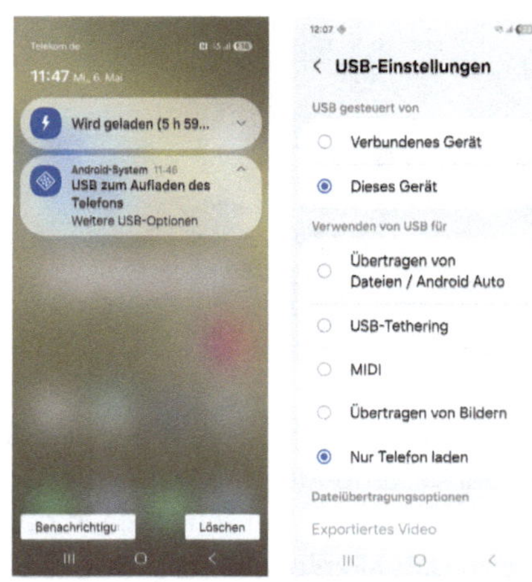

1. Verbinden Sie das Smartphone mit dem USB-Port des Computers.
2. Erlauben Sie den Zugriff auf das Smartphone: Die meisten Geräte sind so eingestellt, dass sie bei Verbindungsaufbau laden. Zeigen Sie die Benachrichtigungsliste Ihres Handys an und wählen Sie die Benachrichtigung zu *USB* aus. Hier können Sie das *Übertragen von Bildern* zulassen.
3. Am Computer klicken Sie in der Windows-Fotoanzeige oben rechts auf *Importieren* und wählen das verbundene Gerät aus. Die Fotos Ihres Smartphones werden geladen, was etwas dauern kann. Dann können Sie, wie auf der vorigen Seite beschrieben, Bilder für den Import auswählen.

8.3 Windows-Fotoanzeige anpassen

Cloud-Speicher im Navigationsbereich ausblenden

Wenn Sie kein Apple-Gerät besitzen und somit auch nicht den Cloud-Speicher von Apple nutzen, können Sie den Bereich *iCloud-Fotos* aus dem Navigationsbereich der Fotoanzeige entfernen. Dazu klicken Sie oben rechts auf *Einstellungen* ❶ (Abbildung unten) und dann bei *iCloud-Fotos anzeigen* auf den Schalter, um diesen auszuschalten .

Löschabfrage

Beim Löschen von Bildern müssen Sie nach dem Löschbefehl diesen nochmals bestätigen. Damit soll verhindert werden, dass Sie versehentlich Fotos entfernen. Gelöschte Bilder landen im Papierkorb und können von dort wiederhergestellt werden. Deshalb könnte man auch auf diese zusätzliche Sicherung verzichten. Dazu setzen Sie den Schalter in den *Einstellungen* bei *Um Erlaubnis zum Löschen von Fotos bitten* auf die Position *Aus*.

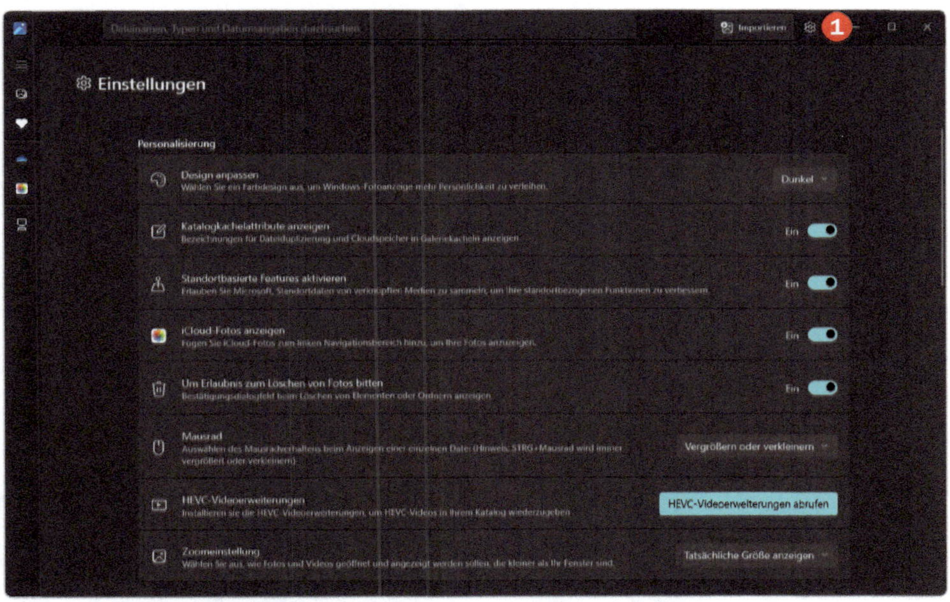

Bild 8.15 Windows-Fotoanzeige - Einstellungen

OneDrive-Markierung

Alle Bilder, die in einem OneDrive-Ordner gespeichert sind, werden in der Windows-Fotoanzeige mit einer blauen Wolke gekennzeichnet. So sehen Sie schnell, welche Bilder in der Cloud gesichert werden und welche nicht. Wenn für Sie, diese Information unerheblich ist, beispielsweise weil Sie alle Bilder auf OneDrive speichern, können Sie das Symbol in der Fotoanzeige ausblenden. Dazu tippen Sie in den *Einstellungen* auf den Schalter bei *Katalogkachelattribute anzeigen* und schalten die Funktion aus.

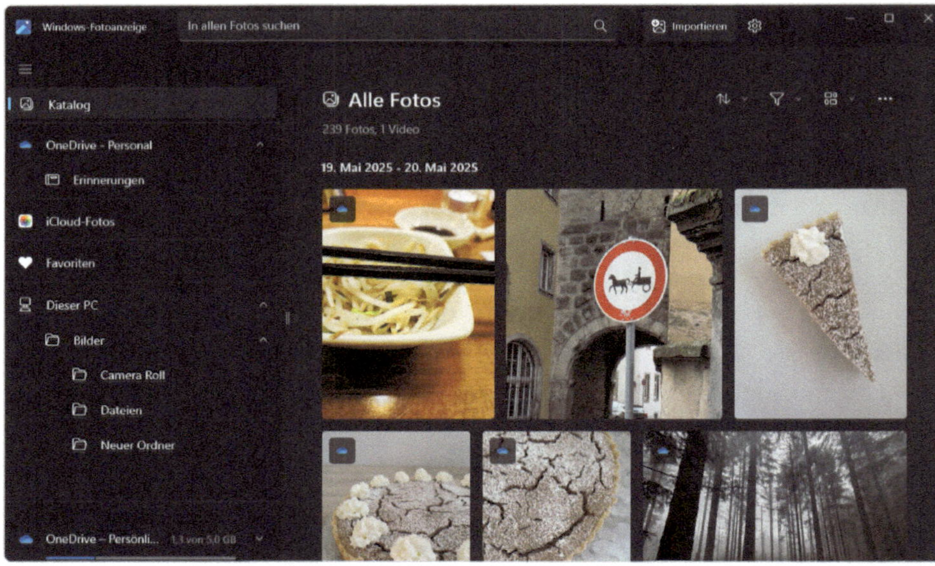

Bild 8.16 Das erste Foto wird mit OneDrive synchronisiert und hat deshalb eine blaue Wolke in der linken oberen Ecke. Das zweite Bild ist aus dem lokalen Ordner „Verein" und hat kein Symbol.

Kleine Fotos in tatsächlicher Größe anzeigen

Fotos, die Sie beispielsweise via Smartphone erhalten haben, können unter Umständen mit reduzierter Qualität verschickt worden sein. Während diese Fotos für die Bildschirmanzeige noch genügen, reicht es manchmal nicht mehr für den Ausdruck. In den Einstellungen bei *Zoomeinstellung* entscheiden Sie, wie diese angezeigt werden sollen: so groß, wie die anderen Fotos (*Mit Zoom an Fenster anpassen*) oder, als Hinweis auf deren schlechte Qualität, die Option *Tatsächliche Größe anzeigen*.

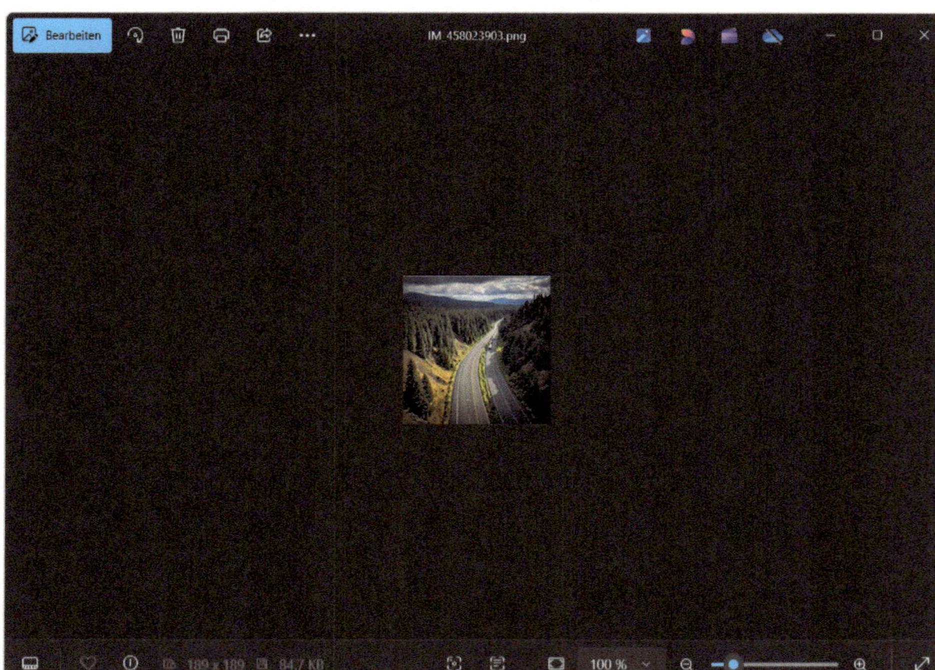

Bild 8.17 Das Foto wird mit tatsächlicher Größe angezeigt

8.4 Fotos und Videos betrachten

Übersicht anpassen

Beim Öffnen der App ist im Navigationsbereich *Katalog* ausgewählt, das bedeutet, dass alle Bilder geordnet nach Aufnahmedatum gemeinsam angezeigt werden, auch wenn sie in unterschiedlichen Ordnern gespeichert sind. Wenn Sie nur bestimmte Bilder durchsehen möchten, wählen Sie den passenden Ordner entweder auf OneDrive oder unter *Dieser PC*. Ein Pfeil nach unten zeigt an, dass der Ordner weitere Unterordner enthält. Durch Ihren Bildbestand scrollen Sie am einfachsten mit der Maus.

Oben wird jeweils ein Datum bzw. ein Zeitraum eingeblendet, der das Aufnahmedatum zeigt bzw. einen Zeitraum angibt, indem die gezeigten Bilder entstanden sind.

Bild 8.18 Übersicht Benutzeroberfläche

Diese Auswahloptionen werden angezeigt, wenn kein Foto ausgewählt wurde:

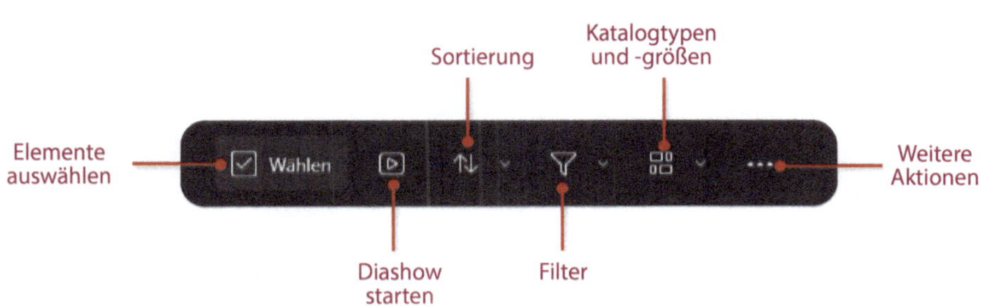

Bild 8.19 Steuerung der Darstellung; Ausschnitt Leiste rechts oben in der Windows-Fotoanzeige.

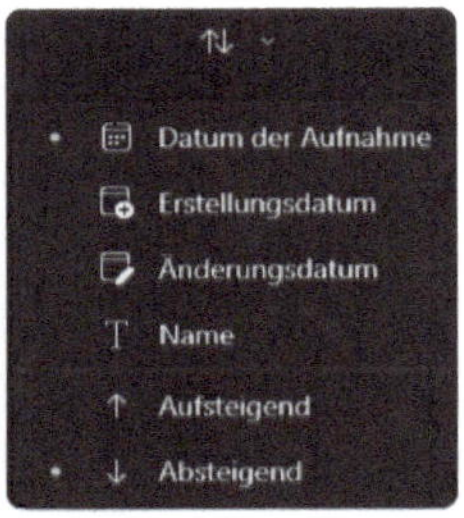

Absteigende Reihenfolge: Die neuesten Fotos werden oben angezeigt.

Sortierung festlegen

Sortiert werden kann nach Datum der Aufnahme, Erstellungsdatum und Änderungsdatum. Das Aufnahmedatum wird aus den Metadaten des Fotos entnommen. Erstellungs- und Änderungsdatum werden durch Windows hinzugefügt. Das Erstellungsdatum ist der Zeitpunkt der erstmaligen Speicherung auf dem Computer. Das Änderungsdatum weicht dann vom Erstellungsdatum ab, wenn Sie beispielsweise das Bild bearbeitet haben. Die sinnvollste Sortierung ist die nach dem Datum der Aufnahme. Das ist auch die Standardeinstellung. So werden alle Fotos und Videos, die Sie zu einem Ereignis aufgenommen haben, auch gemeinsam angezeigt. Andere Sortierungen nutzen Sie vielleicht, wenn Sie nach etwas suchen.

Im unteren Bereich des Auswahlmenüs entscheiden Sie, ob Sie in aufsteigender oder absteigender Reihenfolge sortieren möchten.

Filter anwenden

Entscheiden Sie, ob Sie mit Auswahl von *Windows-Fotoanzeige* nur Fotos oder mit *Video* nur Filme anzeigen möchten. Leider sieht man am Filtersymbol selbst nicht, dass dieser aktiv ist. Mit *Alle Medien* entfernen Sie den Filter wieder.

Bildervorschau

Über die Schaltfläche *Katalogtypen- und größen* bestimmen Sie das Ansichtslayout der Fotos. Mit *Fluss* wird die Ausrichtung (Hoch bzw. Querformat) des Fotos berücksichtigt. Wer es etwas „ordentlicher“ mag, wählt *Quadrat*. Hier werden alle Bilder in der gleichen Größe angezeigt. Um das zu erreichen, muss die Vorschau auf die quadratische Ansicht gezoomt werden und Teile des Fotos werden dann nicht abgebildet. Zusätzlich haben Sie die Wahl zwischen *Klein*, *Mittel* und *Groß* für das Kachelmaß.

Elemente auswählen

Die Funktion *Wählen* ermöglicht die Auswahl von mehreren Bildern für weitere Aktionen. Sie können beispielsweise eine Diashow mit den ausgewählten Bildern starten, um sie dann nacheinander im Vollbildmodus zu betrachten. Die Bilder können aber auch in andere Ordner verschoben, kopiert oder über das Papierkorb-Symbol gelöscht werden. Klicken Sie auf *Wählen* und dann auf die einzelnen Bilder, die anschließend mit einem Häkchen in der rechten oberen Ecke versehen werden. Verwenden Sie dann eine der angebotenen Aktionen im oberen Bereich. Mit *X Abbrechen* wird die Auswahl wieder zurückgenommen.

Diashow starten

Mit der Funktion *Diashow starten* können Sie eine automatische Präsentation Ihrer Bilder im Vollbildmodus abspielen. Wählen Sie in der Navigationsleiste einen Ordner, dessen Bilder in einer Diashow präsentiert werden sollen. Klicken Sie dann auf das Diashow-Symbol. Die Diashow wird im Vollbildmodus abgespielt, und die Bilder wechseln automatisch nach einer bestimmten Zeit. Sie können die Diashow mit den Pfeiltasten rechts/links steuern, um vor- oder zurückzuspulen.

Weitere Aktionen

In *Weitere Aktionen* finden Sie je nach Fenstergröße einen Teil der beschriebenen Funktionen, mindestens aber *Alle wählen*, zur Auswahl alle Bilder, was auch mit dem Shortcut **Strg + A** funktioniert. Und die Option *Nichts auswählen*, also die Möglichkeit die Auswahl aufzuheben, dazu können Sie auch die **Esc**-Taste drücken.

Befehle für ausgewählte Fotos

Sobald Sie ein oder mehrere Bilder ausgewählt haben, ändert sich die Anzeige der Befehle im oberen Bereich.

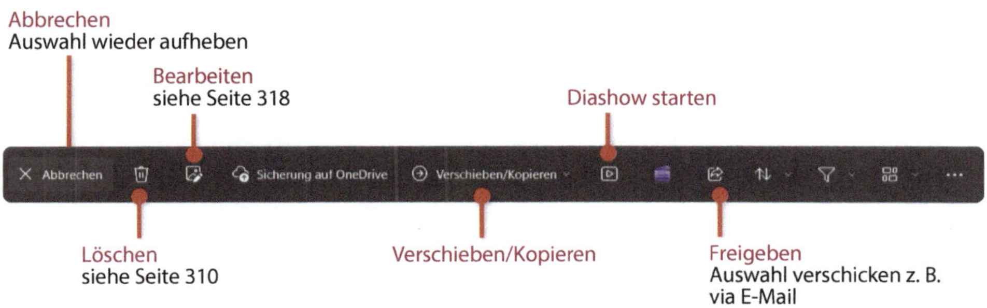

Fotos in einen anderen Ordner verschieben oder kopieren

1 Zum Kopieren oder Verschieben in einen anderen Ordner, markieren Sie die Bilder. Klicken Sie dann in der Bearbeitungsleiste auf *Verschieben/Kopieren* und wählen die gewünschte Aktion ❶.

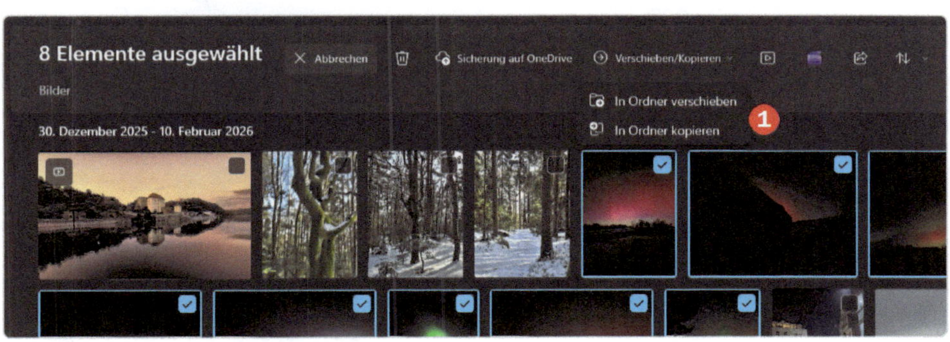

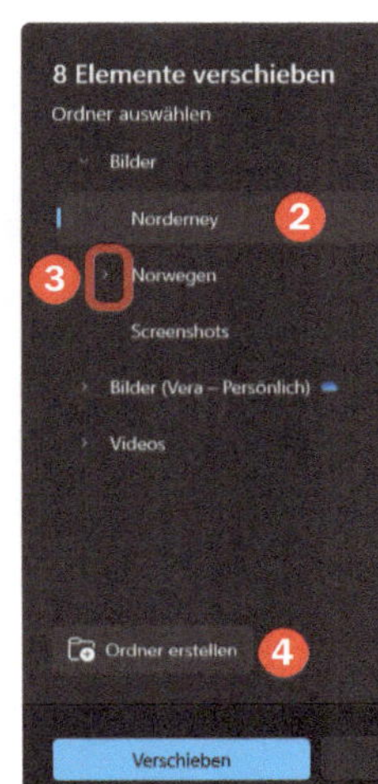

2 Klicken Sie im nachfolgenden Fenster auf den Zielordner ❷; sollte dieser nicht sichtbar sein, blenden Sie untergeordnete Ordner mit Klick auf den kleinen Pfeil ❸ ein. Bei Bedarf können Sie auch im aktuell ausgewählten Ordner einen neuen Ordner erstellen ❹. Klicken Sie abschließend auf *Kopieren* bzw. *Verschieben*.

Einzelbildanzeige aufrufen

Zum Betrachten klicken Sie das gewünschte Bild in der Übersicht der Windows-Fotoanzeige an. Die Einzelbildansicht wird in einem neuen Fenster aufgerufen. Hier sehen Sie oben die **Bearbeitungsleiste** ❶, die verschiedene Optionen zur Veränderung Ihrer Fotos bietet und im unteren Bereich die **Steuerleiste** ❷.

Auch aus dem Datei-Explorer kann die Einzelbildanzeige aufgerufen werden. Mit einem Doppelklick auf ein Bild im Datei-Explorer öffnet sich ebenfalls diese Anzeige.

Zwischen Fotos wechseln

Mit den **Pfeilschaltflächen** ❸ rechts und links wechseln Sie zwischen den einzelnen Fotos. Die Schaltflächen werden nur angezeigt, wenn Sie mit der Maus auf den Bereich zeigen. Sie können auch die Pfeiltasten (links und rechts) auf der Tastatur zum Blättern in der Einzelbildansicht verwenden.

Filmstreifen einblenden: Auch über den Filmstreifen, den Sie über das Symbol links unten ❹ oder mit der Taste **F** einblenden, können Sie zu einem anderen Bild wechseln. Das aktuell angezeigte Bild ist blau umrandet. Klicken Sie das gewünschte Bild einfach an. Achten Sie aber darauf, bei der Auswahl nicht in das kleine Quadrat zu klicken. Damit aktivieren Sie die sogenannte Multi-Ansicht.

Bild 8.20 Einzelbildansicht

Ist auf dem Filmstreifen ein Bild mit einer Zeitangabe versehen, handelt es sich dabei um ein Video. Dies kann selbstverständlich auch in der App Fotos betrachtet werden. Klicken Sie das Video an, um es abzuspielen.

Foto zoomen

Auf der rechten Seite der Steuerleiste stehen verschiedene Möglichkeiten zur optischen Vergrößerung des Fotos zur Verfügung.

Ausschnitt vergrößern: Durch Anklicken der Schaltfläche *Vergrößern* (Lupe +) oder Ziehen des Schiebereglers nach rechts zoomen Sie die Anzeige. Dadurch ist unter Umständen nicht mehr das komplette Bild sichtbar. Zur Veränderung des angezeigten Bildausschnitts, zeigen Sie auf das Bild mit der Maus, halten die Maustaste gedrückt und schieben das Bild an die gewünschte Position. Um wieder das gesamte Bild anzuzeigen, klicken Sie auf *An Fenstergröße anpassen* oder mehrmals auf *Verkleinern* (Lupe -).

Alternativen: Zeigen Sie mit dem Mauszeiger auf die zu vergrößernde Stelle des Bildes und drehen am Mausrad. So zoomen Sie in das Bild hinein und auch wieder heraus. Schnelles Vergrößern eines Bildausschnitts erreichen Sie durch einen Doppelklick an die gewünschte Stelle des Bildes. Ein weiterer Doppelklick verkleinert das Bild wieder.

Vollbild: Mit der Schaltfläche *Vollbild* (Taste **F11**) zeigen Sie das Bild in der maximal möglichen Größe, ohne weitere Fensterelemente an. Auch im Vollbildmodus stehen die Pfeiltasten rechts und links zum Wechseln zwischen den Bildern zur Verfügung. Zeigen Sie auf diese Bereiche mit der Maus. Mit der **Esc**-Taste (oder Taste F11) verlassen Sie den Modus wieder.

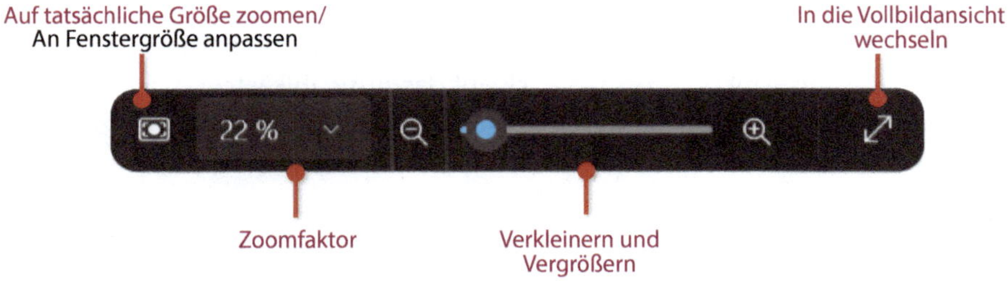

Bild 8.21 Steuerung der Anzeigegröße in der Einzelbildanzeige.

Video abspielen

Das Video starten Sie aus der Übersicht der Windows-Fotoanzeige mit einem Klick. Es beginnt sofort, ist aber standardmäßig stummgeschaltet.

Um die Stummschaltung aufzuheben, tippen Sie auf das Lautsprechersymbol und neben dem Lautstärkeregler erneut auf das Lautsprechersymbol; noch einfacher geht's mit der Taste M! Die Lautstärke steuern Sie über den Lautstärkeregler. Schieben Sie ihn einfach nach rechts oder links, um die Lautstärke zu erhöhen oder zu reduzieren.

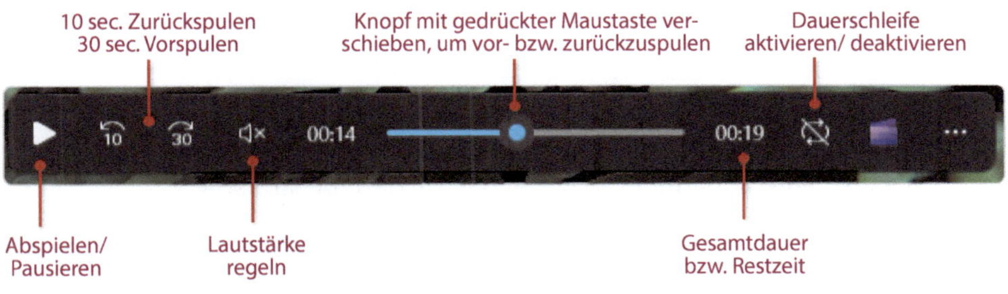

Bild 8.22 Videosteuerung.

8.5 Bilder verwalten

Bilder markieren

Ein Foto auswählen: Klicken Sie auf das Foto, welches Sie auswählen möchten. Sollen alle Bilder markiert werden, verwenden Sie die Tastenkombination **Strg** + **A**.

Weitere Fotos auswählen: Zur Auswahl zusätzlicher Fotos haben Sie folgende Möglichkeiten:

- Zeigen Sie mit der Maus auf das Foto und klicken Sie in das Auswahlkästchen.
- Halten Sie die **Strg**-Taste gedrückt und klicken Sie das nächste gewünschte Foto an.
- Wenn Sie eine zusammenhängende Reihe von Fotos markieren möchten, klicken Sie auf das erste Bild, halten die Umschalt-Taste gedrückt und klicken auf das letzte Bild und achten Sie dabei darauf nicht in das Auswahlkästchen sondern das Foto anzuklicken. Falls schon andere Bilder markiert sind, halten Sie zusätzlich die **Strg**-Taste gedrückt.
- Sie können natürlich auch mit der Methode, die Sie bereits auf Seite 306 unter *Elemente auswählen* kennengelernt haben, Bilder markieren.

Markierung entfernen: Falls Sie ein Bild doch nicht markieren möchten, entfernen Sie es wieder aus der Auswahl durch einen Klick auf das Auswahlkästchen. Sollen alle Markierung entfernt werden, drücken Sie die Esc-Taste oder die Schaltfläche *Abbrechen*.

Bild 8.23 Übersicht mit markierten Fotos

Fotos löschen

Beim Durchsehen der Bilder können Sie misslungene Fotos gleich löschen. Diese werden dann aus dem lokalen Ordner *Bilder* bzw. aus dem Bilderordner von OneDrive entfernt.

- **In der Übersicht:** Markieren Sie die Bilder, die Sie löschen möchten und klicken Sie auf das Papierkorbsymbol und bestätigen Sie die Löschabfrage.

- **Einzelbildanzeige:** Das angezeigte Foto wird über das Papierkorb-Symbol gelöscht.

Beim Löschen erhalten Sie eine zusätzliche Löschabfrage, um sicherzustellen, dass Sie das Foto auch wirklich löschen möchten. Bestätigen Sie diese über die Schaltfläche *Löschen*. Wenn Sie diese Meldung nicht mehr anzeigen möchten, klicken Sie in das Kästchen vor *Diese Nachricht nicht mehr anzeigen*. Wenn Sie Ihren Bilderordner nicht mit OneDrive synchronisieren oder das Bild in einem lokalen Ordner liegt, wird dieses in den Papierkorb verschoben.

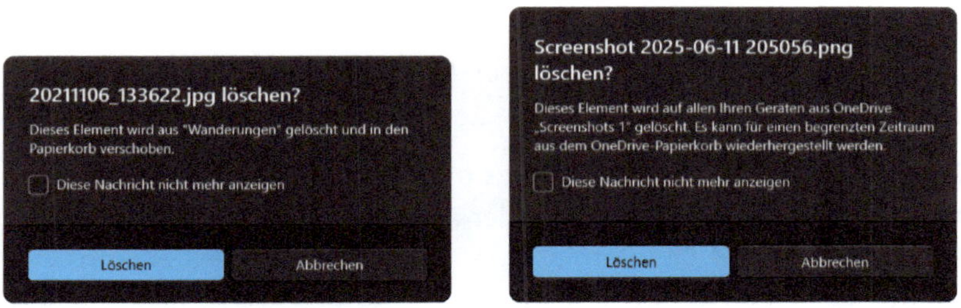

Bild 8.49 Links: Löschabfrage

Wenn Sie OneDrive verwenden, müssen Sie folgenden Unterschied beachten: Löschen Sie ein Bild, so wird dieses in den lokalen Papierkorb verschoben und auch in den OneDrive-Papierkorb der Cloud. Im OneDrive-Papierkorb bleibt die Datei eine bestimmte Anzahl von Tagen verfügbar, bis sie endgültig gelöscht wird. Die Dauer hängt vom Konto (Persönlich/Business) ab. Im lokalen Papierkorb steht die Datei so lange zur Verfügung, bis dieser seine maximale Speicherkapazität erreicht hat, dann werden die ältesten Daten überschrieben.

Bild 8.24 Links: OneDrive-Papierkorb, Rechts: Windows-Papierkorb

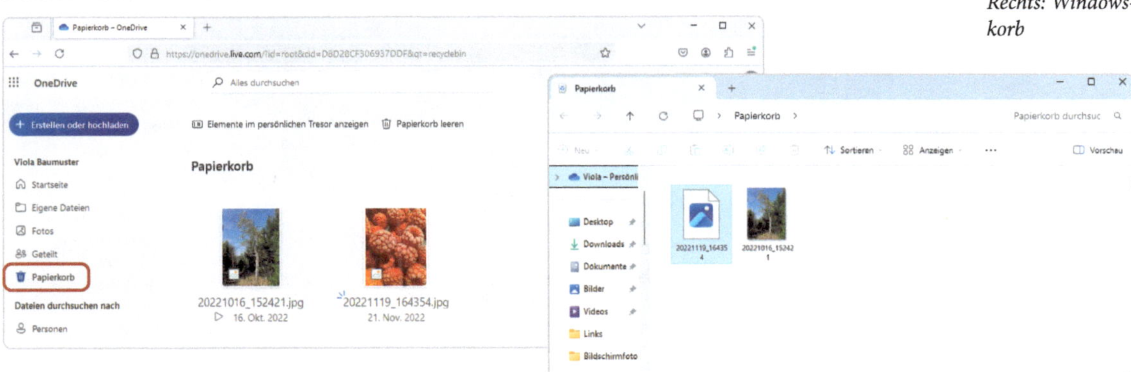

Es ist unerheblich, ob Sie das Foto im Datei-Explorer, der Windows-Fotoanzeige oder online auf OneDrive im Browser löschen. Die Datei wird im lokalen und dem OneDrive-Papierkorb angezeigt. Eine Ausnahme sind Dateien, die nicht heruntergeladen wurden, sondern nur auf OneDrive gespeichert sind, also Dateien, die im Explorer mit einer Wolke angezeigt werden. Werden diese auf OneDrive gelöscht, steht die Datei nur noch im OneDrive-Papierkorb zur Wiederherstellung zur Verfügung mit der erwähnten Zeitbegrenzung.

Lieblingsfotos auswählen

In der Einzelbildanzeige können Sie besonders gelungene Bilder als Favorit kennzeichnen. Dazu klicken Sie links unten auf das Herzsymbol. Zum Betrachten aller Lieblingsbilder klicken Sie dann im Navigationsbereich auf *Favoriten*. Das funktioniert leider nur für Fotos, die mit OneDrive synchronisiert werden und nicht für Bilder in lokalen Ordner.

Bild 8.25 Steuerleiste der Einzelbildanzeige.

Foto ausdrucken

- Klicken Sie in der Einzelbildansicht in der Bearbeitungsleiste auf das Drucker-Symbol ❶. Oder verwenden Sie die Tastenkombination **Strg + P.**

Das Druckfenster wird angezeigt. Stellen Sie links oben sicher, dass der richtige Drucker ausgewählt ist und legen Sie die Anzahl der Ausdrucke (*Kopien*) fest. Die Ausrichtung des Bildes (Hochformat, Querformat) wird in der Regel korrekt erkannt und automatisch eingestellt.

Bei *Papierformat* ❷ wählen Sie die Größe des im Drucker eingelegten Papiers aus. Bei *Fotogröße* entscheiden Sie, in welcher Größe das Bild ausgedruckt wird. Bei *Anpassen* bestimmen Sie, ob das Bild die gewählte Größe ausfüllen soll (*Seite ausfüllen*) - dann werden unter Umständen Randteile des Fotos abgeschnitten - oder ob das Bild mit der Option *An Größe anpassen* vollständig zu sehen ist, aber eventuell weiße Ränder hingenommen werden müssen. Weitere Optionen finden Sie unter *Weitere Einstellungen* ❸, z. B. den *Farbmodus*, mit dem Sie einstellen, ob das Bild farbig (*Farbe*) oder in Graustufen ausgedruckt wird. Den Ausdruck erledigen Sie durch Anklicken von *Drucken*.

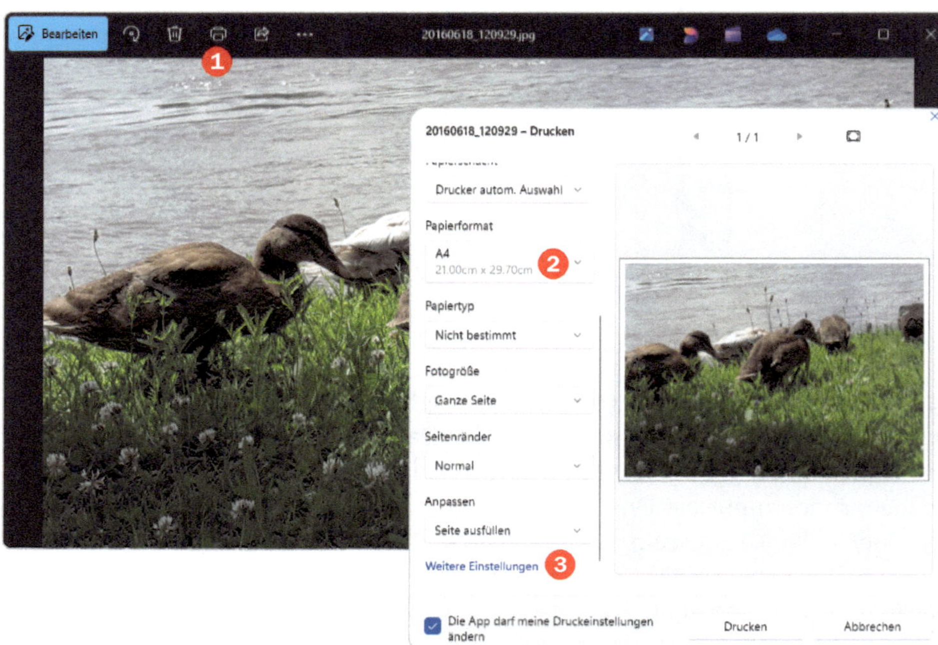

Bild 8.26 Foto ausdrucken

Bilder vergleichen

Dank der Digitalfotografie knipst man heute oft gleich mehrmals dasselbe Motiv. Damit die Bilderflut nicht überhand nimmt, sollte man sich von sehr ähnlichen Fotos trennen. Bei der Auswahl der besten Aufnahme hilft die Funktion **Multi-Ansicht**. Damit können Sie in der Einzelbildansicht mehrere Bilder nebeneinander anzeigen und die weniger Guten gleich löschen.

- Zeigen Sie das erste Bild in der Einzelbildansicht an. Dieses erhält auf dem Filmstreifen einen blauen Rahmen. In der linken unteren Ecke blenden Sie den Filmstreifen ein.
- Wählen Sie dann im Filmstreifen die weiteren Fotos aus. Dazu zeigen Sie auf das Bild ❶ und klicken in das quadratische Kästchen.

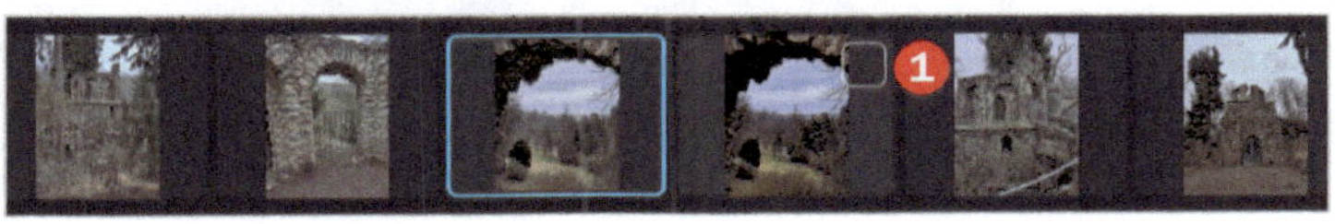

- Nun können Sie die Bilder vergleichen. Möchten Sie eines der ausgewählten Bilder löschen, zeigen Sie auf das Foto und klicken auf das Papierkorb-Symbol ❷. Bestätigen Sie mit *Löschen*.
- Möchten Sie ein Foto nicht mehr in der Multi-Ansicht anzeigen, zeigen Sie mit der Maus auf das Bild und klicken auf das Häkchen ❸ rechts oben in der Ecke.
- Mit der Esc-Taste kehren Sie wieder zur Einzelbildansicht zurück.

Bild 8.27 Vergleich mehrerer Fotos

Fotos suchen

Im Suchfeld wird nach allen Fotos gesucht, die in den Dateiinfos (siehe nächste Seite) bei Aufnahmedatum Juni 2020 hinterlegt haben.

Bild 8.28 Nach Fotos suchen

Ganz oben in der Windows-Fotoanzeige finden Sie ein Suchfeld, über das Sie Ihren Bildbestand durchforsten können. Durchsucht werden der aktuelle Ort, z. B. *Katalog* oder *Dieser PC* oder der aktuelle Ordner und alle hier befindlichen Unterordner. Wenn Sie zum ersten Mal die Suche verwenden, entscheiden Sie, ob Sie Windows den Zugriff auf die Standortdaten, die von Ihrer Kamera oder dem Smartphone ggf. gespeichert wurden, erlauben möchten. Wenn Sie das erlauben, können Sie auch nach Orten suchen, z. B. alle Fotos anzeigen, die in Hamburg geknipst wurden.

Bild 8.29 Zugriff auf Standortdaten.

Wenn Sie Ihre synchronisierten Bilder auf OneDrive im Browser anzeigen, können Sie auch nach Bildinhalten suchen. Die intelligente Suche analysiert das Bild und findet dann, z. B. alle Bilder mit Pferden oder Bilder mit Bergen etc.

Gesucht werden kann nach Dateiname, Dateityp (jpeg, png), Datumsangaben oder Standorten (wenn aktiviert). Markieren Sie den Ordner, den Sie durchsuchen möchten. Wenn Sie *Katalog* auswählen, wird der gesamte Bildbestand durchsucht. Klicken Sie dann oben in das Suchfeld und geben den Suchbegriff ein, z. B. Juni 2020.

Die Suche beenden Sie klassisch durch anklicken des x-Symbols am Ende der Suchzeile. Dieses wird aber nur angezeigt, wenn Sie erneut in die Suchzeile klicken. Leichter geht's, wenn Sie einfach im Navigationsbereich einen anderen Speicherort anklicken.

Duplikate vermeiden

Wenn Sie versehentlich in mehreren Ordnern dasselbe Foto gespeichert haben, werden Sie durch die Windows-Fotoanzeige mit diesem Symbol darauf aufmerksam gemacht. Zeigen Sie mit der Maus auf das Symbol, um zu erfahren, in welchen Ordnern das Bild liegt.

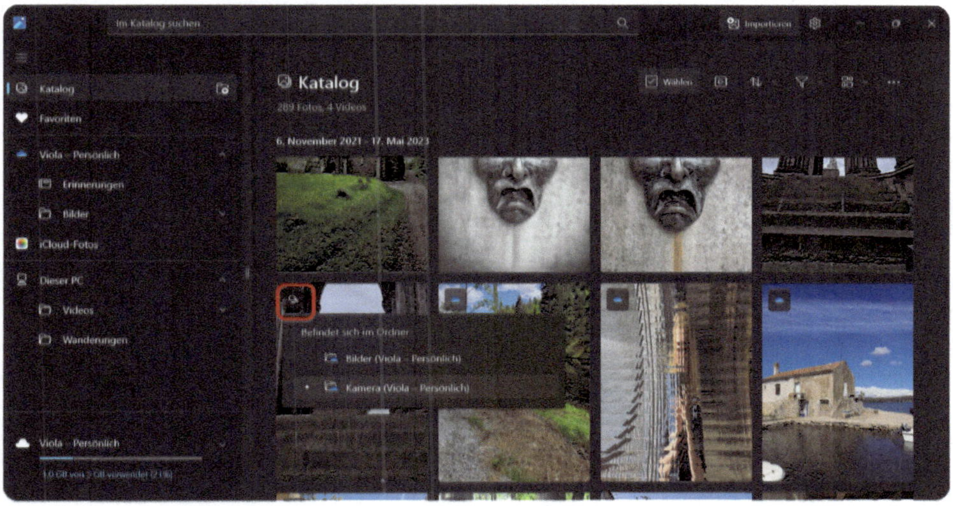

Bild 8.30 Bild liegt in mehreren Ordnern

Dateiinformationen aufrufen

Informationen zu Dateigröße, Aufnahmedatum, Auflösung, verwendeter Kamera, und Dateipfad erhalten Sie in der Einzelbildanzeige. Sofern GPS-Daten mit dem Foto hinterlegt wurden, wird auch ein Standort angezeigt. Zur Anzeige klicken Sie auf Dateiinformationen ❶. Mit Klick auf den Dateipfad ❷ können Sie den Speicherort im Datei-Explorer anzeigen. Zum Ausblenden der Dateiinfos klicken Sie auf x ❸.

Hat das Foto kein Aufnahmedatum, so wird hier automatisch das Erstelldatum (Datum der ersten Speicherung auf dem PC) eingetragen.

Bild 8.31 Dateiinformationen anzeigen

RAW-Erweiterung herunterladen

Werden Ihre RAW-Dateien im Datei-Explorer oder in der Windows-Fotoanzeige nicht angezeigt? Dann installieren Sie die Programmerweiterung **RAW-Bilderweiterung** aus dem Microsoft Store.

Falls die Anzeige einer RAW-Datei in der Windows-Fotoanzeigen nicht möglich ist, werden Sie auf die Erweiterung aufmerksam gemacht. Klicken Sie dann auf *Jetzt herunterladen und installieren*. Sie erhalten eine Meldung, dass die App *Microsoft Store* geöffnet werden muss. Bestätigen Sie durch Anklicken von *Ja*. Im Store wird die RAW-Bilderweiterung angezeigt, klicken Sie auf *Herunterladen*.

Bild 8.32 Raw-Bilderweiterung herunterladen

> **Was sind RAW-Dateien?**
> Bei RAW-Daten (Rohdaten) handelt es sich um Dateiformate, in welchen das Foto weitgehend unbearbeitet abgespeichert wird. Dieses kann dann nachträglich mit entsprechender Software umfangreich bearbeitet werden. Es gibt kein einheitliches RAW-Dateiformat; die großen Kamerahersteller verwenden jeweils ein individuelles RAW-Format.

Besonderheiten mit OneDrive

Bilder im Browser anzeigen

Mit OneDrive haben Sie von überall Zugriff auf Ihre Fotos. Geben Sie im Browser die Adresse *onedrive.de* ein und melden Sie sich mit Ihren Microsoft-Kontodaten an. Links im Navigationsbereich finden Sie dann die Kategorie *Fotos* ❶. Hier zeigen Sie auf ein Foto, um es zu teilen, zu löschen oder Informationen zum Bild anzuzeigen.

Über *Eigene Dateien* ❷ greifen Sie auf den Bilderordner zu. Im Bilderordner haben Sie die Möglichkeit Fotos über die Schaltfläche ❸ hochzuladen bzw. ein markiertes Bild herunterzuladen oder auch zu löschen.

Sind neue Bilder auf OneDrive vorhanden, beispielsweise weil Sie diese von einem anderen Rechner hochgeladen haben, werden die neuen Daten mit ihrem Rechner synchronisiert und im Bilderordner angezeigt. Diese Bilder sind zunächst mit einem Wolkensymbol gekennzeichnet, da sie nur auf OneDrive zur Verfügung stehen. Sobald Sie die Fotos öffnen, z. B. in der Einzelbildansicht, sind sie auch offline verfügbar.

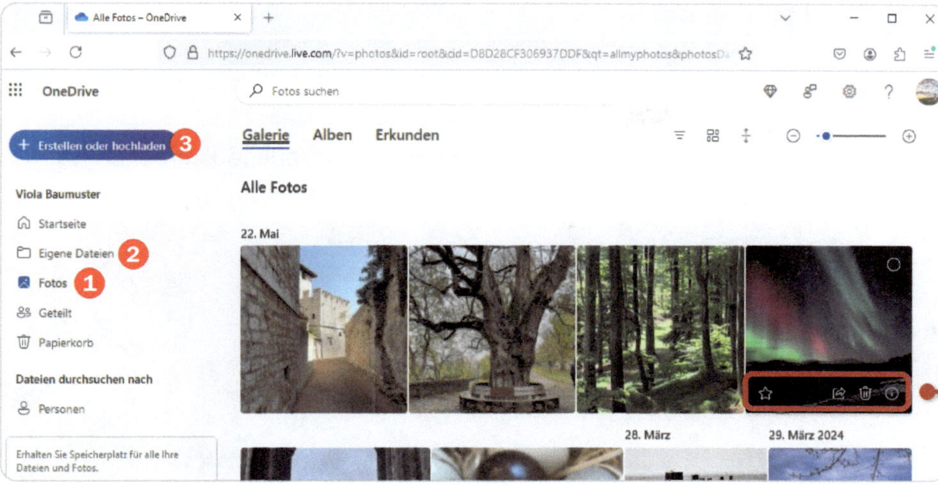

Bild 8.33 OneDrive im Browser

Fotos favorisieren, teilen, löschen und weitere Infos anzeigen.

Erinnerungen mit OneDrive

Unter dem Begriff *Erinnerungen* werden auf OneDrive gespeicherte Fotos und Videos in Alben neu arrangiert, z. B. mit Titeln wie „Vor einem Jahr". Anhand des Aufnahmedatums werden Bilder zusammengestellt, die eine Rückschau auf schöne Momente gewähren. Diese Option steht zur Verfügung, wenn Sie Ihre Fotos mit OneDrive synchronisieren und Ihre Zustimmung erteilen: Klicken Sie in der Windows-Fotoanzeige auf *Erinnerungen* ❶ und erlauben Sie den Zugriff durch Anklicken von *Ja* ❷. Im Bereich *Erinnerungen* werden jetzt die automatisch erstellten Alben angezeigt, in diesem Beispiel das Album *Winterzauber*. Durch Anklicken einer Zusammenstellung werden Sie zu OneDrive weitergeleitet und die Fotos des Albums im Browser angezeigt.

Bild 8.34 Automatische Zusammenstellungen von Fotos erlauben

Über folgenden Adresse können Sie die Einwilligung auch wieder widerrufen.
https://microsoft.com/consent

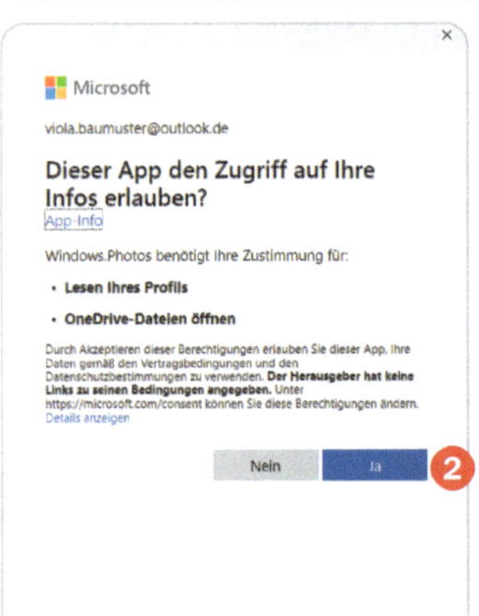

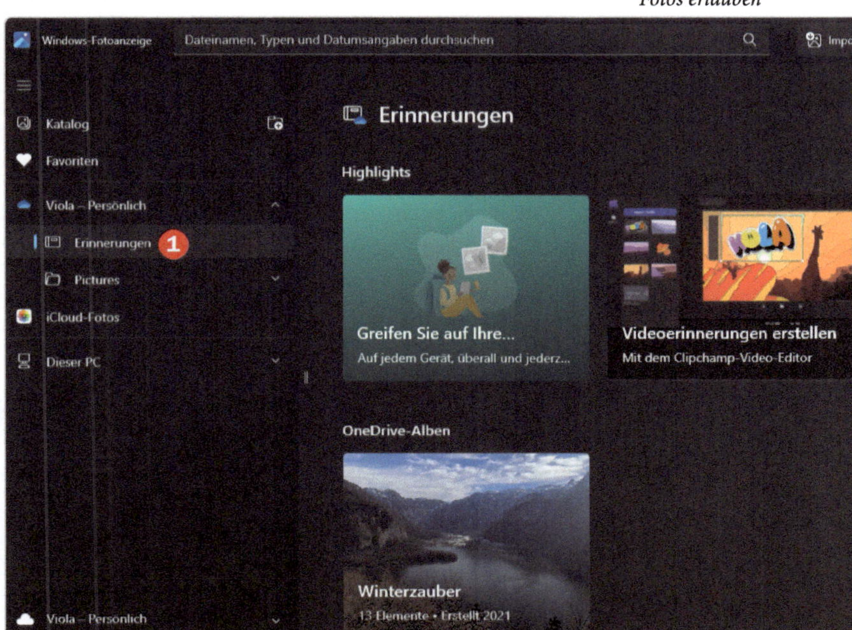

8.6 Fotos bearbeiten

Foto korrekt ausrichten und zoomen

In der Einzelbildanzeige (siehe Seite 308) stehen verschiedene Bearbeitungsoptionen zur Verfügung.

Bild 8.35 Bearbeitungsoptionen

- **Bilder drehen:** Beim Import der Bilder von der Kamera werden diese in der Regel korrekt ausgerichtet. Unter Umständen muss ein Bild dennoch einmal gedreht werden. Hier hilft die Schaltfläche *Drehen*. Drehen Sie das Bild ggf. durch mehrmaliges Drücken im Uhrzeigersinn. Die letzte Ausrichtung wird automatisch übernommen. Alternativ verwenden Sie die Tastenkombination **Strg+R**.

Freigeben wird an anderer Stelle auch als *Teilen* bezeichnet.

- **Freigeben:** Mit *Freigeben* können Sie das angezeigte Bild beispielsweise via Mail oder Teams versenden.

Über das Dreipunkte-Symbol stehen weitere Befehle zur Verfügung.

- **Speichern unter:** Soll das Bild noch an einem anderen Speicherort hinterlegt werden, wählen Sie *Speichern unter* oder die Tastenkombination **Strg+S**.
- **Bildgröße ändern:** Wenn das Bild zu groß ist, um es zu verschicken, können Sie über den Regler bei *Qualität* die Dateigröße verringern. Dadurch sinkt, wie der Name schon sagt, die Bildqualität, was sich zuerst im Ausdruck bemerkbar macht. Mit *Speichern* können Sie das Bild als neue Datei ablegen. Das ist auch gut so, da Sie Ihr Foto selbstverständlich in bester Qualität behalten sollten. Wählen Sie für die neue Datei eine Bezeichnung, die Sie darauf aufmerksam macht, dass es sich hierbei, um eine schlechtere Kopie handelt.
- **Im Datei-Explorer öffnen:** Diese Option öffnet den Datei-Explorer und zeigt das Bild an seinem Speicherort an.

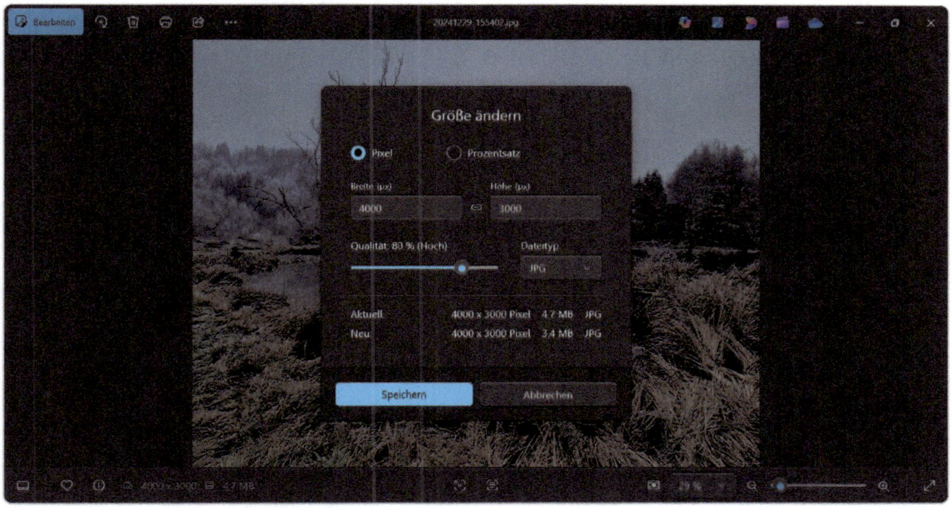

Bild 8.36 Bildgröße ändern.

Bearbeitungsmöglichkeiten anzeigen

- Zur Anzeige der weiteren Möglichkeiten, die Ihnen zur Bearbeitung Ihres Fotos zur Verfügung gestellt werden, klicken Sie in der Einzelbildansicht auf die Schaltfläche *Bearbeiten* oder verwenden die Tastenkombination **Strg+E**.

Bild 8.37 Bearbeitungsleiste Einzelbildansicht

- Oben wechseln Sie zwischen den grundlegenden Bearbeitungsbereichen *Zuschneiden*, *Anpassung*, *Filter*, *Markup*, *Löschen* und *Hintergrund* ❶ durch Anklicken.

Bild 8.38 Bearbeitungsmodus

Durch Anklicken des *Zurück*-Pfeils verlassen Sie den Bearbeitungsbereich wieder.

Änderungen speichern oder verwerfen

Egal, welche Änderungen sie vornehmen, die Speicherung erfolgt für alle Bereiche gleich.

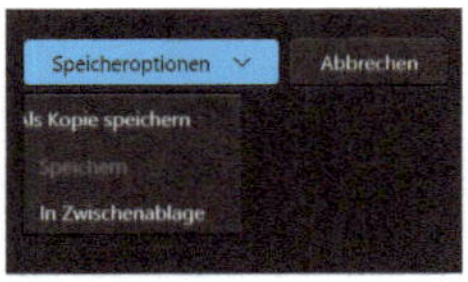

- Klicken Sie auf *Speicheroptionen* ❷:
  - Klicken Sie auf *Kopie speichern*, um **alle** Änderungen in einer neuen Datei abzuspeichern. Das Originalbild bleibt erhalten. Das Dialogfenster *Speichern unter* wird angezeigt. Geben Sie einen neuen Dateinamen ein (wichtig, sonst wird die alte Datei überschrieben) und klicken Sie dann auf *Speichern*.

    Tipp: Behalten Sie den alten Dateinamen und erweitern diesen um einen Zusatz.

  - Mit *Speichern* werden Ihre Änderungen über das Originalbild gespeichert, was nicht mehr rückgängig gemacht werden kann. Deshalb ist es meist von Vorteil eine Kopie zu speichern.
  - Falls Sie keine der Änderungen übernehmen und den Bearbeitungsbereich verlassen möchten, klicken Sie auf *Abbrechen* und bestätigen mit *OK*, um alle Änderungen zu verwerfen.
- Mit den Pfeilen *Rückgängig* und *Wiederholen* ❸ (Abbildung vorige Seite) nehmen Sie Änderungen schrittweise zurück und wenden Sie ggf. wieder an. Mit den Pfeilen kann man zwischen dem Original und dem angepassten Foto wechseln und entscheiden, ob sich das Foto durch die Berichtigung wirklich verbessert hat.
- Mit *Zurücksetzen* ❹ nehmen Sie schnell alle Änderungen, die Sie an dem Foto vorgenommen haben, wieder zurück.

Fotos zuschneiden und ausrichten

Im Bearbeitungsbereich *Zuschneiden* ändern Sie das Format Ihrer Fotos oder richten dieses korrekt aus.

- **Foto drehen:** Hier steht nochmals der Befehl zum *Drehen* ❶ des Bildes zur Verfügung.
- **Bild gerade rücken:** Wenn Sie die Kamera beim Knipsen schief gehalten haben, richten Sie das Bild gerade durch Veränderung des Drehwinkels ❷. Zeigen Sie mit der Maus auf den Drehbereich unten und ziehen Sie mit gedrückter Maustaste nach links bzw. rechts. Das eingeblendete Gitternetz hilft bei der Ausrichtung. Bedenken Sie, dass Randbereiche des Fotos verloren gehen. Zeigen Sie mit der Maus auf das Foto. Jetzt können Sie mit gedrückter linker Maustaste das Foto etwas verschieben, um den optimalen Ausschnitt zu bestimmen.
- **Spiegeln:** Beim horizontalen Spiegeln ❸ werden der rechte und linke Teil des Bildes getauscht. Texte, z. B. auf Firmenschilder oder von Leuchtreklamen erscheinen dann in Spiegelschrift. Bei der vertikalen Spiegelung steht das Bild Kopf.

Bild 8.39 Foto ausrichten

Seitenverhältnis und Zuschneiden

Das gängige Seitenverhältnis für Fotos von **3:2** kommt noch aus der analogen Fotografie, wurde aber von Spiegelreflexkameras übernommen. Kompaktkameras und Smartphones verwenden meist **4:3**. Viele Kameras und Smartphones ermöglichen das Umstellen auf ein anderes Seitenformat, bevor das Foto geknipst wird. So kann man beispielsweise Fotos, die man am Fernseher oder am Monitor vorführen möchte, im dafür passenden Format von **16:9** aufnehmen. Allerdings empfiehlt sich für den täglichen Gebrauch das Format **4:3**, da Sie das Bild ja jederzeit zuschneiden können.

3:2 im Querformat bzw. 2:3 im Hochformat

Bild 8.40 Foto zuschneiden

Dieses Bild hat ein Seitenverhältnis von 4:3; es wurde mit dem Smartphone aufgenommen. Klicken Sie auf den Rand, um das Seitenverhältnis anzuzeigen.

- **Zuschneiden:** Zunächst kann beim Zuschneiden vom Seitenverhältnis des Fotos abgewichen werden. Durch ziehen an den weißen Begrenzungslinien, können Sie einen beliebigen Ausschnitt festlegen, z. B. störende Elemente am Rand entfernen. Zeigen Sie mit der Maus auf den Bildrand. Der Mauszeiger verwandelt sich in einen Doppelpfeil, ziehen Sie nun mit gedrückter Maustaste.

  Haben Sie vorher schon ein Seitenverhältnis festgelegt, bleibt dieses erhalten. Sie bestimmen dann einen Ausschnitt des Bildes im vorgegebenen Seitenverhältnis.

Warum sollte ich das Seitenverhältnis ändern?

Das Ausgabemedium (Druck, Diashow am Monitor) bestimmt das Format des Fotos. Stimmt das Seitenverhältnis des Bildes nicht mit dem des Ausgabemediums überein, werden entweder Teile des Fotos abgeschnitten oder es muss gezoomt werden, um schwarze Flächen neben dem Foto zu vermeiden. Wenn Sie das Seitenverhältnis selbst ändern, bestimmen Sie, welcher Teil des Bilds abgeschnitten wird, z. B. wenn Sie ein Foto im Seitenverhältnis 4:3 geknipst haben und es in einer Größe von 10x15 cm bei einem Fotobestelldienst ausdrucken möchten. In diesem Fall muss das Bild zugeschnitten werden. Das wird entweder direkt in der Software des Fotodienstleister gemacht oder Sie bereiten Ihr Foto über die Schaltfläche *Seitenverhältnis*, durch Auswahl von 3:2 selbst vor.

- **Neues Seitenverhältnis auswählen:** Klicken Sie auf *Seitenverhältnisoptionen* ❹ (Abbildung vorige Seite) und wählen eine Option durch Anklicken aus. Ein Teil des Bilds kann durch das neue Seitenverhältnis verloren gehen. Das ursprüngliche Seitenverhältnis sehen Sie im selben Menü bei *Original*.

Bild 8.41 Seitenverhältnis bestimmen

- **Bildausschnitt verändern:** Nachdem Sie ein neues Seitenverhältnis festgelegt haben, werden vielleicht wichtige Teile des Fotos abgeschnitten. Um den Bildausschnitt zu verändern, zeigen Sie mit der Maus auf das Bild und verschieben bei gedrückter Maustaste das Foto, bis der Bildausschnitt den gewünschten Teil des Bildes umfasst.

Automatische Korrektur

Die Fotoanzeige bietet die Möglichkeit das ausgewählte Bild automatisch zu verbessern. Dabei wird eine Kontrast- und Farbkorrektur durchgeführt und die Helligkeit angepasst. Sie finden die Option im Bearbeitungsbereich *Filter* ❶. Mit einem Klick auf *Automatisch verbessern* ❷ nehmen Sie die Korrektur vor. Über den Intensitätsregler ❸ können Sie die Einstellung noch etwas anpassen.

Bild 8.42 Automatische Korrektur des Fotos

Filter verwenden

Filter verleihen dem Bild einen eigenen Look. Testen Sie die vorgegebenen Filteroptionen, z. B. *Warmer Kontrast* ❶ oder *Schwarz/Weiß*. Zu jedem Filter erscheint ebenfalls ein Intensitätsregler, mit dem Sie den Effekt verstärken oder abschwächen. Mit Klick auf Original ❷ stellen Sie den ursprünglichen Zustand wieder her.

Bild 8.43 Foto mit Filtern verschönern, links Warmer Kontrast, unten Schwarz/Weiß

Anpassungen von Helligkeit und Farbe

Im Bereich *Anpassungen* stehen Ihnen eine Reihe von Reglern zur einfachen Korrektur Ihres Bilds zur Verfügung.

- Mit *Helligkeit* lässt Sie das Bild aufhellen oder abdunkeln. Dabei werden nur die sog. Mittelwerte des Bildes verändert, was dazu führt, dass in den Randbereichen des Helligkeitsspektrums nicht zu viel Kontrast verloren geht.
- *Belichtung* funktioniert ähnlich, allerdings verschiebt sich das gesamte Helligkeitsspektrum - die sehr dunklen und sehr hellen Teile werden also ebenfalls verändert.
- Bei *Kontrast* lässt Sie festlegen, wie markant der Unterschied zwischen den hellen und dunklen Teilen des Bildes sein soll.
- *Highlights* lässt Sie selektiv nur die hellen Teile des Bildes beeinflussen, *Schatten* dagegen nur die dunklen.
- Mit einer *Vignette* fügen Sie dem Foto einen aufgehellten (negativer Bereich) oder schattierten (positiver Bereich) Rahmen hinzufügen. Dadurch kann man den Blick des Betrachters noch stärker auf das Motiv lenken.
- *Sättigung* dient dazu, die Intensität der Farben zu verstärken oder abzuschwächen.
- *Wärme* lässt Sie das Bild wärmer (rötlicher) oder kälter (bläulicher) gestalten.
- Über *Farbton* verschieben Sie alle Farben des Bildes entlang des Farbspektrums. Diesen Effekt können Sie nutzen, wenn Sie einen einzigartigen Look erzeugen wollen.

Bild 8.44 Anpassungsoptionen

Nachdem Sie die Änderungen vorgenommen haben, zeigen Sie mit der Maus auf das Bild und halten die Maustaste gedrückt. Dadurch wird das Bild im Original abgebildet. Wenn Sie die Maustaste loslassen, wird das Bild mit den neuen Einstellungen angezeigt. So sehen Sie schnell, ob die Veränderungen das Foto verbessert haben.

Generatives Löschen

Im Bearbeitungsbereich *Generatives Löschen* kommt KI zum Einsatz. Hier können Sie ein Element, welches Sie aus Ihrem Foto entfernen möchten, mit dem Pinsel markieren und dann löschen. Die KI versucht nun diesen Bereich inhaltsbasiert zu ergänzen.

Stellen Sie die Pinselgröße ein und markieren Sie den Bereich, den Sie entfernen möchten. Wenn *Automatisch anwenden* aktiviert ist, legt die KI sofort nach dem Markieren los. In diesem Beispiel versuchen wir, den Schatten zu entfernen.

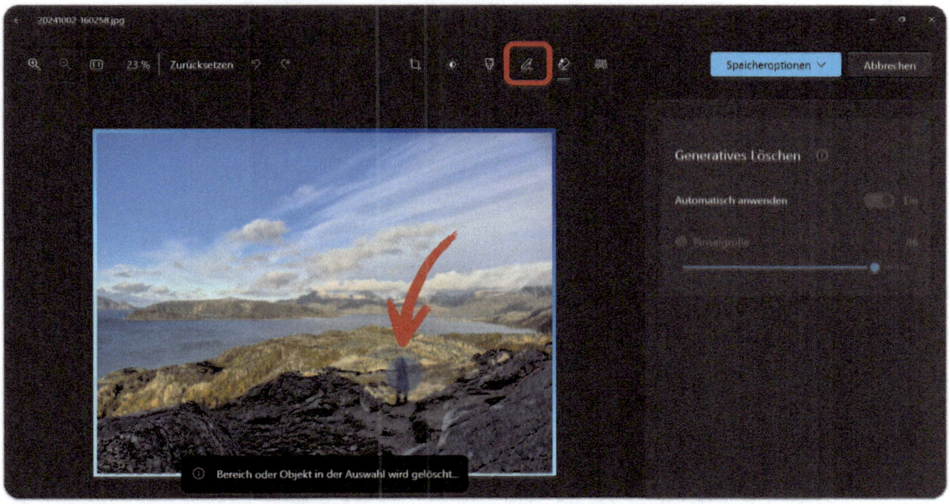

Bild 8.45 Löschen von störenden Elementen

Bild 8.46 Das Ergebnis

Hintergrund

Dieser Bearbeitungsbereich bietet die Möglichkeit den Hintergrund zu entfernen bzw. ihn weichzeichnen zu lassen. Der Hintergrund wird automatisch erkannt. Dann können sie durch anklicken von *Unschärfe*, *Entfernen* oder *Ersetzen* die gewünschte Option anwenden. Wir möchten den langweiligen Hintergrund hinter dem Brunnen unscharf darstellen.

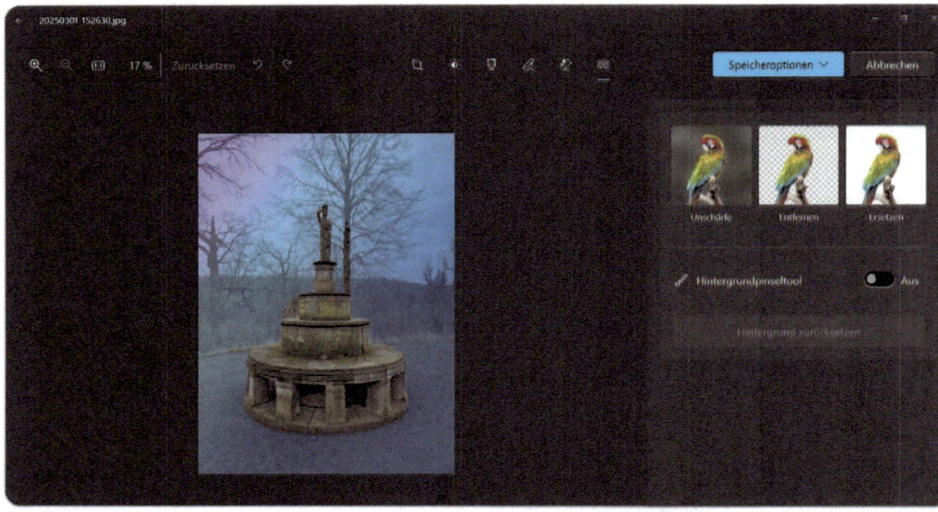

Bild 8.47 Wir haben hier die Option Unschärfe gewählt.

Bild 8.48 Das Ergebnis

9 Kommunikation & Organisation

9.1 Outlook für E-Mailversand und Kontaktverwaltung

Outlook
App

Outlook wird auch **Outlook für Windows** genannt; unter dieser Bezeichnung ist es auch im Microsoft Store zu finden.

Seit Anfang 2024 werden alle neuen Windows 11-Geräte (Windows 11, Version 23H2) mit der neuen Outlook-App ausgeliefert. Diese ersetzt die Apps Mail, Personen (Adressverwaltung) und Kalender. Zusammen mit der App Teams, zum Austausch von Kurznachrichten und Durchführen von Videotelefonaten, sind Sie gut gerüstet, um mit anderen in Kontakt zu bleiben. Vielleicht versenden Sie bis jetzt Ihre E-Mails via Browser durch Anmeldung bei einem Kommunikationsdienstleister wie z. B. gmx.de, web.de, outlook.de oder gmail.com. Der Vorteil der Verwendung einer App, wie der Outlook-App, ist, dass Informationen übersichtlicher aufbereitet und Werbeeinblendungen unterbunden werden. Außerdem ersparen Sie sich das Aufrufen im Browser.

Outlook für Windows unterstützt Outlook.com-, Outlook.de, Gmail-Konten, Yahoo, iCloud und Microsoft 365-Unternehmens-bzw. -Schulkonten, sowie die Übertragungsprotokolle IMAP und POP3.

Die Outlook-App ist in die Kritik geraten, da sie Ihre Zugangsdaten (Benutzername und Kennwort), die zwischen Ihnen und Ihrem Kommunikationsdienstleister ausgetauscht werden, auch auf einen Microsoft-Server überträgt. Zur Outlook-App für Windows gibt es kostenlose Alternativen, z. B. Mozilla Thunderbird. Diese E-Mail-App können Sie auch aus dem Microsoft Store herunterladen.

Noch ein Hinweis zum Bezeichnungswirrwarr: Neben der neuen kostenlosen Outlook-App (Outlook für Windows) gibt es auch kostenpflichtige Microsoft-Programme zur E-Mailverwaltung, die ebenfalls den Namen Outlook tragen (Outlook 2021, Outlook 2024, Outlook für Microsoft 365 etc.). In der Zukunft plant Microsoft alle E-Mail-Apps zu einem Programm zu vereinen.

Falls Sie Outlook für Windows auf Ihrem Gerät nicht finden, es steht auch zum Download im Microsoft Store zur Verfügung.

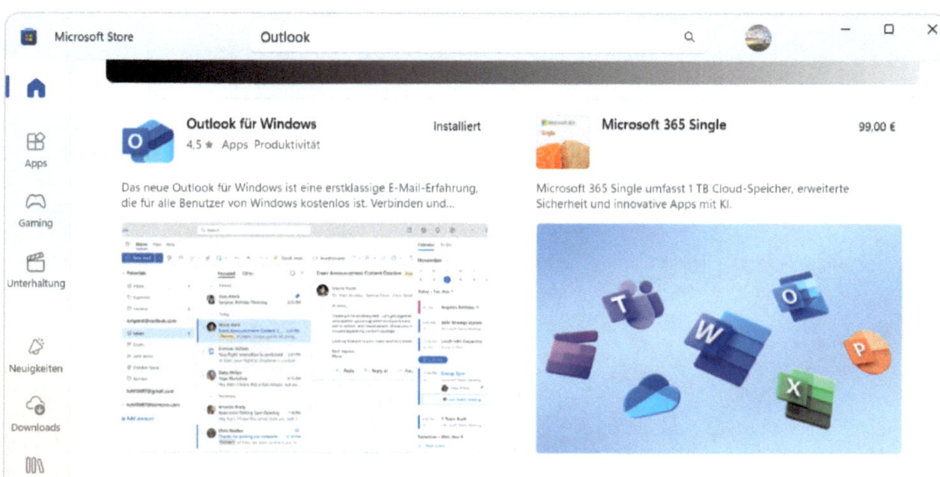

Bild 9.1 Download im Microsoft Store

Kontoinformationen eingeben

Um Outlook für Windows verwenden zu können, müssen Sie einmal Ihre Kontodaten (Benutzername - meist die E-Mail-Adresse - und Kennwort) hinterlegen. Öffnen Sie die App durch Anklicken des Symbols in der Taskleiste oder rufen Sie die Anwendung im Startmenü auf.

Angemeldet mit Microsoft-Konto und Microsoft E-Mail-Adresse

Outlook schlägt, wenn Sie mit einem Microsoft-Konto angemeldet sind, automatisch die E-Mail-Adresse dieses Kontos vor. Wenn Sie zusammen mit dem Microsoft-Konto eine Microsoft-E-Mail-Adresse (Sie erkennen eine Microsoft E-Mail-Adresse an der Endung @outlook.de, @outlook.com oder bei älteren Konten @hotmail.com oder @live.de) hinterlegt haben, können Sie durch Anklicken von *Weiter* direkt loslegen. Die Kontoeinrichtung wird vollzogen und dann die Programmoberfläche von Outlook angezeigt.

Im nächsten Schritt erhalten Sie Informationen zu den Daten die Microsoft erhebt und zu den geltenden Datenschutzeinstellungen. Durch Anklicken von *Mehr erfahren* werden weitere Informationen angezeigt. Bestätigen Sie mit *Weiter*. Im nächsten Fenster entscheiden Sie, ob Sie Microsoft weitere Daten zur Verfügung stellen möchten. Wählen Sie die gewünschte Option aus und bestätigen Sie mit *Annehmen*.

Bild 9.2 Anmeldung - E-Mail-Adresse eingeben

Bild 9.3 Anmeldung - Datenschutzeinstellungen

9.2 E-Mails erhalten und versenden

Outlook für Windows bietet neben dem E-Mail-Versand ❽ auch einen Kalender ❼, eine Adressverwaltung ❻ und den Zugriff auf externe Apps, wie z. B. Word oder To Do (Tool zur Aufgabenverwaltung). Sie wechseln zwischen den einzelnen Apps über die App-Leiste ❶.

Bedienoberfläche

Nach dem Start von Outlook wird der Bereich E-Mail ❽ geöffnet und der Posteingang angezeigt. Hier finden Sie alle E-Mails, die Sie in letzter Zeit erhalten haben.

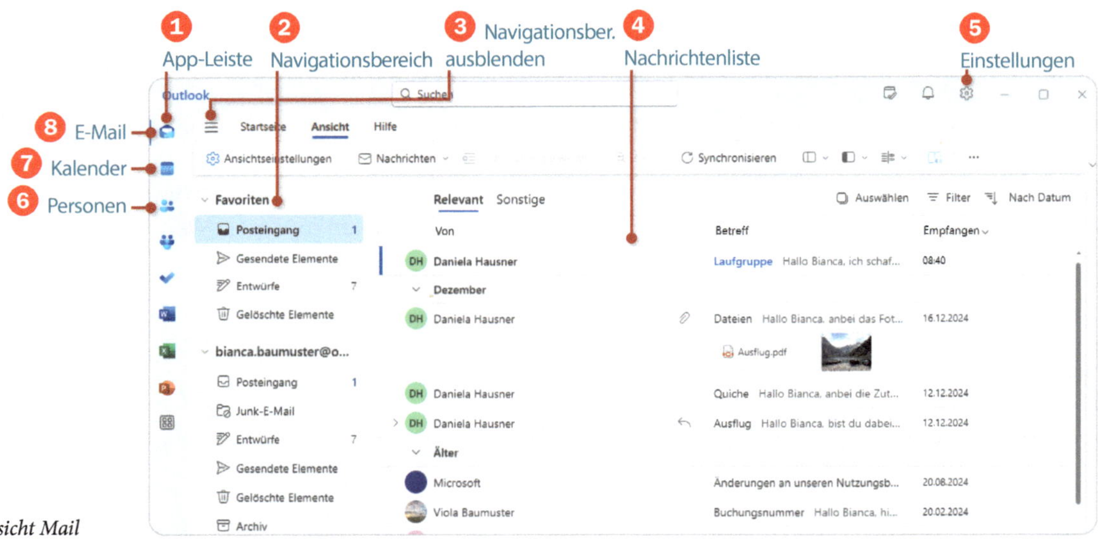

Bild 9.4 Übersicht Mail

- **Navigationsbereich ❷:** Der Navigationsbereich ist unterteilt in *Favoriten*, das verwendete E-Mail-Konto (Anzeige der hinterlegten Adresse) und der Option ein weiteres Konto hinzuzufügen. Unter *Favoriten* finden Sie die am häufigsten benötigten Ordner: *Posteingang*, *Gesendete Elemente*, *Entwürfe* und *Gelöschte Elemente*. Unter Ihrem E-Mail-Konto sehen Sie diese Ordner erneut und alle anderen, die zur Verfügung stehen. Klicken Sie auf Ihr Konto, um die Ordner anzuzeigen bzw. auszublenden. Durch Anklicken von ☰ ❸ links oben wird der Navigationsbereich aus- bzw. eingeblendet.
- **Nachrichtenliste ❹:** Rechts wird der Inhalt des ausgewählten Ordners angezeigt, im Beispiel oben der Inhalt des Posteingangs.
- Über die Schaltflächen *Kalender* ❼ bzw. *Personen* ❻ rufen Sie schnell die Bereiche Kalender bzw. Kontakte auf.
- Durch Anklicken des Zahnradsymbols ❺ öffnen Sie die Einstellungen.

Breite des Navigationsbereichs festlegen

Sie können die Breite des Navigationsbereichs an Ihre Wünsche anpassen. Zeigen Sie mit der Maus auf den Übergang zwischen Navigationsbereich und Nachrichtenliste. Ein Doppelpfeil wird angezeigt. Halten Sie die linke Maustaste gedrückt und ziehen Sie den Bereich auf die gewünschte Größe.

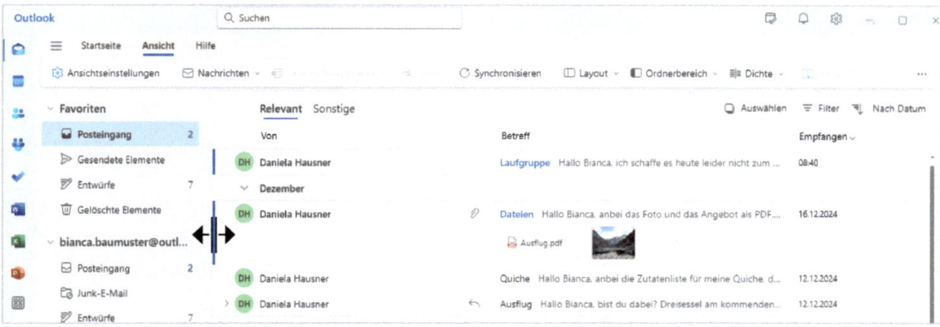

Bild 9.5 Breite des Navigationsbereichs verändern, Darstellung mit vergrößertem Mauszeiger

Funktion der E-Mail-Ordner

Zur Erinnerung: Alle vorhandenen Ordner werden angezeigt, wenn Sie im Navigationsbereich auf das E-Mail-Konto klicken.

- Im *Posteingang* sind alle empfangenen E-Mails gespeichert.
- Beim Senden werden alle E-Mails automatisch als Kopie im Ordner *Gesendet* gespeichert. Hier können Sie überprüfen, ob eine E-Mail, die Sie geschrieben haben, auch wirklich verschickt wurde.
  Andere E-Mail-Programme verfügen oft noch über einen Ordner *Postausgang*. In diesen werden versendete E-Mails verschoben und in der Regel gleich verschickt. Deshalb ist der Ordner meist leer. Falls sich E-Mails in diesem Ordner befinden, so wurden diese noch nicht versendet, z. B. weil Sie gerade offline arbeiten, also ohne Verbindung zum Internet. In Outlook für Windows erhalten Sie einen Hinweis, falls eine E-Mail nicht verschickt werden kann. Es gibt keinen Postausgang.
- Unerwünschte E-Mails, z. B. Werbe-Mails, werden beim Empfangen automatisch in den Ordner *Junk-E-Mail* verschoben. Dafür sorgen spezielle Filter, die von Ihrem E-Mail-Anbieter betrieben werden. Bei anderen Anbietern wird dieser Ordner auch als Spam oder Werbung bezeichnet.
- Im Ordner *Gelöschte Elemente* (Papierkorb) befinden sich alle E-Mails, die gelöscht wurden. Sie sollten den Inhalt dieses Ordners von Zeit zu Zeit leeren.
- Alle E-Mails, die Sie verfassen und nicht senden, werden im Ordner *Entwürfe* gespeichert und ggf. für eine spätere Versendung aufbewahrt.

> Name und Anzahl der angezeigten Ordner sind abhängig vom verbundenen Konto. Für dieses Beispiel wurde ein Outlook.de-Konto verwendet. Bei Gmail- oder Yahoo-Konten weichen einige Ordner ab.

Zusätzliche Ordner an die Favoriten anheften

Gibt es einen weiteren wichtigen Ordner, den Sie gerne oben im Navigationsbereich in den *Favoriten* anzeigen möchten? Klicken Sie zunächst ggf. auf Ihr E-Mail-Konto ❶, um alle verfügbaren Ordner aufzulisten. Klicken Sie dann den gewünschten Ordner ❷ mit einem Rechtsklick an und wählen im Kontextmenü *Zu Favoriten hinzufügen* aus.

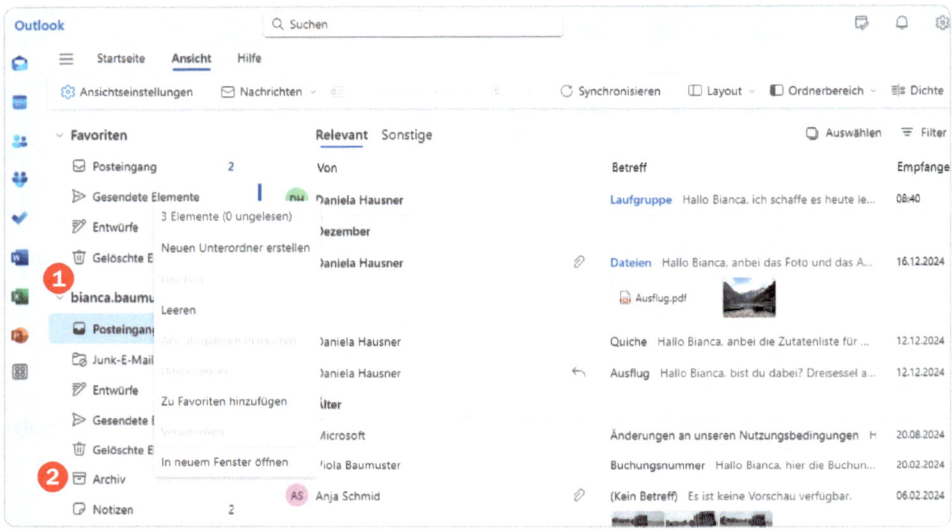

Bild 9.6 Weiteren Ordner zu den Favoriten hinzufügen

E-Mails erhalten

Benachrichtigung über den Eingang einer neuen Nachricht

Die Benachrichtigung kann ausgeschaltet werden.

Beim Eingang einer neuen E-Mail erhalten Sie eine Benachrichtigung im rechten unteren Bereich des Bildschirms, auch wenn die App Mail geschlossen ist. Durch Anklicken der Benachrichtigung wird die App Mail ggf. geöffnet und der Inhalt der E-Mail angezeigt. In der Meldung stehen Bearbeitungsmöglichkeiten zur Verfügung, mit *Kennzeichnen* markieren Sie die E-Mail gleich als wichtig.

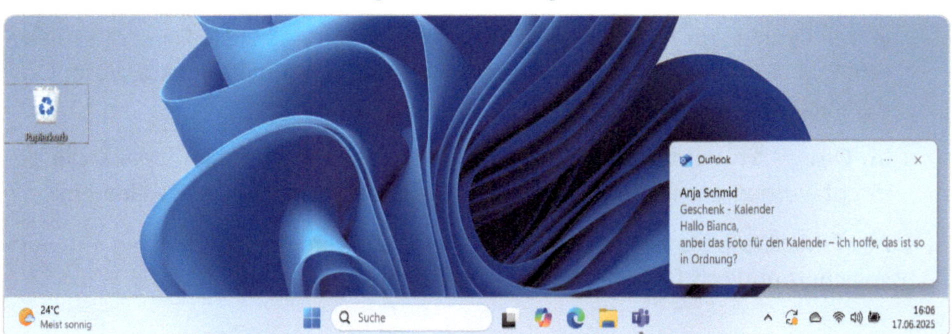

Bild 9.7 Benachrichtigung neue E-Mail

E-Mail lesen

Die Zahl bei *Posteingang* gibt an, wie viele neue, noch nicht gelesene E-Mails Sie erhalten haben. Im Posteingang selbst erkennen Sie ungelesene E-Mails am farbig hervorgehobenen Betreff und dem senkrechten Balken vor der E-Mail.

- Sobald Sie in der Nachrichtenliste auf die Mail klicken, wird deren Inhalt angezeigt.

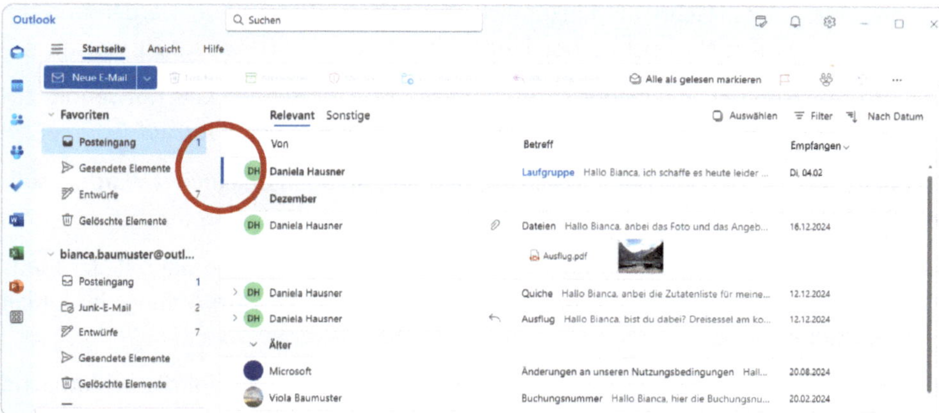

Bild 9.8 Neue Nachricht erhalten

- Um die Nachricht wieder zu verlassen, wählen Sie entweder im Navigationsbereich einen Ordner aus oder klicken auf das Schließen-Symbol ❶ im Nachrichtenbereich (nicht das Fenster schließen).
- Mit den Pfeilschaltflächen ❷ können Sie zwischen den E-Mails hin und her wechseln.

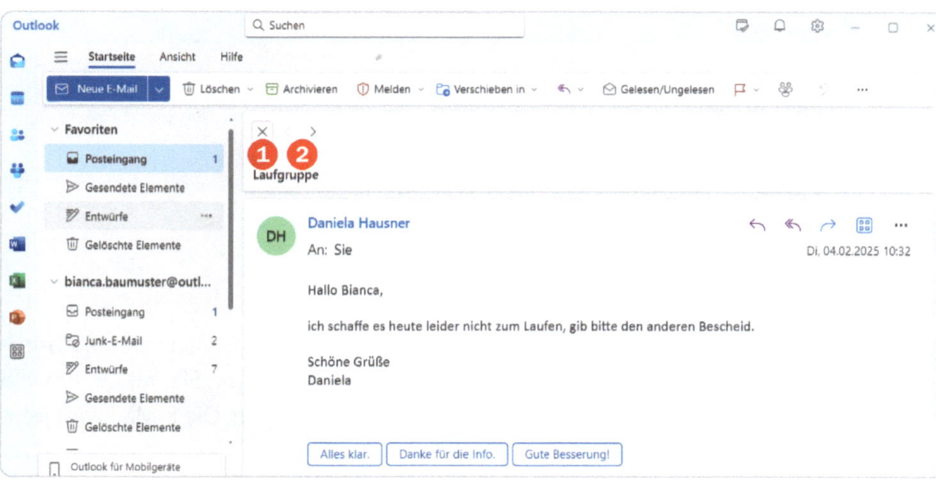

> Achtung! Bei Verwendung eines kostenlosen Outlook.de-Kontos wird der Speicherbedarf der Mails auf das OneDrive-Kontingent angerechnet. Damit sind die 5GB schnell aufgebraucht.

E-Mail vermisst!

Sie warten auf eine E-Mail und diese wird einfach nicht zugestellt. Dann sollten Sie im Ordner *Junk-E-Mail* nachsehen. Junk-E-Mail ist eine Bezeichnung für unerwünschte Werbung. Die meisten Anbieter von E-Mail-Postfächern versuchen, Werbemails herauszufiltern. Verdächtige E-Mails werden automatisch in den Ordner Junk-E-Mail verschoben. Darauf kann man sich aber nicht immer verlassen.

Es kommt vor, dass Nachrichten irrtümlich als Werbemail eingestuft werden und die sehnlichst erwartete Nachricht schon längst im Ordner *Junk-E-Mail* auf Sie wartet.

- Zur Anzeige des Inhalts des Ordners Junk-E-Mail klicken Sie falls notwendig zunächst auf Ihr E-Mail-Konto ❶ zur Anzeige aller Ordner und dann auf *Junk-E-Mail*.

Da bei vermeintlichen Werbemails alle enthaltenen Anlagen deaktiviert wurden, sollten Sie die Nachricht wieder in den Ordner Posteingang verschieben:

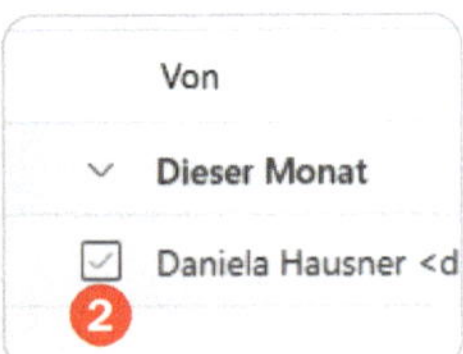

- Markieren Sie die E-Mail im Ordner *Junk-E-Mail*: Dazu zeigen Sie mit der Maus auf die E-Mail und klicken dann in das Kästchen ❷, das am Anfang der E-Mail erscheint.
- Klicken Sie in der Bearbeitungsleiste, Register *Startseite* ❸ auf die Schaltfläche *Verschieben in* ❹ und wählen *Posteingang*.

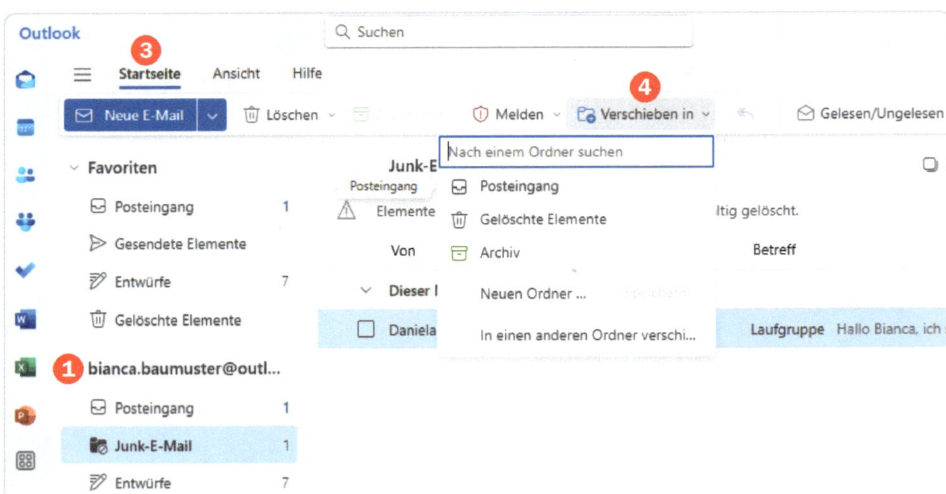

Bild 9.9 Doch kein Junk-E-Mail

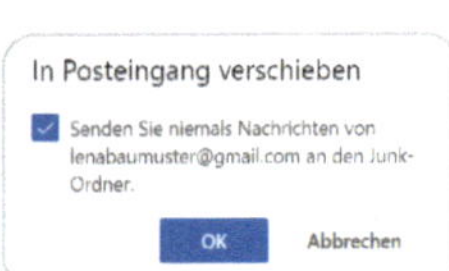

- Im nächsten Fenster entscheiden Sie, was mit zukünftigen E-Mails dieses Absenders geschehen soll. Belassen Sie das Häkchen und bestätigen Sie mit *Ok*, um alle Mails dieser Person von jetzt an im Posteingang anzuzeigen. Die E-Mail wird jetzt in den Posteingang verschoben.

E-Mails schreiben und versenden

Neue E-Mail verfassen

Standardmäßig ist das Register *Startseite* ausgewählt. Hier finden Sie in der Bearbeitungsleiste die Schaltfläche zur Anzeige eines neuen E-Mail-Formulars. Wird der Inhalt dieses Registers nicht angezeigt, klicken Sie auf *Startseite*.

Tipp: Zum Verfassen einer Nachricht in einem separaten Fenster klicken Sie auf *In neuem Fenster öffnen*.

Zum Schreiben einer neuen E-Mail klicken Sie in der Bearbeitungsleiste auf *Neue E-Mail*. Ein Nachrichtenformular wird angezeigt. Das Register *Nachricht* ist ausgewählt.

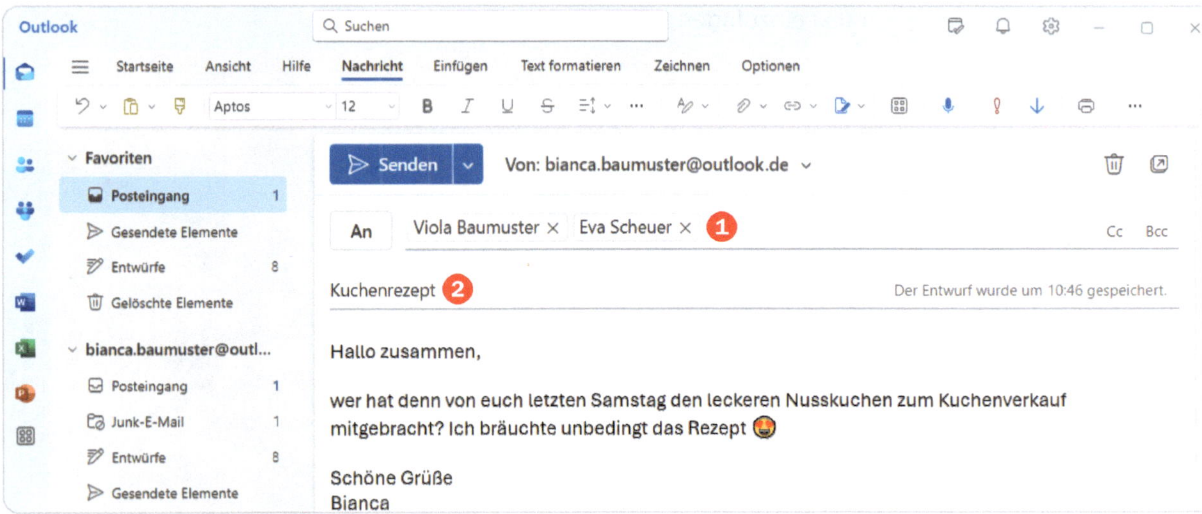

Bild 9.10 Nachrichtenformular

1. **E-Mail-Adresse eingeben:** Klicken Sie in das Eingabefeld bei *An:* und tragen Sie hier die vollständige E-Mail-Adresse des Empfängers ein. Drücken Sie die Enter-Taste, um die Eingabe zu bestätigen oder klicken Sie auf *Diese Adresse verwenden*. Sofern die E-Mail-Adresse des Empfängers schon gespeichert ist, wird nach Eingabe der ersten Buchstaben die komplette Adresse angezeigt. Durch Anklicken übernehmen Sie diese. Durch die beschriebenen Vorgehensweisen wird die E-Mail-Adresse im Feld *An* in einem Container angezeigt. Dadurch können, falls gewünscht, gleich mehrere Empfänger eingegeben werden. Mit einem Klick auf das x-Symbol wird die Adresse wieder entfernt.

Wie Sie Adressen in Outlook speichern, erfahren Sie auf Seite 356.

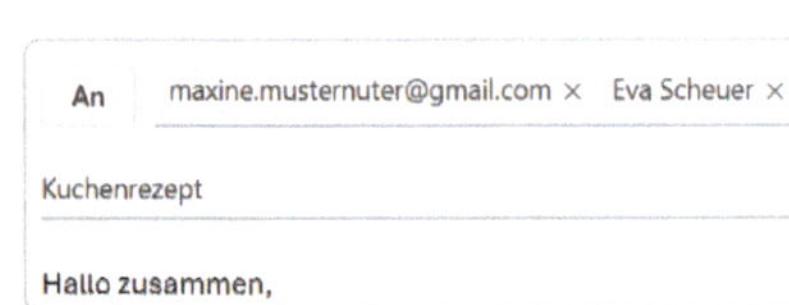

2. **Betreff eingeben:** Klicken Sie in die Zeile *Betreff hinzufügen* und geben Sie einen kurzen Text ein, z. B. *Kuchenrezept*. Dieser ist zwar nicht zwingend erforderlich, liefert aber dem Empfänger einen ersten Hinweis auf den Inhalt.

3 **Nachricht eingeben:** Klicken Sie dann in das Feld darunter und geben Sie Ihren Nachrichtentext in beliebiger Länge ein.

Emoji einfügen: Emojis sind kleine Bilder, die E-Mails bunter machen. Sie finden diese im Register *Einfügen* unter *Emoticon (Emoji)*. Rechts öffnet sich ein Seitenbereich. Über das Suchfeld können Sie auch nach bestimmten Emojis suchen.

Im Register tippen Sie auf ☺, zur Anzeige von Smileys. Es folgen Personen, Tiere und Natur, Nahrungsmittel und Getränke, Reisen und Orte, Objekte und zu guter Letzt Symbole. Klicken Sie das gewünschte Emoji an, um es an der Cursorposition im Text einzufügen.

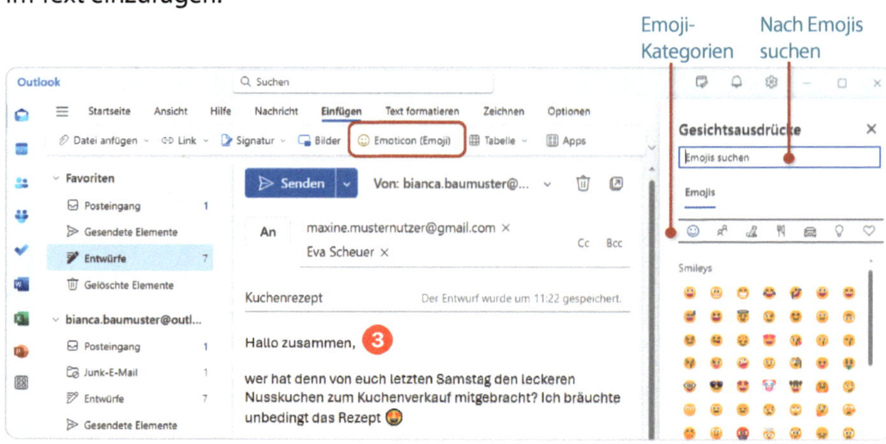

Bild 9.11 Emoji einfügen

4 **E-Mail senden:** Zuletzt klicken Sie auf *Senden*. Zum erneuten Betrachten der versendeten E-Mail klicken Sie im Navigationsbereich auf den Ordner *Gesendete Elemente*.

5 **E-Mails verwerfen:** E-Mails werden, während Sie diese verfassen, automatisch im Ordner *Entwürfe* gespeichert. Ob die Nachricht bereits gespeichert wurde, sehen Sie am Ende der Betreffzeile durch einen Infotext. Wenn Sie die Nachricht versenden, wird der Entwurf aus dem Ordner *Entwürfe* entfernt. Falls Sie eine E-Mail begonnen haben, Sie diese aber nicht senden möchten und auch später nicht mehr benötigen, klicken Sie rechts oben auf das Papierkorbsymbol. Bestätigen Sie dann mit *Ok*.

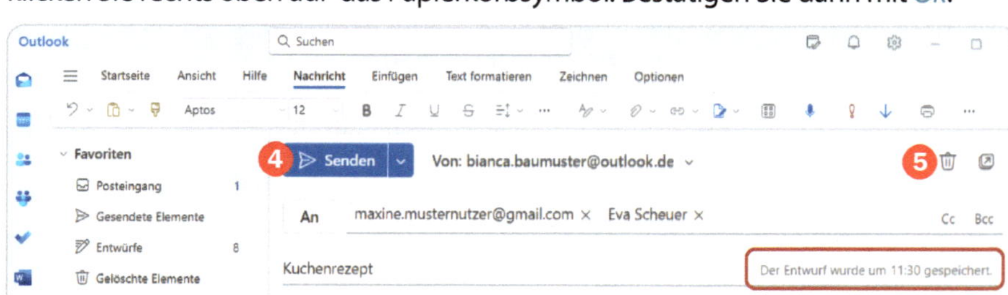

Bild 9.12 E-Mail senden oder verwerfen

Wissenswertes zur E-Mail-Adresse

- Eine vollständige E-Mail-Adresse wird in der Form **name@anbieter.xx** geschrieben. Das @-Zeichen geben Sie mit den Tasten **AltGr** + *Q* ein.
- Achten Sie bei der E-Mail-Adresse auf korrekte und vollständige Schreibweise und vergessen Sie nach dem Anbieter das Kürzel z. B. *.de* oder *.com* nicht! Wie bei Telefonnummern kann schon das Vertauschen zweier Buchstaben dazu führen, dass die E-Mail beim falschen Empfänger landet oder nicht zugestellt werden kann.

> Mail-Adressen, die Sie vollständig eintippen und die nach dem Wechsel in das nächste Feld verkürzt angezeigt werden, wurden automatisch verändert. Grund ist, dass die Adresse bereits in den Kontakten gespeichert ist. Die E-Mail kann zugestellt werden.

- Wenn die E-Mail-Adresse einer Person bereits in Ihrem Adressbuch gespeichert wurde, erscheinen nach Eingabe der ersten Zeichen der Adresse ein oder mehrere Vorschläge ❶, die Sie durch Anklicken übernehmen können.

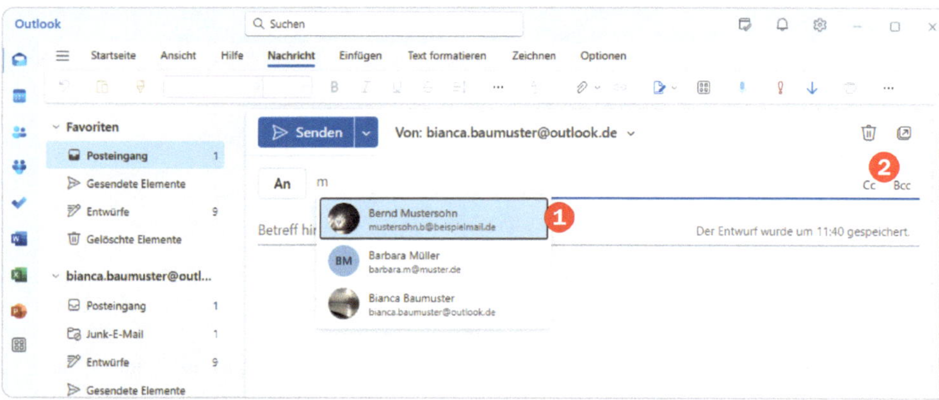

E-Mail an mehrere Empfänger senden

- Durch Anklicken von *Cc und Bcc* ❷ (Abbildung oben) rechts neben dem Feld *An* fügen Sie der E-Mail zwei weitere Zeilen für Empfänger-Adressen hinzu.
  - Im Feld *Cc* geben Sie an, wer eine Kopie der E-Mail erhalten soll. Auch hier können Sie mehrere Empfänger eintragen bzw. auswählen. Personen, die Sie in das Feld *Cc* eintragen, sollen nur über den Inhalt informiert werden, es wird keine weitere Aktion erwartet.
  - Empfänger, die Sie in das Feld *Bcc* eintragen, sind für die anderen Empfänger nicht sichtbar.
- Wenn Sie mehrere Adressen in eine Zeile eingeben möchten, wählen Sie diese einfach nacheinander aus. Müssen Sie die Adresse eintippen, weil sie nicht gespeichert ist, drücken Sie am Ende der Adresseingabe die Enter-Taste. Dann können Sie die nächste Adresse auswählen.

Andere E-Mail-Programme verwenden zur Trennung mehrerer Adressen einen Semikolon (;), der zum Teil auch händisch eingegeben werden muss.

Empfänger einer Nachricht besonders erwähnen

Wenn Sie eine Nachricht an mehrere Kontakte senden, aber innerhalb der E-Mail eine Person besonders ansprechen möchten, bedienen Sie sich der Funktion *Erwähnung*.

- Dazu geben Sie unten im Nachrichtentext das @-Zeichen ein gefolgt von den ersten Buchstaben der Adresse ❸. Sie erhalten eine Liste mit Adressen des Kontaktordners. Hier wählen Sie die Gewünschte durch Anklicken aus.

Erwähnen Sie eine Adresse im Text, die kein Adressat ist, so wird die Adresse im Feld *An* hinzugefügt. Hinter dem Namen kann dann direkt der entsprechende Text eingegeben werden.

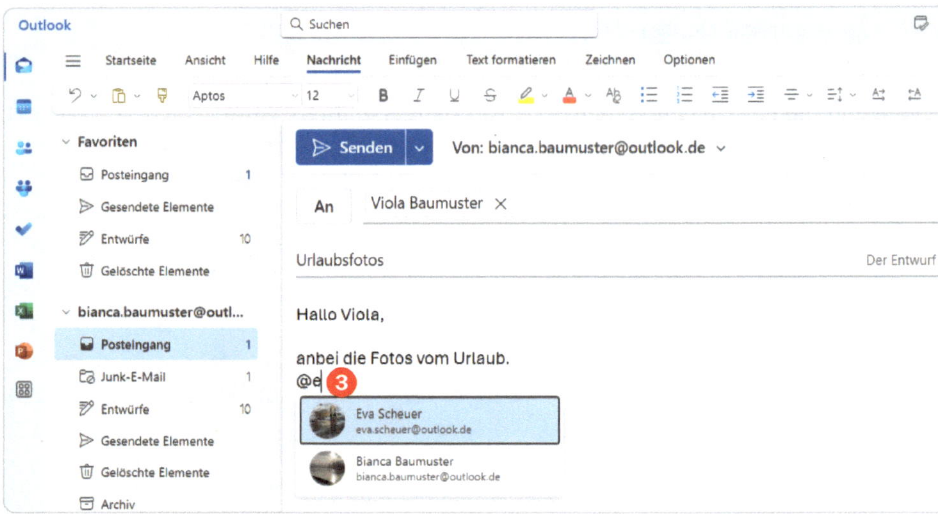

Bild 9.13 Einen Empfänger besonders erwähnen.

Wenn man in einer E-Mail erwähnt wurde, erkennt man das schon in der Nachrichtenliste am @-Symbol ❹. Sie können im Posteingang ganz leicht nur Nachrichten anzeigen, in denen Sie erwähnt wurden.

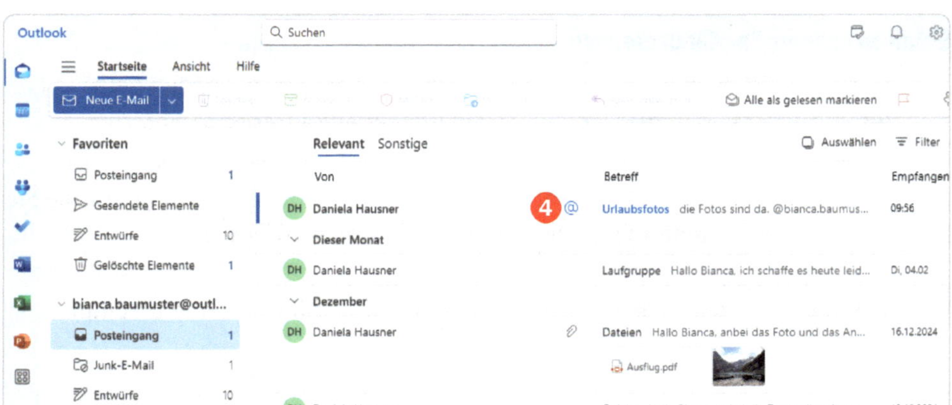

Bild 9.14 E-Mail in der man erwähnt wurde.

Begonnene E-Mails fertigstellen oder verwerfen

Jede von Ihnen verfasste E-Mail wird, wie bereits erwähnt, zunächst automatisch im Ordner *Entwürfe* gespeichert. Das hat zwei gute Gründe:

- Wenn Sie während des Schreibens einer E-Mail auf einen Ordner klicken, wird die E-Mail, die Sie gerade verfassen, nicht mehr angezeigt. Sie finden Sie wieder im Ordner *Entwürfe*.
- Sie haben mit dem Schreiben einer Nachricht begonnen, können Sie jetzt aber nicht fertigstellen. Kein Problem, verlassen Sie das Fenster einfach, die Nachricht wurde im Ordner *Entwürfe* gespeichert. Dort rufen Sie diese erneut auf.

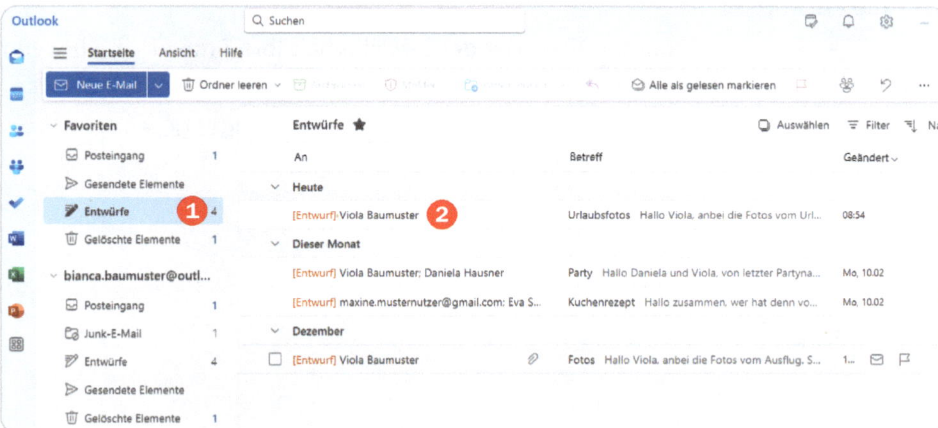

Bild 9.15 Ordner Entwürfe

- **E-Mail vervollständigen und versenden:** Klicken Sie den Ordner Entwürfe ❶ an, um alle nicht versendeten E-Mails anzuzeigen und wählen Sie durch Anklicken ❷ die E-Mail aus, die Sie bearbeiten und/oder versenden möchten. Fügen Sie die fehlenden Informationen hinzu und klicken Sie auf *Senden* ❸.
- **Nachrichten verwerfen:** E-Mails, die Sie begonnen haben zu schreiben, aber doch nicht verwenden wollen, sollten Sie durch Anklicken der Schaltfläche *Verwerfen* ❹ löschen. Bestätigen Sie die Sicherheitsabfrage mit *OK*. So bleibt der Ordner *Entwürfe* übersichtlich und enthält keine E-Mail-Leichen. Die Schaltfläche *Verwerfen* steht Ihnen schon beim Verfassen der Nachricht zur Verfügung.

Nachrichten können natürlich auch über die Schaltfläche *Löschen* aus dem Ordner Entwürfe entfernt werden. Lesen Sie dazu mehr im Kapitel Verwaltung von E-Mails.

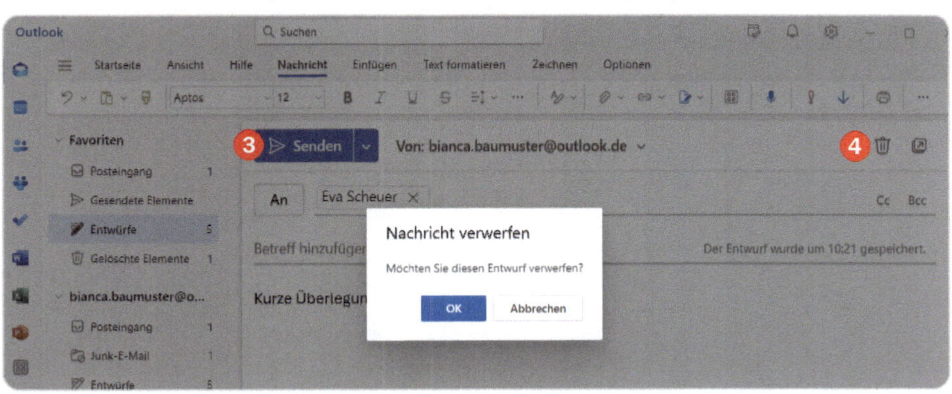

Bild 9.16 E-Mail versenden oder verwerfen

Eine Antwort verfassen

Oft ist es praktischer keine **„neue“** E-Mail zu verfassen, sondern auf eine empfangene Nachricht gleich zu antworten. Dadurch eröffnen sich verschiedene Vorteile: Die Empfängeradresse wird automatisch eingetragen. Der Betreff wird weiterverwendet. Der Text der E-Mail, auf die Sie antworten, wird angehängt. In einer E-Mail-Konversation, die immer mit gegenseitigem Antworten geführt wird, enthält die letzte E-Mail alle bisherigen Nachrichten. Es entsteht sozusagen ein Konversationsprotokoll.

- Zeigen Sie den Posteingang an und klicken Sie die E-Mail an, auf die Sie antworten möchten. Auf der rechten Seite finden Sie die beiden Pfeilschaltflächen für die Antwort ❶.
  - *Antworten* : Nur der Absender der E-Mail erhält Ihre Antwort, auch wenn die E-Mail an mehrere Empfänger versendet wurde.
  - *Allen antworten* : Falls die E-Mail an mehrere Empfänger gesendet wurde, so erhalten alle Ihre Antwort.

Bild 9.17 Auf eine E-Mail antworten

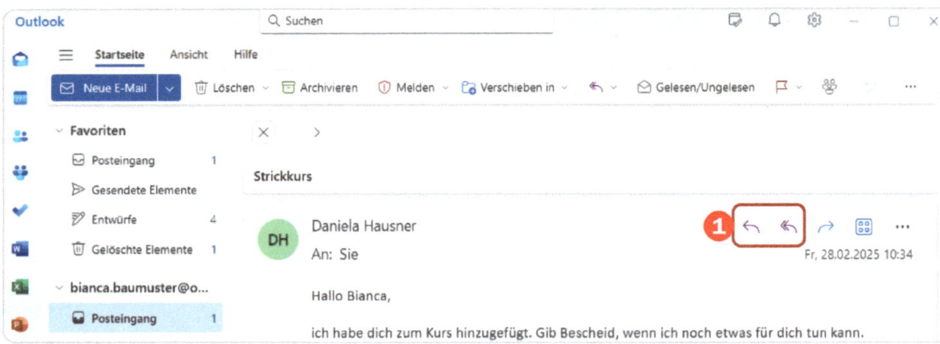

Nach Auswahl von *Antworten* bzw. *Allen antworten* wird ein neuer Nachrichtenbereich angezeigt. Die Empfängeradresse ist bereits eingetragen und dem Betreff wurde ein **„AW:“** (=Antwort) ❷ vorangestellt. So sieht der Empfänger, dass Sie auf eine seiner E-Mails geantwortet haben. Die ursprüngliche Nachricht ❸ wird im Nachrichtenformular unten angezeigt.

- Tippen Sie Ihren Antworttext ein und klicken Sie dann auf *Senden*.

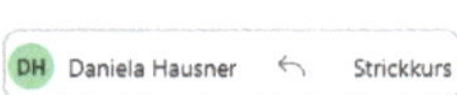

Wenn Sie auf eine E-Mail geantwortet haben, erhält diese in der Nachrichtenliste einen Pfeil nach links.

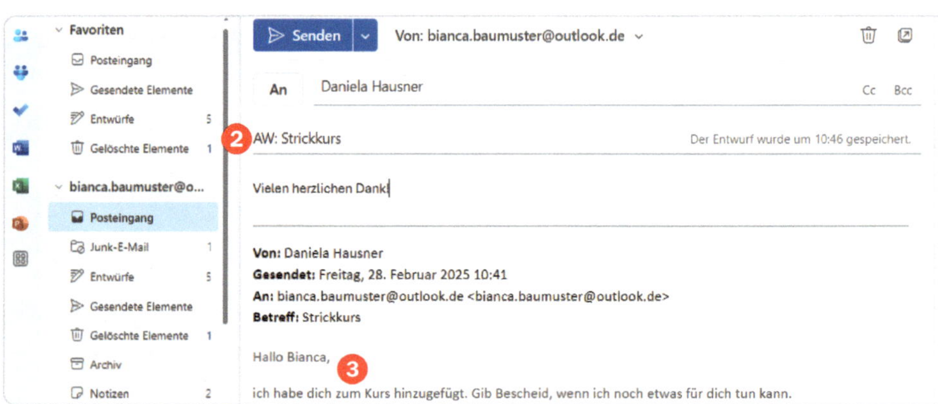

E-Mail weiterleiten

Manche E-Mails, die Sie erhalten, sind auch für eine dritte Person von Interesse. Damit Sie nicht umständlich die Inhalte von E-Mail zu E-Mail kopieren müssen, gibt es die Funktion *Weiterleiten*. Mit dieser können Sie ganz einfach eine erhaltene Mail an Dritte senden. Dazu klicken Sie in der geöffneten Mail auf den blauen Pfeil für *Weiterleiten* ❶. Am unteren Rand der Mail werden die Schaltflächen für *Antworten* und *Weiterleiten* ❷ angezeigt. Sie können auch diese benutzen.

Die E-Mail, die Sie an eine andere Person weitergeleitet haben, erhält in der Nachrichtenliste einen Pfeil nach rechts.

Oberhalb der ursprünglichen Nachricht erscheint die Zeile *An* zum Eintragen der Empfängeradresse. Dem Betreff wird ein **WG:** (Weiterleitung) vorangestellt. Wie beim Antworten fügen Sie Ihren Text hinzu und klicken dann auf *Senden*.

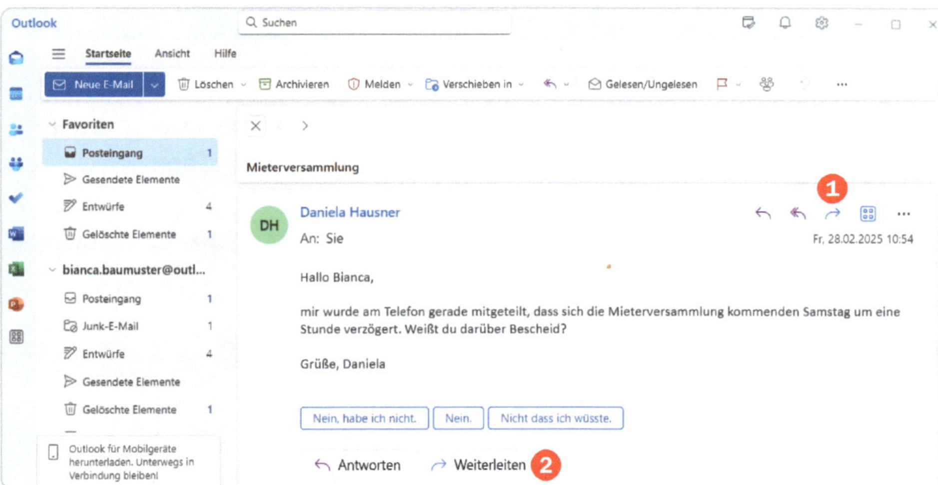

Fotos und andere Dateien versenden

Als Anlage zu einer E-Mail können Fotos, PDFs, Word-Dokumente etc. versendet und empfangen werden. Antworten Sie auf eine E-Mail, die eine Anlage enthält, wird diese **nicht** in die Antwort-E-Mail integriert. Leiten Sie eine E-Mail mit Anlage weiter, wird auch die Anlage weitergeleitet.

Datei anfügen und versenden

- Erstellen Sie eine neue E-Mail, tragen Sie den bzw. die Empfänger ein und geben Sie einen Betreff und eine Mitteilung ein.
- Klicken Sie dann im Register *Nachrichten* auf das Büroklammersymbol ❶. Hier werden die zuletzt erstellten Dateien ❷ angezeigt. Falls das Passende bereits dabei ist, klicken Sie es an; falls nicht, wählen Sie *Diesen Computer durchsuchen*.

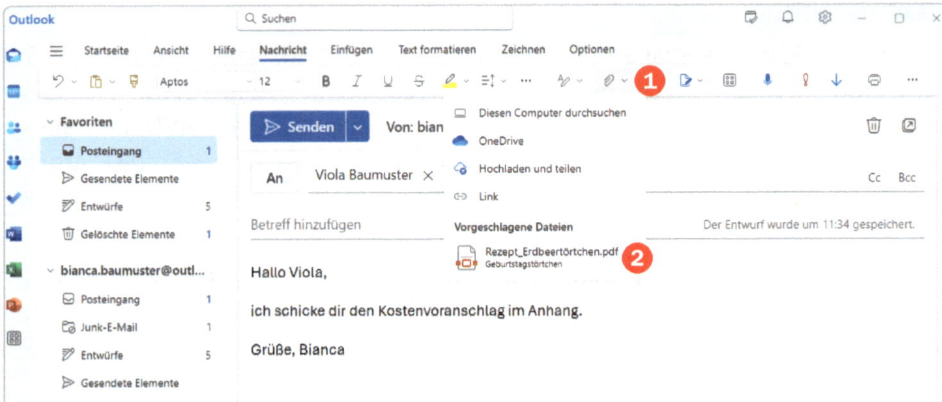

Bild 9.18 E-Mail mit Anhang

- Das Fenster *Öffnen* erscheint. Navigieren Sie zum Speicherort der Datei bzw. Ihres Fotos. Markieren Sie die Datei durch Anklicken ❸ und klicken Sie dann auf *Öffnen* ❹. Wiederholen Sie den Vorgang, um weitere Dateien aus anderen Ordnern hinzuzufügen.

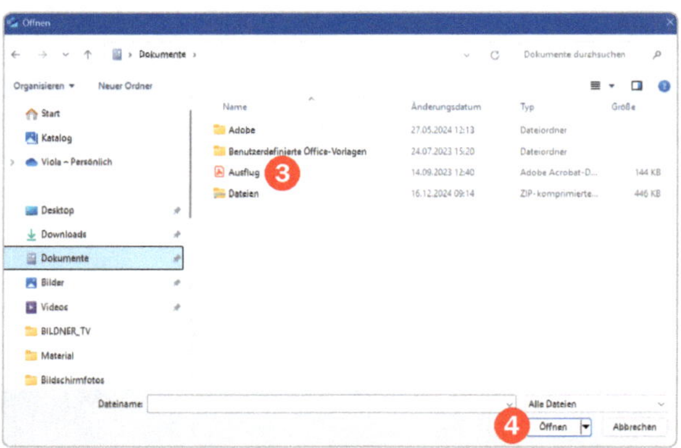

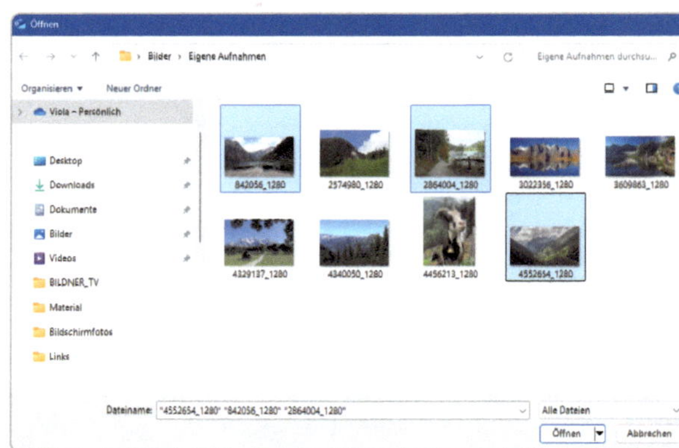

> **Mehrere Bilder markieren:**
> Falls Sie gleich mehrere Bilder via E-Mail verschicken möchten, markieren Sie das erste Bild, halten dann die Strg-Taste gedrückt und klicken auf ein weiteres Bild usw. Nachdem Sie alle gewünschten Bilder markiert haben, klicken Sie auf *Öffnen*.

- Die ausgewählten Dateien ❺ werden nun im Nachrichtenformular angezeigt. Klicken Sie auf *Senden*, um die E-Mail samt Fotos oder anderer Dateien an den Empfänger der Nachricht zu schicken.

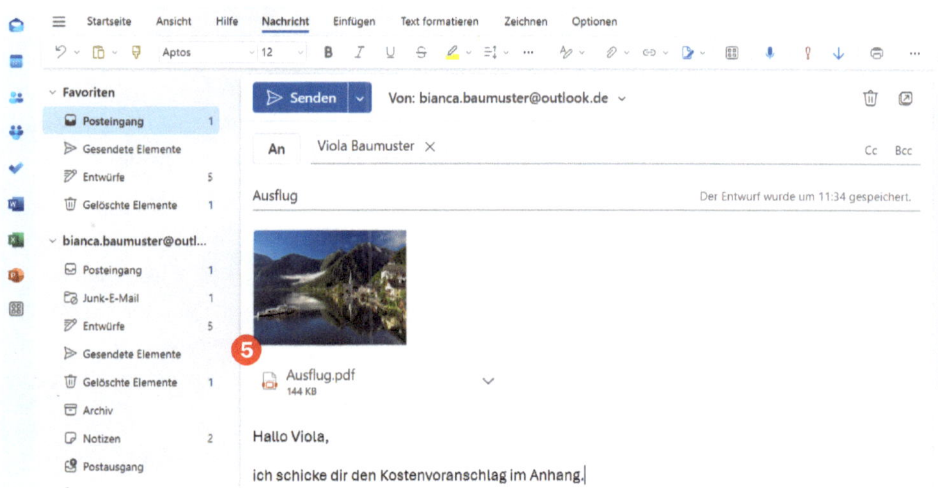

Bild 9.19 In diesem Beispiel wurden an die E-Mail ein Foto und eine PDF-Datei angehängt.

Achtung: Es können nicht beliebig viele Bilder verschickt werden!
Wenn Sie mehrere große Dateien auswählen, erhalten Sie bereits beim Versuch, die Dateien hinzuzufügen eine Meldung. Mit der Option *Als Kopie anfügen* hängen Sie die Bilder an Ihre E-Mail an.

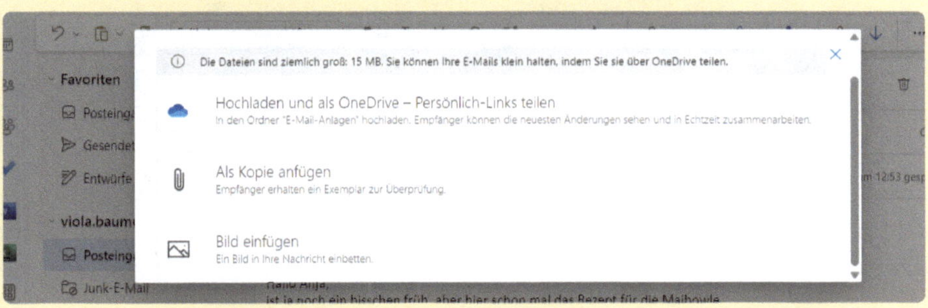

Bei einigen E-Mail-Anbietern dürfen Dateianhänge eine Gesamtgröße von 20 MB nicht überschreiten. Dabei ist es unerheblich, ob es sich um eine oder mehrere Dateien handelt. Die Dateigröße wird Ihnen im Nachrichtenformular bei der Datei angezeigt ❻, für die Größe von Bildern müssen Sie auf das angehängte Bild mit der Maus zeigen. Falls Sie eine Anlage entfernen möchten, klicken Sie auf den Pfeil ❼ und wählen *Anlage entfernen* aus.

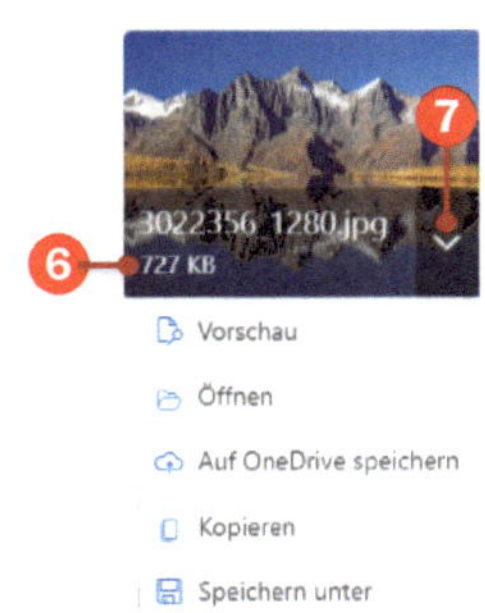

Was tun, wenn Sie eine Anlage erhalten?

E-Mails mit einer angefügten Datei sind im Posteingang am Büroklammer-Symbol ❶ leicht zu erkennen. Handelt es sich bei der Dateianlage um ein Bild, so sehen Sie eine Vorschau. Bei anderen Dateitypen sehen Sie nur den Dateinamen.

- Zur Anzeige klicken Sie das Bild, das PDF oder eine andere Art von Dateianhang ❷ an. Soweit möglich, zeigt Outlook den Dateiinhalt als Vorschau an. Schließen Sie die Vorschau über das x-Symbol ❸ auf der rechten Seite.

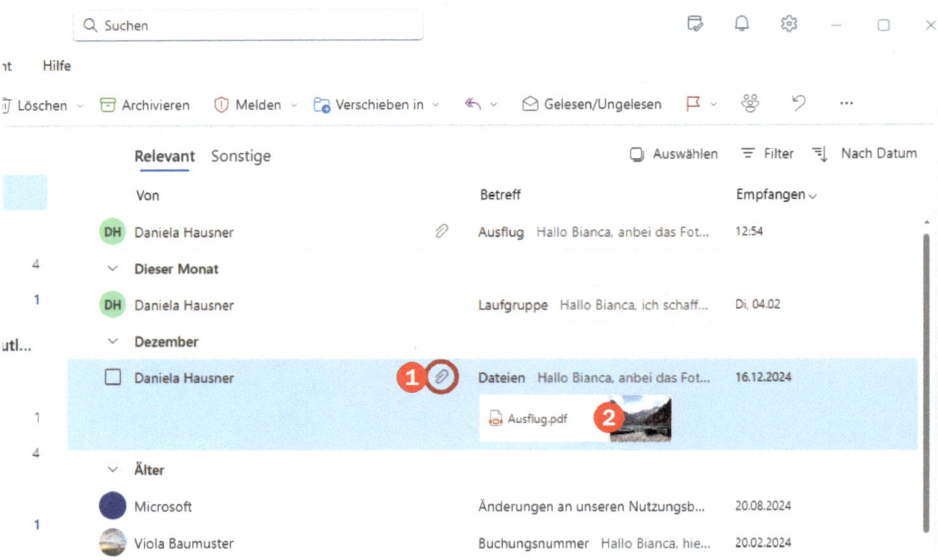

Bild 9.20 E-Mail-Anhang in der Nachrichtenliste

Bild 9.21 E-Mail-Anhang Vorschau

Dateianlagen speichern

Sie können den Dateianhang auch in einem lokalen Ordner, z. B. *Dokumente* oder *Bilder* speichern. Damit die Datei geöffnet und bearbeitet werden kann, benötigen Sie das passende Programm auf Ihrem Computer.

- **Variante 1:** Wenn Sie den Anhang bereits als Vorschau anzeigen, wie im Beispiel oben, können Sie die Datei durch Anklicken von *Speichern unter* ❹ (Grafik oben) auf dem Computer speichern. Das Fenster Speichern unter wird geöffnet. Wählen Sie den gewünschten Speicherort, kontrollieren Sie den Dateinamen und klicken Sie auf *Speichern*.
- **Variante 2:** Öffnen Sie die E-Mail. Tippen Sie bei der Anlage auf das Pfeilsymbol ❺ und wählen Sie *Speichern unter* aus. Bestimmen Sie dann den Speicherort und klicken Sie auf *Speichern*. Bei einem Bildanhang müssen Sie zunächst mit der Maus auf den Anhang zeigen, dann erst wird das Pfeilsymbol eingeblendet.

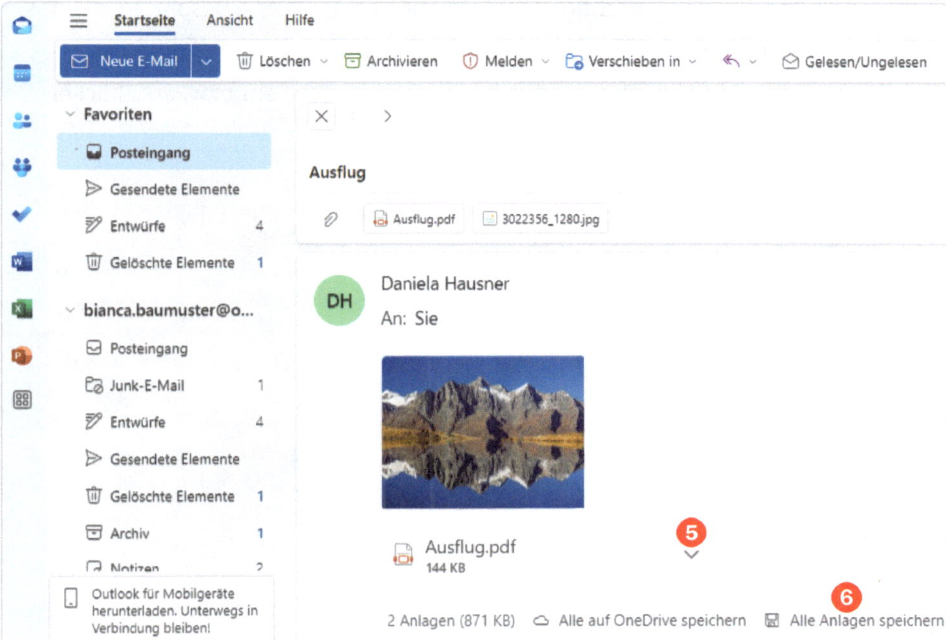

Bild 9.22 E-Mail-Anhang speichern

- Wenn Sie gleich mehrere Bilder oder Dateien in einer E-Mail erhalten haben, können Sie über *Alle Anlagen speichern* ❻ alle Dateien gemeinsam herunterladen. Diese werden dann in einer zip-Datei im Ordner *Downloads* abgelegt. Nachteil ist, dass Sie die zip-Datei dann zunächst entpacken und die einzelnen Dateien an die gewünschten Speicherorte verschieben müssen.

Vorsicht bei unbekannten Absendern!

Angefügte Dateien können Schadprogramme enthalten und ein Sicherheitsrisiko für Ihren Computer sein! Öffnen Sie daher keine Anlagen von unbekannten Absendern, insbesondere wenn diese Ihnen Hauptgewinne oder kostenlose Software versprechen. Löschen Sie diese E-Mails am besten sofort!

Vorsicht auch bei E-Mails, die vorgeben, von Ihrer Bank oder einem Internet-Shop zu stammen und Sie auffordern, Ihre Kundendaten zu bestätigen. Dabei handelt es sich meist um Versuche von Betrügern, an Ihre persönlichen Zugangsdaten zu gelangen, um diese zu Missbrauchszwecken einzusetzen.

Meist werden derartige Anlagen von Ihrer Antivirensoftware erkannt und unschädlich gemacht. Sollte eine Dateianlage schädliche Software enthalten, so wird diese erst beim Öffnen aktiv.

Anzeigeoptionen in Outlook für Windows

Favoriten im Navigationsbereich anzeigen bzw. ausblenden

Zu den Favoriten können verschiedene E-Mail-Ordner hinzugefügt werden. Dieselben Ordner finden Sie auch unter Ihrem E-Mail-Konto. In den Favoriten treffen Sie eine Auswahl und zeigen die für Sie wichtigen Ordner oben an. Das kann besonders dann von Vorteil sein, wenn Sie mehrere E-Mail-Konten mit Outlook verbunden haben.

- Sie blenden den Favoritenbereich im Register *Ansicht* ein bzw. aus. Klicken Sie auf die Schaltfläche *Ordnerbereich* ❶ und dann auf *Favoriten anzeigen* bzw. *Favoriten ausblenden* ❷.

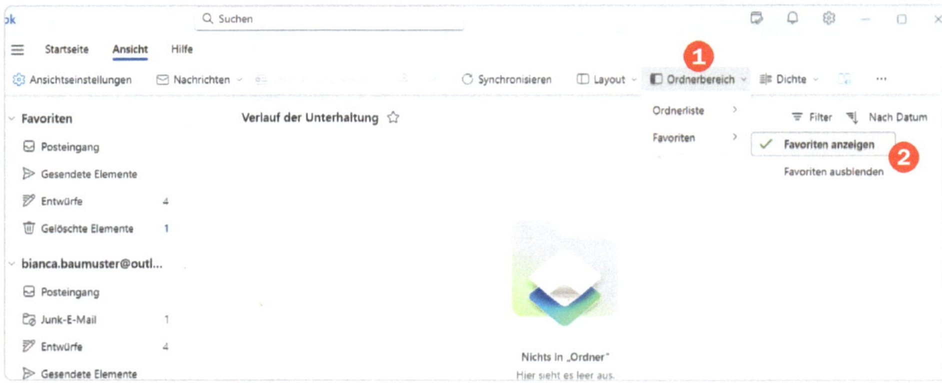

Bild 9.23 Favoriten aus- oder einblenden

Posteingang mit Relevanz

Mit der Funktion „Posteingang mit Relevanz" werden im Posteingang eingehende E-Mails **automatisch** den Bereichen *Relevant* und *Sonstige* zugeordnet. Die Idee ist, dass E-Mails, wie z. B. Bestellbestätigungen oder Newsletter in den Bereich *Sonstige* einsortiert werden. Hier hat man diese im Fall der Fälle zur Hand, sie überfluten aber nicht den Posteingang. Im Bereich *Relevant* werden dann idealerweise nur „wichtige" E-Mails angezeigt. Die Einteilung finden Sie oberhalb der Nachrichtenliste.

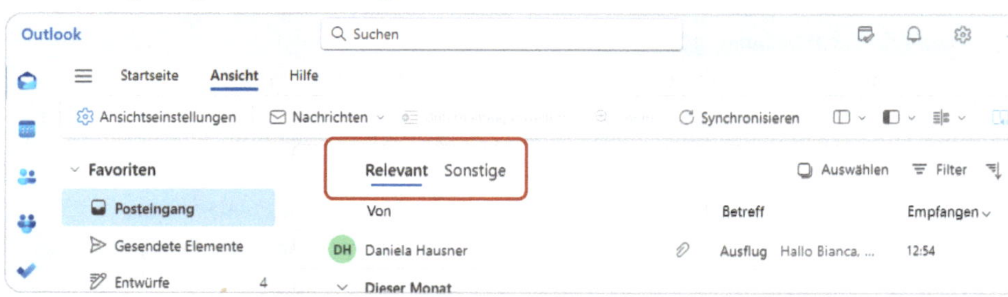

Bild 9.24 Posteingang Relevant

Achtung: Diese Funktion steht nur zur Verfügung, wenn Sie mit einem Outlook-Konto verbunden sind. Wenn Sie beispielsweise eine Gmail-Adresse verwenden, können Sie diesen Punkt überspringen.

- Standardmäßig wird im Posteingang der Inhalt der Registerkarte *Relevant* angezeigt. Klicken Sie auf *Sonstige*, um den Inhalt dieses Bereichs zu betrachten. Die ausgewählte Registerkarte ist blau unterstrichen.

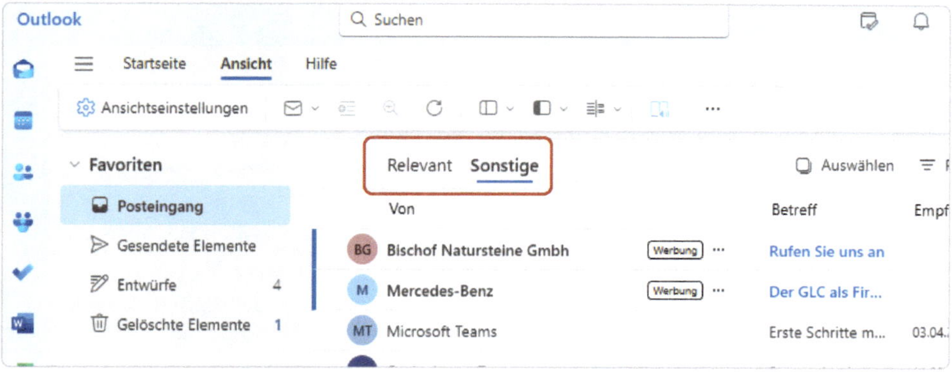

Bild 9.25 Im Posteingang wird das Register Sonstige angezeigt.

- Falls eine E-Mail fälschlicherweise auf der Registerkarte *Sonstige* erscheint, öffnen Sie die E-Mail. Wählen Sie die Schaltfläche *Verschieben in* ❶ (Register *Startseite*) und dann *In Posteingang mit Relevanz verschieben* bzw. *Immer in Posteingang mit „Relevant" verschieben*.

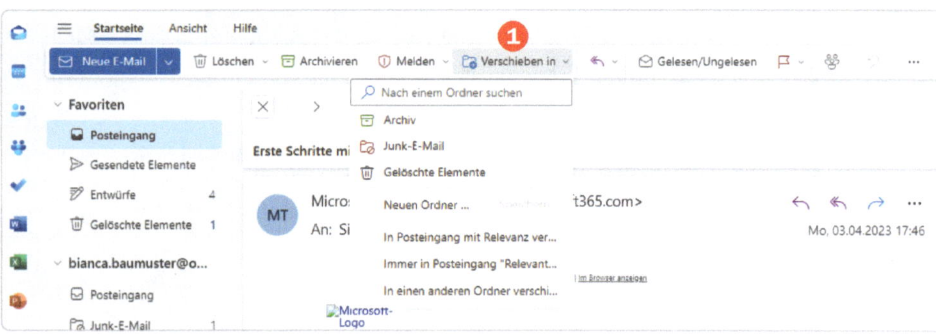

Bild 9.26 Mail von Sonstige in Relevant verschieben

- Analog verfahren Sie, wenn eine E-Mail im Bereich *Relevant* angezeigt wird, Ihrer Meinung nach aber doch besser bei *Sonstige* aufgehoben ist. Öffnen Sie die Mail, klicken Sie auf *Verschieben in* und wählen *In Posteingang „Sonstige" verschieben* bzw. *Immer in Posteingang „Sonstige" verschieben* aus.

> **Tipp:** Sollten Sie auf eine E-Mail warten, schauen Sie auch im Bereich *Sonstige* nach. Vielleicht wurde die Wichtigkeit der Mail nicht erkannt und sie ist versehentlich in diesem Bereich gelandet.

Posteingang mit Relevanz deaktivieren: Wenn Sie die Aufteilung des Posteingangs als unnötig empfinden, schalten Sie die Funktion aus. Dazu klicken Sie oben rechts auf *Einstellungen* ⚙ ❶ (siehe Abbildung auf der nächsten Seite) und wählen links *E-Mail* ❷ aus. Der Bereich *Layout* wird angezeigt. Hier können Sie bei *Posteingang mit Relevanz* die Option *Meine Nachrichten nicht sortieren* ❸ auswählen.

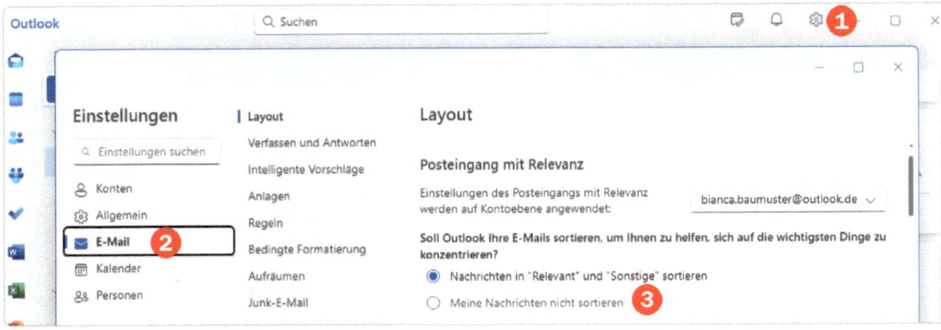

Bild 9.27 Nachrichten nicht sortieren

Unterhaltungsansicht

Die Unterhaltungsansicht fasst E-Mails zusammen, die durch gegenseitiges Antworten erstellt wurden. Der Container, der die Nachrichten aufnimmt, ist mit den Namen der Gesprächspartner und dem Betreff beschriftet. Hier finden Sie sowohl erhaltene als auch versendete Nachrichten. In der Nachrichtenliste erkennen Sie eine Unterhaltung am Pfeilsymbol vor dem Betreff. Manche Benutzer finden es allerdings irritierend, dass E-Mails automatisch einem Container zugeordnet werden und sozusagen in ihm verschwinden.

- **Unterhaltungsansicht aktivieren bzw. deaktivieren:** Klicken Sie auf *Einstellungen* ⚙ und wählen Sie dann links *E-Mail* aus. Der Bereich *Layout* wird angezeigt. Hier finden Sie bei *Wie sollen Ihre Nachrichten organisiert werden?* ❶ .

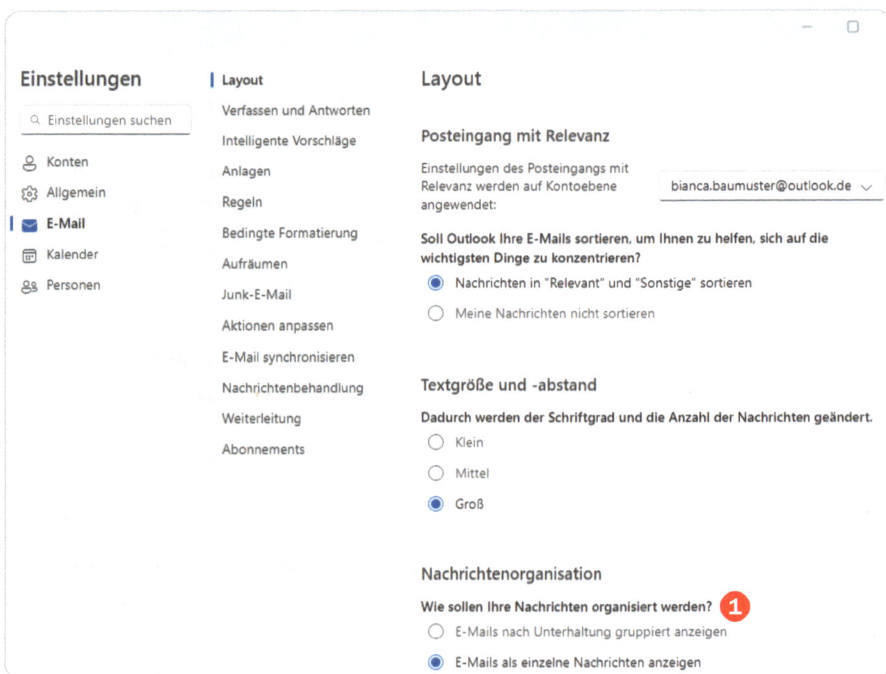

Bild 9.28 Nachrichten organisieren

Lesebereich ein- bzw. ausblenden

In diesem Buch haben wir bei der Darstellung der Outlook-Oberfläche auf den Lesebereich verzichtet. Dieser kann rechts oder unten im Fenster eingeblendet werden und zeigt den Inhalt der markierten E-Mail an.

- **Lesebereich anzeigen bzw. abschalten:** Zeigen Sie das Register *Ansicht* an. Wählen Sie hier *Layout* ❶ und dann *Lesebereich*. Hier können Sie zwischen *Rechts anzeigen*, *Unten anzeigen* und *Ausblenden* wählen.

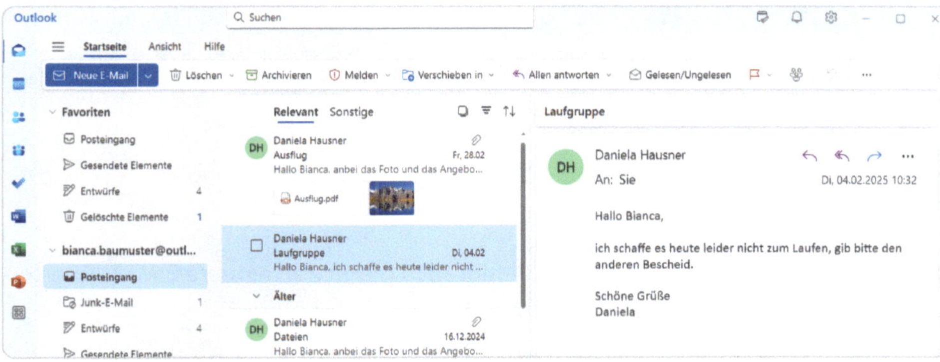

Bild 9.29 Anzeige des Lesebereichs rechts

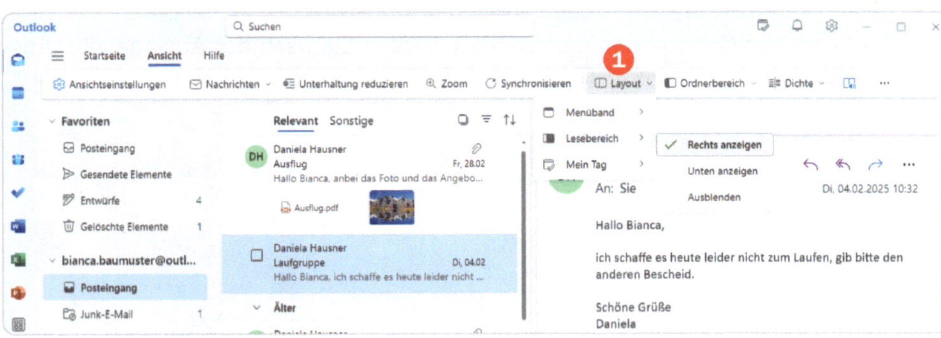

Bild 9.30 Lesebereich ein- bzw. ausblenden

E-Mails organisieren

Befehl auswählen für eine oder mehrere E-Mails

Zur Auswahl einer E-Mail zeigen Sie zunächst mit der Maus auf die E-Mail. Jetzt stehen verschieden Möglichkeiten zur Verfügung:

- Verschiedene Befehle wie z. B. *Löschen* stehen für die E-Mail, auf die Sie mit der Maus zeigen, im rechten Bereich zur Verfügung ❶. Hier ist der Befehl schnell ausgewählt und wird sofort angewendet.

> **Tipp:** Viele Befehle finden Sie auch im Kontextmenü. Klicken Sie dazu in der Nachrichtenliste mit der rechten Maustaste auf die E-Mail, die bearbeitet werden soll und wählen Sie den Befehl aus.

- **Eine E-Mail auswählen:** Zeigen Sie mit der Maus auf die gewünschte E-Mail und klicken Sie in das Kästchen ❷ am Anfang der E-Mail. Nun können Sie in der Leiste oben einen Befehl auswählen. Je nach Fenstergröße werden die Befehle nur mit Symbol oder zusätzlich mit Bezeichnung angezeigt (vgl. die beiden folgenden Grafiken).

Befehlsleiste

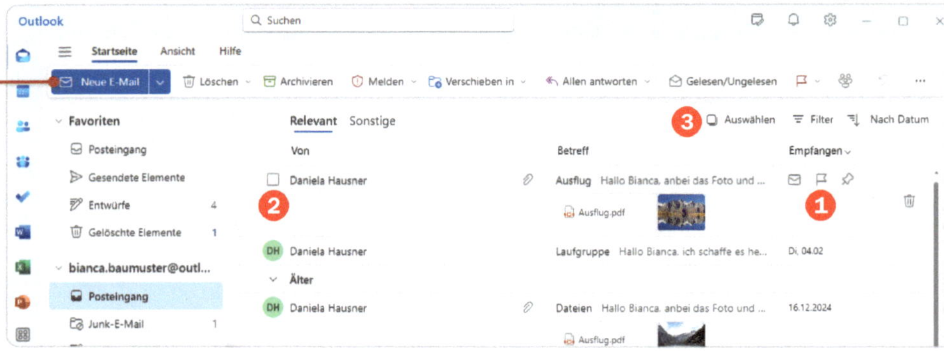

Bild 9.31 Befehl auswählen

Mehrfachmarkierung: Natürlich kann ein Befehl auch gleich auf mehrere E-Mails übertragen werden. So wählen Sie mehrere Mails aus:

- Zur Anzeige der Auswahlkästchen vor **allen** E-Mails klicken Sie auf *Auswählen* ❸. Jetzt können Sie in die Kästchen vor den gewünschten E-Mails klicken. Sollen alle E-Mails eines Ordners markiert werden, klicken Sie nach der Anzeige aller Auswahlkästchen in das oberste Kästchen ❹.

Befehlsleiste

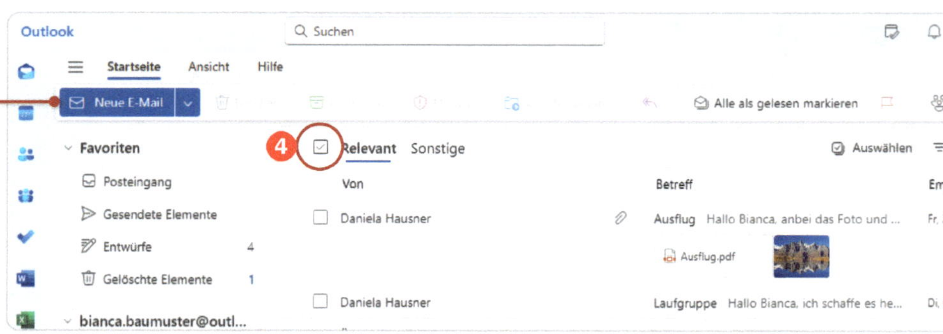

Bild 9.32 Mehrfachmarkierung

E-Mail löschen

Es ist ratsam, gleich bei Durchsicht der eingetroffenen E-Mails, die zu löschen, die Sie nicht mehr benötigen. Die E-Mails werden in den Ordner *Gelöschte Elemente* verschoben.

- Markieren Sie die E-Mail und klicken Sie dann rechts oben auf der Befehlsleiste auf *Löschen* ❶.

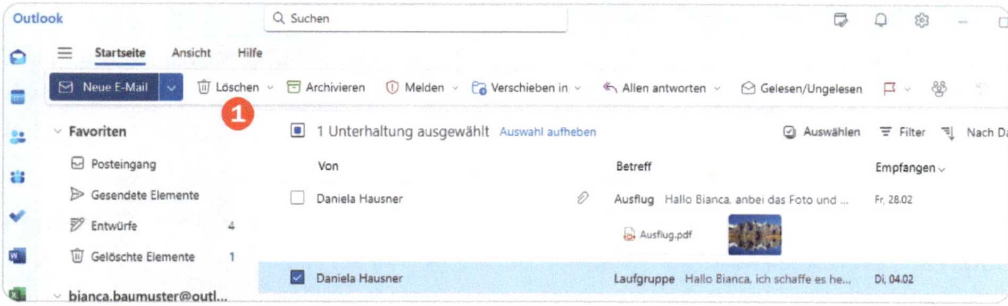

Bild 9.33 E-Mail löschen

- Alternativ zeigen Sie mit der Maus auf die zu löschende E-Mail in der Nachrichtenliste und klicken dann am Ende der Zeile auf das Papierkorbsymbol.

Hinweis: Wenn Sie eine Unterhaltung löschen, werden nur die E-Mails der Unterhaltung gelöscht, die im angezeigten Ordner gespeichert sind, z. B. *Posteingang*. E-Mails der gelöschten Unterhaltung, die z. B. im Ordner *Gesendete Elemente* sind, werden nicht aus dem Ordner entfernt.

Versehentlich gelöschte E-Mail wieder im Posteingang anzeigen

Wenn Sie eine E-Mail, die Sie in der App Mail gelöscht haben, doch gerne wieder hätten, dann gehen Sie so vor:

- **Alternative 1:** Wenn Sie das Missgeschick sofort bemerken, klicken Sie am unteren Rand des Programmfensters auf *Rückgängig*. Die Option ist nur für kurze Zeit nach dem Löschbefehl sichtbar. Sobald Sie einen anderen Ordner oder Befehl anklicken, verschwindet die Leiste sofort.
- **Alternative 2:** Rufen Sie den Ordner *Gelöschte Elemente* auf. Markieren Sie die E-Mail, die versehentlich gelöscht wurde und tippen Sie in der Befehlsleiste auf *Wiederherstellen* ❶. Die E-Mail wird jetzt in den Ordner verschoben, aus dem sie gelöscht wurde.

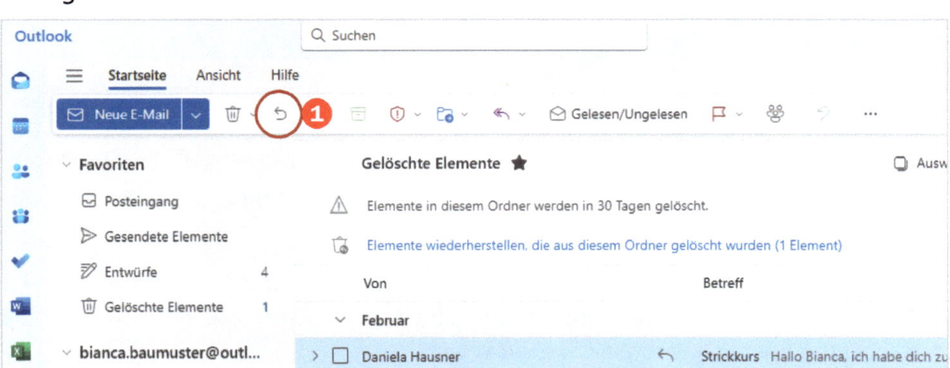

Bild 9.34 Versehentlich gelöschte Mail wiederherstellen

Die Inhalte des Ordners *Gelöschte Elemente* werden 30 Tage aufbewahrt und danach automatisch gelöscht.

E-Mails in einen neuen Ordner verschieben

Vielleicht möchten Sie wichtige E-Mails in einen gesonderten Ordner verschieben, um so schneller darauf zugreifen zu können. Bedenken Sie aber auch, dass Outlook auch eine Suchfunktion zur Verfügung stellt, die Sie unter Umständen schneller zum Ziel führt.

Weitere Ordner erstellen: Viele finden es nützlich, den *Posteingang* mit weiteren Ordnern zu unterteilen, um so bestimmte E-Mails besser wiederfinden zu können.

- Klicken Sie mit der rechten Maustaste auf *Posteingang* und wählen Sie *Neuen Unterordner erstellen* ❶.
- Unter Posteingang wird ein Feld angezeigt. Tragen Sie dort den Namen des Unterordners ein und klicken Sie auf *Speichern* ❷.

Die Aktion Verschieben erscheint auch, wenn Sie mit der rechten Maustaste auf die E-Mail klicken.

E-Mail verschieben: Markieren Sie die betreffende E-Mail und klicken Sie in der Befehlsleiste auf *Verschieben in* ❸. Hier können Sie dann im Feld *Nach einem Ordner suchen* den Namen des Zielordners eingeben und den Ordner durch Anklicken auswählen. Mit Auswahl des Zielordners wird die E-Mail verschoben.

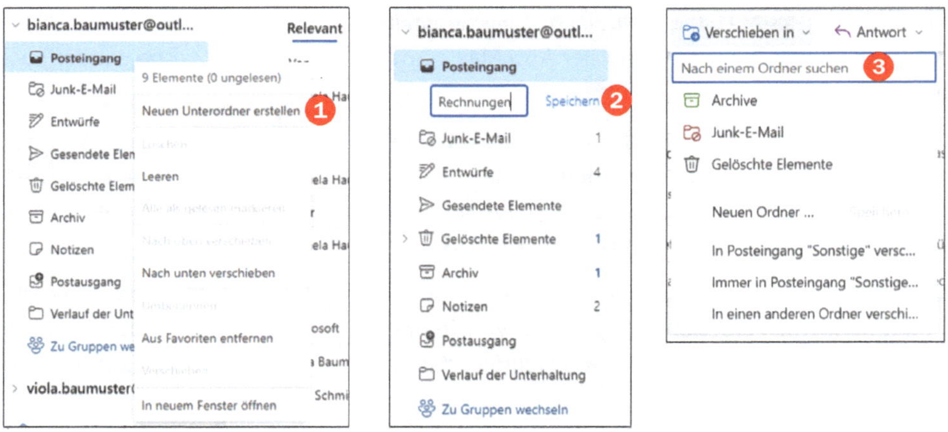

Bild 9.35 Neuen Unterordner erstellen und E-Mail verschieben

E-Mail drucken

- Zeigen Sie den Inhalt der E-Mail an, klicken Sie links oben auf das Drei-Punkte-Menü ❶ und anschließend auf *Drucken* ❷. Bestätigen Sie erneut mit *Drucken*.
- Im Druckfenster wählen Sie ggf. bei *Drucker* den Drucker aus. Bei *Kopien* können Sie die Anzahl der Exemplare festlegen. Bei Farbe entscheiden Sie, ob die E-Mail in Farbe oder Schwarz-Weiß gedruckt wird.
- Um den Ausdruck anzustoßen, klicken Sie links unten auf *Drucken*.

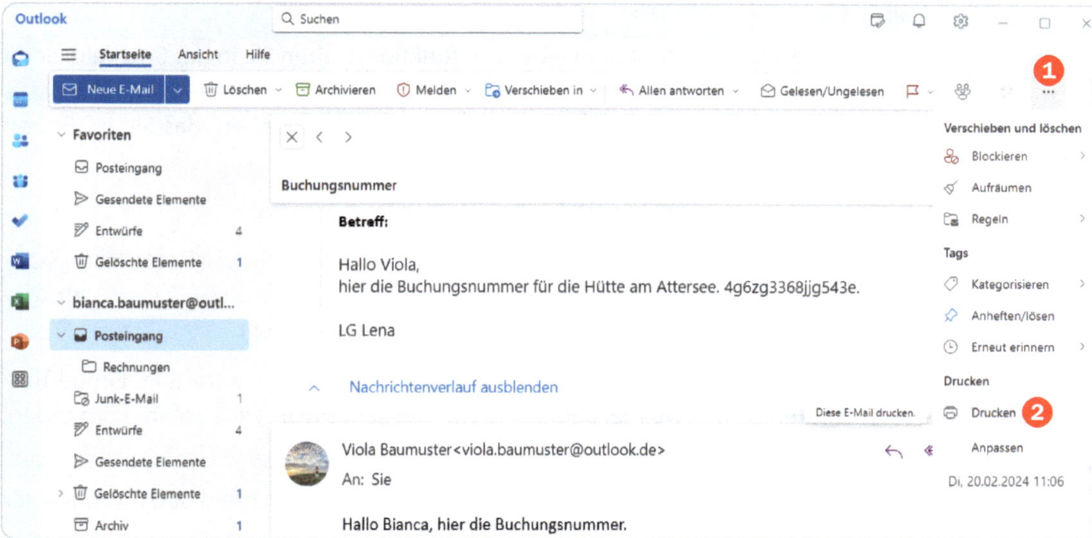

Bild 9.36 Druckfenster aufrufen

E-Mail anpinnen

Wichtige E-Mails können angepinnt werden. Dadurch werden sie im Ordner, z. B. Posteingang, immer oben angezeigt. So geht's:

- Zeigen Sie auf die E-Mail und klicken Sie rechts auf das Pin-Symbol ❶. Die E-Mail rutscht nach oben.

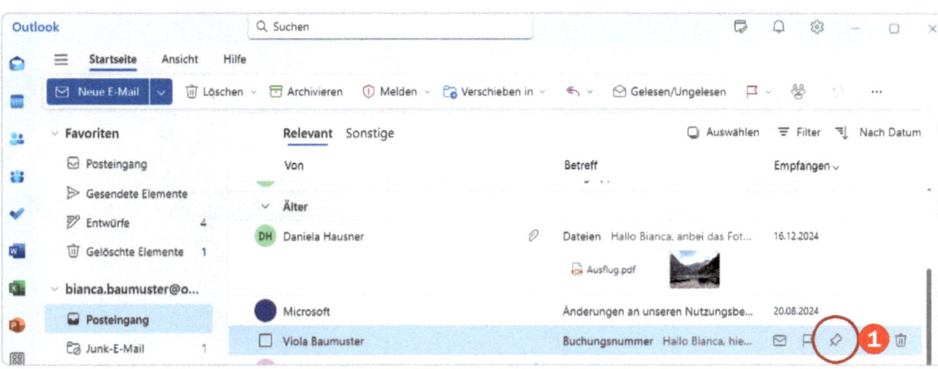

Bild 9.37 E-Mail anpinnen

- Wenn Sie die E-Mail nicht mehr am Anfang verankert möchten, klicken Sie erneut auf das Pin-Symbol ❷.

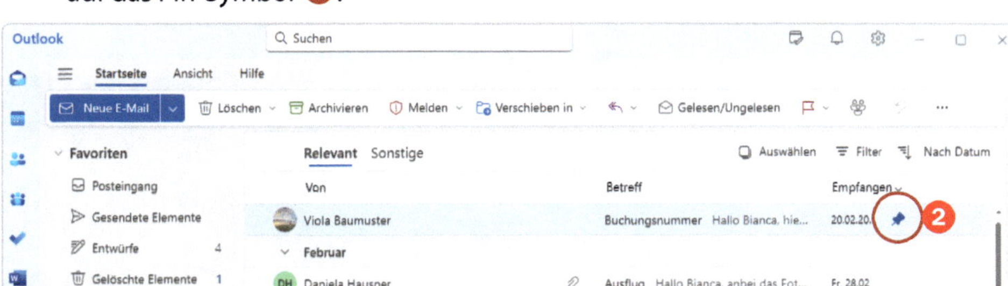

Bild 9.38 E-Mail lösen

E-Mail finden

Outlook für Windows verfügt über eine Suchfunktion. Geben Sie in das Suchfeld einen oder mehrere Stichworte ein. Das kann z. B. der Name einer Person sein, deren E-Mails Sie anzeigen möchten. Sie können aber auch ein Wort eingeben, das Sie im Betreff oder Nachrichtentext der gesuchten E-Mail vermuten.

1. Klicken Sie in das Suchfeld und geben Sie den Suchbegriff ein.
2. Klicken Sie dann auf das Lupe-Symbol oder verwenden Sie die Enter-Taste. Standardmäßig wird in allen Ordnern, also *Posteingang*, *Gesendete Elemente* etc. gesucht und eine Ergebnisliste in der Nachrichtenliste erstellt.
3. Die Ergebnisliste ist in *Top-Ergebnisse* und *Alle Ergebnisse* unterteilt. Einige Treffer werden somit zweimal angezeigt. Das gesuchte Wort wird, sofern vorhanden, gelb markiert.
4. Um die Suche zu beenden, klicken Sie auf den Pfeil im Suchfeld. Jetzt wird wieder der gesamte Inhalt des markierten Ordners angezeigt.

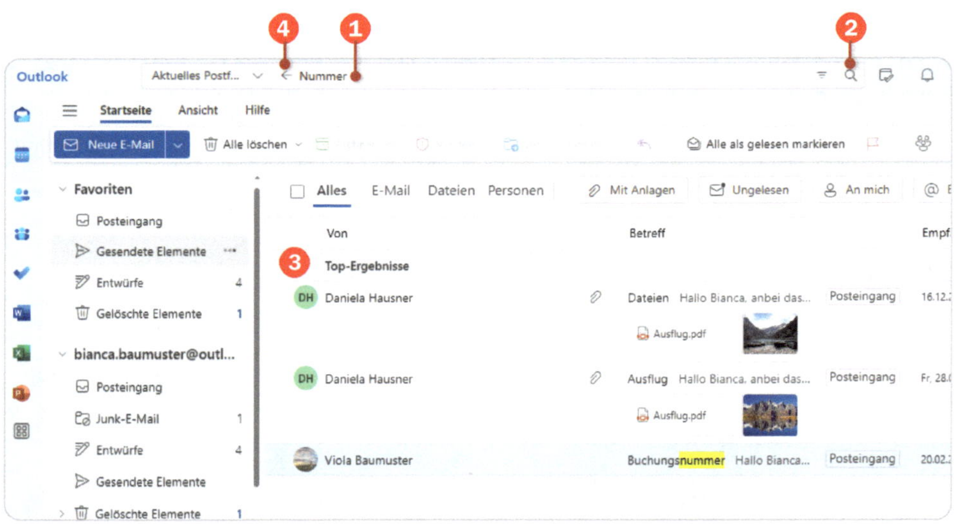

Bild 9.39 In den E-Mails wird nach dem Begriff „Nummer“ gesucht

9.3 E-Mail-Adresse und Kontaktdaten speichern

Benutzeroberfläche

In Outlook für Windows können im Bereich *Personen* Telefonnummern, postalische Adressdaten und natürlich die E-Mail-Adressen Ihrer Freunde hinterlegt werden.

- **Bereich Personen anzeigen:** Klicken Sie in der App-Leiste von Outlook auf *Personen*.

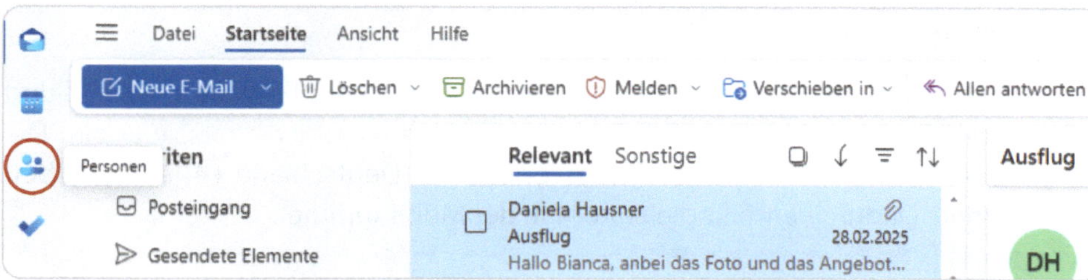

Bild 9.40 Wechsel zu Personen

Die Benutzeroberfläche von Personen enthält links eine **Kontaktliste** ❶, in der die einzelnen Personen standardmäßig nach deren Vornamen angezeigt werden. Durch Anklicken der einzelnen Einträge, zeigen Sie rechts Informationen zum markierten Kontakt an ❷.

Mit *Kontakt bearbeiten* ❸ ändern Sie die Informationen des markierten Kontakts. Um einen neuen Kontakt anzulegen, verwenden Sie die Schaltfläche *Neuer Kontakt* ❹. Das Suchfeld ❺ hilft Ihnen, einen gespeicherten Kontakt schnell zu finden.

Wenn Sie die Kontaktliste nicht nach Vornamen, sondern nach einem anderen Sortierkriterium anzeigen möchten, klicken Sie auf die Schaltfläche *Nach Vornamen* ❻ und wählen ein anderes Ordnungskriterium aus. Auch der Bereich Personen verfügt über einen Navigationsbereich, den Sie über die Schaltfläche ❼ anzeigen. Für den Anfang reicht die Anzeige von *Alle Kontakte* völlig aus.

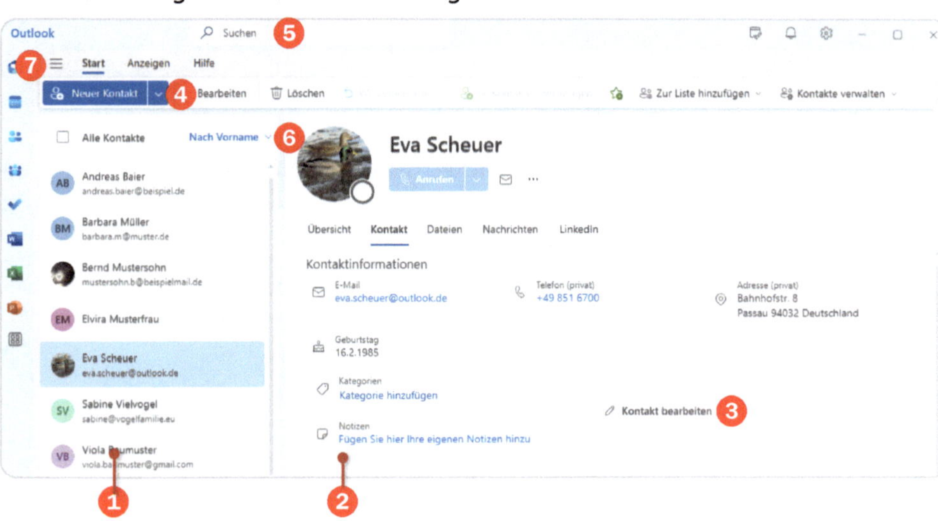

Bild 9.41 Oberfläche

Neuen Kontakt speichern

Bevor Sie einen neuen Kontakt anlegen, überprüfen Sie, ob die Person unter Umständen schon hinterlegt ist. Kontakte, mit denen Sie via Mail kommunizieren, können automatisch hinzugefügt werden. In diesem Fall muss der Kontakt nur bearbeitet werden.

- **Neues Kontaktformular öffnen:** Klicken Sie auf die Schaltfläche *Neuer Kontakt*.
- Falls Sie den Kontakt mit Foto anzeigen möchten, klicken Sie auf das Kamera-Symbol ❶. Klicken Sie dann auf *Neues Foto hochladen* und wählen Sie ein Bild aus.
- **Informationen eintragen:** Klicken Sie nacheinander in die Eingabefelder ❷ und tragen Sie *Vorname*, *Name*, *E-Mail-Adresse* und *Mobiltelefonnummer* ein. Die Mobilnummer sollte mit der Ländervorwahl, für Deutschland +49, eingegeben werden. Dadurch entfällt die erste Null der Mobilnummer.

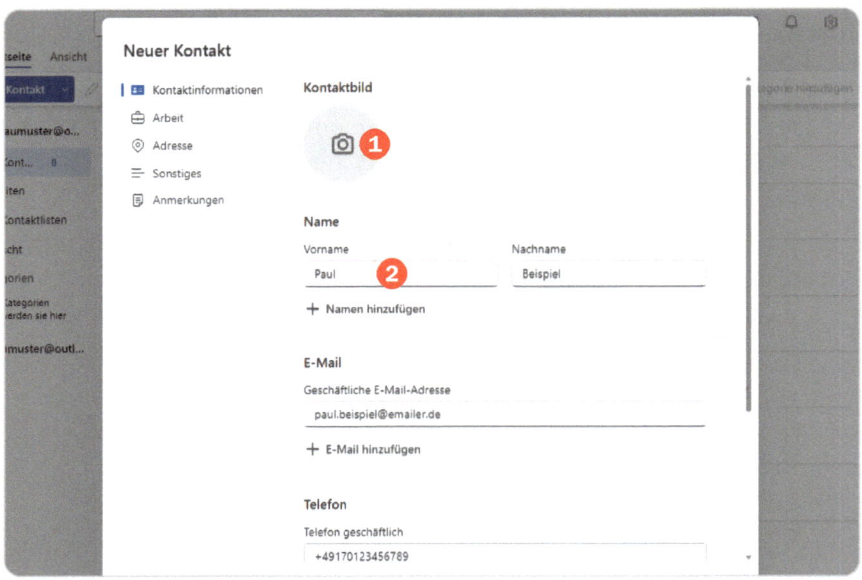

Bild 9.42 Kontaktformular Name und Foto hinterlegen

- **Weitere Elemente hinzufügen:**
  - Zum Hinzufügen einer Adresse klicken Sie im linken Bereich auf *Adresse* ❸ und wählen dann links eine Option, z. B. *Privat*. In den weiteren Feldern tragen Sie die Straße, PLZ etc. ein.
  - Verwenden Sie die Schaltflächen mit dem Plus-Symbol auch, um z. B. mit *Telefon hinzufügen* eine weitere Telefonnummer zu hinterlegen.

Bild 9.43 Kontaktformular Postalische Adresse hinzufügen

- **Geburtstag:** Zum Hinzufügen des Geburtstags klicken Sie auf *Sonstiges* 4 und geben bei *Geburtstag* die Daten der Reihe nach ein 5. Im ersten Eingabefeld wählen Sie den Monat aus. Öffnen Sie danach das zweite Eingabefeld und wählen Sie den Tag aus. Klicken Sie auf das dritte Feld, um die Jahreszahl auszuwählen.
- Zuletzt klicken Sie auf *Speichern*.

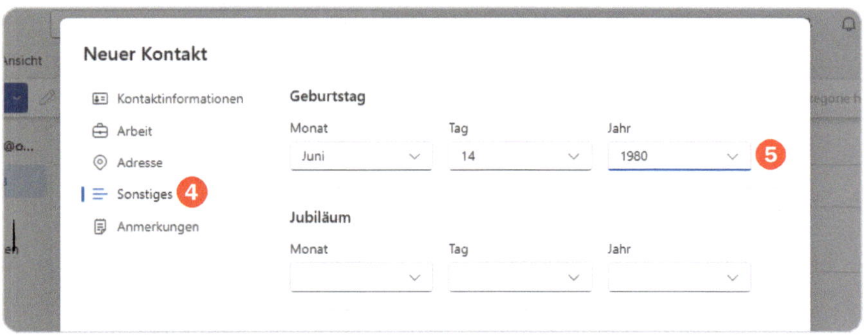

Bild 9.44 Kontaktformular speichern

Informationen zu einem Kontakt anzeigen

- In der Kontaktliste werden die Informationen zu den einzelnen Kontakten im rechten Bereich angezeigt, z. B. E-Mail-Adresse, Telefonnummer, postalische Adresse etc. Durch Anklicken eines gespeicherten Namens in der Kontaktliste erscheinen weitere Details 1 zum jeweiligen Kontakt.

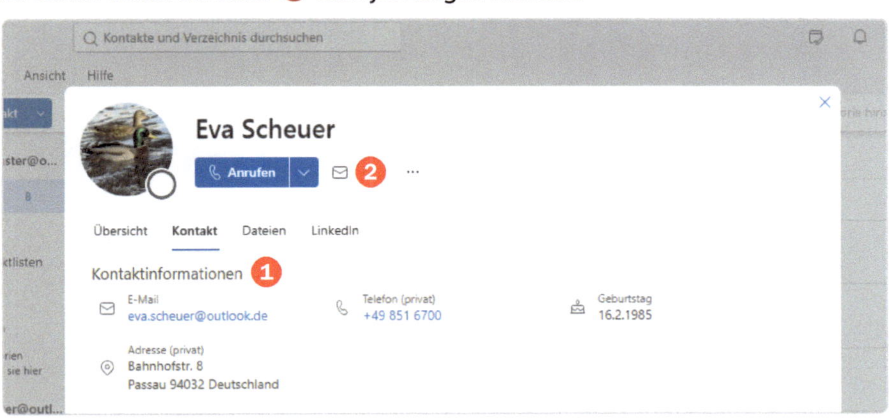

Bild 9.45 Kontaktdaten anzeigen

Sofern die notwendigen Informationen hinterlegt und die erforderlichen Apps installiert bzw. eingerichtet sind, können Sie aus der App *Kontakte* verschiedene Aktionen für die angezeigte Person starten. Beispielsweise können Sie eine E-Mail an den Kontakt senden: Klicken Sie dazu auf das Kuvertsymbol ❷. Dadurch wird die App *Mail* geöffnet und eine neue E-Mail mit der hinterlegten E-Mail-Adresse erstellt.

- Die Kontaktkarte der Person enthält ein Register und ist u. a. unterteilt in die Bereiche *Übersicht*, *Kontakt* und *Dateien* ❸. Durch Anklicken wechseln Sie zwischen den Bereichen.

Bild 9.46 Dateien anzeigen

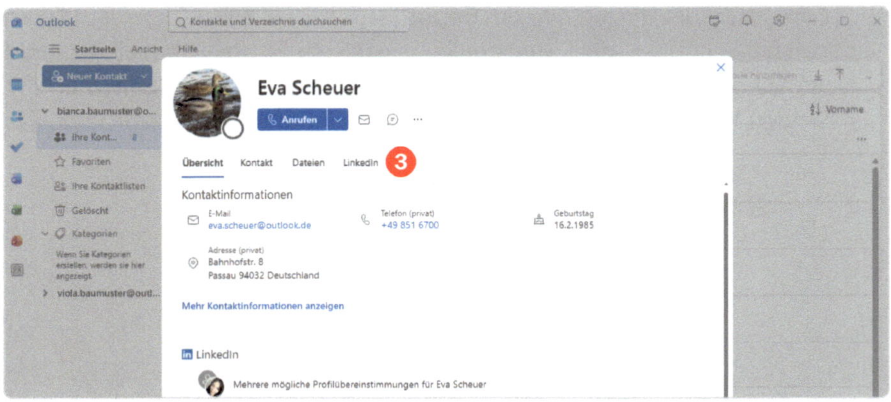

- Im Bereich *Dateien* finden Sie Dateien, die von diesem Kontakt als E-Mail-Anlage an Sie geschickt oder über OneDrive für Sie freigegeben wurden. Das ist sehr praktisch, wenn man eine Datei sucht. Sofern die Datei nicht gelöscht wurde, kann Sie hier auch geöffnet werden.

Bild 9.47 Dateien anzeigen

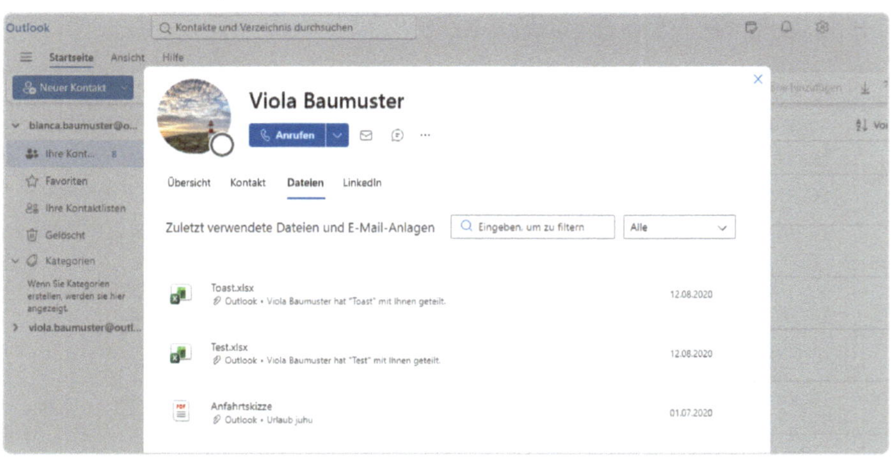

Kontakt bearbeiten oder löschen

- Zum Bearbeiten bestehender Kontaktinformationen markieren Sie den entsprechenden Kontakt, wählen ggf. den Bereich *Kontakt* ❶ aus und klicken dann unten auf *Kontakt bearbeiten* ❷. Sie erhalten wieder dieselben Felder, die Sie bereits von der Kontakterstellung kennen.
- Für einzelne Berichtigungen klicken Sie einfach in das Eingabefeld und löschen Text bzw. fügen neuen hinzu.
- Klicken Sie auf *Speichern*, um Ihre Änderungen zu übernehmen, falls Sie nicht speichern möchten, klicken Sie auf *Abbrechen*.
- Zum Löschen eines Kontakts setzen Sie in der Kontaktliste neben der Person ein Häkchen in das leere Quadrat ❸, klicken links oben auf *Löschen* ❹ und bestätigen erneut durch Anklicken von *Löschen*.
- **Kontakte suchen:** Über das Suchfeld ❺ oben finden Sie schnell den gesuchten Kontakt. Gesucht werden kann nach Namen und Namensteilen, leider nicht nach Straße oder anderen Informationen, die beim Kontakt hinterlegt sind. Mit dem Pfeilsymbol schließen Sie die Suche wieder.

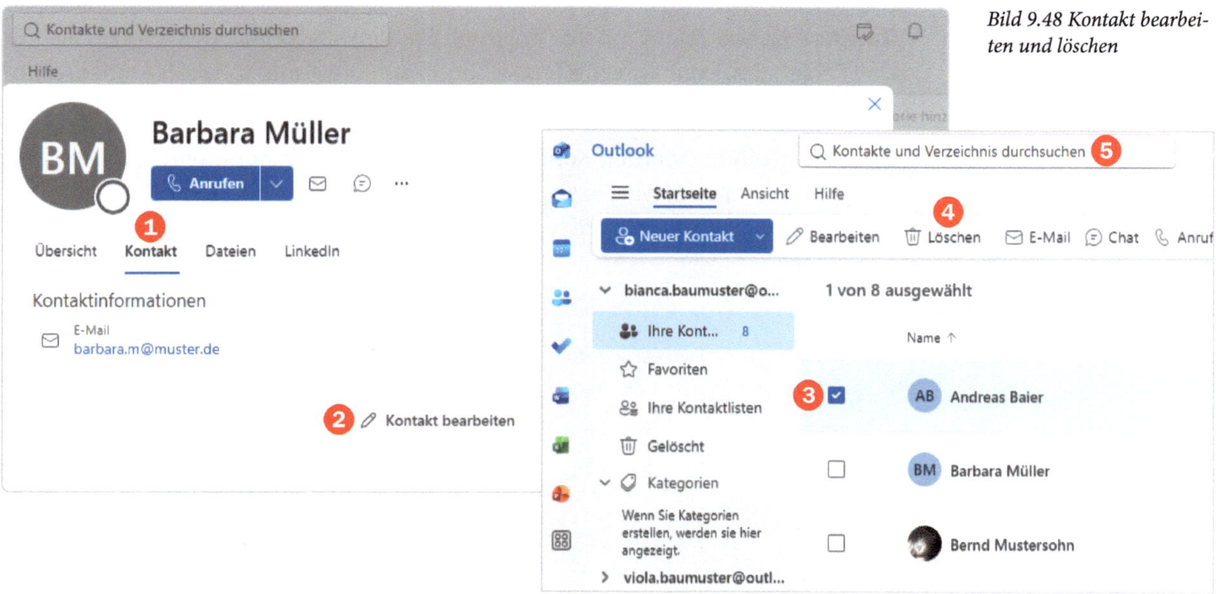

Bild 9.48 Kontakt bearbeiten und löschen

9.4 Chat und Videoanrufe mit Teams

Mit **Microsoft Teams** versenden Sie Sofortnachrichten und kontaktieren Freunde via Videoanruf, auch in der Gruppe. Die Anwendung ist unter Windows 11 bereits vorinstalliert. Für die Nutzung aller Funktionen von Teams benötigen Sie zusätzlich ein Mikrofon, Lautsprecher und eine Webcam für die Videoübertragung.

Erster Start und Benutzeroberfläche

- Rufen Sie Teams auf. Unter Umständen müssen Sie es aus dem Microsoft Store herunterladen und installieren.
- **Benutzerkonto:** Wenn Sie mit einem Microsoft-Konto am Computer angemeldet sind, wird dieses in der App automatisch als Benutzerkonto angezeigt. Klicken Sie dieses an und dann auf *Weiter*. Möchten Sie lieber ein anderes Konto verwenden, klicken Sie auf *Anderes Konto verwenden*. Es muss sich bei dem anderen Konto allerdings ebenfalls um ein **Microsoft-Konto** handeln.
- Sind Sie an Ihrem Rechner mit einem lokalen Konto angemeldet, öffnen Sie Teams. Das Konto ist bereits hinterlegt. Klicken Sie auf *Weiter*.
- **Zugriffe erlauben:** Teams möchte auf Ihren Standort zugreifen. Das können Sie mit *Nein* ablehnen. Dann möchte Teams Zugriff auf Ihre Kamera. Falls Sie Videotelefonie machen möchten, müssen Sie dem mit *Ja* zustimmen.
- Unter Umständen werden Kontakte aus Skype oder Outlook synchronisiert. Wir zeigen Ihnen gleich, wie Sie Kontakte selbst hinzufügen können.

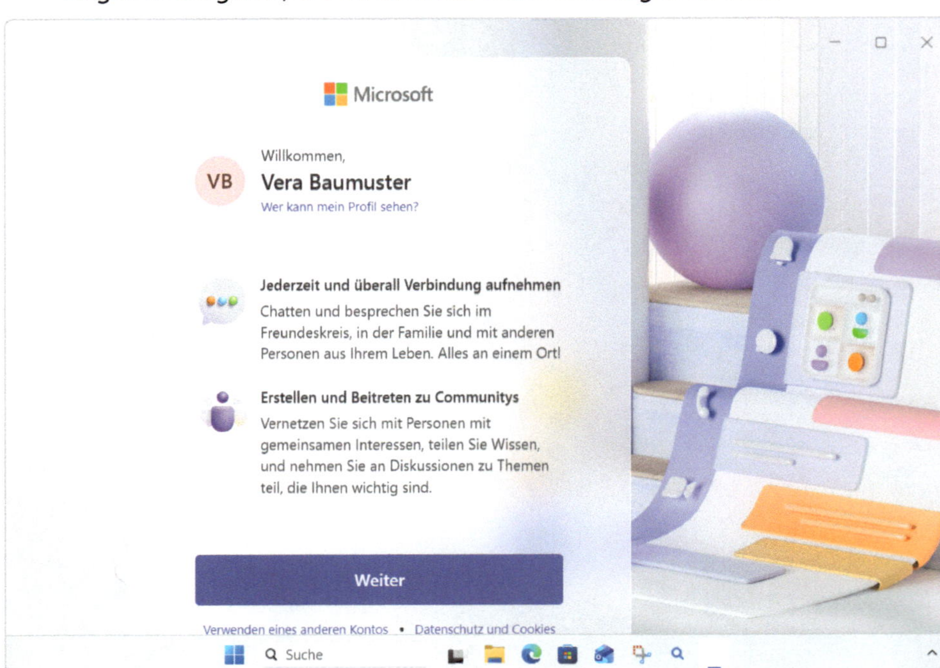

Bild 9.49 In Teams wird das Microsoft-Konto, welches Sie in Windows hinterlegt haben, übernommen

Im **App-Menü** auf der linken Seite wählen Sie, falls noch nicht geschehen, den Bereich *Chat* aus. Sie erhalten folgende Ansicht:

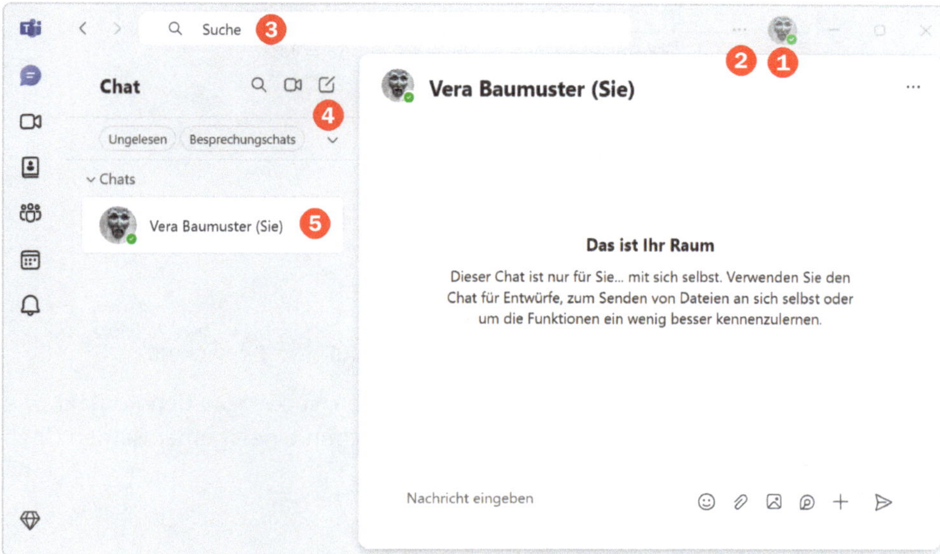

1 Konto-Manager
2 Einstellungen
3 Suchfeld
4 Neue Nachricht
5 Chat mit sich selbst

Chat mit sich selbst

In der Chatliste taucht auch Ihr Name auf (bzw. der Name des hinterlegten Microsoft-Kontos). Diesen Chat führen Sie mit sich selbst. Hier kann man etwas ausprobieren und sieht, wie es beim Gegenüber ankommen würde. Oder Sie verwenden den Chat als Notizenbereich, in dem Sie Texte oder Bilder hinterlegen können.

Personen finden

Sie werden in Teams über die **E-Mail-Adresse**, mit der Sie sich angemeldet haben, identifiziert. Für das Microsoft-Konto wird auch oft eine **Telefonnummer** abgefragt und kann dort hinterlegt sein. Diese wird dann auch für Teams verwendet.

Sie können unterbinden, dass die Telefonnummer für die Identifikation bei Teams verwendet wird. Wie das geht, lesen Sie auf Seite 374.

Um mit einer Person via Teams in Kontakt zu treten, benötigen Sie eine dieser Informationen. Diese können Sie entweder im **Suchfeld** händisch eingeben oder Sie haben Kontaktdaten synchronisiert, die Sie dann nur auswählen müssen.

1. Geben Sie in das Suchfeld oben die komplette E-Mail-Adresse / Telefonnummer ein. Darunter wird der Kontakt angezeigt, der zu Ihren Angaben passt. Erscheint kein Eintrag, verwendet die Person kein Teams oder die E-Mail bzw. Telefonnummer ist fehlerhaft.
2. Klicken Sie den Eintrag an. Im Bereich Chats wird ein neuer Chat mit dieser Person angezeigt und Sie können Ihre Nachricht eintippen. Wenn Sie die App schließen oder zu einem anderen Bereich wechseln, ohne etwas geschrieben zu haben, verschwindet der Chat wieder und Sie müssen von Neuem beginnen mit der Suche.

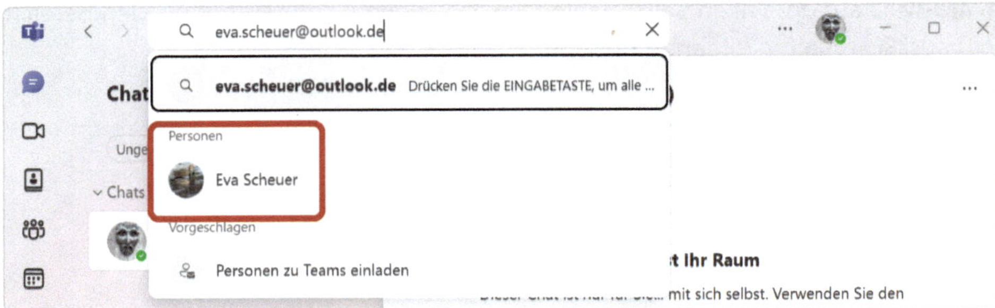

Eine Unterhaltung beginnen

1 Zeigen Sie den Bereich *Chat* an, indem Sie links auf ❶ klicken.

2 Falls Sie noch nie mit der Person gechattet haben, suchen Sie den Kontakt, wie auf der vorherigen Seite beschrieben. Gibt es schon einen gemeinsamen Chat, wählen Sie diesen auf der linken Seite ❷ aus.

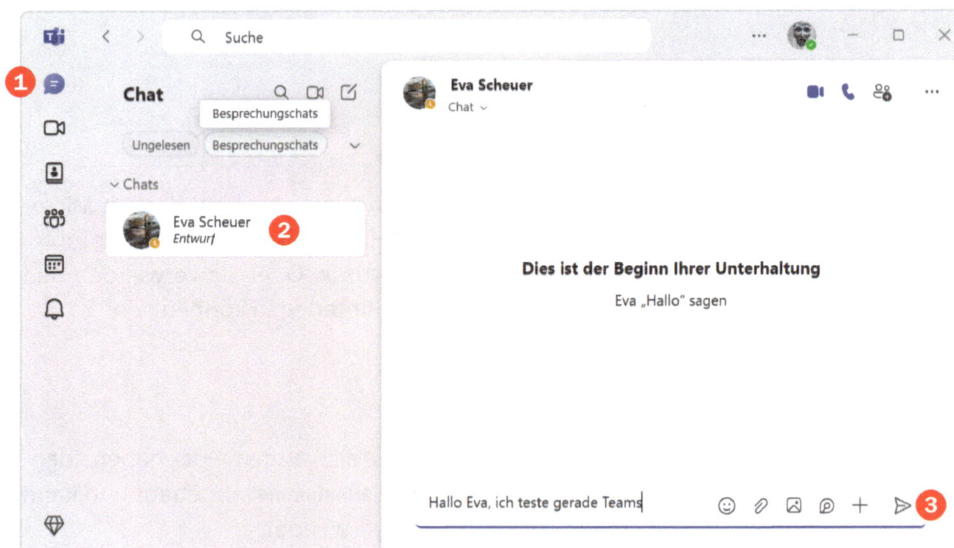

3 **Nachricht versenden:** Tippen Sie unten im Chatfenster ihre Nachricht ein und klicken Sie dann auf *Senden* ❸ oder drücken Sie die Enter-Taste. Im Chatfenster können zur Nachricht nur Emojis und GIF (bewegte Bilder) eingefügt werden. Dazu gleich mehr.

An den Symbolen hinter Ihrer Nachricht sehen Sie, ob sie versandt, bzw. gelesen wurde. Dazu muss allerdings die Lesebestätigung in den Einstellungen aktiviert sein.

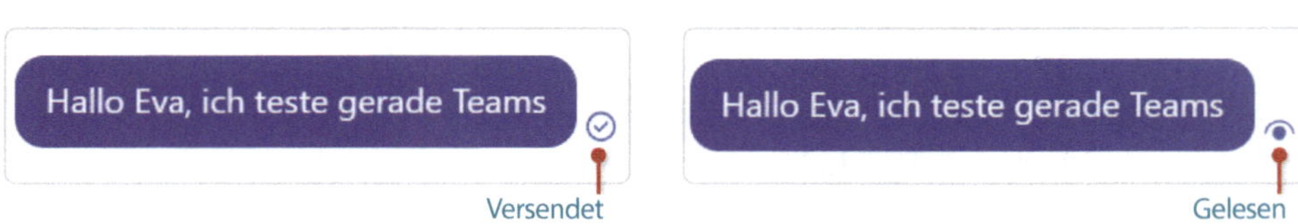

Nachricht erhalten & antworten

Bei Eintreffen einer neuen Nachricht wird eine Nummer am App-Symbol in der Taskleiste eingeblendet, sofern die App dort angeheftet ist. Am Chatsymbol in Teams erscheint ebenfalls eine Ziffer ❶ mit der Anzahl der neuen Nachrichten. Im Chatbereich wird die neue Nachricht oben angezeigt. Absendername und Text sind in fetter Schrift dargestellt ❷, als Hinweis, dass die Nachricht noch nicht gelesen wurde. Zum Anzeigen der Nachricht, klicken Sie diese in der Übersicht an.

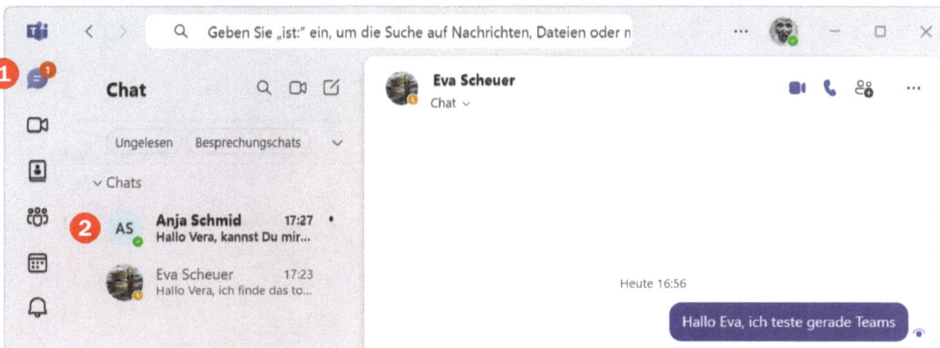

Bild 9.50 Eingang neue Nachricht

Antworten: Ihre Antwort tippen Sie unten ins Nachrichtenfeld und versenden die Nachricht.

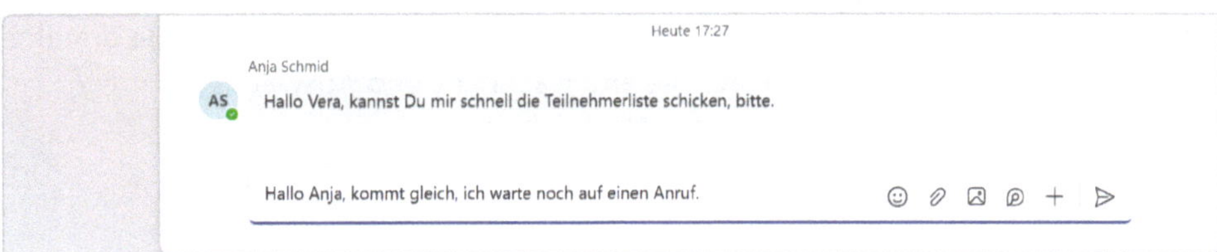

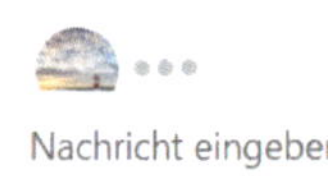

An den Punkten sehen Sie, dass der andere noch schreibt.

Besonderheit bei erster Kontaktaufnahme:

1 Bei der ersten Kontaktaufnahme erscheint die Nachricht als *Anforderung* ❸. Klicken Sie auf *Anforderung* und dann auf den Namen des Absenders ❹.

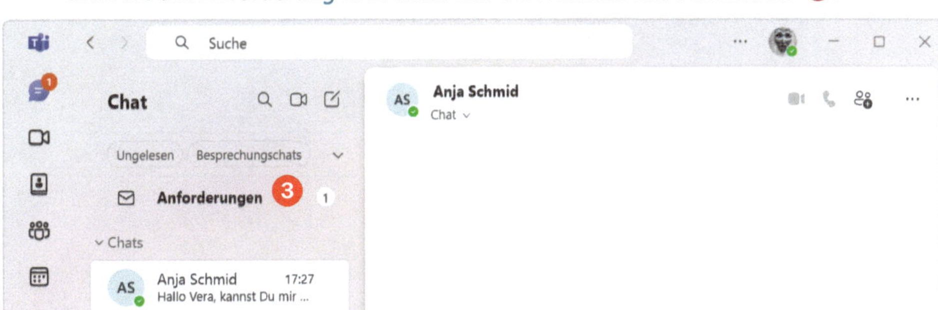

Bild 9.51 Nachricht von neuem Absender in Teams.

2 Sie als Empfänger der Nachricht müssen den Austausch mit Auswahl von *Annehmen* ❺ erlauben oder falls Sie keine Nachrichten von der Person mehr erhalten wollen, klicken Sie auf *Blockieren*.

3 Wenn Sie nicht sicher sind, ob Sie den Absender kennen, können Sie auch auf *Vorschau ihrer Nachricht anzeigen* ❻ klicken, um die Nachricht zu lesen. Im nächsten Schritt können Sie den Absender immer noch blockieren.

Bild 9.52 Absender blockieren oder Nachricht annehmen

Der letzte Chat, in dem Sie eine Nachricht erhalten oder versendet haben, wird in der Chatliste oben angezeigt.

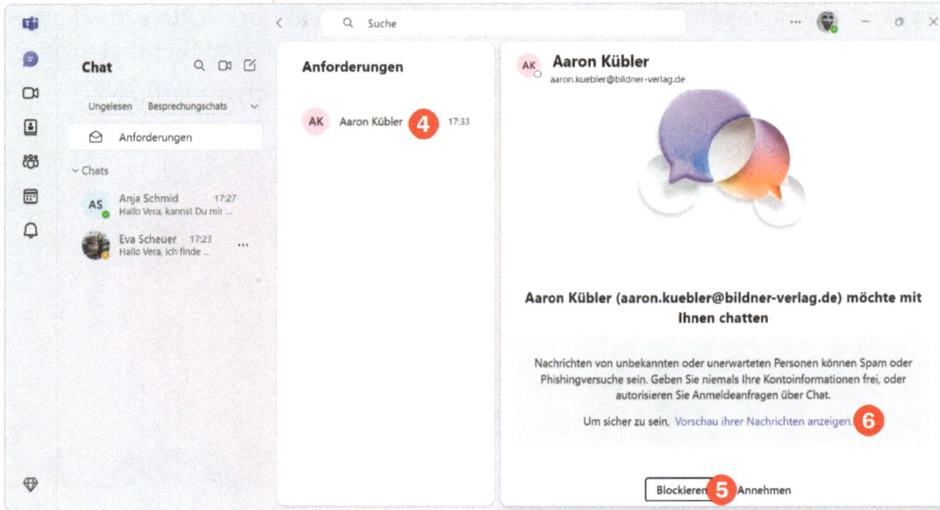

Auf eine ältere Nachricht antworten: Manchmal möchte man nochmals Bezug nehmen auf eine ältere Nachricht. Das kommt häufig in Gruppenchats vor, wenn alle drauflos schreiben. Mit einem Rechtsklick auf die alte Nachricht und Auswahl von *Antworten*, schließen Sie den alten Text in Ihre neue Nachricht ein.

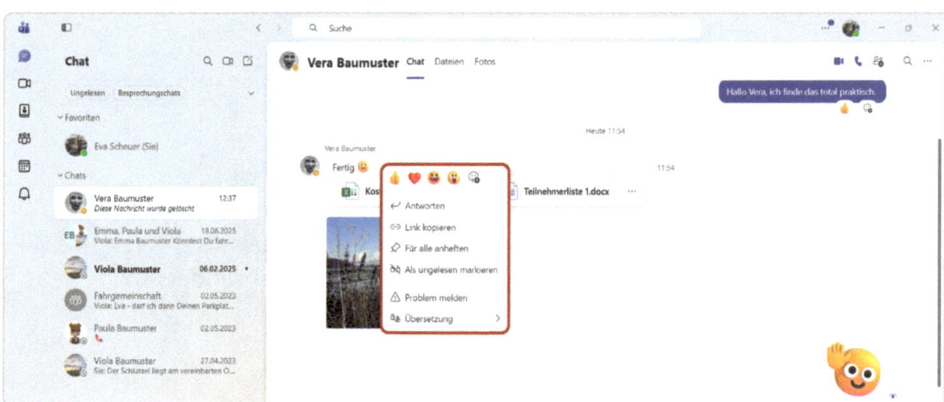

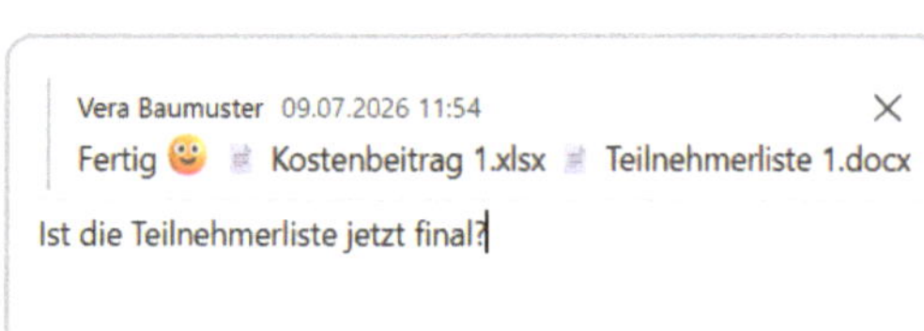

Der Absender trägt die Nachricht ein und versendet sie.

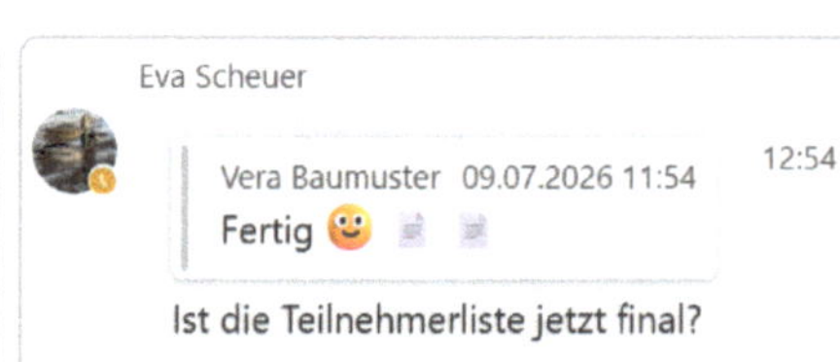

So sieht die Nachricht beim Empfänger aus.

Nachricht kurz kommentieren: Um kurz zu zeigen, dass man die Nachricht zur Kenntnis genommen hat, kann man diese mit einer Symbol kommentieren. Zeigen Sie mit der Maus auf die Mitteilung, dadurch blenden am oberen Rand Emojis ein, die Sie durch Anklicken auswählen können. Die Reaktion erscheint unter der Nachricht ❶.

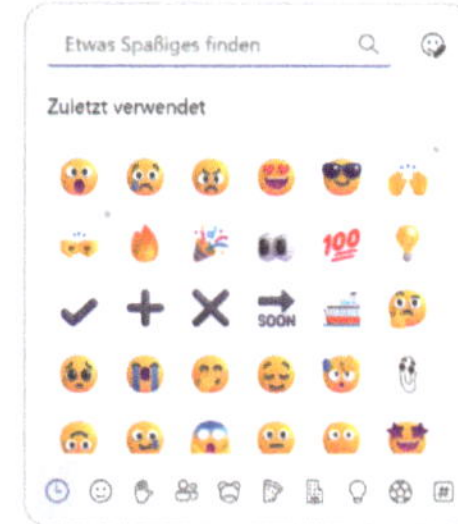

Bild 9.53 Auswahl einer Reaktion.

Über die Schaltfläche *weitere Reaktionen* erhalten Sie Zugriff auf die gesamte Emoji-Bibliothek (siehe Seite 367) und können ein anders Symbol auswählen.

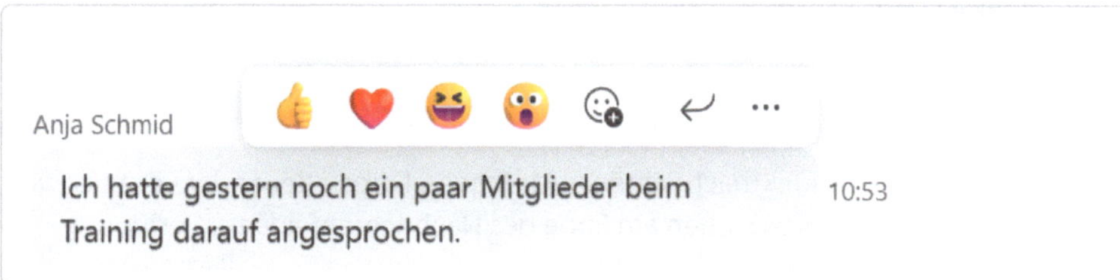

Wenn auf eine Ihrer Nachrichten reagiert wird ❷, erhalten Sie standardmäßig einen Hinweis darauf im Bereich *Aktivität*. Den Hinweis zeigen Sie durch Anklicken von *Aktivität* ❸ im App-Menü (linker Rand) an.

Bild 9.54 Bereich Aktivität wird angezeigt.

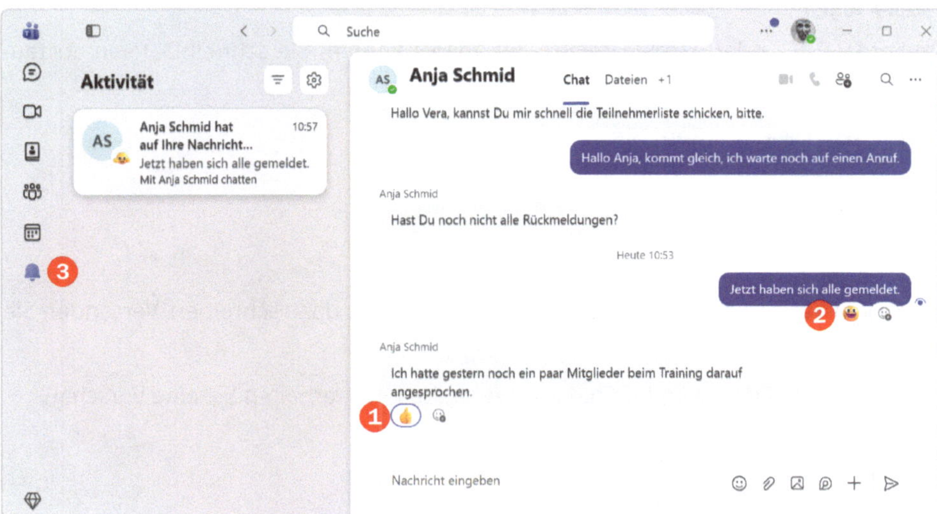

Nachricht bearbeiten und löschen

Wenn Sie eine fehlerhafte Nachricht verschickt haben, können Sie diese berichtigen oder auch ganz löschen. Zeigen Sie dazu auf die Nachricht. Mit dem Stiftsymbol können Sie die Nachricht korrigieren und erneut versenden. Durch Anklicken des Dreipunkte-Symbols und Auswahl von *Löschen* entfernen Sie die Nachricht.

Wurde eine Nachricht geändert wird der Hinweis *Bearbeitet* angezeigt; für eine gelöschte Nachricht steht im Chat *Diese Nachricht wurde gelöscht*.

Zwischen Chats wechseln

Bild 9.55 Zwischen Chats in der Chatliste wechseln

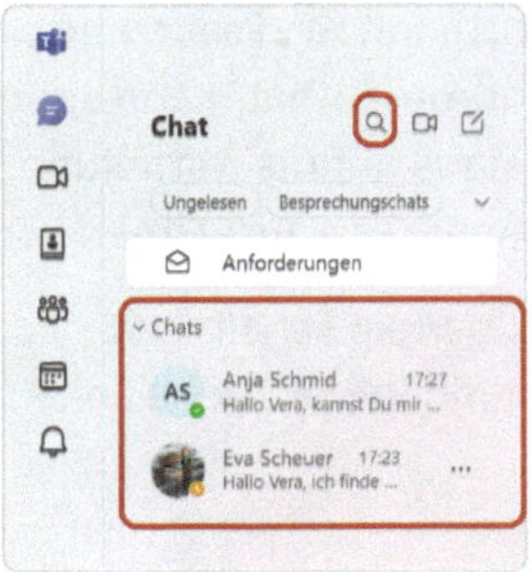

Alle Chats finden Sie links in der Chatliste. Sie wechseln durch Anklicken eines anderen Namens zwischen den einzelnen Chats. Wenn Sie einer Person erneut schreiben möchten, wählen Sie den passenden Chat in dieser Liste aus. Über das Lupensymbol können Sie auch nach dem Chatnamen suchen.

Chatoptionen

Natürlich können neben Textnachrichten auch Emojis, Fotos oder andere Dateien versandt werden; die Optionen stehen am Ende des Nachrichtenfelds zur Verfügung.

Dateien teilen

Anstelle des Büroklammersymbol können Sie auch auf *Medien anfügen* klicken. Der Ablauf ist gleich, allerdings werden hier nur Bilddateien im Datei-Explorer angezeigt.

Ob Fotos, PDFs oder Excel-Dateien – via Teams können Sie schnell Dateien austauschen.

Dateien versenden: Klicken Sie auf das Büroklammersymbol und dann auf *Von diesem Gerät hochladen*. Wählen Sie eine oder mehrere Dateien aus und klicken Sie auf *Öffnen*. Sie können auch eine Nachricht dazu schreiben. Versenden Sie dann, wie gewohnt, mit der *Senden*-Schaltfläche.

Die übersandte Datei wird im Chat angezeigt; für Fotos erhalten Sie eine Vorschau.

Bild 9.56 Word-, Excel-Datei und ein Foto im Chat des Empfängers

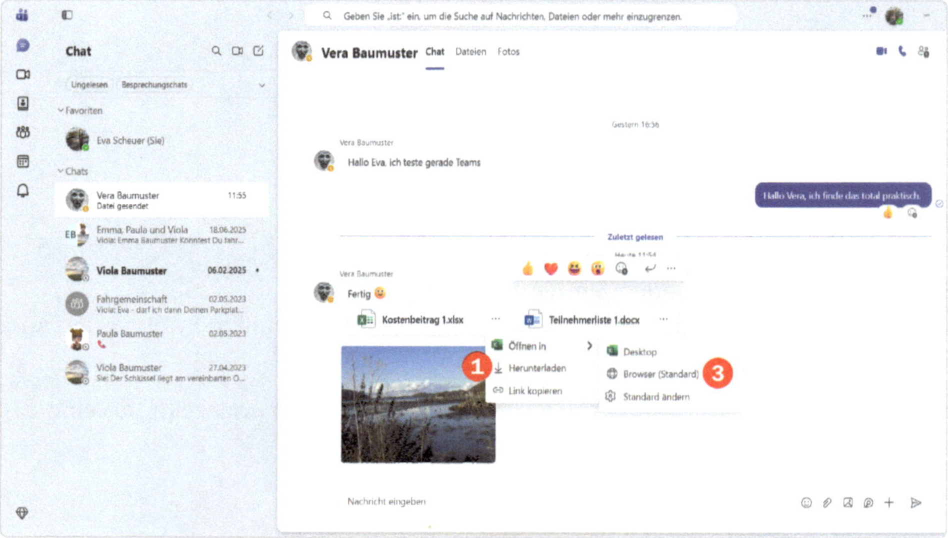

In Teams können Sie alle versendeten Daten in einem gesonderten Bereich anzeigen, das ist praktisch, wenn man etwas sucht. Zeigen Sie den Chat an, in dem Sie die Daten versendet haben. Klicken Sie dann oben auf *Dateien* bzw. *Fotos*. Hier sind alle Dateien aufgelistet, egal ob Sie sie versandt oder erhalten haben.

Tippen Sie auf *Chat*, um wieder zur Anzeige Ihrer Nachrichten zurückzukehren.

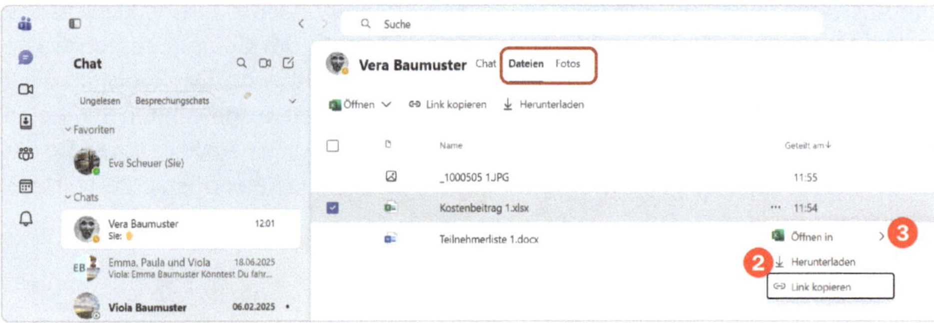

Bild 9.57 Ausgetauschte Dateien gemeinsam betrachten.

Hinweis: Alle Dateien, die man versendet hat, werden im Ordner *Eigene Dateien* - *Microsoft-Teams-Chatdateien* auf **OneDrive** gespeichert. Dafür ist es unerheblich in welchem Chat Sie die Dateien geteilt haben.

Übersandte Datei herunterladen: Bei Dokumenten, Excel-Dateien etc. klicken Sie auf das Dreipunktesymbol und wählen die Option *Herunterladen* aus. Das können Sie sowohl im Chat ❶ (Abbildung vorige Seite) selbst erledigen, als auch in der Übersicht ❷(Abbildungen oben). Zur Anzeige des Dreipunktesymbols in der Übersicht müssen Sie mit der Maus auf die Datei zeigen. Die heruntergeladenen Dateien werden im Ordner *Downloads* gespeichert.

Für Bilder wird im Chat kein Dreipunktesymbol angezeigt. Klicken Sie auf das Bild, um es einzeln anzuzeigen. Jetzt können Sie es über das Pfeil-Symbol in der rechten oberen Ecke herunterladen.

Tipp gemeinsames Bearbeiten einer Office-Datei: Wenn Sie eine Word-, Excel- oder PowerPoint-Datei erhalten, die Sie bearbeiten möchten, klicken Sie auf das Dreipunkte-Symbol und wählen *Öffnen in* ❸ - *Browser* (Abbildung oben) aus. Hier können Sie Änderungen vornehmen, die automatisch auf OneDrive gespeichert werden und so auch wieder dem Absender zur Verfügung stehen. Wenn Sie die Datei herunterladen, benötigen Sie das passende Programm zur Bearbeitung und müssen die Datei erneut hochladen.

Smileys und andere Emojis verschicken

Emojis, wie lachende Gesichter oder Bilder von Gegenständen, sind aus der heutigen schriftlichen Kommunikation kaum noch wegzudenken. Mit ihnen drückt man Gefühle aus und ersetzt geschriebene Worte, wie z. B. „Ich esse gerade 🍕 “. Über die Schaltfläche *Emoji, GIFs und Aufkleber* (siehe Seite 366) zeigen Sie alle verfügbaren Bildchen an.

Bild 9.58 Emojis und GIFs einfügen.

Der Bereich ist unterteilt in drei Register: *Alle*, *Emoji* und *GIFs*. Unter *Alle* finden Sie eine Auswahl von Emojis und GIFs. GIFs sind animierte Bilder, z. B. eine klatschende Person. Man verwendet diese Bilder, ähnlich wie Emojis, um Gefühle auszudrücken oder eine bestimmte Reaktion zu vermitteln, bspw. Überraschung. Das Register *Emojis* ist unterteilt in neun Kategorien, beginnend mit den zuletzt ausgewählten Symbolen und gefolgt von den Smileys zum Ausdruck von Gefühlen. Mit einem Klick fügen Sie das Emoji an der Cursorposition im Text ein. Auch die GIFs sind in Kategorien unterteilt, z. B. Geburtstag, Grüße etc.

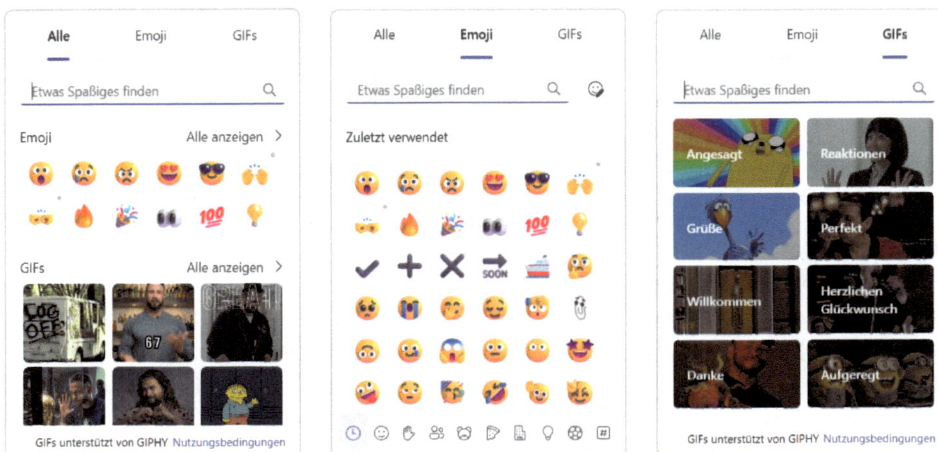

Bild 9.59 Von links nach rechts: Register Alle, Emojis, GIFs.

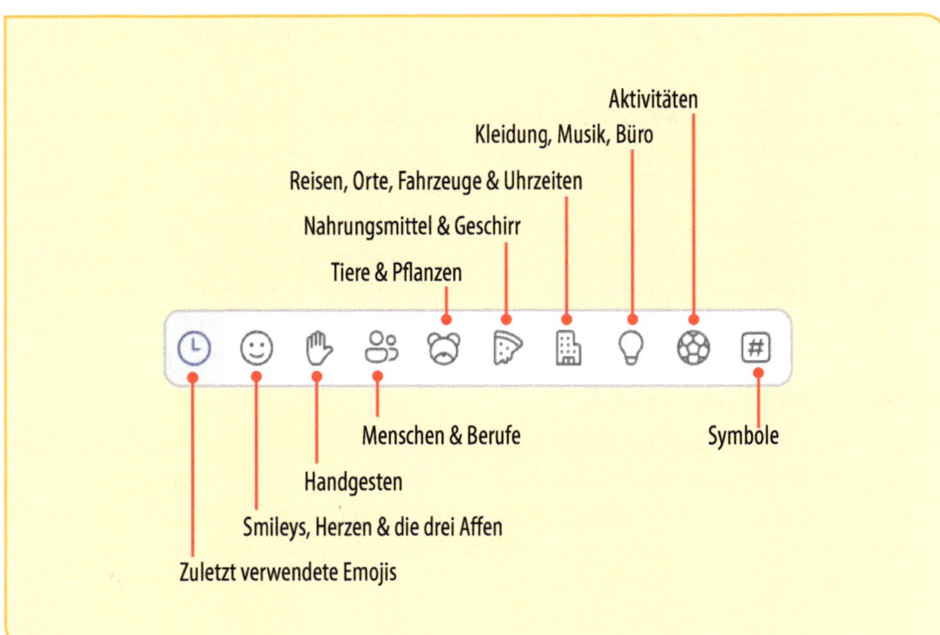

Besonderes Emoji – High Five

Mit einem High Five kann man sich auch in Teams gemeinsam freuen. Dazu muss jeder dem anderen ein High-Five-Emoji schicken. Sobald das zweite Emoji angekommen ist, klatschen sich die beiden Emoji in einer kleinen Animation ab.

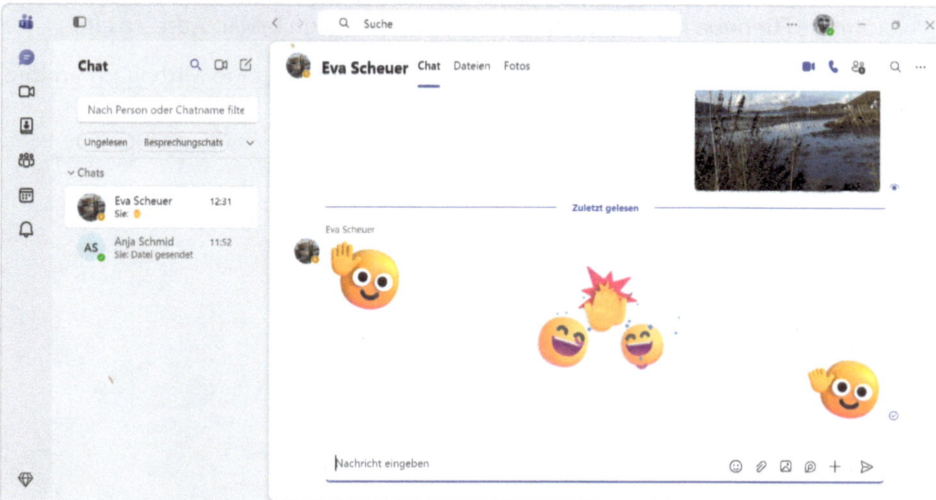

Bild 9.60 Ein High Five in Teams.

Nach Emojis suchen

Wenn Sie nicht sicher sind, welches das richtige Emoji ist, geben Sie im Suchfeld des Emoji-Fensters HighFive ein und wählen dann das angezeigte Emoji aus.

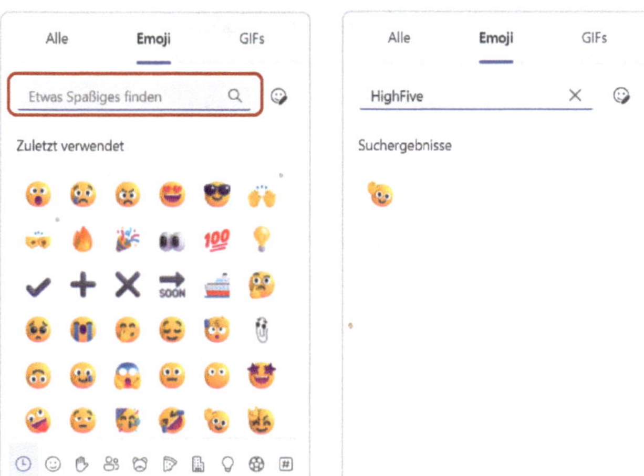

Bild 9.61 Nach Emojis suchen

Gruppenchats erstellen

Teams bietet die Möglichkeit, Kontakte zu einer Gruppe zusammenzufassen und Nachrichten gemeinsam auszutauschen, z. B. zur Koordination von Fahrgemeinschaften oder zur Organisation von Partys. Mit einem Gruppenchat erhalten alle Teilnehmer schnell alle Nachrichten & Fotos und antworten automatisch auch allen.

Gruppenchats werden auch als Unterhaltung bezeichnet.

- Klicken Sie in Teams auf *Neue Nachricht* ❶. Die derzeitige Bezeichnung ist etwas irreführend, da mit der Schaltfläche ein neuer Chat erstellt wird.
- Tragen Sie alle Teilnehmer in das Feld *An* ❷ ein. Bei gespeicherten Kontakten reicht schon der Vorname, um Vorschläge anzuzeigen, aus denen Sie auswählen können. Für neue Kontakte tippen Sie die vollständige E-Mail-Adresse ein.
- Klicken Sie dann ins Nachrichtenfeld und schreiben Sie eine Mitteilung an Ihre neue Gruppe.

Bild 9.62 Gruppenchat erstellen

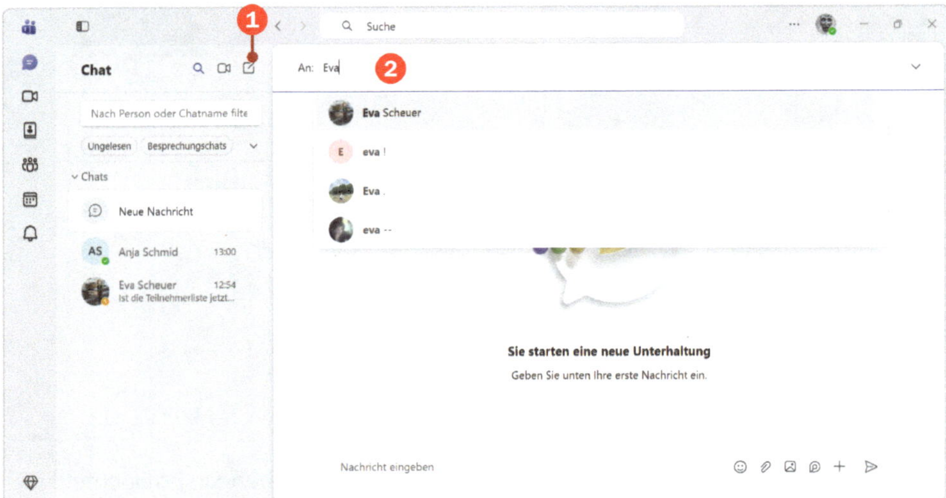

Die Gruppe wird in der Chatliste ❸ angezeigt und kann hier ausgewählt werden, um Nachrichten der Gruppe zu lesen oder zu beantworten.

Eine weitere Person hinzufügen

Auch nachträglich können der Gruppe Personen hinzugefügt werden. Zeigen Sie die Gruppe an und klicken Sie rechts oben 3 ❹. Wählen Sie dann *Kontakt hinzufügen* und geben Sie die Mail-Adresse des neuen Gruppenmitglieds ein. Bestätigen Sie mit *Hinzufügen*. Das neue Mitglied sieht alle bisher ausgetauschten Nachrichten.

Bild 9.63 Kontakte hinzufügen

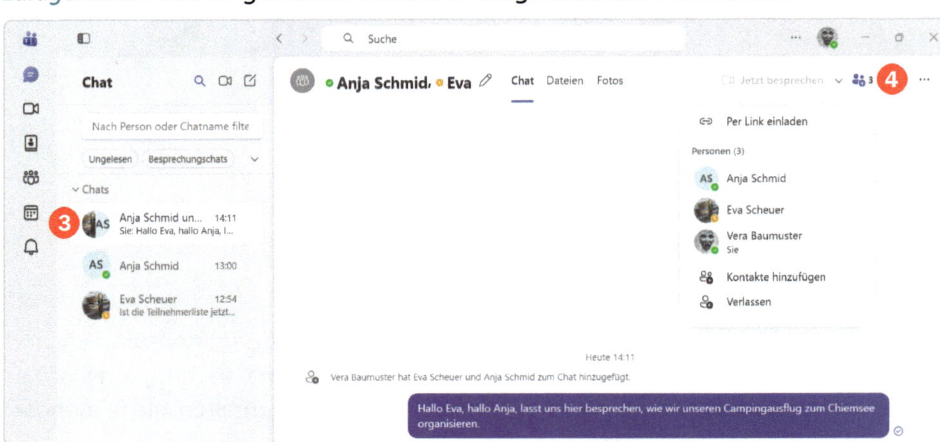

In der Gruppe eine Person ansprechen

Um in einer Gruppe die volle Aufmerksamkeit einer Person zu bekommen, können Sie diese erwähnen. Dazu geben Sie ins Nachrichtenfeld zunächst das @-Zeichen ein. Eine Liste aller Gruppenmitglieder ❶ wird angezeigt. Hier wählen Sie die betreffende Person durch Anklicken aus. Und schreiben dann Ihre Nachricht. Der Empfänger sieht im Chat, dass er erwähnt wurde an der roten Schriftfarbe seines Namens ❷. Außerdem erhält er im Bereich Aktivität einen Hinweis.

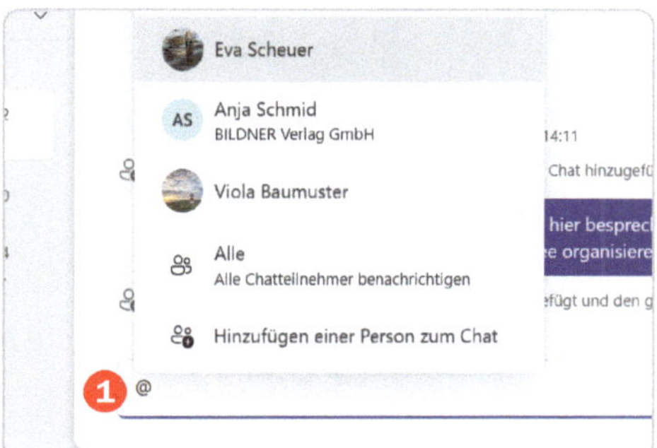

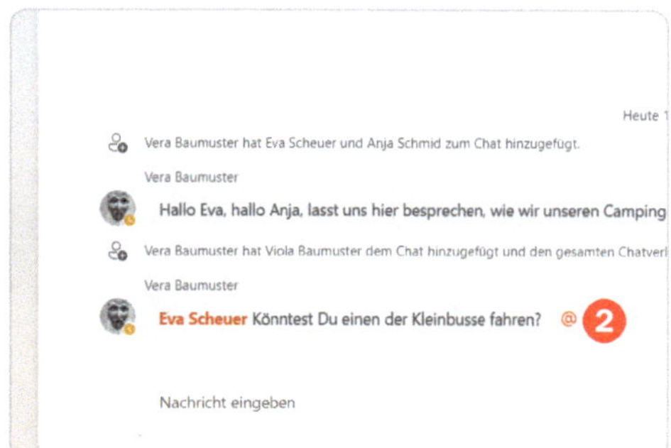

Bild 9.64 Person in einem Gruppenchat erwähnen

Gruppenchat verlassen und Chat löschen

Wenn Sie nicht mehr Teil eines Gruppenchats sein möchten, zeigen Sie auf den Chat in der Chatliste, klicken auf das Dreipunkte-Symbol und wählen *Verlassen* aus. Bestätigen Sie mit *Verlassen*. Sie können den Chat noch anzeigen, erhalten aber keine neuen Nachrichten mehr.

Um einen Gruppen- oder Einzelchat zu löschen, wählen Sie *Löschen* aus.

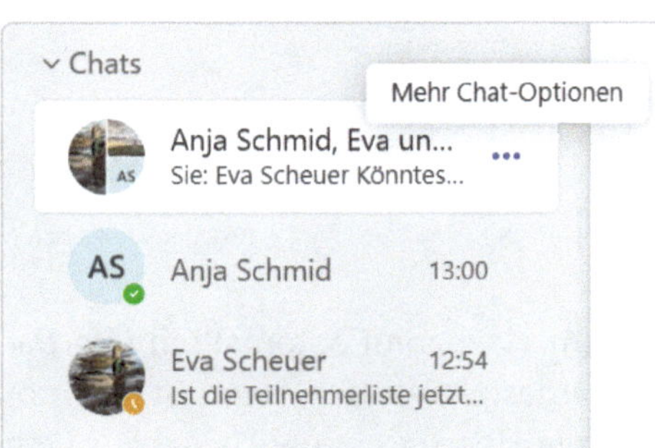

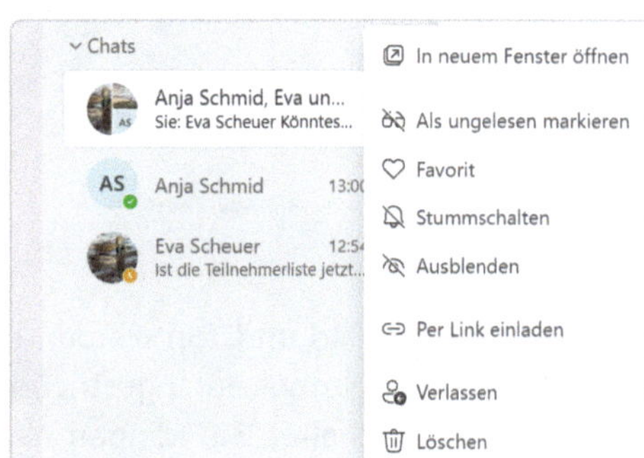

Bild 9.65 Dreipunkte anklicken, um Chat-Optionen zu öffnen
Chat verlassen und Chat löschen

Sprach- und Videoanrufe durchführen

Mit Teams können Sie Familie und Freunde anrufen und dabei optional ein Video übertragen.

- Wählen Sie in der Chatliste die Person aus und wählen Sie dann entweder einen Video- oder Audioanruf aus.

- Wenn Sie mit mehreren Personen sprechen möchten, ist es von Vorteil gleich den passenden Gruppenchat auszuwählen.

Bild 9.66 Audio- und Videoanruf

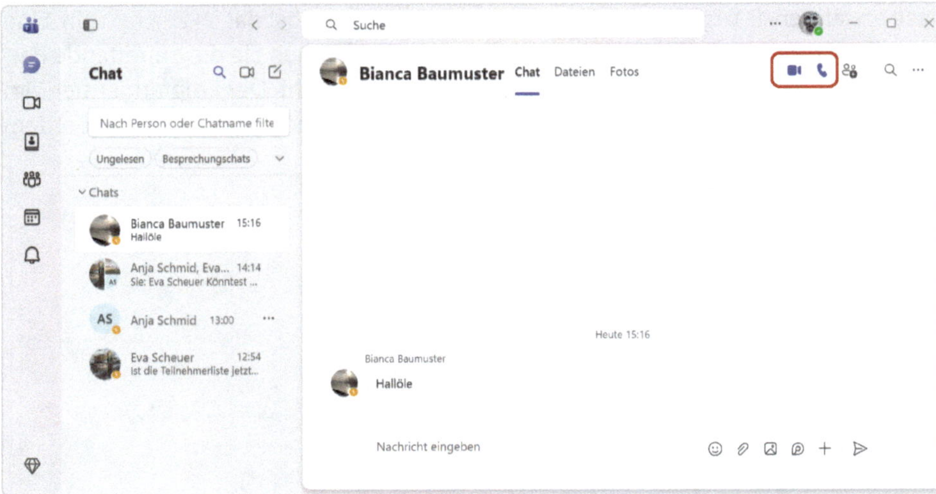

Während des Videoanrufs steht Ihnen eine Leiste mit wichtigen Funktionen zur Verfügung. Diese befindet sich am oberen Rand des Bildschirms.

Befehlsleiste am oberen Bildschirmrand

Bild 9.67 Befehlsleiste Videoanruf.

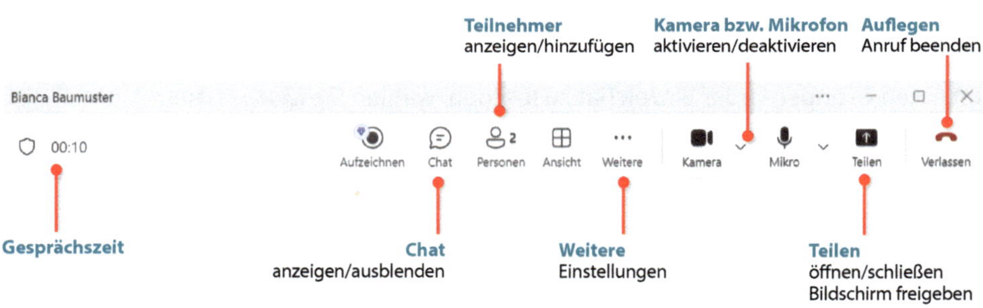

- **Kamera/Mikrofon:** Bild und Ton werden bei einem Videoanruf automatisch übertragen. Sollte ein Symbol durchgestrichen dargestellt werden, dann ist das momentan ausgeschaltet. Sie können natürlich die Übertragung auch selbst durch Anklicken der Schaltflächen ein bzw. ausschalten.
- **Hintergrund verschwinden lassen:** Eine nützliche Funktion, besonders wenn das Wohnzimmer unordentlich ist. Sie können die häusliche Umgebung weichzeichnen oder gleich einen anderen Hintergrund einblenden. Klicken Sie auf den Pfeil neben *Kamera* und wählen Sie bei Hintergründe die Option *Standardunschärfe* oder gleich einen ganz anderen Hintergrund durch Anklicken aus.

- **Unterhaltung:** Auch während eines Anrufs können Sie Chatnachrichten austauschen oder auch Dateien verschicken. Über die Schaltfläche *Chat* blenden Sie den Chatbereich ein und wieder aus.
- **Inhalte freigeben:** Mit *Teilen* geben Sie Inhalte Ihres Bildschirms frei. Entscheiden Sie zwischen *Bildschirm* (alles, was auf dem Bildschirm angezeigt wird, sieht auch der Gesprächsteilnehmer) und *Fenster*. Mit letzterem können Sie unter allen geöffneten Fenstern eines auswählen, das übertragen werden soll. Alles andere sieht der andere Teilnehmer nicht. Der freigegebene Inhalt wird an Ihrem Bildschirm rot umrandet und beim Gesprächspartner angezeigt, wobei die Videofenster in die untere rechte Ecke rücken. Zum Beenden der Freigabe klicken Sie auf *Nicht mehr teilen*.
- **Auflegen:** Mit *Verlassen* beenden Sie das Gespräch.

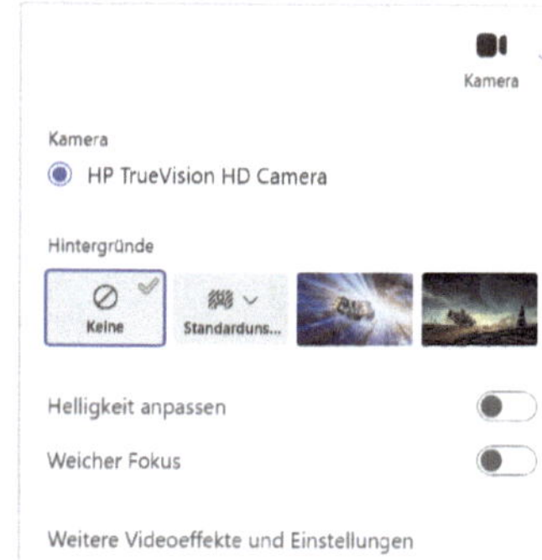

Bild 9.68 Hintergrund im Video unscharf darstellen.

Anruf erhalten

Wenn Sie kontaktiert werden, wird eine Benachrichtigung rechts unten am Bildschirm eingeblendet. Mit den blauen Tasten nehmen Sie den Anruf an, entweder mit Videoübertragung oder nur als Sprachanruf. Durch Anklicken der roten Taste weisen Sie den Anruf ab. Verpasste Anrufe werden im Bereich *Aktivität* aufgelistet.

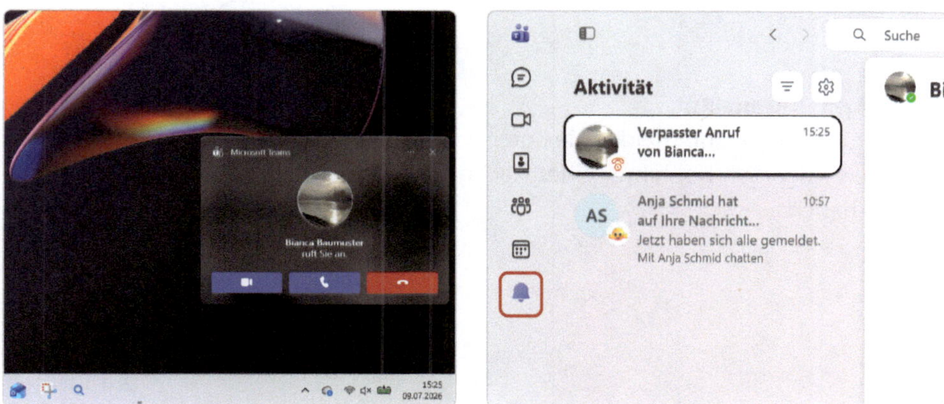

Bild 9.69 Jemand ruft an, Verpasster Videoanruf.

Microsoft Teams verwalten

Statusanzeige

In der Chatliste sehen Sie an der Farbe des kleinen Kreises beim Profilbild, ob der Kontakt gerade in Teams verfügbar ✓ oder offline ⊗ ist. Der Status ändert sich automatisch in abwesend 🕓, wenn Ihr Gerät in den Ruhemodus wechselt; auf mobilen Geräten erscheint 🕓 auch, wenn sich die App im Hintergrund befindet.

Um den Status manuell zu ändern, klicken Sie auf den Konto-Manager, zeigen dann auf den aktuellen Status, z. B. *Verfügbar*. Jetzt können Sie eine andere Meldung auswählen.

Konto-Manager

Profilbild ändern
Im Konto-Manager können Sie durch anklicken Ihres Profilbilds und Auswahl von *Hochladen* Ihr aktuelles Bild austauschen.

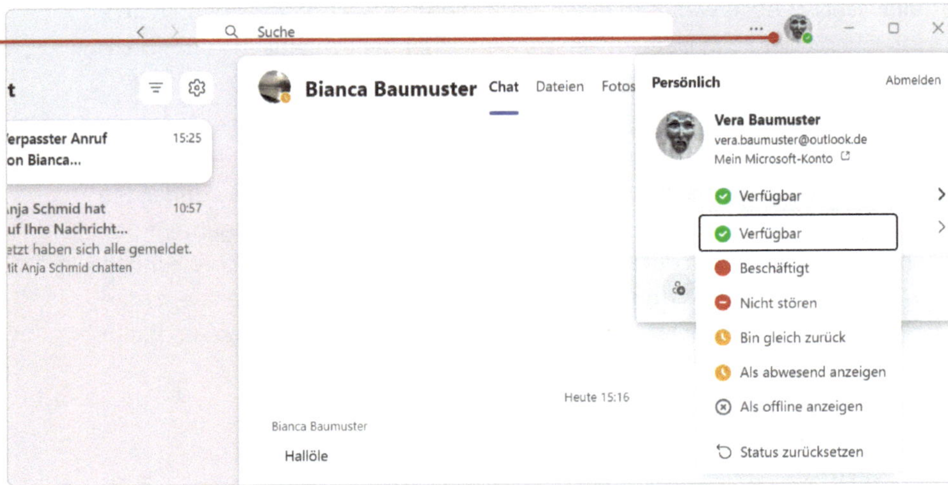

Einstellungen & Updates

Über das Dreipunkte-Symbol erreichen Sie die *Einstellungen*.

Bild 9.70 Einstellungen aufrufen.

Einstellungen - Datenschutz:
In den *Einstellungen* entscheiden Sie unter *Chats* - *Lesebestätigungen*, ob der Absender durch das Auge-Symbol hinter einer Nachricht erfahren darf, dass Sie die Nachricht gelesen haben.

Bild 9.71 Lesebestätigung bearbeiten.

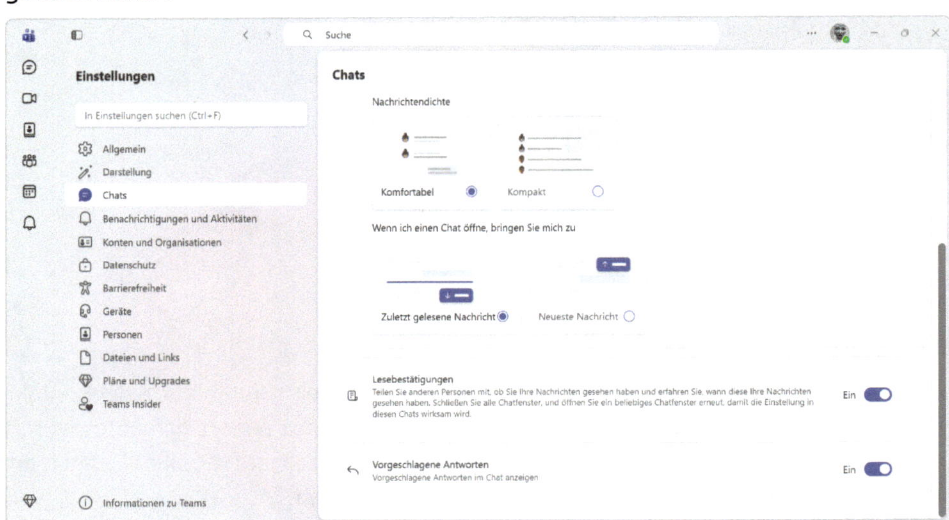

Unter *Datenschutz* legen Sie durch Auswahl von *Verwalten, wie Personen Sie finden können* fest, ob andere Personen, Sie nur anhand Ihrer E-Mail-Adresse oder auch über Ihre Telefonnummer (sofern diese im Microsoft-Konto hinterlegt ist) finden dürfen.

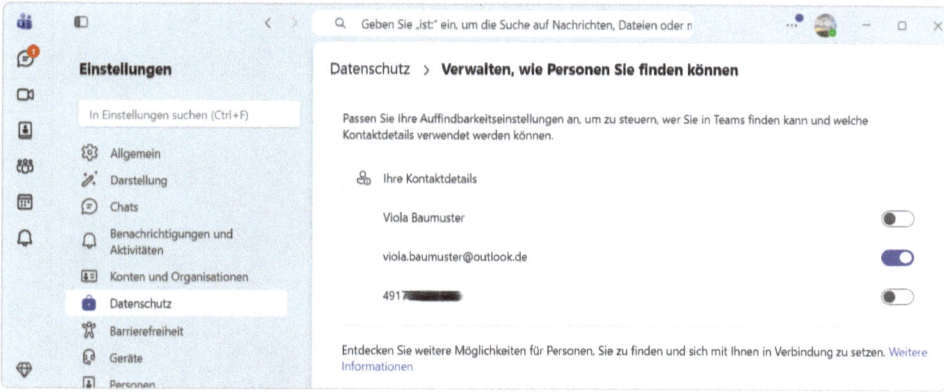

Bild 9.72 Festlegen, wie Sie in Teams gefunden werde.

Einstellungen - Benachrichtigungen:

In den *Einstellungen* - *Benachrichtigungen und Aktivitäten* - *Chat* entscheiden Sie, für welche Information Sie ein *Banner* (Einblendung rechts unten am Monitor) anzeigen und/oder einen Hinweis im Bereich *Aktivitäten* erhalten möchten. Wenn Sie auf etwas gar nicht hingewiesen werden wollen, wählen Sie die Option *Aus*.

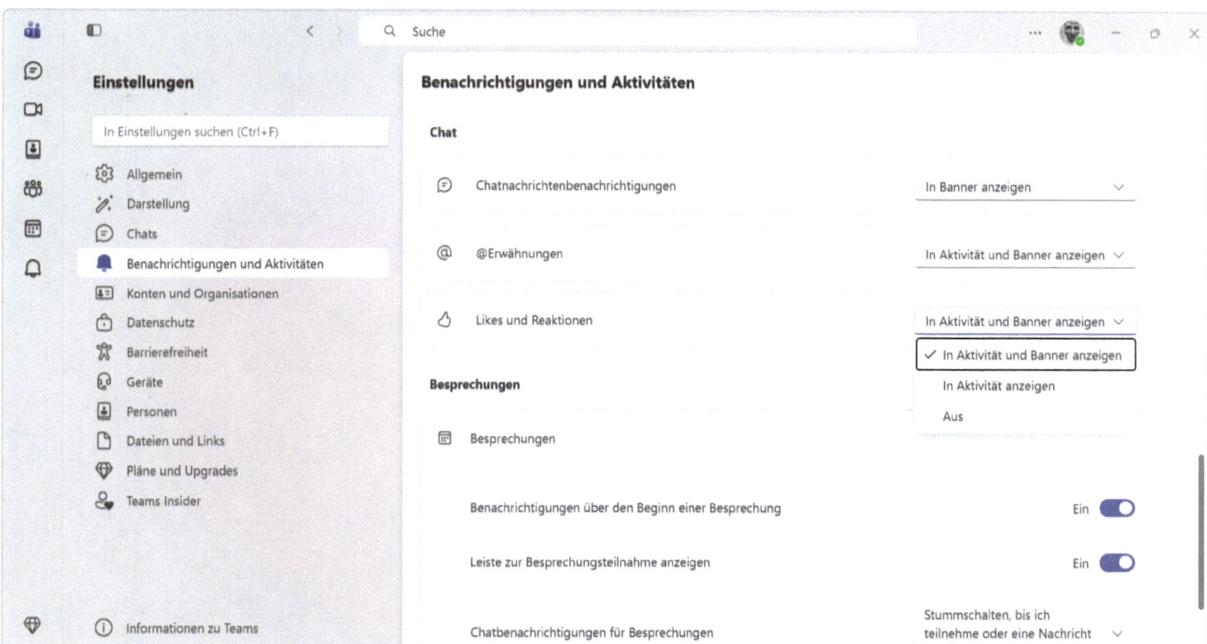

Bild 9.73 Benachrichtigungen managen

Falls ein **Update** für Teams verfügbar ist, wird rechts oben der Hinweis *Aktualisieren* eingeblendet. Klicken Sie darauf und dann auf *Teams aktualisieren und neu starten*.

10 Surfen mit Edge

ChatGPT ist ein KI-Assistent des Unternehmens OpenAI, mit dem Sie einen textbasierten Dialog führen können.

Ein **Chatbot** ist ein digitaler Gesprächspartner. Er kommuniziert automatisch über Text oder Sprache mit Menschen.

Künstliche Intelligenz (KI) gewinnt immer mehr an Bedeutung. Mit der Integration des **digitalen Assistenten Copilot** wird auch Microsoft Edge zum KI-gestützten Browser. Copilot basiert auf ChatGPT, einer Anwendung des Unternehmens OpenAI, die es ermöglicht text- oder sprachbasierte Dialoge zu führen. Digitale Assistenten wie Copilot oder ChatGPT zeichnen sich dadurch aus, dass sie auf Anfragen kontextbezogene Antworten geben. Das bedeutet, dass man kann mit dem Chatbot in Dialog treten, da er weitere Fragen im Kontext des bereits Geschriebenen beantwortet. Die **K**ünstliche **I**ntelligenz greift dabei nicht nur auf einen riesigen Datenbestand zu, sondern lernt ebenfalls durch die Interaktion mit dem menschlichen Fragesteller. Copilot ist in der Lage, auch komplexe Fragestellungen zu beantworten, verfasst E-Mail-Texte oder einfache Geschichten zu vorgegebenen Themen und erzählt, zumindest bis jetzt, ganz schlechte Witze. Mitdenken ist natürlich trotz allem wichtig, denn manchmal gerät Copilot auch ins Fabulieren.

10.1 Beim ersten Start

Zum Starten von Edge klicken Sie auf in der Taskleiste. Wenn Sie Edge zum ersten Mal öffnen, müssen Sie einige Entscheidungen zur Einrichtung und Verwendung treffen:

- **Anmeldung:** Zunächst wird angeboten, dass Sie für Edge Ihr Microsoft-Konto hinterlegen. Das ist wichtig, wenn Sie Edge auf mehreren Rechnern oder auch auf dem Tablet bzw. Smartphone nutzen möchten. Auf diese Weise werden Inhalte, wie Favoriten, Lesezeichen, Browserverlauf etc., für alle Geräte synchronisiert und stehen überall zur Verfügung.
- **Google-Browser:** Falls Sie bis jetzt den Chrome-Browser verwendet haben, können Sie die gespeicherten Browserdaten in Edge übertragen. Das funktioniert allerdings nur, wenn die Daten mit Google synchronisiert wurden, also wenn Sie sich am Chrome-Browser mit einem Google-Konto angemeldet haben.
- **Zuletzt verwendete Browserdaten:** Wenn Sie einen anderen Browser parallel nutzen, so können Sie dafür sorgen, dass die Daten in regelmäßigen Abständen in Edge importiert werden. Wir gehen davon aus, dass Sie zunächst nur Edge nutzen: Klicken Sie auf *Nicht zulassen* und dann auf *Bestätigen und fortfahren*.
- **Daten zur Verfügung stellen:** Microsoft möchte Ihnen angepasst an Ihr Surfverhalten weitere Informationen zur Verfügung stellen.
- Zum Schluss können Sie noch das Design des Browsers ändern. Wählen Sie eine Farbe durch Anklicken aus und klicken Sie auf *Weiter*. Im nächsten Schritt könnten Sie Webseitenlinks an die Taskleiste anheften. Sie erfahren im Verlauf des Kapitels, wie das geht. Jetzt mit der angebotenen Auswahl ist das Quatsch. Klicken Sie auf *Fertigstellen*.

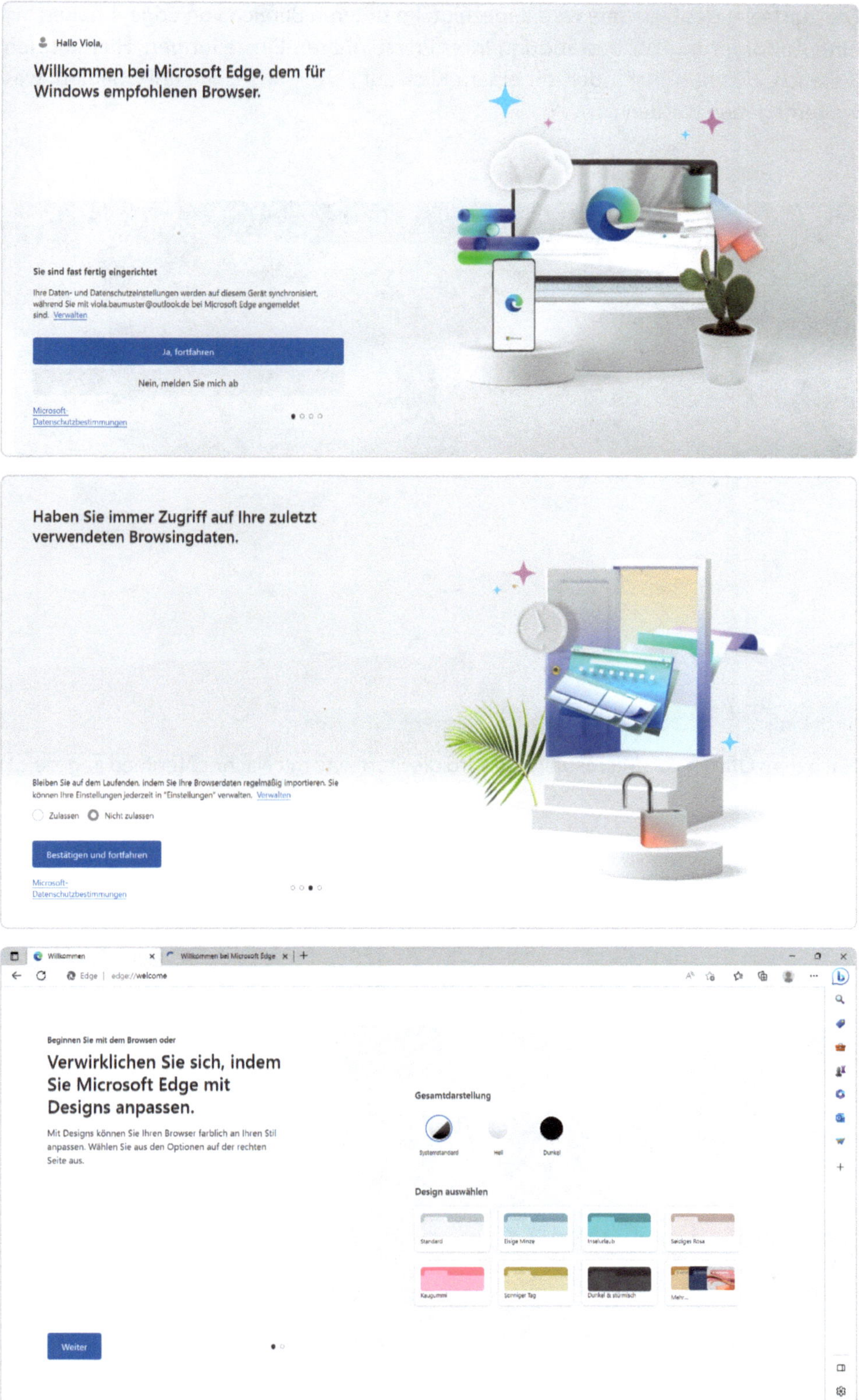

Bild 10.1 Edge einrichten

Die Startseite des Browsers wird angezeigt. Im unteren Bereich von Edge erhalten Sie eine Aufforderung zur Bestätigung Ihrer Privatsphären-Einstellungen. Hier können Sie auch *Alles ablehnen* oder mit einem Klick auf *Zwecke anzeigen* entscheiden, was weitergegeben werden darf.

Bild 10.2 Cookies akzeptieren bzw. ablehnen

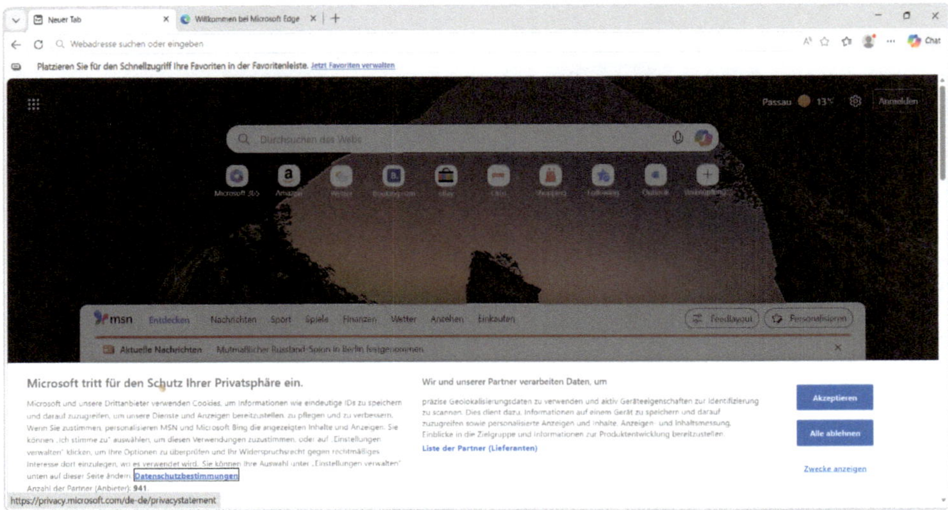

10.2 Benutzeroberfläche

Nach dem Öffnen von Microsoft Edge wird die Startseite mit Nachrichtenfeed angezeigt.

Übersicht

Bild 10.3 Startseite von Edge

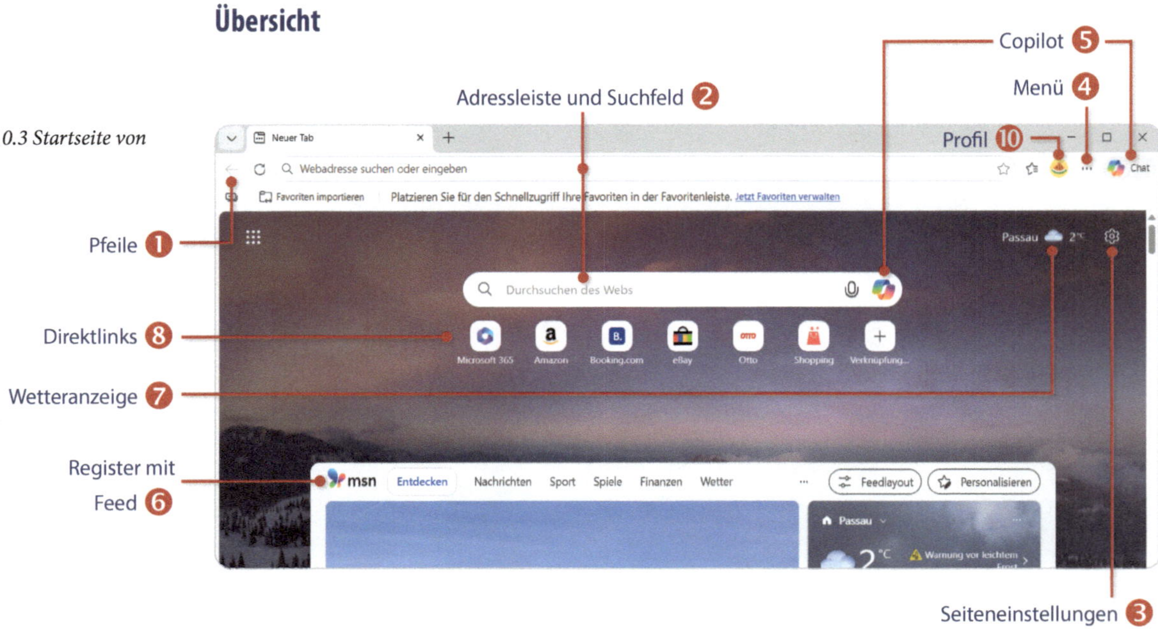

- **Navigationsschaltflächen:** Mittels der Pfeile ❶ bewegen Sie sich zwischen den aufgerufenen Webseiten hin und her. Der Vorwärts-Pfeil wird nur angezeigt, wenn die Funktion durch Betätigen des Zurück-Pfeils zur Verfügung steht. Mit einem Rechtsklick auf einen der Pfeile wird der Verlauf (zuletzt besuchte Webseiten) angezeigt. Durch Anklicken von ↻ aktualisieren Sie die Webseite. Das ist sinnvoll bei Seiten, deren Inhalte sich häufig ändern, z. B. Seiten mit aktuellen Nachrichten.

- **Suchfelder:** In die Adressleiste ❷ oben tippen Sie die Webseitenadresse oder einen Suchbegriff ein. Das Suchfeld unten erstellt immer eine Trefferliste zu einer Suchanfrage.
- Menü**:** Über das Menüsymbol ··· ❹ finden Sie **Einstellungen**, Erweiterungen, die Druckoptionen und vieles mehr. Die Seiteneinstellungen ❸ zu Edge (Direktlinks, Hintergrund etc.) befinden sich darunter. Darüber legen Sie Elemente und Darstellung der Startseite fest.
- **Wetteranzeige:** Das aktuelle Wetter ❼ wird für den freigegebenen Standort angezeigt. Wenn Sie den genauen Standort nicht freigegeben haben, kann hier auch eine andere Stadt, als die, in der Sie sich gerade befinden, angezeigt werden.
- **Webseiten merken**: Die Direktlinks ❽ werden automatisch mit Links zu Webseiten versehen, die Sie oft aufrufen. Sie können aber auch aktiv einen Link anlegen. Wird der Bereich nicht angezeigt, klicken Sie auf Seiteneinstellungen ❸. In dem erscheinenden Menü können Sie unter *Direktlinks* festlegen, ob und, wenn ja, wie viele Zeilen mit Links angezeigt werden sollen.
- **Copilot:** Mit Klick auf die Schaltfläche *Copilot* ❺ blenden Sie die Dialogoptionen des Chatbots ein. Dazu mehr auf Seite 390.
- **Nachrichten:** Im unteren Bereich der Startseite erhalten Sie den Feed ❾ – eine Sammlung von Beiträgen, z. B. Nachrichten, Klatsch, Rezepte, Informationen zu Wetter und Sport. Standardmäßig ist das *Entdecken* -Register ausgewählt, das eine bunte Mischung an Themen enthält. Über die verschiedenen Register *Nachrichten, Sport, Spiele* etc. können Sie die Themen eingrenzen.

Was ist ein **Feed**? Zusammenstellung von Informationen in fortlaufenden Blöcken. Welche Inhalte angezeigt werden, kann der Nutzer auswählen.

- **Profil:** Ihr Profil ❿ wird mit einem von Ihnen ausgewählten Bild versehen; hier können Sie Ihr Konto verwalten.

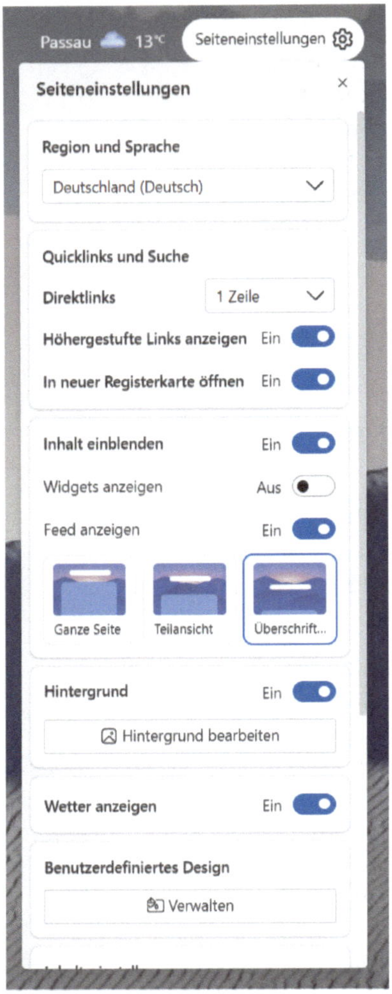

Aussehen der Startseite festlegen

In den *Seiteneinstellungen* legen Sie das Aussehen der Startseite fest. Klicken Sie auf ❸ (Abbildung Seite 380).

- **Sprache ändern:** Bei *Region und Sprache* können Sie die Spracheinstellung für den Browser ändern.
- **Direktlinks ausblenden:** Wenn Sie keine Direktlinks benötigen, dann öffnen Sie das Drop-Down-Menü bei *Direktlinks* und wählen *Aus*.
- **Nur selbst festgelegte Direktlinks anzeigen:** Wenn Sie möchten, dass nur Direktlinks angezeigt werden, die Sie eingetragen haben (siehe Seite 410), dann setzen Sie den Regler bei *Höhergestufte Links anzeigen* auf *Aus*.
- **Mehr Direktlinks anzeigen:** Reicht der Platz für die benötigten Direktlinks nicht aus, wählen Sie im Drop-Down-Menü bei *Direktlinks* die Option *2 Zeilen*.
- **Nachrichten ausblenden:** Wollen Sie gar keine Nachrichten auf der Startseite anzeigen, dann schalten Sie den Regler bei *Inhalte einblenden* aus. Tipp: Die drei Optionen *Ganze Seite*, *Teilansicht*, *Überschrift* bestimmen, wie der Feed auf der Startseite dargestellt wird.
- **Hintergrund ändern:** Wenn Sie die Startseite sehr neutral halten wollen, dann setzen Sie den Regler bei *Hintergrund* auf *Aus*. Dadurch wird das Bild durch einen grauen Hintergrund ersetzt.
- **Wetteranzeige ausschalten:** Ziehen Sie den Regler bei *Wetter anzeigen* auf die Position *Aus*.

10.3 Webseite finden

Webadresse & Suchbegriffe eingeben

Das Suchfeld verwenden: Wenn Sie sich gerade auf der Startseite befinden, klicken Sie in das Feld *Durchsuchen des Webs* und tippen Ihre Suchbegriffe ein. Bereits während der Eingabe erscheint eine Liste erster Vorschläge für eine Suche im Web. Ist etwas Passendes dabei, dann klicken Sie dies an, ansonsten tippen Sie die Anfrage vollständig ein und bestätigen anschließend mit der Enter-Taste oder klicken auf die Schaltfläche *Suchen* . Um die Anfrage zu verwerfen, klicken Sie auf das x-Symbol.

Etwas mehr Optionen haben Sie, wenn Sie die Seite ***bing.de*** öffnen. Dort stehen Ihnen eine Sprach- und eine Bildersuche zur Verfügung.

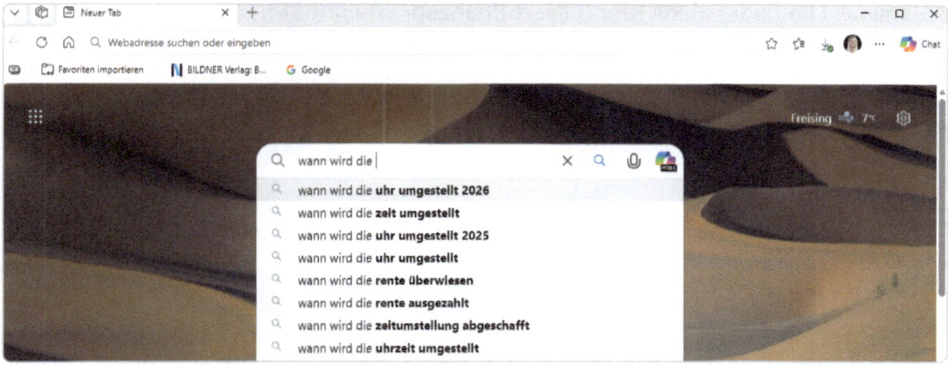

Bild 10.4 Suchfeld der Startseite

Sprachsuche: Wer möchte, kann über die Schaltfläche *Sprachsuche* auch eine Anfrage diktieren, sofern Ihr Computer oder Laptop mit einem Mikrofon ausgestattet ist. Bei der ersten Verwendung müssen Sie den Zugriff von Bing auf das Mikrofon erlauben. Klicken Sie auf *Zulassen*.

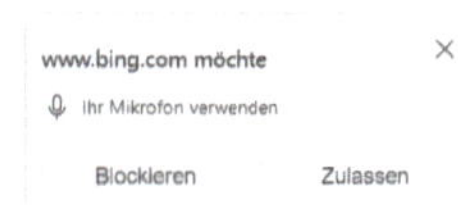

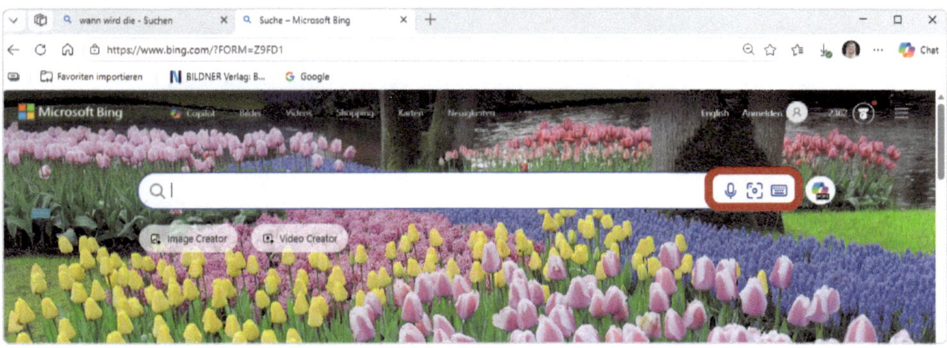

Bild 10.5 Per Sprache oder per Bild suchen

Durch das Anklicken von 🎙 starten Sie die Spracheingabe. Formulieren Sie zügig Ihre Frage, die Suche startet automatisch. Neben einer Trefferliste wird die Frage auch per Sprachausgabe beantwortet. Ein Drücken auf das Sprachausgabesymbol beendet diese.

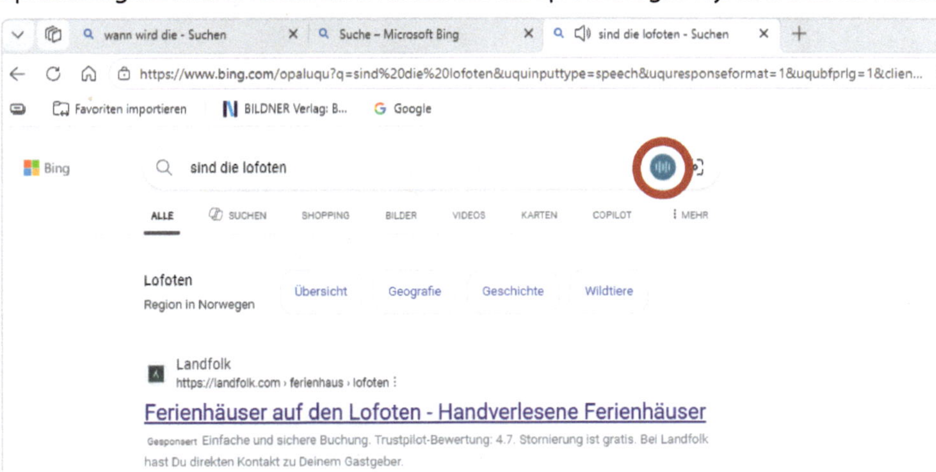

Bild 10.6 Ergebnis der Sprachsuche

Bildersuche: Die Bildersuche identifiziert Pflanzen, erkennt Sehenswürdigkeiten, zeigt aber auch, wo Sie ähnliche Artikel einkaufen können und vieles mehr.

Um eine Suche via Bild zu starten, klicken Sie auf [Symbol]. Am einfachsten ist es, wenn das Foto auf dem Rechner gespeichert ist. Wählen Sie in diesem Fall *Hochladen eines Bilds*, navigieren Sie zum Speicherort und wählen das Bild aus.

Bild 10.7 Bildersuche - Bild hochladen

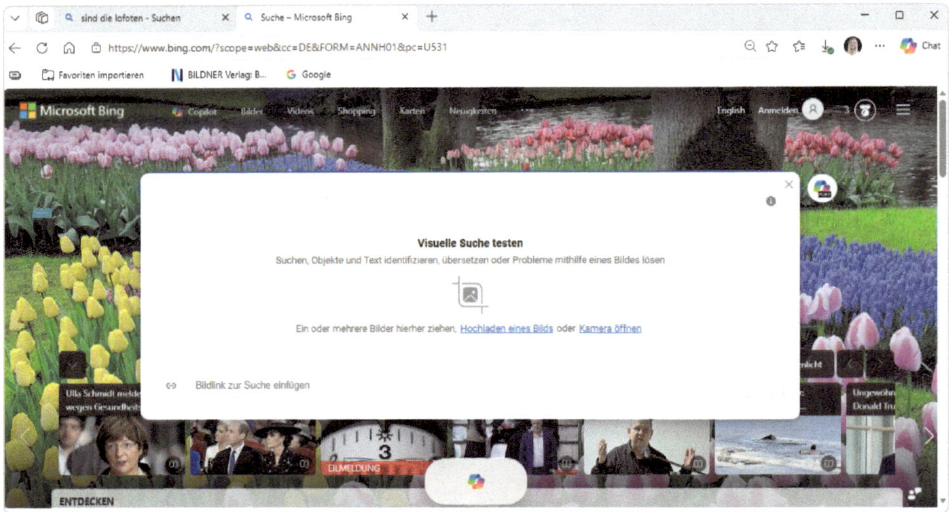

Besonders praktisch ist diese Funktion, wenn Sie Microsoft Edge am Smartphone benutzen, da Sie mit der Handykamera schnell ein Bild knipsen können. Aber auch am Computer kann man sich mit einem Screenshot behelfen, wenn man nach etwas suchen möchte, was man am Bildschirm sieht.

Bild 10.8 Hier findet die Bing-Suche leider nicht den Passauer Dom, der auf dem hochgeladenen Bild zu sehen ist.

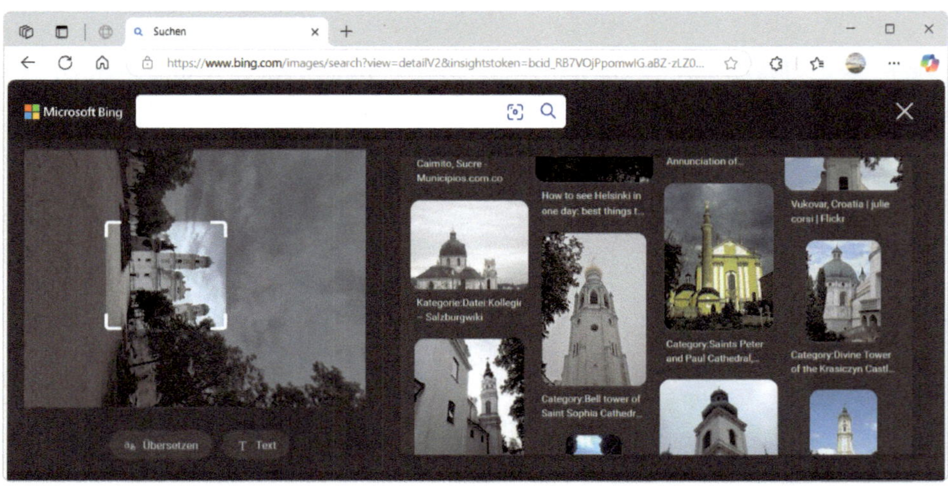

Visuelle Suche: Wenn Sie ein Bild auf einer Webseite entdeckt haben und zu diesem eine Suche starten möchten, klicken Sie mit der rechten Maustaste auf das Bild und wählen *Visuelle Suche*. Im Seitenfenster werden dann ähnliche Inhalte aufgeführt.

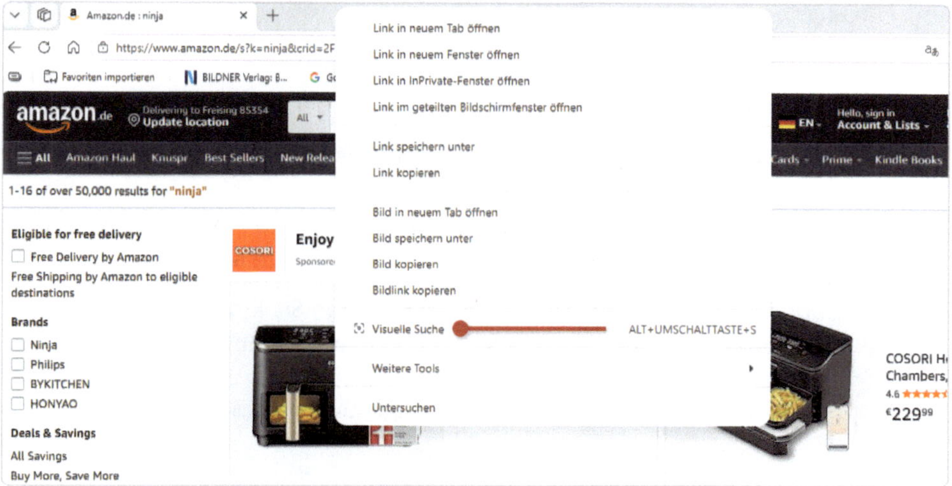

Bild 10.9 Visuelle Suche zu einem Bild auf einer Webseite.

Die Adressleiste zur Suche benutzen

In die Adressleiste können Sie eine Webadresse eintippen und die Seite ohne Umwege anzeigen. Aber auch die Eingabe einer Suchanfrage ist möglich.

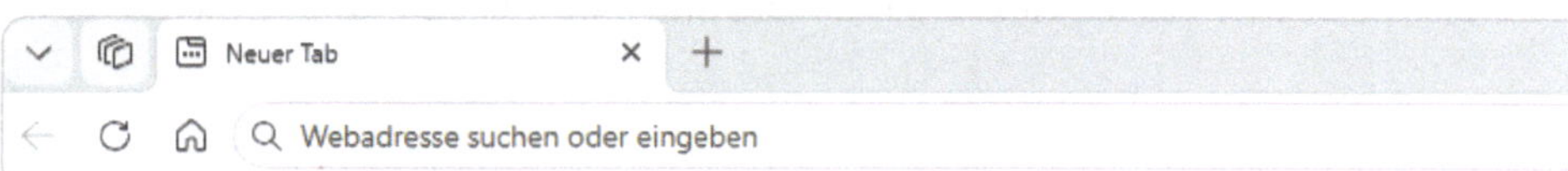

Bild 10.10 Adressleiste von Microsoft Edge

- Geben Sie die Adresse mit Punkt und am Ende das passende Kürzel (.de, .com und viele andere) ein. Auf https. und www. können Sie bei der Eingabe verzichten.
- Webadressen dürfen keine Leerzeichen enthalten. Sie unterscheiden nicht zwischen Groß- und Kleinschreibung. Geben Sie am einfachsten Kleinbuchstaben ein.

Tipp: Wenn Sie eine Seite erneut aufrufen, dann wird nach Eingabe der ersten Zeichen die Adresse im Adressfeld automatisch vervollständigt und kann durch Drücken der Enter-Taste übernommen werden.

Tipp: Ein Blick in die Adressleiste lohnt

Am Ende der Adressleiste finden Sie die Schaltfläche . Damit speichern Sie die Seitenadresse im Browser (mehr dazu auf Seite 412). Davor blenden Befehlsoptionen ein, die für den angezeigten Seiteninhalt zur Verfügung stehen, z. B. Übersetzungsoptionen (siehe Seite 400), die Aktivierung des Readermodus (siehe Seite 402), vorhandene Gutscheine auf Shoppingsseiten oder, dass die angezeigten Inhalte auch als App zur Verfügung stehen .

Suchergebnisse anzeigen

Microsoft Edge verwendet zur Suche standardmäßig den eigenen Suchdienst **Bing** ❶. Je nach Suchanfrage unterscheidet sich die Darstellung der Trefferliste:

- Bei der Suche nach Rezepten werden beispielsweise zuerst eine Reihe bebilderter Vorschläge angezeigt. Bei der Suche nach Sehenswürdigkeiten oder anderen Örtlichkeiten (z. B. Arzt, Hallenbad, Restaurant oder Baumarkt) erhalten Sie eine kurze Beschreibung ❷ mit Adresse, Telefonnummer, Öffnungszeiten und Bewertungen.
- Ganz oben sehen Sie das Suchfeld ❸. Hier können Sie Ergänzungen oder Korrekturen vornehmen und dann die Suche erneut mit der Enter-Taste bestätigen.

Im Suchfeld von Bing erscheint *Tab*, als Hinweis, das angezeigte Wort mit der Tab-Taste zu übernehmen.

- Jedes Suchergebnis ❹ wird mit einem Titel angezeigt. Dieser ist gleichzeitig der Link zur Seite; zur Anzeige brauchen Sie nur auf den Link zu klicken. Oberhalb des Titels sehen Sie die Webseitenadresse und darunter eine kurze Beschreibung.

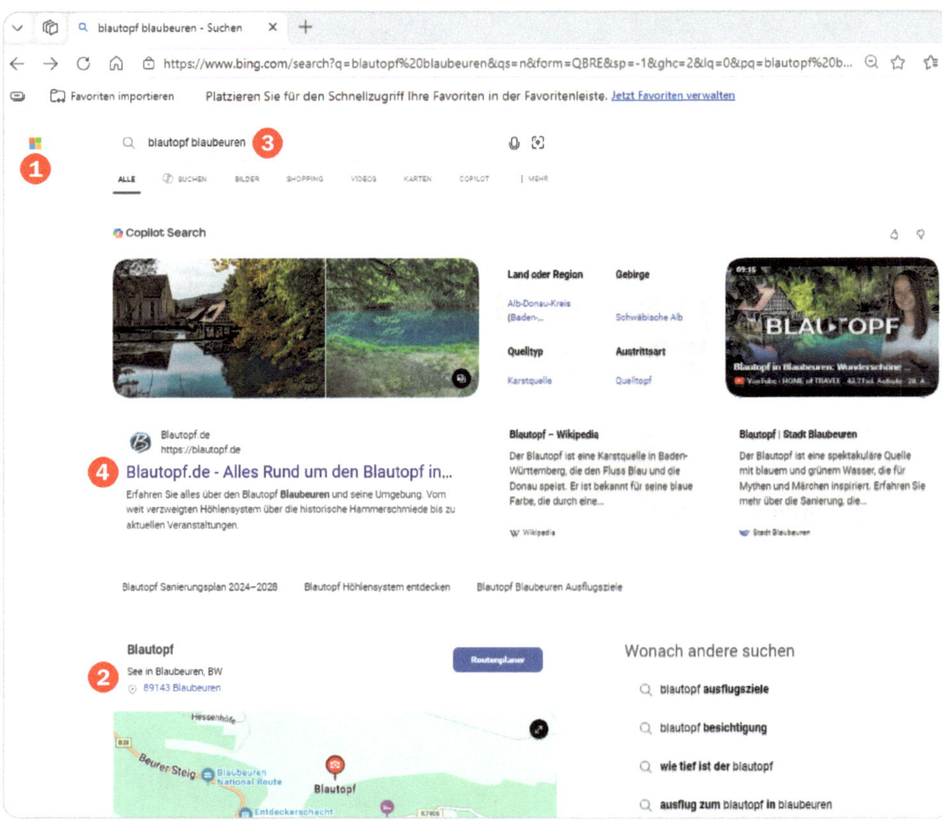

Bild 10.11 Für dieses Beispiel haben wir nach Informationen über den Blautopf gesucht - einem Naturphänomen auf der Schwäbischen Alb in Baden-Württemberg.

Cookies, Werbung und Datenschutz

Beim Aufrufen einer Webseite werden Sie zunächst aufgefordert, der Speicherung von Cookies zuzustimmen. Mit dem Browserverlauf speichern die meisten Webseiten Textdateien auf Ihrem Rechner, in denen verschiedenste Informationen hinterlegt werden. Diese Textdateien nennt man *Cookies*. Besuchen Sie eine Webseite zu einem späteren Zeitpunkt wieder, kann die Webseite aus diesen Cookies Daten auslesen und die Seite entsprechend anpassen. In Cookies können Daten zur Verbesserung der Anzeige gespeichert werden, aber auch persönliche Informationen wie benutzte Suchbegriffe, die letzten Einkäufe, Ihr aktueller Warenkorb in einem Webshop oder Ihr Benutzername. Cookies können neben sinnvollen Einsatzzwecken auch für Werbezwecke und Datenverfolgung (Datentracking) genutzt werden.

Nach der geltenden DSGVO (Datenschutz-Grundverordnung) der Europäischen Union müssen sich Webseitenbetreiber die Zustimmung der Seitenbesucher einholen, ob und in welchem Umfang sie Cookies nutzen und verwerten dürfen. Dabei geht es auch darum, welche gesammelten Daten an Dritte weitergegeben werden dürfen. Daher werden Sie beim Öffnen einer Webseite (zumindest bei Webseiten aus der EU) gefragt, ob und wie Sie Cookies zulassen wollen. Leider ist diese Abfrage nicht standardisiert und sieht daher meist unterschiedlich aus.

Im Beispiel unten sehen Sie eine Aufforderung zur Annahme der Nutzungsbedingungen. Tatsächlich müssen nur die notwendigen Cookies akzeptiert werden und nur diese sind im Beispiel unten ausgewählt. Mit Anklicken von *Ausgewählte Cookies akzeptieren* ❶ stimmen Sie dieser Auswahl zu. Mit der etwas prominenteren Schaltfläche *Alle Cookies akzeptieren* ❷ räumen Sie dem Anbieter mehr Rechte zur Verarbeitung und Weitergabe von Daten ein. Andere Seiten zeigen noch eine dritte Schaltfläche mit *Alle ablehnen* an. Hier lehnen Sie ebenfalls die Weitergabe von Cookies an Dritte ab. Nicht alle Cookie-Anfragen sind so übersichtlich gestaltet. Oft muss man sich umständlich durchklicken, um nur die notwendigen Cookies zuzulassen.

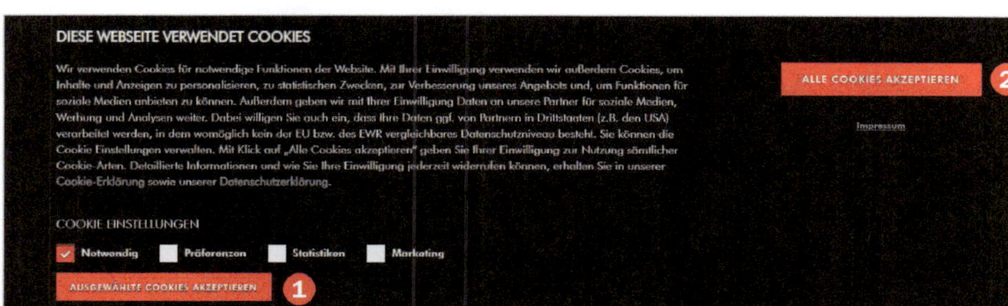

Durch Anklicken von Cookie-Erklärung, Datenschutzerklärung oder ähnlich hervorgehobener Texte erfahren Sie genauer, für was Ihre Zustimmung benötigt wird.

Bild 10.12 Cookie-Einstellungen auswählen

Das Beispiel rechts zeigt den typischen Aufbau eines Nachrichtenonlineangebots. Hier entscheiden Sie sich zwischen der Annahme von Cookies und damit der Anzeige von Werbung oder dem Abschluss eines kostenpflichtigen Abonnements ohne Werbung.

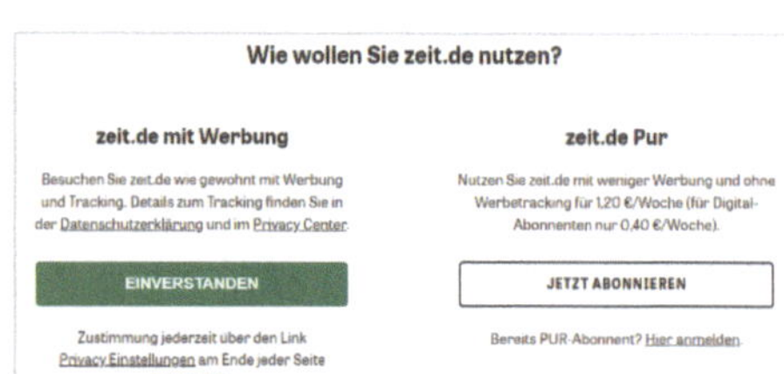

Suche weiter eingrenzen

Durch das Anklicken von Kategorien können Sie die Trefferliste weiter ausdünnen. Dazu werden, nachdem Sie die Suchanfrage gestellt haben, unter dem Suchfeld verschiedene Kategorien angezeigt. Zunächst ist die Kategorie *Alle* ❶ ausgewählt. Wenn Sie nur Bilder zum Suchbegriff ansehen möchten, können Sie die Trefferliste durch Anklicken von *Bilder* eingrenzen.

Bild 10.13 Andere Kategorie auswählen

Google für die Suche verwenden

Adressen Suchmaschinen

- bing.de
- google.de
- duckduckgo.com
- startpage.com
- search.brave.com
- www.qwant.com
- yahoo.de

Die am häufigsten genutzte Suchmaschine ist **Google**. Um diese zu verwenden, müssen Sie zunächst die Google-Webseite aufrufen. Dann erst können Sie die Suchbegriffe eingeben. Tippen Sie in die Adressleiste des Browsers **google.de** ein.

Die Trefferlisten verschiedener Suchmaschinen sind nicht identisch. Sie unterscheiden sich im Aufbau, in der Reihenfolge der Links und im Aussehen. Es ist sinnvoll, mehrere Suchmaschinen zu verwenden, da diese durchaus unterschiedliche Ergebnisse liefern können.

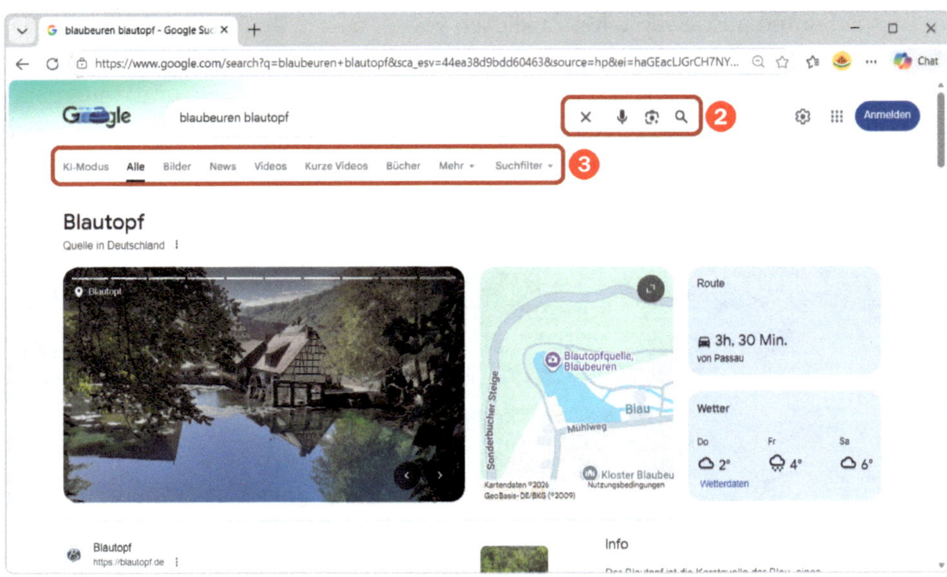

Die Google-Suchergebnisse können, falls gewünscht, auf eine Kategorie ❸ eingegrenzt werden. Wenn Sie einen Link aus einer Google-Suche anklicken, wird die Seite standardmäßig im selben Register aufgerufen. Falls Sie einen Link in einem neuen Register öffnen möchten, halten Sie die Strg-Taste gedrückt und klicken den Link an.

Auch Google verfügt über Optionen zur Spracheingabe des Suchbegriffs und kann eine Suche anhand eines Bilds ❷ durchführen. Diese Funktion wird **Google Lens** genannt. Tippen Sie dazu auf [Lens-Symbol] und klicken Sie auf *lade eine Datei hoch*, um das Bild auszuwählen.

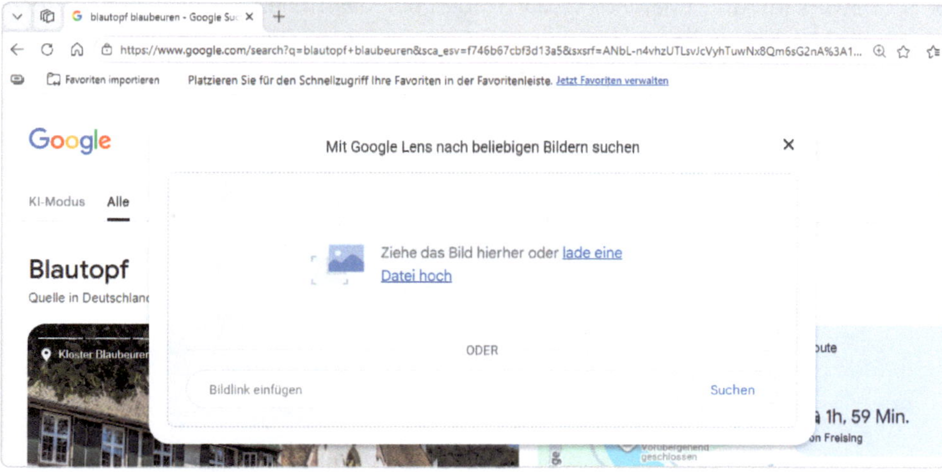

Bild 10.14 Bild bei Google Lens hochladen

Google macht das hier besser und zeigt im Gegensatz zur Bing-Bildersuche gleich das richtige Ergebnis. Über verschiedene Kategorie, wie z. B. *Produkte*, *Visuelle Übereinstimmung* etc., kann man die Suche eingrenzen.

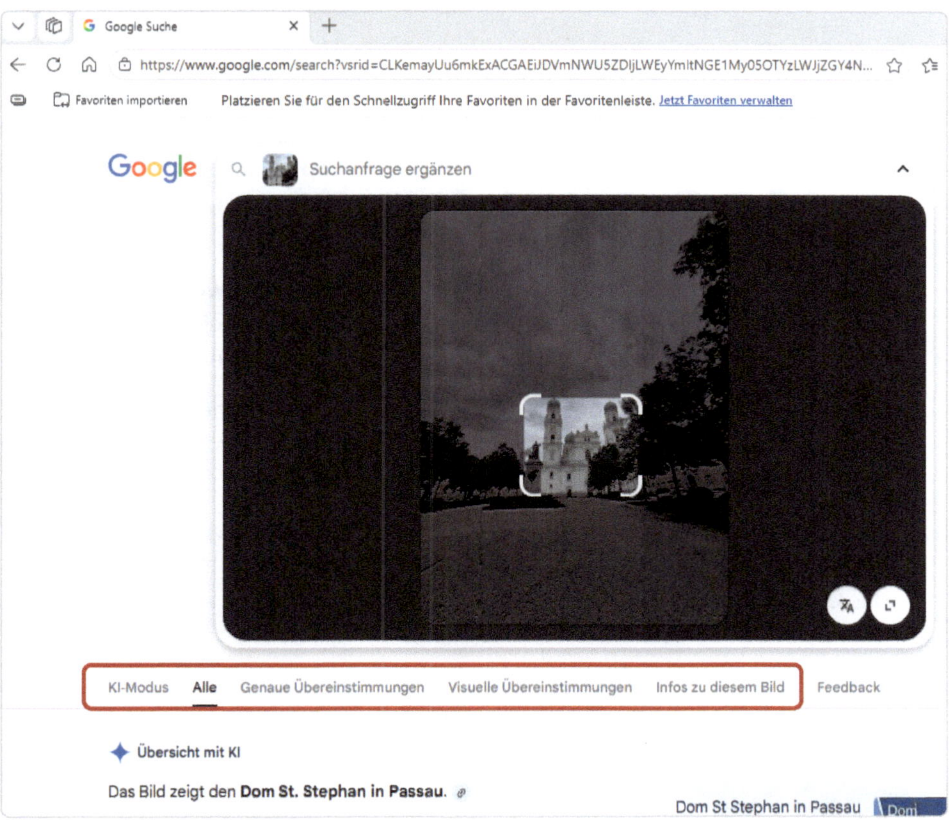

Bild 10.15 Bildersuche erkennt das Foto korrekt, als Bild vom Dom in Passau.

10.4 Fragen stellen statt zu suchen

Wie schon zu Beginn des Kapitels erwähnt, wurde in Bing eine eigene Version des Chatbots ChatGPT integriert namens **Copilot**. Neben der klassischen Suche haben Sie jetzt die Möglichkeit, dem **Copilot** (ehemals **Bing Chat**) Fragen zu stellen. Dieser liefert dann einen zusammenhängenden Text als Antwort und nicht, wie die klassische Suche, eine Trefferliste mit Links zu verschiedenen Seiten. Im folgenden Bild sehen Sie links die Ergebnisse der klassischen Suche und rechts die Antwort des Chatbots.

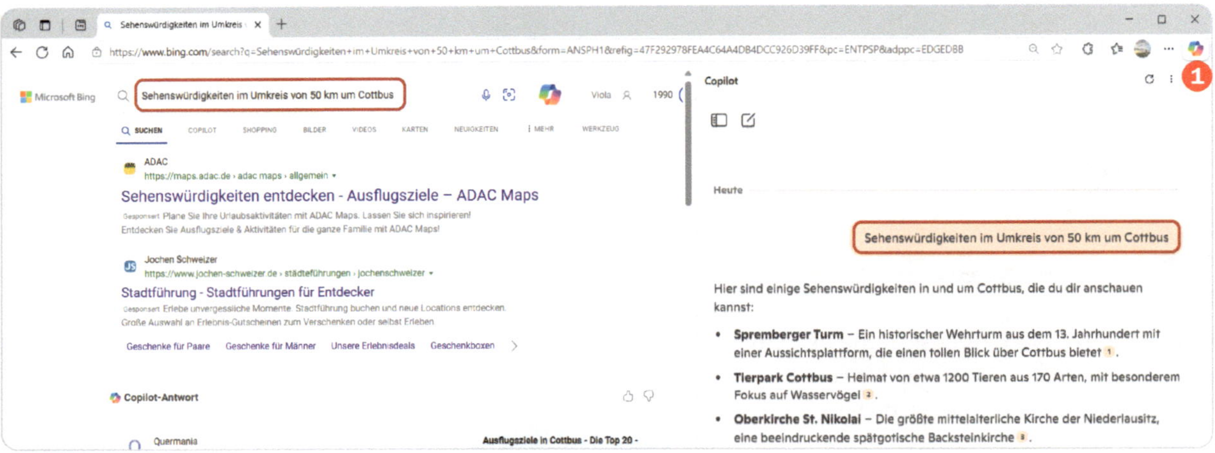

Copilot starten

KI: Künstliche Intelligenz

- **Anzeige des KI-basierten Fragebereichs im Edge-Browser:** Klicken Sie auf die Schaltfläche *Copilot* Chat ❶ rechts oben. Der Seitenbereich wird angezeigt. Klicken Sie, falls nicht schon ausgewählt, in den Fragebereich.

  Erneutes Anklicken des Copilot-Symbols schließt den Bereich wieder. Wenn Sie auf den Übergang der beiden Bereiche mit der Maus zeigen, erscheint ein Doppelpfeil. Mit gedrückter Maustaste können Sie jetzt die Größe anpassen.

  Wenn Sie Copilot im Seitenbereich von Edge nutzen, können Sie ihm Fragen stellen zu Inhalten, die Sie gerade links im Fenster anzeigen. Dazu gleich mehr auf Seite 395.

Die Webseite des Copilot **copilot.microsoft.com**

- **Suche auf der Webseite von Copilot:** Rufen Sie die Webseite von Copilot auf. Damit Sie die Adresse nicht eintippen müssen, klicken Sie auf der Startseite von Edge auf das Copilot-Symbol ❷.

- **Anmeldung bei Copilot:** Auf der Webseite müssen Sie sich bei Copilot anmelden. Sie können dazu ein Microsoft-, Gmail- oder Apple-Konto verwenden. Die Anmeldung hat den Vorteil, dass Ihre Chats gespeichert werden.

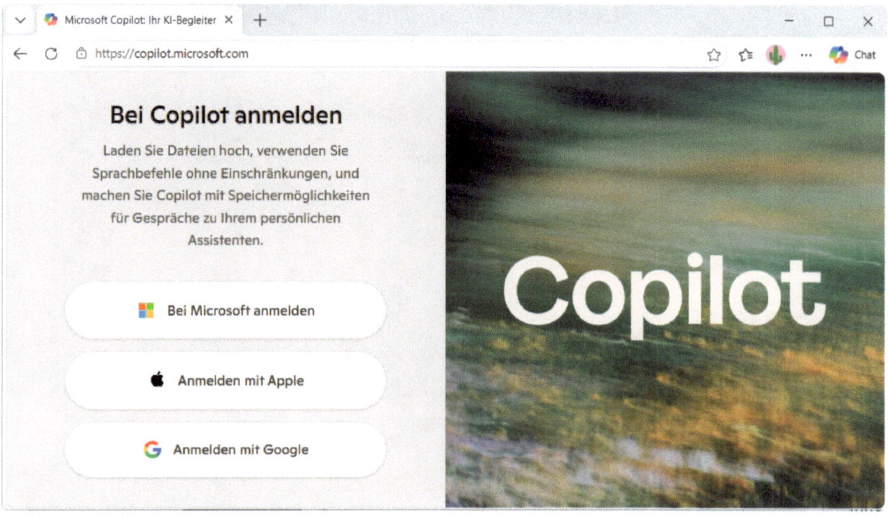

Bild 10.16 Anmeldung Copilot auf der Webseite

Der Copilot befindet sich noch in der Entwicklungsphase. Er wird laufend verbessert, dabei können sich natürlich auch einzelne Features ändern.

- Für die laufende Suchanfragen können Sie durch Anklicken der Kategorie *Copilot* ❸ zur Copilotseite wechseln. Die Frage wird dann dort geladen und beantwortet.
- Auch bei Nutzung der klassischen Suche wird zum Teil die Antwort des Copiloten eingeblendet.

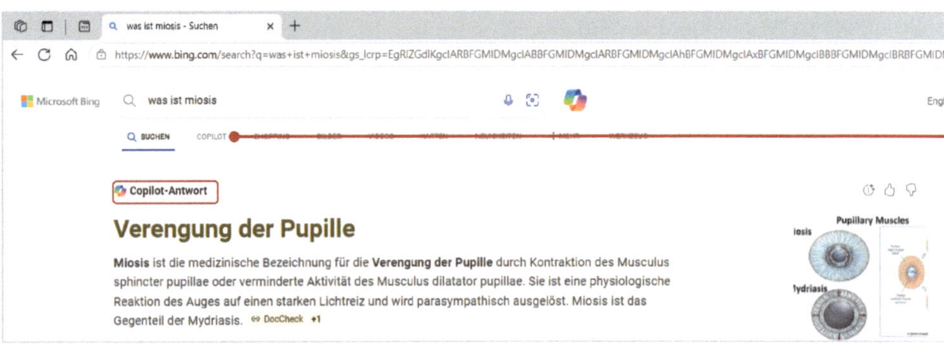

Bild 10.17 Die Trefferliste der Bing-Suche enthält auch eine Copilot-Antwort

- **Nutzung der Copilot-App:** In der Regel finden Sie auf der Taskleiste das Copilot-Symbol zum Öffnen der App. Falls nicht, kann die Copilot-App über das Startmenü aufgerufen werden. Sie werden bei der Copilot-App automatisch mit Ihrem Microsoft-Konto angemeldet, sofern Sie dieses an Ihrem Rechner hinterlegt haben. Ihre Kontoinformationen und Einstellungen finden Sie in der App links unten.

  Sollten Sie die App auf Ihrem Rechner vermissen, kann Sie aus dem Microsoft Store heruntergeladen werden.

Nachrichtenfeld

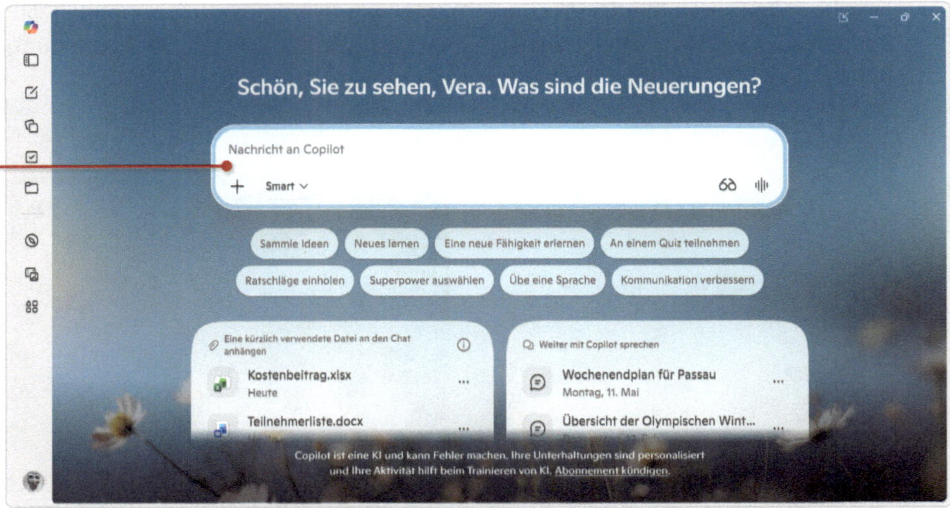

Bild 10.18 In der Copilot-App erhalten Sie einige Vorschläge, bei was Ihnen Ihr KI-Begleiter helfen kann. Wenn Sie eine dieser Optionen anklicken, wird ein Teil der Frage schon ins Nachrichtenfeld übernommen. Sie müssen die Frage dann nur noch spezifizieren.

Frage eingeben

Geben Sie Ihre Frage ins Nachrichtenfeld ein. Beschreiben Sie so genau wie möglich, was Copilot für Sie erstellen soll. Drücken Sie die Enter-Taste, um die Frage zu stellen.

Der Copilot kann dabei mehr als Sie vielleicht vermuten. Neben dem Abruf von Faktenwissen generiert er Zusammenfassungen, Gliederungen, Geburtstagsgrüße, Einkaufs- oder To-Do-Listen oder einfache kleine Geschichten. Er bezieht dabei auch Informationen aus dem Web (Onlinesuche) ein.

Grundsätzlich können Sie Copilot alles fragen, hier ein paar Ideen:

- Erkläre mir das Thema XY, als wäre ich ein 10jähriges Kind.
- Was sind die Vor- und Nachteile von XY.
- Kopieren Sie einen Text in das Nachrichtenfeld und ergänzen Sie diesen um eine Anweisung, z. B.
  - Übersetze diesen Text ins Deutsche / Englische.
  - Fasse diesen Text in fünf Punkten zusammen.
  - Formuliere die Nachricht freundlicher.
  - Finde Rechtschreib- und Grammatikfehler.
- Erstelle einen Speiseplan für eine vegetarische Woche mit Einkaufszettel.
- Bilde 10 Wortpaare aus der englischen Sprache, die man leicht verwechselt, weil sie entweder ähnlich klingen oder sehr ähnlich geschrieben werden.
- Erstelle ein Geburtstagsgedicht für Sabine, die ihren 55 Geburtstag hat. Sie mag Wandern, Tennis, Backen, die Farbe Pink und Prosecco. Das Gedicht soll sich reimen.
- Vergleiche die beiden Smartphonemodelle...
- Erstelle eine Packliste für einen Badeurlaub.

Auswahl eines Antwortmodells

Bevor Sie Ihre Frage stellen, können Sie ein passendes Antwortmodell wählen, diese stehen derzeit zur Auswahl:

- *Smart*: Hier wird automatisch in Abhängigkeit von der Komplexität der Frage entschieden, ob eine schnelle Antwort reicht oder mehr „Denkzeit" investiert wird. Dieser Modus ist die Standardauswahl mit der Sie sowohl gute Zusammenfassungen oder neue Texte generieren können, aber auch Antworten auf Fragen und Problemlösungen erhalten.
- *Tiefere Analyse*: Dieser Modus ist ideal für komplexere Themen, detaillierte Erklärungen und Abwägungen. Die Antworten sind ausführlicher und tiefgründiger, was hilft, ein besseres Verständnis für das jeweilige Thema zu entwickeln. Damit ist nicht gemeint, dass das Web ausführlich nach aktuellen Informationen untersucht wird.
- *Studieren und Lernen* ist der Privatlehrer unter den Modi. Das vorgegebene Thema wird gegliedert, es werden Rückfragen gestellt und hier können Sie auch abgefragt werden. Wenn Sie eine Sprache lernen möchten, sollten Sie diesen Modus testen.
- *Suche*: In diesem Modus steht die Websuche im Vordergrund; dadurch liefert er aktuelle Informationen und gibt Quellen an.

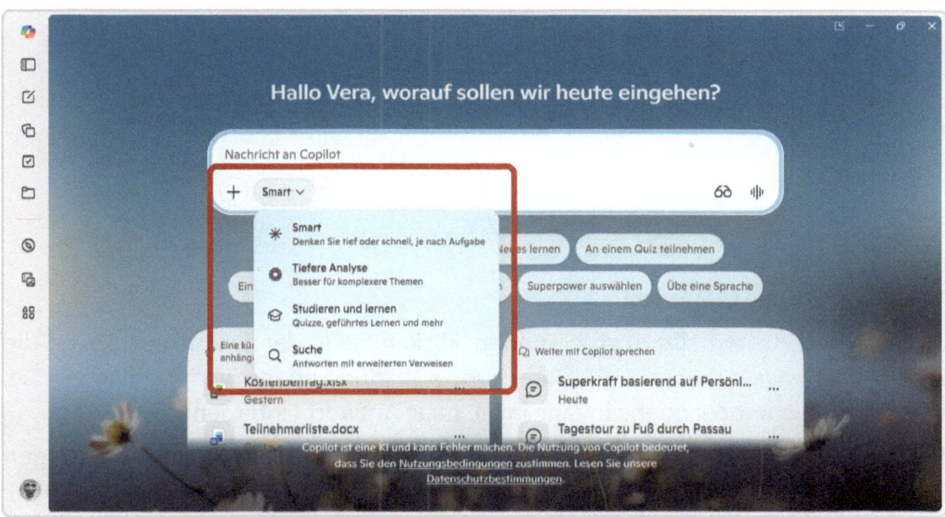

Bild 10.19 Antwortmodi

Anschlussfrage stellen

Nachdem Sie eine Antwort erhalten haben, können Sie eine **Anschlussfrage** stellen, ohne dabei die vorige Frage erneut umreißen zu müssen. Hier verhält sich der Copilot wie ein Gesprächspartner, er bezieht den vorangegangenen Kontext ein. Sie können auch **Änderungen** verlangen, z. B. Formuliere den Text höflicher; gib mir noch zwei Gründe dafür; die letzte Zeile des Gedichts passt nicht, formuliere sie neu.

Bild 10.20 Frage nach einer Tagestour in Passau

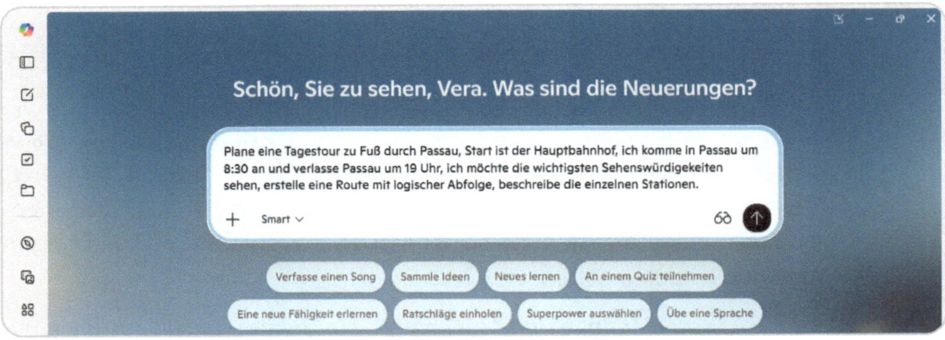

Bild 10.21 Anschlussfrage nach einem Picknickplatz

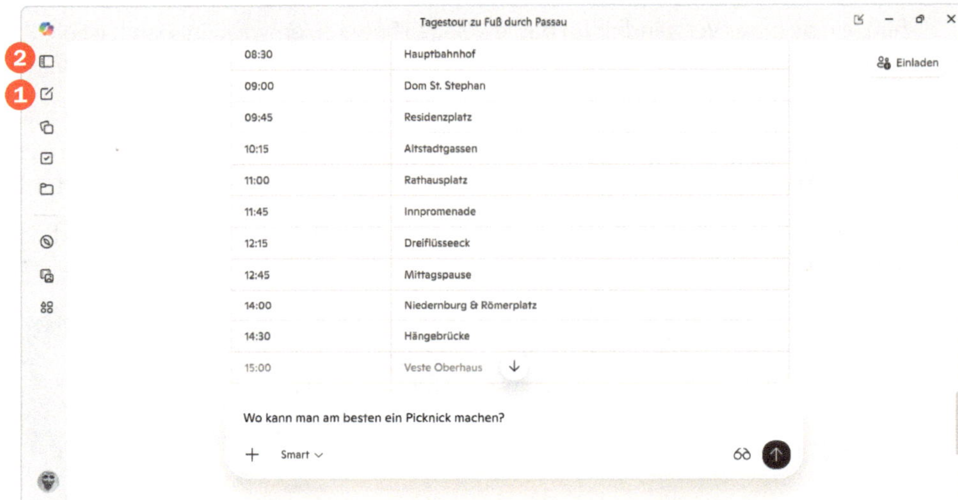

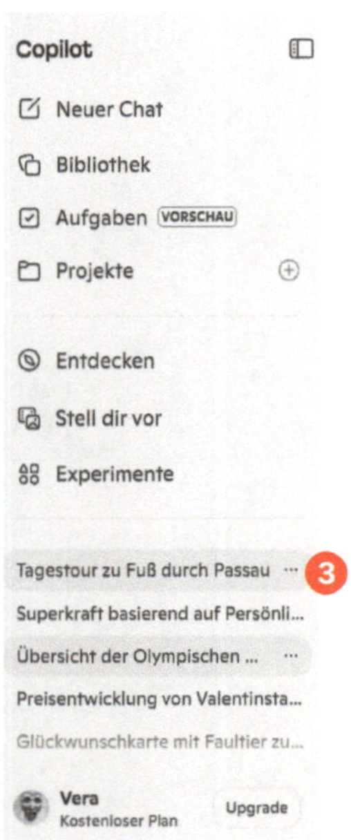

Neues Gespräch und Chatverlauf

Um eine neue Unterhaltung zu beginnen, klicken Sie in der **Randleiste** links auf die Schaltfläche *Neue Unterhaltung* ❶ (siehe Abbildung oben), damit verhindern Sie, dass Copilot vorangegangene Inhalte in die neue Antwort einbezieht.

Jede neue Unterhaltung wird gespeichert. Sie finden die einzelnen Unterhaltungen in der Randleiste. Diese öffnen Sie durch Anklicken von ❷ (siehe Abbildung oben). Unten finden Sie Ihre alten Chats, deren Inhalt Sie durch Anklicken erneut anzeigen und weiterführen können. Die Unterhaltungen, die Sie mit Copilot geführt haben, werden für 18 Monate (Nutzung privat mit Microsoft-Konto) gespeichert.

Chats, die Sie nicht mehr benötigen, können Sie über das Dreipunkte-Symbol ❸ und Anklicken von *Löschen* aus der Auswahl entfernen.

Tipp: Sie können beispielsweise einen Chat für Rezeptvorschläge anlegen. Hier erklären Sie Copilot zunächst im Nachrichtenfeld, was Sie nicht gerne essen und was Sie mögen. Dann bitten Sie um einen Rezeptvorschlag. Wann immer Sie wieder ein neues Rezept ausprobieren möchten, können Sie diesen Chat verwenden. Sie ersparen sich dann die Beschreibung Ihrer Essgewohnheiten, da Sie das ja schon einmal eingegeben haben.

Fragen zu Browserinhalten stellen

Durch die Integration von Copilot in den Edge-Browser können Sie Copilot Fragen stellen, zu Inhalten die im Browser angezeigt werden und diese zusammenfassen oder übersetzen lassen.

Im folgenden Beispiel wollen wir, dass Copilot die Zutaten für ein Rezept um 1/3 reduziert und eine Einkaufsliste erstellt. Dazu klicken Sie im Browser rechts oben auf das Copilot-Symbol und schreiben eine Nachricht mit Ihrem Anliegen an Copilot. Die Einkaufsliste können Sie dann ganz leicht kopieren, in ein anderes Programm einfügen.

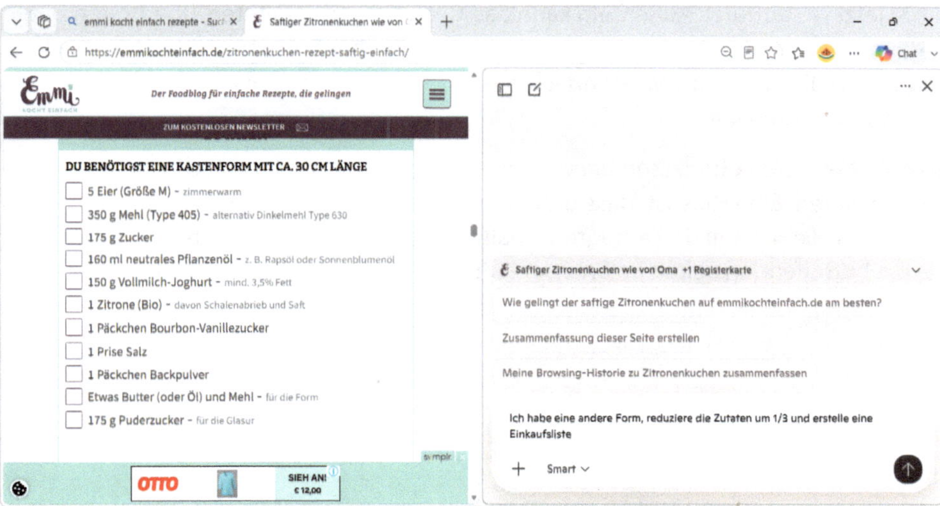

Bild 10.22 Copilot bezieht sich auf den angezeigten Browserinhalt und reduziert die Zutaten des Rezepts

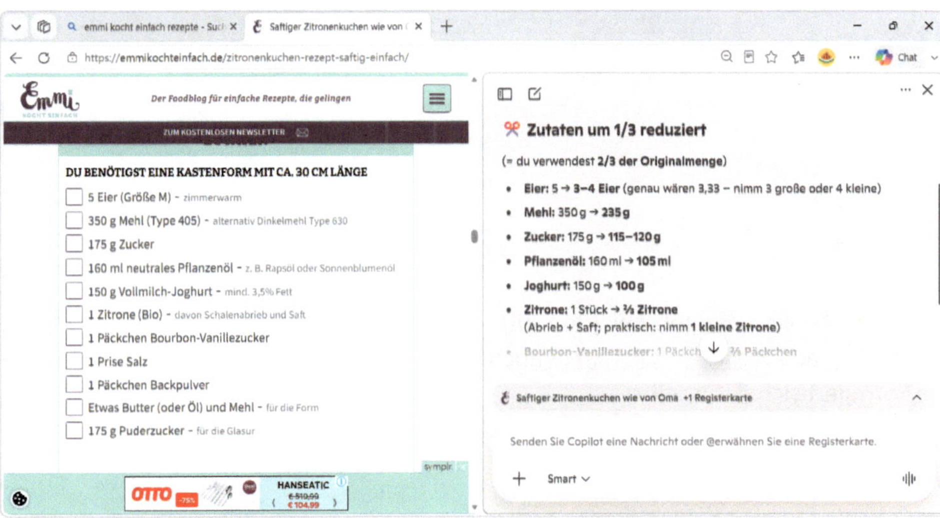

Bild 10.23 Ergebnis

Mögliche andere Anwendungen wären Zusammenfassungen oder Übersetzungen von angezeigtem Text.

Copilot liefert auch fehlerhafte Antworten

Nicht alles stimmt, was die KI sagt. Das ist kein Copilot spezifisches Problem sondern gilt für alle KI-Assistenten. Der Chatbot generiert auf Grundlage seiner Datenbasis eine Antwort. Dabei berechnet er, welche Worte im Kontext der Fragestellung mit hoher Wahrscheinlichkeit aufeinanderfolgen und gibt diese aus. Bei häufig wiederholten Fakten, z. B. Welcher Berg ist der höchste der Welt?, gibt es keine Probleme. Sind Alternativen gleich wahrscheinlich, kann es zu Fehlern kommen. Darüber hinaus ist es möglich, dass schon die Datenbasis falsche oder widersprüchliche Informationen enthalten hat, die die KI jetzt weiternutzt. Außerdem kann das KI-Wissen auf veralteten, überholten Daten beruhen, was gerade bei kostenlosen KI-Assistenten häufiger der Fall ist. Nicht zuletzt kann auch die Frage missverständlich oder mehrdeutig sein, was ebenso zu falschen Antworten führen kann.

So bleibt es Ihnen überlassen bei wichtigen Fragen oder Widersprüchen nochmals zu recherchieren. Eine Hilfe ist, dass unter den einzelnen Antworten Links auf Webseiten verweisen, die sich mit den erfragten Inhalten beschäftigen. Sind Sie im Zweifel, können Sie die betreffenden Seiten im Browser aufrufen. Klicken Sie dazu einfach auf den Link.

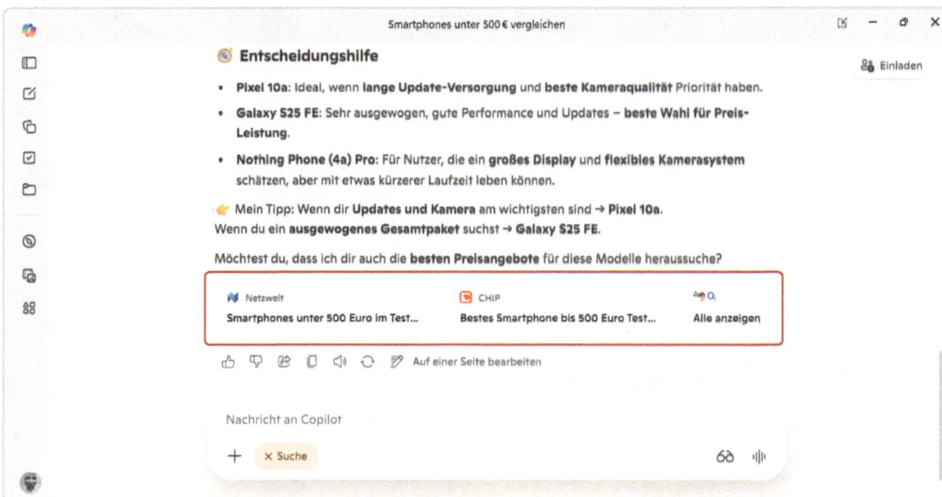

Bild 10.24 Copilot zeigt verschiedene Quellen an.

Falls keine **Quellen** aufgeführt werden, bitten Sie Copilot eine Websuche durchzuführen, die die Aussage verifiziert. Oft hilft es auch, die KI direkt auf das Problem anzusprechen. Sie korrigiert sich dann selbst.

Antworten kopieren und herunterladen

Einige Informationen die Copilot liefert, möchte man vielleicht in einem anderen Programm nutzen, z. B. als E-Mail versenden oder in Word gestalten und ausdrucken. Am einfachsten geht das mit dem **Kopieren-Symbol** am Ende der Antwort. Durch Anklicken wird der gesamte Text in die Zwischenablage kopiert. Mit Strg + V fügen Sie ihn dann in einem anderen Programm ein.

Wir lassen hier zwei Smartphones vergleichen und haben Copilot gebeten, die einzelnen Punkte in einer Tabelle gegenüberzustellen. Die **Tabelle** stellt Copilot auch zum **Download** zur Verfügung.

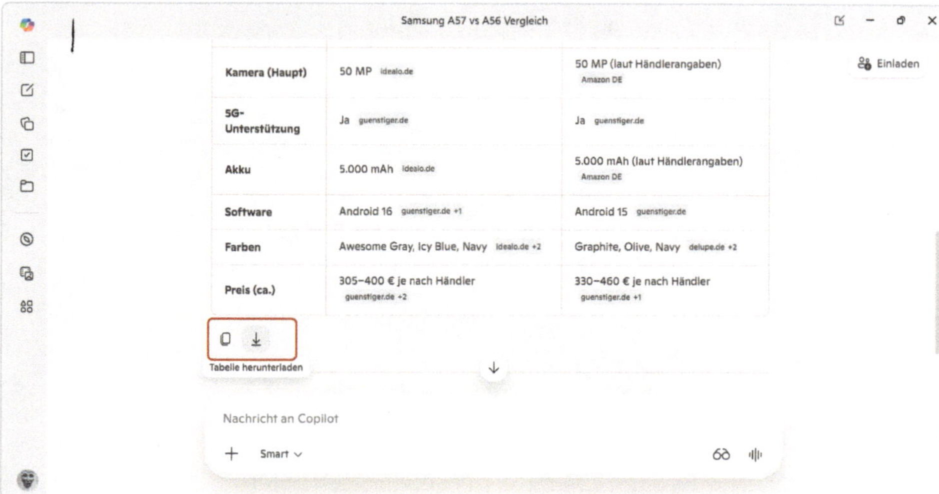

Bild 10.25 Unter der Antwort finden Sie das Kopieren-Symbol.

Bilder generieren

Die Bildgenerierung mit KI ist eine Wissenschaft für sich. Am meisten Spaß hat man, wenn man einfach loslegt und keine genaue Vorstellung vom Endergebnis hat. Wenn Sie ein ganz bestimmtes Bild erstellen möchten, müssen Sie für einen guten Prompt schon etwas Arbeit investieren und einige Durchgänge in Kauf nehmen. Sie können mit Copilot nur Bilder generieren, wenn Sie angemeldet sind.

Prompt: Anweisung für die KI.

Prompt 1: Generiere ein Bild: Hai schwimmt in einer Teetasse, die Teetasse hat ein Blumendesign.

Prompt 2: Generiere ein Bild. Fotorealistische Darstellung eines Hais, der in einer mit Wasser gefüllten Porzellantasse schwimmt. Die Porzellantasse hat ein Blumendesign. Die Tasse steht auf einem Holztisch, seitlich fällt natürliches Tageslicht ein. Der Hai ist teilweise über der Wasseroberfläche sichtbar, realistische Wasserstruktur und natürliche Schatten.

*Bild 10.26 Bilder von Copilot erstellen lassen: links Prompt 1 und rechts Prompt 2
Beide Bilder haben ein ähnliches Design, was die Tasse und den Hai betrifft. Beim kürzeren Prompt hat sich die KI mehr künstlerische Freiheit genommen, aber eben auch Elemente, die wir nicht explizit beschrieben haben, sinngemäß ergänzt. Deshalb ist die Teetasse im ersten Bild mit Tee gefüllt und nicht mit Wasser.*

Mit weiteren Nachrichten können Sie weitere Änderungen am Bild vornehmen. Sobald das Bild Ihren Wünschen entspricht, klicken Sie auf das Pfeilsymbol neben dem Bild, damit können Sie es auf Ihren Computer herunterladen.

Bild 10.27 In ein paar weiteren Durchläufen haben wir die Blickrichtung des Hais geändert und das Seitenverhältnis des Bilds.

Einstellungen zum Copilot

Falls der Copilot nicht in der Symbolleiste von Edge angezeigt wird, klicken Sie auf das Dreipunkte-Symbol rechts oben in Edge. Wählen Sie dann *Einstellungen* aus. Links finden Sie den Bereich Copilot und KI. Klicken Sie auf diesen Eintrag, um Anzeigeoptionen für Copilot festzulegen.

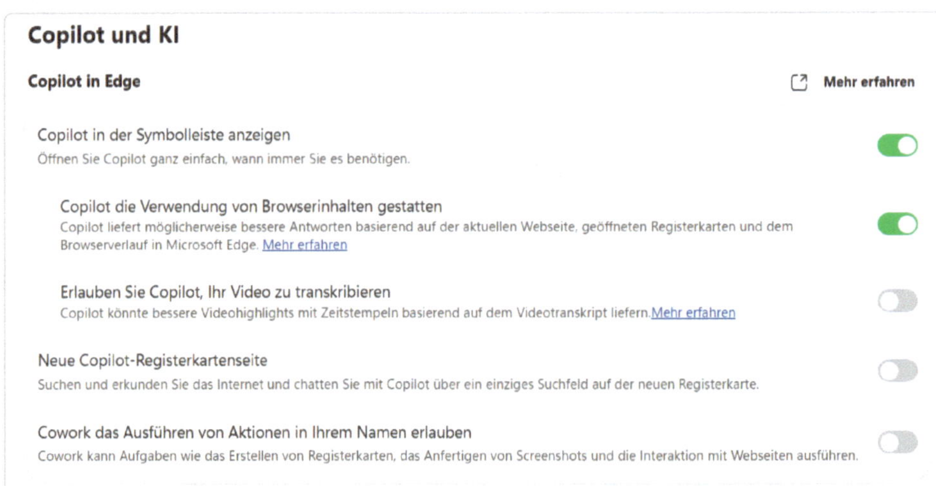

10.5 Praktische Tools für Webseiten

Anzeige vergrößern

Die Inhalte im Browser sollten gut lesbar sein. Allerdings darf die Anzeige auch nicht zu groß sein, da Sie sonst zu viel scrollen müssen. Das macht auch keinen Spaß.

- Durch Anklicken des Dreipunkte-Symbols rechts oben wird *Zoomen* angezeigt. Hier können Sie durch (mehrmaliges) Anklicken des Plus-Symbols die Anzeige vergrößern und mit dem Minus-Symbol wieder verkleinern.

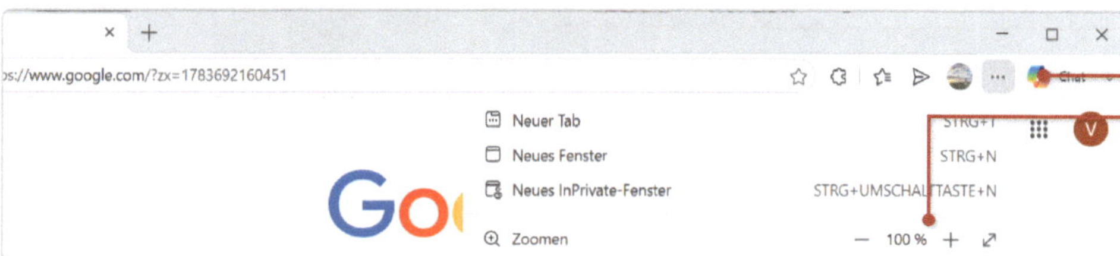

Bild 10.28 Anzeige vergrößern bzw. verkleinern

- Alternativ können Sie auch mit der Tastenkombination **Strg + Plus** die Anzeige vergrößern und mit **Strg + Bindestrich** verkleinern. Oder Sie zeigen mit der Maus auf den Text, halten die **Strg**-Taste gedrückt und drehen am Mausrad; nach oben zum Vergrößern, nach unten zum Verkleinern.

Internetrecherche oder eine KI-Antwort zum markierten Begriff

Sie finden auf einer Webseite Begriffe, zu denen Sie mehr erfahren möchten? Markieren Sie das Wort und klicken Sie dann entweder auf *Copilot fragen* oder auf *Im Web nach ... suchen*. Wenn Sie Copilot fragen, wird das Fenster geteilt und der Chat mit Copilot auf der rechten Seite gestartet. Sie erhalten Antworten durch die KI. Über das *x* rechts oben schließen Sie den Bereich wieder. Durch Anklicken von *Im Web ... suchen* wird eine Internetrechereche gestartet, deren Ergebnisse in einem separaten Tab (siehe auch Seite 407) angezeigt werden.

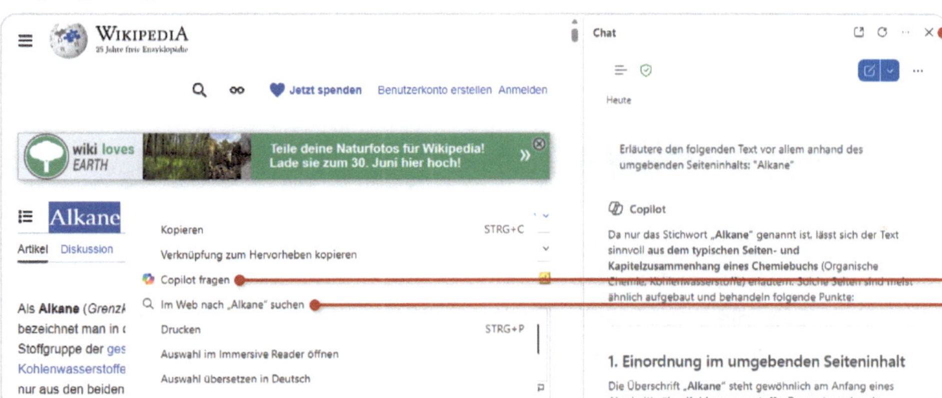

Bild 10.29 Zweite Recherche im selben Fenster anstoßen

Information auf einer Seite finden

Die Webseite enthält endlos viel Text, Sie suchen aber nur eine bestimmte Information. Mit der Tastenkombination **Strg + F** können Sie die angezeigte Seite nach einem Schlagwort durchsuchen. Geben Sie das gesuchte Wort ein.

Dieses wird im Text markiert. Kommt der gesuchte Begriff mehrmals vor, können Sie über die Pfeilschaltflächen zwischen den Markierungen wechseln. Durch Anklicken von x oder Drücken der **ESC**-Taste verlassen Sie die Suche wieder.

Bild 10.30 Seite durchsuchen

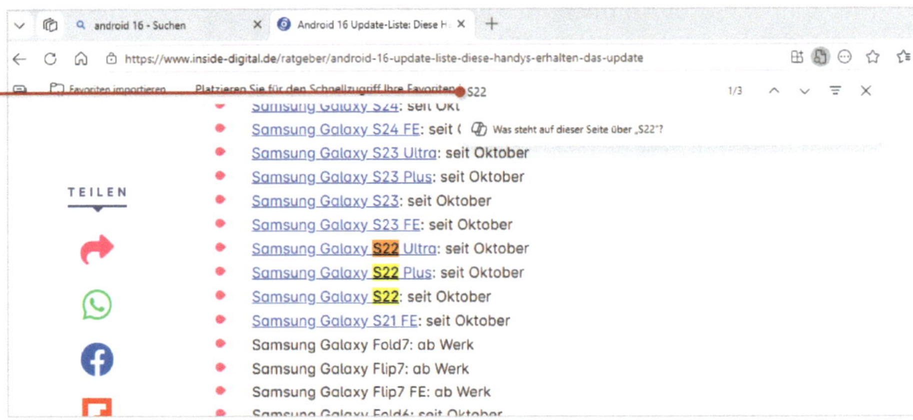

Seiteninhalte übersetzen

Edge bietet bei fremdsprachlichen Seiten automatisch eine Übersetzung an. Falls Sie die Meldung versehentlich weggeklickt haben, zeigen Sie die Übersetzungsoptionen erneut durch Anklicken von 🈂 am Ende der Adressleiste an.

Wählen Sie zunächst die Sprache aus, in die die Seite übersetzt werden soll. Dann klicken Sie auf *Übersetzen*.

Bild 10.31 Seite übersetzen

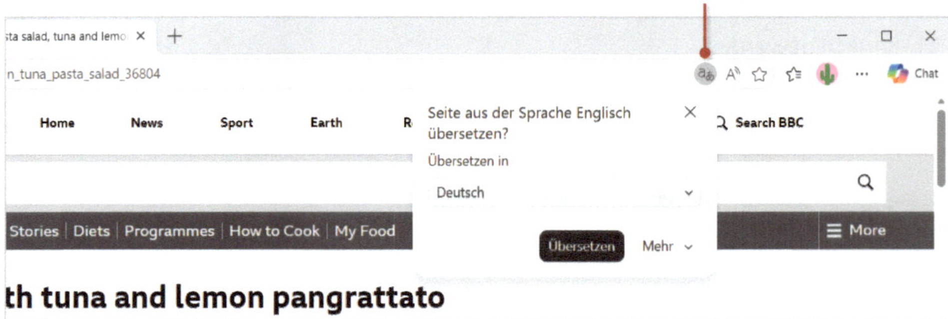

Wenn Sie wieder die Originalseite anzeigen möchten, klicken Sie erneut auf 🈂 und wählen *Original anzeigen* aus. Sie können die Seite aber auch einfach verlassen.

Anzeige der Übersetzungsoptionen unterbinden

Wen das Aufblenden des Übersetzungsfensters nervt, kann das für eine Sprache oder eine Webseite unterbinden. Dazu klicken Sie auf die *Übersetzungsoptionen* und dann auf *Mehr* und wählen entweder *Englisch nie übersetzen* oder *Diese Website nie übersetzen*.

Mit einem Häkchen bei *Englisch immer übersetzen* sorgen Sie dafür, dass alle englischsprachigen Seiten immer in Deutsch angezeigt werden. Wenn Sie das nicht mehr möchten, entfernen Sie das Häkchen einfach wieder beim nächsten Aufruf einer englischsprachigen Seite.

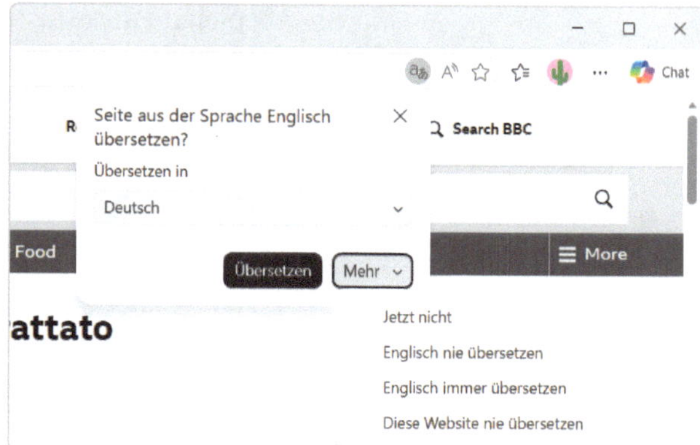

Text vorlesen lassen

Keine Lust, zu lesen? Dann lassen Sie sich den Text einer Webseite einfach vorlesen. Bei der Aussprache von Anglizismen strauchelt die Sprechstimme ein wenig und es kommt vor, dass Werbung vorgelesen wird. Aber ansonsten klappt das gut.

- Klicken Sie am Ende der Adressleiste auf die Schaltfläche *Diese Seite laut vorlesen* A oder verwenden Sie die Tastenkombination **Strg** + **Umschalt** + **U**. Es kann aber auch sein, dass sich die Vorlesefunktion unter *Weitere Aktionen* verbirgt.

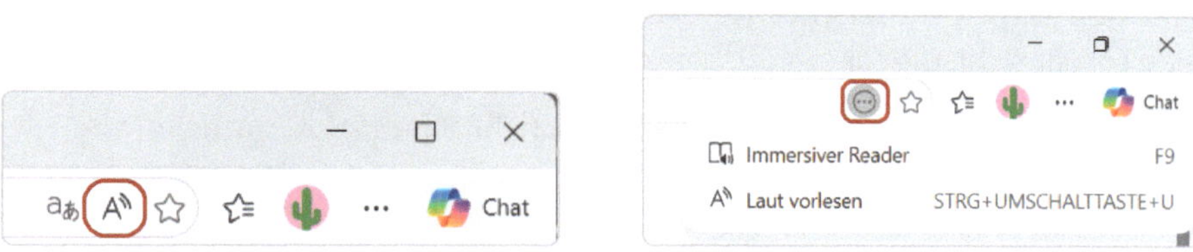

Bild 10.32 Webseiteninhalte vorlesen lassen

- Markieren Sie im Text das Wort, ab dem vorgelesen werden soll, und wählen Sie im Kontextmenü (rechte Maustaste) *Ab hier "Laut vorlesen"* aus.

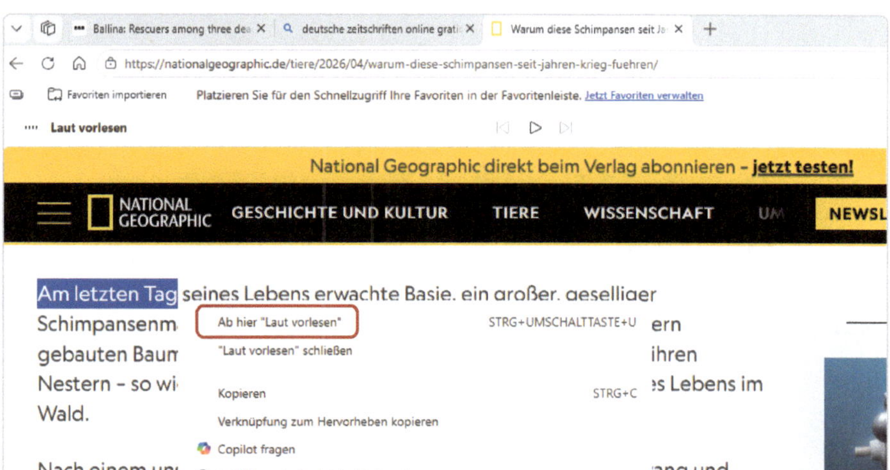

Bild 10.33 Textstelle vorlesen lassen

Während des Vorlesens öffnet sich oben unter der Adressleiste die Audiosteuerung: Mit der Abspielen-Pause-Taste ❶ können Sie das Vorlesen unterbrechen und wieder fortfahren. Die Tasten rechts und links daneben springen zum vorigen bzw. nächsten Absatz. Unter Optionen ❷ legen Sie die Redegeschwindigkeit fest und verändern die Sprechstimme. Mit x ❸ beenden Sie das Vorlesen.

Bild 10.34 Audiosteuerung

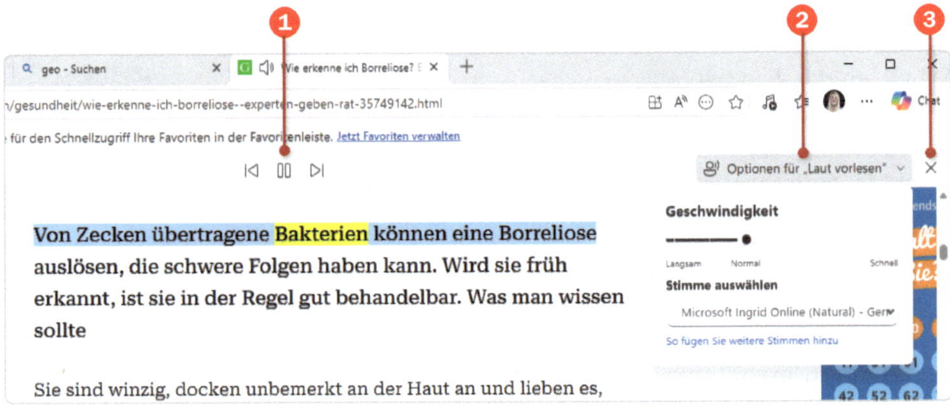

Störende Elemente mit der Leseansicht ausblenden

Der Plastische Reader wird auch zum Teil als immersiver Reader bezeichnet - beides keine besonders einprägsamen Namen.

Eine Internetseite enthält neben Werbung auch eine Vielzahl anderer Elemente, die vom Text, den Sie gerne lesen möchten, ablenken. Hier hilft der sogenannte **Plastische Reader**, eine Leseansicht, die für mehr Übersichtlichkeit sorgt.

▶ Klicken Sie in der Adressleiste auf die Schaltfläche *Plastischen Reader aktivieren* (ist dieses Symbol nicht zu sehen, klicken Sie auf ⋯ und dann auf *Immersiver Reader)*. Nochmaliges Anklicken schaltet den Reader wieder aus. Oder Sie verwenden die Taste **F9**.

Bild 10.35 Anzeige der Seite im Plastischen Reader

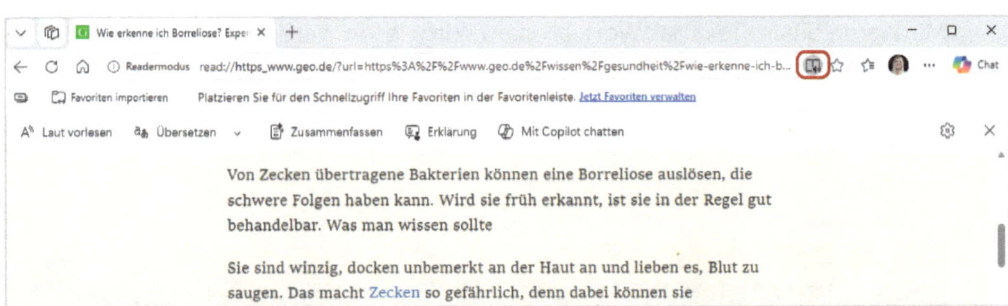

Unter der Adressleiste finden Sie eine Symbolleiste zur Steuerung des Readers. Diese wird standardmäßig als fester Bestandteil angezeigt . Falls die Leiste nicht sichtbar ist, klicken Sie mit der linken Maustaste auf einen leeren Bereich, um diese einzublenden.

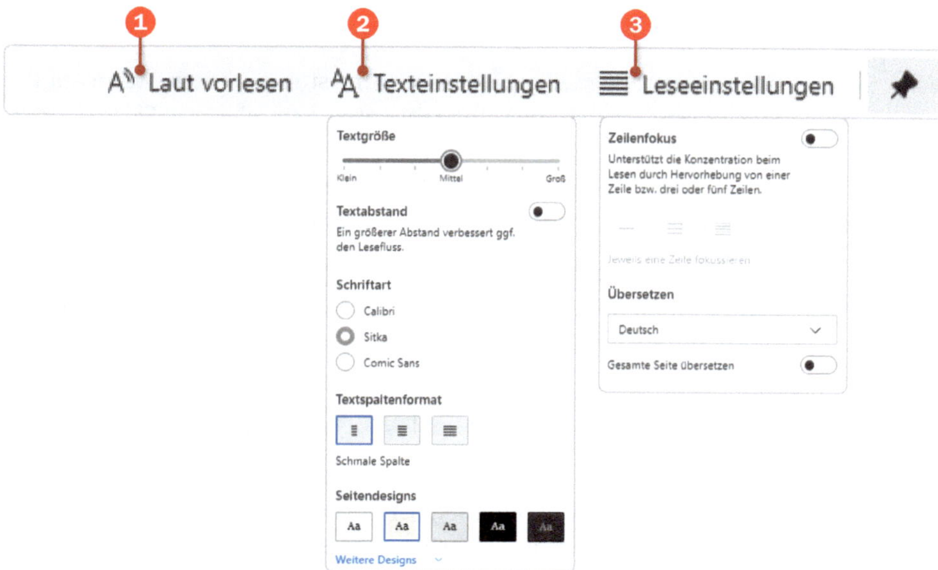

Bild 10.36 Einstellungsoptionen für den Plastischen Reader

❶ **Vorlesen lassen:** Die Option *Laut vorlesen* wurde bereits auf der vorigen Seite beschrieben, sie steht hier auch zur Verfügung.

❷ **Schriftgröße und Hintergrundfarbe anpassen:** Über die Schaltfläche *Texteinstellungen* passen Sie Hintergrundfarbe und Schriftgröße an. Ziehen Sie bei *Textgröße* den Regler nach rechts, um die Buchstaben zu vergrößern. Wenn Sie einen größeren Zeilenabstand wünschen, klicken Sie auf den Schalter bei *Textabstand*. Dieser wird blau, ist eingeschaltet und der Zeilenabstand wird damit erhöht. Nochmaliges Anklicken setzt den Schalter wieder auf die Position *Aus*. Bei *Seitendesigns* wählen Sie durch Anklicken eine andere Hintergrundfarbe mit angepasster Schriftfarbe.

❸ **Zeilen einzeln hervorheben:** Mit der Option *Zeilenfokus* können Sie eine, drei oder fünf Zeilen eines Texts hervorheben und den Rest abblenden. Mit den Pfeiltasten oder dem Mausrad können Sie den Ausschnitt verschieben. Klicken Sie auf den Schalter, um die Funktion einzuschalten und wählen Sie dann die Anzahl der Zeilen aus.

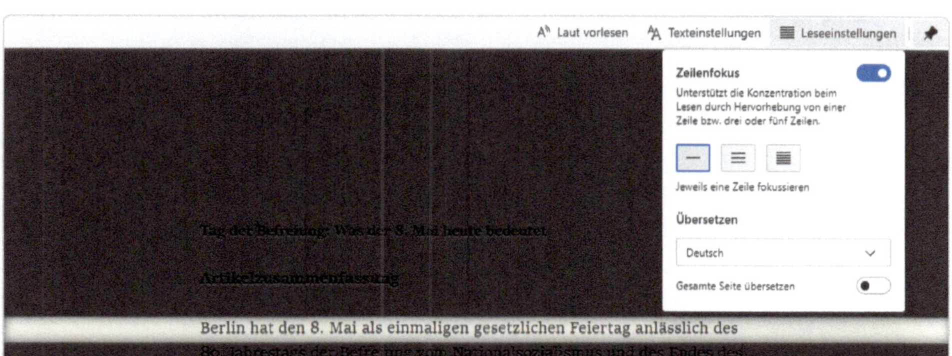

10.6 Edge synchronisieren

Wenn Sie mehrere Geräte regelmäßig parallel nutzen, ist es praktisch, wenn auf PC, Laptop, Tablet oder Smartphone etc. dieselben Favoriten, Sammlungen, Einstellungen und Verlaufsinhalte angezeigt werden würden. Das erreichen Sie ganz leicht, wenn Sie an allen Geräten den Browser Edge nutzen und dort mit demselben Microsoft-Konto angemeldet sind. Dann können Sie die Daten synchronisieren.

- **Anmeldung:** Wenn Sie sich bei der Einrichtung Ihres Computers mit Ihrem Microsoft-Konto angemeldet haben, ist es in der Regel auch im Browser hinterlegt. Zur Kontrolle klicken Sie auf Ihr Profil ❶. Hier sollte im oberen Bereich Ihre E-Mail-Adresse hinterlegt sein.
- Andernfalls wird statt des Profils der Befehl *Anmelden* ❷ angezeigt. Klicken Sie darauf und wählen Sie *Anmeldung abschließen* aus.
- Falls noch kein Microsoft-Konto hinterlegt ist, klicken Sie auf *Für Synchronisieren anmelden* ❸ und geben dann im nächsten Schritt Ihre E-Mail-Adresse und das zugehörige Kennwort ein.

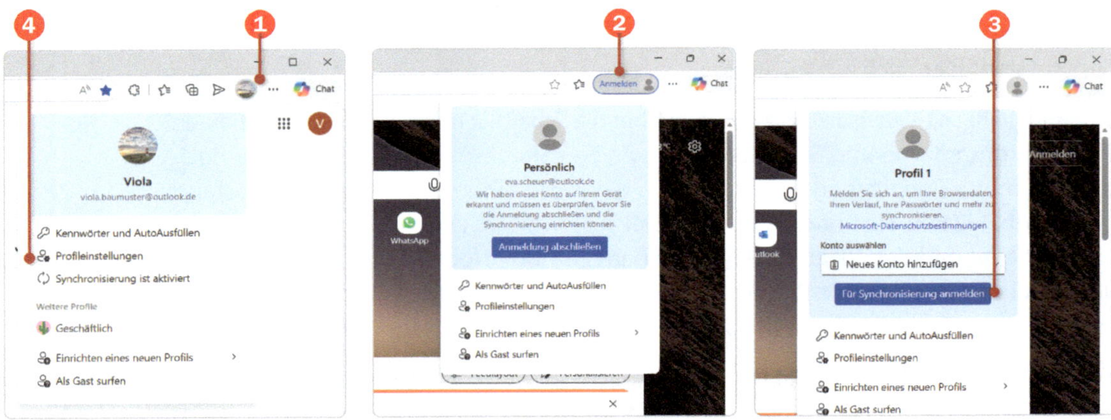

Bild 10.37 Synchronisierung aktivieren

- **Was wird synchronisiert?** Über *Profileinstellungen* ❹ zeigen Sie Ihr Profil an. Hier klicken Sie auf *Synchronisieren* und sehen dann, welche Informationen ausgetauscht werden.

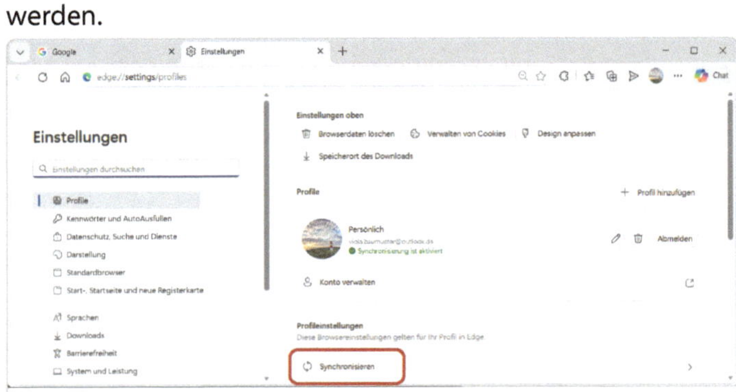

- Durch Anklicken der Schalter (ein bzw. aus) entscheiden Sie, welche Edge-Inhalte abgeglichen werden sollen.

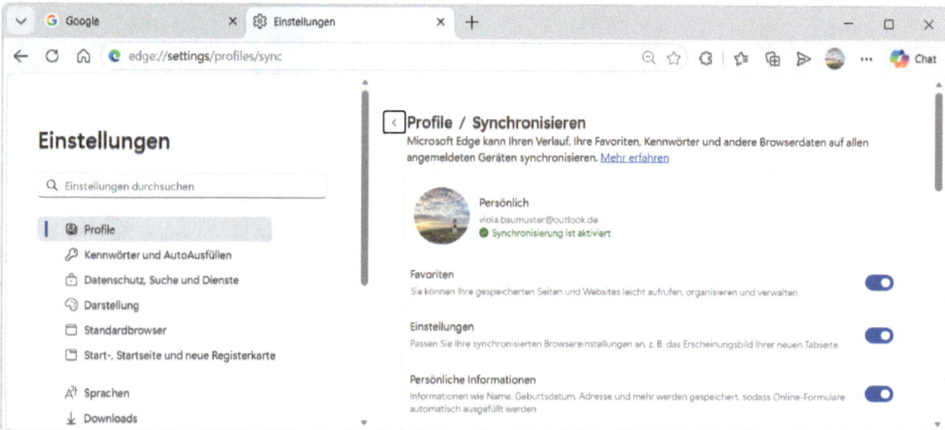

Bild 10.38 Synchronisierung einrichten

Besonderheit: Geräte ohne Windows 11

Wenn Sie die Browserinhalte mit einem Apple iPad/iPhone oder einem Android-Smartphone bzw. Tablet synchronisieren möchten, gehen Sie so vor:

Herunterladen und verbinden

- Laden Sie aus dem Play Store (Android) oder aus dem App Store (Apple) den Browser Microsoft Edge herunter und installieren Sie diesen.
- Öffnen Sie die App Microsoft Edge und entscheiden Sie, ob Edge Ihr Standardbrowser werden soll.
- Tippen Sie auf *Konto hinzufügen...* . Geben Sie Ihre E-Mail-Adresse ❶ und Kennwort des Microsoft-Kontos ein. Es kann auch an Ihre E-Mail-Adresse ein Code versendet werden, den Sie eingeben müssen. Dann entfällt das Kennwort.
- Tippen Sie danach auf *Bestätigen* ❷. Das Häkchen zur Übersendung von Diagnosedaten muss nicht gesetzt werden.

Edge am Smartphone verwenden

Im Browser auf dem Smartphone (im Beispiel wird ein Samsung S24 mit OneUI 7 verwendet) zeigen Sie dann durch Anklicken von ❸ die synchronisierten Kategorien an und wählen das Gesuchte aus.

Tippen Sie auf ❹, um mit dem KI-gestütztem Copilot zu interagieren, indem Sie im Textfeld des Chats ❺ eine Frage eintippen. Dabei ist es auch möglich, Fragen per Spracheingabe ❻ zu stellen. Über das Menü ❼ finden Sie eine Übersicht über ihre vergangenen Chats mit *Copilot*, welche Sie durch Antippen abermals aufrufen und weiterführen können. Mit *x* ❽ schließen Sie die Anzeige.

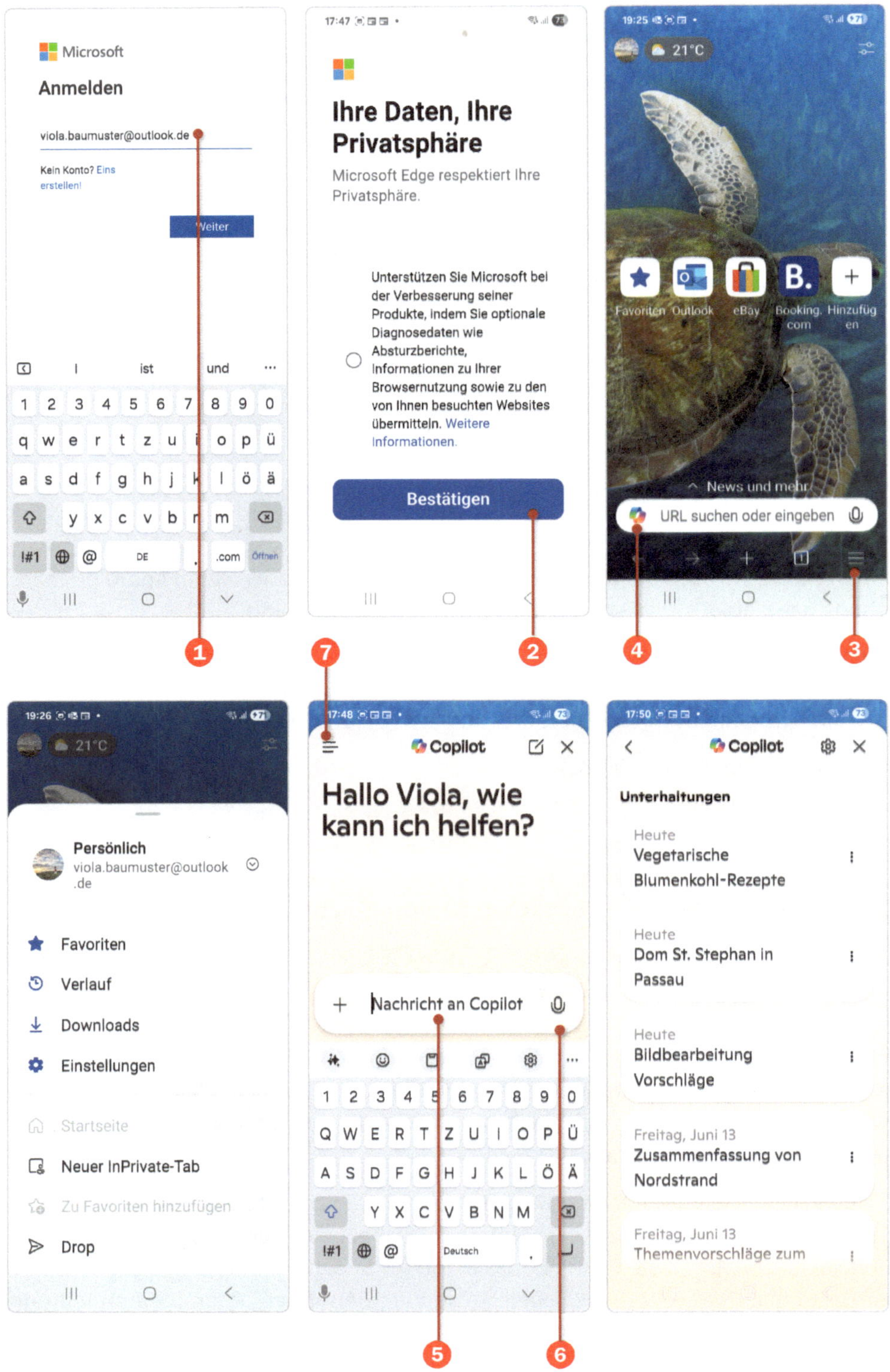

Bild 10.39 Synchronisierung mit dem Smartphone und Verwendung von Copilot.

10.7 Clever surfen mit Tabs

Oft ist es praktischer, nicht mit dem Zurück- und Weiter-Pfeil zwischen Webseiten hin und her zu wechseln, sondern im Browser mehrere Seiten gleichzeitig offen zu halten. Die Möglichkeit, mehrere Register, sogenannte Tabs, im Browser hintereinander anzuzeigen, hilft beim Finden und Vergleichen der zahllosen Informationen.

Neuen Tab öffnen und schließen

- Zur Anzeige eines neuen Tabs klicken Sie auf das Plus-Symbol ❶ oder verwenden Sie die Tastenkombination **Strg** + **T**.
- Im neuen Tab wird die bekannte Startseite von Edge angezeigt. Verwenden Sie wie gewohnt die Adressleiste bzw. das Suchfeld zur Eingabe der Webadresse oder eines Suchbegriffs.
- Sie wechseln zwischen den geöffneten Tabs, indem Sie einfach auf den Registerkartenreiter der gewünschten Seite klicken.
- Zum Schließen nicht mehr benötigter Tabs klicken Sie auf das x-Symbol ❷ auf dem Registerkartenreiter.

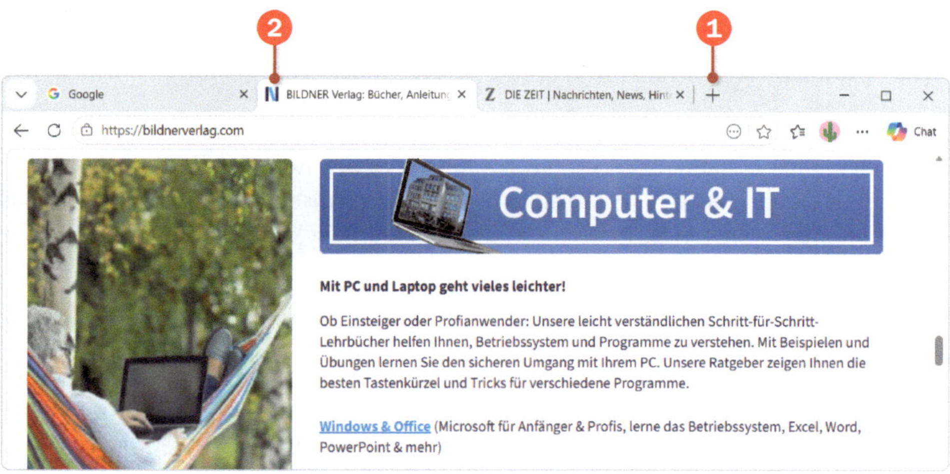

Bild 10.40 In diesem Beispiel sind in Microsoft Edge drei Tabs geöffnet. Der zweite Tab (bildnerverlag.com) wird gerade angezeigt.

Versehentlich geschlossenen Tab erneut anzeigen

- Sie möchten den zuletzt geschlossenen Tab wieder anzeigen: Klicken Sie auf den Reiter eines verbliebenen Tabs mit der rechten Maustaste und wählen Sie im Kontextmenü *Geschlossenen Tab erneut öffnen* ❸ aus.
- War der gesuchte Tab nicht der zuletzt geschlossene, sondern nur einer unter mehreren, klicken Sie auf das *Registerkartenaktionen-Menü* und wählen *Zuletzt geschlossene Registerkarten* aus. Hier finden Sie eine Liste kürzlich geschlossener Tabs.

- Alternativ klicken Sie das Dreipunkte-Symbol ❹ auf der rechten Seite an und wählen *Verlauf* aus oder drücken **Strg** + **H**. Im Register *Zuletzt geschlossen* wählen Sie die gesuchte Seite durch Anklicken aus. Diese wird in einem neuen Tab angezeigt und die Verlaufsanzeige blendet automatisch ab.

❹ Dreipunkte-Symbol und Verlauf auswählen

❸ Geschlossenen Tab erneut öffnen

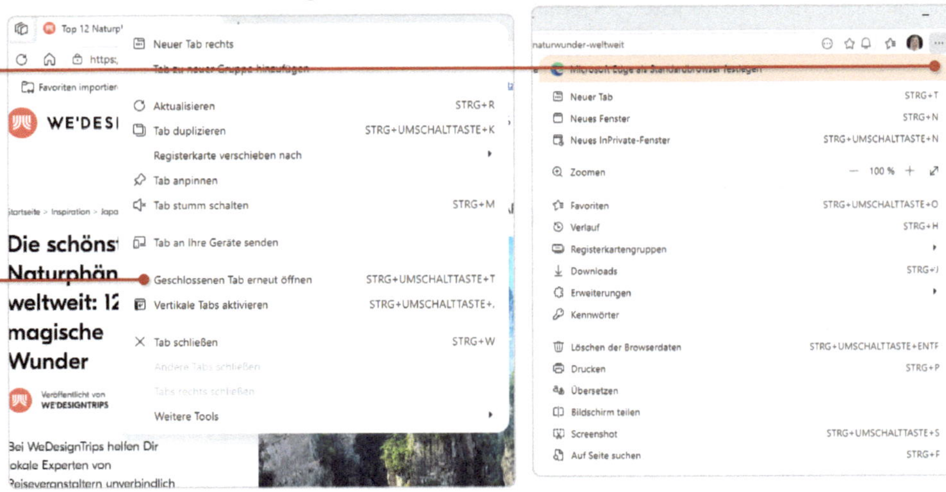

Bild 10.41 Zuletzt geschlossene Registerkarte(n)

Suchergebnisse auf mehreren Tabs anzeigen

Praktisch ist das Arbeiten mit mehreren Registern, wenn Sie die interessanten Treffer einer Suchanfrage nicht im selben Tab, sondern in neuen Registern öffnen. Das bietet den Vorteil, dass Sie auf einem Register immer die Trefferliste und auf den anderen die einzelnen Internetseiten zu Ihrer Suchanfrage haben. So können Sie uninteressante Seiten schnell wieder schließen.

Das Prinzip gilt für alle Suchanfragen, sei es bei Google, auf einer Rezeptseite oder einem Onlineversandhändler.

- Wenn Sie die Suchmaschine Bing nutzen, wird standardmäßig jeder Treffer, den Sie in der Trefferliste anklicken, auf einer neuen Registerkarte angezeigt.
- Bei allen anderen Trefferlisten, z. B. die Suchergebnisse bei Amazon, klicken Sie mit der rechten Maustaste auf den Link, den Sie in einem neuen Tab anzeigen möchten. Wählen Sie dann im Kontextmenü *Link in neuem Tab öffnen* aus.
- Alternativ halten Sie die **Strg**-Taste gedrückt und klicken auf einen Link, den Sie in einem neuen Register anzeigen möchten. Oder klicken Sie den Link mit der mittleren Maustaste (Mausrad) an.

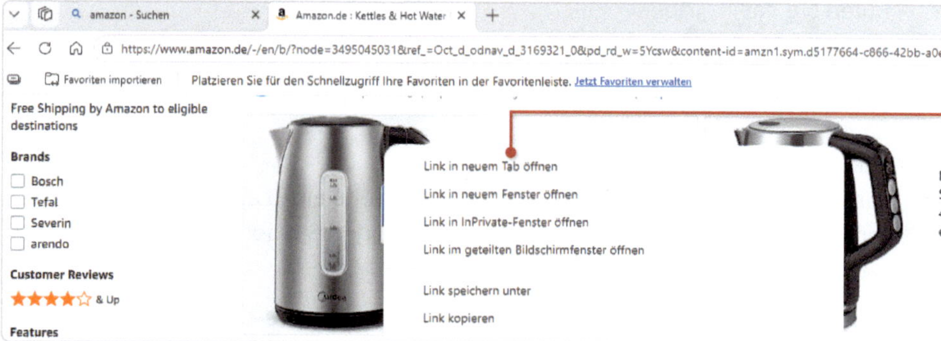

Link in neuem Tab anzeigen

Bild 10.42 Mit dieser Funktion zeigen Sie z. B. bei Amazon alle in Frage kommenden Artikel auf separaten Registerkarten an.

Einstellung zur Bing-Trefferliste: Geben Sie in der Adresszeile **bing.com** ein, klicken rechts auf das Hamburger-Menü und wählen *Sichere Suche* (SafeSearch) aus.

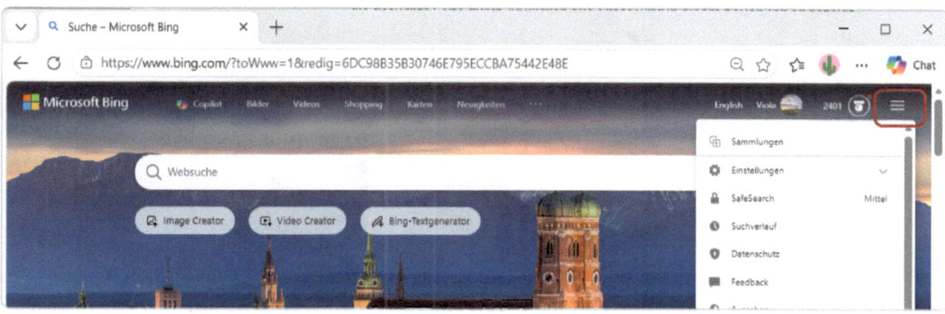

Bild 10.43 Bing-Einstellungen über das Hamburger-Menü öffnen.

Scrollen Sie zu *Ergebnisse*. Hier entscheiden Sie, ob Links sich auf einer neuen Registerkarte öffnen oder nicht. Aktivieren bzw. deaktivieren Sie die Option *Links aus Suchergebnissen auf einer neuen Registerkarte oder in einem neuen Fenster öffnen*. Bestätigen Sie die Änderung mit *Speichern* ganz unten im Fenster.

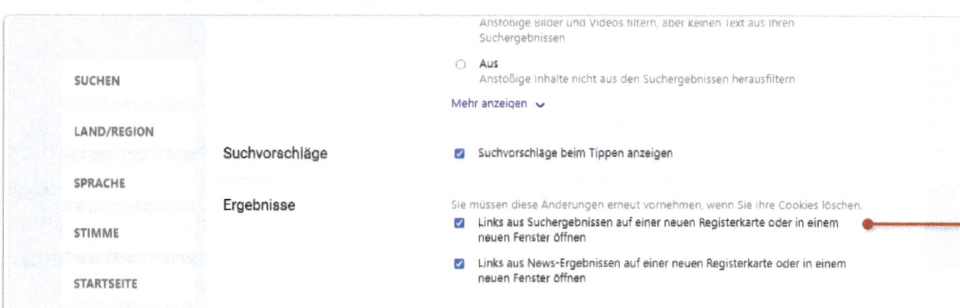

Suchergebnisse nicht mehr auf einer neuen Registerkarte anzeigen lassen

Mehr Übersicht durch vertikale Tabs

Wenn Sie eine lange Trefferliste abarbeiten und eine Menge toller Angebote finden, füllt sich der Browser mit vielen Registerkarten. Das kann dann schon mal unübersichtlich werden. Hier kann es helfen, die Anzeige auf vertikale Tabs zu wechseln. Dabei werden die Registerkarten nicht mehr oben, sondern in einer Spalte am linken Rand angezeigt.

- Rufen Sie das *Registerkartenaktionen-Menü* ❶ auf und wählen Sie *Vertikale Tabs aktivieren* aus.

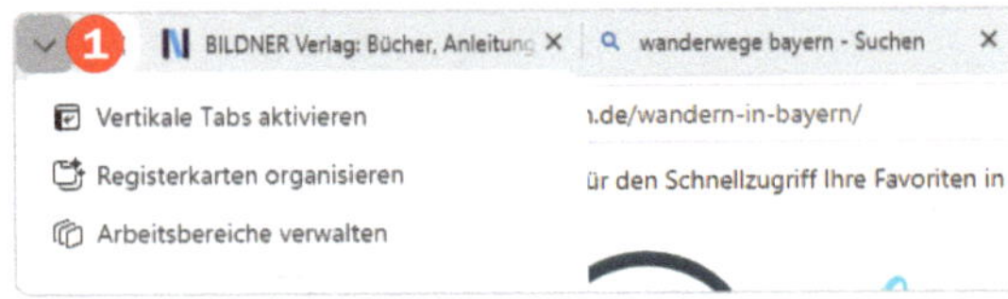

- Nachdem Sie die vertikalen Tabs aktiviert haben, erscheint auf der linken Seite eine Leiste mit allen geöffneten Tabs, die als Liste angezeigt werden. Bewegen Sie den Mauszeiger darüber, werden die Tab-Namen vorübergehend sichtbar.
- Einen neuen Tab erstellen Sie jetzt durch Anklicken von *Neuer Tab* ❷. Sie wechseln zwischen den einzelnen Tabs durch Auswahl der Einträge.
- Schließen Sie einzelne Tabs durch Anklicken von x ❸.

Bild 10.44 Mit vertikalen Tabs arbeiten

Tipp: Diese Leiste wird nur aufgeklappt, wenn Sie mit der Maus darauf zeigen.

Erst durch Auswahl des Pin-Symbols wird das Register wieder dauerhaft erweitert dargestellt.

- Sie wechseln zur Anzeige horizontaler Registerkarten durch Anklicken der Schaltfläche *Registerkartenaktionen-Menü* und Auswahl von *Vertikale Tabs deaktivieren*.

10.8 Wichtige Seiten speichern und schnell anzeigen

Die Onlinezeitung, die Webseite eines Arzneimittelversands, ein interessanter Reiseblog oder einfach die Google-Webseite - all diese Adressen lassen sich in Microsoft Edge speichern. So ersparen Sie sich das lästige Eintippen. Auch Adressen von Webseiten, die Sie selten aufrufen, sind so hinterlegt und die Seite wird leicht wiedergefunden.

Direktlinks verwenden

Webadressen, die Sie oft benötigen, können Sie als Direktlink der Startseite von Edge hinzufügen. Durch Anklicken wird die Seite dann im Browser aufgerufen. Falls die Direktlinks nicht angezeigt werden, öffnen Sie die Seiteneinstellungen rechts oben und legen bei *Direktlinks* fest, ob eine oder zwei Zeilen dafür verwendet werden sollen. Der Bereich Direktlinks wird automatisch mit Webseiten hinterlegt, die Sie besucht haben.

Wenn Sie jeden Tag eine bestimmte Seite aufrufen, wird diese sehr schnell in den Direktlinks erscheinen und kann dann hier ausgewählt werden.

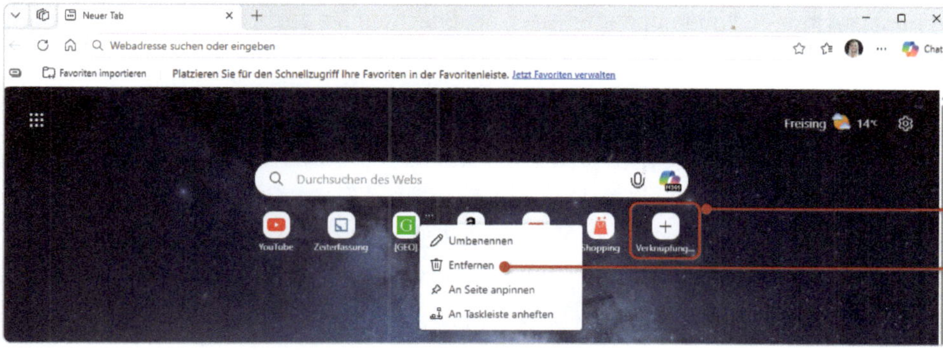

Bild 10.45 Direktlink anklicken, um Webseite anzuzeigen

- **Direktlinks hinzufügen:** Klicken Sie auf das Plus-Symbol. Geben Sie einen Namen für den Link ein. Tippen Sie dann die Webadresse ein und bestätigen Sie mit *Hinzufügen*. In nebenstehendem Beispiel wird ein Direktlink zu YouTube (Videoportal) unter der Bezeichnung *Video* hinzugefügt.
- **Direktlink löschen:** Zeigen Sie mit der Maus in die rechte obere Ecke des Direktlinks, den Sie entfernen möchten. Das Dreipunkte-Symbol wird angezeigt. Klicken Sie dieses an und wählen Sie dann *Entfernen* aus.

Favoritenleiste füllen

Die Favoritenleiste dient, wie die Direktlinks, der Speicherung von Webseitenadressen. Während die Direktlinks nur auf der Startseite jedes neuen Tabs aufgeführt sind, kann die Favoritenleiste als fester Bestandteil des Browsers unter der Adressleiste angezeigt werden.

Sollte die Schaltfläche *Favoriten* nicht angezeigt werden, lesen Sie auf Seite 419, wie man Schaltflächen einblendet.

Favoritenleiste einblenden

- Klicken Sie rechts oben auf die Schaltfläche *Favoriten* ❶. Wählen Sie dann *Weitere Optionen* ❷ aus. Im Menü klicken Sie auf *Favoritenleiste anzeigen* und wählen hier *Immer* ❸ aus.

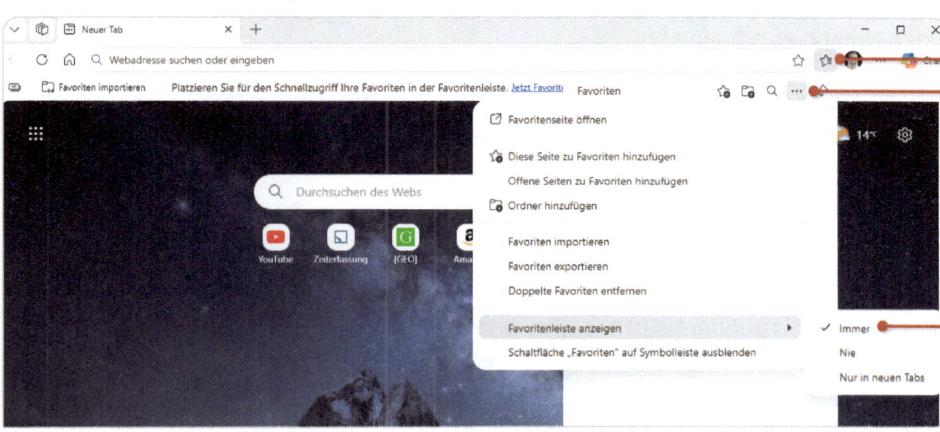

Bild 10.46 Favoritenleiste einblenden

Favoriten hinzufügen

Jetzt können Sie die einzelnen Webseiten zur Favoritenleiste hinzufügen. Hier kommt es ganz auf Ihre Vorlieben und Interessen an. Beachten Sie auch, dass Sie den Favoriten wieder löschen können, wenn Sie die Adresse nicht mehr benötigen.

1. Geben Sie die Seitenadresse in die Adressleiste ❶ ein oder suchen Sie die gewünschte Seite und zeigen Sie diese an.
2. Klicken Sie dann auf die Schaltfläche *Diese Seite zu Favoriten hinzufügen* ☆ ❷.
3. Wer mag, kann den Namen ändern. Achten Sie darauf, dass bei *Ordner* ❸ die Option *Favoritenleiste* ausgewählt ist, und klicken Sie dann auf *Fertig*.
4. Der Favorit ❹ wird auf der Leiste angezeigt. Durch Anklicken wird die entsprechende Seite im Browser angezeigt.

Bild 10.47 Seite zu Favoriten hinzufügen

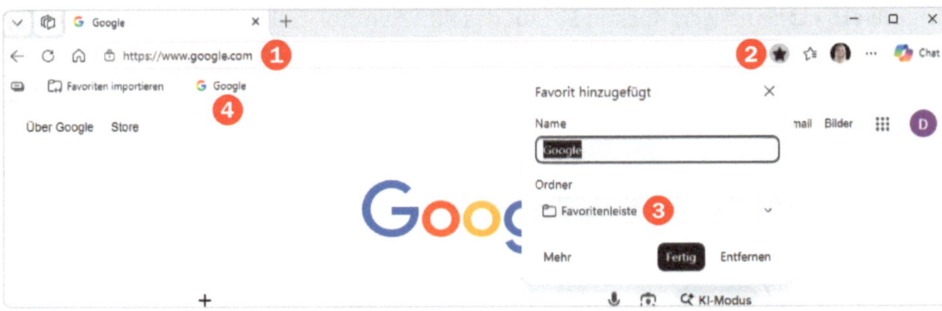

Favoriten löschen

- Wenn Sie einen Favoriten nicht mehr benötigen, klicken Sie in der Favoritenleiste mit der rechten Maustaste auf den Favoriten und wählen im Kontextmenü *Löschen* aus.

Schnell alle geöffneten Register speichern

Mit wenigen Klicks können schnell alle Webadressen der im Browser angezeigten Seiten in einem Ordner auf der Favoritenleiste gespeichert werden. Klicken Sie dazu auf die Schaltfläche *Favoriten* ☆≡ und dann auf das Dreipunkte-Symbol. Im Menü wählen Sie *Offene Seiten zu Favoriten hinzufügen*. Ein Ordner wird angezeigt, für den Sie sofort einen Namen eintippen können.

Bild 10.48 Geöffnete Register in den Favoriten speichern

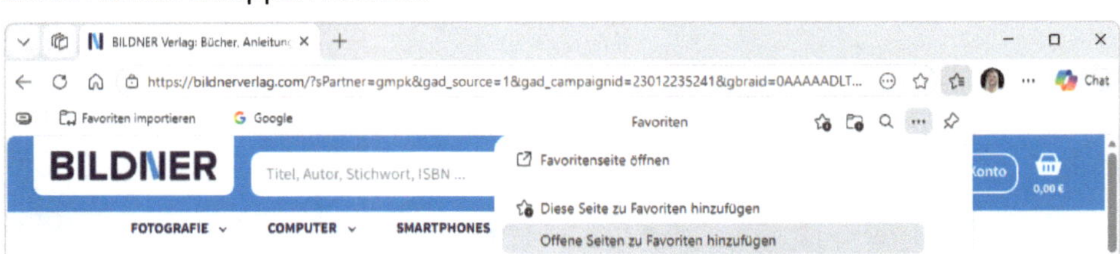

Der Ordner wird auf der Favoritenleiste angezeigt. Mit einem Klick auf den Ordner und Auswahl einer Seite zeigen Sie diese im Browser an. Zur Anzeige aller Seiten klicken Sie mit der rechten Maustaste auf den Ordner und wählen *Alle (...) öffnen aus.*

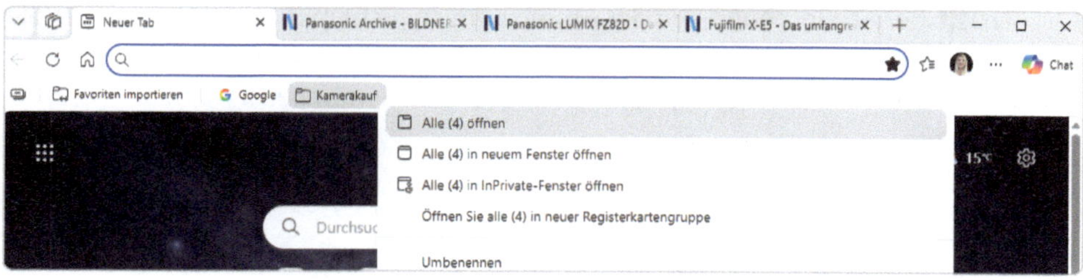

Bild 10.49 Alle Favoriten öffnen

Auch den Ordner können Sie mit einem Rechtsklick und Auswahl von *Löschen* wieder von der Favoritenleiste entfernen.

Webseiten in einem Arbeitsbereich organisieren

Mit der Funktion Arbeitsbereiche können Sie alle relevanten Webseiten an einem Ort speichern und jederzeit wieder darauf zugreifen. In unserem Beispiel erstellen wir einen Arbeitsbereich mit dem Namen „Weltreise 2027" und speichern wichtige Webseiten wie Flugbuchungen, Hotelreservierungen und Sehenswürdigkeiten in diesen Arbeitsbereich. So geht's:

- Um die Arbeitsbereiche zu öffnen, klicken Sie links oben auf ⌄ und dann auf *Arbeitsbereiche verwalten* ❶. Wählen Sie anschließend *Neuer Arbeitsbereich* und dann *Leeren Arbeitsbereich erstellen* ❷.

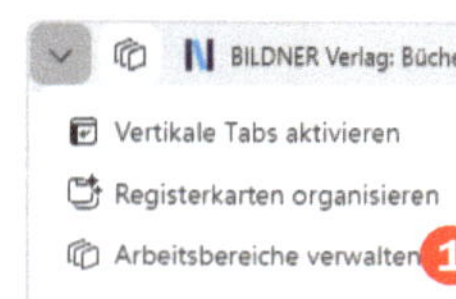

- Geben Sie dem Arbeitsbereich einen Namen, z. B. Weltreise 2027 ❸, wählen Sie eine passende Farbe ❹ aus und klicken Sie auf *Fertig* ❺.

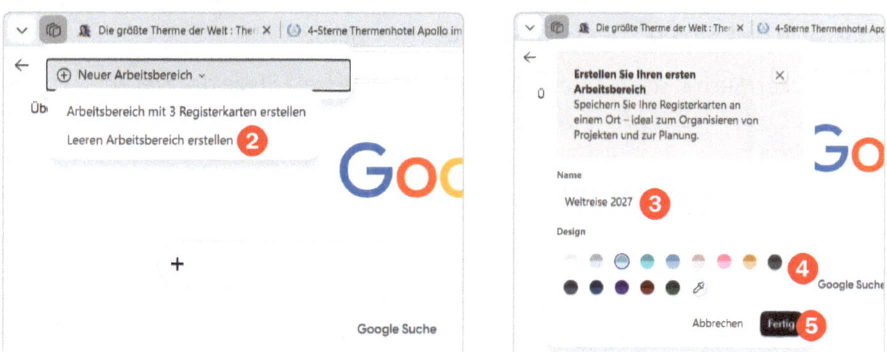

Bild 10.50 Arbeitsbereich erstellen

- Es öffnet sich ein neues Fenster mit dem erstellten Arbeitsbereich in Ihrer ausgewählten Farbe. Alle Tabs, die Sie in einem Arbeitsbereich öffnen, bleiben in diesem Arbeitsbereich gespeichert. Sofern Sie einen Tab im Arbeitsbereich schließen, wird dieser entfernt, also bei erneuter Anzeige des Arbeitsbereichs nicht wieder angezeigt. Selbstverständlich können auf diese Weise mehrere Arbeitsbereiche erstellt werden, um verschiedene Projekte zu trennen.

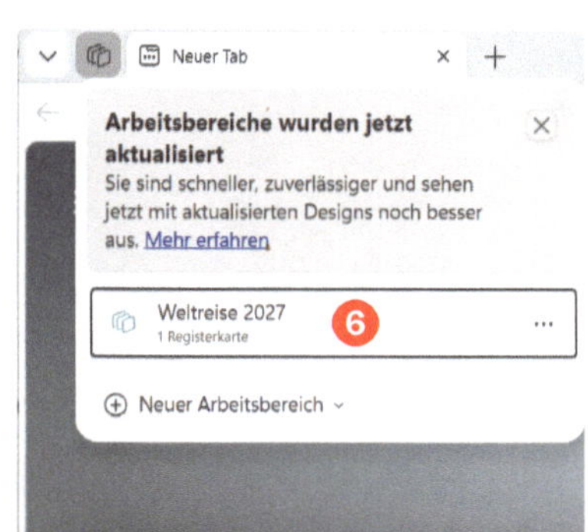

- **Anzeige des Arbeitsbereichs:** Klicken Sie links oben auf ⌄, wählen Sie *Arbeitsbereiche verwalten* und klicken Sie dann auf den gewünschten Arbeitsbereich ❻. Jetzt können Sie neue Tabs hinzufügen oder nicht mehr benötigte schließen.

- Arbeitsbereich löschen: Wird der Arbeitsbereich nicht mehr benötigt, klicken Sie links oben auf [⌄], wählen Sie *Arbeitsbereiche verwalten* und klicken Sie dann beim gewünschten Arbeitsbereich auf das Dreipunkte-Symbol und wählen *Arbeitsbereich löschen* ⑦ aus.

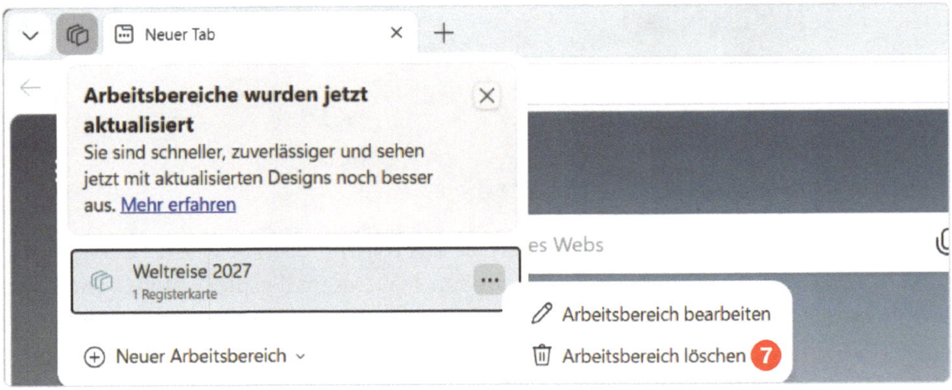

Bild 10.51 Arbeitsbereich löschen

QR-Code zur Webseite anzeigen

Zu jeder Webseite können Sie sich im Browser einen QR-Code mit der Seitenadresse anzeigen lassen. Der QR-Code kann als png-Bilddatei heruntergeladen werden. Sie können den QR-Code aber auch mit dem Smartphone scannen, um so schnell diese Adresse in den Browser des Handys zu übernehmen.

- Klicken Sie mit der rechten Maustaste auf eine freie Stelle der Webseite und wählen *QR-Code für diese Seite generieren* ❶ aus. Der QR-Code wird angezeigt.

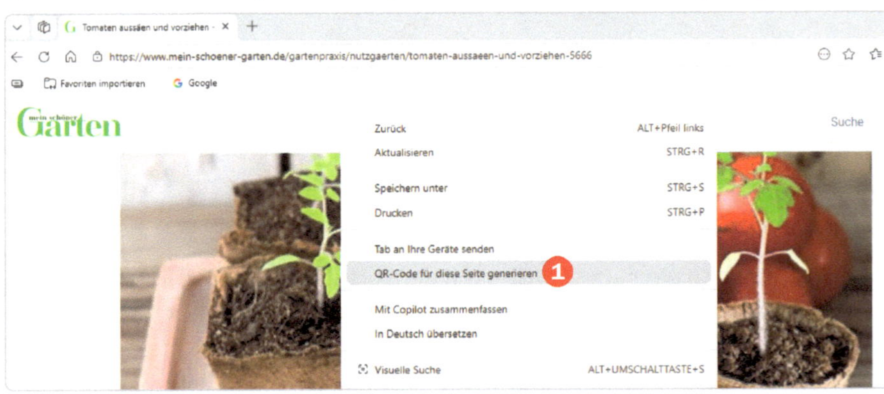

Bild 10.52 QR-Code generieren

- Mit *Herunterladen* ❷ speichern Sie den QR-Code als png-Datei im Ordner Downloads. Sie können den Code via E-Mail verschicken oder beispielsweise in einen Flyer integrieren.
- Alternativ scannen Sie den QR-Code mit der Kamera-App Ihres Smartphones vom Bildschirm. Dann können Sie die Seite am Handy betrachten oder beispielsweise über WhatsApp verschicken.

Bild 10.53 QR-Code anzeigen

Screenshot von einer Webseite erstellen

Auch eine Möglichkeit, sich Inhalte einer Webseite zu merken oder andere zu informieren, ist der Screenshot - also ein Bild der Anzeige.

- Zeigen Sie den Inhalt im Browser an und klicken Sie rechts oben auf das Dreipunkte-Symbol ❶ und dann auf *Screenshot* ❷. Oder verwenden Sie gleich die Tastenkombination **Strg + Umschalt + S**.

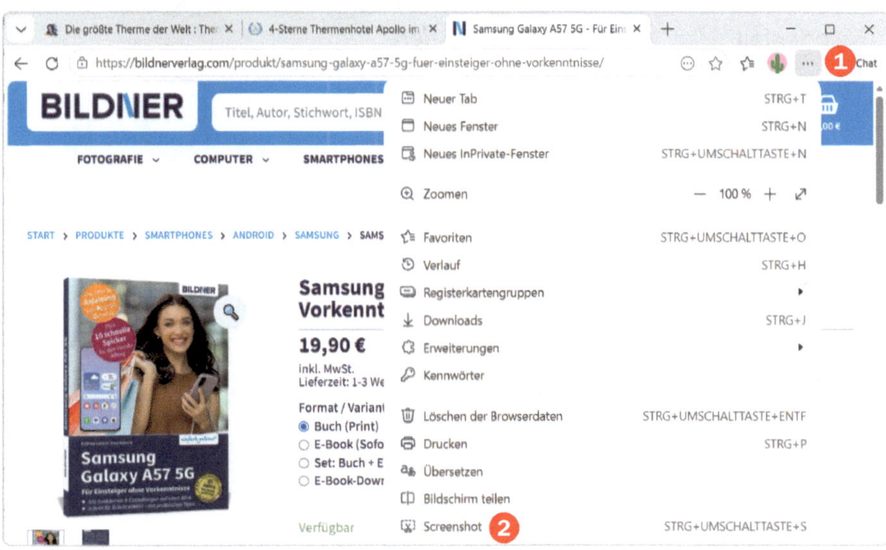

Bild 10.54 Screenshot auswählen

- Ein Auswahlmenü wird eingeblendet. Entscheiden Sie , ob die ganze Seite (*Erfassen der ganzen Seite*), der gesamte sichtbare Bildschirm (*Bildschirmbereich erfassen*) aufgenommen werden soll oder ob Sie durch Ziehen mit der Maus einen Teilbereich auswählen möchten (*Aufzeichnungsbereich*). Die blau umrandete Option ist ausgewählt.

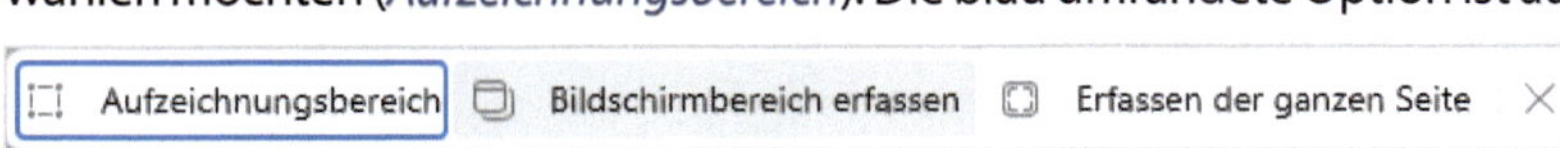

- Wir entscheiden uns für den *Aufzeichnungsbereich* und ziehen mit gedrückter linker Maustaste ein Rechteck über den gewünschten Bereich. Wählen Sie dann *Screenshot kom...* ❸ aus.

Bild 10.55 Bereich auswählen

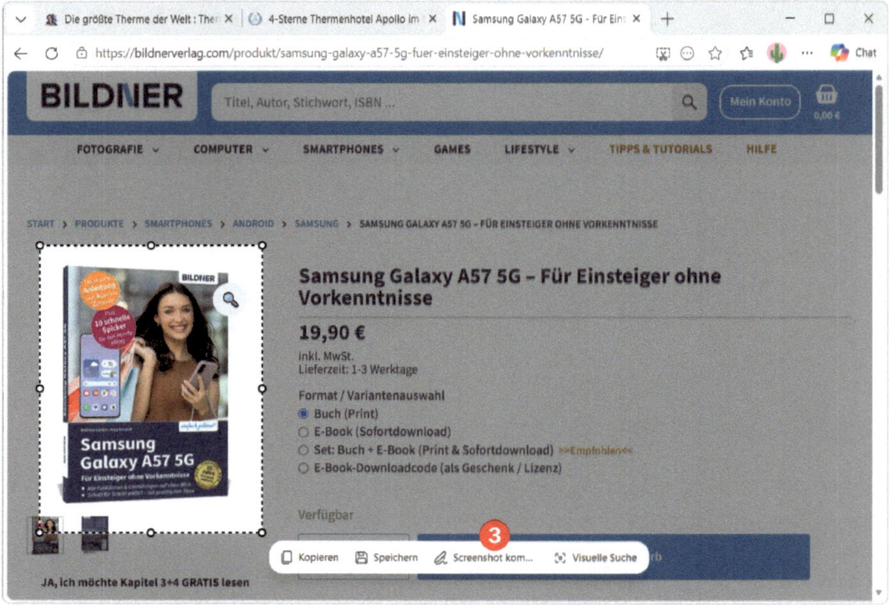

- Im nächsten Fenster können Sie den Screenshot nun als jpg-Datei speichern ❹ oder mit *Teilen* ❺ via E-Mail versenden.

Bild 10.56 Screenshot speichern oder teilen

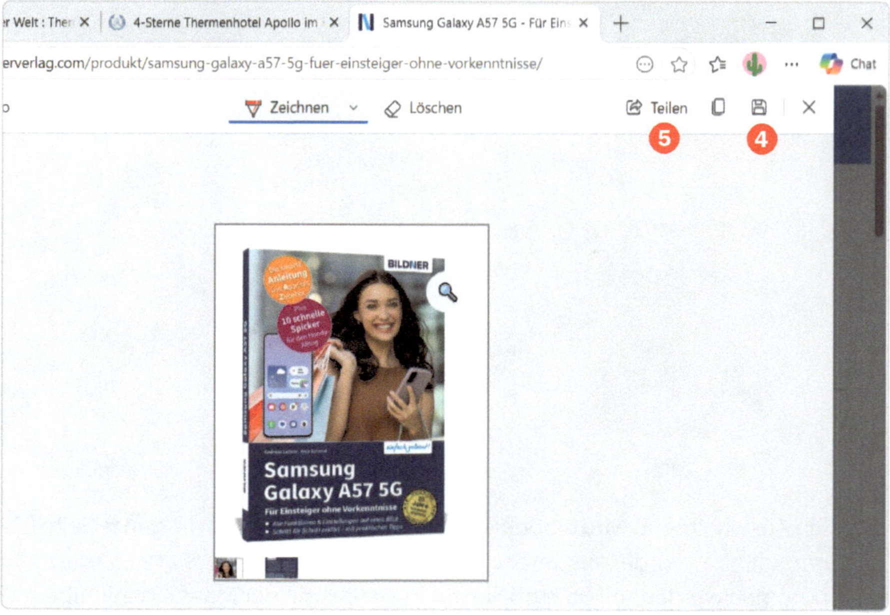

Besuchte Webseite im Verlauf wiederfinden & löschen

Wer kennt das nicht: Sie haben vor Tagen eine Seite im Browser aufgerufen und möchten diese erneut anzeigen, wissen aber leider die Adresse nicht. Hier hilft der Browserverlauf. Standardmäßig „merkt“ sich Edge die Adressen aller besuchten Webseiten und speichert diese im Verlauf. Der Verlauf ist nach Datum gegliedert und enthält nicht nur Adressen besuchter Webseiten, sondern auch Suchanfragen, die sich mit einem Klick wieder aufrufen lassen.

Dieser Verlauf wird bei der Suche und Eingabe von Webadressen (automatisches Vervollständigen) in die Vorschlagsliste einbezogen.

- Zum Anzeigen des Verlaufs klicken Sie auf das Dreipunkte-Symbol ❶ rechts oben und dann auf *Verlauf* ❷. Oder Sie verwenden die Tastenkombination **Strg** + **H**.

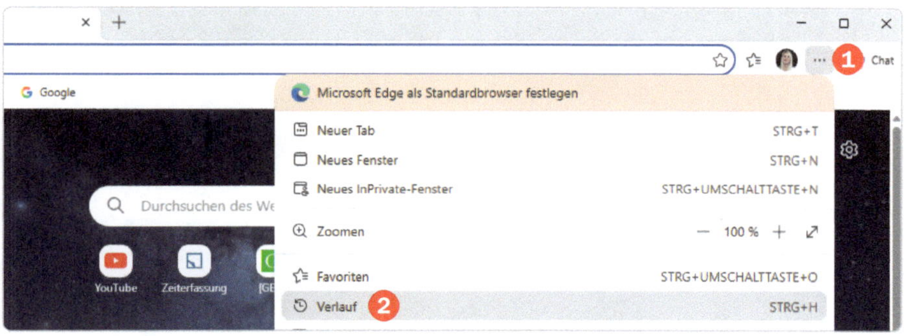

Bild 10.57 Verlauf anzeigen

- Falls nicht schon ausgewählt, klicken Sie *Alles* ❸ an. Hier sehen Sie die besuchten Webseiten sortiert nach Datum. (*Zuletzt geschlossen* haben Sie bereits auf Seite 407 kennengelernt.) Im Bereich *Tabs von anderen Geräten* werden Webseitenadressen aufgelistet, die Sie auf anderen Geräten aufgerufen haben.
- Klicken Sie die gesuchte Seite an, um diese erneut im Browser anzuzeigen. Unter Umständen hilft das Suchfeld ❹ weiter.

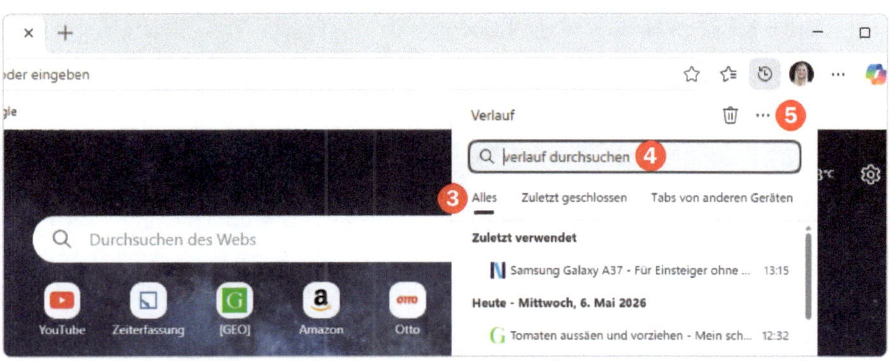

Bild 10.58 Gesuchte Seite auswählen

Verlaufsseite anzeigen

Ein wenig mehr Übersicht bietet die Verlaufsseite. Diese erhalten Sie, wenn Sie **im Bereich Verlauf** auf das Dreipunkte-Symbol ❺ (Abbildung oben) klicken und *Verlaufsseite öffnen* auswählen. Der Verlauf wird auf einer separaten Registerkarte angezeigt. Auch hier steht Ihnen ein Suchfeld zur Verfügung.

Falls Sie den Zeitraum eingrenzen können, stehen Ihnen durch Anklicken des Symbols *Nach Datum filtern* ⑥ verschiedene Zeiträume (*Heute*, *Gestern*, *Letzte Woche*) zur Verfügung. Sie können aber auch durch Auswahl von *Datumsbereich* einen eigenen Zeitraum festlegen. Wenn Sie fündig geworden sind, klicken Sie zur nochmaligen Anzeige der Seite diese einfach an. Falls nicht, stimmt vielleicht die Zeitangabe nicht. Dann sollten Sie über die Schaltfläche *Nach Datum filtern* und Auswahl von *Filter löschen* ⑦ den Filter entfernen.

Bild 10.59 Browserverlauf

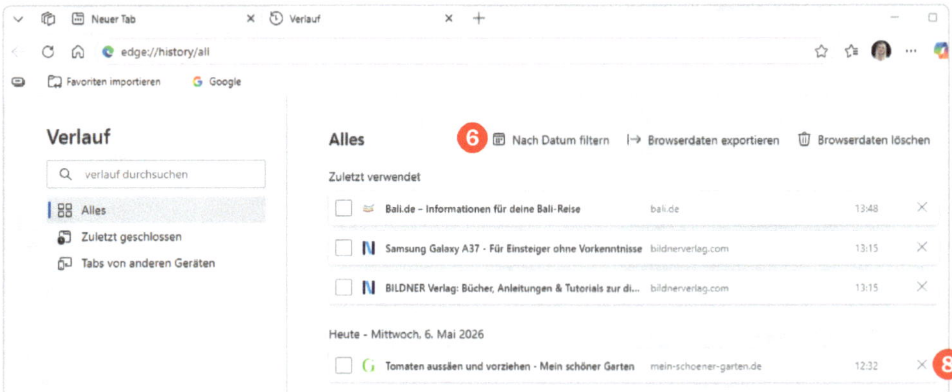

Browserdaten löschen

Einzelne Einträge können Sie mit Klick auf das *x* ⑧ löschen. Es können auch Daten eines ganzen Zeitraums entfernt werden, dazu gleich mehr auf Seite 421.

Tipp: Verhindern, dass besuchte Seiten im Verlauf angezeigt werden

Mit einem sogenannten InPrivate-Fenster verhindern Sie, dass Seiten im Verlauf gespeichert werden, z. B. beim Onlineeinkauf eines Geburtstagsgeschenks oder bei Verwendung eines fremden Computers. Klicken Sie rechts oben im Browser auf das Dreipunkte-Symbol und wählen Sie *Neues InPrivate-Fenster*. Damit wird ein neues Fenster geöffnet, dessen Browserdaten (Verlauf und Cookies) nach dem Schließen automatisch gelöscht werden. Beim nächsten Öffnen des Browsers ist InPrivate-Browsen nicht mehr ausgewählt.

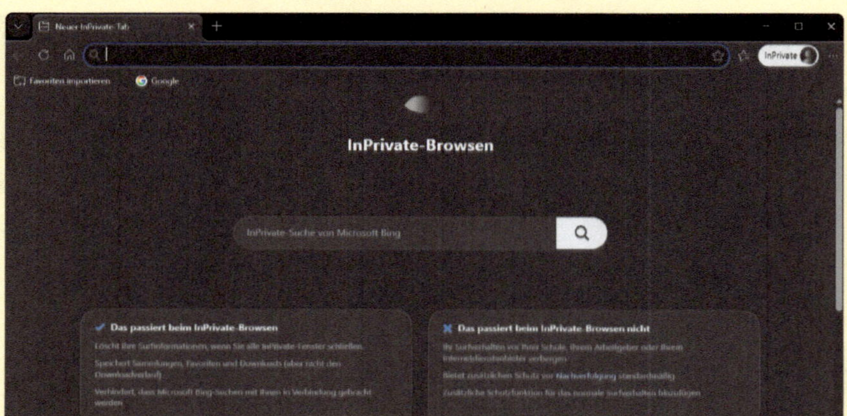

10.9 Passen Sie Edge an Ihre Bedürfnisse an

Um Aussehen und Verhalten von Edge an Ihre Wünsche anzupassen, klicken Sie auf das Dreipunkte-Symbol rechts oben und fast am Ende der Liste auf *Einstellungen*.

Die Liste können Sie auch mit der Tastenkombination **Alt + F** anzeigen.

In der linken Navigationsleiste finden Sie alle Elemente, zu denen Einstellungen vorgenommen werden können. Auf der rechten Bildschirmseite wählen Sie die passende Option aus.

Schaltflächen aktivieren bzw. deaktivieren

Unter *Darstellung* ❶ können Sie einzelne Schaltflächen, z. B. *Favoriten* oder *Sammlung*, deaktivieren, wenn Sie diese Features nicht verwenden möchten, bzw. aktivieren, falls Sie sie benötigen. Klicken Sie dazu oben auf *Schaltfläche Startseite* ❷.

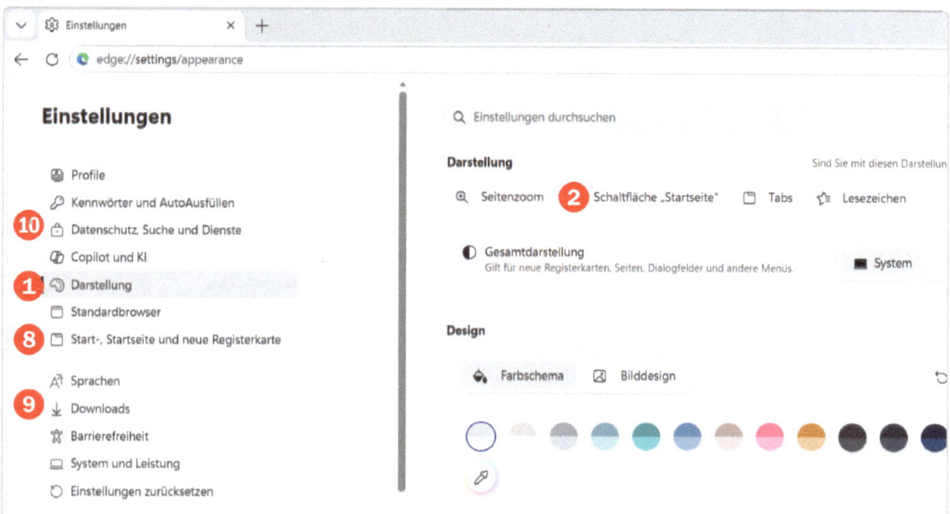

Bild 10.60 Edge-Einstellungen

Favoritenleiste anzeigen: Auf Seite 411 haben Sie bereit eine Option kennengelernt, wie Sie die Favoritenleiste einblenden. Hier finden Sie die Optionen ❸ zur Favoritenleiste erneut.

Schaltfläche Startseite anzeigen: Wer gerne eine Schaltfläche hätte, mit der er im aktuellen Tab zur Startseite zurückkehren kann, blendet diese hier ein. Aktivieren Sie den Schalter ❹. Das fügt der Symbolleiste ein Häuschen hinzu, mit dem Sie die Startseite (*Neue Tab-Seite*) von Edge anzeigen.

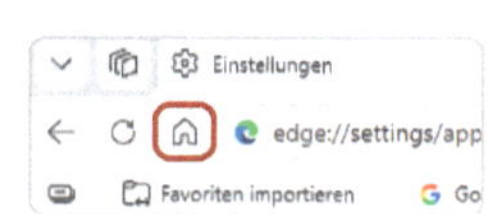

Schaltfläche zur Anzeige der Startseite

Wenn Sie eine andere Seite anzeigen möchten, klicken Sie auf *URL für Schaltfläche „Startseite" festlegen* ❻. Das leitet Sie in den Bereich *Start, Startseite und neue Registerkarte* weiter. Aktivieren Sie *Benutzerdefinierte Website festlegen* ❼ und geben Sie eine Adresse ein, wir haben uns im Beispiel für www.google.de entschieden.

Schaltfläche Favoriten anzeigen: Hier finden Sie auch die Schalter zum ein- bzw. ausblenden der *Favoriten*-Schaltfläche ❺.

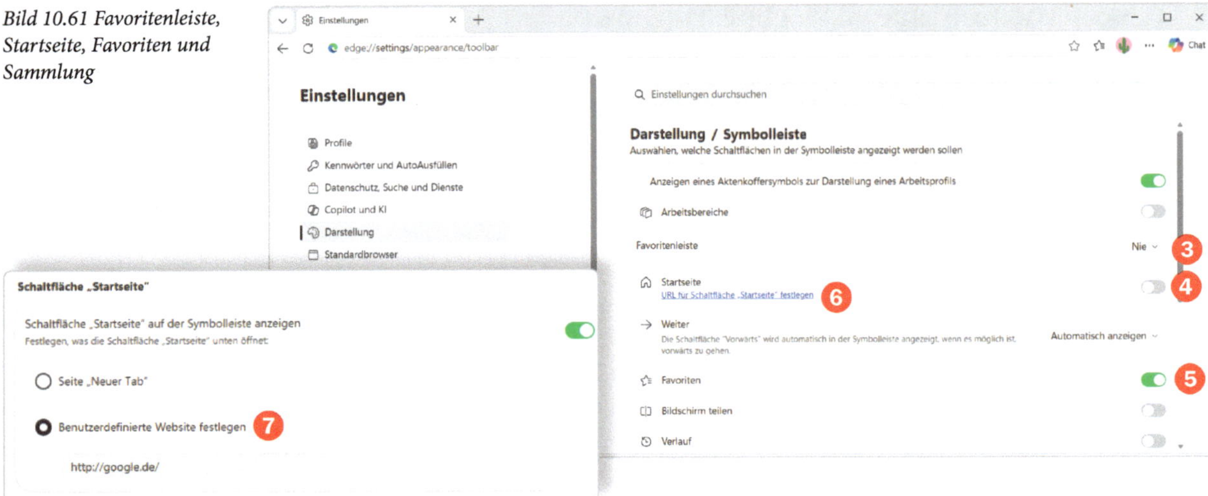

Bild 10.61 Favoritenleiste, Startseite, Favoriten und Sammlung

Startseite ändern

Wenn Sie die Microsoft Edge Startseite gar nicht verwenden möchten, rufen Sie *Start, Startseite und neue Registerkarte* ❽ (Grafik vorige Seite) auf und wählen bei *Beim Start* die Option *Benutzerdefinierte Websites öffnen*. Tippen Sie eine Webseitenadresse ein und bestätigen Sie mit *Hinzufügen*. Dann aktivieren Sie *Diese Seiten öffnen*.

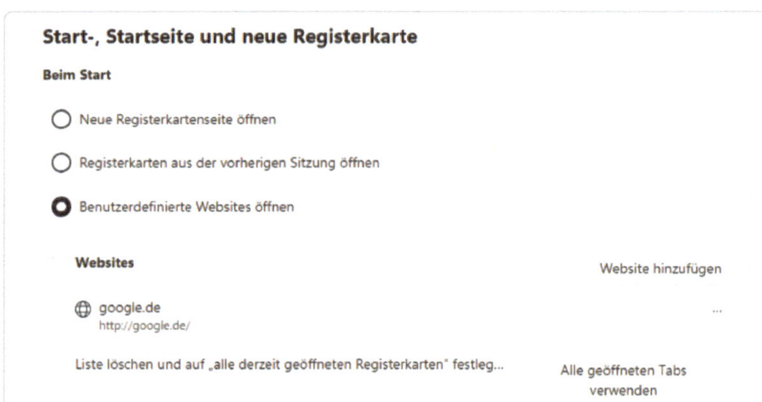

Bild 10.62 Startseite festlegen

Standardordner für Downloads ändern

Heruntergeladene Dateien werden in Ihrem persönlichen Ordner Downloads gespeichert. Wollen Sie den Ordner ändern, gehen Sie in den Einstellungen zu *Downloads* ❾ (Grafik Seite 419) und ändern im rechten Fenster durch Anklicken der Schaltfläche *Ändern* den Speicherort ab.

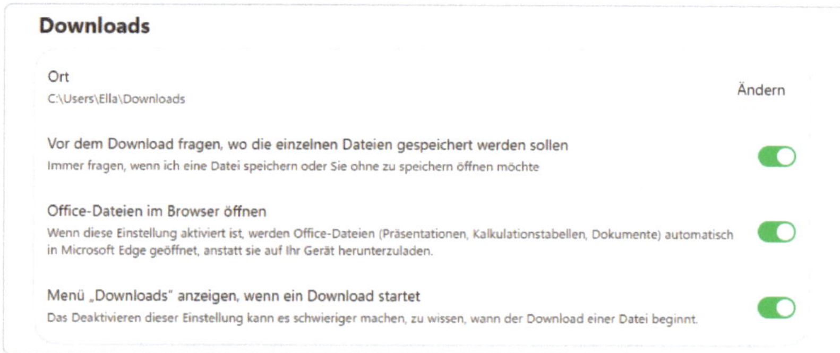

Bild 10.63 Speicherort für Downloads ändern

Standardsuchmaschine ändern

Geben Sie in der Adressleiste einen Suchbegriff ein, verwendet Edge standardmäßig Microsofts eigene Suchmaschine Bing. Möchten Sie das ändern und eine andere Suchmaschine verwenden (z. B. Google), dann klicken Sie auf *Datenschutz, Suche und Dienste* 10 (Grafik Seite 419). Im rechten Fenster wählen Sie *Suche und vernetzte Erlebnisse* aus, scrollen ganz nach unten und klicken dort auf *Adressleiste und Suche*.

Klicken Sie im folgenden Fenster auf das Drop-Down-Menü bei *In Adressleiste verwendete Suchmaschine* und ändern diese in die von Ihnen gewünschte Suchmaschine ab.

Bild 10.64 Standardsuchmaschine ändern

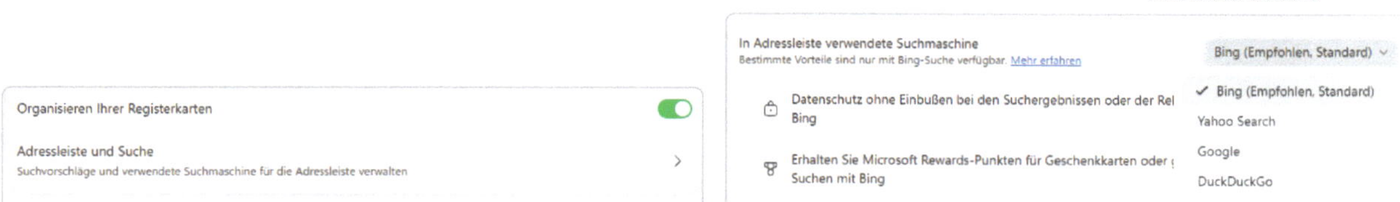

Browserverlauf und Cookies löschen

Ebenfalls in der Kategorie *Datenschutz, Suche und Dienste* erhalten Sie die Möglichkeit, den Browserverlauf, Cookies oder gespeicherte Kennwörter zu löschen. Mit der Zeit kann der Browserverlauf einiges an Speicherplatz einnehmen; hier kann eine Löschung sinnvoll sein. Das gilt auch für den Downloadverlauf.

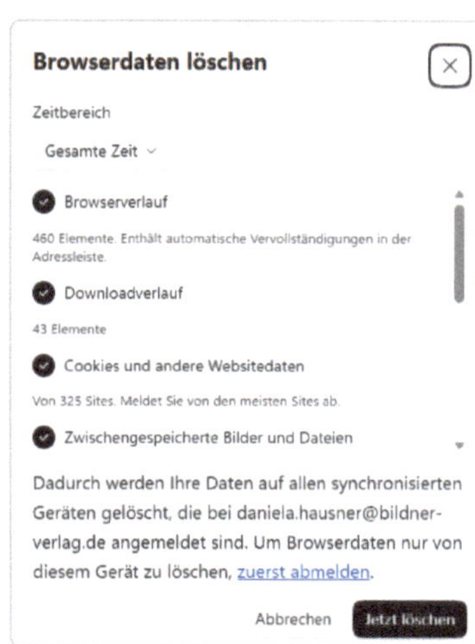

Bild 10.65 Browserdaten löschen

Cookies werden von Webseiten wiedererkannt und geben Ihr Surfverhalten preis. Zum Schutz Ihrer Privatsphäre können Sie diese von Zeit zu Zeit löschen. Der Nachteil ist selbstverständlich, dass Sie danach von keiner Webseite wiedererkannt werden. Sie müssen also wieder Cookies akzeptieren und Benutzernamen eintippen.

- Klicken Sie auf *Browserdaten löschen* und im Abschnitt *Browserdaten jetzt löschen* auf *Zu löschende Elemente auswählen*.
- Wählen Sie zuerst den Zeitraum aus. Wollen Sie alles löschen, nehmen Sie *Gesamte Zeit*. Setzen Sie bei allen Daten, die Sie entfernen wollen, das Häkchen. Achtung: Weitere Optionen sehen Sie erst, wenn Sie nach unten scrollen.
- Klicken Sie auf *Jetzt löschen*, um alle ausgewählten Daten zu löschen.

Zugriffsberechtigungen

Ihr Browser kann Webseiten den Zugriff auf Ihren Standort, Ihr Mikrofon und auf verschiedene Apps oder Geräte erlauben. Informationen dazu finden Sie unter *Datenschutz, Suche und Dienste* ⑩ (Grafik Seite 419).

- Im Abschnitt *Websiteberechtigungen* klicken Sie *Alle Websites* an. Hier sehen Sie, welche Websites bereits eine Zugriffsberechtigung erhalten haben.
- Wenn Sie nach unten scrollen, erhalten Sie bei *Alle Berechtigungen* eine Liste aller Apps und Dienste, für die Berechtigungen vergeben werden können, z. B. auch für den *Standort*. Klicken Sie auf *Standort*, um anzuzeigen, welche Website auf diesen zugreifen darf. Über das Papierkorb-Symbol kann die Berechtigung auch wieder entzogen werden.

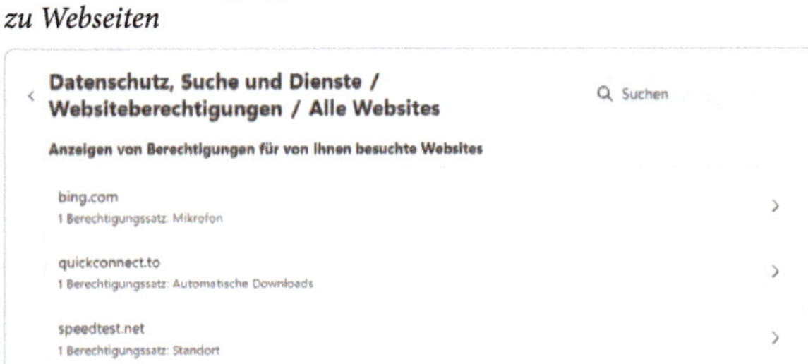

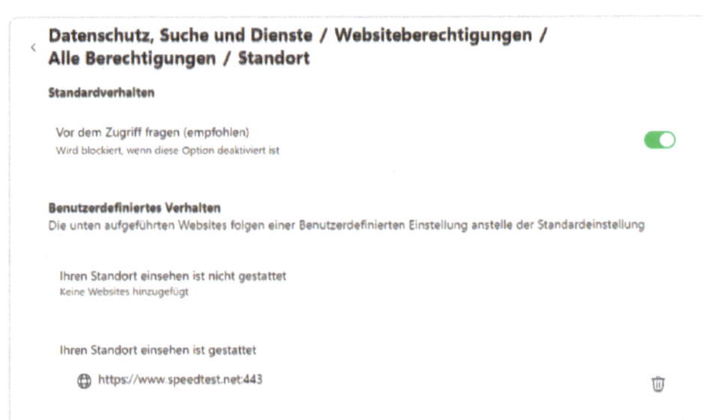

Bild 10.66 Berechtigungen zu Webseiten

Anhang

A Tastenkombinationen

Windows	Startmenü öffnen
Windows + A	Schnelleinstellungen öffnen
Windows + D	Fenster minimieren und Desktop anzeigen
Windows + E	Explorer öffnen
Windows + I	Einstellungen anzeigen
Windows + L	Sperrbildschirm, Computer sperren
Windows + N	Benachrichtigungen und Kalender einblenden
Windows + P	Blendet zur Verwendung eines zweiten Bildschirms das Feld Projizieren ein
Windows + R	Öffnet das Feld Ausführen
Windows + S	Suchfeld öffnen
Windows + V	Zwischenablageverlauf öffnen
Windows + W	Widgets öffnen
Windows + X	Kontextmenü des Start-Symbols (Windows Logo)
Windows + Z	Fenster anordnen, Snap Layouts
Windows + Pfeil links	Bildschirm teilen und die geöffnete App in der linken Fensterhälfte anordnen
Windows + Pfeil rechts	Bildschirm teilen und die geöffnete App in der rechten Fensterhälfte anordnen
Windows + Tab	Ansicht Aktive Anwendungen (Taskansicht) öffnen
Windows + Pfeil unten	Fenster verkleinern, Fenster minimieren

Windows + Leertaste	Eingabe- bzw. Tastatursprache wechseln (wenn Sprachpaket installiert)
Windows + Pluszeichen (+)	Aktiviert die Bildschirmlupe, Zoom vergrößern
Windows + Minuszeichen (-)	Zoom verkleinern
Alt + Tab	Wechselt zwischen allen geöffneten Apps (einschließlich Desktop-Anwendungen)
Strg + T	Markierten Ordner in einer neuen Registerkarte des Datei-Explorers öffnen
Strg + W	Aktuelle Registerkarte im Datei-Explorer schließen
Strg + A	Alles markieren (Explorer: Alle Dateien eines Ordners. Textprogramm: Den gesamten Text)
Strg + C	Markierten Text (Explorer: Datei oder Ordner) in die Zwischenablage kopieren
Strg + X	Markierten Text (Explorer: Datei oder Ordner) in die Zwischenablage ausschneiden
Strg + V	Inhalt der Zwischenablage an der aktuellen Stelle einfügen
F2	Dateien und Ordner umbenennen (Explorer)
Alt+F4	Geöffnetes Fenster schließen

B Glossar

Account Englische Bezeichnung für ein Konto, z. B. ein E-Mail Konto.

Administrator Benutzer, die als Administrator am PC angemeldet sind, verfügen über alle Berechtigungen am Computer und können sämtliche Einstellungen ändern. Im Gegensatz dazu dürfen Standardbenutzer zwar ihre persönlichen Einstellungen ändern und speichern, nicht jedoch tiefgreifende Änderungen am System vornehmen.

Alt Gr-Taste Die Taste Alt Gr (alternate graphics) dient zum Aufrufen der Drittbelegung mancher Tasten der Tastatur, z. B. eckige Klammern oder @-Zeichen.

Alt-Taste Die Alt-Taste (Abkürzung für Alternate) wird zusammen mit anderen Tasten verwendet. Diese sogenannten Tastenkombinationen (englisch: Shortcuts) dienen, wie die Funktionstasten, der schnellen Befehlseingabe.

App Windows 11 bezeichnet alle Arten von Programmen als Apps. App ist eine Abkürzung des englischen Begriffs Application, deutsch Anwendung.

Arbeitsspeicher Siehe RAM

Auflösung Die Auflösung legt fest, wie viele Pixel (= Bildpunkte) zur Anzeige auf dem Bildschirm verwendet werden. Die Auflösung ist abhängig von der Größe und Bauweise des Monitors. Je höher die Auflösung, umso kleiner erscheinen Schrift und Symbole.

Bibliothek Bibliotheken fassen Inhalte ähnlicher Ordner zusammen und erleichtern so die Suche nach Dateien. Standardmäßig stellt Windows die Bibliotheken Dokumente, Bilder, Musik und Videos zur Verfügung. Weitere Bibliotheken können vom Benutzer angelegt werden.

Blu-ray Disc (BD) Bei einer Blu-ray Disc handelt es sich um ein optisches Speichermedium als Nachfolger der DVD mit noch mehr Speicherkapazität (das fünffache einer DVD). In Aussehen und Handhabung unterscheidet sich eine BD nicht von einer CD und DVD.

Browser Als Browser (engl. to browse = durchsuchen) bezeichnet man Apps, mit denen Sie im Internet surfen. Neben dem in Windows 11 integrierten Browser Microsoft Edge gehören unter anderem Mozilla Firefox, Chrome und Safari dazu.

Bluetooth Als Bluetooth bezeichnet man einen Standard für Datenübertragung per Funk über kurze Entfernungen. Voraussetzung dafür ist spezielle Hardware, die in manchen Laptops/Notebooks bereits integriert ist. Falls diese nicht vorhanden ist, kann auch eine Verbindung auch über einen Adapter hergestellt werden, der seinerseits an einen USB-Anschluss angeschlossen wird. Kopfhörer oder Headset, Maus und Tastatur sowie Mobiltelefone können auf diese Weise angeschlossen werden

CD/DVD CD ist die Abkürzung für Compact Disc. Eine CD ist ein optischer Datenträger und fasst üblicherweise bis zu 700 MB. DVD steht für Digital Versatile Disc. Eine DVD besitzt mit 4,7 GB ungefähr die siebenfache Speicherkapazität einer CD.

Cloud
Als Cloud-Computing bezeichnet man die Nutzung von Dienstleistungen wie Software und Speicherplatz über ein Netzwerk. Der Begriff „Cloud" (dt. Wolke) rührt daher, dass für die Nutzer der genaue Ursprung und Speicherort nicht nachvollziehbar und undurchsichtig (verhüllt) ist. „In der Cloud speichern" bedeutet somit nichts anderes, als Daten nicht auf der Festplatte des eigenen PCs, sondern auf Servern in Rechenzentren eines Cloud-Anbieters zu speichern. Viele Anbieter stellen Cloudspeicher zur Verfügung, z. B. Microsoft, Google oder Apple.

Cookies
Cookies sind kleine Textdateien, die beim Betrachten von Webseiten auf Ihrer Festplatte abgelegt werden. Sie dienen einerseits beim Einkaufen im Internet zum vorübergehenden Speichern des Warenkorbs, andererseits lässt sich daraus aber auch ein Nutzerprofil zu Werbezwecken erstellen. In Cookies werden auch Daten für die Anmeldung oder Einstellungen gespeichert.

Copy & Paste
Englisch für Kopieren & Einfügen. Ein Element wird dabei in die Zwischenablage kopiert (beispielsweise mit der Tastenkombination Strg+C) und andernorts eingefügt (beispielsweise mit der Tastenkombination Strg+V).

Cursor
Als Cursor bezeichnet man bei der Eingabe von Text die Einfügemarke oder Schreibposition.

Dateinamenerweiterung
Der Dateiname erhält beim Speichern automatisch einen Zusatz, die Dateinamenerweiterung (extension), bestehend aus einem Punkt, gefolgt von mehreren Zeichen, meist drei oder vier Buchstaben. Sie dient als Kennzeichnung und wird von Windows unter anderem zur Zuordnung einer Standard-App verwendet. Standardmäßig ist die Dateinamenerweiterung nicht sichtbar, kann aber im Datei-Explorer eingeblendet werden.

Desktop
Der Desktop (dt. Schreibtischoberfläche) ist die Arbeitsoberfläche unter Windows. Hier werden alle Apps in Fenstern geöffnet und angeordnet.

Dokument
Als Dokument bezeichnet Windows, unabhängig vom Inhalt, alle Dateien, die Texte enthalten.

Drag & Drop
Englisch für Ziehen & Ablegen, eine Bezeichnung für das Ziehen oder Verschieben bei gedrückter linker Maustaste.

Dropdown-Pfeil
Viele Eingabefelder erfordern keine Tastatureingabe, sondern bieten Werte zur Auswahl an. In diesen Feldern befindet sich rechts ein kleines, nach unten weisendes Dreieck oder ein Pfeil und ein Klick in das Feld öffnet die Liste. Alternativ können Sie die Liste auch mit der Tastenkombination Alt+Pfeil nach unten öffnen, die Auswahl erfolgt dann mit den Pfeiltasten und durch Drücken der Eingabetaste wird die markierte Auswahl übernommen. Eine weitere Möglichkeit: Tippen Sie die ersten Zeichen ein, dann wird Ihre Eingabe automatisch ergänzt.

Esc-Taste
Die Escape-Taste (Englisch to escape = entkommen) dient dem Abbrechen von Befehlen und entspricht der Schaltfläche Abbrechen.

Exploit
Als Exploit (engl. ausnutzen) bezeichnet man die Möglichkeit, systematisch Schwachstellen, Sicherheitslücken oder fehlerhafte Stellen im Programmcode von Anwendungen auszunutzen, um in ein Computersystem einzudringen. Sicherheitslücken werden zwar meist nach Bekanntwerden durch Updates von Seiten des Software-Herstellers geschlossen, dennoch tauchen ständig neue auf.

Festplatte Der wichtigste Datenträger eines PCs ist die fest eingebaute (daher der Name) Festplatte. Auf ihr werden Windows und alle übrigen Apps/Programme gespeichert. In der Regel erhält die Festplatte den Laufwerksbuchstaben C:. Daneben gibt es auch mobile Festplatten, z. B. zur Datensicherung, diese erhalten beim Anschließen ebenfalls einen Laufwerksbuchstaben und werden zur Unterscheidung als externe Festplatten bezeichnet.

Festplattenpartitionen Eine Festplatte kann in mehrere logische Laufwerke aufgeteilt werden, die sogenannten Partitionen. In diesem Fall erhält jede Partition einen eigenen Laufwerksbuchstaben.

Firewall Als Firewall, dt. Brandmauer bezeichnet man eine Sicherheitssoftware, die ein Netzwerk oder einen einzelnen Computer vor unerwünschten Angriffen von außen schützt, indem sie laufend den Datenverkehr überwacht.

Fn-Taste Mit der Fn-Taste nutzen Sie auf der Tastatur eines Laptops die Funktionstasten und weitere Tastaturfunktionen.

Funktionstasten Die Funktionstasten F1, F2 usw. bis F12 befinden sich oberhalb der Zahlenreihe und dienen zur schnellen Ausführung bestimmter Befehle, die genaue Belegung ist programmabhängig. Ausnahme: Die Taste F1 ist in der Regel die Hilfetaste.

Getaktete Verbindung Wenn Sie auf einem mobilen Gerät einen volumenbegrenzten Datentarif nutzen, dann können Sie unnötige Kosten durch Downloads sparen, indem Sie diese WLAN-Verbindung als getaktete Verbindung festlegen. Über getaktete Verbindungen werden standardmäßig keine Windows-Updates heruntergeladen.

Hotspot Als Hotspot bezeichnet man meist einen öffentlichen, für jedermann zugänglichen Internetzugriffspunkt (WLAN). Hotspots sind zum Beispiel in Flughäfen, Bahnhöfen oder Hotels zu finden.

HTML Abkürzung für Hypertext Markup Language, eine textbasierte Auszeichnungssprache für Dokumente mit Text, Bildern und Hyperlinks. HTML ist das wichtigste Dateiformat für Webseiten, zur Anzeige wird ein Browser, z. B. Microsoft Edge ,benötigt.

HTTP, HTTPS Abkürzung für Hypertext Transfer Protocol, ein Protokoll zur Übertragung von Informationen im Web. Diese Abkürzung ist einer URL vorangestellt. Bei https handelt es sich um ein abhörsicheres, verschlüsseltes Protokoll, das bei Einkäufen im Web oder Online-Banking zum Einsatz kommt.

Hyperlink Siehe Link

IMAP IMAP (Internet Message Access Protocol) dient hauptsächlich zum Abrufen, Zugreifen und Verwalten von E-Mails auf einem Mailserver. Dabei verbleiben Ihre E-Mail-Daten auf dem Mailserver, PC, Tablet oder Smartphone speichern nur Kopien.

Index Ein Index speichert Stichwörter und beschleunigt die Suche. Der Index von Windows wird zur schnellen Suche nach Dateien und Ordnern benötigt und bezieht auch Dateiinhalte mit ein. Standardmäßig werden lediglich die Inhalte der persönlichen Ordner indiziert, weitere Speicherorte können hinzugefügt werden.

JPG/JPEG	Hierbei handelt es sich um ein Dateiformat, das zur Speicherung von Fotos verwendet wird. Die Dateien erhalten die Dateinamenerweiterung .jpg oder .jpeg.
KI	Abkürzung für Künstliche Intelligenz (engl. AI oder artificial intelligence). KI ist vereinfacht ausgedrückt ein Teilgebiet der Informatik, das versucht, menschliches Denken und Lernen auf Computer zu übertragen. Auch Apps und Windows 11 sind inzwischen mit KI ausgestattet (Stichwort ChatGPT, Copilot, usw.).
Kontextmenü	Das Kontextmenü wird über die rechte Maustaste geöffnet. Alle Befehle des Kontextmenüs beziehen sich ausschließlich auf das, mit der rechten Maustaste angeklickte Objekt.
Konto	Ein Benutzerkonto verwaltet alle individuellen Einstellungen, z. B. Aussehen von Startmenü und Desktop, außerdem verfügt jeder Benutzer über persönliche Ordner zum Speichern von Dateien. Windows unterscheidet zwischen Standardbenutzern mit eingeschränkten Rechten und Administratoren. Um ein neues Benutzerkonto anzulegen, sind Administratorrechte erforderlich.
Laufwerk	Als Laufwerke werden alle angeschlossenen Datenträger eines Computers bezeichnet. Jedem Laufwerk wird ein Buchstabe, gefolgt von einem Doppelpunkt zugewiesen, die Festplatte erhält in der Regel den Buchstaben C:. Bei der Anzeige sowie beim Öffnen und Speichern unterscheidet Windows nicht zwischen Laufwerken und Ordnern.
Link	Ein Link ist ein Verweis auf eine bestimmte Stelle im selben Dokument oder in einer anderen Datei. Am bekanntesten sind Links im Internet, wenn von einer Webseite auf Inhalte anderer Webseiten verlinkt wird.
Microsoft-Insider-Programm	Microsoft bietet Ihnen in den Einstellungen auch die Teilnahme am Microsoft-Insider-Programm an. Dadurch werden auf Ihrem Gerät regelmäßig Vorabversionen künftiger Updates installiert. Nicht ratsam ist dies auf einem Produktiv-Rechner, den Sie für die tägliche Arbeit benötigen, da Vorabversionen meist noch nicht hinreichend erprobt sind.
Microsoft Office	Eine Sammlung von Büroprogrammen. Sie enthält unter anderem die bekannten Programme Word (Textverarbeitung), Excel (Tabellenkalkulation), PowerPoint (Präsentationen) sowie Outlook (E-Mail, Kontakte und Terminplanung). Die Programme können auch als Abo unter dem Namen Microsoft 365 verwendet werden.
Multitasking	Als Multitasking bezeichnet man die Fähigkeit, mehrere gleichzeitig geöffnete Anwendungen/Apps zu verwalten.
PDF	PDF ist die Abkürzung für Portable Document Format, ein Dateiformat für Dokumente in dem alle Bilder und Formatierungen beibehalten werden. Die Inhalte können unabhängig vom Betriebssystem auf jedem Computer gelesen werden, dazu wird nur ein kostenlos erhältliches Leseprogramm, z. B. Adobe Reader benötigt, auch im Browser Microsoft Edge können PDF-Dateien geöffnet werden. Nachträgliche Änderungen am Inhalt sind dagegen nur mit spezieller Software möglich.
Pfad	Der Pfad oder Suchpfad bezeichnet den genauen Speicherort einer Datei oder eines Ordners und besteht aus dem Laufwerksbuchstaben und den Namen der übergeordneten Ordner, jeweils getrennt durch einen rückwärtsgewandten Schrägstrich, den Backslash. Beispiel: D:\Briefe\Geschäftlich\Maier.docx.

Pixel Als Pixel bezeichnet man die Bildpunkte, die zur Darstellung auf dem Bildschirm verwendet werden. Die Auflösung eines Bildschirms gibt die Anzahl der darstellbaren Pixel pro Zeile und Spalte an.

RAM Der RAM (Random Access Memory) oder Arbeitsspeicher eines Computers wird intern zum Zwischenspeichern von Daten und Befehlen benötigt.

Router Router regeln in einem lokalen, d. h. räumlich begrenzten Netzwerk mit mehreren Computern die korrekte Übermittlung der Daten und verbinden das Netzwerk mit dem Internet. Aus Sicherheitsgründen sollte jeder Router mit einem Kennwort gesichert werden.

Scrollen Als Scrollen bezeichnet man das Verschieben des sichtbaren Bildschirmausschnitts, beispielsweise durch Drehen des Mausrads. Bei einem Touchscreen wischen Sie in die gewünschte Richtung über den Bildschirm.

Server Als Server bezeichnet man Computer, genauer gesagt spezielle Software, die in einem Netzwerk zentrale Informationen, Speicherplatz und andere Dienste (z. B. E-Mail Postfach) bereitstellt.

Shortcuts siehe Tastenkombinationen

SSD Abkürzung für Solid State Drive. Bei SSD-Festplatten handelt es sich im Gegensatz zu herkömmlichen Festplatten auf magnetischer Basis um Halbleiterspeicher mit sehr kurzen Zugriffszeiten. Sie eignen sich besonders für den Einsatz als schnelle Festplatten, allerdings zu einem höheren Preis.

Strg-Taste Die Strg-Taste (Steuerung) dient wie die Alt-Taste zur schnellen Befehlsausführung in Verbindung mit einer zweiten Taste. Manche Tastaturen weisen auch anstelle der deutschen Bezeichnung das englische Ctrl (Control) auf.

Tab-Taste Mit der Tabulator-Taste (Tab-Taste) überspringen Sie bei der Texteingabe größere Leerräume und der Cursor wird am nächsten Tabstopp, meist nach 1,25 cm, positioniert. Mit der Tab-Taste lässt so tabellarisch aufgebauter Text eingeben. Bei der Eingabe in Formularen springt der Cursor mit Drücken der Tab-Taste zum nächsten Eingabefeld.

Task-Manager Der Task-Manager überwacht alle laufenden Anwendungen und Prozesse des PCs und erlaubt es, störende Prozesse zu beenden und die Systemleistung zu überwachen. Sie starten den Task-Manager über das Kontextmenü der Taskleiste oder mit der Tastenkombination Strg+Umschalt+Esc.

Tastaturlayout Als Tastaturlayout bezeichnet man die länderspezifische Anordnung und Codierung der Tasten auf einer Computertastatur. Im deutschen Sprachraum ist dies die sogenannte QWERTZ-Tastenbelegung.

Tastenkombination Tastenkombinationen (engl. Short-Cuts) werden verwendet, um bestimmte Befehle schnell aufzurufen, häufig in Verbindung mit den Tasten Windows, Strg und Alt.

Touchpad Als Touchpad bezeichnet man die kleine berührungsempfindliche Fläche, die in die Tastatur von Notebooks integriert ist und als Alternative zur Maus verwendet werden kann.

Touchscreen So bezeichnet man berührungsempfindliche Bildschirme, die z. B. bei Tablet-PCs zum Einsatz kommen. Befehle werden statt mit einer Maus direkt durch Berührungen des Bildschirms erteilt.

Treiber Treiber (Gerätetreiber) sind kleine Programme, die von Windows für die korrekte Ansteuerung von Geräten benötigt werden.

UEFI Unified Extensible Firmware Interface. In den Computer integrierte Software, die unter anderem Dienste zum Starten des Betriebssystems bereitstellt.

Umschalt-Taste Die Umschalt-Taste dient zur Eingabe von Großbuchstaben und kommt außerdem bei vielen Tastenkombinationen zum Einsatz.

Update/Upgrade Unter Update versteht man die Aktualisierung von Software. Updates beinhalten meist Verbesserungen und schließen Sicherheitslücken und sollten daher regelmäßig durchgeführt werden. Besonders wichtig sind Updates von Antivirenprogrammen, sie aktualisieren die Virendefinitionsdatenbank.

Im Gegensatz dazu bezeichnet ein Upgrade die Änderung oder Höherstufung auf eine höherwertige Version der Software.

URL Abkürzung für Uniform Resource Locator. Eindeutige Adresse für eine Webseite, wird häufig auch als Webadresse oder Internetadresse bezeichnet.

USB Abkürzung für Universal Serial Bus. Der wichtigste genormte Anschluss der meisten Computer für Maus, Tastatur, USB-Speicherstick, Kartenlesegerät, Drucker und viele weitere Geräte.

Verknüpfung Eine Verknüpfung ist eine Datei, die einen Verweis (Link) zu einer Datei oder einem Ordner an einem beliebigen Speicherort enthält. Verknüpfungen werden unter anderem verwendet, um Programme schnell vom Desktop aus zu starten.

VPN Abkürzung für Virtuelles privates Netzwerk. VPN bietet die Möglichkeit, von außen auf ein Netzwerk, z. B. Firmennetzwerk zuzugreifen, wobei dann der PC als Teil des Netzwerks betrachtet wird. VPN wird z. B. eingesetzt, um aus dem Homeoffice heraus auf zentrale Daten des Firmennetzwerks zuzugreifen.

WiFi WiFi wird als Synonym für WLAN benutzt, siehe WLAN.

WLAN Abkürzung für Wireless Local Area Network. Ein drahtloses lokales Netzwerk, das die kabellose Verbindung eines Computers mit anderen Computern und Geräten ermöglicht.

ZIP-Datei Das ZIP-Dateiformat (zip = dt. Reißverschluss) wird häufig zum Versenden umfangreicher Dateien als E-Mail Anhang oder beim Download verwendet. Es enthält komprimierte Dateien, die vor der Verwendung erst wieder entpackt werden müssen.

Zwischenablage Ausgeschnittene oder kopierte Elemente werden in der Zwischenablage abgelegt und können von dort beliebig oft solange wieder eingefügt werden, bis das nächste Element ausgeschnitten oder kopiert wird. Die Zwischenablage wird auch von Anwendungen genutzt, mit ihrer Hilfe lassen sich Daten aus einer Anwendung, zum Beispiel ein Bild aus einem Zeichenprogramm in den Text eines Schreibprogramms einfügen.

C Stichwortverzeichnis

Symbole

L

M

N

O

P

Y

Z